VERLAG
ÖSTERREICH

Helmut Fuchs
Ingeborg Zerbes

Strafrecht Allgemeiner Teil I

Grundlagen und Lehre von der Straftat

11. Auflage

2021

Lehrbuch

VERLAG
ÖSTERREICH

Dr. Helmut Fuchs
Em. O. Universitätsprofessor für Strafrecht und Strafprozessrecht
an der Universität Wien

Dr. Ingeborg Zerbes
Universitätsprofessorin für Strafrecht und Strafprozessrecht
an der Universität Wien

www.verlagoesterreich.at
Gedruckt in Ungarn

Satz: Susanne Karner, 1210 Wien, Österreich
Druck: Prime Rate Kft., 1044 Budapest, Ungarn

Gedruckt auf säurefreiem, chlorfrei gebleichtem Papier

Bibliografische Information der Deutschen Nationalbibliothek
Die Deutsche Nationalbibliothek verzeichnet diese Publikation in der Deutschen Nationalbibliografie; detaillierte bibliografische Daten sind im Internet über http://dnb.d-nb.de abrufbar.

ISBN 978-3-7046-8042-6 10. Aufl Verlag Österreich
ISBN 978-3-7046-8738-8 11. Aufl Verlag Österreich

Vorwort zur 11. Auflage

Die Neuauflage bringt das Buch auf den aktuellen Stand. Der Text wurde an vielen Stellen überarbeitet, teils aufgrund der aktuellen Rechtsentwicklung und neuer wissenschaftlicher Einsichten, teils aus didaktischen Gründen. Beispiele sind das Verhältnis von Sozialadäquanz und Tatbestand im 11. Kapitel, die Beteiligung mehrerer an Amtsmissbrauch und Untreue sowie das Europastrafrecht. Neu ist auch die kompakte Inhaltsübersicht.

Im August 2021

Helmut Fuchs
Ingeborg Zerbes

Aus dem Vorwort zur 1. Auflage

Die vorliegende Darstellung will vor allem die grundlegenden Regeln der strafrechtlichen Zurechnung herausarbeiten und die Wertentscheidungen aufzeigen, auf denen sie beruhen. Viele Fallbeispiele veranschaulichen die Anwendung dieser Regeln. Sie haben nicht nur den Zweck, die Rechtsfragen, die behandelt werden, und ihre praktische Bedeutung zu illustrieren, sie sollen auch die Konsequenzen zeigen, die sich aus den vorgeschlagenen Lösungen jeweils ergeben. Die Beispiele sollten nicht isoliert gesehen werden: Wichtiger als die Lösungen der Einzelfälle sind die Gründe, auf die sich diese Lösungen stützen, und die Grundsätze und Sachzusammenhänge, die durch die Beispielsfälle erkennbar werden.

Viele Anregungen und Hinweise, die sich in diesem Buch niedergeschlagen haben, gehen auf Gespräche zurück, für die ich sehr herzlich danke. Dieser Dank gilt insbesondere allen Richtern, Staatsanwälten, Strafverteidigern, Polizeibeamten und Beamten des Justiz- und des Innenministeriums, die mir unentbehrliche Einblicke in die Wirklichkeit des Strafrechts ermöglicht haben.

Besonders danken möchte ich *Manfred Burgstaller* für viele Gespräche und Diskussionen. Ich verdanke ihnen wesentliche Einsichten und Gedanken, die in dieses Buch eingeflossen sind und deren Herkunft nicht immer durch Literaturzitate belegt werden konnte.

Vor allem aber danke ich meinem verehrten Lehrer *Winfried Platzgummer*. Er, der mit den Lehren und Gedanken *Theodor Rittlers* und *Friedrich Nowakowskis* in ganz besonderer Weise vertraut ist, hat mir den Zugang zur Tradition der österreichischen Strafrechtsdogmatik eröffnet und mein strafrechtliches Denken entscheidend geprägt. Er war auch der erste, der das Manuskript dieses Buches gelesen hat; seine kritischen Anmerkungen habe ich dankbar verwertet.

Inhaltsübersicht

Inhaltsverzeichnis

Abkürzungsverzeichnis

Die Verweise im Buch beziehen sich auf Kapitel und Randzahlen
(zB 4/8 = 4. Kapitel, Randzahl 8)

Die Fundstellen der **Gesetze** können dem **KODEX Strafrecht** und dem **RIS** (siehe dazu 3/33) entnommen werden.

aA	anderer Ansicht; am Anfang
aaO	am angegebenen Ort (verweist auf das jeweils letzte Zitat)
AB	Ausschussbericht (vgl dazu 4/8)
ABl	Amtsblatt der Europäischen Gemeinschaften bzw der Europäischen Union (eur-lex.europa.eu/de/index.htm); besteht aus den Teilen L (legislatio) und C (communicatio), hier zitiert mit Jahr Teil Nummer/Seite (ältere auch mit Teil Jahr/Nummer, Seite).
aE	am Ende
AEUV	Vertrag über die Arbeitsweise der Europäischen Union (nach dem Vertrag von Lissabon; konsolidierte Fassung ABl 2016 C 202/47)
aF	alte Fassung (eines Gesetzes)
aM	anderer Meinung
Anm	(Entscheidungs-) Anmerkung
AnwBl	Anwaltsblatt
arg	argumento (aufgrund des Arguments)
AT	Allgemeiner Teil (des Strafrechts)
BG	Bundesgesetz
BGBl	Bundesgesetzblatt (www.ris.bka.gv.at/auswahl/)
BGH	(deutscher) Bundesgerichtshof
BlgNR	Beilagen zu den stenographischen Protokollen des Nationalrats (vgl 3/33 und 4/8)
BT	Besonderer Teil (des Strafrechts)
B-VG	Bundes-Verfassungsgesetz 1920 idF von 1929
BVG	Bundesverfassungsgesetz
BVGPersFr	Bundesverfassungsgesetz zum Schutz der persönlichen Freiheit, BGBl 1988/684
bspw	beispielsweise

ceteris paribus	unter sonst gleichen Umständen (dh unter der Voraussetzung, dass alle anderen Umstände nicht verändert werden)
ders	derselbe
dies	dieselbe, dieselben
DFB	Druckfehlerberichtigung (im BGBl)
dh	das heißt
di	das ist
ds	das sind
dStGB	deutsches Strafgesetzbuch
dt	deutsch (-er, -e, -es), bezieht sich idR auf Gesetze, Entscheidungen usw
E	Entscheidung(en)
EAÜ	Europäisches Auslieferungs-Übereinkommen (vgl 5/62)
EBRV (1971)	Erläuternde Bemerkungen (zur Regierungsvorlage des StGB 1974, 30 BlgNR 13. GP) (vgl 3/3)
EGMR	Europäischer Gerichtshof für Menschenrechte (in Straßburg)
EGV	Vertrag zur Gründung der Europäischen Gemeinschaft (konsolidierte Fassung vor dem Vertrag von Lissabon: ABl 2002 C 325/1; überholt)
EGVG	Einführungsgesetz zu den Verwaltungsverfahrensgesetzen
EHB	Europäischer Haftbefehl (vgl 5/72 ff)
EMRK	Europäische Menschenrechtskonvention
ERhÜ	Europäisches Rechtshilfeübereinkommen (vgl 5/62)
Erk	Erkenntnis (*das* Erkenntnis); Bezeichnung der Entscheidungen des Verfassungsgerichtshofs und des Verwaltungsgerichtshofs (statt Urteil)
ETS	European Treaty Series; Sammlung der Europarats-Übereinkommen (vgl dazu 5/18; die Übereinkommen im Internet: http://conventions.coe.int/)
EU	Europäische Union
EU-JZG	Bundesgesetz über die justizielle Zusammenarbeit in Strafsachen mit den Mitgliedstaaten der Europäischen Union (EU-JZG)
EUStA	Europäische Staatsanwaltschaft (vgl 5/31; dort auch EUStA-VO und EUStA-DG)
EUV	Vertrag über die Europäische Union (konsolidierte Fassung nach dem Vertrag von Lissabon: ABl 2016 C 202/13)
EU-VerfE	Entwurf des Europäischen Konvents über eine Verfassung für Europa, ABl 2003 C 169/1 (überholt durch Vertrag von Lissabon)

EvBl	Evidenzblatt der Rechtsmittelentscheidungen (in der ÖJZ)
f, ff	folgende (verweist zB auf diese und auf die folgende Seite, Paragrafen etc; ff: verweist auf mehrere folgende Seiten, Paragrafen, …)
FinStrG	Finanzstrafgesetz
FS	Festschrift (zB Platzgummer-FS 1995: Festschrift für Winfried Platzgummer, 1995)
ggf	gegebenenfalls
GOG	Geschäftsordnungs-Gesetz (Geschäftsordnung des Nationalrates)
GRC	Charta der Grundrechte der Europäischen Union, ABl 2016 C 202/389
GS	Gedächtnisschrift (zB Zipf-GS 1999: Gedächtnisschrift für Heinz Zipf, 1999)
Hg	Herausgeber (eines Buches)
hg v	herausgegeben von
hM	herrschende Meinung
hR	herrschende Rechtsprechung
ICC	International Criminal Court (vgl 5/4)
idF	in der Fassung (insbes bei Gesetzen)
idR	in der Regel
ieS	im engeren Sinn
insbes	insbesondere
ISG	Internationaler Strafgerichtshof (vgl 5/4)
iwS	im weiteren Sinn
JAP	Juristische Ausbildung und Praxis (Zeitschrift)
JBl	Juristische Blätter (Zeitschrift)
JGG	Jugendgerichtsgesetz
JSt	Journal für Strafrecht (ab 2003)
JuS	Juristische Schulung (Zeitschrift)
JZ	(deutsche) Juristenzeitung
Kap	Kapitel (besonders bei internen Verweisungen in diesem Buch)
Lit	Literatur
lit	litera (Buchstabe; insbes in Gesetzen als Untergliederung der Absätze)

LK	Leipziger Kommentar zum (deutschen) StGB
m	mit (insbes: mit Anmerkung)
ME	Ministerialentwurf (Gesetzesentwurf, der meist zur Begutachtung ausgesandt wird, bevor er als Regierungsvorlage im Parlament eingebracht wird; zu lesen jeweils im Internet über die Parlamentsseite oder über die Seite des Justizministeriums, vgl unten 3/33)
MilStG	Militärstrafgesetz
MRK	= EMRK: Europäische Menschenrechtskonvention
mwN	mit weiteren Nachweisen
obiter dictum	Aussage in einer Entscheidung, die keine unmittelbare Bedeutung für den entschiedenen Fall hat
OGH	Oberster Gerichtshof
OLG	Oberlandesgericht
ÖJT	Österreichischer Juristentag
ÖJZ	Österreichische Juristenzeitung
RB	Rahmenbeschluss (Rechtsakt der Europäischen Union, vgl 5/33)
RB-EHB	Rahmenbeschluss über den Europäischen Haftbefehl (vgl 5/72 ff)
RdU	Recht der Umwelt (Zeitschrift)
RdW	(österreichisches) Recht der Wirtschaft (Zeitschrift)
RStDG	Richter- und Staatsanwaltschaftsdienstgesetz
RIS	Rechtsinformationssystem des Bundes (dazu unten 3/33)
RL	Richtlinie (EU; 5/25 ff)
RömSt	Römisches Statut (BGBl III 2002/180 idF BGBl III 2015/96, vgl 5/4)
RS	Rechtssatz (vom Evidenzbüro des Obersten Gerichtshofs gem § 14 f OGH-Gesetz aufbereitete Entscheidungen; im RIS veröffentlicht; zitiert nach laufender Nummer)
Rspr	Rechtsprechung
RV	Regierungsvorlage (vgl dazu 4/8)
RZ	Richterzeitung
Rz	Randzahl (bei Zitaten aus Büchern)
s, sa	siehe, siehe auch
SbgK	Salzburger Kommentar zum StGB
so	siehe oben
sog	sogenannt (-er, -e, -es)
SDÜ	Schengen Durchführungs-Übereinkommen

SK	Systematischer Kommentar zum (deutschen) Strafgesetzbuch
SPG	Sicherheitspolizeigesetz
StEG	Strafrechtliches Entschädigungsgesetz
StG	Strafgesetz 1803/1852/1945 (vgl 3/1)
StGB	Strafgesetzbuch 1974 (Paragrafen ohne nähere Bezeichnungen beziehen sich darauf)
StPdG	Strafrechtliche Probleme der Gegenwart (siehe 3/31)
StPO	Strafprozessordnung
str	strittig (Hinweis auf abweichende Rechtsmeinungen)
StRAG	Strafrechtsanpassungsgesetz 1974
StRÄG	Strafrechtsänderungsgesetz (insbes StRÄG 1987, StRÄG 1996 und StRÄG 2015, vgl 3/5 ff)
StVO	Straßenverkehrsordnung
su, s. u.	siehe unten
ua, u. a.	und anderes; unter anderem
uä, u. ä.	und ähnliches
uU	unter Umständen
va	vor allem
VbVG	Verbandsverantwortlichkeitsgesetz
VfGH	Verfassungsgerichtshof
vgl	vergleiche (insbes bei Verweisungen)
VStG	Verwaltungsstrafgesetz
VwGH	Verwaltungsgerichtshof
WBl	Wirtschaftsrechtliche Blätter
WK	Wiener Kommentar zum StGB (vgl unten 3/24; zitiert ggf mit Angabe der Fassung)
WK-StPO	Wiener Kommentar zur StPO
zB	zum Beispiel
ZfRV	Zeitschrift für Rechtsvergleichung
ZnStR	Zum neuen Strafrecht I und II (Referate der Richterwochen 1973 und 1974, hg v Bundesministerium für Justiz)
ZStW	Zeitschrift für die gesamte Strafrechtswissenschaft
zT	zum Teil
ZVR	Zeitschrift für Verkehrsrecht

Nähere Angaben zur *abgekürzt zitierten* **Literatur** finden sich in Kap 3/23–33 und in der **Literaturauswahl** zu Beginn jedes Kapitels (im Text zitiert mit dem *Namen des Autors* und ggf mit *Kurztitel*).

Zu den Abkürzungen vgl auch *Dax/Hopf*, Abkürzungs- und Zitierregeln der österreichischen Rechtssprache und europarechtlicher Rechtsquellen (AZR), 8. Aufl 2019.

Paragraphen ohne Angabe des Gesetzes beziehen sich auf das **StGB**.

I. Abschnitt: Allgemeine Grundlagen

1. Kapitel: Begriff und Gliederung des Strafrechts

Literaturauswahl: *Burgstaller*, Aktuelle Wandlungen im Grundverständnis des Strafrechts, JBl 1996, 362; *ders*, Entwicklung des Strafrechts in Österreich seit 1975, Zipf-GS (1999) 3; *Nowakowski*, Die Grund- und Menschenrechte in Relation zur strafrichterlichen Gewalt, ÖJZ 1965, 281.

I. Normen und Werte

a) Der Rechtsordnung liegt wie jedem Normensystem eine Wertordnung zugrunde: Bestimmte Werte sollen erhalten und weiterentwickelt werden. Die Rechtsordnung stellt sie darum unter ihren Schutz und reagiert auf Verletzungen mit *staatlich organisiertem Zwang*. 1

Die rechtlich geschützten Werte in unserer Gesellschaft heißen **Rechtsgüter**. Der Begriff ist nicht auf das Strafrecht beschränkt, denn auch die anderen Rechtsgebiete schützen Werte. Normalerweise begnügt sich die Rechtsordnung damit, dass sie anordnet, den von ihr gewünschten („gesollten") Zustand nötigenfalls mit staatlicher Gewalt herzustellen (*Exekution*). Manche Rechtsgüter sind jedoch für den Einzelnen und für die Gemeinschaft in solchem Maße bedeutsam, dass die Rechtsordnung bestimmte Angriffe auf sie zusätzlich mit *Strafe* bedroht: Sie droht dem (potentiellen) Angreifer neben der Exekution für den Fall eines Fehlverhaltens eine direkte Sanktion gegen seine Person an. 2

Strafrechtlich geschützte Güter sind zB das Leben eines Menschen, sein Eigentum, die persönliche Freiheit (*Rechtsgüter des Einzelnen*), aber auch zB das Funktionieren der staatlichen Rechtspflege (*Rechtsgüter der Allgemeinheit*). Nach Rechtsgütern ist der **Besondere Teil** unseres StGB (§§ 75 bis 321k) gegliedert, das jeweils geschützte Rechtsgut ist der Angelpunkt für die **teleologische Interpretation** einer Strafnorm. Dazu näher *Fuchs/Reindl-Krauskopf*, BT I[7] 1 und unten 4/10.

b) Rechtsgüterschutz durch Strafrecht ist also nicht der Normal-, sondern eher der Ausnahmsfall: Der **strafrechtliche** Schutz ist auf *bestimmte Rechtsgüter* und auf jene *Angriffe* beschränkt, bei denen mit den Mitteln des **Zivilrechts** (zB Unterlassungsanspruch, Schadenersatz) und des **Verwaltungsrechts** (zB unmittelbarer Zwang, Verwaltungsexekution) nicht das Auslangen gefunden werden kann, sondern die *besondere Gefährlichkeit* und *Verwerflichkeit* des Angriffes im Interesse des Einzelnen und der Gemeinschaft den Tadel durch öffentliche Strafe erfordert. Nicht jede rechtswidrige Rechtsgutsbeeinträchtigung ist auch **strafbar** (sog **fragmentarischer Charakter** des Strafrechts), eine Beschränkung des Strafrechts, die kein Mangel ist, sondern ein Vorzug des freiheitlichen Rechtsstaates. 3

3a c) **Strafbar** ist ein Verhalten nur dann, wenn ein entsprechender **Straftatbestand** im Gesetz besteht, der das Verhalten mit der **Rechtsfolge Strafe** verknüpft und damit als eine Straftat (ein „**crimen**“, ein Verbrechen) definiert („Keine Strafe ohne Gesetz“, Tatbestandsprinzip, vgl näher unten 4/22 ff, 6/15).

Beispiel: „Wer einen anderen **tötet**, ist … zu bestrafen“ (§ 75). Solche Straftatbestände, die ein Rechtsgut (hier das Leben eines Menschen) *umfassend gegen alle Angriffe* schützen, sind selten. Meist werden *nur bestimmte Angriffe* auf ein Rechtsgut mit Strafe bedroht. *Beispiel:* Betrug begeht, wer einen anderen **durch Täuschung** am **Vermögen** schädigt (und noch weitere im Gesetz genannte Voraussetzungen erfüllt; § 146). Schädigung bspw durch Nicht-Zahlung einer Schuld ist dagegen in der Regel straflos – weil diese Rechtsgutsbeeinträchtigung keinen Straftatbestand erfüllt.

Strafbarkeit bestimmt sich also ganz **formal** nach dem Bestehen eines entsprechenden **gesetzlichen Straftatbestandes**.

3b Im Verhältnis des strafrechtlichen Rechtsgüterschutzes zum zivil- und zum verwaltungsrechtlichen Schutz lassen sich mehrere Fälle unterscheiden: Bei den wichtigsten Rechtsgütern wie Leib und Leben gehen zivilrechtlicher und strafrechtlicher Rechtsschutz weitgehend parallel, wobei der strafrechtliche Schutz oft als **vorrangig** empfunden wird (siehe oben das umfassende Tötungsverbot). Das Gegenstück sind Tatbestände, die unmittelbar an außerstrafrechtliche Normen anknüpfen und bestimmte Verletzungen des Zivil- oder Verwaltungsrechts **herausgreifen** und mit gerichtlicher Strafe bedrohen (deutlich bspw § 79 Außenwirtschaftsgesetz: „Wer entgegen einem Verbot gemäß diesem Bundesgesetz … Güter einführt, ausführt …“).

Viele Straftatbestände knüpfen an **außerstrafrechtlich konstituierte Rechtsgüter** an (wie das Eigentum oder das Vermögen) und legen selbständig fest, welche Angriffe auf diese Rechtsgüter auch mit Strafe bedroht werden (vgl oben Rz 3a: Betrug). Andere Tatbestände wiederum sind **unabhängig von anderen Rechtsgebieten** formuliert, ohne dass es in diesen einen entsprechenden Schutz gäbe; in diesem Fall schafft das Strafrecht ein Rechtsgut oder zumindest ein Verbot, das auch in anderen Bereichen zu berücksichtigen ist. *Beispiel:* Wer ein Abhörgerät benützt, um sich Kenntnis von der Äußerung eines anderen zu verschaffen, die nicht für ihn bestimmt ist, macht sich nach § 120 Abs 1 strafbar. Das Abhören fremder Gespräche mit „Wanzen“ ist daher verboten und strafbar, unabhängig davon, ob sich ein solches umfassendes Persönlichkeitsrecht bereits aus dem Zivilrecht ergibt oder nicht.

4 d) Die Frage nach der „**Strafbedürftigkeit**“ – ob ein bestimmter Angriff auf ein Rechtsgut auch **strafrechtliche** Folgen auslösen soll – ist zentraler Gegenstand der **Kriminalpolitik** und wird vom **Gesetzgeber** entschieden. Dieser legt fest, ob er (auch) einen gerichtlichen **Straftatbestand** schafft oder nicht.

Das **Bestehen eines Straftatbestandes** bedeutet jedenfalls, dass das Verhalten in der Regel (d.h. abgesehen von besonderen Ausnahmesituationen wie z.B. Notwehr) verboten ist (vgl unten 1/10: Bewertungsnorm). Umgekehrt bedeutet das **Fehlen eines Straftatbestandes** aber nicht, dass ein Verhalten auch erlaubt ist – es kann ja auch (ohne Straftatbestand) gegen zivil- oder verwaltungsrechtliche Normen verstoßen (vgl oben Rz 3).

Die Frage, ob ein bestimmtes Fehlverhalten auch (gerichtlich) strafbar sein soll, wird in **verschiedenen Staaten** verschieden beantwortet: So sind zB in Österreich das (einfache) Schwarzfahren in der Straßenbahn, der unbefugte Gebrauch eines fremden Fahrrades oder eines Computers und das unbefugte Verweilen in einer fremden Wohnung zwar zivilrechtliches Unrecht, nicht aber gerichtlich strafbar.

Auch **zeitlich bestehen Unterschiede**: So hat beispielsweise das Strafrechtsänderungsgesetz 1971 bloße Gefährdungen der körperlichen Sicherheit und bestimmte Fälle der fahrlässigen leichten Körperverletzung aus der gerichtlichen Strafbarkeit herausgenommen, so dass viele Verkehrsübertretungen, die früher zu gerichtlichen Verurteilungen führten, heute nur noch als Verwaltungsübertretungen (vgl unten 1/16) bestraft werden. Seit 2011 bzw seit dem StRÄG 2015 (vgl unten 3/13a) ist die Körperverletzung bei leichter Fahrlässigkeit erst dann gerichtlich strafbar, wenn das Opfer länger als 14 Tage verletzt ist (§ 88 Abs 2). Ehebruch war bis zum StRÄG 1996 (vgl unten 3/7) eine gerichtlich strafbare Handlung. Das StRÄG 2015 beseitigte die Tatbestände der §§ 220a (Werbung für Unzucht mit Tieren), 276 (Verbreitung falscher, beunruhigender Gerüchte) und 281 (Aufforderung zum Ungehorsam gegen Gesetze).

Solchen „**Entkriminalisierungen**“ stehen in jüngerer Zeit vermehrt „**Kriminalisierungen**“ gegenüber, vor allem auf dem Gebiet des Wirtschaftsstrafrechts (zB Computerstrafrecht, Umweltstrafrecht) und zur Bekämpfung organisierter Kriminalität (kriminelle Organisation, Geldwäscherei, Terrorismus). Näher zu dieser Entwicklung vgl die Übersicht unten 3/4 ff. – In gewissen Grenzen haben es auch die Gerichte in der Hand, durch ausdehnende oder einschränkende Anwendung der Tatbestände Kriminalpolitik zu betreiben.

e) **Strafrecht** ist **Rechtsgüterschutz durch Einwirkung auf menschliches Verhalten**: Die Strafnormen sollen die Menschen von Handlungen abhalten, die fremde Rechtsgüter schädigen, und sie sollen die Menschen zu einem rechtskonformen Verhalten bestimmen (*Verhaltensnormen*, **Bestimmungsnormen**). Im weitesten Sinn zählen zum Strafrecht alle Normen, die regeln, unter welchen *Voraussetzungen* (**materielles Strafrecht**) und in welchem *Verfahren* (**Strafprozessrecht**) über einen Menschen die *Rechtsfolge* Strafe zu verhängen und zu vollziehen (**Strafvollzugsrecht**) ist. **5**

Das Rechtsgebiet ist also durch den **Bezug zu einer bestimmten Rechtsfolge**, der **Strafe**, charakterisiert.

f) Das materielle Strafrecht teilt man ein in den **Allgemeinen Teil (AT**, im Strafgesetzbuch §§ 1–74) und in den **Besonderen Teil (BT**: die einzelnen Delikte, §§ 75–321k StGB und Nebengesetze). Beim Allgemeinen Teil unterscheidet man zwischen der *Lehre von der Straftat* (**AT I**, Rechtsfolgevoraussetzungen, vor allem §§ 1–16) und der *Lehre von den Folgen der Straftat* (**AT II**), die vor allem die **Strafen** behandelt. **6**

Im Besonderen Teil werden die Merkmale jener ***Handlungen*** genannt, die das Gesetz mit der besonderen Rechtsfolge ***Strafe*** bedroht (**Straftaten**, Delikte, Verbrechen, Tatbestände, „**crimina**“): Mord und Fahrlässige Tötung, Körperverletzung und Hausfriedensbruch, Raub und Diebstahl usw. Manche Merkmale sind jedoch **gewissermaßen vor die Klammer gezogen**: Dass nur die *vorsätzliche* Tötung als Mord (§ 75) strafbar ist, steht in § 7 Abs 1, also im Allgemeinen Teil. Auch ist nicht jeder strafbar, der einen Deliktstatbestand des BT erfüllt, denn die Tat kann – nach den Regeln des AT – zB gerechtfertigt oder entschuldigt sein.

Gegenstand des AT I, der in diesem Buch behandelt wird, sind daher die allgemeinen Grundlagen des Strafrechts sowie diese allgemeinen Merkmale der Straftat, die freilich immer im Hinblick auf die konkreten Deliktstatbestände gesehen werden müssen. Besonderer und Allgemeiner Teil müssen daher zusammen gelesen und studiert werden (dazu näher *Fuchs/Reindl-Krauskopf*, BT I^7 2 f).

Während die Strafrechtswissenschaft (Strafrecht, Strafprozessrecht und Strafvollzugsrecht) die normative Komponente der **Kriminalwissenschaften** iwS darstellt, beschäftigt sich die empirisch und sozialwissenschaftlich arbeitende **Kriminologie** mit der tatsächlichen Seite der Straftat: mit den (faktischen, nicht rechtlichen) *Erscheinungsformen des Verbrechens*, den *Verbrechensursachen*, der Persönlichkeit des Rechtsbrechers, der *Kriminalsoziologie*, aber auch – der österreichischen Tradition entsprechend – mit der **Kriminalistik**, das ist die wissenschaftliche Technik der Aufklärung von Straftaten und des Beweises (zB DNA-Analyse, Kriminaltechnik, Schriftvergleichung). Wichtige Nachbardisziplinen der Kriminalwissenschaften sind die **gerichtliche Medizin** und die **gerichtliche Psychiatrie**.

II. Das Wesen der Strafe

7 Für eine **Strafe** sind zwei Merkmale wesentlich:

1. Übelscharakter

8 Die Strafe ist ihrem Wesen nach ein **Übel**, das einem Menschen von Staats wegen bewusst **wegen einer vorausgegangenen Tat** zugefügt wird. Das Übel besteht im *Entzug eines Rechtsgutes*, das die Rechtsordnung ansonsten sogar bei Strafe schützt (Freiheit, Vermögen, früher sogar Leben). Die Übelszufügung ist bei der Strafe *gewollt*: Die Strafe soll als Übel empfunden werden und gerade durch ihren Übelscharakter kriminalpolitisch wirken.

Strafrecht greift also sehr schwer, schwerwiegender als andere Rechtsgebiete, in die Freiheiten und Rechte des Bürgers ein. Umso wichtiger ist es, dass eine Strafe nur in einem „**fairen Verfahren**" verhängt werden darf (Strafprozess); das ist verfassungsrechtlich ausdrücklich garantiert (Art 6 EMRK).

9 Dass jede Strafe die Freiheit des Bestraften einschränkt und für ihn ein Übel darstellt, darf jedoch nicht zu dem Fehlschluss verleiten, weniger Strafrecht bedeute mehr Freiheit. Man darf nämlich die Kehrseite nicht vergessen: Das Strafrecht greift zwar in die Rechtsgüter des **Täters** ein, schützt aber auch und in erster Linie die Freiheit und die Güter des (potentiellen) **Opfers**. *Durch Strafrecht* wird nicht einseitig Freiheit eingeschränkt, vielmehr *werden Freiheitsräume* (zwischen potentiellem Täter und potentiellem Opfer) verteilt und *gesichert* (*Nowakowski*, ÖJZ 1965, 281).

2. Tadelsfunktion

Die Übelszufügung drückt bei der Strafe den **staatlichen Tadel** gegenüber dem Täter aus: Die Strafe enthält ein *Unwerturteil über den Täter* wegen seiner Tat und damit auch eine *negative Bewertung seines Verhaltens*, der Straftat (Strafnormen als **Bewertungsnormen**). **10**

Die Tadelsfunktion muss zum Übelscharakter hinzutreten, damit die besondere Rechtsfolge Strafe vorliegt. Sonst ließe sich eine **Steuer** von der Strafe nicht abgrenzen. Der Unterschied besteht darin, dass nur bei der Strafe der Satz gilt: Du sollst das Verhalten, das die Rechtsfolge auslöst, vermeiden. Ein Verhalten zu setzen, das eine Steuerpflicht auslöst, ist dagegen mit keinem rechtlichen Unwerturteil belegt.

Freilich gibt es auch andere Rechtsfolgen, die auf eine negative Bewertung jenes Verhaltens schließen lassen, das sie auslöst (siehe sogleich unten 1/12 ff). Der praktisch wichtigste Unterschied zwischen diesen Rechtsfolgen und der gerichtlichen Strafe liegt **im Plakativen**. **11**

Charakteristisch für die Kriminalstrafe ist der **besondere Tadel**, den sie ausspricht: Der Täter wird – fast könnte man sagen: in feierlicher Weise – mit der schwersten Sanktion belegt, die der staatlichen Gemeinschaft zur Verfügung steht, und ist damit „als Krimineller" „**vorbestraft**", bis seine Verurteilung im **Strafregister „getilgt"** ist (§ 1 TilgungsG). Nur diese schwerste Sanktion ist Gegenstand des Strafrechts ieS.

III. Abgrenzung der Strafe von ähnlichen Rechtsfolgen

Im Einzelnen sind die strafrechtlichen Sanktionen von Rechtsfolgen ähnlichen Charakters **abzugrenzen**: **12**

1. Zivilrechtliche Delikte

Nicht zum Strafrecht gehört das Recht der **zivilrechtlichen „Delikte"**, das **Schadenersatz- oder Haftpflichtrecht**. **13**

Wer schuldhaft eine fremde Sache beschädigt oder einen Vertrag verletzt, ist nach Privatrecht zum Ersatz des Schadens verpflichtet (§ 1295 Abs 1 ABGB). Diese Leistungsverpflichtung mag als ein Übel empfunden werden, eine Strafe ist sie nicht, weil der besondere Tadel fehlt. Zur Schadenersatzpflicht kann freilich Strafbarkeit hinzukommen, wenn der Täter auch einen Straftatbestand erfüllt: *Vorsätzliche* Sachbeschädigung verpflichtet nicht nur zum Schadenersatz, sie ist auch gerichtlich strafbar (§ 125 StGB).

Zum Privatrecht gehört auch die sog „**Konventionalstrafe**" (Vertragsstrafe, § 1336 ABGB), ein vertraglich vereinbarter pauschalierter Schadenersatz.

Ein wichtiges Beispiel für eine Vertragsstrafe ist die „Strafe", die die Kontrollore der Verkehrsbetriebe von einem ertappten **Schwarzfahrer** kassieren: Sie beruht auf dem privatrechtlichen Beförderungsvertrag und ist ggf beim *Zivilgericht* einzuklagen. Dagegen ist das Schwarzfahren in der Straßenbahn nicht gerichtlich strafbar (weil es keinen Tatbestand erfüllt), wohl aber ist es eine *Verwaltungsübertretung*, wenn der ertappte Schwarzfahrer die geforderte Konventionalstrafe nicht sofort oder – nach Identitätsnachweis – innerhalb von zwei Wochen zahlt (Art III Abs 1 Z 2 EGVG idF ab 1.9.2018).

Faktische Machtverhältnisse bewirken bisweilen, dass strafähnliche Maßnahmen im privatrechtlichen Gewand auftreten, man denke an die Möglichkeit einer Betriebsjustiz im Arbeitsrecht oder an manche Formen der Bekämpfung von Ladendiebstählen durch Kaufhäuser („*Standgericht im Warenhaus*"). Hier muss das Zivilrecht regulierend eingreifen, um Auswüchse zu verhindern; gegen Nötigung und Erpressung schützt auch das Strafrecht (§§ 105 f und 144 StGB; näher dazu *Fuchs/Reindl-Krauskopf*, BT I[7] 93 ff, 203 ff).

2. *Kriminalstrafrecht*

14 Das Strafrecht ist dagegen ein Teil des **öffentlichen Rechts**: Bei der Strafverfolgung tritt *der Staat dem Einzelnen in Ausübung seiner Hoheitsgewalt gegenüber*. Der geltend gemachte „Strafanspruch" ist immer (auch bei Privatanklage- und Ermächtigungsdelikten) ein Recht des Staates.

Die geschichtliche Entwicklung hat jedoch das Strafrecht als ein **besonderes Rechtsgebiet** aus dem Verwaltungsrecht ausgegliedert. Da jede Strafverfolgung tief, ja oft existenzbedrohend in das Leben des betroffenen Bürgers eingreift, bestand und besteht ein besonderes Bedürfnis nach außerordentlichen rechtsstaatlichen Garantien. Dazu gehört insbesondere die **Vollziehung durch** unabhängige, unabsetzbare und unversetzbare **Richter**.

15 Diese Bindung des Rechtsgebietes an die Vollziehung durch die Gerichte ist so stark, dass sich in der Folge die Sicht geradezu umgekehrt hat: Das „**Kriminalstrafrecht**", das man üblicherweise meint, wenn man vom Strafrecht schlechthin spricht, ist gerade dadurch **charakterisiert** und **definiert**, dass es den **Strafgerichten zur Vollziehung zugewiesen** ist: Nur Verurteilungen durch die Gerichte – diese aber grundsätzlich immer – haben die oben (1/10 f) beschriebene besondere Tadelswirkung einer Vorstrafe.

3. *Verwaltungsstrafrecht*

16 a) Nicht zum Strafrecht zählt das Recht der **Verwaltungsübertretungen**, bei denen die Strafe in *erster Instanz* nicht durch unabhängige Richter, sondern durch (weisungsgebundene) **Verwaltungsbeamte** verhängt wird. Die Verwaltungsbehörde entscheidet mit **Bescheid**, nicht mit Urteil; dagegen kann **Beschwerde** erhoben werden.

Aus der formalen Zuweisung zur Vollziehung folgt der **Qualitätsunterschied der Sanktion**, nämlich das **Fehlen der besonderen diskriminierenden Wirkung** bei der Verwaltungsstrafe (vgl oben Rz 11).

In *zweiter Instanz* entscheiden **Verwaltungsgerichte** (neun Landesverwaltungsgerichte und das Bundesverwaltungsgericht; *Verwaltungsgerichtsbarkeits-Novelle 2012,* BGBl I 2012/51). Diese können den Strafbescheid der

Verwaltungsbehörde in jeder Hinsicht überprüfen und abändern, sind also sowohl Rechts- als auch Tatsacheninstanz; die Beschwerde an das Verwaltungsgericht hat aufschiebende Wirkung. Auch das Verfahren vor den Verwaltungsgerichten entspricht den wesentlichen rechtsstaatlichen Anforderungen eines gerichtlichen Strafverfahrens. Unter bestimmten Voraussetzungen kann gegen die Entscheidung eines Verwaltungsgerichts noch der **VwGH** und der **VfGH** angerufen werden.

Die Verwaltungsgerichte gehören zwar nicht zur „ordentlichen Gerichtsbarkeit" (Art 82 ff B-VG), die für Zivilrechtssachen und für das (Kriminal-) Strafrecht zuständig ist. Ihre Richter besitzen aber die wesentlichen richterlichen Garantien (Unabhängigkeit, Unabsetzbarkeit, Unversetzbarkeit). Unbefriedigend ist jedoch die Auswahl der Mitglieder: Die Richter der (wichtigen) Landesverwaltungsgerichte werden von den Landesregierungen weitgehend frei ernannt; sie müssen lediglich ein abgeschlossenes Rechtsstudium und fünf Jahre Berufserfahrung haben (Art 134 Abs 2 B-VG). Das strenge Auswahlverfahren und die umfassende Ausbildung samt abschließender Richteramtsprüfung, wie sie für die Richter der ordentlichen Gerichtsbarkeit vorgeschrieben sind (§§ 1–24 RStDG), gilt für die Richter der Verwaltungsgerichte nicht. Auch ist der politische Einfluss auf die Ernennungen viel größer als bei ordentlichen Gerichten.

b) Dieses Verwaltungsstrafrecht gilt traditionell für leichtere Ordnungs- **16a**
und Ungehorsamsdelikte (zB Falschparken und überhaupt das Verkehrsstrafrecht nach der Straßenverkehrsordnung), für die der Aufwand eines gerichtlichen Strafverfahrens unangemessen wäre, und wird dem **Verwaltungsrecht** zugezählt.

Allerdings ist das österreichische Verwaltungsstrafrecht in den letzten Jahren weit über diesen Bereich eines solchen „Ordnungswidrigkeitenrechts" hinausgewachsen. So können beispielsweise bei Verletzungen bestimmter Sorgfalts-, Anzeige- und Meldepflichten zur Verhinderung von Geldwäscherei durch Banken auch über natürliche Personen (Bankmitarbeiter, die für die Einhaltung der Sorgfaltspflichten verantwortlich sind) **Verwaltungsstrafen bis zu fünf Millionen Euro** oder auch (ohne betragsmäßige Begrenzung) „bis zu dem ***Zweifachen des aus dem Verstoß gezogenen Nutzens***" verhängt werden (§ 98 Abs 5b Z 10 iVm § 39 BWG). Dazu kommt die Möglichkeit, über juristische Personen (Unternehmen, zB Banken, Automobilkonzerne) **Verwaltungsstrafen bis zu 10% des Jahresumsatzes** auszusprechen (zB nach § 99d BWG; § 29 Z 1 Kartellgesetz bei Verstößen gegen das Kartellverbot).

c) Verwaltungsstrafen sind grundsätzlich **Geldstrafen** (Geldsummenstrafen, **16b**
keine Tagessätze). Wird die Geldstrafe allerdings nicht bezahlt und bleibt auch eine Exekution erfolglos („Nichteinbringungsfall"), so wird eine **Ersatzfreiheitsstrafe** vollzogen. Ausnahmsweise können Verwaltungsbehörden auch **primäre Freiheitsstrafen** verhängen (zB gegen unverbesserlichen Rückfallstäter, die zum wiederholten Mal beim Fahren ohne Lenkerberechtigung ertappt wurden).

17 d) **Verwaltungsstrafrecht oder Kriminalstrafrecht?** Ob eine Straftat zum gerichtlichen oder zum Verwaltungsstrafrecht gehört, ergibt sich also rein formal durch die **zur Vollziehung berufene Behörde**: ordentliche Gerichte bis zum OGH einerseits und Verwaltungsbehörde und Verwaltungsgerichte andererseits. Die Delikte des StGB sind selbstverständlich Kriminalstrafrecht. In anderen Gesetzen sagt das Gesetz heute ausdrücklich, ob eine Tat von der Verwaltungsbehörde (meist Bezirksverwaltungsbehörde oder Landespolizeidirektion) oder von den Gerichten zu verfolgen ist, indem es die zur Vollziehung berufene Behörde ausdrücklich nennt (vgl zB §§ 50–51 Waffengesetz). Bei alten Gesetzen kann die Auslegung schwierig sein.

18 In manchen Rechtsgebieten entscheidet die Höhe des Schadens über die Zuständigkeit, so insbesondere im **Finanzstrafrecht**: Steuerhinterziehungen bis zu 100.000 Euro sind idR Verwaltungsübertretungen, darüber hinaus werden sie zu gerichtlich strafbaren Handlungen (§ 53 Abs 1 FinStrG).

19 e) In der **kriminalpolitischen Entscheidung**, ob er die Sanktionierung eines Verhaltens durch eine Kriminalstrafe für notwendig erachtet oder aber eine Verwaltungsübertretung als ausreichend ansieht, ist der *Gesetzgeber* weitgehend frei (VfGH G 203/2014). So kommt es, dass in Österreich manche Rechtsbrüche bloß als Verwaltungsübertretungen bestraft werden, die in anderen Staaten gerichtlich strafbare Handlungen sind, zB das *Autofahren ohne Lenkerberechtigung* oder *in alkoholisiertem Zustand*, solange der Lenker keinen Unfall mit Personenschaden verschuldet. Gerade für diese Fälle werden (Verwaltungs-)Freiheitsstrafen im Wiederholungsfall für unentbehrlich gehalten.

20 Der einfache Gesetzgeber ist allerdings insoweit verfassungsrechtlich gebunden, als im Verwaltungsstrafrecht **Freiheitsstrafen** nur bis zu **sechs Wochen** (wenn auch in erster Instanz eine unabhängige Behörde entscheidet: bis zu drei Monaten) vorgesehen werden dürfen; will der Gesetzgeber eine höhere Strafdrohung, so muss er die Gerichte mit dem Vollzug betrauen (Art 3 Abs 2 des BVGPersFr).

21 Für **Geldstrafen** gibt es keine ausdrückliche Grenze im Verfassungsrecht. Der **Verfassungsgerichtshof** nennt in seiner aktuellen Rechtsprechung (Erk vom 13.12.2017 G 408/2016) nur zwei verfassungsrechtliche Schranken: zum einen die Bindung an das **allgemeine Sachlichkeitsgebot**, das insbes exzessive Strafdrohungen verbietet. Und zum anderen Art 91 Abs 2 und 3 B-VG, wonach bei besonders schweren Delikten mit hohen Strafdrohungen **Geschworene** und **Schöffengerichte** entscheiden müssen, also Organe der ordentlichen Gerichtsbarkeit mit Laienbeteiligung. Diese Schranke hat aber kaum praktische Bedeutung, weil bei solchen besonders schweren Delikten nicht nur Geldstrafen angedroht werden und Freiheitsstrafen von mehr als sechs Wochen bzw drei Monaten ohnedies den ordentlichen Gerichten vorbehalten ist (Art 3 Abs 2 des BVGPersFr, s.o.).

Der Verfassungsgerichtshof war allerdings lange Zeit anderer Ansicht: Der einfache Gesetzgeber sei verpflichtet, Strafgerichte mit der Vollziehung zu betrauen, wenn eine Strafbestimmung eine **„schwerwiegende Strafe"** androhe, die eine so „hohe Sozialschädlichkeit" des mit Strafe bedrohten Verhaltens zum Ausdruck bringe, dass die strafbare Handlung zum **„Kernbereich der Strafgerichtsbarkeit"** gehöre und darum nicht den Verwaltungsbehörden, sondern nur den Gerichten zur Vollziehung zugewiesen werden dürfe (Leitentscheidung: VfSlg 12.151/1989). Als „schwerwiegend" sah der VfGH **Geldstrafen** an, die „ein nach dem allgemeinen Stand der Gesetzgebung für die Strafgerichtsbarkeit typisches hohes Ausmaß" erreichen, wobei der VfGH die angedrohte Verwaltungsstrafe mit dem Höchstbetrag der Geldstrafe verglich, die nach dem Tagessatzsystem des StGB verhängt werden kann (das waren 1989 zur Zeit der Leitentscheidung 1.620.000 Schilling = rund 120.000 Euro nach damaligem Geldwert). **21a**

Von dieser Rechtsprechung ist der VfGH mit dem oben genannten Erk aus 2017 ausdrücklich abgerückt. Nunmehr lässt er auch sehr hohe Geldstrafen der Verwaltung zu; im Anlassfall des § 99d BWG (oben Rz 16a) erachtete er die Androhung von Geldstrafen bis zu 10 Prozent des gesamten Jahresumsatzes (nicht des Gewinns!) der Bank oder bis zum Zweifachen des durch Tat erzielten Nutzens für verfassungsgemäß. Dies sei möglich, weil seit der Einführung einer Verwaltungsgerichtsbarkeit in Österreich 2014 über Verwaltungsstrafen in zweiter Instanz nunmehr echte Gerichte entscheiden, die mit allen Garantien der richterlichen Unabhängigkeit ausgestattet sind (vgl oben Rz 16).

Mit dieser neuen Rechtsprechung ermöglicht es der Verfassungsgerichtshof dem Gesetzgeber, seine **Bewertung über die Sozialschädlichkeit** eines Verhaltens nicht nur durch die Höhe der angedrohten Strafe, sondern auch und vor allem *durch die Zuweisung* eines Vergehens *zum gerichtlichen oder zum Verwaltungsstrafrecht* zum Ausdruck zu bringen. Auch kann der Gesetzgeber nunmehr, wenn es ihm (insbesondere bei Taten aus Gewinnstreben) als erforderlich erscheint, **empfindliche Geldstrafen** androhen, **ohne** dass damit die **diskriminierende Wirkung** einer gerichtlichen Strafe verbunden sein müsste.

Freilich: Der VfGH hat bisher nur über Geldstrafen gegen juristische Personen (große Unternehmen) entschieden, also über Sanktionen, die **nicht einen Menschen unmittelbar und persönlich treffen**. Ob man bei sehr hohen persönlichen Geldstrafen auch so großzügig sein kann oder in diesem Fall nicht doch die Garantien der ordentlichen Gerichtsbarkeit und der Strafprozessordnung verlangen sollte, wäre noch zu prüfen.

f) Dass Verwaltungsbehörden auch **Freiheitsstrafen** verhängen dürfen, ist eine Besonderheit des österreichischen Rechts und hat einen Vorbehalt Österreichs zur Europäischen Menschenrechtskonvention (EMRK) notwendig gemacht, da diese zur Verhängung von Freiheitsstrafen (Art 5 Abs 1 lit a EMRK) und überhaupt zur Entscheidung über strafrechtliche Anklagen ein **„unabhängiges und unparteiisches, auf Gesetz beruhendes Gericht"** („Tribunal") fordert (Art 6 Abs 1 EMRK). **22**

Dieser Vorbehalt ist seit der Einführung der Verwaltungsgerichtsbarkeit in Österreich bedeutungslos geworden, weil die Verwaltungsgerichte ohne Zweifel Tribunale iSd EMRK sind und den Strafbescheid der Verwaltungsbehörde in jeder Hinsicht überprüfen und abändern können.

4. Zwangs- und Beugemittel

23 Nicht zum Strafrecht zählen auch das Recht der **Zwangs- und Beugemittel** (zB im Strafprozess gegen einen Zeugen, der unberechtigt die Aussage verweigert, § 93 Abs 4 StPO) und das sog **Disziplinarrecht** der Beamten, Soldaten, Rechtsanwälte, Ärzte usw. Freilich ist bei diesem der Strafcharakter der verhängten Maßnahme nicht zu leugnen, und die Rechtsfolge kann für den Betroffenen äußerst schwer wiegen (zB Entlassung eines Beamten, Streichung aus der Liste der Rechtsanwälte). Der EGMR (vgl unten 3/16) rechnet daher diese Sanktionen, wenn sie eine gewisse Schwere übersteigen, auch zu den Strafen, die den Anforderungen der EMRK genügen müssen.

IV. Vom Strafrecht zum Kriminalrecht

24 a) Die enge Verbindung mit der Rechtsfolge Strafe, die oben (1/5) als das Charakteristikum des Strafrechts genannt wurde, besteht heute allerdings nur noch dem Grundsatz nach. Denn das moderne Strafrecht kennt auch **andere Rechtsfolgen**:

25 – Seit 1975 können die Strafgerichte auch **vorbeugende Maßnahmen** anordnen. Das StGB nennt als solche Maßnahmen die Einweisung in eine Anstalt für **geistig abnorme Rechtsbrecher** (§ 21), in eine Anstalt für entwöhnungsbedürftige Rechtsbrecher (§ 22), in eine Anstalt für gefährliche Rückfallstäter (§ 23) sowie die **Einziehung** gefährlicher Gegenstände (§ 26, § 34 Suchtmittelgesetz). Andere Maßnahmen sind im Nebenstrafrecht vorgesehen (zB Urteilsveröffentlichung, § 34 MedienG). Ihnen allen fehlt die Tadelsfunktion, die die Strafe charakterisiert (näher zu dieser „**zweiten Spur**" des Strafrechts unten 2/41 ff).

26 – Die **„dritte Spur"** des Strafrechts ist die **Diversion** (im Jugendstrafrecht seit 1988, bei Erwachsenen seit 2000; zB *K/H/K*, AT[16] Kap 40). Sie eröffnet die Möglichkeit, bei *leichten* und bei *mittelschweren Straftaten* auf Strafe zu verzichten und stattdessen mit anderen, geeigneteren Mitteln auf das strafbare Verhalten zu reagieren (zB Geldbuße, Außergerichtlicher Tatausgleich; §§ 198 ff StPO, vgl unten 2/51 und näher in den Lehrbüchern zum AT II).

27 – Weiters können – neben oder anstelle einer Bestrafung – **vermögensrechtliche Anordnungen** getroffen werden, die dem Täter den finanziellen Vorteil wieder abnehmen sollen, den er durch die Straftat erlangt hat (***Abschöpfung der Bereicherung***), aber zum Teil auch als ***vermögensrechtliche Nebenstrafen*** weit darüber hinaus gehen.

In Österreich sind dies **Verfall** (§ 20 ff) und **Konfiskation** (§ 19a, vgl 2/45 ff).

– Die jüngste Rechtsfolge ist seit 2006 (BGBl I 2005/151) die sog **Verbandsverantwortlichkeit**: Verbände, das sind im Wesentlichen alle juristischen Personen (AG, GmbH, Vereine) und die Personengesellschaften des Unternehmensrechts, können für Straftaten ihrer Entscheidungsträger (Vorstand, Geschäftsführung) und uU auch für Taten anderer Mitarbeiter verantwortlich gemacht und mit Sanktionen (Verbandsgeldbuße) belegt werden. Näher unten 6/9 f. **28**

Alle diese Rechtsfolgen werden, obwohl sie zumeist keine Strafen sind, in einem **Strafverfahren** durch die Strafgerichte verhängt (oder bei der Diversion nach einer Entscheidung des Staatsanwalts vom Verdächtigen freiwillig übernommen) und darum zum Strafrecht gerechnet (vgl näher unten 2/41 ff und im AT II).

b) In der Praxis des Strafrechts hat insbesondere die **Diversion** große Bedeutung: Jährlich werden in Österreich mehr als 50.000 Strafverfahren nach einer Diversion eingestellt. Dem steht etwa die gleiche Zahl von gerichtlichen Verurteilungen gegenüber. In **jedem zweiten Fall** führt also heute eine Straftat nicht zur Bestrafung des Täters, sondern zu einer diversionellen Erledigung. **29**

Diese Entwicklung zeigt, dass das Strafrecht derzeit – wie viele andere Bereiche der Gesellschaft – raschen und grundlegenden Veränderungen unterliegt: Es entwickelt sich vom reinen **„Straf"-Recht**, das nur Geld- und Freiheitsstrafen kannte, hin zu einem „**Kriminalrecht**" (vgl engl. *criminal law*) mit einer breiten Palette von Reaktionsmöglichkeiten auf strafbares Verhalten, von denen die Strafverfolgungsbehörden (Gericht und Staatsanwaltschaft) die – insbes zur Erreichung der Strafzwecke (unten 2/10 ff) – jeweils beste und angemessene Reaktion auszuwählen haben.

Anknüpfungspunkt für alle diese Rechtsfolgen ist jedoch immer das „**Crimen**", das **im Gesetz grundsätzlich für strafbar erklärte Verhalten**.

2. Kapitel: Zweck und Rechtfertigung der Strafe

Literaturauswahl: *Bertel*, Die Generalprävention, Pallin-FS (1989) 31; *Burgstaller*, Kriminalpolitik nach 100 Jahren IKV/AIDP, ZStW 1990, 637; *ders*, Grundprobleme des Strafzumessungsrechts in Österreich, ZStW 1982, 127; *Fuchs*, Mangelnde Strafwürdigkeit der Tat (§ 42), JAP 1990/91, 134; *Karollus*, Zur verfassungsrechtlichen Verankerung des strafrechtlichen Schuldprinzips, ÖJZ 1987, 677; *Lewisch*, Verfassung und Strafrecht (1993), insbes 231 ff; *Nowakowski*, Freiheit, Schuld, Vergeltung, Rittler-FS (1957) 55 = Perspektiven 49; *ders*, Die Maßnahmenkomponente im StGB, Broda-FS (1976) 193 = Perspektiven 93; *Platzgummer*, WK[1] §§ 18–20; *ders*, Strafe, Schuld und Persönlichkeitsadäquanz. Zugleich ein Beitrag zur Kritik der charakterologischen Schuldauffassung, Pallin-FS (1989) 319; *Zerbes*, Schuldausschluss bei Affekttaten. Eine Präzisierung der strafrechtlichen Zurechnungsunfähigkeit (1999). – *Zur Diversion*: *Miklau/Schroll* (Hg), Diversion. Ein anderer Umgang mit Straftaten (1999); *Hinterhofer*, Diversion statt Strafe (2000); *Schütz*, Diversionsentscheidungen im Strafrecht (2003).

I. Die Strafrechtstheorien

1 Die Strafe als ein **Übel**, das einem Menschen von Staats wegen bewusst und gewollt zugefügt wird, *bedarf einer besonderen Rechtfertigung* (*Nowakowski*, Grundzüge 25). Historische Versuche dazu sind die sog **Strafrechtstheorien**:

2 1. Die **absoluten Theorien** sind **Vergeltungstheorien**: Sie schauen zurück, sehen in der Strafe den Ausgleich für die begangene Tat und streben diesen *um seiner selbst willen* aus Gründen der *Gerechtigkeit* an. Ob die Strafe daneben für soziologisch fassbare Zwecke förderlich oder gar nötig ist, bleibt außer Betracht. Bestraft wird, weil die Tat begangen worden ist (*quia peccatum est*).

3 a) Die Vergeltungstheorien sind alt und haben *sakrale Wurzeln*: den Gedanken, die Bestrafung des Verbrechers sei ein notwendiges Opfer an die erzürnte Gottheit, um diese mit der Gemeinschaft wieder zu versöhnen. Auch dieser Ursprung erklärt, warum sie leicht zur *Selbstüberhebung* des Menschen führen, der es sich anmaßt, göttliche Gerechtigkeit zu üben.

4 b) Eine rationale Begründung einer absoluten Theorie findet sich dagegen bei KANT:

> *„Richterliche Strafe ... kann niemals bloß als Mittel, ein anderes Gute zu befördern, für den Verbrecher selbst, oder für die bürgerliche Gesellschaft, sondern muss jederzeit nur darum wider ihn verhängt werden, weil er verbrochen hat; denn der Mensch kann nie bloß als Mittel zu den Absichten eines anderen gehandhabt und unter die Gegenstände des Sachenrechts gemengt werden, wowider ihn seine angeborne Persönlichkeit schützt." (Metaphysik der Sitten, Werke IV, hg v Weischedel, 453)*

Für KANT ist es also der Grundsatz, dass der Mensch *nie bloßes Mittel zum Zweck* sein darf, der Zweckerwägungen im Strafrecht verbietet. Dass es auf den Ausgleich allein um der Gerechtigkeit willen ankommt, zeigt anschaulich KANTS **Inselbeispiel**:

„Selbst, wenn sich die bürgerliche Gesellschaft mit aller Glieder Einstimmung auflöste (zB das eine Insel bewohnende Volk beschlösse, auseinander zu gehen und sich in alle Welt zu zerstreuen), müsste der letzte im Gefängnis befindliche Mörder vorher hingerichtet werden, damit jedermann das widerfahre, was seine Taten Wert sind." (ebendort 455)

2. Im Gegensatz zu den absoluten sind die **relativen Theorien** *Zwecktheorien*: Die Strafe hat nicht irdische Gerechtigkeit zu verwirklichen, sondern dem *Schutz der menschlichen Gesellschaft* zu dienen. Der Sinn des Strafrechts liegt allein darin, künftige Straftaten zu verhindern (**Prävention**): durch Einwirkung auf die Allgemeinheit (**Generalprävention**) und durch Einwirkung auf den einzelnen Täter (Rückfallverhütung, **Spezialprävention**). Die relativen Theorien schauen daher in die Zukunft: Bestraft wird, damit keine weiteren Taten begangen werden (*ne peccetur*). **5**

Eine relative Straftheorie mit dem Schwerpunkt auf der *Generalprävention* ist Paul Anselm von FEUERBACHS **Lehre vom psychologischen Zwang**. Sie beruht auf folgender Überlegung: Wer sich mit dem Gedanken trägt, seine Probleme durch eine Straftat zu lösen (zB seine finanziellen Sorgen durch die Ermordung des Erbonkels), der verbindet mit seinen Überlegungen Lustgefühle. Diese können durch die Unlustgefühle überkompensiert werden, die der Gedanke an die drohende Bestrafung verursacht, so dass es insgesamt doch besser erscheint, auf die Ausführung der Straftat zu verzichten. FEUERBACH betont damit die **motivatorische Kraft der Strafdrohung**; die Verhängung der Strafe ist lediglich notwendig, um den Ernst der Drohung klarzustellen. **6**

Die *spezialpräventive* Straftheorie ist mit Franz von LISZT verbunden, der den „**Zweckgedanken im Strafrecht**" in den Vordergrund stellte: Aufgabe des Strafrechts sei es, **7**

- den nicht besserungsbedürftigen **Gelegenheitstäter** durch einen Denkzettel *aufzurütteln*, um ihn von weiteren Straftaten abzuschrecken,
- den **besserungsfähigen Zustandsverbrecher** durch Erziehung im Strafvollzug zu *resozialisieren* und
- den **unverbesserlichen Gewohnheitsverbrecher** durch Anhaltung auf unbestimmte Zeit *unschädlich zu machen*.

Mit diesem „Marburger Programm" (1882) verband LISZT eine Fülle von Forderungen an die Praxis (zB die Eindämmung der kurzen Freiheitsstrafe, eine Verbesserung des Strafvollzugs, Anreicherung der Strafe mit Maßnahmencharakter), die auch heute noch hochaktuell sind.

Die Schriften Liszt's zeigen aber auch, wie hart, ja **grausam und unmenschlich** eine schrankenlos spezialpräventiv orientierte Kriminalpolitik sein kann: Unverbesserliche Gewohnheitstäter – nicht nur Mörder und Räuber, sondern alle „vom Taschendieb bis zum Bankbrecher, vom Bettelbetrüger bis zum Hochstapler" (*Liszt*, ZStW 1901, 128) – seien auf Lebenszeit wegzusperren, und zwar „in ‚Strafknechtschaft'", möglich billig und unter schonungsloser Ausnützung ihrer Arbeitskraft, weil sie sonst ohnedies keinen Nutzen für die Gesellschaft mehr erbringen könnten und jeder Aufwand bei ihnen nur Geldverschwendung und Missbrauch der Steuerzahler sei (*Liszt,* ZStW 1883, 40). Die Gesellschaft müsse vor diesem „Heer der grundsätzlichen Gegner der Gesellschaftsordnung" bedingungslos geschützt werden, und ein **tatbezogenes Vergeltungsprinzip** stelle hier nur unwillkommene Hindernisse in den Weg (*Liszt*, ZStW 1883, 37 ff).

8 3. Den prinzipiellen Gegensatz zwischen den absoluten und den relativen Theorien zu überwinden, war das Anliegen der sog **Vereinigungstheorien**: Die Strafe ist ihrem *Wesen nach Vergeltung*, dient jedoch zugleich *general- und spezialpräventiven Bedürfnissen.* Aber mit solchen Formeln wird versucht, in Wahrheit Unvereinbares auf einen Nenner zu bringen. Denn die absoluten Theorien schielen, zumindest in ihren klassischen Ausprägungen, nicht auf rationale Wirkungen der Strafe, sondern dienen allein einer Idee. Und den relativen ist der Vergeltungsgedanke gänzlich fremd. So hat KANT seine Lehre bewusst den Zwecktheorien des 18. Jahrhunderts entgegengestellt.

II. Zweck und Legitimation der Strafe in heutiger Sicht

9 Heute ist es üblich, die Frage nach der **Legitimation des Strafrechts** von der Frage nach dem **Zweck der Strafe** zumindest im Ansatz streng zu trennen. Die Frage nach dem Zweck soll klären, *was* der Staat mit dem strafrechtlichen Instrumentarium erreichen will, die Legitimationsfrage, *warum* er dieses Mittel zur Erreichung dieses Zweckes gegen den Einzelnen einsetzen darf. Freilich besteht ein Zusammenhang: Nur die sinn- und zweckhafte Strafe kann legitim sein.

1. Strafzwecke

10 Die Antwort auf die **Zweckfrage** ist unbestritten: Das Strafrecht soll Verbrechen verhüten und damit **Rechtsgüter schützen**. Es dient dem Schutz des Zusammenlebens der Menschen in der Gemeinschaft. Im Einzelnen kann auf die von den relativen Straftheorien entwickelten Begriffe zurückgegriffen werden:

- **Spezialprävention** ist *Verbrechensverhütung durch Einwirkung auf den Täter selbst*, also Rückfallverhütung im weitesten Sinn;
- **Generalprävention** ist Verbrechensverhinderung durch Einwirkung auf die Allgemeinheit.

a) Spezialprävention

11 Die **spezialpräventive Wirkung** des Strafrechts beruht im Wesentlichen auf den drei Mechanismen, die schon LISZT beschrieben hat: **Abschreckung**, **Resozialisierung** und, wenn die anderen Mittel versagen, **Abschließung**, wobei in heutiger Sicht das Schwergewicht auf den Resozialisierungsbemühungen liegt.

Die spezialpräventiven Zielsetzungen der Strafe haben weitreichende **Konsequenzen** für die *Ausgestaltung des Strafrechts und des Strafvollzugs*. Sie erfordern es, vom reinen Übelscharakter der Strafe abzugehen und dieser auch einen positiven, aufbauenden Inhalt zu geben, sie mit Maßnahmencharakter anzureichern. Dazu gehört etwa, dass der Straftäter die Möglichkeit erhält, in der Haft eine Berufsausbildung zu beginnen und abzuschließen. Vor allem aber sollte der Strafvollzug so gestaltet sein, dass er zur **Selbständigkeit** erzieht. Die Praxis bleibt leider hinter den theoretischen Ansprüchen weit zurück. Zum Teil ist dies eine Frage der Kosten des Strafvollzugs und der Bewusstseinsbildung in der Bevölkerung. **12**

Die **Resozialisierung** durch Erziehung im Strafvollzug wurde lange Zeit hindurch als ein vorrangiges Ziel des Strafrechts angesehen. Seit der Mitte der siebziger Jahre ist jedoch ein deutlicher *Entwicklungsbruch* zu erkennen: Aufgrund der sehr bescheidenen praktischen Erfolge (nach wie vor hohe Rückfallsquoten) schätzt man heute die Möglichkeiten einer Behandlung im Strafvollzug eher gering ein. Freilich werden aus dieser Erfahrung gegensätzliche Schlüsse gezogen: Während manche an eine offene Rückkehr zur Vergeltungsstrafe als den (angeblich) ehrlicheren Weg denken, fordern andere eine weitgehende Zurückdrängung der Freiheitsstrafe, deren **entsozialisierende** Wirkung offenbar nie wirklich vermieden werden kann. **13**

Tatsächlich sollte man aus dieser Enttäuschung die Lehre ziehen, dass *ambulanten Maßnahmen* (Geldstrafe, bedingte Nachsicht, Konfliktregelung, Diversion, elektronisch überwachter Hausarrest) der Vorzug zu geben ist und die Freiheitsstrafe dort, wo sie trotz allem derzeit unumgänglich ist, mit dem Ziel einer **Schadensminimierung** wenigstens so gestaltet werden sollte, dass ihre *entsozialisierende Wirkung möglichst gering* gehalten wird. Das Ende der Behandlungseuphorie darf nicht das Ende der Bemühungen um einen rationalen und humanen Strafvollzug sein. – Näheres in den Lehrbüchern zum AT II.

b) Generalprävention

Auch bei der **Generalprävention** werden drei Gesichtspunkte angeführt: Neben dem klassischen Gedanken der **Abschreckung** wird zunehmend die **Rechtsbewährungswirkung** der Strafe betont: Die **plakative Bezeichnung** des Verhaltens als Straftat erweist den Normbruch unmissverständlich als Fehler („kontrafaktisch stabilisierte Verhaltenserwartung"), und die **Strafe** macht den Vorteil wieder zunichte, den sich der Täter durch sein unerlaubtes Verhalten verschafft hat. Sie verhindert damit, dass der gesetzestreue Bürger, der sich an die in der Gesellschaft geltenden Rechtsregeln hält, als der Dumme dasteht, der zu feig oder zu ungeschickt war, sich einen Vorteil zu verschaffen. Damit bestärkt und bekräftigt das Strafrecht den ***Geltungsanspruch der Rechtsordnung*** in der Allgemeinheit und die Verbindlichkeit der Wertanforderungen des Rechts. Es weckt die Überzeugung: „Verbrechen lohnt sich eben doch nicht." **14**

Das dritte Element der Generalprävention ist die sog **„sittenbildende Kraft des Strafrechts"** (*Hellmuth Mayer*): Die Androhung von Strafe – im Vergleich zu anderen Sanktionen des Rechts – ist das *augenfälligste und schärfste Mittel*, durch das die Gesellschaft ihre Missbilligung eines menschlichen Verhaltens ausdrücken kann. Es ist daher nicht nur so, dass eine vorgegebene Wertordnung in das Normensystem des Strafrechts übernommen wird, sondern es besteht eine *Wechselwirkung*: Das Strafrecht wirkt seinerseits auf die in der Gesellschaft geltenden Wertvorstellungen („sittenbildend") zurück. **15**

16 In jüngerer Zeit ist zunehmend der Gedanke des **Opferschutzes** durch das Strafrecht in den Vordergrund gerückt worden. Er lässt sich aber ohne weiteres in die herkömmlichen Strafzwecke integrieren: Ein außergerichtlicher Tatausgleich (vgl unten 2/51) nützt nicht nur dem Opfer der Straftat, das rasch und wirksam materiellen und – soweit möglich – ideellen Schadenersatz erhält, er wirkt auch *spezialpräventiv* auf den Täter ein und zeigt der *Gesellschaft*, dass der Staat auf Straftaten reagiert. Überhaupt hängt die generalpräventive Wirkung viel weniger von der Art der Reaktion ab als vielmehr davon, **dass der Staat** auf Rechtsbrüche **reagiert**.

c) Ablehnung der Vergeltung als Strafzweck

17 Dagegen „ist man sich heute darüber einig, dass der Staat weder befugt noch in der Lage wäre, nur um der Gerechtigkeit willen Vergeltung zu üben" (*Platzgummer*, Vorbem WK[1] § 18 Rz 5). Die **Vergeltung** ist also **kein selbständiger Zweck des Strafrechts** neben den kriminalpolitischen Zielen der General- und Spezialprävention. Dies folgt bereits aus dem heutigen Verständnis der Staatsfunktionen, nämlich aus der *Begrenzung der Staatszwecke* auf das für das Zusammenleben der Menschen Nötige und aus der Ablehnung jeder metaphysischen Zielsetzung staatlicher Tätigkeit (*säkularisierter Staat*). Diese Position ist auch positivrechtlich gut abgesichert: Immer, wenn im Gesetz die Strafzwecke angesprochen werden (zB §§ 37, 43, 46 StGB, §§ 191, 198 StPO), ist ausschließlich von der General- und Spezialprävention die Rede (in § 37 Abs 1 und in § 41 StGB überhaupt nur von der Spezialprävention).

Allerdings ist nicht zu übersehen, dass der Vergeltungsgedanke *über die soeben dargestellte Rechtsbewährungswirkung in die Strafzwecke* einfließt. Aber das darf nicht mit dem Vergeltungszweck im Sinne einer absoluten Straftheorie vermengt werden: Soweit durch Strafe Vergeltung geübt wird, geschieht dies nicht um der Gerechtigkeit willen, sondern *zur Erzielung rationaler Zwecke*. Die Vergeltung wird, soweit erforderlich, zum Mittel der Generalprävention, ihre Ausübung ist an diese Zielsetzung gebunden.

2. Die Unentbehrlichkeit des Strafrechts

18 Dass die Strafe ein **zweckmäßiges Mittel** zum Schutz von Rechtsgütern ist, kann für sich allein noch nicht begründen, dass der Einzelne sie erleiden muss.

19 Die **Rechtfertigung** staatlichen Strafens kann aber durch den Nachweis versucht werden, dass die Strafe nicht nur ein wirksames, sondern auch ein **unentbehrliches Mittel** zur Erhaltung der menschlichen Gesellschaft ist. Dies gilt besonders in jenen Fällen, in denen ziviler Ersatz den Schaden nur unvollkommen ausgleichen kann (zB bei Körperverletzungen) oder ein Selbstschutz nur sehr schwer möglich ist.

20 In der Tat dürfte vor allem die **Rechtsbewährungsfunktion** des Strafrechts unverzichtbar sein. Denn einerseits gibt es offensichtlich Rechtsgüter wie etwa das menschliche Leben, die durch ein bloßes Schadenersatzrecht *nicht ausreichend geschützt* werden können. Aber sogar bei bloßen Ordnungswid-

rigkeiten, nämlich dann, wenn ein für den Einzelnen rationales Verhalten aus Gründen des Gemeinwohls verboten ist, muss der Staat bei Rechtsverletzungen *ausgleichend eingreifen*, will er nicht weitere Rechtsbrüche (Vorbildwirkung) oder aber Selbsthilfe und Privatjustiz provozieren.

Paradoxerweise ist die Rechtsbewährungswirkung der Strafe umso wichtiger, *je geringer* der „natürliche Unwertgehalt" eines Deliktes ist: Ein unbestrafter Mord wird kaum jemanden zur Nachahmung verleiten, wohl aber ein reaktionslos hingenommener Ladendiebstahl. **21**

Wer überzeugt ist, dass die ungestraften Rechtsbrüche anderer ihn niemals zu Rechtsverletzungen oder zu eigenmächtiger Selbsthilfe verleiten könnten, möge sich nur vergegenwärtigen, was für Gedanken in ihm in der an sich harmlosen (und gar nicht gerichtlich strafbaren) Situation aufkommen, wenn er *auf der Autobahn im Stau* steckt und zusehen muss, wie ein Auto nach dem anderen unerlaubt auf dem Pannenstreifen vorfährt. Und er möge bedenken, wie sich seine Gefühle ändern, wenn am Ende der Überholstrecke die Polizei steht und von den Vorfahrenden Strafgelder kassiert. Auch in der **Rechtsgeschichte** ist es kaum ein Zufall, dass der **Ewige Landfriede von 1495**, der nach vielen vergeblichen Bemühungen das mittelalterliche Fehdewesen endgültig beseitigte, auf das Jahr genau mit der Einrichtung einer wirkungsvollen Strafgerichtsbarkeit im *Reichskammergericht* zusammenfällt. Ohne wirkungsvolles Strafrecht wird der Rücksichtslose zum Klugen, das soziale Gefüge gerät ins Wanken, die gesellschaftlichen Werte verschwimmen und kehren sich um.

Allerdings darf sich die Bekämpfung der Kriminalität *nicht auf Maßnahmen des Strafrechts beschränken*: Bessere Familien, mehr gute Kindergärten und eine **wertorientierte Erziehung** statt einer wert(e)losen sind viel wirksamer als neue Strafgesetze, die aus einem aktuellen Anlass heraus vom Gesetzgeber nur allzuleicht beschlossen werden. Überhaupt werden die Möglichkeiten des Strafrechts bei weitem überschätzt. Dazu kommt, dass jede Überreaktion des Gesetzgebers – etwa durch überhöhte Strafdrohungen – die Wirksamkeit des Strafrechts nicht erhöht, sondern vermindert. Denn nicht eine übertrieben hohe, sondern die gerechte Strafe wirkt generalpräventiv am besten. Auch muss das Zweckdenken im Strafrecht an den **rechtsstaatlichen Grundsätzen** – dem **Schuldgrundsatz**, dem Grundsatz der **Verhältnismäßigkeit**, dem Bestimmtheitsgrundsatz, den Grundrechten usw – seine Grenze finden. **22**

3. Schuld als Voraussetzung der Strafe

a) Schuld als persönliche Vorwerfbarkeit

Aber gesellschaftliche **Zweckmäßigkeit** und **Notwendigkeit** können *noch immer nicht genügen*, die Bestrafung eines Menschen zu rechtfertigen. Denn es ist keineswegs ausgemacht, dass die Erhaltung der Gesellschaft ein absolutes Gut ist, vor dem der Einzelne mit seinen Rechtsgütern unbedingt weichen müsste. Außerdem wäre der Einzelne als schutzloses Objekt der staatlichen Kriminalpolitik ausgeliefert, wenn man den Zweck Verbrechensverhütung das Mittel Strafe heiligen lassen wollte. Der *Mensch wäre bloßes Mittel zum Zweck* (vgl oben KANT, 2/4). **23**

24 Die mit der Strafe verbundene **sozialethische Verurteilung** darf daher den Einzelnen nur dann treffen, wenn ihm sein Verhalten **persönlich zum Vorwurf** gemacht werden kann: Das verbotene Verhalten muss dem Täter als jenem *zugerechnet* werden können, der *als Person* für dieses Verhalten verantwortlich gemacht und bestraft wird. Diese *persönliche Verantwortlichkeit*, die man Schuld nennt, ist eine unabdingbare Voraussetzung der Strafe.

„Dass der Einzelne der Gesamtheit notfalls auch das Opfer bringen müsse, sich – ohne Rücksicht auf seine Schuld – als ‚Verbrecher' abstempeln zu lassen, wäre eine mit freiheitlich-rechtsstaatlichen Grundsätzen ganz unvereinbare, auf die Selbsterniedrigung der Person gerichtete Forderung." (*Stratenwerth,* AT[1] [1971] Rz 29)

25 Die **Schuld** des Täters, verstanden als die **persönliche Vorwerfbarkeit des rechtswidrigen Verhaltens**, ist daher eine weitere notwendige Voraussetzung für die **Legitimität** staatlichen Strafens. Das **Schuldprinzip** als tragender Grundsatz des Strafrechts ist im Gesetz mehrfach verankert: Keine Strafe ohne Schuld (§ 4); jeder wird nach seiner eigenen Schuld bestraft (§ 13); Schuld als die Grundlage der Strafzumessung (§ 32).

26 Insoweit besteht im Grundsatz Einigkeit. Umstritten ist jedoch die Frage, was der **Inhalt des strafrechtlichen Schuldvorwurfes** ist; was denn dem Täter eigentlich „zum Vorwurf" gemacht wird, wenn seine Schuld festgestellt wird. Ein falsches Verhalten kann einem Menschen nämlich sinnvollerweise nur dann persönlich zum Vorwurf gemacht werden, wenn die Person, der dieser Vorwurf gemacht wird, **individuell anders hätte handeln können**. Damit stellt sich das **uralte Problem der Willensfreiheit**, des Determinismus und des Indeterminismus.

b) Sittlich neutrale Schuld?

27 Es gibt mehrere Versuche, die sich daraus ergebenden **Schwierigkeiten zu umgehen**:

aa) Schuld als Ausfluss der präventiven Bedürfnisse?

28 Die Unzulänglichkeit aller Versuche, den Schuldinhalt allein nach den **kriminalpolitischen Notwendigkeiten** – den Präventionsbedürfnissen – zu bestimmen, die Schuld also als eine **„staatsnotwendige Fiktion"** zu verstehen, ist bereits aufgezeigt worden: Der Zweck kann nicht das Mittel heiligen. Auch ließe sich die Strafe nicht von einer *vorbeugenden Maßnahme* unterscheiden, wenn man beide allein an den präventiven Bedürfnissen ausrichten wollte.

29 Vor allem aber wäre in einem reinen Präventionsstrafrecht der Einzelne der staatlichen Kriminalpolitik schutzlos ausgeliefert. Der Inhalt der Schuld muss gewährleisten, dass das **Schuldstrafrecht eine „unübersteigbare**

Schranke der Kriminalpolitik" (Liszt) und diese unter Schuld- und Gerechtigkeitsgesichtspunkten **kritisierbar** ist. Diese Funktion kann nur ein Schuldbegriff erfüllen, der – zumindest dem theoretischen Anspruch nach – *unabhängig von den Strafzwecken* gebildet wird.

Die Schuld muss daher eine von den präventiven Bedürfnissen der Gesellschaft *unabhängige Voraussetzung* der Bestrafung sein.

bb) Der „reduzierte" Schuldbegriff

Ein zweiter, für Österreich bedeutsamerer Versuch ist der **„reduzierte Schuldbegriff"** (NOWAKOWSKI): Schuld wird verstanden als der in der Tat aktualisierte (zutage getretene) *Mangel an Verbundenheit des Täters mit den rechtlich geschützten Werten*. Die Schuld des Täters besteht in der fehlerhaften Willensbildung und im *Abweichen des Verhaltens* von jenem Verhalten, das „von einem *mit den rechtlich geschützten Werten verbundenen Menschen*" (= „maßgerechter Mensch", vgl § 10) zu erwarten war: **Schuld** als **Differenz zum maßgerechten Menschen**. 30

Ob der Täter für die Fehlentscheidung und damit für die Abweichung vom Verhalten des maßgerechten Menschen **„etwas dafürkann"**, ist in dieser Sicht – das ist die „Reduktion" – **unerheblich**: Der Täter hat für seinen (betätigten) falschen Entschluss jedenfalls einzustehen.

Aber auch ein solcher reduzierter Schuldbegriff ist **unzulänglich** zur Rechtfertigung der besonderen Rechtsfolge Strafe, weil er *keinen wirklichen „persönlichen Vorwurf"* gegenüber dem Täter begründen kann: 31

„Was eigentlich wird dem Täter vorgeworfen mit der Feststellung, ... er stehe in Differenz zum ‚maßgerechten Menschen'? In einem sokratischen Dialog würde dieser Mensch antworten, es sei trivial, dass ein wirklicher Mensch in Differenz zu einem ‚maßgerechten Menschen' steht, und darin könne er also keinen Vorwurf sehen. Man wird ihm entgegnen, diese Differenz sei aber eine zum Negativen, zum Wertwidrigen hin, und sie sei groß. Er wird erwidern, er sehe diese Differenz und bedaure sie auch, möchte aber seinerseits wissen, warum man diese Differenz ihm zum Vorwurf macht, was er für diese Differenz kann, was er denn realerweise sonst hätte tun sollen. Was wird man ihm antworten? Wenn man über das individuelle Andershandelnkönnen nichts weiß, sondern nur mit dem ‚maßgerechten Menschen' operieren kann, wird man ihm ehrlicherweise nichts anderes antworten können als: Was du sonst hättest tun sollen, wissen wir. Ob du es wirklich hättest tun können in deiner Situation, wissen wir nicht. Wir wissen also auch nicht, ob du für die Differenz etwas kannst. Für unsere Art Vorwurf, den wir dir machen, brauchen wir das alles auch gar nicht zu wissen. Dem reicht die objektive Differenz zum ‚maßgerechten Menschen', und die haben wir genau gemessen. Der wirkliche Mensch wird dies für eine seltsame Art von Vorwurf halten, ... Im Alltagsleben ist die-

ser Mensch nämlich gewohnt, Vorwürfe dieser Art für unmoralisch zu halten und auf sie etwa zu entgegnen: Du hast ja keine Ahnung, wie es in mir aussieht und was ich hinter mir habe; also hör lieber erst mal zu, bevor du vorschnell urteilst." (*Hassemer*, Einführung in die Grundlagen des Strafrechts[2] [1990] 238 f)

c) Strafrechtliche Schuld als sozial-ethischer Vorwurf

32 aa) Inhalt des Schuldvorwurfs im Hinblick auf die besondere Rechtsfolge Strafe muss also sein: Der Täter habe im Augenblick der Tat die **Möglichkeit** gehabt, sich anders, nämlich *zum rechtlich Gesollten, zu entscheiden*; er habe sich für das Unrecht entschieden, obwohl er sich für das Recht hätte entscheiden können. Der innere Grund für den Schuldvorwurf liegt daher darin, dass der Mensch auf **freie, verantwortliche sittliche Selbstbestimmung angelegt** und deshalb **grundsätzlich befähigt** ist, sein Verhalten nach den Normen des rechtlichen Sollens einzurichten und das rechtlich Verbotene zu vermeiden. Nur ein in diesem Sinn verstandener Schuldbegriff kann den **sozial-ethischen Vorwurf** rechtfertigen, der mit der Verhängung einer Strafe verbunden ist.

Strafrechtliche Schuld lässt sich daher von sittlicher Schuld nicht lösen und setzt die Möglichkeit zur Selbstbestimmung voraus.

33 Ein solcher Schuldvorwurf ist aber in zweierlei Hinsicht **problematisch**: Schon die Frage nach der **Willensfreiheit des Menschen an sich** ist empirisch nicht beantwortbar. Aber selbst wenn man von der grundsätzlichen Möglichkeit der Entscheidungsfreiheit ausgeht, bleibt offen, ob **der konkrete Täter in der konkreten Tatsituation** anders hätte handeln können. Sicher ist nur, dass es einzelne **Situationen gibt**, in denen die **Freiheit fehlt** (zB Geisteskranke).

Sittliche Schuld im Einzelfall entzieht sich in letzter Konsequenz menschlicher und damit richterlicher Beurteilung. Überall stößt man daher auf Grenzen und muss man **generalisieren**.

34 bb) Schuld, verstanden als sozial-ethische Verantwortung, ist also für das Strafrecht **ebenso notwendig wie fragwürdig**. Wie soll man diesem Dilemma entgehen?

Das Gesetz löst dieses Problem, indem es – durch Tatbestände und Rechtfertigungsgründe – bestimmte Verbots- und Gebotsnormen aufstellt und dabei **annimmt**, dass **jedermann** („wer") diese *Sollensanforderungen normalerweise befolgen kann*. Die Schuld wird im Gesetz nirgends positiv umschrieben, sondern **vorausgesetzt**. Das Gesetz umschreibt aber **bestimmte Ausnahmesituationen** als **Entschuldigungsgründe** (zB Zurechnungsunfähigkeit eines Geisteskranken, entschuldigender Notstand bei unwiderstehlichem Zwang), in denen nach unserem gegenwärtigen Erfahrungswissen die

Entscheidungsfreiheit und damit die *Schuld des Täters fehlt* (negative Methode).

Dass dieses Vorgehen gerechtfertigt ist, zeigt sich sofort, wenn man nach den **Alternativen** fragt: An die Stelle des Strafrechts müsste ein reines Maßnahmenrecht (psychiatrische Krankenhäuser etc) treten. Vor allem aber rechtfertigt sich diese Vorgangsweise durch die **Plausibilität des damit zugrundegelegten Menschenbildes**, das zumindest *nicht empirisch widerlegbar* ist: **35**

> *„Menschliches Leben ohne den Vorgriff auf die Freiheit des anderen und auf meine Freiheit ist undenkbar. Sprechen, denken, lieben, sich freuen kann der Mensch nur, weil er sich auch als steuernd und nicht nur als gesteuert erfährt. Mich in Achtung vor dem anderen und in Wahrung seiner Würde mit ihm bewegen kann ich nur, indem ich auf seine Freiheit vorgreife und erfahre, dass er das auch mit mir so hält."* (*Hassemer*, Einführung in die Grundlagen des Strafrechts[2] [1990] 238 f)

Die nähere Ausgestaltung des Schuldprinzips im Gesetz wird im Abschnitt über die Lehre von der Straftat (Kap 6 bis 37) behandelt. Dabei wird sich zeigen, dass die **„Schuldidee"** die gesamte strafrechtliche **Zurechnungslehre** beherrscht, die Frage also, wann ein Geschehen einem Menschen unter dem Gesichtspunkt der persönlichen Verantwortung *als „sein Werk" zugerechnet* und er dafür bestraft werden kann. Die einzelnen Regeln der Strafrechtsdogmatik, zB die Regeln über die objektive Sorgfaltswidrigkeit eines Verhaltens (unten Kap 11, 12), über die objektive Zurechnung eines Erfolges (unten Kap 13), über die Zurechnungsunfähigkeit (unten Kap 22), über den Verbotsirrtum (unten Kap 23) und über den entschuldigenden Notstand (unten Kap 24), sind immer feinere *Konkretisierungen und Verwirklichungen der Schuldidee* unter Berücksichtigung der präventiven Bedürfnisse. **36**

4. Rechtfertigung der Strafe durch Schuld und kriminalpolitische Notwendigkeit

a) Die Frage nach dem **Strafgrund** lässt sich also folgendermaßen **zusammenfassen**: **37**

> **Gerechtfertigt** ist die Strafe durch **Schuld *und* kriminalpolitische Notwendigkeit.**

Für den Gesetzgeber wie für den Richter gilt: **Keine Strafe ohne Schuld**. Es gilt jedoch *nicht die Umkehrung*: Keine Schuld ohne Strafe. Fehlt es an der kriminalpolitischen Notwendigkeit, so hat die Strafe trotz Schuld zu entfallen; genügen gelindere Mittel (zB die bloße Androhung oder eine bedingte Nachsicht der Strafe), so sind diese zu wählen. **38**

> Durch das **Strafrecht** wird nicht Schuld vergolten, sondern **im Rahmen des Schuldzulässigen Kriminalpolitik** betrieben.

39 Für die **Strafzumessung** ergibt sich daraus das „*magische Dreieck*": Das Maß der Strafe darf die Schuld des Täters nie übersteigen, es darf (und muss) aber nach unten von der Schuld abweichen, wenn nur geringe spezial- und generalpräventive Bedürfnisse vorliegen (näher wiederum im AT II).

40 b) Die **Unsicherheit sittlicher Schuld** muss zur Vorsicht und zur **Zurückhaltung in der Anwendung** des Strafrechts mahnen: Das Strafrecht darf immer nur das **letzte Mittel** (ultima ratio) zur Verhaltenssteuerung sein (Prinzip der **Subsidiarität des Strafrechts**; *Burgstaller*, Kriminalpolitik):

- Soweit wie möglich ist auf Strafdrohungen zu verzichten (**Vorrang der Entkriminalisierung**, vgl oben 1/4);
- auch bei strafbarem Verhalten sind nach Möglichkeit andere Erledigungsformen als die Strafe zu wählen (**Vorrang der Diversion**, vgl unten 2/48 ff);
- und wenn eine Strafe unumgänglich ist, so ist nach Möglichkeit eine Geldstrafe oder eine bedingte Nachsicht zu wählen (**Vorrang von nicht-freiheitsentziehenden Strafen und Maßnahmen**).

Schließlich muss auch der **Vollzug jener Freiheitsstrafen**, die trotz alledem unvermeidbar sind, so ausgestaltet werden, dass er dem Verurteilten ermöglicht, **nicht mehr straffällig** zu werden. Denn wenn es **stets ungewiss** bleibt, ob der strafrechtlich fassbaren Schuld wirkliche Schuld entspricht, kann es **niemals Aufgabe der Strafe sein, Vergeltung oder Sühne zu üben**.

III. Versagen der schuldangemessenen Strafe in besonderen Situationen

41 a) Es ist offensichtlich, dass die durch die Schuld des Täters begrenzte Strafe den Bedürfnissen der Verbrechensverhinderung nicht immer genügen kann. Ein **Geisteskranker**, der das Unrecht seiner Tat nicht einsehen oder nicht nach dieser Einsicht handeln kann (vgl § 11), kann überhaupt nicht bestraft werden, mag die Begehung weiterer Taten auch noch so wahrscheinlich sein. Die Abhängigkeit eines Täters von **Suchtgift** oder seine Gewöhnung an berauschende Mittel können die Schuld wesentlich herabsetzen, seine Gefährlichkeit aber beträchtlich steigern. Bei unverbesserlichen **Gewohnheits-, Zustands- und Berufsverbrechern** – wie auch bei vermindert zurechnungsfähigen Personen – wird die tatschuldangemessene Strafe gelegentlich auch bei voller Ausschöpfung des Strafsatzes nicht ausreichen, um die Allgemeinheit hinreichend vor dem gefährlichen Täter zu schützen. In allen diesen Fällen besteht ein **Überhang an präventivem Bedürfnis**, der durch die schuldangemessene Strafe nicht abgedeckt werden kann.

42 2. In allen diesen Fällen hat unser StGB den Katalog der strafrechtlichen Sanktionsmittel durch **vorbeugende Maßnahmen** ergänzt (§§ 21–23). Die Grundlage für die Anhaltung eines Menschen in einer Anstalt zum Vollzug solcher Maßnahmen ist nicht die Schuld des Täters, sondern seine **Gefähr-**

lichkeit. Darum dauert diese Anhaltung so lange, als diese Gefährlichkeit besteht, erforderlichenfalls lebenslang.

Auch die Anordnung dieser Maßnahmen, obwohl sie keine Strafen sind, ist *dem unabhängigen Richter* vorbehalten, und zwar zum einen wegen der **Schwere des Eingriffs**, die die Einweisung zB in eine Anstalt für geistig abnorme Rechtsbrecher für den Betroffenen bedeutet und die durchaus jener entspricht, die mit einer Strafe verbunden ist. Außerdem hofft der Gesetzgeber, dass es den Richtern leichter fällt, den **Schuldgrundsatz konsequent zu verwirklichen** und geisteskranke Rechtsbrecher freizusprechen, wenn sie diese dann nicht freilassen müssen, sondern ihrer spezifischen Gefährlichkeit durch die Einweisung in eine Anstalt begegnen können.

b) Die Verhängung von **vorbeugenden Maßnahmen** als *Reaktion des Staates* **43**
auf die ***Gefährlichkeit des Täters*** *oder einer Sache* (**Einziehung**) setzt voraus,

- dass die hinreichende (im Gesetz jeweils näher beschriebene) Wahrscheinlichkeit besteht, der Täter werde in Hinkunft eine mit Strafe bedrohte Rechtsgutsbeeinträchtigung begehen oder die Sache werde zu einer solchen Tat verwendet werden (**Gefährlichkeitsprognose**).
- Aus rechtsstaatlichen Gründen dürfen sämtliche vorbeugenden Maßnahmen aber nur dann verhängt werden, wenn sich die Gefährlichkeit des Täters *bereits in einer begangenen Tat manifestiert hat*, die – wenn auch nicht schuldhaft, so doch – zumindest den äußeren und inneren Tatbestand eines Delikts rechtswidrig erfüllt (**Anlasstat**).

Anders als die Strafe beinhaltet die Verhängung einer vorbeugenden Maß- **44**
nahme **keinen Tadel** gegenüber dem Betroffenen. Dass sie als Übel empfunden wird, ist jedoch zumeist nicht vermeidbar; freilich ist der **Übelscharakter „nicht intendiert“**. Dies muss in der rechtlichen und praktischen Ausgestaltung der Maßnahme deutlich zum Ausdruck kommen; bloß eine Strafvollzugsanstalt mit einem anderen Türschild zu versehen wäre ein unzulässiger **Etikettenschwindel**.

Auch bei den vorbeugenden Maßnahmen hat sich die *kriminalpolitische Einschätzung* in den letzten Jahren deutlich gewandelt. Unverzichtbar sind wohl nur Maßnahmen bei gefährlichen Geisteskranken. Hier hat die Praxis den Anwendungsbereich deutlich ausgedehnt: Wurden in den ersten Jahren nach der Einführung 1975 etwa 200 Personen in eine **Anstalt für geistig abnorme Rechtsbrecher (§ 21)** angehalten, waren es im Juni 2021 etwa 1300 (!). Diese enorme Steigerung ergibt sich aus dem Bedürfnis der Gerichte, die Öffentlichkeit gegen den möglichen Rückfall insbesondere von Sexualstraftätern zu schützen und sie über die Strafzeit hinaus anzuhalten; die Anstalt dient als Ersatz für eine in Österreich nicht vorgesehene ***Sicherheitsverwahrung***. Da die Anhaltung in einer Anstalt teuer ist, ist der Gesetzgeber um Einschränkungen bemüht; gewaltlos begangene Vermögensdelikte (zB Diebstahl eines Kleptomanen) können heute keine Anlasstaten sein (§ 21 Abs 3).

Der Anwendungsbereich der **Anstalt für gefährliche Rückfallstäter (§ 23)** wiederum wurde schon 1987 dadurch drastisch eingeschränkt, dass ohne Gewalt gegen Personen begangene Vermögensdelikte (zB Taten von gewohnheitsmäßigen Betrügern oder Serien-

Einbrechern) nicht mehr zur Einweisung berechtigen. Damit gibt es nahezu keine Einweisungen in diese Anstalt mehr (in den letzten Jahren eine Einweisung pro Jahr). In Wahrheit ist sie wegen der zwar problematischen, aber in Österreich üblichen Berücksichtigung der charakterologischen Schuldkomponente bei der Strafzumessung (vgl dazu im AT II) völlig entbehrlich.

45 c) Die durch die gesetzlichen Strafdrohungen und durch die Tatschuld im Einzelnen begrenzte Strafe kann nicht immer die **finanziellen Vorteile ausgleichen**, die sich der Täter durch die Tat verschafft hat. So könnte es sich zB bei einem Umweltdelikt für den Täter lohnen, die (verhältnismäßig geringe) (Geld-) Strafe auf sich zu nehmen, wenn er dafür den erzielten Gewinn – zB durch die Ersparnis des Einbaus eines vorgeschriebenen Schadstofffilters – behalten dürfte. Dass in einem solchen Fall die Strafdrohung kaum präventiv wirkt, liegt auf der Hand.

46 Seit dem StRÄG 1996 konnte daher ein Straftäter, der durch die Tat (zB Umweltdelikt, s oben) oder für ihre Begehung (zB Lohn des gedungenen Mörders) einen Vermögensvorteil erlangt hat, unabhängig von seiner Bestrafung zur *Zahlung eines Geldbetrages in der Höhe der unrechtmäßig erlangten Bereicherung* verurteilt werden (§ 20 aF). Diese **Abschöpfung der Bereicherung** (des Gewinns, den der Täter aus seiner Tat gezogen hat) war keine (Neben-)Strafe, sondern ein („quasi-kondiktioneller") *Ausgleichsanspruch des Staates*, der immer dann *subsidiär* den Täter um den erlangten finanziellen Vorteil brachte, wenn die Bereicherung nicht durch Schadenersatzleistungen an den Geschädigten oder „durch andere rechtliche Maßnahmen beseitigt wird" (§ 20a Abs 1 aF aE).

47 Da die Abschöpfung keine Strafe war, war sie auch *nicht an den strengen Schuldnachweis* gebunden, den die Verhängung von Strafen voraussetzt. Die unrechtmäßige Bereicherung konnte daher (wie die vorbeugende Maßnahme) auch bei nicht schuldhaft handelnden Personen (§ 20 Abs 1: *„mit Strafe bedrohte Handlung"*, vgl unten 6/3), bei gutgläubigen Dritten, die durch die Tat bereichert worden sind (zB Angehörigen des Täters, denen dieser die deliktischen Gewinne zugewendet hat), und bei juristischen Personen (Abs 4) sowie bei Rechtsnachfolgern (Abs 5) abgeschöpft werden, das Gesetz sah sogar eine beschränkte Umkehr der Beweislast vor (§ 20 Abs 2 und 3 aF).

47a 2010 hat der Gesetzgeber leider dieses wohldurchdachte System der Gewinnabschöpfung zerstört und durch ungemessene Nebenstrafen ersetzt: Gegenstände, die der Täter zur Begehung einer vorsätzlichen Straftat verwendet hat, und Gegenstände, die durch die Straftat hervorgebracht worden sind, werden konfisziert **(Konfiskation, § 19a)**, und Vermögenswerte, die der Täter durch eine Straftat erlangt hat oder die er für ihre Begehung empfangen hat (zB Lohn vom Anstifter), verfallen dem Staat (**Verfall**, §§ 20–20c). In beiden Fällen geht das Eigentum an den betroffenen Gegenständen oder Vermögenswerten mit Rechtskraft des Strafurteils auf den Staat über.

Die Konfiskation kann etwa das Auto betreffen, mit dem der Täter die Beute abtransportiert hat; der Vermögensnachteil, den der Täter erleidet, geht also *weit über den Verbrechensgewinn hinaus*. Gleiches gilt für den Verfall, der den gesamten Bruttoertrag der Straftat betrifft.

Konfiskation und **Verfall** können daher nicht mehr als subsidiärer Ausgleichsanspruch des Staates verstanden werden, sie sind **echte Nebenstrafen**, die den *vollen Anforderungen des strafrechtlichen Schuldprinzips* entsprechen müssen und deren Verhängung an alle *strafprozessualen Regeln* gebunden ist, von denen die Verhängung einer Strafe abhängt.

IV. Diversion statt Strafe

a) Umgekehrt kann es geschehen, dass einem Täter seine Tat zwar zum Vorwurf gemacht werden kann – er also schuldhaft gehandelt hat –, eine Bestrafung im konkreten Einzelfall aber **weder spezial- noch generalpräventiv erforderlich** ist. Da die Strafe nur durch das Zusammentreffen von Schuld **und** kriminalpolitischer Notwendigkeit gerechtfertigt werden kann, muss in einem solchen Fall die Strafe entfallen. 48

Diese Situation liegt einmal vor, wenn der Täter durch die Tat an sich schon **„genug gestraft"** ist: 49

Beispiel 1: Ein Autofahrer hat einen Verkehrsunfall verschuldet, bei dem eine andere Person leicht, **er selbst** aber **sehr schwer verletzt** worden ist.

Beispiel 2: Eine Mutter hat ihre Aufsichtspflicht vernachlässigt, wodurch ihr **Kind zu Tode** gekommen ist.

In beiden Fällen liegt zwar eine **Straftat** vor (fahrlässige Körperverletzung oder Tötung, die freilich milder zu bestrafen ist: § 34 Abs 1 Z 19), ***im Einzelfall*** kann es jedoch (und wird es häufig) sein, dass die (zusätzliche) **Bestrafung** des Täters durch das Gericht ***entbehrlich*** ist. Also hat sie zu entfallen.

Anderseits kann das Strafbedürfnis auch **nachträglich** durch ein **verdienstliches Verhalten** und durch **Leistungen des Täters** wegfallen. Daher entfällt die Strafe, wenn der Täter freiwillig vom **Versuch** zurücktritt (§ 16; näher in Kap 31) oder den Schaden eines Vermögensdeliktes wiedergutmacht, bevor die Strafverfolgungsbehörden von seinem Verschulden erfahren haben (**Tätige Reue**, § 167). 50

Es ist aber auch möglich, dass der Täter *während des bereits laufenden Strafverfahrens* solche Leistungen erbringt, ja dass die Behörde selbst ihn zu solchen Leistungen ermuntert, deren Erbringung es dann ermöglicht, das Verfahren ohne Strafe einzustellen. Man spricht in diesem Fall von **Diversion**: „Ablenkung" des Verfahrens von der Strafe auf andere Maßnahmen.

b) Seit 1.1.2000 kann ein Strafverfahren auf solche Weise durch **Diversion** erledigt werden: Der Staatsanwalt – ersatzweise das Gericht auch gegen den Willen des Staatsanwalts – kann bei leichten und mittelschweren Straftaten dem Beschuldigten vorschlagen, *freiwillig bestimmte Leistungen* zu erbringen, sofern im Hinblick auf diese Leistungen eine Bestrafung spezial- und generalpräventiv entbehrlich ist. Wenn der Beschuldigte zustimmt und die Leistungen erbringt, dann wird das Verfahren eingestellt. 51

Solche Leistungen des Beschuldigten können sein

- die **Zahlung eines Geldbetrages** („Geldbuße"),
- die Leistung **gemeinnütziger Arbeiten**,
- die Übernahme einer **Probezeit**, gegebenenfalls verbunden mit der freiwilligen Übernahme bestimmter *Pflichten und Auflagen* oder
- ein **außergerichtlicher Tatausgleich**, insbes ein außergerichtlicher Ausgleich mit dem Tatopfer unter Anleitung eines Bewährungshelfers (Konfliktreglers).

In allen Fällen muss der Verdächtige darüber hinaus den aus der Tat entstandenen Schaden zumindest teilweise gutmachen und einen Beitrag zu den Prozesskosten leisten (näher §§ 198 ff StPO).

52 c) Der Ersatz der Strafe in geeigneten Fällen durch einen Außergerichtlichen Tatausgleich oder durch andere diversionelle Maßnahmen ist eine der **erfreulichsten kriminalpolitischen Entwicklungen** der letzten Zeit. Denn diese Maßnahmen sind im Unterschied zur destruktiven Strafe eine **konstruktive und positive Reaktion** auf Straftaten: Der noch nicht völlig verwahrloste Täter zieht aus der **Betreuung und Zuwendung**, die er bei der Durchführung des Außergerichtlichen Tatausgleichs (durch die Organe der Bewährungshilfe) erhält, aber auch aus der Konfrontation mit dem Opfer seiner Tat Lehren, die er aus anderen Sanktionen nicht ziehen würde. Er ist zu **Leistungen** bereit, die er ansonsten nicht erbrächte, und verschafft dem Opfer einen **Ersatz des Schadens**, den es ansonsten überhaupt nicht oder doch nicht so rasch erhalten würde. Ein gelungener Tatausgleich ist jedenfalls spezialpräventiv wirksamer als jede Strafe und schafft **Befriedigung** für alle Beteiligten, auch für die Strafverfolgungsorgane, während die Verhängung einer Strafe immer Unbehagen hinterlassen muss.

Schließlich bringt die Diversion auch **ökonomische Vorteile**: Zwar vereinfacht sie das Verfahren nicht unmittelbar, denn einen Außergerichtlichen Tatausgleich herbeizuführen ist insgesamt zumeist aufwendiger als der Ausspruch einer Strafe. Letztlich macht sich aber die Mühe auch wirtschaftlich bezahlt durch den Entfall eines **Rechtsmittelverfahrens** und eines **Zivilprozesses**, vor allem aber durch die höhere spezialpräventive Wirkung und damit durch die **geringere Rückfallsquote**.

3. Kapitel: Geschichte, Rechtsquellen, Literatur

I. Zur Geschichte des österreichischen Strafrechts

1. Das alte Strafrecht

Für die habsburgischen Lande gab es seit dem 16. Jahrhundert eine Reihe von **partikulären Strafgesetzgebungen**; daneben galt subsidiär die **Constitutio Criminalis Carolina** von 1532. Das erste einheitliche Strafgesetzbuch für Österreich war die **Constitutio Criminalis Theresiana** aus 1768, die jedoch im Wesentlichen bloß den überlieferten Rechtsstoff zusammentrug. Die Theresiana war daher „von Geburt an veraltet" (*Rittler*, AT^2 17) und wurde bereits 1787 durch das **Josefinische Strafgesetzbuch** ersetzt. 1

Die weiteren Reformbestrebungen mündeten in das **Strafgesetz 1803**, das in seiner „neuen Ausgabe" von **1852** und in der Wiederverlautbarung von 1945 (daher **StG 1945**) bis zum Jahre **1974** die Grundlage des österreichischen Strafrechts bildete, freilich modifiziert durch viele Novellen. Neue kriminalpolitische Entwicklungen hatten in erster Linie in Nebengesetzen ihren Niederschlag gefunden, so im *Gesetz über die bedingte Verurteilung* aus 1920 und im *Jugendgerichtsgesetz* 1928.

2. Strafgesetzbuch 1974 (StGB 1974)

Bemühungen um eine Reform des Strafgesetzes von 1803/1852/1945 finden sich seit einer Allerhöchsten Entschließung aus 1861. Die Wurzeln unseres heutigen Strafgesetzbuches reichen in das Jahr 1954 zurück, in dem eine **Strafrechtsreformkommission** des Bundesministeriums für Justiz eingesetzt wurde. Diese Kommission aus Universitätsprofessoren und Praktikern erarbeitete in vielen Sitzungen den Entwurf eines neuen StGB, den sie 1962 veröffentlichte. Der Kommissionsentwurf bildete in der Zeit der großen Koalition die Grundlage für zwei Ministerialentwürfe (1964 und 1966), die jedoch über das Stadium der Begutachtung nicht hinauskamen. Eine Regierungsvorlage der ÖVP-Alleinregierung aus 1968 wurde zwar im Parlament beraten, jedoch nicht als Gesetz beschlossen. 2

Ab 1970 wurde die Strafrechtsreform von der SPÖ-Alleinregierung vorangetrieben. Vorerst wurden einige besonders dringende Neuregelungen als **Strafrechtsänderungsgesetz 1971** vorweggenommen („*Kleine Strafrechtsreform*"), vor allem auf dem Gebiet des Sexualstrafrechts (Straflosigkeit der Homosexualität unter Erwachsenen und der Ehestörung), des Verkehrsstrafrechts und der Amtsehrenbeleidigung. Ebenfalls noch 1971 wurde eine neue Regierungsvorlage eingebracht, die 1974 nach einigen Änderungen vom Parlament beschlossen wurde und am **1. Jänner 1975** als **Strafgesetzbuch 1974**

(**StGB**) in Kraft trat. Die parlamentarische Beschlussfassung konnte sich auf einen breiten Konsens stützen, lediglich die Straflosigkeit des Schwangerschaftsabbruchs in den ersten drei Monaten („*Fristenlösung*“) wurde von der Opposition abgelehnt.

3 Das StGB 1974 ist auch formal ein ganz **neues Gesetz**, nicht nur eine umfangreiche Novelle des alten StG 1852/1945. Freilich bauen viele Bestimmungen inhaltlich auf der österreichischen Tradition auf, so dass man zur wissenschaftlichen Behandlung auch auf die Rechtsentwicklung vor 1975 zurückgreifen muss. Die wichtigsten Materialien zum Verständnis des StGB 1974 sind die *Erläuternden Bemerkungen zur Regierungsvorlage 1971* (EBRV 1971, 30 BlgNR XIII. GP), der *Bericht des Justizausschusses* (AB, 959 BlgNR XIII. GP) sowie die (nicht veröffentlichten) *Protokolle der Strafrechtsreformkommission* 1955 bis 1961 und des *parlamentarischen Unterausschusses* von 1973 (zu den Gesetzesmaterialien vgl unten 4/8).

3. Änderungen seit 1975

4 Das StGB wurde seit 1975 oft geändert (65 Novellen lt. RIS bis BGBl I 2021/159). Die §§ 1 bis 16, die die Grundlage des hier behandelten AT I bilden, waren bis 2015 (von einer sprachlichen Korrektur abgesehen) unverändert geblieben. Erst das Strafrechtsänderungsgesetz 2015 änderte auch den AT I (grobe Fahrlässigkeit, § 6 Abs 3, siehe dazu unten 12/19a–d).

Im Folgenden eine Übersicht über die Entwicklung seit 1975:

5
1. **Strafrechtsänderungsgesetz (StRÄG) 1987** (BGBl 1987/605): wesentliche Erweiterung des **Sanktionenkatalogs (Einführung der teilbedingten Strafe**, erste Ansätze einer Abschöpfung der Bereicherung, erweiterter Anwendungsbereich der bedingten Entlassung); Erhöhung der für die Vermögensdelikte maßgebenden **Wertgrenzen** (von 5.000 Schilling auf 25.000 S [heute 5.000 Euro] und von 100.000 S auf 500.000 S [heute 300.000 Euro]); neue Tatbestände des BT, insbes **Computerkriminalität** und **Umweltdelikte**.
2. **Strafgesetznovelle 1989** (BGBl 1989/242): Änderung der Bestimmungen über die **Vergewaltigung** und sexuelle Nötigung („***Vergewaltigung in der Ehe***“).

6
3. BGBl 1993/527: Neuregelung der **Hehlerei** (§ 164) und erste Strafbestimmungen gegen **Geldwäscherei** (§ 165) sowie im Zusammenhang damit Strafbestimmungen gegen die Unterstützung **krimineller Organisationen** (§ 278a).
4. 1994: neue Strafbestimmung gegen **Pornographische Darstellungen mit Unmündigen** (§ 207a; BGBl 1994/622).

7
5. **Strafrechtsänderungsgesetz 1996** (BGBl 1996/762): Erweiterung der **Abschöpfung der Bereicherung** und der **internationalen Zusammenarbeit** in Strafsachen (Änderung des ARHG); Änderungen des Sanktionensystems (neue Milderungs- und Erschwerungsgründe, Neuordnung der *Bewährungshilfe*) und mancher Tatbestände (**Raufhandel**, Homosexualität, **Umweltdelikte**, neue Straftatbestände gegen Herstellung und Verbreitung von **Massenvernichtungswaffen** ua); Aufhebung des Straftatbestandes gegen **Ehebruch** (§ 194 alt).

6. **Strafrechtsänderungsgesetz 1998** (BGBl I 1998/153): Verschärfung der Strafbestimmungen gegen **sexuellen Missbrauch von Unmündigen** (§§ 206–207), gegen den **Missbrauch von Subventionen** (neuer § 153b), gegen **Geldwäscherei** und gegen **Beamtenbestechung**.
7. **Änderungen des Jugendstrafrechts** (BGBl I 2001/19): Altersgrenze für die Anwendung des Jugendstrafrechts *von 19 auf 18 Jahre* herabgesetzt und Sonderbestimmungen für *Junge Erwachsene* (Personen nach Vollendung des 18. bis zum vollendeten 21. Lebensjahr) im StGB.
8. **Strafrechtsänderungsgesetz 2001** (BGBl I 2001/130): **Euro-Umstellung** mit Änderung der ***Wertgrenzen*** bei den Vermögensdelikten von 25.000 Schilling auf 2.000 Euro und von 500.000 S auf 40.000 Euro; Verschärfung der Strafbestimmungen bei Körperverletzungen aufgrund unsachgemäßer Haltung gefährlicher Tiere („**Kampfhunde**“), bei **sexuellem Missbrauch** sowie – im Gefolge der Terroranschläge des „11. September“ – gegen **Landzwang** (§ 275) und **Verbreitung falscher beunruhigender Gerüchte** (§ 276). Änderungen im Rechtsfolgenbereich: bedingte Nachsicht der Einweisung in eine Anstalt für geistig abnorme Rechtsbrecher, Möglichkeit der Verlängerung der Probezeit. – Die Reform des Wettbewerbsrechts (BGBl I 2002/62) stellte das **Kartell-Strafrecht** auf ein Geldbußensystem um und schuf eine neue Strafbestimmung gegen **Wettbewerbsbeschränkende Absprachen bei Vergabeverfahren** (§ 168b StGB). **8**
9. **Strafrechtsänderungsgesetz 2002** (BGBl I 2002/134): Verschärfung der Strafbestimmungen gegen **terroristische Straftaten** und gegen die **Computerkriminalität**; neue Bestimmung gegen den **sexuellen Missbrauch von Jugendlichen** (§ 207b nach der Aufhebung des § 209 durch den VfGH). – Strafrechtlich sanktioniertes **Vermummungsverbot** im Versammlungsgesetz (BGBl I 2002/127). – Änderungen im **Fremdenrecht** (BGBl I 2002/126).
10. Wichtige Änderungen der *XXII. Gesetzgebungsperiode* (2002–2006) waren: **9**
    - Abschaffung des Jugendgerichtshofs Wien (BGBl I 2003/30);
    - Reform des **Sexualstrafrechts** und neue Tatbestände zum Schutz der **unbaren Zahlungsmittel** (Bankomatkarten, Kreditkarten; §§ 241a ff; StRÄG 2004, BGBl I 2004/15);
    - **Erhöhung der Wertgrenzen** der Vermögensdelikte (zB in § 128) von 2.000 auf 3.000 und von 40.000 auf 50.000 Euro (BGBl I 2004/136);
    - neue Strafbestimmungen zum Schutz der Sozialversicherung (§§ 153c–e) durch das sog **Sozialbetrugsgesetz** (BGBl I 152/2004);
    - Gesetz über die **justizielle Zusammenarbeit** in Strafsachen mit den Mitgliedstaaten der EU (EU-JZG, BGBl I 2004/164, heute idF BGBl I 2014/107);
    - neue Strafbestimmungen gegen Beharrliche Verfolgung („**Stalking**“) und Neuregelung des **Umweltstrafrechts** aufgrund neuer Vorgaben der EU (StRÄG 2006, BGBl I 2006/56).
11. Schwerpunkte des **Strafrechtsänderungsgesetzes 2008** (BGBl I 2007/109) waren die **10** Änderungen der Bestimmungen über die bedingte Entlassung (§ 46) als Teil des sog „***Haftentlastungspakets*** 2007“ und die Verschärfung der Bestimmungen gegen **Korruption und Bestechung** (mit Änderungen zum ***Beamtenbegriff***, § 74, und neuen Straftatbeständen in den §§ 168 c–e). Weiters wurden die Strafbestimmungen gegen Suchtmittelmissbrauch neu formuliert (**SMG-Novelle** BGBl I 2007/110).
12. Mit dem „**Zweiten Gewaltschutzgesetz**“, BGBl I 2009/40, wurden das **Sexualstrafrecht** wiederum verschärft und die **gerichtliche Aufsicht** über Sexualstraftäter (§ 52a) sowie die Möglichkeit eines **Tätigkeitsverbots** (§ 220b) eingeführt. Dazu kommt eine neue Strafbestimmung gegen **Fortgesetzte Gewaltanwendung** (§ 107b).

13. Mit BGBl I 2009/52 wurde der **Höchstbetrag eines Tagessatzes** (§ 19 Abs 2) von 500 auf 5.000 Euro hinaufgesetzt.
14. BGBl I 2009/98 entschärfte (!) die Korruptionsdelikte.

11 15. BGBl I 2009/142 erweiterte den Straftatbestand des Betruges um eine Qualifikation bei Täuschung durch **Doping** (§ 147 Abs 1a), nachdem schon BGBl I 2008/115 gerichtliche Strafbestimmungen gegen Doping eingeführt hatte (§ 22a Anti-Doping-Bundesgesetz).

16. Wichtige Änderungen **2010** waren:
   - Strafbarkeit der sog. **Eigengeldwäscherei** (§ 165; BGBl I 2010/38).
   - „Strafrechtliches Kompetenzpaket", BGBl I 2010/108: **Konfiskation und Verfall** (§§ 19a bis 20c) statt Abschöpfung der Bereicherung sowie Strafbarkeit der **Ausbildung für terroristische Zwecke** (§ 178e).
   - BudgetbegleitG 2011, BGBl I 2010, 111: **keine vollständige bedingte Nachsicht einer Geldstrafe** mehr (§§ 43, 43a), Einschränkung der **Fahrlässigen Körperverletzung** (§ 88 Abs 2).

12 17. BGBl I 2011/103: nochmals Neuregelung des Umweltstrafrechts; Anleitung und Aufforderung zu sowie Gutheißung von terroristischen Straftaten (§§ 278 f, 282a) und Ausweitung des Tatbestandes der Verhetzung (§ 283).

18. BGBl I 2011/130: höhere Mindeststrafen bei Taten gegen unmündige Personen (§ 39a); Ausweitung des **Sexualstrafrechts**: Anbahnung von Sexualkontakten zu Unmündigen (§ 208a); Betrachten von pornografischen Darstellungen Minderjähriger (§ 215a Abs 2a); Ausweitung des Anwendungsbereichs (§ 64).
19. 2012: Ausweitung der Delikte bei **Wahlen** (§§ 261 und 266; BGBl I 2012/12).

13 20. BGBl I 2012/61: **Korruptionsstrafrechts-Änderungsgesetz 2012**: Verschärfung der Korruptionsdelikte (§§ 168 ff; §§ 305 ff) samt Anwendungsbereich (§ 64).

21. Das Elektronische-Gesundheitsakte-Gesetz (BGBl I 2012/111) führte zu Änderungen in § 121 (Verletzung von Berufsgeheimnissen). Zudem wurde durch BGBl I 2012/120 der Straftatbestand der **Folter** (§ 312a) eingeführt.
22. Durch das **Sexualstrafrechtsänderungsgesetz** (BGBl I 2013/116) wurden mehrere Sexualdelikte neu formuliert und vor allem Strafdrohungen verschärft. BGBl I 2013/134 präzisierte die Straftatbestände gegen kriminelle und terroristische Organisationen §§ 278a und 278d).
23. Mit BGBl I 2014/106 wurde die seit 1975 bestehende Strafbestimmung gegen Völkermord (§ 321) durch neue Tatbestände des **Völkerstrafrechts** ergänzt (§ 312b, 321a–321j: Verschwindenlassen eines Menschen, Verbrechen gegen die Menschlichkeit, Kriegsverbrechen ua).

13a 24. Tiefgreifende Änderungen brachte das **Strafrechtsänderungsgesetz (StRÄG) 2015** (BGBl I 2015/113), das am 1. Jänner 2016 in Kraft trat. Zu den wichtigsten gehören:
   - **Verschärfung der Strafdrohungen** bei Gewaltdelikten (insbes §§ 83–87)
   - **Erhöhung der Wertgrenzen** bei den Vermögensdelikten auf 5.000 und 300.000 Euro (siehe BT)
   - Neuregelung der **Gewerbsmäßigkeit** (§ 70)
   - Reform der **Untreue** (§ 153) und des **Bilanzstrafrechts** (§§ 163a ff)
   - Erweiterung der Geldstrafe auf 720 Tagessätze und Erweiterung des **§ 37** (Geldstrafe statt Freiheitsstrafe)
   - neue Delikte im Zusammenhang mit EDV und elektronischen Medien (Kreditkartenmissbrauch, **Cybermobbing**)
   - vieldiskutierte Änderungen im **Sexualstrafrecht** (§ 205a; § 218).

25. Mit einer **Strafgesetznovelle 2017** (BGBl I 2017/117) hat der Gesetzgeber neue Tatbestände geschaffen, die verschiedene in jüngerer Zeit auftretende Missstände erfassen sollen. Ob Kriminalisierungen dieser Art eine sinnvolle Reaktion auf unangenehme gesellschaftliche Entwicklungen sind, ist durchaus fragwürdig. Insbesondere
    - wurden die „**Staatsfeindlichen Bewegungen**" unter einen besonderen Tatbestand (§ 247a) gebracht. Er ergänzt den traditionellen Tatbestand der „Staatsfeindlichen Verbindungen" (§ 246) und erfasst bereits „eine Gruppe vieler Menschen, die darauf ausgerichtet ist, die Hoheitsrechte der Republik Österreich … rundweg abzulehnen oder sich fortgesetzt die Ausübung solcher oder behaupteter Hoheitsrechte selbst anzumaßen" (§ 247 Abs 3).
    - wurde das Delikt der Körperverletzung um eine qualifiziert strafbare Form erweitert, die sich auf die **Fahrer und Kontrolleure von U-Bahnen, Straßenbahnen, Autobussen** oder sonstigen Fahrzeugen des öffentlichen Verkehrs bezieht (§ 83 Abs 3); außerdem wird der bloße „**Tätliche Angriff**" auf derartige Personen mit Strafe bedroht (§ 91a).
    - wurden weitere qualifiziert strafbare Formen der **sexuellen Belästigung** geschaffen (§ 218 Abs 2a und 2b);
    - wurde schließlich das **Notwehrrecht** (§ 3) um die Abwehr von Angriffen auf die sexuelle Integrität und Selbstbestimmung erweitert (ausführlich unten Rz 17/28).
26. Schwerpunkte des **(Dritten) Gewaltschutzgesetzes** 2019 zum Schutz vor Sexual- und Gewaltdelikten (BGBl I 2019/105) waren:
    - die Einführung eines besonderen Erschwerungsgrundes der „nachhaltigen Beeinträchtigung des psychischen Wohlbefindens des Opfers" (§ 33 Abs. 1 Z 6a);
    - die Änderung der bisher fakultativen Strafrahmenerhöhung bei Rückfall zu einer bindenden Strafzumessungsvorschrift (§ 39);
    - die Einführung und Erhöhung der Mindeststrafen für schwerwiegende Gewalttaten (§ 39a);
    - den Ausschluss einer zur Gänze bedingten Strafnachsicht bei Vergewaltigung (§ 43);
    - die Einordnung der Genitalverstümmelung als Körperverletzung mit schweren Dauerfolgen (§ 85 Abs. 1 Z 2a);
    - die Erweiterung des „Stalking"-Tatbestandes (beharrliche Verfolgung, § 107a) um die „Veröffentlichung von Tatsachen oder Bildaufnahmen des höchstpersönlichen Lebensbereiches einer Person ohne deren Zustimmung";
    - die Einführung einer Qualifikation des Tatbestandes der beharrlichen Verfolgung bei fortgesetzter Gewaltausübung gegen Unmündige und Wehrlose und die Anhebung des Strafrahmens für bestimmte Qualifikationen (§ 107b);
    - die Erhöhung der Mindeststrafe für Vergewaltigung (§ 201);
    - die Einführung eines Tätigkeitsverbots unbestimmter Dauer nach einer strafbaren Handlung gegen die sexuelle Integrität und Selbstbestimmung einer minderjährigen Person (§ 220b).
27. Mit BGBl I 2019/111 wurden besondere Straftatbestände zum **Schutz der finanziellen Interessen der Europäischen Union** eingeführt (insbes §§ 168c und 168d, dazu ausführlich *Fuchs/Reindl-Krauskopf*, BT I[7] 225 ff).
28. BGBl I 2020/148 enthält ein umfangreiches Gesetzespaket gegen **„Hass im Netz"**, dessen Art 8 insbes die Strafbestimmungen gegen Stalking (§ 107c) und gegen Verhetzung (§ 283) verschärft sowie einen neuen Straftatbestand gegen ***„Unbefugte Bildaufnahmen"*** (§ 120a) einführt.

29. Mit BGBl 2020/154 wurde das Erkenntnis des VfGH kundgemacht, das mit Wirkung ab 1.1.2022 die Strafbestimmung gegen **Hilfeleistung zum Selbstmord** (§ 78 zweiter Fall) als verfassungswidrig **aufhebt**. Eine gesetzliche Neuregelung ist bis dahin zu erwarten.
30. Das sog. **Terror-Bekämpfungs-Gesetz** – TeBG, BGBl I 2021/159, verschärfte abermals die Strafbestimmungen gegen **Geldwäscherei** (§ 165) und schuf eine neue Strafbestimmung gegen **„Religiös motivierte extremistische Verbindungen“** (§ 247b). Weiters wurden neue Möglichkeiten der **gerichtlichen Aufsicht** bei staatsfeindlichen und terroristischen Straftaten eingefügt (§ 52b).

II. Rechtsquellen

14 a) Das gerichtliche Strafrechtswesen ist Bundessache in Gesetzgebung und Vollziehung (Art 10 Abs 1 Z 6 B-VG). Rechtsverordnungen sind im Bereich der Vollziehung durch Gerichte nicht möglich (vgl Art 18 Abs 2 B-VG). Das Strafrecht wird daher – von seltenen Verordnungen im Vollzugsbereich von Verwaltungsbehörden (zB VO zur Durchführung des Staatsanwaltschaftsgesetzes) abgesehen – durch **Bundesgesetze** geregelt, die im Bundesgesetzblatt (siehe unter 3/33) veröffentlicht werden (Art 49 Abs 1 B-VG).

Gerichtliche Strafbestimmungen in **Landesgesetzen** sind verfassungsrechtlich zulässig (Art 15 Abs 9 B-VG; zu den Grenzen: *Lewisch*, Verfassung und Strafrecht 13 ff). Sie kommen in der Praxis aber nur selten vor (Beispiele sind § 13 Abs 1 Wiener Baumschutzgesetz; § 43 Abs 7 Wiener Veranstaltungsgesetz 2020).

15 b) Die für das Strafrecht bedeutsamen Gesetze sind im **Kodex** Strafrecht (vgl 3/23) – gegliedert nach den drei Hauptgebieten ***materielles Strafrecht***, ***Strafprozess*** und ***Strafvollzug*** und mit zusätzlichen Abschnitten zum ***Polizeirecht*** und zum ***internationalen Strafrecht*** – zusammengestellt.

16 – Verfassungsrechtliche Grundlagen sind insbesondere das **Bundes-Verfassungsgesetz** in der Fassung von 1929 (**B-VG**) und, im Strafrecht und Strafprozess besonders wichtig, die **Europäische Menschenrechtskonvention (EMRK)**, die in Österreich als Bundesverfassungsgesetz gilt (BGBl 1964/59).

Die EMRK ist daher von den österreichischen Gerichten **unmittelbar anzuwenden** und zu beachten. Darüber hinaus kann sich jeder Mensch, der in einem von der EMRK garantierten Recht verletzt worden ist, nach Erschöpfung des innerstaatlichen Instanzenzuges beim **Europäischen Gerichtshof für Menschenrechte** in Straßburg (EGMR) beschweren, auch dann, wenn die Verletzung von einem Gericht begangen worden ist. Der EGMR stellt dann die Menschenrechtsverletzung fest und verurteilt die Republik Österreich gegebenenfalls zur Leistung von Schadenersatz und Genugtuung an den Verletzten.

17 – Wichtigste Quelle des *materiellen Strafrechts* ist das **Strafgesetzbuch (StGB)**, BGBl 1974/60 (vgl ausführlich oben 3/2 ff) mit dem Allgemeinen Teil I und II (vgl oben 1/5 f) und den wichtigsten Deliktstatbeständen (Besonderer Teil). Der Allgemeine Teil des StGB gilt auch für das *Nebenstrafrecht*, soweit dort keine Sonderregelungen getroffen werden (Art I Strafrechtsanpassungsgesetz, BGBl 1974/422). Sonderbestimmungen für

Jugendliche und junge Erwachsene (aber keine besonderen Straftatbestände) enthält das **Jugendgerichtsgesetz 1988** (JGG).

- Wichtige **Nebengesetze**, die zu einem wesentlichen Teil gerichtliche Strafbestimmungen (zum Teil aber auch prozessuale Sonderregeln) enthalten, sind 18
  - das **Militärstrafgesetz** für Soldaten,
  - das **Finanzstrafgesetz (FinStrG)** für Steuer- und Zolldelikte,
  - das **Suchtmittelgesetz (SMG**, das 1998 das Suchtgiftgesetz 1951 abgelöst hat; näher zu den Straftatbeständen des SMG unten 29/44),
  - das Lebensmittelsicherheits- und Verbraucherschutzgesetz,
  - das **Mediengesetz,**
  - das **Pornographiegesetz,**
  - das **Verbotsgesetz** gegen die Betätigung im nationalsozialistischen Sinn und
  - das **Waffengesetz** (zB unerlaubter Besitz von Schusswaffen).

Daneben finden sich **einzelne Strafbestimmungen** in etwa vierzig anderen Gesetzen, so beispielsweise

- im **Börsegesetz** (Insiderhandel),
- im **Fremdenpolizeigesetz** (Schlepperei, entgeltliche Beihilfe zu unbefugtem Aufenthalt),
- im **UWG** (Bestechung von Bediensteten) und
- im Weingesetz,
- aber etwa auch im **Mietrechtsgesetz** (§ 27 Abs 6 und 7 MRG).

Gerichtliche Strafbestimmungen finden sich zumeist dann in einem Nebengesetz, wenn dieses **eine Materie umfassend privat- oder verwaltungsrechtlich regelt** und die gerichtliche Strafbestimmung daran anknüpft. So enthält das *Waffengesetz* vor allem das sicherheitspolizeiliche Waffenrecht (Waffenpass, Genehmigungspflicht, verbotene Waffen) und nur am Rande gerichtliche Strafbestimmungen. 19

Wegen der Gleichrangigkeit aller Bundesgesetze ist die systematische Einordnung rechtlich wenig bedeutsam. Allerdings knüpft das **Sicherheitspolizeigesetz (SPG)** daran Rechtsfolgen, indem es nur die im StGB (hier mit Ausnahme der Organisationsdelikte der §§ 278 bis 278b), im Verbotsgesetz, im Fremdenpolizeigesetz, im SMG, im Anti-Doping-Bundesgesetz 2007 (ADBG 2007) und im Neue-Psychoaktive-Substanzen-Gesetz (NPSG) geregelten Straftaten zu „**gefährlichen Angriffen**" erklärt, die sicherheitspolizeiliche Befugnisse auslösen (§ 16 Abs 2 SPG); sachlich gerechtfertigt ist dies nicht (näher *Fuchs*, Moos-FS 181). 20

- Das *Strafprozessrecht* ist in der **Strafprozessordnung 1975 (StPO**, grundlegend reformiert seit 1.1.2008), das *Strafvollzugsrecht* im **Strafvollzugsgesetz** aus 1969 kodifiziert. In beiden Bereichen gibt es Nebengesetze, zB das **Zustellgesetz**, das **Bewährungshilfegesetz**, das **Strafregistergesetz** und das **Tilgungsgesetz**. 21
- In den letzten Jahren gewinnt das *Polizeirecht* an Bedeutung für das Straf- und Strafprozessrecht. So verweist die StPO für Organisation und Zu- 21a

ständigkeit der Kriminalpolizei, die im Strafverfahren ermittelt, direkt auf das **Sicherheitspolizeigesetz (SPG)**. Materiell-rechtlich ist dieses vor allem zur Rechtfertigung von staatlichen Eingriffen bedeutsam (vgl unten 14/10 ff). Gleiches gilt für das **Staatsschutz- und Nachrichtendienst-Gesetz (SNG)** über die Befugnisse des Verfassungsschutzes.

22 – Der Rechtsverkehr der Gerichte und Staatsanwaltschaften mit dem Ausland allgemein (also für alle Staaten, für die es keine Sonderregeln gibt) ist im Bundesgesetz über die Auslieferung und die Rechtshilfe in Strafsachen (**Auslieferungs- und Rechtshilfegesetz – ARHG**) aus 1979 kodifiziert. Für **Auslieferung und Rechtshilfe in der EU** gilt vorrangig das **EU-JZG** (Gesetz über die justizielle Zusammenarbeit in Strafsachen zwischen den Mitgliedstaaten der Europäischen Union) und das **EUStA-DG** (Europäische Staatsanwaltschafts-Durchführungsgesetz, BGBl I 2021/94). Außerdem – und außerhalb der EU sogar vorrangig – gilt eine Vielzahl von **internationalen Vereinbarungen** (vgl unten 5/60 ff).

III. Literatur und Entscheidungen

1. Gesetzesausgaben

23 Eine umfassende Sammlung aller strafrechtlich bedeutsamen Rechtsvorschriften enthält der **Kodex** Strafrecht (hg von *Doralt*), 53. Aufl 2021 (54. Aufl für Sept 2021 erwartet).

Nur das StGB, dieses dafür mit **kurzen Erläuterungen** zu den einzelnen Paragrafen, enthalten folgende Ausgaben:

Reindl-Krauskopf, Taschenkodex StGB, 14. Aufl 2021 (Stand 1.3. 2021).

Bachner-Foregger, StGB (Manzsche Taschenausgabe), 29. Aufl 2020 (Stand 1.2. 2020).

Einfach und kostenlos sind die österreichischen Gesetze über das Internet zugänglich: **http://www.ris.bka.gv.at/bundesrecht**. ZB: In der Suchmaske „StGB“ im Feld „Titel, Abkürzung“ und „0“ im Feld „Paragraf“ eingeben und die Suche starten. In der Trefferliste „§ 0 Strafgesetzbuch“ auswählen, um die Übersicht über die Bundesgesetzblatt-Nummern der geltenden Fassung des StGB zu öffnen. Der aktuelle Gesetzestext kann dann durch Anklicken in der oberen Leiste („Gesamte Rechtsvorschrift anzeigen“) heruntergeladen werden. Auf die gleiche Weise können auch andere Gesetze (selbst nach Stichworten) gesucht werden.

2. Lehrbücher und Kommentare

a) Kommentare zum StGB

24 **Wiener Kommentar zum StGB**. Großkommentar mit verschiedenen Autoren. 1. Aufl (hg von *Foregger* und *Nowakowski*), in Lieferungen ab 1979, 2. Aufl (hg von *Höpfel* und *Ratz*), in Lieferungen (Heftchen) ab 1999, wird laufend aktualisiert.

Fabrizy, StGB und wichtige Nebengesetze (Manzsche Kurzkommentare), 13. Aufl 2018 (Gesetzesausgabe mit verhältnismäßig ausführlichen Erläuterungen zu jedem Paragrafen und mit den Nebengesetzen im Anhang).

Salzburger Kommentar zum StGB. Loseblattausgabe mit verschiedenen Autoren (hg von *Triffterer/Rosbaud/Hinterhofer*).

Leukauf/Steininger (zitiert **L/St/Autor**), Kommentar zum Strafgesetzbuch, 4. Aufl 2017 mit einem Update-Band 2020.

b) Lehrbücher zum Allgemeinen Teil I

Kienapfel/Höpfel/Kert, Grundriss des Strafrechts, Allgemeiner Teil, 16. Aufl 2020 (zitiert **K/H/K**) mit Lernprogramm, 16. Aufl. 2020. **25**

St. Seiler, Strafrecht, Allgemeiner Teil I, 4. Aufl 2020.

E. Steininger, Strafrecht, Allgemeiner Teil, Band I, 3. Aufl 2019. (Enthält nur die Grundlagen und das vollendete vorsätzliche Begehungsdelikt), Band II, 2. Aufl 2019 (Beteiligungslehre).

Triffterer, Österreichisches Strafrecht, Allgemeiner Teil, 2. Auflage 1994.

Systematisch geordnete **Fälle** mit Lösungen zum AT I enthält:

Lewisch, Casebook Strafrecht, 8. Aufl 2019.

c) Lehrbücher zu anderen Teilgebieten des Strafrechts

Zum *Allgemeinen Teil II* des Strafrechts: **26**

Medigovic/Reindl-Krauskopf/Luef-Kölbl, Strafrecht, Allgemeiner Teil II, 2. Aufl 2016.

Maleczky, Strafrecht, Allgemeiner Teil II, 21. Aufl 2021.

St. Seiler, Strafrecht, Allgemeiner Teil II, 9. Aufl 2020.

Zum *Besonderen Teil* des Strafrechts:

Fuchs/Reindl-Krauskopf, Strafrecht, Besonderer Teil I: Delikte gegen den Einzelnen, 7. Aufl 2020.

Lewisch, Strafrecht, Besonderer Teil I (§§ 75–168), 2. Aufl 1999.

Bertel/Schwaighofer/Venier, Österreichisches Strafrecht, BT I (§§ 75–168d), 15. Aufl 2020.

Bertel/Schwaighofer, Österreichisches Strafrecht, BT II (§§ 169–321k), 14. Aufl 2020.

Kienapfel/Schroll, Grundriss des Strafrechts, BT, Band I, Delikte gegen Personenwerte, 5. Aufl 2003; Studienbuch Strafrecht Besonderer Teil I, 4. Aufl 2016.

Kienapfel/Schmoller, Studienbuch Strafrecht, BT, Band II, Delikte gegen Vermögenswerte, 2. Aufl 2017.

Kienapfel/Schmoller, Studienbuch Strafrecht, BT, Band III, Delikte gegen sonstige Individual- und Gemeinschaftswerte, 2. Aufl 2009.

Birklbauer/Hilf/Tipold, Strafrecht Besonderer Teil I (§§ 75–168b), 4. Aufl 2017.

Hinterhofer/Rosbaud, Strafrecht, Besonderer Teil II (§§ 169–321k), 7. Aufl 2020.

Zum österreichischen *Strafprozessrecht*:

Bertel/Venier/Tipold, Strafprozessrecht, 14. Aufl 2021.

Bertel/Venier, Kommentar zur StPO, 2 Teile, 2012 (2. Teil in 2. Aufl 2020).

St. Seiler, Strafprozessrecht, 18. Aufl 2020.

Fabrizy, StPO, 14. Aufl 2020.

Wessely, Casebook Strafprozessrecht, 11. Aufl 2019.

Großkommentar zum Strafprozess:

Fuchs/Ratz (Hg), Wiener Kommentar zur StPO, 1. Aufl 2002–2007, 2. Aufl (zur StPO idF nach dem Strafprozessreformgesetz 2008) ab 2008.

Zum internationalen Strafrecht:

Satzger, Internationales und Europäisches Strafrecht, 9. Aufl 2020.

Zur Kriminologie:

Albrecht P.-A., Kriminologie. Eine Grundlegung zum Strafrecht. 4. Aufl 2010.

Kunz/Singelnstein, Kriminologie, 8. Aufl 2021.

d) Prüfungsfälle

27 **Fuchs/Brandstetter/Medigovic**, Fälle und Lösungen zum Strafrecht, 1989.

Reindl (Hg), JAP Gesammelte Fälle Strafrecht, 2002 (aktualisierte Übungs- und Diplomprüfungsfälle aller österreichischer Universitäten aus der Zeitschrift JAP der vergangenen Jahre).

Schwaighofer (Hg), Österreichisches Strafrecht. Fälle und Lösungen, 6. Aufl 2021 (Fälle aus dem Prüfungsbetrieb in Innsbruck).

Birklbauer, Strafrecht, Strafprozessrecht – Diplomprüfungsfälle und Lösungen, 3. Aufl 2020 (Prüfungsfälle aus Linz).

Luef-Kölbl/Gölly/Sprajc, Casebook Strafrecht, Fälle und Lösungsmuster zum materiellen Strafrecht, 7. Aufl 2020 (Grazer Prüfungsfälle).

Birklbauer/Hilf/Luef-Kölbl/Steininger, Strafprozessrecht: Fälle und Lösungen nach alter und neuer Rechtslage, 2. Aufl 2010.

Hinterhofer/Schütz (Hg), Fallbuch Straf- und Strafprozessrecht, 4. Aufl 2020.

Wessely/Mitgutsch, Strafrecht AT II (Fälle systematisch aufbereitet), 3. Aufl. 2016.

e) Weitere Literatur

28 **Leitner/Toifl/Brandl**, Österreichisches Finanzstrafrecht, 3. Aufl 2008.

Zum StG 1852/1945:

Nowakowski, Das Österreichische Strafrecht in seinen Grundzügen, 1955.

Rittler, Lehrbuch des Österreichischen Strafrechts, AT, 2. Aufl 1954; BT, 2. Aufl 1962.

Wegen der engen Verwandtschaft der Rechtsgebiete ist es im AT I (weniger im AT II und im BT und noch weniger im Strafprozess) häufig erforderlich, auch auf Bücher zum *Deutschen Strafrecht* zurückzugreifen. Die wichtigsten zu diesem Zweck sind:

Frister, Strafrecht Allgemeiner Teil, 9. Aufl 2020.

Jakobs, Strafrecht Allgemeiner Teil, 2. Aufl 1991.

Jescheck/Weigend, Lehrbuch des Strafrechts, AT, 5. Aufl 1996.

Roxin/Greco, Strafrecht Allgemeiner Teil, Bd 1, 5. Aufl 2020, Bd 2 2003.

Stratenwerth, Strafrecht Allgemeiner Teil I, 1. Aufl 1971, 6. Aufl (**Stratenwerth/Kuhlen**) 2011.

Wessels/Beulke/Satzger, Strafrecht Allgemeiner Teil, 50. Aufl 2020.

Leipziger Kommentar zum Strafgesetzbuch, Großkommentar in 13 Bänden mit verschiedenen Autoren, 13. Aufl ab 2007 (hg von *Laufhütte/Rissing-van Saan/Tiedemann*).

Systematischer Kommentar zum Strafgesetzbuch, Großkommentar in 6 Bänden mit verschiedenen Autoren. 9. Aufl 2017 (hg von *Wolter*).

3. Entscheidungen

a) Die Entscheidungen des Obersten Gerichtshofs in Strafsachen sind über das Internet (**RIS**) frei zugänglich. Sie können dort insbes nach ***Geschäftszahlen*** (gemeint ist das Aktenzeichen), nach einem ***Datum*** oder Zeitraum oder auch nach ***Suchworten*** oder Gesetzesstellen gesucht werden. 29

Jede Entscheidung ist durch die *Geschäftszahl* eindeutig bestimmt, zB 12 Os 119/05z-12. Vor dem Bindestrich steht das **Aktenzeichen**. Es besteht aus der Zahl der **Geschäftsabteilung** (im Beispiel: 12, weil der 12. Senat des OGH zuständig war), dem **Gattungszeichen** (Os = Oberster Gerichtshof in Strafsachen), der **Aktenzahl** (119 = die laufende Nummer des Jahres) und nach dem Schrägstrich die letzten beiden Ziffern des **Jahres**, in dem der Akt angefallen ist (05 für 2005). Es folgt seit einigen Jahren ein *Prüfzeichen* (z). Nach dem Bindestrich steht die *Ordnungsnummer*, das ist die laufende Nummer des Aktenstückes im Akt. – Zum Suchen im RIS muss man nur das Aktenzeichen eingeben; kennt man das Prüfzeichen nicht, so muss mit einem Sternchen ***maskiert*** werden, sonst wird die Entscheidung nicht gefunden (12Os119/05*).

Eine Auswahl der – nach Meinung der jeweiligen Redaktion wichtigsten – Entscheidungen erscheint in einer amtlichen Sammlung:

SSt – Entscheidungen des Obersten Gerichtshofes in Strafsachen (Sammlung Strafrecht). Jahresbände, bis 2002 fortlaufend nummeriert; zuletzt Band Nr 64. Ab 2003 nur noch Angabe der Jahreszahl, zuletzt SSt 2016;

sowie regelmäßig – zum Teil mit Anmerkungen – in den österreichischen **juristischen Zeitschriften**: **ÖJZ (EvBl)**, **JBl**, **RZ**, **ZVR**, **JAP**, **JSt**; fallweise finden sich strafrechtliche Entscheidungen auch in den Zeitschriften: **AnwBl**, **ZfRV**, **RdW**, **ecolex**, **WBl**.

Wichtige Hinweise auf Entscheidungen enthält:

Mayerhofer, Strafgesetzbuch, 6. Aufl 2009.

b) Die immer wichtiger werdenden (Rechtsmittel-) Entscheidungen der **Oberlandesgerichte** und der **Landesgerichte** – durch die Ausdehnung der Zuständigkeit des Einzelrichters kann nur gegen etwa 4% der urteilsmäßig oder diversionell erledigten Fälle der OGH angerufen werden – werden nur sehr selten und eher zufällig in den juristischen Zeitschriften oder im Internet veröffentlicht. Eine systematische Sammlung gibt es nicht. Zu wissenschaftlichen Zwecken sind sie zwar grundsätzlich zugänglich (§ 77 Abs 2 StPO), doch gibt es kein Register oder Verzeichnis, das sie inhaltlich erschließt. Wichtige Rechtsfragen können allerdings durch eine Nichtigkeitsbeschwerde zur Wahrung des Gesetzes (§ 23 StPO) zum Gegenstand von Entscheidungen des OGH gemacht werden. 30

4. Aufsätze und Monographien

Aufsätze zu strafrechtlichen Themen werden in erster Linie in den oben 3/29 genannten **Zeitschriften** veröffentlicht, aber auch in **Fest- und Gedächtnisschriften** (in letzter Zeit: Pallin-FS 1989, Platzgummer-FS 1995, Triffterer-FS 1996, Moos-FS 1997, Zipf-GS 1999, Jesionek-FS 2002, Steininger-FS 2003, Burgstaller-FS 2004, Miklau-FS 2006, Fuchs-FS 2014, Höpfel-FS 2018) und anderen **Sammelwerken** (zB Aufsätze *Nowakowskis* in: Perspektiven zur Strafrechtsdogmatik, 1981). Wichtig sind auch die erst in den letzten Jahren im Buchhandel erhältlichen **Schriftenreihen des Bundesministeriums für Justiz**, insbesondere die Reihe *Strafrechtliche Probleme der Gegenwart* (**StPdG**; jetzt: Ottensteiner Fortbildungsseminare aus Strafrecht und Kriminologie) und die jährlichen Ausgaben des von *Lewisch* herausgegebenen **Jahrbuchs für Wirtschaftsstrafrecht und Organverantwortlichkeit,** ab 2011. 31

32 Eine Auswahl der **Aufsätze** und **Monographien** zu speziellen Themen findet sich in diesem Buch am Beginn jedes Kapitels.

5. Elektronische Medien

33 Das Bundesgesetzblatt (oben 3/14) erscheint seit 2004 nur noch elektronisch im **Rechtsinformationssystem des Bundes** (RIS: **ris.bka.gv.at**). Auch viele andere Quellen sind kostenlos über das Internet zugänglich:

- Außer dem aktuellen Bundesgesetzblatt bietet das RIS insbesondere die *Bundesgesetzblätter* ab 1945, das *Bundesrecht* und die *Landesrechte* in der geltenden Fassung (und auch in alten Fassungen; vgl oben 3/23) sowie alle *Entscheidungen* des OGH, des VfGH und des VwGH.
- Das Austrian Center for Law Enforcement Sciences der Universität Wien (ALES) bietet einen kommentierten Überblick über die aktuellen Gesetzesvorhaben im Strafrecht (**ales.univie.ac.at/gesetzesvorhaben**).
- Die Entscheidungen des *Europäischen Gerichtshofs für Menschenrechte* sind unter **echr.coe.int/hudoc** abrufbar.
- Die *Gesetzesmaterialien* (vgl unten 4/8) der laufenden und der letzten Gesetzgebungsperioden sowie aktuelle Informationen über *Gesetzesvorhaben* (Ministerialentwürfe) finden sich unter **parlament.gv.at** (dort weiter mit → Parlament aktiv) und unter **bmj.gv.at**.
- Das – auch für das Strafrecht immer wichtiger werdende – Recht der Europäischen Union ist unter **eur-lex.europa.eu** zugänglich.

Die *Aufsätze* und *Entscheidungen* der letzten Jahre, die in den wichtigsten österreichischen Zeitschriften veröffentlicht worden sind, können aus (kostenpflichtigen) **Rechtsdatenbanken** abgerufen werden, insbes

RDB (**rdb.manz.at**)
eLibrary Verlag Österreich (**elibrary.verlagoesterreich.at**)
lexisnexis (**lexisnexis.com/at/recht**)

4. Kapitel: Auslegung und Lückenschließung; keine Strafe ohne Gesetz

Literaturauswahl: *Friedrich*, Zum Legalitätsprinzip im StGB und seinem Niederschlag in der Rechtsprechung, ÖJZ 1980, 57; *Fuchs*, Grundfragen der Notwehr (1986) 21–27; *Höpfel*, Zu Sinn und Reichweite des sogenannten Analogieverbots, JBl 1979, 505, 575; *Lewisch*, Verfassung und Strafrecht (1993); *Nowakowski*, WK[1] § 1.

I. Auslegung (Interpretation) als notwendige Voraussetzung jeder Rechtsanwendung

Aufgabe des Juristen ist es, abstrakte Rechtsnormen auf konkrete Fälle an- 1
zuwenden (**Falllösung**). Dazu muss man die Rechtsnormen **verstehen**, denn die Worte, in die der Gesetzgeber seine Anordnungen fasst, sind bloße **Sinnträger**, so dass der hinter ihnen stehende Sinn und Zweck ermittelt werden muss. Diesen *Prozess der* **Sinnermittlung** nennt man Auslegung. Auslegungsverbote sind immer unsinnig, weil sie das Verstehen der Rechtsnorm verbieten wollen.

Bei der Auslegung muss man die **Rollenverteilung zwischen Gesetzge-** 2
ber und Rechtsanwender beachten und akzeptieren, die die jeweilige Verfassung vorgibt. Nach dem System unserer Verfassung darf die gesamte *Vollziehung* (Verwaltung und Gerichtsbarkeit, also auch die Vollziehung des Strafrechts) *nur aufgrund der Gesetze* ausgeübt werden (Art 18 B-VG). Das bedeutet, dass der Gesetzgeber dazu berufen ist, im Rahmen bestimmter – von der Verfassung und auch durch die Natur der Sache abgesteckter – Grenzen **Wert- und Interessenkonflikte autoritativ zu entscheiden**, indem er eine bestimmte gesetzliche Regelung trifft. Zwar ist die gesetzliche Regel notwendigerweise unvollständig und nur ein **Entscheidungsprogramm**, das zur Anwendung im Einzelfall zu Ende gedacht werden muss, als Entscheidungsprogramm aber ist das Gesetz für die Rechtsanwendung verbindlich. Jeder Interpret muss sich daher darum bemühen, jene **Wertentscheidungen zu ermitteln**, die der Gesetzgeber getroffen hat und die in den Merkmalen der gesetzlichen Regelung ihren Niederschlag finden.

II. Methodische Regeln der Auslegung

1. *Allgemeines*

Im Zuge jeder näheren Auslegung – und damit auch beim Studium! – muss 3
man sich darüber informieren, was andere bereits über das Gesetz gedacht und wie sie es ausgelegt und verstanden haben. Erst diese Beschäftigung mit der **Literatur** und **Rechtsprechung** ermöglicht es, in die „**hermeneutische**

Spirale" einzusteigen, in der jede Auslegung vor sich geht. Denn jede Auslegung eines Textes setzt ein bestimmtes *Vorverständnis* voraus, ohne das man den Text nicht sinnvoll begreifen kann. Außerdem vermittelt das Studium des bisher Gedachten Ideen und einen *Vorrat möglicher Lösungen*, die man bei der eigenen Auslegung berücksichtigen muss. Schließlich muss man sich redlicherweise mit allen ernst zu nehmenden Argumenten zu einem Problem *auseinandersetzen*, mit jenen Argumenten, die einem nicht ins eigene Konzept passen, besonders sorgfältig (**kritische Haltung**).

4 Die „Richtigkeit" einer gefundenen Auslegung zeigt sich in der **argumentativen Überzeugungskraft der Begründung**, nicht in einer bloßen Behauptung oder in der Berufung auf Autoritäten. Wichtiger als ein bestimmtes Ergebnis ist es daher, dass der Interpret bei der Entscheidungsfindung alle wesentlichen Gesichtspunkte berücksichtigt, ernstgenommen und gewürdigt hat.

2. Einzelne Auslegungsregeln

a) Wortinterpretation

5 Jede Auslegung muss beim **Text des Gesetzes** beginnen und danach streben, die Worte des Gesetzes „in ihrer eigentümlichen Bedeutung" (vgl § 6 ABGB; **Wortinterpretation**), in ihrem sprachlichen Zusammenhang (**grammatikalische Interpretation**) und nach ihrem formalen Sinnzusammenhang (**logische Interpretation**) zu erfassen. Dabei ist anzunehmen, dass der Gesetzgeber die Regeln der **Grammatik** und der formalen **Logik** beherrscht, dass er auch das **meint**, was er sagt, und dass kein Wort des Gesetzes **überflüssig** ist.

Beispiel: Da sich in **§ 166 Abs 1** das Fürwort „diesem" auf das letzte vorangehende Hauptwort bezieht, zu dem es nach Zahl und Geschlecht passt (= „anderen Angehörigen"), folgt schon aus den Regeln der **Grammatik**, dass eine zum Nachteil des Ehegatten, eines Verwandten in gerader Linie, des Bruders oder der Schwester begangene Tat auch dann nach dieser Bestimmung privilegiert ist, wenn der Täter mit dem Opfer *nicht* in Hausgemeinschaft lebt. Zum gleichen Ergebnis führt der Grundsatz, dass kein Wort des Gesetzgebers als überflüssig anzusehen ist: Hätte der Gesetzgeber das Erfordernis der Hausgemeinschaft bei allen Angehörigen gewollt, dann hätte er einfach diesen Begriff verwenden können, der auch die gesondert aufgezählten umfasst (vgl die Definition in § 72; *Fuchs/Reindl-Krauskopf*, BT I^{7} 290 f).

b) Systematische Interpretation

6 Bisweilen ergeben sich aus der Stellung einer Rechtsvorschrift im Gesetz und aus dem systematischen Zusammenhang Argumente für die Auslegung.

Beispiel: Bei der Verleumdung (§ 297 StGB) wird aus der systematischen Stellung geschlossen, dass diese Bestimmung vor allem die Rechtspflege und nicht die Güter des einzelnen Verleumdeten schützt (näher unten 16/27).

c) Historische Interpretation

Vor allem bei verhältnismäßig jungen Gesetzen ist die Entstehungsgeschichte wichtig, weil sie Aufschluss über den Willen des historischen Gesetzgebers gibt und möglicherweise die „eigentümliche Bedeutung“ der Worte erschließt (**historische Interpretation**). 7

Aufschlüsse über die Entstehungsgeschichte und über die Vorstellungen des Gesetzgebers liefern die **Gesetzesmaterialien**, und zwar vor allem die sog *Erläuternden Bemerkungen zur Regierungsvorlage (RV, auch EBRV)*, wenn das Gesetz als Regierungsvorlage eingebracht wurde, und der *Ausschussbericht (AB)*, der Bericht des jeweiligen Parlamentsausschusses (im Strafrecht meist der Justizausschuss, JA) an das Plenum. Beide werden, innerhalb jeder Gesetzgebungsperiode (GP) laufend nummeriert, als **Beilagen zu den stenographischen Protokollen** des Nationalrates veröffentlicht (zB [Nummer] 30 BlgNR 13. GP) und im Kopf jeder Nummer des Bundesgesetzblattes genannt. Die aktuellen Gesetzesmaterialien sind auch über Internet abrufbar (http://www.parlament.gv.at, vgl oben 3/33). Zu den Materialien des StGB 1974 vgl oben 3/3. Da jedoch viele Regelungen in den Bestimmungen des alten StG wurzeln, ist es zum Verständnis häufig notwendig, auch noch weiter zurückzugehen. 8

Der Wille des historischen Gesetzgebers ist freilich nur eines unter vielen Kriterien der Auslegung, und er ist außerdem immer *in seinem objektiven Gehalt* zu verstehen. Ein rein subjektives Verständnis der Willenserklärung stieße auf unüberwindliche Schwierigkeiten: So bliebe bereits unklar, auf *wessen* Willen man genau abstellen sollte, zumal wohl die einzelnen Abgeordneten kaum in der Lage sind, sich mit allen Gesetzen näher auseinanderzusetzen, die sie beschließen. Dies erklärt auch die reservierte Haltung der Rechtsprechung: 9

> „Ohne den Wert der Gesetzesmaterialien für die Rechtsfindung generell schmälern zu wollen, muss aber grundsätzlich festgehalten werden, dass sie eine eigenständige Bedeutung als Mittel der Gesetzesinterpretation jedenfalls dort verlieren, wo sich der Sinn des Gesetzes aus diesem selbst klar ergibt. Das muss insbesondere dann gelten, wenn der unmittelbar aus dem Gesetzeswortlaut und aus seinen erkennbaren Grundzügen deutlich abzuleitenden ratio legis in den Gesetzesmaterialien widersprochen wird. Denn den Gesetzesmaterialien kommt nicht eine Bedeutung zu, die sie dem Gesetz gleichstellt oder im Ergebnis sogar diesem überordnet. Ein Ausgehen von ihnen ohne Rücksicht auf den Gesetzestext wäre nicht mehr Auslegung des Gesetzes.“ (13 Os 64/75 SSt 46/40 = EvBl 1975/268)

d) Teleologische Interpretation

Das Gesetz ist aber nicht eine willkürliche Ansammlung von Buchstaben, Wörtern und Sätzen, sondern will nach seiner eigenen Zielsetzung eine **sinnvolle und sachgerechte Regel** *für das menschliche Zusammenleben* sein. Jedes Gesetz muss also so angewendet werden, dass es nicht nur logisch widerspruchsfrei, sondern auch **frei von Wertungswidersprüchen** ist. Insbesondere ist bei jeder Falllösung zu fragen, welche Auswirkungen die jeweilige Auslegung auf andere Fälle hat (**Grundsatz der Verallgemeinerung**). 10

11 Die „Krone der Auslegung" ist daher das Verständnis der Rechtsnorm nach *Sinn und Zweck* der Vorschrift im Gefüge der *gegenwärtigen Rechts- und Wertordnung* (**objektiv-teleologische Interpretation**). Im Strafrecht bieten sich dazu zwei besondere Ansatzpunkte an: Einmal die Interpretation nach Zweck und Aufgaben des Strafrechts, wie sie im ersten und im zweiten Kapitel dargestellt wurden (**kriminalpolitische Zielsetzung**), sowie im Besonderen das von der jeweiligen Strafbestimmung geschützte **Rechtsgut**.

12 *Beispiel 1:* Der Wortlaut des **§ 91 Abs 2** lässt es offen, wie viele Personen angreifen müssen, damit ein Angriff „**mehrerer**" vorliegt; einmal verwendet das Gesetz den Begriff im Sinn von „mehr als zwei" (§ 115 Abs 2), das andere Mal lässt es schon zwei Personen genügen (vgl § 277). Erst die teleologische Auslegung führt zur Lösung der hM (*L/St/ Nimmervoll* StGB[4] § 91 Rz 10): Da § 91 als Auffangtatbestand bei bestimmten Zurechnungs- und Beweisproblemen geschaffen wurde, die bereits bei zwei Angreifern auftreten, genügt diese Zahl (näher unten 13/19 und 33/11 ff, 18 sowie *Fuchs/Reindl-Krauskopf*, BT I[7] 66).

13 *Beispiel 2:* Bei der Auslegung des **§ 143** ist strittig, ob derjenige, der mit einer echten, aber **ungeladenen Schusswaffe** droht, einen Raub „*unter Verwendung einer Waffe*" begeht. Die Lösung hängt davon ab, was man als den Grund der Qualifikation ansieht: Ist es die höhere Effizienz der Drohung, dann genügt auch die ungeladene Waffe (12 Os 59/78 verst Sen SSt 49/45 = EvBl 1978/175). Aber dann hätte der Gesetzgeber auch die Drohung mit einer Scheinwaffe oder einer Waffenattrappe dem § 143 unterstellen müssen, was er unzweifelhaft nicht getan hat. Daher liegt der Grund für die höhere Strafdrohung in der größeren objektiven Gefährlichkeit für Leib und Leben, so dass der strengere Strafsatz nur gilt, wenn diese Gefahr für Leib und Leben wirklich besteht, also bei Verwendung einer geladenen und funktionsfähigen Waffe (näher *Fuchs/Reindl-Krauskopf*, BT I[7] 180).

III. Exkurs: In dubio pro reo und in dubio mitius

14 Der Richter darf nur dann verurteilen, wenn er von der Schuld des Angeklagten überzeugt ist und *keinen vernünftigen Zweifel* daran hat, dass der Angeklagte die Tat begangen hat (§§ 258 Abs 2, 259 StPO). Bei **Zweifeln in der Tatfrage** gilt daher der **Beweisgrundsatz** *in dubio pro reo*: Bleiben auch nach dem Beweisverfahren Zweifel über entscheidungserhebliche Tatsachen, so darf der Richter das Vorliegen von für den Angeklagten ungünstigen Tatsachen nicht annehmen und muss das Vorliegen günstiger Tatsachen (zB Notwehrsituation) annehmen. Bei Zweifeln über die Tatfrage erfolgt also ein Freispruch.

15 Dagegen gibt es *keinen* **Auslegungsgrundsatz** „in dubio mitius" bei **Zweifeln hinsichtlich der Rechtsfrage**. Ein solcher Grundsatz wird bisweilen als Sonderfall des Satzes „in dubio pro libertate" behauptet. Zu Unrecht, da das Strafrecht nicht einseitig Freiheit beeinträchtigt, sondern Freiheitsräume verteilt (vgl oben 1/9). Der Richter hat daher von mehreren möglichen Auslegungen (Rechtsmeinungen) nicht von vornherein die dem Angeklagten günstigste, sondern die nach den beschriebenen methodischen Regeln *richtige* Auslegung zu wählen.

IV. Auslegung im engeren Sinn und Analogie

Das Ergebnis einer Auslegung kann sein: 16

- **bestätigend**, wenn der durch die Auslegung gefundene Sinn der Norm *dem gewöhnlichen Wortsinn* entspricht (Kernbereich der Norm);
- **ausdehnend**, wenn der gemeinte Sinn *über den gewöhnlichen Wortsinn hinausgeht* (**extensive Interpretation**); oder schließlich
- **einschränkend**, wenn der gemeinte Sinn *hinter dem gewöhnlichen Wortsinn zurückbleibt* (**restriktive Interpretation**).

Auch die ausdehnende Auslegung ist immer noch **Auslegung im engeren** 17
Sinn, solange sie *im Rahmen des äußerst möglichen Wortsinns* verbleibt (deshalb auch „beschränkt-extensive Interpretation"). Überschreitet die Sinnermittlung diese Grenze, so spricht man von **Analogie** (Lückenschließung).

Auslegung (Interpretation) **im weiteren Sinn** umfasst daher die *Auslegung im engeren Sinn* und die sogenannte *Analogie*. Die Grenze zwischen diesen bildet der *äußerst mögliche Wortsinn*: Jede Deutung, die den **äußerst möglichen Wortsinn** des Normtextes (des Gesetzes) überschreitet, ist nicht mehr Auslegung ieS, sondern Analogie.

Entsprechendes gilt für die Abgrenzung zwischen (beschränkt-) restriktiver 18
Interpretation im engeren Sinn und **teleologischer Reduktion** einer Norm: Eine teleologische Reduktion liegt vor, wenn aus dem Anwendungsbereich einer Norm Fälle ausgeklammert werden, die *vom abstrakten Wortsinn der Bestimmung zwingend erfasst* werden.

Beispiel: Angenommen, es gibt folgende Strafbestimmung (aus dem Jahre 19
1871): „*Wer einen Diebstahl auf einem Bahnhof begeht, wird ... bestraft.*" In den **Kernbereich** fallen zB der Diebstahl in der Bahnhofshalle, im Wartesaal oder auf einem Bahnsteig. Aber auch der Diebstahl im *Bahnhofsrestaurant*, auf dem *Bahnhofsvorplatz* oder *im letzten Stellwerk* des Bahnhofs werden zumindest vom möglichen Wortsinn erfasst; es ist daher eine Frage der **(extensiven) Interpretation** ieS, ob die Strafbestimmung auch auf diese Fälle angewendet werden soll. Dagegen würde es auch den äußerst möglichen Wortsinn überschreiten und wäre damit **Analogie**, mit dieser Bestimmung auch den Diebstahl auf einem *Flughafen* zu erfassen. **Teleologische Reduktion** wäre es dagegen, wenn man diese Bestimmung auf den Diebstahl *an Reisenden* (wegen deren besonderer Schutzbedürftigkeit) beschränken und den Diebstahl an Bahnangestellten entgegen dem Wortlaut ausnehmen wollte.

Die Abgrenzung zwischen Auslegung im engeren Sinn einerseits und Analo- 20
gie bzw teleologischer Reduktion andererseits ist in den meisten Rechtsgebieten nur von untergeordneter Bedeutung, denn *beide sind zulässige Methoden der Rechtsfindung*. In Wahrheit ist nämlich Gesetzesauslegung ohne Analogie gar nicht denkbar: Es ist gerade „das eigentliche Geschäft des Juristen,

Übereinstimmung und Verschiedenheit aufzudecken, also Analogien festzustellen" (*Stratenwerth/Kuhlen*, AT[6], 3/33), so dass jeder Interpret in Analogien denken muss, wenn er Sinn und Anwendungsbereich einer Norm ergründen will, nicht zuletzt deshalb, weil er andauernd auch den *Einzelfall* im Auge behalten muss, der die allgemeine Regel konkretisiert. Die allgemeine Grenze der zulässigen Auslegung ist daher immer nur der „*wahre Sinn des Gesetzes*", lediglich eine diese Schranke übersteigende **freie Rechtsfindung** ist verboten (Art 18 B-VG).

21 Dies gilt grundsätzlich auch für das Strafrecht, soweit nicht die **besondere Auslegungsregel** des Satzes **„Keine Strafe ohne Gesetz"** eingreift.

V. Keine Strafe ohne Gesetz (nullum crimen, nulla poena sine lege) als besondere Auslegungsregel des Strafrechts

1. Das Wesen der Nulla-poena-sine-lege-Regel

22 Nach Art 18 B-VG gilt in unserer Rechtsordnung ein allgemeines **Gesetzmäßigkeitsprinzip** (Legalitätsprinzip): Die gesamte staatliche Verwaltung (unter Einschluss der Gerichtsbarkeit) darf *nur aufgrund der Gesetze* ausgeübt werden (rechtsstaatliches Prinzip). Diese Bestimmung bindet Verwaltungsbehörden und Richter an die *Entscheidungen des Gesetzgebers*, kann und will aber die **Auslegung** der Gesetze im soeben beschriebenen Umfang nicht verhindern. So kann es geschehen, dass Entscheidungen ergehen, die nach dem Wortlaut des Gesetzes nicht ohne weiteres vorhersehbar waren.

23 Das ist nicht weiter schlimm, soweit die behördlichen Entscheidungen vor allem einen gerechten **Interessenausgleich im Nachhinein** anstreben. Im Strafrecht muss der Bürger jedoch, soweit irgendwie möglich, **vor nicht vorhersehbaren Schuldsprüchen geschützt** werden.

24 Grund für diese besonderen Garantien im Strafrecht sind einerseits die **Schwere der Sanktion Strafe** und andererseits das Verständnis der Strafgesetze als **Bestimmungsnormen** und nicht nur als Bewertungsnormen: Eine Strafbestimmung wird nur dann die Bürger zu einem rechtstreuen Verhalten bestimmen können, wenn **von vornherein klar erkennbar** ist, welches Verhalten mit Strafe bedroht ist. Auch kann man jemandem ein bestimmtes strafbares Verhalten nur dann zum Vorwurf machen (**Schuldprinzip**), wenn die Strafbarkeit dieses Verhaltens nicht bloß vom Richter im Nachhinein durch komplizierte Erwägungen festgestellt wurde, sondern schon im Voraus für jedermann klar erkennbar war.

25 § 1 StGB ordnet daher an, dass eine Strafe nur „wegen einer Tat verhängt werden (darf), die unter eine **ausdrückliche gesetzliche** Strafdrohung fällt und **schon zur Zeit ihrer Begehung** mit Strafe bedroht war". Diese Norm war ursprünglich als *Verfassungsbestimmung* geplant, wurde aber letztlich nur als einfaches Gesetz beschlossen. Sie bindet daher nicht den Gesetzgeber, wohl aber als *Auslegungsregel* den Rechtsanwender. Eine beschränkte **verfassungsrechtliche Absicherung** findet sich in Art 7 EMRK.

Der Strafrichter ist daher **strenger** an das **geschriebene Gesetz** gebunden als die meisten anderen Rechtsanwender (und auch stärker als der Richter im angelsächsischen Rechtskreis). Im Einzelnen gilt das sog *Analogieverbot*, das *Rückwirkungsverbot*, das *Verbot des Gewohnheitsrechts* und das *Bestimmtheitsgebot*.

2. Das sogenannte Analogieverbot (nulla poena sine lege stricta)

a) Inhalt

§ 1 fordert eine ***„ausdrückliche“*** Strafdrohung. Nach allgemeiner Ansicht bedeutet dies – soweit das Analogieverbot reicht – eine **methodische Beschränkung** der Auslegung *auf die Auslegung im engeren Sinn*. Analogie und jede andere Art der Lückenschließung, etwa durch Größenschluss, sind verboten. **26**

Sinn und Zweck dieser Beschränkung ist eine **spezifisch strafrechtliche Wertabwägung**: Der staatliche Strafanspruch muss hinter das Interesse des Bürgers nach Schutz vor „Schuldsprüchen und Sanktionen …, die nach dem **Wortlaut** der Norm nicht vorhergesehen werden konnten“ (*Nowakowski*, WK[1] § 1 Rz 15), zurücktreten. Der Preis für das höhere Maß an **Rechtssicherheit** sind **Wertungswidersprüche**, die wegen der angeordneten methodischen Beschränkungen nicht beseitigt werden können, mit der Folge, dass bisweilen ein „strafwürdiges“ Verhalten nicht bestraft werden kann. **27**

> *Beispiel:* Mit der Erfindung des **elektrischen Stroms** stellte sich die Frage nach der Strafbarkeit des „Anzapfens“ von Elektrizitätsleitungen. Eine Anwendung des Diebstahlstatbestandes – Strom als bewegliche Sache – wurde wegen des Analogieverbotes überwiegend abgelehnt. Strafbarkeit begründete erst eine Legaldefinition (Fiktion) im Elektrizitätswegegesetz 1922 („Elektrische Energie ist eine Sache im Sinne des Strafgesetzes“). – Heute ist die **Entziehung von Energie** (§ 132) ein besonderer Straftatbestand (*Fuchs/Reindl-Krauskopf*, BT I[7] 196). **28**
>
> Verbotene Analogie wäre auch die Anwendung des § 129 StGB auf einen Diebstahl mit einem Schlüssel, den der Berechtigte dem Täter vor Jahren anvertraut und den dieser trotz Aufforderung nicht zurückgegeben hat: Der **widerrechtlich behaltene** ist kein widerrechtlich erlangter **Schlüssel**. Gleiches gilt von einem **zufällig passenden Schlüssel** (12 Os 9/77 SSt 48/37; *Fuchs/Reindl-Krauskopf*, BT I[7] 169). **29**

b) Reichweite

aa) Die Analogie ist im Strafrecht aber keineswegs generell verboten. Alle *gesetzlichen Merkmale, für die das Analogieverbot gilt*, bezeichnet man als den **Garantietatbestand**. Dazu zählen alle gesetzlichen Umstände, die gerade **30** *strafbares vom nicht strafbaren Verhalten abgrenzen* oder die *Höhe der Strafdrohung* bestimmen. Die methodische Beschränkung gilt also nicht nur für die Strafbarkeitsvoraussetzungen, sondern auch für die **Rechtsfolgen**, also insbes auch für Art und Ausmaß der Strafe und der vorbeugenden Maßnahme (hier freilich mit Ausnahmen), die für die Tat angedroht ist, sowie für die vermögensrechtlichen Anordnungen und für die Verbandsverantwortlichkeit.

31 **Unzulässig** ist die Analogie also zur **Neuschöpfung oder Ausdehnung von Strafvorschriften** sowie zur **Neuschaffung oder Verschärfung von Strafen** oder **vorbeugenden Maßnahmen**. Verboten ist insbesondere die Neuschöpfung von Deliktstypen im *Besonderen Teil* durch Analogie oder Größenschluss sowie die *teleologische Reduktion von Strafausschließungsgründen* (wie zB der Tätigen Reue). Das Analogieverbot gilt auch für den *Allgemeinen Teil* und verbietet dort etwa die Ausdehnung der Regeln über den *Vorsatz* sowie die teleologische Reduktion von *Entschuldigungs- und Strafausschließungsgründen*.

32 bb) Unbeschränkt **zulässig** ist die Analogie dagegen **zugunsten des Täters**: Rechtfertigungs-, Entschuldigungs-, und Strafausschließungsgründe dürfen ohne besondere methodische Beschränkung *erweitert* werden. Das gleiche gilt für die *teleologische Reduktion strafbegründender Merkmale*.

Beispiel für eine Analogie zum Vorteil des Täters: § 3 Abs 2 regelt die Notwehrüberschreitung aus asthenischem Affekt. Die Bestimmung ist wegen der gleichen Wertungslage auf den nicht ausdrücklich geregelten Fall der **Putativnotwehrüberschreitung im asthenischen Affekt** analog anzuwenden (vgl näher unten 24/34).

33 Das Analogieverbot verbietet auch nicht die teleologische Reduktion von **Rechtfertigungsgründen**.

Rechtfertigungsgründe sind Erlaubnissätze und verleihen Handlungs- und Eingriffsbefugnisse, denen auf Seiten des Betroffenen Duldungspflichten entsprechen. Sie grenzen daher *nicht nur strafloses von strafbarem Verhalten*, sondern primär **Recht von Unrecht** ab und verteilen Freiheitsbereiche. Auch hat eine Erweiterung von Rechtfertigungsgründen nicht nur strafbarkeitseinschränkende, sondern – für den Duldungspflichtigen – auch strafbarkeitserweiternde Wirkung; Entsprechendes gilt im umgekehrten Sinn für jede Einschränkung von Rechtfertigungsgründen. Die Auslegung eines Rechtfertigungsgrundes wirkt sich daher nicht nur auf die Strafbarkeit aus – und selbst diese Wirkung ist ambivalent –, sondern beeinflusst auch und in erster Linie die **Rechte und Freiheitsräume** der beteiligten Personen. Sie kann daher nicht methodisch durch Regeln beschränkt werden, die auf Wertabwägungen beruhen, die allein auf die Abgrenzung von strafbarem und straflosem Verhalten zutreffen (näher *Fuchs*, Notwehr 26).

§ 1 StGB verbietet auch nicht die Analogie im **Strafprozess**. Allerdings enthält § 5 Abs 1 StPO eine **entsprechende Regel** für strafprozessuale Eingriffsbefugnisse:

§ 5 Abs 1 StPO: „Kriminalpolizei, Staatsanwaltschaft und Gericht dürfen bei der Ausübung von Befugnissen und bei der Aufnahme von Beweisen nur soweit **in Rechte von Personen eingreifen**, als dies **gesetzlich *ausdrücklich* vorgesehen** … ist. …“

cc) Dass das Analogieverbot in einem bestimmten Regelungsbereich nicht gilt, bedeutet noch lange nicht, dass die Analogie in einem bestimmten Fall auch richtig ist. Auch der **Umkehrschluss** ist möglich. Analogie setzt immer eine *gleiche Wertungslage* (Wertgleichheit) voraus. Das aber ist kein besonderes Problem des Strafrechts, sondern eine allgemeine Methodenfrage. **34**

dd) Das Analogieverbot ist wenig wirksam, wenn ein Straftatbestand normative Begriffe aus **anderen Rechtsgebieten** verwendet, in denen das Analogieverbot nicht gilt. Die Fremdheit einer Sache (§ 127) oder das Vermögen (§ 146) ergibt sich zB aus dem Bürgerlichen Recht und kann dort auch durch Analogie begründet werden. **35**

Auch kommen bisweilen **Analogieanordnungen** im Gesetz vor (zB § 11 – vgl dazu unten 22/12 –, § 201 und § 284: „oder eine *ähnliche* Kundgebung“).

c) Verfassungsrechtliche Absicherung

Das Analogieverbot ist in **Art 7 EMRK** zwar nicht ausdrücklich enthalten, weil diese auch für den angelsächsischen Rechtskreis gelten soll und ein **Case-Law-System** keine unserem strengen Gesetzlichkeitsprinzip entsprechende Regel enthalten kann. Das Analogieverbot lässt sich aber wohl mittels **Größenschlusses** aus dem Art 7 EMRK ableiten: Wenn sogar der Gesetzgeber keine rückwirkenden Strafmaßnahmen schaffen darf, dann erst recht nicht die Vollziehung (kraft Analogie). **36**

3. Das Rückwirkungsverbot

a) Begriff der Rückwirkung

§ 1 StGB ordnet weiters an, dass eine Tat nur bestraft werden darf, wenn sie ***„schon zur Zeit ihrer Begehung“*** *mit Strafe bedroht* war, also schon in diesem Zeitpunkt eine gesetzliche Strafnorm bestanden hat. Die Regel verbietet damit die Rückwirkung von Strafgesetzen. Sie richtet sich in erster Linie an den **Gesetzgeber** und ist in Art 7 EMRK **verfassungsrechtlich abgesichert** (vgl auch Art 49 EU-GRC). **37**

Eine **Norm gilt** ab dem Zeitpunkt, an dem sie *im Bundesgesetzblatt kundgemacht* worden ist. Von diesem Geltungsbeginn zu unterscheiden ist die Frage, **auf welche Sachverhalte** ein Gesetz **angewendet** werden will. Sofern nichts anderes bestimmt ist, erhält ein Gesetz seine „verbindende Kraft“ mit *Ablauf des Tages der Kundmachung* (Art 49 B-VG). Das Gesetz kann aber auch einen *anderen Zeitpunkt für sein Inkrafttreten* festsetzen. Den Zeitraum zwischen der **Kundmachung (Geltungsbereich)** und dem Zeitpunkt des **Inkrafttretens** (**Anwendungsbereich**) bezeichnet man als **Legisvakanz**. Liegt der Anwendungsbeginn *vor* dem Zeitpunkt der Kundmachung, will also ein Gesetz *auf Sachverhalte angewendet werden, die sich vor der Kundmachung ereignet haben*, so spricht man von **Rückwirkung**. **38**

b) Inhalt des Rückwirkungsverbotes

39 aa) Rückwirkende Gesetze *zum Nachteil des Täters* sind im selben Umfang verboten wie die Analogie zum Nachteil. Art 7 Abs 2 EMRK enthält allerdings eine **Ausnahme**: Das Rückwirkungsverbot hindert nicht die Bestrafung, wenn die Tat *schon „im Zeitpunkt ihrer Begehung nach den von den zivilisierten Völkern allgemein anerkannten Rechtsgrundsätzen strafbar war"* (sogenannte **Nürnberg-Klausel**). Auch darf eine neue, bloß *der Art nach vergleichbare* **vorbeugende Maßnahme** verhängt werden, wenn der Täter dadurch *keiner ungünstigeren Behandlung* unterworfen wird, als sie nach dem zur Zeit der Tat geltenden Gesetz zulässig war (§ 1 Abs 2 letzter Satz StGB).

40 bb) Das verfassungsrechtliche Rückwirkungsverbot wird durch Bestimmungen über den (fälschlich so genannten) **zeitlichen Geltungsbereich** der Strafgesetze näher konkretisiert (§ 61 StGB). Danach *wirken* neue Strafgesetze *„auf früher begangene Taten"* zurück, *„wenn die Gesetze, die zur Zeit der Tat gegolten haben, für den Täter in ihrer Gesamtauswirkung nicht günstiger waren"*.

41 Hat sich also das Gesetz zwischen dem Zeitpunkt der Tatbegehung – nur auf den Handlungszeitpunkt kommt es an – und jenem der Verurteilung geändert, so hat das Gericht

- *nach dem alten Recht* zu urteilen, wenn das Gesetz **verschärft** worden ist (Rückwirkungs**verbot** des **strengeren** Gesetzes).
- Andernfalls ist das *neue Recht* auch auf die alten Taten anzuwenden (Rückwirkungs**gebot** des **günstigeren** oder **gleich günstigen** Gesetzes): Eine Änderung der Rechtsanschauung und der kriminalpolitischen Bewertung *zu seinen Gunsten* soll dem Täter zugutekommen.

42 *Beispiele*: Das StRÄG 2015, das am 1. Jänner 2016 in Kraft getreten ist (vgl oben 3/13a), hat eine neue Strafbestimmung gegen „**Cybermobbing**" eingeführt. Sie ist auf früher begangene Taten nicht anzuwenden.

Die **Anhebung der Wertgrenzen** bei den Vermögensdelikten durch das StRÄG 2015 wirkt jedoch zurück. Wer 2015 eine Sache im Wert von 100.000 Euro gestohlen hat, kann jetzt nur zu einer Freiheitsstrafe von höchstens drei Jahren verurteilt werden (§ 128 StGB), obwohl zur Tatzeit der Strafrahmen für Diebstähle über 50.000 Euro ein bis zehn Jahre betragen hat (§ 128 Abs 2 idF vor dem StRÄG 2015). – Die Strafbestimmung gegen „Aufforderung zum Ungehorsam gegen Gesetze" (§ 281) hat das StRÄG (seltsamerweise) ersatzlos aufgehoben. Damit entfällt auch die Strafbarkeit solcher Taten, die vor der Aufhebung begangen wurden (Rückwirkung der **Entkriminalisierung**).

43 cc) Da § 61 nicht unterscheidet, gilt die Rückwirkung des milderen Gesetzes (mildere Strafdrohung, Entkriminalisierung) **in allen Fällen**. Allerdings kann die Rückwirkung des milderen Rechts, da sie verfassungsrechtlich nicht geboten ist, vom Gesetzgeber in den **Übergangsbestimmungen** ausdrücklich ausgeschlossen werden. Diese stellen häufig auf den Zeitpunkt des Urteils erster

Instanz ab und sehen vor, dass die ältere (strengere) Strafbestimmung im Rechtsmitttelverfahren weiter anzuwenden ist (z.B. Art VII BGBl I 109/2007).

Sachlich kaum gerechtfertigt ist eine Rückwirkung des milderen Gesetzes bei den sogenannten **Zeitgesetzen**, das sind Gesetze, die *für die besonderen Verhältnisse* erlassen werden, die in einem bestimmten Zeitpunkt herrschen (zB Strafdrohungen zur Bekämpfung einer Pandemie), und die nach Fortfall dieser besonderen Bedingungen (Ende der Pandemie) aufgehoben werden. Denn in diesem Fall liegt der Gesetzesänderung ***keine Änderung der kriminalpolitischen Bewertung*** zugrunde, sondern eine Veränderung der tatsächlichen Verhältnisse. Eine generelle Ausnahmeregelung für Zeitgesetze war zwar für das StGB 1974 vorgesehen (§ 64 Abs 2 RV), ist aber im Parlament nicht beschlossen worden (näher *Nowakowski*, WK[1] § 1 Rz 33).

4. Verbot des Gewohnheitsrechtes

§ 1 verlangt eine „**gesetzliche** Strafdrohung" und verweist damit *auf das* 44 *geschriebene Gesetz*. Die Bestimmung ist allerdings verfassungsrechtlich nicht abgesichert, weil Art 7 EMRK auch das angelsächsische Case-Law-System berücksichtigen muss. So ist die Bildung gewohnheitsrechtlicher Normen durch die Auslegungsregel des § 1 StGB im Strafrecht vielleicht erschwert, nicht aber verhindert.

In der **Praxis** des Strafrechts besteht **viel Gewohnheitsrecht**: So ist bei- 45 spielsweise der Rechtsfertigungsgrund des **rechtfertigenden Notstands** im Gesetz nicht ausdrücklich geregelt und am einfachsten mit Gewohnheitsrecht zu begründen (vgl unten 17/53 f). Aber auch im *Allgemeinen Teil* des Strafrechts gibt es Gewohnheitsrecht zur Ausfüllung des vom Gesetz vorgegebenen Rahmens. Dies gilt insbesondere für die *Begehung durch Unterlassung* (§ 2) hinsichtlich der besonderen Verpflichtung durch die Rechtsordnung (zB **Ingerenzprinzip**, vgl unten 37/36, 41), aber auch zur Begründung der **objektiven Sorgfaltswidrigkeit** beim Fahrlässigkeitsdelikt (vgl unten 12/10 ff).

5. Das Bestimmtheitsgebot

Wahrscheinlich wichtigster, aber am schwierigsten konkret fassbarer Gesichts- 46 punkt des Nulla-poena-sine-lege-Satzes ist das Bestimmtheitsgebot. „Die eigentliche Gefahr droht dem Grundsatz nulla poena sine lege nicht von der Analogie, sondern von den unbestimmten Rechtsbegriffen" (*Welzel*).

Das Bestimmtheitsgebot wird insbesondere durch die Verwendung **nor-** 47 **mativer Rechtsbegriffe** in Frage gestellt, die sich aber nicht immer vermeiden lassen. Problematisch sind auch die besonders weiten **Strafrahmen** des österreichischen Rechts, die durch die Strafzumessungsbestimmungen der außerordentlichen Milderung (§ 41) und der Strafschärfung (§ 313) zusätzlich erweitert werden. So reicht etwa der Rahmen bei Mord von einem Jahr (§ 41 Abs 1 Z 1) bis zur lebenslangen Freiheitsstrafe. Andererseits geben diese weiten Strafrahmen dem Richter im **Einzelfall** die Möglichkeit zur Verhängung einer persönlichkeitsadäquaten Maßnahme.

48 Das Bestimmtheitsgebot wird daher nicht als judizierbarer Rechtssatz, sondern als **Richtschnur** aufgefasst werden müssen: Für den Gesetzgeber **enthält** es das **Verbot allzu unbestimmter Strafvorschriften** und das Gebot der Bildung klarer Strafbarkeitstypen. Für den **Rechtsanwender** gilt das Bestimmtheitsgebot als Auslegungsgrundsatz und beinhaltet insbesondere das **Verbot**, relativ *deskriptive Gesetzesbegriffe unbestimmt auszulegen* (zB das Merkmal der Notwendigkeit bei der Notwehr, vgl unten 17/31 ff, 36).

5. Kapitel: Internationales Strafrecht und Europastrafrecht

Literaturauswahl: *Ambos*, Internationales Strafrecht, 5. Aufl 2018; *Ambos/König/Rackow* (Hrsg), Rechtshilferecht in Strafsachen, 2. Aufl 2018; *Burgstaller*, Das europäische Auslieferungsübereinkommen und seine Anwendung in Österreich, 1970; *Fuchs*, Europäischer Haftbefehl und Staaten-Souveränität, JBl 2003, 405; *Hecker*, Europäisches Strafrecht, 5. Aufl 2015; *Linke*, Grundriss des Auslieferungsrechts, 1983; *Linke/Epp/Dokoupil/Felsenstein*, Internationales Strafrecht (1981); *Medigovic*, Der Europäische Haftbefehl in Österreich, JBl 2006, 627; *dies*, Die gegenseitige Anerkennung von vermögensrechtlichen Sanktionen, JBl 2008, 69; *Murschetz*, Der Rahmenbeschluss über den Europäischen Haftbefehl und seine Umsetzung im EU-JZG, ÖJZ 2007/10, 98; *dies*, Auslieferung und Europäischer Haftbefehl (2007); *Satzger*, Internationales und Europäisches Strafrecht, 9. Aufl 2020 (zitiert: *Satzger*[9] Paragraph/Rz); *Schomburg/Lagodny/Gleß/Hackner* (Hrsg), Internationale Rechtshilfe in Strafsachen, 6. Aufl 2020; *Schwaighofer*, Auslieferung und Internationales Strafrecht (1988); *ders*, Die Neuordnung des Auslieferungsrechts durch den Europäischen Haftbefehl, Burgstaller-FS (2004) 433; *Zerbes*, Tatort Internet – Zuständigkeit bei virtuell begangenen Äußerungsdelikten, ÖJZ 2017, 856.

I. Übersicht

Das Strafrecht beruht auf der **Souveränität der Staaten**. Dieser Grundsatz besagt, dass jeder Staat – ob groß, ob klein – für seinen Bereich die **höchste Gewalt** ist und keine Gewalt über sich hat. Die Strafgewalt im eigenen Territorium ist geradezu ein Wesensmerkmal der staatlichen Souveränität. Daher gilt grundsätzlich: 1

- **Jeder Staat** bestimmt für sich allein, **welches Verhalten** er jeweils für **strafbar** erklärt (vgl oben 1/4).
- Jeder Staat legt auch souverän fest, welche Straftaten mit Beziehungen zum Ausland er durch seine Gerichte verfolgt (**Strafanwendungsrecht**, vgl unten 5/11 ff), wobei jeder Staat stets nur sein **eigenes materielles Strafrecht** anwendet (unten 5/10).
- Schließlich bestimmt auch jeder Staat selbst, inwieweit und unter welchen Voraussetzungen er anderen Staaten bei der Durchsetzung ihres Strafrechts hilft (**Rechtshilfe**, vgl unten 5/16, 5/60 ff).

An diesen Grundsätzen hat auch die Globalisierung nichts geändert. Allerdings hat der **Einfluss des internationalen Rechts** auf die innerstaatlichen Strafrechte der Staaten in den letzten zwei Jahrzehnten deutlich zugenommen. 2

Im Einzelnen kann man unter **Internationalem Strafrecht** aber Verschiedenes verstehen:

1. Internationaler Strafgerichtshof und Römisches Statut

Zuerst ist bei internationalem Strafrecht daran zu denken, dass bestimmte besonders schwere Verbrechen nicht durch einen einzelnen Staat, sondern 3 von einem **internationalen Gericht** nach einem **internationalen materiellen Strafrecht** abgeurteilt werden.

4 Ein solches „Internationales Strafrecht" im eigentlichen Sinn gibt es für einen ganz engen Bereich: Durch das sog **Römische Statut** (RömSt) wurde der **Internationale Strafgerichtshof (ISG**; *International Criminal Court, ICC*) mit Sitz in Den Haag in den Niederlanden eingerichtet. Er ist für „die schwersten Verbrechen" zuständig, „welche die internationale Gemeinschaft als Ganzes berühren" (Art 5 RömSt). Als solche werden im Statut, wie im Besonderen Teil eines nationalen Strafgesetzbuchs, bestimmte Formen des *Völkermordes*, *Verbrechen gegen die Menschlichkeit* (zB ausgedehnte und systematische Verfolgung von Bevölkerungsgruppen aus rassischen Gründen) und *schwere Kriegsverbrechen* beschrieben (vgl §§ 321a bis 321k StGB). Außerdem enthält das RömSt einen eigenen Allgemeinen Teil (zB Art 30: „Subjektive Tatbestandsmerkmale") und prozessuale Bestimmungen, es ist also gewissermaßen ein **eigenes Strafgesetzbuch** samt Strafprozessordnung für sich.

5 Das RömSt ist ein **völkerrechtlicher Vertrag** (vgl unten 5/18), der unter der Schirmherrschaft der UNO abgeschlossen wurde. Es gilt daher nur für diejenigen Staaten, die diesen Vertrag ratifiziert haben (derzeit etwa zwei Drittel aller Staaten; für Österreich: BGBl III 2002/180), und für Straftaten, die im **Hoheitsgebiet eines Vertragsstaates** oder von einem seiner Staatsbürger begangen worden sind (Art 12 RömSt). Allerdings kann der UN-Sicherheitsrat nach Kapitel VII der Charta der Vereinten Nationen ein Verfahren außerhalb dieses Geltungsbereichs veranlassen.

6 Das RömSt ist also internationales Recht, ändert aber nichts an der grundsätzlichen Souveränität der Einzelstaaten, die frei über einen Beitritt entscheiden können. Weiters ist der ISG **nur subsidiär zuständig**, nämlich dann, wenn der Tatortstaat die Verbrechen nicht oder zumindest nicht ernsthaft verfolgt (Art 17 RömSt). Praktisch bedeutsam wird das RömSt also wohl nur dann, wenn der Staat, in dem die schweren Verbrechen begangen wurden, durch einen Angriff von außen seine Souveränität verliert oder nach einem inneren Umsturz das neue Regime nicht zur ernsthaften Strafverfolgung bereit ist.

7 Die Vertragsstaaten sind zur **umfassenden Zusammenarbeit** mit dem ISG verpflichtet (für Österreich: BG über die Zusammenarbeit mit dem ISG, BGBl I 2002/135, dessen § 7 sogar die Auslieferung österreichischer Staatsbürger – vgl unten 5/63 – ermöglicht). Wichtige Staaten – insbes die USA, Russland, Indien, China und Israel – haben das RömSt allerdings nicht ratifiziert, weil sie ihre Staatsangehörigen nicht einer möglichen Verfolgung durch den ISG aussetzen möchten. Die USA bemühten sich darüber hinaus bisweilen – unter der Drohung der Einstellung von Militärhilfe – um zwischenstaatliche Vereinbarungen, mit denen sie andere Staaten dazu verpflichten wollten, amerikanische Staatsbürger nicht an den ISG auszuliefern. So ist die Wirksamkeit des RömSt von vornherein eingeschränkt.

Vorläufer des ISG sind das Ex-**Jugoslawien-** und das **Ruanda-Tribunal**, die mit Beschluss des UN-Sicherheitsrates ad hoc eingerichtet wurden (näher BGBl 1996/263).

2. Kollisionsrecht

Außer diesem Sonderfall gibt es derzeit wie schon einleitend dargelegt nur **nationale Strafgerichte** und die **nationalen Strafrechte** der einzelnen Staaten, die jeweils für sich definieren, was sie als eine Straftat ansehen. **8**

Unter Internationalem Strafrecht könnte man nun – entsprechend dem sog *Internationalen Privatrecht* (IPR-Gesetz, BGBl 1978/304 idgF) – Normen verstehen, die festlegen, **welches nationale Strafrecht** bei Taten mit Auslandsbeziehungen anzuwenden ist: Ist ein Betrug, der sowohl in Deutschland als auch in Österreich begangen wurde, oder eine Bombensendung von Deutschland nach Österreich nach deutschem oder nach österreichischem Recht zu beurteilen? **9**

Ein solches **Kollisionsrecht** besteht für Strafrecht derzeit **nicht**, und zwar weder im internationalen noch im innerstaatlichen Recht. Wegen des besonderen öffentlichen Interesses kann eine Verurteilung niemals auf einen ausländischen Straftatbestand gestützt werden. Österreichische Gerichte strafen immer **nur nach österreichischem materiellen Strafrecht**. **10**

Ausnahmsweise können die österreichischen Strafgerichte dennoch in die Lage kommen, **ausländisches Recht** anzuwenden, so zB bei der Frage, ob die Tat auch nach dem Recht des Tatortes strafbar ist (Prinzip der *identen Norm*, unter 5/14, 48). Ähnlich ist es bei *Vorfragen. Beispiel*: Ist ein Verkehrsunfall, der sich in Großbritannien zugetragen hat, strafrechtlich zu beurteilen (zB nach § 64 Abs 1 Z 7), so ist die Frage nach der objektiven Sorgfaltswidrigkeit selbstverständlich nach britischem Straßenverkehrsrecht zu beurteilen (Linksverkehr).

3. Strafanwendungsrecht

Die **Tatbestände des österreichischen Strafrechts** sind so formuliert, dass sie grundsätzlich auf alle in ihnen jeweils beschriebenen Verhaltensweisen anzuwenden sind, gleichgültig wo die Tat begangen wurde und welche Staatsbürgerschaft der Täter hat. Allerdings kann Österreich nicht alle irgendwo auf der Welt begangenen Straftaten verfolgen. Dies wäre **faktisch unmöglich**, zu **teuer** und auch gar nicht sinnvoll. Außerdem verbietet es das Völkerrecht: Jeder Staat darf nur dann strafen, wenn die Tat eine **Beziehung zum Inland** aufweist (**völkerrechtlicher Anknüpfungspunkt**). **11**

Diese Anknüpfungspunkte nennt man die sog **Prinzipien des Internationalen Strafrechts**. Es sind dies: **12**

1. Das **Territorialitätsprinzip**: Der *Tatort* liegt im Inland.
2. Das (aktive) **Personalitätsprinzip**: Der *Täter* ist Inländer und wird von seinem Heimatstaat bestraft, obwohl er die Tat im Ausland begangen hat.

   Dabei wird zunehmend nicht (nur) auf die Staatsbürgerschaft, sondern (auch) auf den Ort des **gewöhnlichen Aufenthalts** abgestellt: Der Täter wird von seinem Aufenthaltsstaat bestraft, auch wenn er die Tat im Ausland begangen hat.

3. Das **Schutzprinzip**: Das *geschützte Rechtsgut* ist ein inländisches (**Real**schutzprinzip; zB Hochverrat gegen Österreich) oder *steht einem Inländer zu* (**Personal**schutzprinzip, auch passives Personalitätsprinzip genannt: Das Opfer ist Inländer oder hat seinen gewöhnlichen Aufenthalt im Inland).

13 Neben diesen klassischen Anknüpfungspunkten bestehen heute **zwei weitere**:

4. Das **Universalitätsprinzip** (Prinzip der **Weltstrafrechtspflege**): Bestimmte *schwere Taten* (zB Sklavenhandel, Suchtgifthandel oder Flugzeugentführungen), die die gesamte Staatengemeinschaft berühren, dürfen von jedem Staat nach seinem Recht verfolgt werden, unabhängig davon, wo die Tat begangen wurde. Zum Teil sind die Staaten aufgrund internationaler Vereinbarungen zu einer solchen Verfolgung sogar **verpflichtet**.

In allen bisher genannten Fällen (1–4) erfolgt die Bestrafung ***unabhängig vom Recht des Tatortes***.

14 Anders ist es beim

5. Prinzip der **stellvertretenden Strafrechtspflege**: Bisweilen ist es nötig, dass Österreich gleichsam stellvertretend für den Tatortstaat verurteilt, wenn eine *Auslieferung* aus bestimmten Gründen *unterbleibt* (zB weil sie aus Kostengründen gar nicht begehrt wird oder dem Betroffenen im Ausland eine rechtsstaatswidrige Verfolgung oder eine grausame, unmenschliche Strafe droht). In diesem Fall wird nur bestraft, wenn die Tat ***auch nach den Gesetzen des Tatortstaates strafbar*** ist.

15 Innerhalb dieser völkerrechtlichen Grenzen bestimmt **jeder Staat** aufgrund seiner Souveränität **für sich**, auf welche Taten mit Auslandsbeziehungen er **sein nationales Strafrecht** anwenden will (**Strafanwendungsrecht**; auch internationale Zuständigkeit oder **Jurisdiktion**; für Österreich: §§ 62 bis 67 StGB, vgl unten 5/36 ff). **Konkurrierende Zuständigkeiten** mehrerer Staaten für ein und dieselbe Tat (zB Tatortstaat und Heimatstaat; Handlungsort und Ort des Erfolgseintritts, vgl auch unten 5/37) sind möglich und häufig. Dann verfolgt und bestraft jeder Staat aufgrund seiner Souveränität unabhängig für sich; Strafen, die wegen derselben Tat im Ausland verbüßt wurden, werden jedoch meist angerechnet (für Österreich näher unten 5/59; zum Grundsatz Ne bis in idem vgl unten 5/36, 51, 82).

Besonders das Schutzprinzip (oben 3.) ermöglicht eine weite Ausdehnung des eigenen Strafanspruches mit der Begründung, dass die Auslandstat „Interessen des Staates" oder seiner Bürger berührt hat.

Die Bezeichnung dieses **Strafanwendungsrechts** als **„Internationales Strafrecht"** ist weithin üblich, aber in mehrfacher Hinsicht irreführend: Erstens ist es überhaupt *kein materielles Strafrecht*, das Tatbestände aufstellt. Sodann ist es *innerstaatliches* (österreichisches) und nicht internationales oder zwischenstaatliches Recht; es verteilt nicht die Zuständigkeit zwischen mehreren Staaten, sondern regelt, unter welchen Voraussetzungen sich ein Staat durch sein Recht für Taten mit Auslandsbeziehungen für zuständig erklärt. Schließlich enthält es, anders als das IPR, auch *kein Kollisionsrecht*, weil die österreichischen Gerichte immer nur nach österreichischem materiellen Strafrecht urteilen.

4. Auslieferung und Rechtshilfe

Außerdem steht es jedem souveränen Staat frei, in seinem **nationalen Recht** 16
zu bestimmen, ob und inwieweit er einen anderen Staat bei dessen Strafverfolgung unterstützen will **(Rechtshilfe)**, und insbesondere kann er die Voraussetzungen festlegen, unter denen er einen Menschen zum Zwecke der Strafverfolgung oder der Strafvollstreckung in die Gewalt eines anderen Staates übergeben will **(Auslieferung)**. Ausnahmen bestehen nur, soweit sich ein Staat selbst durch **völkerrechtliche Verträge** gebunden hat.

Auch dieses Recht der Auslieferung und der internationalen Rechtshilfe kann man als internationales Strafrecht bezeichnen (dazu näher unten 5/60 ff).

Die **Freiheit, über Auslieferung und Rechtshilfe** zu bestimmen, **begrenzt** daher die Freiheit der Staaten, ein Verhalten für strafbar zu erklären und selbst über die Anwendung des eigenen Strafrechts auf Taten mit Auslandsbeziehungen zu entscheiden: Der Strafanspruch kann nicht verwirklicht werden, wenn die anderen Staaten ihre Unterstützung ablehnen.

5. Zwischenstaatliches Strafrecht und überstaatliches Recht

Schließlich kann man zum Internationalen Strafrecht noch jene **zwischen- und überstaatlichen Normen** zählen, die das nationale Strafrecht der einzelnen Staaten determinieren und damit die Freiheit des Gesetzgebers einschränken. 17

Zweck dieser Regelungen – die in der letzten Zeit sprunghaft zunehmen – ist es, durch eine **Vereinheitlichung des Strafrechts** die Verfolgung von grenzüberschreitenden Straftaten zu erleichtern, deren Begehung nicht mehr durch die traditionellen Grenz-, Zoll-, Handels- und Verkehrsbeschränkungen behindert wird. Dementsprechend enthalten sie vor allem Verpflichtungen für die einzelnen Staaten, ein bestimmtes Verhalten für strafbar zu erklären (**Kriminalisierungsverpflichtungen**, vgl oben 1/4), sowie **Erleichterungen von Rechtshilfe** und Auslieferung.

Die klassische Form solch zwischen- und überstaatlichen Strafrechts sind **Völkerrechtliche Verträge**, die zwischen den Staaten geschlossen werden, 18
und zwar entweder *bilateral* oder zwischen mehreren Staaten mit gleichem oder ähnlichem Inhalt (*multilaterale Verträge*). In diesem Fall stellt oft eine internationale Organisation (UNO, OECD, Europarat) ihre Infrastruktur zum Aushandeln des Vertragsinhaltes und zur Verwaltung zur Verfügung (Organisation von Konferenzen, Sekretariat).

Auch wenn der Inhalt eines Vertrages fixiert ist, so tritt dieser nur für jene Staaten in Kraft, die ihn in der Folge **ratifizieren**, dh deren Parlamente zustimmen und die dann ausdrücklich erklären, dass der Vertrag für sie bindend sein soll. Nicht selten verzögert sich die Ratifikation, oder sie unterbleibt ganz, so dass der Vertrag für diesen Staat nicht gilt. Möglich ist auch, dass ein Vertragsstaat zu einzelnen Bestimmungen **Vorbehalte** anmeldet, so dass diese Bestimmungen dann für ihn nicht oder nur eingeschränkt gelten. Außerdem kann jeder Staat den Vertrag auch später noch einseitig **kündigen**.

Beispiele sind die soeben erwähnten bi- und multilateralen Übereinkommen zu **Auslieferung** und **Rechtshilfe** (näher unten 5/62). Manche Verträge verpflichten die Staaten dazu, bestimmte Verhaltensweisen zu bestrafen, so etwa das **UN-Übereinkommen** gegen den unerlaubten Verkehr mit *Suchtgiften und psychotropen Stoffen* („Wiener Übereinkommen" vom 19.12. 1988, BGBl III 1997/154 idF III 1998/141 DFB), die *Cybercrime-Konvention* des **Europarates** vom 23.11.2001 (ETS 185) und das **OECD-Übereinkommen** zur *Bestechungsbekämpfung* vom 17.12.1997 (BGBl III 1999/176).

19 Auch in der einstigen **„Dritten Säule" der EU** (die polizeiliche und justizielle Zusammenarbeit in Strafsachen über den Wirtschaftsbereich der EG hinaus, näher unten 5/33) gab es bis 2009 nur **„Übereinkommen"**, die zwar im Rahmen der Gemeinschaft ausgehandelt wurden, dann aber von den einzelnen Mitgliedstaaten ratifiziert werden mussten (oder auch nicht ratifiziert wurden). Das ältere EU-Strafrecht beruht daher auf solchen Übereinkommen (zB das – frühere – Übereinkommen über den *Schutz der finanziellen Interessen* der Europäischen Gemeinschaften, ABl 1995 C 316/49). Diese werden heute allmählich durch Richtlinien ersetzt (näher 5/26 ff; zB Richtlinie über die *strafrechtliche Bekämpfung von gegen die finanziellen Interessen der Union gerichtetem Betrug,* ABl 2017 L 198/29).

II. Strafrecht in der Europäischen Union

1. Rechtsakte der Union

20 (1) Ganz anders als das traditionelle Völkerrecht funktioniert heute das **Recht der Europäischen Union**: Es wird von den ***Organen der Union*** (Kommission, Europäisches Parlament, Rat) gesetzt und tritt dann sofort in Kraft, **ohne** dass es einer **Ratifikation** durch die Mitgliedstaaten bedarf. Auch ist die ***Kündigung*** einzelner EU-Normen durch einen Mitgliedstaat schon ***begrifflich ausgeschlossen***, das Mitglied kann sich nur innerhalb der Gemeinschaft um die erforderliche Mehrheit für eine Änderung bemühen.

Rechtsgrundlagen der EU (sog Primärrecht) sind seit dem Inkrafttreten des Vertrags von Lissabon am 1.12.2009 der **Vertrag über die Europäische Union (EUV,** konsolidierte Fassung: ABl 2016 C 202/13), der **Vertrag über die Arbeitsweise der Europäischen Union (AEUV**, konsolidierte Fassung: ABl 2016 C 202/47) und die **Charta der Grundrechte der Europäischen Union (GRC,** ABl 2016 C 202/389).

(2) Die EU ändert grundsätzlich nichts am an der Souveränität der Mitgliedsstaaten, die nach wie vor ihr Strafrecht frei gestalten können. Allerdings können heute Rechtssetzungsakte der Union das Strafrecht der Mitgliedsstaaten unmittelbar und mittelbar beeinflussen (unten 5/26 ff). Darüber hinaus hat der EuGH einige Grundsätze für das Verhältnis von EU-Recht und dem Recht der Mitgliedstaaten aufgestellt: 21

(a) Der am schwersten wiegende Eingriff in das Rechts-*System* ist der sog. **Anwendungsvorrang des Europarechts,** den der EuGH in seiner Rechtsprechung entwickelt hat. Danach darf innerstaatliches Recht, das in einem konkreten Fall einer der vier Grundfreiheiten der EU klar entgegensteht, in diesem konkreten Fall nicht angewendet werden (**„Neutralisierungswirkung“**). Das könnte ausnahmsweise auch Straftatbestände betreffen. 22

Beispiel (nach *Satzger*[9] 9/92): A nimmt in Wien Sportwetten für ein Londoner Unternehmen an und zahlt in seinem Wiener Büro auch die Gewinne aus. Dazu besitzt er eine Lizenz nach britischem Recht, aber er hat weder eine Bewilligung nach dem österreichischen Glückspielgesetz noch nach Wiener Wettengesetz. Kann er wegen verbotenen Glückspiels (§ 168 StGB) bestraft werden?

Der EUV sieht die **vier Grundfreiheiten** des Europäischen Binnenmarktes vor: freier Warenverkehr, Personenfreizügigkeit, Dienstleistungsfreiheit, freier Kapital- und Zahlungsverkehr. Eine Bestrafung nach § 168 würde in diesem Fall die Dienstleistungsfreiheit einschränken, weil der Wettanbieter am Betrieb seines in London lizenzierten Gewerbes in Wien gehindert wäre. Es ließe sich daher einerseits argumentieren, dass die Dienstleistungsfreiheit, weil sie unmittelbar anwendbares EU-Recht ist, den entgegenstehenden Straftatbestand „neutralisiere“ – ihn unanwendbar mache.

Andererseits erlaubt das EU-Recht den Mitgliedstaaten, zugunsten bestimmter übergeordneter Interessen die **Grundfreiheiten einzuschränken**. So sind zB Einschränkungen des freien Warenverkehrs gerechtfertigt, die ein Staat aus „Gründen der öffentlichen Sittlichkeit, Ordnung und Sicherheit, zum Schutze der Gesundheit und des Lebens von Menschen, Tieren oder Pflanzen, des nationalen Kulturguts von künstlerischem, geschichtlichem oder archäologischem Wert oder des gewerblichen und kommerziellen Eigentums“ festlegt (Art 36 AEUV). Gerade für Straftatbestände wird idR ein solches Schutzziel gegeben sein. Beim Glückspielverbot wird es sich vor allem darin sehen lassen, dass dieses der Regulierung von Glückspielangeboten dient und damit letzten Endes der Bekämpfung von Spielsucht (*Stricker,* SbgK § 168 Rz 14; näher zur Neutralisierungswirkung *Satzger*[9] 9/92–101).

Es ist daher schwer festzustellen, ob § 168 StGB in einem konkreten Fall die Grundfreiheit der Dienstleistungsfreiheit unzulässig einschränkt. Letztlich wird man erst nach der Entscheidung des EuGH Klarheit haben. Hat das österreichische Gericht Zweifel, so muss es den Fall dem EuGH vorlegen (**Vorabentscheidungsverfahren**, Art 267 AEUV).

(b) Die **Loyalitätspflicht** der Mitgliedstaaten gegenüber der EU (Art 4 Abs 3 EUV) verlangt darüber hinaus, dass das nationale Recht **unionskonform ausgelegt** wird. Der Rechtsanwender hat demnach aus mehreren möglichen Interpretationen diejenige zu wählen, die einen Widerspruch mit dem EU-Recht vermeidet („Konfliktvermeidung“, *Satzger*[9] 9/103). 23

Auch hier lässt sich das *Beispiel* oben heranziehen: Wenn § 168 so ausgelegt wird, dass auch eine Konzession oder Bewilligung aus einem anderen EU-Mitgliedstaat als Rechtfertigung angesehen wird, würde er anwendbar bleiben, aber der Wettanbieter wäre straflos.

24 (c) Ebenfalls aus der **Loyalitätspflicht** wird der so genannte **Assimilierungsgrundsatz** abgeleitet. Er verlangt, dass die Mitgliedstaaten die Rechtsgüter der EU ebenso schützen wie die entsprechenden innerstaatlichen Rechtsgüter. Aus diesem Grund müssen sie ihr Strafrecht fallweise ausdehnen (zB auf Abgabenhinterziehung, auch wenn sie nicht zu Lasten des eigenen Haushalts, sondern zu Lasten des EU-Budgets geht).

(3) An generell-abstrakten EU-**Rechtsakten** (sog. Sekundärrecht) ist zu unterscheiden (Art 288 f AEUV):

25 – EU-**Verordnungen** ***gelten*** wie innerstaatliche Gesetze ***unmittelbar*** und begründen unmittelbar Rechte und Pflichten auch für die Bürger der Mitgliedstaaten.

EU-Verordnungen brauchen daher für ihre Wirksamkeit nicht erst in ein innerstaatliches Gesetz übernommen zu werden, und nach überwiegenden Meinung dürfen sie auch gar **nicht** in ein nationales Gesetz (wiederholend) **umgesetzt** werden (*Satzger*[9] 9/68). Der einzelne Bürger muss also nicht nur das österreichische Bundesgesetzblatt lesen, damit er seine Rechte und Pflichten kennt, sondern auch das **Amtsblatt der EU** – eine Zumutung, die man insbes bei der Prüfung wird berücksichtigen müssen, ob ein etwaiger **Verbotsirrtum** vorwerfbar ist (unten 23/24 ff).

25a – Durch **Richtlinien** werden dagegen nur die ***Mitgliedstaaten unmittelbar verpflichtet***, die Anordnungen der Union in ihre Rechtsordnung zu übernehmen – die Richtlinie ***umzusetzen***. Für die Bürger ist das innerstaatliche Recht maßgebend.

Nur in Ausnahmsfällen können sich diese unmittelbar auf eine Richtlinie berufen: dann, wenn die Richtlinie trotz Ablaufs der Umsetzungsfrist nicht umgesetzt wurde, wenn ihr Text bestimmt genug ist und wenn sie den einzelnen begünstigt. Angesichts dessen kann eine Richtlinie, die die *Schaffung* von Straftatbeständen anordnet, nie unmittelbar angewendet werden. Anders als etwa eine Richtlinie, die dem Beschuldigten bestimmte Verteidigungsrechte einräumt (zB Richtlinie über das Recht auf Zugang zu einem Rechtsbeistand, ABl 2013 L 294/1). Derartige Bestimmungen begünstigen den Beschuldigten. Sie wären daher unmittelbar anwendbar, wenn der betreffende Staat die Umsetzungsfrist versäumt und keine entsprechenden Regeln in seine Prozessordnung aufgenommen hat.

25b Verordnungen und Richtlinien werden idR vom Rat mit *qualifizierter Mehrheit* und vom Europäischen Parlament beschlossen (vgl auch unten 5/30c), und zwar auf Vorschlag der Kommission, im Bereich Justiz und Polizei auch auf Initiative eines Viertels der Mitgliedstaaten (Art 76 AEUV). Die Kommission und jeder Mitgliedstaat können gegen einen Mitgliedstaat beim EuGH klagen, wenn dieser eine Verordnung gemeinschaftswidrig anwendet oder eine Richtlinie nicht ordnungsgemäß umsetzt (Art 258 f AEUV).

2. *Einfluss des Europarechts auf die innerstaatliche Rechtsordnung (Europastrafrecht)*

Die wichtigsten Kompetenzgrundlagen zur Schaffung von Europastrafrecht durch die Union 26

- finden sich im Titel V des AEUV („Der Raum der Freiheit, der Sicherheit und des Rechts", Art 67 bis 89) und insbes in den Art 82 bis 85 („**Justizielle Zusammenarbeit in Strafsachen**").
- Darüber hinaus ermächtigt Art 86 AEUV zur Einrichtung einer **Europäischen Staatsanwaltschaft** zur Verfolgung von Straftaten gegen die **finanziellen Interessen der Union** („Betrugsbekämpfung"; unten 5/31).
- Ob und inwieweit Art 325 AEUV auch zum Schutz von ***strafrechtlichen*** „Maßnahmen" zum Schutz der finanziellen Interessen der Union ermächtigt, ist umstritten (unten 5/31a).

a) *Justizielle Zusammenarbeit*

Gem Art 82 Abs 1 erster Satz AEUV 26a

- „*beruht*" die **„justizielle Zusammenarbeit in Strafsachen in der Union"**
- auf dem **„Grundsatz der gegenseitigen Anerkennung** gerichtlicher Urteile und Entscheidungen". Sie
- „***umfasst*** **die Angleichung der Rechtsvorschriften** der Mitgliedstaaten in den in *Abs 2 und Art 83 genannten Bereichen*".

(a) **Art 83 AEUV** betrifft die Angleichung des **materiellen Strafrechts** der Mitgliedstaaten. Danach können das Europäische Parlament und der Rat durch **Richtlinien „Mindestvorschriften zur Festlegung von Straftaten und Strafen"** (Art 83 AEUV) erlassen, und zwar 27

- einerseits soweit sich die „**Angleichung der strafrechtlichen Rechtsvorschriften** der Mitgliedstaaten als unerlässlich für die **wirksame Durchführung der Politik der Union** auf einem Gebiet, auf dem Harmonisierungsmaßnahmen erfolgt sind", erweist (**Art 83 Abs 2 AEUV** – ***Annexmaterie***, vgl zum früheren Recht der EG unten 5/33), 27a

  Auf dem Annextatbestand des Art 83 Abs 2 beruht bspw die Richtlinie über **strafrechtliche Sanktionen bei Marktmanipulation** (**Marktmissbrauchsrichtlinie**), ABl 2014 L 173/179, die die Mitgliedstaaten dazu verpflichtet, Insidergeschäfte und Marktmanipulation (zB falsche Informationen zur Beeinflussung von Börsenkursen) unter Strafe zu stellen.

  Auch die wichtige **Richtlinie** (EU) 2017/1371 über die **strafrechtliche Bekämpfung von gegen die finanziellen Interessen der Union gerichtetem Betrug** (ABl vom 28.7.2017, L 198/29; auch ***„PIF-Richtlinie"*** von franz. *protection des intérêts financiers*), stützt sich ausdrücklich auf Art 83 Abs 2 (dazu auch unten 5/31a). – Die finanziellen Interessen der EU werden insbes geschädigt durch die **Erschleichung von Subventionen** durch falsche Angaben oder die **missbräuchliche Verwendung von EU-Fördermitteln** (z.B. Landwirtschaft, Regionalförderung) zu anderen Zwecken als jenen, zu denen sie gegeben wurden. Einnahmenseitig kann die EU vor allem durch die **Hinterziehung von EU-Abgaben**, insbes von Zöllen, geschädigt werden (näher und zur Umsetzung in Österreich *Fuchs/Reindl-Krauskopf*, BT I[7] 225 ff).

28 – und andererseits in Bereichen **besonders schwerer, grenzüberschreitender Kriminalität (Art 83 Abs 1 AEUV)**; diese Bereiche sind im AEUV *taxativ aufgezählt*.

Genannt werden **Terrorismus** (dazu ist bereits die Richtlinie zur Terrorismusbekämpfung ergangen, ABl 2017 L 88/6), **Menschenhandel und sexuelle Ausbeutung von Frauen und Kindern** (Richtlinie zur Verhütung und Bekämpfung des Menschenhandels, ABl 2011 L 101/1), **illegaler Drogenhandel, illegaler Waffenhandel, Geldwäsche** (mittlerweile gibt es bereits fünf Geldwäscherichtlinien, teilweise sind sie noch innerhalb der früheren Drei-Säulen-Struktur der EU entstanden, vgl 5/32), **Korruption, Fälschung von Zahlungsmitteln** (Richtlinie gegen Geldfälschung, ABl 2014 L 151/1), **Computerkriminalität** (Richtlinie über Angriffe auf Informationssysteme, ABl 2013 L 218/8) und **organisierte Kriminalität.** Der Rat kann nach Zustimmung des Parlaments **einstimmig** eine **Ausdehnung** auf weitere Kriminalitätsbereiche beschließen.

28a Die Erlassung von „**Mindestvorschriften zur Festlegung von Straftaten und Strafen**" (Art 83 Abs 1 und 2 AEUV) bedeutet **Kriminalisierung**: Die Richtlinien verpflichten die Mitgliedstaaten regelmäßig dazu, bestimmte Verhaltensweise mit Strafe zu bedrohen (also **Straftatbestände einzuführen**, wenn sie nicht ohnedies in dem Staat bereits bestehen), und sie schreiben häufig auch eine Mindesthöhe der Strafdrohung vor (… „mit einer Strafe zu bedrohen, die im Höchstmaß mindestens fünf Jahre erreicht"; **Mindest-Höchststrafe**).

Dagegen sind die Mitgliedstaaten frei, ihre **Straftatbestände weiter zu fassen**, als es in der Richtlinie vorgeschrieben ist (also noch mehr zu bestrafen), oder auch **weitere Straftaten** festzulegen. Ebenso dürfen sie **höhere Strafen** vorsehen. Die Regelungen sind daher kriminalpolitisch völlig einseitig; **mehr Strafrecht** gilt offenbar als besser. Von einer wirklichen „Harmonisierung" des Strafrechts in den europarechtlich geregelten Bereichen kann daher keine Rede sein.

29 (b) Zum anderen kann durch europäisches Recht das **Strafprozessrecht** und das **Rechtshilferecht** der Mitgliedstaaten angeglichen werden.

– Gem Art 82 Abs 2 AEUV können durch **Richtlinien Mindestvorschriften festgelegt werden**, „soweit dies zur **Erleichterung der gegenseitigen Anerkennung** gerichtlicher Urteile und Entscheidungen und der polizeilichen und **justiziellen Zusammenarbeit** in Strafsachen mit grenzüberschreitender Dimension erforderlich ist", und zwar in folgenden Bereichen:
  a) Zulässigkeit von **Beweismitteln** auf gegenseitiger Basis zwischen den Mitgliedstaaten;
  b) **Rechte des Einzelnen** im Strafverfahren;
  c) **Rechte der Opfer** von Straftaten;
  d) Sonstige Bereiche des Strafverfahrens, die durch **einstimmigen Beschluss des Rates** und Zustimmung des Europäischen Parlaments bestimmt werden.

Auf dieser Grundlage ergingen bspw die Richtlinie über das Recht auf **Zugang zu einem Rechtsbeistand** (ABl 2013 L 294/1) und die Richtlinie über Mindeststandards für die Rechte, die Unterstützung und den Schutz von **Opfern von Straftaten** (ABl 2012 L 315/57).

(c) Unklar ist das Verhältnis von **Art 82 Abs 1 AEUV** zu den speziellen Richtlinien-Ermächtigungen in **Art 82 Abs 2 und Art 83**. Denn im Widerspruch zu Art 82 Abs 1 ***erster Satz***, wonach die justizielle Zusammenarbeit (nur) die in Abs 2 und Art 83 geregelten Bereiche umfasst, ermächtigt der ***zweite Satz*** des Art 82 Abs 1 scheinbar generell und umfassend zu „Maßnahmen" im ordentlichen Gesetzgebungsverfahren, „um **30**

a) Regeln und Verfahren festzulegen, mit denen die Anerkennung aller Arten von Urteilen und gerichtlichen Entscheidungen in der gesamten Union sichergestellt wird;
b) Kompetenzkonflikte zwischen den Mitgliedstaaten zu verhindern und beizulegen;
c) die Weiterbildung von Richtern und Staatsanwälten sowie Justizbediensteten zu fördern;
d) die Zusammenarbeit zwischen den Justizbehörden oder entsprechenden Behörden der Mitgliedstaaten im Rahmen der Strafverfolgung sowie des Vollzugs und der Vollstreckung von Entscheidungen zu erleichtern."

Kommission und Parlament leiten daraus ab, dass **Richtlinien** und sogar **Verordnungen**, die die **Anerkennung justizieller Entscheidungen** in der gesamten EU anstreben, auch **unmittelbar auf Art 82 Abs 1 zweiter Satz AEUV** gestützt werden können. Zur Abgrenzung vom ersten Satz soll dies aber nur für das **Rechtshilferecht** innerhalb der EU gelten. Eine Rechtsangleichung der nationalen Strafprozessrechte im engeren Sinn dürfe dagegen nur im Rahmen des Art 82 Abs 1 erster Satz iVm Abs 2 erfolgen (überwiegende Ansicht, insbes *Satzger*[9] 10/34 ff). **30a**

Zuletzt haben sich die **Richtlinie 2014/41/EU über die Europäische Ermittlungsanordnung**, ABl 2014 L 130/1, sowie die **Verordnung 2018/1505 über die gegenseitige Anerkennung von Sicherstellungs- und Einziehungsentscheidungen**, ABl 2018 L 303/1, ausdrücklich auf „auf Artikel 82 Absatz 1 Buchstabe a" als Kompetenzgrundlage berufen (freilich „insbesondere"). Andere Rechtsakte zur Rechtshilfe (insbes der **Europäische Haftbefehl**, vgl unten 5/72 ff) sind noch Übereinkommen oder Rahmenbeschlüsse nach der alten Drei-Säulen-Architektur (unten 5/33), würden aber heute wohl unter Berufung auf Art 82 Abs 1 lit a AEUV erlassen oder geändert werden. **30b**

Während die RL über die Europäische Ermittlungsanordnung in das EU-JZG transformiert wurde (insbes §§ 55 bis 55m und § 56 bis 56b EU-JZG; BGBl I 2018/28; ausführlich unten 5/89 ff), war eine Umsetzung der EU-**Verordnung** über die **gegenseitige Anerkennung von Sicherstellungs- und Einziehungsentscheidungen** weder notwendig noch zulässig (oben 5/25). Diesbezüglich wirkt die Kundmachung im Amtsblatt der EU wie eine Kundmachung im österreichischen BGBl.

Die genannte Ansicht, dass EU-Verordnungen und Richtlinien unmittelbar aufgrund von Art 82 Abs 1 AEUV erlassen werden können, ist allerdings unvereinbar damit, dass auch EU-Gesetzgebungsakte zur Rechtshilfe unvermeidlich in das Recht der Mitgliedstaaten eingreifen und eine Rechtsangleichung bewirken. Art 82 Abs 1 erster Satz beschränkt die Rechtsangleichung unter den Mitgliedstaaten aber strikt auf Richtlinien und die genannten, taxativ aufgezählten Bereiche („umfasst", und zwar ohne „insbesondere" oder „auch"). Auch werden mit dieser Auslegung ohne erkennbaren Grund „Notbremse" und verstärkte **30c**

Zusammenarbeit (dazu sogleich Rz 30d) ausgeschlossen, weil der Abs 3 des Art 82 diese ausdrücklich nur für Richtlinien „nach Absatz 2" vorsieht (für eine analoge Anwendung darum *Satzger*, in Streinz, EUV/AEUV Art 82 Rz 18).

Richtigerweise ist daher der Anwendungsbereich des Art 82 Abs 1 auf Maßnahmen beschränkt, die sich nicht unmittelbar auf das nationale Recht der Mitgliedstaaten auswirken. Dazu zählen u.a. organisatorische Maßnahmen wie bspw die Einrichtung des **Europäischen Justiziellen Netzes** zur Erleichterung der justiziellen Zusammenarbeit in Strafsachen (anstelle des alten EJN-Beschlusses 2006/976/JI, ABl 2008 L 348/130), Schlichtungsmaßnahmen bei Kompetenzüberschneidungen (vgl lit b), Schulungsmaßnahmen und Tagungen zur Weiterbildung (lit c) oder auch finanzielle Förderungen, wie sie beispielsweise in der **Verordnung** (EU) 2021/785 ABl 2021 L 172/110 zur **Aufstellung eines Betrugsbekämpfungsprogrammes** vorgesehen werden. Eingriffe in das Straf- und Strafprozessrecht der Mitgliedstaaten sind an Art 82 Abs 2 und Art 83 gebunden.

30d (d) Alle diese **Richtlinien** und ggf Verordnungen werden vom Rat mit **qualifizierter Mehrheit** beschlossen (ordentliches Gesetzgebungsverfahren, Art 289 ff AEUV; im Bereich des Art 83 Abs 2 AEUV je nach dem Gebiet, das die Strafnorm betrifft, auch im besonderen Verfahren).

Auch im Strafrecht ist also heute zumeist **keine Einstimmigkeit** mehr erforderlich, Staaten können im Rat überstimmt werden. Allerdings kann jeder Staat die „**Notbremse**" ziehen und erklären, dass die geplante Richtlinie „grundlegende Aspekte seiner Strafrechtsordnung berühren würde". Dann kommt die Richtlinie (wenn nicht noch durch Verhandlungen auf der Ebene der Regierungschefs ein Einvernehmen erzielt werden kann) nicht zustande.

Die anderen Staaten (mindestens jedoch neun) können sich jedoch zu einer „**verstärkten Zusammenarbeit**" zusammenschließen (Art 83 Abs 3 AEUV im Hinblick auf materielles Recht, Art 82 Abs 3 AEUV im Hinblick auf Prozessrecht), also ohne den abweichenden Staat für ihren Bereich entsprechende Sonderregeln beschließen („Europa der zwei Geschwindigkeiten").

b) Europäische Staatsanwaltschaft

31 Eine eigene Rechtsgrundlage enthält der AEUV zur Einrichtung einer **Europäischen Staatsanwaltschaft (EStA**; Art 86). Diese ist zur Verfolgung und Anklage aller **Straftaten**, die **gem der PIF-Richtlinie zum finanziellen Nachteil der EU** begangen werden (oben 5/27a), anstelle der innerstaatlichen Staatsanwaltschaften zuständig, da die innerstaatlichen Behörden bisweilen sehr zögerlich gegen ihre Staatsbürger vorgehen, wenn diese nicht den eigenen Staat, sondern die Union geschädigt haben. Hauptverhandlung und Urteil erfolgen durch die nationalen Gerichte (ausführlich dazu und zur Umsetzung in Österreich *Fuchs/Reindl-Krauskopf*, BT I^7 225 ff).

Die EStA wurde mit der **Verordnung 2017/1939**, ABl 2017 L 283/1 (**EUStA-VO**) eingerichtet und ist mit **1. Juni 2021** wirksam geworden. Ergänzend zur unmittelbar wirksamen EUStA-VO gilt in Österreich ein besonderes Durchführungsgesetz (**EUStA-DG**, BGBl I 2021/94).

Die Einrichtung der EStA erfolgt aufgrund einer Verstärkten Zusammenarbeit (vgl 5/30d). Dänemark und Irland, die eine generelle Opt-out-Klausel in den EU-Verträgen haben, sowie Schweden, Polen und Ungarn nehmen nicht teil.

c) Art 325 als Kompetenzgrundlage für strafrechtliche Maßnahmen?

Eine spezielle Kompetenzgrundlage bietet Art 325 AEUV zur „Betrugsbekämpfung". **31a**
Nach Abs 3 „beschließen das Europäische Parlament und der Rat gemäß dem ordentlichen Gesetzgebungsverfahren ... die erforderlichen **Maßnahmen zur Verhütung und Bekämpfung von Betrügereien**, die sich gegen **die finanziellen Interessen der Union richten"**.

Es ist jedoch **fraglich**, ob aufgrund des Art 325 auch strafrechtliche Regelungen getroffen werden können. Versteht man den Begriff der „Maßnahmen" umfassend im weitesten Sinn, dann könnte die Union durch Verordnung ein **eigenes Straf- und Strafprozessrecht** zum Schutz ihrer finanziellen Interessen schaffen, mit eigenen und unmittelbar anwendbaren Tatbeständen und Strafen, einem eigenen Strafprozess und eigenen EU-Gefängnissen, in denen die verhängten Strafen vollzogen würden. Es ist offensichtlich, dass eine solche umfassende Kompetenz, in das Strafrecht der Mitgliedstaaten einzugreifen, nicht beabsichtigt war. Das zeigt gerade auch Art 86 AEUV, der für die Einrichtung einer Europäische Staatsanwaltschaft zum Schutz der finanziellen Interessen der Union eine **besondere Grundlage im Primärrecht** schafft – offenbar deshalb, weil sich die Einrichtung trotz seines scheinbar weiten Wortlauts nicht auf Art 325 stützen könnte.

Richtigerweise ermächtigt Art 325 AEUV nur zu **nicht-strafrechtlichen Maßnahmen**, so bspw zur Einrichtung und Organisation eines Europäischen Amtes für Betrugsbekämpfung (*Office Européen de Lutte Anti-Fraude*, **OLAF**), wie es einst durch Beschluss der Kommission, ABl 1999 L 136/20, eingerichtet wurde. Strafrechtliche Maßnahmen können nur im Rahmen der justiziellen Zusammenarbeit nach Art 83 Abs 2 (Annexmatierie) ergehen. Dementsprechend stützt sich die PIF-Richtlinie auch nicht auf Art 325, sondern ausdrücklich auf Art 83 Abs 2 AEUV (oben 5/27a).

d) Überleitung alter EU-Normen

Einige der heute geltenden EU-Normen zum Strafrecht stammen noch aus **32**
der Zeit **vor dem Vertrag von Lissabon** und wurden nach anderen Regeln erlassen. Bis 2009 war das EU-Strafrecht entsprechend der damaligen „**Säulenstruktur**" der EU zweigeteilt:

(a) Im Bereich der „**Ersten Säule**", dem Kompetenzbereich der EG und damit im wesentlichen im Wirtschaftsrecht, war das Strafrecht eine **Annexmaterie**: **Richtlinien** (allenfalls auch **Verordnungen**) mit strafrechtlichem Inhalt durften nur (aber immerhin dann) erlassen werden, wenn der **Vertrag über die Europäische Gemeinschaft** eine Regelungskompetenz der Gemeinschaft für diese Materie vorsah und der Einsatz von Strafrecht „**zur Sicherstellung der Wirksamkeit des Gemeinschaftsrechts** erforderlich" war (EuGH 13.9.2005, C-176/03 Umweltstrafrecht Nr. 50 ff).

Ein Beispiel ist die **Richtlinie** 2008/99/EG über den **strafrechtlichen Schutz der Umwelt**, ABl 2008 L 328/28. – Heute können in diesen Materien **Richtlinien gem Art 83 Abs 2 AEUV** erlassen werden, vgl oben 5/27a.

33 (b) Im Kompetenzbereich der „**Dritten Säule**" der EU, der **Polizeilichen und justiziellen Zusammenarbeit in Strafsachen (PJZS)**, waren ursprünglich nur Übereinkommen möglich (vgl oben 5/18). Später ergingen dann **Rahmenbeschlüsse**, die sich wie Richtlinien unmittelbar nur an die Mitgliedstaaten wandten und von diesen in ihr Recht umzusetzen waren, um die Bürger zu verpflichten.

Solche Rahmenbeschlüsse wurden auf Initiative der Kommission oder eines Mitgliedstaates vom Rat erlassen, der ***einstimmig*** beschließen musste. Ihre Einhaltung (Umsetzung) konnte nicht durch die Kommission, sondern nur durch die Mitgliedstaaten selbst durchgesetzt werden, die gegeneinander wegen Vertragsverletzung vor dem EuGH klagen konnten.

Im Bereich der Dritten Säule konnte also zwar **kein Mitgliedstaat** im Rat **überstimmt** werden. Doch konnte der **Druck** so groß werden, dass ein Staat seine Bedenken aus Furcht vor politischen Nachteilen hintanstellen musste und letztlich zugestimmt hat.

Rahmenbeschlüsse durften erlassen werden „zur Angleichung der Rechts- und Verwaltungsvorschriften der Mitgliedstaaten" (Art 34 Abs 2 lit b EUV aF), soweit eine Kompetenz zur Polizeilichen (dazu Art 30 EUV aF) und **Justiziellen Zusammenarbeit in Strafsachen** bestand. Diese umfasste gem Art 31 Abs 1 EUV aF:

- die Erleichterung und Beschleunigung der **Zusammenarbeit** zwischen den Justizbehörden,
- die Erleichterung der **Auslieferung** zwischen den Mitgliedstaaten sowie
- die „Festlegung von Mindestvorschriften über die Tatbestandsmerkmale strafbarer Handlungen und Strafen in den Bereichen **organisierte Kriminalität, Terrorismus und illegaler Drogenhandel**".

Dies entspricht heute der Regelungskompetenz nach Art 82 und Art 83 Abs 1 AEUV (vgl oben 5/28, 29).

Wichtige Rahmenbeschlüsse betrafen im Bereich des materiellen Rechts zB die **Terrorismusbekämpfung** (ABl L 2002/164, 3), die **Organisierte Kriminalität** (ABl 2008 L 300, 42), den **Schutz des Euro gegen Geldfälschung** (ABl L 2000/140, 1), **Menschenhandel** (ABl L 2002/203, 1), **Computerkriminalität** (ABl L 2005/69, 67), **Rassismus und Fremdenfeindlichkeit** (ABl L 2008/328, 55). Im Bereich des Rechtshilferechts wurden vor allem der **Europäischen Haftbefehl** erlassen (ABl L 2002/190, 1; dazu näher unten 5/72 ff), der Rahmenbeschluss über die Vollstreckung von **Sicherstellungsentscheidungen** (ABl L 2003/196, 45), der Rahmenbeschluss über die Vollstreckung von **Einziehungsentscheidungen** (ABl L 2006/328, 59) und der Rahmenbeschluss über die Vollstreckung von **Geldstrafen** (ABl L 2005/76, 16).

34 Alle diese Rechtsakte der EU, die vor dem Vertrag von Lissabon erlassen wurden, **gelten vorerst weiter** (Art 9 des Protokolls Nr. 36 zum Vertrag von Lissabon). Sie werden nach den Regeln des heute geltenden Rechts (Art 82 und 83 AEUV) nach und nach durch **Richtlinien** (teilweise in abgeänderter Form) ersetzt (zB Richtlinie zur Terrorismusbekämpfung, ABl L 2017/88, 6; Richtlinie zur Verhütung und Bekämpfung des Menschenhandels, ABl L

2011/101, 1; Richtlinie gegen Geldfälschung, ABl L 2014/151, 1; Richtlinie über Angriffe auf Informationssysteme, ABl L 2013/218, 1).

Zusammenfassend betrachtet ist der Einfluss des internationalen Rechts und insbes des Rechts der EU auf das österreichische Straf- und Strafprozessrecht kaum noch überschaubar. Derzeit gibt es weder eine aktuelle Normensammlung noch eine systematische Beschreibung. **35**

Im Folgenden werden drei Bereiche näher behandelt: das **Strafanwendungsrecht,** die **Auslieferung** und die sonstige **Rechtshilfe.** Dabei werden zuerst die allgemeinen Regeln besprochen, die vor allem im Verhältnis Österreichs zu Staaten ***außerhalb der EU*** gelten (5/63–71, 5/89–96). Anschließend werden die Sonderregeln für die Auslieferung und die Beweisrechtshilfe ***innerhalb der EU*** erläutert (5/72–88, 5/97–111).

III. Das österreichische Strafanwendungsrecht (§§ 62 bis 67 StGB)

Das österreichische Strafanwendungsrecht bestimmt, ob ein Verhalten, das den **Tatbestand eines österreichischen Strafgesetzes** erfüllt, auch dann von den österreichischen Gerichten nach österreichischem Recht bestraft wird, wenn es **im Ausland** oder sonst mit Beziehung zum Ausland begangen worden ist. **36**

Dabei wird das österreichische Strafrecht ***ohne Rücksicht*** darauf angewendet, ob ***auch ein anderer Staat*** die Tat verfolgt oder nicht. Selbst die rechtskräftige Verurteilung oder ein Freispruch in einem anderen Staat hindert die neuerliche Verfolgung in Österreich nicht, wenn sich der Geltungsbereich der §§ 62 bis 67 StGB auf diese Tat erstreckt. Das Verbot der doppelten Strafverfolgung (**ne bis in idem**) gilt grundsätzlich **nur innerstaatlich**; anders ist es heute innerhalb der EU (Art 54 SDÜ, Art 50 GRC, vgl unten 5/51).

1. Territorialitätsprinzip

Grundlage ist das **Territorialitätsprinzip**: Eine Tat ist in Österreich strafbar, wenn sie in Österreich begangen wurde (§ 62). **37**

a) Das ist nach § 67 Abs 2 einmal dann der Fall,
- wenn der Täter in Österreich **gehandelt** hat oder
- wenn der tatbestandsmäßige **Erfolg in Österreich** eingetreten ist.

Bei *Distanzdelikten* gilt also die **Einheitstheorie** (Anknüpfen an Handlung *oder* Erfolg).

Schon nach dem Territorialitätsprinzip können daher die **Zuständigkeiten mehrerer Staaten konkurrieren**. *Beispiel*: A schickt eine Briefbombe von München nach Wien, wo sie explodiert und den X tötet. Die Tat ist in Österreich (Erfolg) und in Deutschland (Handlung) begangen; beide Staaten wenden – da in Deutschland die gleiche Regel wie unser § 67 Abs 2 gilt (§ 3 iVm § 9 Abs 1 dStGB) – nach dem Territorialitätsprinzip ihr Strafrecht an.

38 Im österreichischen **Strafprozess** gilt dagegen die **Handlungstheorie**: Örtlich zuständig für das Hauptverfahren ist das Gericht, „in dessen Sprengel *die Straftat ausgeführt wurde* oder ausgeführt werden sollte"; nur wenn der Handlungsort im Ausland liegt oder nicht festgestellt werden kann, dann ist der Ort des Erfolgseintritts maßgebend (§ 36 Abs 3 StPO). Entsprechendes gilt für die Staatsanwaltschaft im Ermittlungsverfahren (§ 25 Abs 1 StPO). Dieser Unterschied zu § 67 StGB erklärt sich aus den verschiedenen Zielsetzungen: Im Strafanwendungsrecht geht es darum, *überhaupt einmal* einen Anknüpfungspunkt zu finden, damit die österreichischen Strafverfolgungsbehörden tätig werden können. Im Strafprozess dagegen muss *ein ganz bestimmtes Gericht allein* für zuständig erklärt werden, damit das **Recht auf den gesetzlichen Richter** gewahrt ist; konkurrierende Zuständigkeiten sind hier anders als dort zu vermeiden.

39 Schwierig festzulegen ist, ob der **Tatort** bei strafbaren Äußerungen – etwa bei Verstößen gegen das Verbotsgesetz durch nationalsozialistische Wiederbetätigung –, die vom Ausland ins **Internet** hochgeladen werden, (auch) in Österreich liegt. Da in diesen Fällen gerade ***kein* österreichischer *Handlungsort*** gegeben ist, kommt es darauf an, ob die elektronische Abrufbarkeit von Äußerungen als ein „dem Tatbild" der jeweiligen Äußerungsdelikte „entsprechender **Erfolg**" (§ 67 Abs 2 StGB) im Sinn des Territorialitätsprinzips angesehen werden kann.

Beispiel: A betreibt in Australien eine über das Internet auch in Österreich abrufbare Homepage, auf er den **Holocaust leugnet.** In Australien ist er hierfür nicht strafbar, nach österreichischem Strafrecht erfüllt er § 3h VerbotsG. Danach wird mit bis zu zehn Jahren Freiheitsstrafe bedroht „wer in einem … Medium oder wer sonst öffentlich in einer Weise, dass es vielen zugänglich wird, den nationalsozialistischen Völkermord oder andere nationalsozialistische Verbrechen gegen die Menschlichkeit leugnet …". Wenn man allein die Zugänglichkeit der Inhalte als tatbildlichen Erfolg – und nicht bloß als nähere Beschreibung der Tathandlung („leugnen") – versteht, ist A in Österreich zu verfolgen und zu bestrafen. Der deutsche BGH hat in diesem Fall Strafbarkeit in Deutschland nach dem dort einschlägigen Straftatbestand der Verhetzung (§ 130 Abs 3 dStGB) angenommen (BGH 1 StR 184/00 NStZ 2001, 305 m Anm *Hörnle*). In seiner aktuellen Rechtsprechung zu einem vergleichbaren Fall (3 StR 449/15 NStZ 2017, 146) hat er den deutschen Tatort allerdings verneint (für einen österreichischen Tatort näher *Zerbes,* ÖJZ 2017, 856).

40 b) Nach § 67 Abs 2 **genügt** es für die österreichische Zuständigkeit nach dem Territorialitätsprinzip auch,

- dass der Täter *in Österreich hätte handeln sollen* (**Unterlassungsdelikte**) oder
- dass ein tatbildmäßiger Erfolg nach der Vorstellung des Täters in Österreich hätte eintreten sollen; dies ist vor allem beim **Versuch** von Bedeutung.

Österreichische Zuständigkeit besteht daher auch dann, wenn die nach Österreich abgeschickte Briefbombe schon in München bei der Post explodiert. Dagegen genügt es bei bloßen **Transitverbrechen** nicht, wenn bloß eine Zwischenursache im Inland gesetzt wird. *Beispiel*: A schickt eine Briefbombe von München nach Verona, wobei sie über Innsbruck transportiert wird:

Für den Mord besteht *keine österreichische Zuständigkeit* nach dem Territorialitätsprinzip.

c) Eine Spielart des Territorialitätsprinzips ist das **Flaggenprinzip**: Österreichische Strafgesetze gelten für alle Taten, die auf einem *in Österreich registrierten* Schiff oder Flugzeug begangen werden, unabhängig davon, wo sich dieses befindet (§ 63). Diese Bestimmung ist heute zwar wenig bedeutsam, könnte aber etwa im Zusammenhang mit der modernen Piraterie relevant werden, die etwa vor der Küste Nigerias, Somalias oder Indonesiens begangen wird: Bei einem Überfall auf ein in Österreich registriertes Schiff wäre (auch) Österreich zur Verfolgung zuständig. Das gleiche gilt etwa bei einem Mord, der in einem auf einem österreichischen Flugzeug begangen wird. 41

2. Personalitätsprinzip

Anders als das Territorialitätsprinzip gilt das Personalitätsprinzip **nur mit Einschränkungen** und **nur in Verbindung mit anderen Prinzipien**, so dass österreichische Staatsbürger *nicht immer und überall* ohne Rücksicht auf das Strafrecht des Tatortes den österreichischen Strafgesetzen unterstehen. 42

- Im Vordergrund steht das Personalitätsprinzip bei strafbaren Handlungen eines **Österreichers gegen einen Österreicher**, wenn **beide ihren Wohnsitz** oder gewöhnlichen Aufenthalt in Österreich haben (§ 64 Abs 1 Z 7); hier werden aktives und passives Personalitätsprinzip (vgl 5/12) mit Gesichtspunkten der Prozessökonomie verbunden und die Tat in Österreich ohne Rücksicht auf das Recht des Tatorts bestraft.
- Außerdem sieht das Gesetz bei schweren Straftaten die **österreichische Strafgewalt über Inländer** vor, auch wenn diese im Ausland gehandelt haben. Dazu zählen
  - **Korruption** (§ 64 Abs 1 Z 2a lit a)
  - **staatliche Folter** (§ 312a), **Kriegsverbrechen** und andere Delikte des Völkerstrafrechts (§ 64 Abs 1 Z 4c) sowie
  - andere **besonders schwere** Straftaten, die § 64 Abs 1 Z 4a aufzählt.

Im Übrigen dominieren andere Prinzipien, insbes das *Universalitätsprinzip*. Das Personalitätsprinzip dient dann dazu, die überaus weite Anwendung des Österreichischen Strafrechts, die sich aus dem Universalitätsprinzip ergäbe, auf Fälle einzuschränken, in denen doch eine gewisse Beziehung zum Inland besteht.

Darüber hinaus und generell werden Österreicher für Auslandstaten nur nach den Regeln der **stellvertretenden Strafrechtspflege** bestraft, also unter Berücksichtigung der Gesetze des Tatortes (näher unten 5/47 ff).

3. Schutzprinzip

43 a) § 64 Abs 1 Z 1 bis 3 nennt eine Reihe von strafbaren Handlungen, die, auch wenn sie *im Ausland* begangen werden, **ohne Rücksicht auf das Recht des Tatortes** von österreichischen Gerichten zu verfolgen sind, weil sie **Rechtsgüter mit Inlandsbezug** verletzen. Dazu zählen beispielsweise

- **Hochverrat gegen Österreich** (§ 242), Angriffe auf **oberste Staatsorgane** und **Spionage gegen Österreich** (§§ 252 ff). Anders bei einem Hochverrat gegen einen fremden Staat, der nach § 316 nur dann strafbar ist, wenn er im Inland begangen wurde (Z 1);
- Straftaten, die jemand **gegen einen österreichischen Beamten** oder Amtsträger während oder wegen der Vollziehung seiner Aufgaben begangen hat, und Straftaten, die jemand **als österreichischer Beamter** oder Amtsträger (im Ausland) begeht (Z 2; letzteres iVm dem Personalitätsprinzip);
- **falsche Beweisaussage** in einem österreichischen Verfahren (Z 3).

44 Strafbar in Österreich sind auch **Beteiligung**shandlungen (§ 12), die im Ausland begangen wurden, wenn die Tat des **unmittelbaren Täters** nach dem Territorialitätsprinzip eine Inlandstat ist, und eine im Ausland begangene **Hehlerei** (§ 164) oder **Geldwäscherei** (§§ 165), wenn die *Vortat in Österreich* begangen wurde (§ 64 Abs 1 Z 8).

Die Bestimmung zwingt zur Abgrenzung der unmittelbaren Täterschaft von den anderen Beteiligungsformen (vgl unten in Kap 32 und 33). Denn es begründet **keine** österreichische Strafbarkeit, des unmittelbaren Täters, der *im Ausland* gehandelt hat, wenn bloß ein Anstifter oder Gehilfe (Beteiligungstäter) *in Österreich* tätig geworden ist.

Die Frage, ob in diesem Fall – der *unmittelbare* Täter hat im *Ausland* gehandelt – der in Österreich tätig gewordener *Anstifter oder Gehilfe* in Österreich strafbar ist, lässt das Gesetz offen. Angesichts dessen, dass § 64 Abs 1 abschließend regelt, wann österreichisches Strafrecht unabhängig von der Strafbarkeit an einem ausländischen Tatort anwendbar ist, ist der im Inland Handelnde (bloß) Anstifter oder Gehilfe einer unmittelbaren Auslandstat nicht in Österreich strafbar.

In der Rechtsprechung wird allerdings eine andere Ansicht vertreten: Anstifter oder Gehilfe werden als „Täter" iS des § 67 Abs 2 betrachtet; aufgrund ihrer Handlung in Österreich wird das Territorialitätsprinzip auf sie angewendet (idS 11 Os 176/86 SSt 58/18 = JBl 1987,463; 13 Os 105/15p; *Salimi,* WK² § 67 Rz 38 [3.8.2020]).

45 b) **Andere Delikte** wiederum, nämlich vor allem (vgl § 64 Abs 1 Z 4, 4a und 5)

- **Geldfälschung** (auch ausländischen Geldes) und Fälschung von Aktien, Anleihen und ähnlichen Wertpapieren;
- Kriminelle Organisation (§ 278a);
- schwere Suchtgiftdelikte;
- erpresserische Entführung, Sklavenhandel, Menschenhandel u.ä.;
- Luftpiraterie

werden nach dem Schutzprinzip (in Kombination mit dem Universalitätsprinzip) in Österreich ohne Rücksicht auf das Recht des Tatortes verfolgt, *wenn im Einzelfall* ***österreichische Interessen*** *verletzt worden sind* (für die *Luftpiraterie* sind diese Interessen näher in Z 5 umschrieben). Solche Interessen sind insbes dann verletzt, wenn das **Opfer Inländer** ist oder seinen gewöhnlichen Aufenthalt im Inland hat.

Beispiel: Eine im Ausland begangene **erpresserische Entführung** mit einem Österreicher als Opfer wird unabhängig vom Recht des Tatortes von den österreichischen Gerichten nach § 102 verfolgt.

4. Universalitätsprinzip (Prinzip der Weltstrafrechtspflege)

Die zuletzt genannten Delikte (§ 64 Abs 1 Z 4, 4a und 5), aber auch die in Z 4b (Herstellung von Massenvernichtungswaffen) sowie Z 9 (**Terrorismus**) genannten Taten werden bisweilen nach dem Universalitätsprinzip in Österreich *unabhängig vom Recht des Tatortes* auch dann bestraft, wenn *keine österreichischen Interessen verletzt* worden sind. Dabei gelten je nach Ziffer verschiedene, wechselnde **zusätzliche Voraussetzungen**, die zum Teil alternativ vorliegen können, zum Teil kumulativ vorliegen müssen, insbesondere **46**

- der **Täter ist Österreicher** oder hat seinen gewöhnlichen Aufenthalt im Inland (Personalitätsprinzip, auch aktives Personalitätsprinzip);
- das **Opfer ist Österreicher** oder hat seinen gewöhnlichen Aufenthalt im Inland (Personalschutzprinzip, auch passives Personalitätsprinzip);
- die Tat ist **gegen die österreichische Bundesregierung**, gegen das Parlament, gegen ein österreichisches Höchstgericht oder gegen bestimmte Organe der EU gerichtet (Realschutzprinzip);
- der Täter hält sich in Österreich auf und kann **nicht ausgeliefert** werden; in diesem Fall ist vorrangig die Auslieferung (an den Tatortstaat) anzubieten; kann der Täter jedoch – aus welchem Grund immer – nicht ausgeliefert werden (dazu siehe unten), so wird er in Österreich verurteilt.

Das gleiche gilt bei sonstigen strafbaren Handlungen, bei denen Österreich durch **völkerrechtliche Verträge** zur Strafverfolgung *verpflichtet* ist (§ 64 Abs 1 Z 6; zB Suchtgift- und Drogenkonventionen).

5. Prinzip der stellvertretenden Strafrechtspflege

In allen übrigen Fällen ist primär die **Auslieferung** anzustreben (siehe unten 5/60 ff, 63 ff), so dass österreichische Gerichte nur subsidiär („stellvertretend") verurteilen, wenn es zu keiner Auslieferung kommt. **47**

Während in den bisher genannten Fällen – Territorialitätsprinzip bis Universalitätsprinzip – nach österreichischem Recht ohne Rücksicht auf die Strafgesetze des Tatortes bestraft wird, gelten für die **stellvertretende Strafrechtspflege** eine Reihe von **Einschränkungen**:

a) Bestraft wird nur, wenn die Tat *auch nach den Gesetzen des Tatortes mit (gerichtlicher) Strafe bedroht* ist: **Prinzip der identen Norm** (§ 65 Abs 1 am Anfang; Ausnahme: Am Tatort besteht keine Strafgewalt, Abs 3). **48**

49 b) Bei der **Strafzumessung** ist das *Tatortrecht* (insbesondere der dort geltende Strafrahmen) zu beachten: Die Strafe ist so zu bestimmen, dass der Täter in der Gesamtauswirkung *nicht ungünstiger* gestellt ist als nach dem Gesetz des Tatortes (§ 65 Abs 2).

50 c) Die Tat ist in Österreich **nicht strafbar** (§ 65 Abs 4),

- wenn die Strafbarkeit *nach den Gesetzen des Tatortes* **erloschen** ist (zB Verjährung im Tatortstaat);
- wenn der Täter im Tatortstaat rechtskräftig von einem Gericht **freigesprochen** oder sonst außer Verfolgung gesetzt worden ist;
- wenn der Täter von einem ausländischen Gericht (nicht nur des Tatortstaates) rechtskräftig **verurteilt** und die Strafe ganz **vollstreckt** oder **erlassen** worden ist;
- solange die Vollstreckung der vom ausländischen Gericht verhängten Strafe **ausgesetzt** ist (zB bedingte Strafnachsicht, bedingte Entlassung); anders, wenn sich der Verurteilte der Vollstreckung durch Flucht entzogen hat.

Vorbeugende Maßnahmen gegen Österreicher können aber auch in diesen Fällen verhängt werden (§ 65 Abs 5).

51 Diese Ausnahmen von der Strafbarkeit gelten allgemein, also für alle Staaten. **Für den Bereich der EU** gilt außerdem **Art 54 SDÜ**: Wer in einem EU-Staat rechtskräftig abgeurteilt worden ist, darf wegen derselben Tat in keinem anderen EU-Staat verfolgt werden (*ne bis in idem*).

Diese Sperrwirkung haben alle endgültigen Entscheidungen, in denen sich das Gericht oder auch die Staatsanwaltschaft *inhaltlich* mit der Sache auseinandergesetzt hat, also Freisprüche und Verurteilungen, aber auch diversionelle Erledigungen, zum Teil auch Einstellungen. Voraussetzung ist im Fall einer Verurteilung, dass die Sanktion bereits vollstreckt worden ist, gerade vollstreckt wird oder nicht mehr vollstreckt werden kann. Die einzelnen Mitgliedsstaaten konnten bestimmte Vorbehalte machen, so etwa Österreich für Inlandstaten.

Ein umfassendes **Verbot der Doppelverfolgung** enthält Art 50 der Charta der Grundrechte der Europäischen Union (GRC, ABl 2010 C 2010/83, 2).

Diese drei Regelungen (§ 65 Abs 4 StGB, Art 54 SDÜ und Art 50 GRC), überschneiden sich in ihrem Anwendungsbereich, so dass sich das **Verbot der Doppelverfolgung** in einem konkreten Fall aus **drei Normen** ergeben kann.

52 Außerdem werden die österreichischen Gerichte im Falle der stellvertretenden Strafrechtspflege **nur tätig**:

53 a) wenn der Täter *zur Zeit der Tat* **Österreicher** war, selbst wenn er diese Staatsbürgerschaft in der Zwischenzeit wieder verloren hat (Auswirkung des Personalitätsprinzips, § 65 Abs 1 Z 1 Fall 1);

Eigentümlicherweise stellt das Gesetz hier noch nicht auf den gewöhnlichen Aufenthalt im Inland ab.

oder

b) wenn der Täter die **österreichische Staatsbürgerschaft** später erworben hat und sie *zur Zeit der Einleitung des Strafverfahrens* noch besitzt (§ 65 Abs 1 Z 1 Fall 2). Da Österreicher idR nicht ausgeliefert werden dürfen (§ 12 ARHG, vgl unten), würde der Täter straflos ausgehen, wenn das österreichische Gericht nicht stellvertretend tätig würde; oder **54**

c) bei Taten von Ausländern, die *im Inland betreten werden* und *aus einem anderen Grund als wegen der Art oder Eigenschaft der Tat* **nicht** an das Ausland **ausgeliefert** werden können (§ 65 Abs 1 Z 2). Daher gilt umgekehrt: Ein Ausländer wird in Österreich *nicht bestraft*, wenn er *wegen der Art oder Eigenschaft der Tat nicht ausgeliefert* wird und kein anderer Anknüpfungspunkt (zB Schutzprinzip, Universalitätsprinzip) besteht. **55**

Beispiele zur stellvertretenden Strafrechtspflege:

1. Eine **Österreicherin**, die im Ausland einen Schwangerschaftsabbruch im vierten Monat vornimmt, kann nach ihrer Rückkehr nur dann in Österreich bestraft werden (§ 96 iVm § 97 Abs 1 Z 1), wenn die Abtreibung im vierten Monat auch im Tatortstaat strafbar ist. Denn das Personalitätsprinzip gilt hier nur im Zusammenhang mit dem Grundsatz der stellvertretenden Strafrechtspflege, so dass die Strafbarkeit durch das *Prinzip der identen Norm* beschränkt ist. **56**

2. Ein **Österreicher**, der für eine Auslandstat von einem ausländischen Gericht zu einer **bedingt nachgesehenen Strafe** verurteilt worden ist, kann während der Probezeit oder nach der endgültigen Strafnachsicht für diese Tat in Österreich nicht verfolgt werden, mag die erhaltene Strafe auch lächerlich gering erscheinen. Widerruft das ausländische Gericht jedoch die bedingte Nachsicht, so kann nunmehr ein inländisches Strafverfahren gegen den Österreicher stattfinden, in dem möglicherweise (soweit § 65 Abs 2 dies zulässt) auch eine höhere Strafe verhängt werden kann. **57**

3. Bei Auslandstaten von **Ausländern** ist primär eine Auslieferung (an den Tatortstaat) anzustreben. Kommt diese nicht zustande, so ist zu unterscheiden: **58**

- Wird (auch) **wegen Art oder Eigenschaft der Tat** nicht ausgeliefert – zB *politisches Delikt* (vgl unten 5/64) oder zu *geringfügige Tat* (unten 5/67) –, dann findet in Österreich auch kein Strafverfahren statt.
- Wird der Täter dagegen (ausschließlich) **aus anderen Gründen** nicht ausgeliefert – zB weil ihm im Ausland unabhängig von seiner Tat *politische Verfolgung* droht oder das Strafverfahren im Ausland nicht den Voraussetzungen der *Menschenrechtskonvention* entspricht (vgl unten 5/70) oder aber der ausländische Staat aus *Kostengründen* auf die Auslieferung verzichtet –, dann wird der Ausländer nach dem Prinzip der stellvertretenden Strafrechtspflege in Österreich für die Auslandstat verurteilt.

6. Anrechnung der im Ausland verbüßten Strafe

In allen Fällen – nicht nur im Fall der stellvertretenden Strafrechtspflege – ist eine **Strafe**, die der Täter im Ausland für diese Tat bereits verbüßt hat, auf die im Inland verhängte Strafe **anzurechnen** (§ 66). Ist nicht anzunehmen, dass das österreichische Gericht eine strengere Strafe verhängen wird als die im Ausland erlittene, so kann der Staatsanwalt *von der Verfolgung absehen* (§ 192 Abs 1 Z 2 StPO). **59**

In der Regel wird eine im Ausland verbüßte Freiheitsstrafe im **Verhältnis eins zu eins** auf die Inlandsstrafe angerechnet. Bei erschwerten Haftbedingungen im Ausland kann aber auch ein **anderes Verhältnis** angebracht sein, zB die Anrechnung von einem Tag Freiheitsstrafe in Ostasien als gleichwertig mit zwei Tagen in Österreich.

IV. Auslieferung und Rechtshilfe

1. Begriff und gesetzliche Grundlagen

60 **Auslieferung** ist die *Übergabe einer Person von einem Staat an einen anderen* zum Zwecke der Strafverfolgung oder der Strafvollstreckung. **Rechtshilfe** ist „jede Unterstützung" für ein ausländisches Verfahren in strafrechtlichen Angelegenheiten (§ 50 Abs 3 ARHG). In Abgrenzung zur Auslieferung und zur Vollstreckungshilfe gehören dazu vor allem

- die Durchführung von Ermittlungsmaßnahmen (**Beweisrechtshilfe**) und
- die **Sicherstellung von Vermögenswerten** für eine erwartete vermögensrechtliche Anordnung

(**Rechtshilfe im engeren Sinn**).

Die Regelungen im Einzelnen sind von Staat zu Staat, in den ausgeliefert werden oder für den Rechtshilfe geleistet werden soll, verschieden. Zwar gibt es in Österreich eine umfassende Kodifikation des Auslieferungs- und Rechtshilferechts (**Auslieferungs- und Rechtshilfegesetz**, ARHG aus 1979 samt einer Durchführungsverordnung aus 1980), doch gilt diese *nur subsidiär*, soweit **zwischenstaatliche Vereinbarungen** nichts anderes bestimmen (§ 1 ARHG). Bei Vorliegen einer zwischenstaatlichen Regel wird das ARHG daher verdrängt, wobei in den meisten Fällen davon ausgegangen wird, dass die Vertragspartner der zwischenstaatlichen Vereinbarung den betreffenden Gegenstand abschließend regeln wollten.

61 Das ARHG wird seit 2004 durch das **Bundesgesetz über die justizielle Zusammenarbeit in Strafsachen mit den Mitgliedstaaten der Europäischen Union** (EU-JZG) überlagert. In dieser Kodifikation setzt Österreich die Instrumente der justiziellen Zusammenarbeit zwischen den Mitgliedstaaten der EU um, die heute aufgrund von Art 82 Abs 1 AEUV erlassen werden (siehe unten 5/30).

Sie bauen auf dem so genannten Prinzip der **gegenseitigen Anerkennung** aller Arten von Urteilen und gerichtlichen Entscheidungen in der EU auf. Vereinfacht ausgedrückt soll danach eine justizielle Entscheidung – etwa ein Haftbefehl –, die die Strafverfolgungsbehörden des einen Mitgliedstaates aussprechen, in einem anderen Mitgliedstaat grundsätzlich wie eine innerstaatliche Entscheidung vollstreckt werden können. Freilich gibt es zahlreiche ***Ausnahmen,*** bei denen die Vollstreckung dennoch abgelehnt werden kann.

Mittlerweile sind sämtliche Bereiche der Auslieferung und der Rechtshilfe nach Rahmenbeschlüssen (nach der Rechtslage vor 2009) oder Richtlinien (nach heutigem EU-Recht, Art 82 Abs 1 AEUV), die dieses Prinzip verwirklichen, vorbestimmt (siehe zur Auslieferung unten 5/72 ff und zur (Beweis-) Rechtshilfe 5/97 ff). Soweit das EU-JZG keine speziellen Regelungen vorsieht, gilt das ARHG (§ 1 Abs 2 EU-JZG).

Das Prinzip der gegenseitigen Anerkennung ist kritisch zu betrachten. Zum einen wurde es im Zusammenhang mit dem **Binnenmarkt** entwickelt. Dort sichert es die **Warenverkehrs*freiheit***: Die Zulassung einer Ware durch einen Mitgliedstaat soll im gesamten EU-Raum anerkannt werden; dadurch soll die betreffende Ware ohne Hindernisse in der gesamten EU zirkulieren können. So verstanden sichert die gegenseitige Anerkennung Freiheit – die Freiheit grenzüberschreitenden Handel zu treiben. Eine Übertragung auf **justizielle Entscheidungen** – Urteile, Haftbefehle, Durchsuchungsbefehle etc – sichert im Gegensatz dazu die **Durchsetzung von Strafrecht**: eine Einschränkung von Freiheit.

Zweitens sind nur die Entscheidungen eines Mitgliedstaates *für* Strafbarkeit und *für* strafrechtliche Eingriffe anzuerkennen. Die Entscheidung eines Mitgliedstaates für Entkriminalisierung oder gegen eingriffsintensive strafprozessuale Maßnahmen sind kein Gegenstand der gegenseitigen Anerkennung. Dadurch gerät die Europäische Strafrechtspolitik von vornherein in eine gewisse Schieflage zulasten liberaler Strafrechtsordnungen.

Da das ARHG *nur subsidiär* gilt, muss man zur Bestimmung der für einen 62
Auslieferungs- oder Rechtshilfefall einschlägigen Rechtsgrundlagen

- zuerst fragen, ob es sich um Auslieferung oder Rechtshilfe zwischen EU-Staaten handelt. In diesem Fall gelten das **EU-JZG** auf der Grundlage der EU-RL (insbes **RB-EHB** und der **RL-EEA**, dazu unten 5/72 ff und 5/97 ff) sowie die unmittelbar wirksamen **EU-Verordnungen** (derzeit insbes die Sicherstellungs- und Einziehungs-VO 2018, oben 5/30b). Zur **Europäischen Staatsanwaltschaft** vgl oben 5/31.
- Außerhalb der Union muss man nach **bilateralen Staatsverträgen** suchen, die allerdings oft nur multilaterale Abkommen ergänzen.
- In einem nächsten Schritt sind **multilaterale internationale Abkommen** zu suchen; die wichtigsten sind das **Europäische Auslieferungsübereinkommen** des Europarates (**EAÜ**), BGBl 1969/320, und das **Europäische Rechtshilfeübereinkommen** des Europarats (**ERhÜ**), BGBl 1969/41. Sie gelten heute ***nur noch*** im Verhältnis Österreichs ***zu den Nicht-EU-Staaten Europas***.
- Erst ***subsidiär*** – soweit also weder bilaterale noch multilaterale zwischenstaatliche Vereinbarungen ***noch Sonderregeln wie das EU-JZG*** bestehen und für jene Bereiche, in denen diese keine Regelungen enthalten – gilt das **ARHG**.

Beispiel: Im Verhältnis zu den **USA** gilt der ***Auslieferungsvertrag*** BGBl III 1999/216, subsidiär das ***ARHG***, und in weiterer Folge subsidiär die ***StPO***. Doch ist auch die ***EMRK*** zu beachten.

2. *Grundsätze des Auslieferungsrechts*

63 In den Regelungen über die Auslieferung (sowohl in den Staatsverträgen als auch im ARHG) finden sich herkömmlicherweise folgende **Grundsätze**:

a) **Österreichische Staatsbürger** werden idR *nicht ausgeliefert*; das ist auch verfassungsgesetzlich gewährleistet (§ 12 ARHG, Verfassungsbestimmung). Sie werden, wenn ihre Auslandstat auch in Österreich strafbar ist, nach den Grundsätzen der stellvertretenden Strafrechtspflege in Österreich bestraft (§ 65 StGB; vgl oben 5/47 ff).

Das Verbot gilt heute **nicht mehr ohne Ausnahme**: An *internationale Gerichte* (oben 5/7) und *innerhalb der EU* (unten 5/72 ff) können ausnahmsweise auch Inländer ausgeliefert werden.

64 b) Wegen **politischer**, **militärischer** und **fiskalischer** Delikte wird nicht ausgeliefert (§§ 14, 15 ARHG). Ausnahmen bestehen in Staatsverträgen und innerhalb der EU.

Niemals ausgeliefert wird wegen **absolut politischer Delikte**, das sind solche, die *gegen einen fremden Staat* gerichtet sind („Politisches Rechtsgut", zB Hochverrat oder Landesverrat). Anders bei gewöhnlichen Delikten mit *politischen Beweggründen* oder Zielen, zB einem politischen Mord (**relativ politische Delikte**). In solchen Fällen ist abzuwägen, ob der kriminelle Charakter der Tat den politischen überwiegt (sogenannte **Schweizer Formel**); in diesem Fall wird ausgeliefert, andernfalls nicht. Abweichend davon werden Angriffe auf das Leben des Staatsoberhauptes nicht als politische Delikte angesehen; ihretwegen wird immer ausgeliefert (**Belgische Attentatsklausel**, Art 3 Abs 3 EAÜ).

65 c) **Grundsatz der beiderseitigen Strafbarkeit** (auch **Prinzip der identen Norm** genannt): Ausgeliefert wird nur, wenn die Tat auch nach dem Recht des *ersuchten* Staates (also bei der Auslieferung von Österreich ins Ausland: in Österreich) strafbar ist (§ 11 ARHG, Art 2 Abs 1 EAÜ).

66 Bei Delikten, die nur österreichische Rechtsgüter schützen, ist der **Sachverhalt sinngemäß umzustellen** und so zu beurteilen, als wäre er in Österreich verwirklicht worden. *Beispiel*: Ein Richter, der in Deutschland Rechtsbeugung begangen hat (§ 336 dStGB), kann ausgeliefert werden, weil die Tat zur Prüfung der beiderseitigen Strafbarkeit so zu beurteilen ist, als hätte sie ein österreichischer Richter in Österreich begangen (Amtsmissbrauch nach § 302; näher *Schwaighofer*, Auslieferung 94).

In der EU ist der **Grundsatz** der beiderseitigen Strafbarkeit **stark eingeschränkt** (unten 5/77).

67 d) Wegen **geringfügiger Delikte** wird nicht ausgeliefert. § 11 ARHG lässt die Auslieferung nur wegen *Vorsatztaten* zu, die mit *mehr als einem Jahr* Freiheitsstrafe bedroht sind. Eine andere Grenze gilt, wenn das EAÜ (Art 2 Abs 1) anzuwenden ist: Dann genügt bereits eine Strafdrohung von einem Jahr und wird auch wegen Fahrlässigkeitstaten ausgeliefert. – Bilaterale Staatsverträge und EU-Recht setzen die Grenze weiter herab.

e) Ausgeliefert wird nur, wenn der ersuchende Staat in einem gleichartigen Fall auch einem österreichischen Auslieferungsersuchen entsprechen würde: Grundsatz der **Gegenseitigkeit** (§ 3 ARHG). **68**

f) Der Staat, in den ausgeliefert wird, darf den Täter nur wegen jener Taten verfolgen, auf die sich die Auslieferungsbewilligung erstreckt: Grundsatz der **Spezialität** (§ 23 ARHG). **69**

g) Die Auslieferung ist unzulässig, **70**

- wenn im Ausland die **Todesstrafe** oder eine **unmenschliche oder erniedrigende Strafe** (Art 3 EMRK) droht (§ 20 ARHG),
- wenn das **Strafverfahren** oder der **Strafvollzug** im ersuchenden Staat nicht den **Grundsätzen der EMRK** (insbes Art 3 und 6) entspricht (§ 19 Z 1 und 2 ARHG) oder
- wenn (unabhängig von der Straftat) die Gefahr der **politischen Verfolgung** besteht (**Auslieferungsasyl**; § 19 Z 3 ARHG).

Nach § 20 ARHG ist die Auslieferung bereits dann unzulässig, wenn die Gefahr besteht, dass die *Todesstrafe „ausgesprochen"* werden wird. Dagegen muss nach Art 11 EAÜ ausgeliefert werden, wenn zwar der Ausspruch der Todesstrafe droht, aber der ersuchende Staat zusichert, dass sie *„nicht vollstreckt"* werden wird (zB weil der Verurteilte begnadigt werden wird).

h) Subsidiär gilt die Generalklausel des **ordre public**: Einem ausländischen Ersuchen wird nicht entsprochen, wenn die öffentliche Ordnung oder andere wesentliche Interessen Österreichs verletzt werden (§ 2 ARHG). Die Erfüllung völkerrechtlicher Verpflichtungen kann jedoch nicht allein durch die Berufung auf den ordre public unterbleiben. **71**

3. Auslieferung in der EU

Das ARHG und die genannten Grundsätze des Auslieferungsrechts gelten in der EU nur noch subsidiär. Vorrangig gilt das Bundesgesetz über die **justizielle Zusammenarbeit in Strafsachen mit den Mitgliedstaaten der Europäischen Union (EU-JZG)**, das seinerseits die Bestimmungen des **Rahmenbeschlusses über den Europäischen Haftbefehl (RB-EHB**; vgl oben 5/33) und weitere EU-Rechtsakte umsetzt. **72**

a) Der Europäische Haftbefehl (EHB) ist die **Anordnung der Justizbehörde** (Gericht oder Staatsanwaltschaft) eines EU-Mitgliedstaates, dass eine bestimmte Person wegen einer Straftat ***festzunehmen*** und der ausstellenden Justizbehörde zu ***übergeben*** ist. Er ist an die Justizbehörden der anderen Mitgliedstaaten gerichtet und von diesen zu vollstrecken (vgl § 2 Z 1 EU-JZG). **73**

Der EHB beruht auf dem **Grundsatz der gegenseitigen Anerkennung strafrechtlicher Entscheidungen**, der heute ein Leitgedanke für die justizielle Zusammenarbeit nach dem Vertrag von Lissabon ist (Art 82 Abs 1 AEUV, vgl oben 5/61): Was derzeit im Verhältnis der österreichischen

Bundesländer zueinander als selbstverständlich angesehen wird – dass beispielsweise der Haftbefehl eines Innsbrucker Richters in Wien einfach vollstreckt und der Gesuchte nach seiner Ergreifung ohne weiteres dem Innsbrucker Gericht eingeliefert wird (§ 172 Abs 1 StPO) –, das soll **in der gesamten Union** gelten: Auch der Beschluss eines portugiesischen, finnischen oder bulgarischen Gerichts soll in Österreich einfach vollstreckt werden und der Betroffene soll einfach und ohne besonderes inländisches (Auslieferungs-) Verfahren an die ausländischen Behörden übergeben werden. Dies gilt sowohl während des **laufenden ausländischen Strafverfahrens** (Haftbefehl, Untersuchungshaft) als auch **nach dem Urteil** (Strafvollstreckung).

Dass der EHB auf dem Grundsatz der gegenseitigen Anerkennung beruht, wollen der RB-EHB und das EU-JZG schon durch die Wortwahl deutlich machen: Sie sprechen nicht mehr von *Auslieferung* aus dem *ersuchten* in den *ersuchenden* Staat, vielmehr ist davon die Rede, dass der Betroffene vom **Vollstreckungsmitgliedstaat** an den **Ausstellungsmitgliedstaat** (d.i. der Staat, dessen Gericht den EHB ausgestellt hat) bloß **übergeben** wird. Der Sache nach liegt natürlich nach wie vor eine Auslieferung vor.

74 b) In der Praxis bedeutet diese umfassende Anerkennung auch ausländischer Entscheidungen die Abkehr von den traditionellen Grundsätzen des Rechtshilfe- und Auslieferungsrechts. Sie hat beispielsweise zur Folge, dass auch **Inländer ausgeliefert** werden (vgl unten 5/78 ff; Österreich musste also sein Verfassungsrecht ändern, vgl oben 5/63) und dass weitgehend vom Grundsatz der **beiderseitigen Strafbarkeit abgegangen** wird.

75 Die umfassende Anerkennung auch ausländischer Entscheidungen ist daher **sehr problematisch**. Denn anders als im Verhältnis zwischen Innsbruck und Wien hat ***jeder Mitgliedsstaat sein eigenes Strafrecht***, bestimmt also souverän, welches Verhalten er für strafbar erklärt und welches nicht (vgl oben 5/1). Auch gibt es keine EU-weiten Zuständigkeitsregeln, vielmehr bestimmt jeder Staat nach wie vor selbst, auf welche Sachverhalte mit Auslandsbezug er sein Strafrecht anwenden will (es gibt nur die ***innerstaatlichen Strafanwendungsrechte*** der 28 Mitgliedstaaten, vgl oben 5/1, 15). Wenn daher ein Verhalten nur in einem Staat der EU strafbar ist, dann kann dieser Staat sein **repressives Strafrecht** auch in den anderen Mitgliedstaaten der Union durchsetzen.

Angenommen, in einem Staat ist der **fahrlässig begangene Betrug** gerichtlich strafbar, und das Strafrecht dieses Staates enthält wie das österreichische Recht (§§ 62, 67 Abs 2 StGB) eine Bestimmung, wonach es für alle Taten gilt, bei denen der Erfolg im Inland eingetreten ist: Dann müsste Österreich den Haftbefehl eines solchen Staates vollstrecken und den des fahrlässigen Betruges Beschuldigten ausliefern, obwohl dieses Verhalten in Österreich nicht strafbar ist (§ 146 StGB kann nur vorsätzlich begangen werden), und das selbst dann, wenn der Täter *österreichischer Staatsbürger* ist und *in Österreich gehandelt* hat.

Die Folgen sind schwerwiegend: **Niemand kann sich mehr darauf verlassen**, dass er strafrechtlich nicht verfolgt werden kann, wenn er sich an die Rechtsordnung des Staates hält, in dem er **handelt**. Denn es könnte sein, dass Auswirkungen seiner Handlungen auch einen anderen Mitgliedstaat der EU berühren und das Verhalten dort strafbar ist – und dass dieser Staat daraufhin einen EHB erlässt, der in der gesamten EU vollstreckt werden muss. Um vor Strafverfolgung sicher zu sein, muss man daher die **Strafrechtsordnungen aller 28 Mitgliedstaaten beachten** und sich nach der **jeweils strengsten Regelung** richten. Denn Strafbarkeit in nur einem Staat führt nach dem Grundsatz der gegenseitigen Anerkennung dazu, dass das Strafrecht dieses Staates auch in den anderen Staaten vollstreckt wird. **76**

Um diese Auswirkungen abzumildern, erlaubt der RB-EHB den Mitgliedstaaten, unter bestimmten Voraussetzungen die **Vollstreckung abzulehnen**. Österreich hat von diesen Möglichkeiten umfassend Gebrauch gemacht.

c) Die wichtigsten Regelungen des **EU-JZG** sind:

aa) Die Möglichkeit zur Übergabe wird gegenüber dem herkömmlichen Auslieferungsrecht erweitert, insbesondere **77**

- Das Auslieferungshindernis bei **politischen, militärischen und fiskalischen Delikten** entfällt innerhalb der EU. Die Einhaltung der **Menschenrechts**-Standards im Ausstellungsstaat (vgl oben 5/70) wird vorausgesetzt. Eine Menschenrechtsverletzung im Einzelfall ermöglicht jedoch eine Ablehnung (§ 19 Abs 4 EU-JZG).
- Das Erfordernis der **beiderseitigen Strafbarkeit** entfällt bei einer Reihe von taxativ aufgezählten Straftaten (§ 4 Abs 3 EU-JZG, Anhang I, Teil A zum EU-JZG). Die Liste ist sehr umfangreich. Bezieht sich der EHB auf eine dieser Taten, so muss der Gesuchte auch dann an den Ausstellungsstaat übergeben werden, wenn die ***Tat in Österreich nicht strafbar*** ist.

bb) In zwei Fällen verbietet eine ***Verfassungsbestimmung*** die Vollstreckung eines EHB gegen **österreichische Staatsbürger**: **78**

- wenn die Taten, derentwegen der EHB ergangen ist, „**dem Geltungsbereich der österreichischen Strafgesetze** unterliegen“ (§ 5 Abs 2 EU-JZG).

  Der Geltungsbereich der österreichischen Strafgesetze bestimmt sich nach §§ 62–67 StGB. Ihm unterliegen insbesondere alle **Inlandstaten** (§§ 62, 67 Abs 2 StGB), also vor allem alle Handlungen im Inland. Ob diese Tat eine ***strafbare Handlung***, das Verhalten also *strafbar* ist, spielt für die Frage, ob sie dem Geltungsbereich der österreichischen Strafgesetze unterliegt, ***keine Rolle***. Ein Österreicher kann daher für **Handlungen im Inland** niemals an einen anderen Staat übergeben werden: Wenn die Tat auch in Österreich strafbar ist, führt Österreich selbst ein Strafverfahren gegen ihn, ansonsten bleibt der Täter straflos. – Dem Geltungsbereich der österreichischen Strafgesetze unterliegen aber gem § 65 Abs 1 Z 1 StGB auch alle **Auslandstaten von Österreichern**, sofern das Verhalten ***am Tatort strafbar*** ist. Auch in diesem Fall darf der EHB nicht vollstreckt werden, vielmehr wird der Täter im Inland verfolgt, wenn die Tat auch nach österreichischem Recht strafbar ist.

79 – wenn die Taten **nicht im Ausstellungsstaat** des EHB begangen wurden und „nach österreichischem Recht außerhalb des Bundesgebiets begangene Taten gleicher Art **nicht dem Geltungsbereich der österreichischen Strafgesetze** unterlägen" (§ 5 Abs 3 EU-JZG).

Abs 3 ergänzt das Vollstreckungsverbot des inländischen Geltungsbereichs. *Beispiel*: Ein Österreicher hat **in Spanien gehandelt**, wo sein Verhalten **nicht strafbar** ist. In **Frankreich ist die Tat strafbar** und dort sind auch **Auswirkungen** eingetreten. Frankreich erlässt daher aufgrund seines Rechts einen EHB. – Die Tat unterliegt (wenn sie nicht ausnahmsweise unter § 64 StGB fällt) ***nicht dem Geltungsbereich*** der österreichischen Strafgesetze: § 65 Abs 1 Z 1 greift nicht ein, weil die Tat nach den Gesetzen des Tatorts nicht mit Strafe bedroht ist. Die Vollstreckung ist daher nicht nach § 5 Abs 2 EU-JZG, wohl aber nach Abs 3 unzulässig.

80 Dass sich der Geltungsbereich der österreichischen Strafgesetze (das österreichische Strafanwendungsrecht) auch auf Taten – Tun oder Unterlassen – erstrecken kann, die **nach österreichischem Recht nicht strafbar** sind (*Fuchs*, *Schwaighofer*, *Murschetz*), wird bisweilen in Zweifel gezogen (*Hinterhofer/Schallmoser*, WK² EU-JZG § 5 Rz 5 ff [2.5.2019] mwN). Nach dieser Ansicht werden Inländer (nur dann) ausgeliefert, wenn sie im Ausstellungsstaat des EHB gehandelt haben und dieses Verhalten nach österreichischem Recht nicht strafbar ist.

Dies führt zu paradoxen Ergebnissen: *Erstens*: Wenn die Tat beispielsweise im Ausstellungsstaat mit Freiheitsstrafe bis zu **fünf Jahren**, in Österreich aber nur bis zu **sechs Monaten** bedroht ist, dann unterbleibt die Übergabe zugunsten eines österreichischen Strafverfahrens, in dem höchstens sechs Monate Freiheitsstrafe drohen. Ist die Tat dagegen in Österreich **gänzlich straflos**, dann wäre der EHB zu vollstrecken, so dass der Täter im Ausstellungsstaat mit Freiheitsstrafe bis zu fünf Jahren rechnen müsste. *Zweitens*: Ist **zweifelhaft**, ob die Tat auch nach österreichischem Recht strafbar ist, dann ist dies in einem österreichischen Verfahren zu klären. Endet dieses mit Freispruch oder Einstellung, dann darf nicht ausgeliefert werden (§ 7 EU-JZG, siehe sogleich). Steht die Straflosigkeit dagegen **von vornherein fest**, dann wäre der EHB zu vollstrecken. Wer näher an einem österreichischen Straftatbestand „vorbeischrammt", wird besser behandelt als jemand, der klar und eindeutig nichts getan hat, was nach österreichischem Recht strafwürdig ist. Dass der Gesetzgeber solche Ergebnisse gewollt hat, ist ihm nicht zusinnbar. Die oben beschriebene Auslegung ist daher vorzuziehen.

81 cc) **Weitere Vollstreckungshindernisse** gelten gleichermaßen für Inländer wie für Ausländer:

– Nicht vollstreckt wird generell bei **Taten**, die **in Österreich begangen** worden sind (§ 6 EU-JZG), und zwar auch dann, wenn die Tat nach österreichischem Recht nicht strafbar ist.

Auch ein Ausländer, der **im Inland handelt** und dabei die österreichischen Strafgesetze beachtet, kann sich darauf verlassen, dass er von Österreich nicht ausgeliefert wird. Für Inländer gilt ohnedies die Verfassungsbestimmung des § 5 Abs 2 EU-JZG (siehe oben).

82 – **Inländische Gerichtsbarkeit** (deren Umfang sich nach §§ 62–67 bestimmt) geht vor. Ein EHB wird daher nicht vollstreckt,

  – wenn **in Österreich eine Entscheidung** ergangen ist, die nur durch eine ordentliche **Wiederaufnahme** aufgehoben werden kann und die der Strafverfolgung im Ausstellungsstaat entgegensteht (§ 7 Abs 1 EU-JZG);

Wer in einem Staat rechtskräftig abgeurteilt worden ist (verurteilt oder freigesprochen), der darf wegen derselben Tat in keinem anderen Mitgliedstaat der EU noch einmal verfolgt werden (**Internationales Ne bis in idem**, Art 54 ff SDÜ, vgl oben 5/51, dort auch zu den näheren Voraussetzungen). – Wurde das Verfahren jedoch nur deshalb beendet, weil die Tat nicht der österreichischen Gerichtsbarkeit unterliegt (§§ 62 bis 67 StGB), dann wird der EHB gegen Ausländer vollstreckt.

- wenn in Österreich ein **Strafverfahren anhängig** ist (wobei es genügt, 83
  dass dieses Verfahren bis zur Entscheidung über den EHB anhängig gemacht wird; § 7 Abs 2 Z 1 EU-JZG);
- wenn die **Staatsanwaltschaft das Verfahren** wegen dieser Tat **einge-** 84
  stellt oder die Verfolgung abgelehnt hat (§ 7 Abs 2 Z 2 EU-JZG).

In den beiden letztgenannten Fällen kann der EHB ***an Ausländern*** trotzdem vollstreckt werden, wenn die **Durchführung des Verfahrens im Ausland vorzugswürdig** ist, das Verfahren nur mangels Beweisen eingestellt wurde oder die österreichische Gerichtsbarkeit nur auf stellvertretende Strafrechtspflege (§ 65 StGB) gegründet war (§ 7 Abs 3 EU-JZG). – Bei Tatbegehung im Inland (§ 6 EU-JZG) gilt dies nur dann, wenn die Tat in mehreren Mitgliedstaaten begangen wurde, der Täter also **auch im Ausland gehandelt** hat.

- Wenn ein **ausländisches Gericht** schon in dieser Sache **entschieden** hat, 85
  dann kann dies ebenfalls zu einer Ablehnung des EHB führen (näher § 8 EU-JZG).

Hat das **Gericht eines Mitgliedstaates** der EU entschieden, so verbieten es Art 54 bis 58 SDÜ, die Tat noch einmal zu verfolgen (oben 5/51). Sind die dort genannten Voraussetzungen erfüllt, muss Österreich daher die Vollstreckung eines EHB wegen derselben Tat ablehnen. Hat ein **anderer Staat** entschieden, so wäre eine Doppelverfolgung grundsätzlich möglich, wird aber von Österreich weitgehend abgelehnt.

d) Die wichtigsten Vereinfachungen betreffen das **Verfahren**: Während eine 86
Auslieferung normalerweise zuerst vom *Gericht für zulässig* erklärt (§ 33 ARHG) und dann vom *Justizministerium bewilligt* werden muss (§ 34 ARHG), also ein kompliziertes und oft langwieriges zweistufiges Verfahren stattfindet, wird mit der Vollstreckung eines EHB nur noch das **Gericht** befasst, das die Voraussetzungen prüft und dann die Übergabe bewilligt (§§ 19 bis 21 EU-JZG). Dabei nimmt das österreichische Gericht mit der ausstellenden Justizbehörde des Auslandes **unmittelbar Kontakt** auf, ohne den diplomatischen Weg einzuhalten. Die Entscheidung hat binnen 30, **längstens binnen 90 Tagen** zu ergehen (§ 21 EU-JZG), die Übergabe hat dann innerhalb von 10 Tagen stattzufinden (§ 24 Abs 2 EU-JZG).

Die Prüfung der Zulässigkeit der Übergabe beschränkt sich auf die **Rechts-** 87
fragen. Das österreichische Gericht entscheidet aufgrund der Angaben im EHB (§ 19 Abs 1 EU-JZG), kann allerdings erforderlichenfalls weitere Angaben verlangen (Abs 2). Die Möglichkeit, auch zu prüfen, ob ein **hinreichender**

Tatverdacht vorliegt, wenn diesbezüglich **erhebliche Bedenken** bestehen, insbesondere wenn Beweise vorliegen oder angeboten werden, durch die der Verdacht ohne Verzug entkräftet werden könnte (§ 33 Abs 2 ARHG), ist heute beim EHB bedauerlicherweise nicht mehr explizit im Gesetz vorgesehen.

88 Während des Verfahrens kann der **Beschuldigte freigelassen** werden, insbesondere gegen Anwendung gelinderer Mittel (§ 18 EU-JZG iVm § 29 ARHG und der StPO).

4. Grundsätze der Beweisrechtshilfe

89 Im Rahmen der Beweisrechtshilfe nimmt der ersuchte Staat für den ersuchenden Staat Ermittlungsmaßnahmen vor – je nach Ersuchen etwa eine Vernehmung, eine Durchsuchung, eine Beschlagnahme, eine Telefonüberwachung etc – und übergibt die Ergebnisse an den ersuchenden Staat (das Vernehmungsprotokoll, die gefundenen Gegenstände usw). Dieser benutzt diese Ergebnisse dann im anlassgebenden Strafprozess als Ermittlungsansatz oder als Beweis.

90 Dabei stellt sich freilich die Frage, **nach welchen Regeln** diese Maßnahmen vorzunehmen sind. Grundsätzlich lassen sich zwei Zugänge unterscheiden:

– zum einen das Prinzip **„locus regit actum"**. Danach richten sich die in Rechtshilfe vorgenommenen Handlungen nach dem Recht des ***ersuchten* Staates** – nach dem sog „locus" als dem Ort der Durchführung. Vorteil ist, dass die Strafverfolgungsbehörden des ersuchten Staates das dort herrschende Recht gleichförmig anwenden; Ermittlungsmaßnahmen für rein innerstaatliche Fälle folgen den gleichen Regeln wie die rechtshilfeweise vorgenommenen Ermittlungsmaßnahmen.

91 – Zum anderen ließe sich das Prinzip **„forum regit actum"** heranziehen. Nach diesem Prinzip soll das Recht des „forum"-Staates angewendet werden, das ist der ***ersuchende* Staat**: „Forum" ist in diesem Zusammenhang mit „Gericht" zu übersetzen. Dieser Staat führt das Strafverfahren, in das die über Rechtshilfe gewonnenen Beweise eingebracht werden sollen, freilich nach *seiner* Strafprozessordnung. Wenn daher der ersuchte Staat ebenfalls nach *dieser* Strafprozessordnung ermittelt – aus Sicht des ersuchten Staates ist es ausländisches Recht –, ist es jedenfalls einfacher, die daraus gewonnenen Ermittlungsergebnisse im Strafverfahren des ersuchenden Staates zu verwenden und zu verwerten, denn so würde nach ein und derselben Prozessordnung ermittelt und das Hauptverfahren geführt werden.

92 Nach dem **ARHG** gilt grundsätzlich das traditionelle Rechtshilfe-Prinzip **locus regit actum**: Die in Rechtshilfe vorgenommenen Ermittlungshandlungen werden nach der ***österreichischen* StPO** (Österreich als der „locus" der Ermittlungshandlung) und nicht nach der StPO des ersuchenden Staates (des

„forum“) durchgeführt (§ 9 Abs 1 ARHG). Mitunter begehrt der ersuchende Staat jedoch ausdrücklich die Anwendung eigener Verfahrensregeln; das könnte insbesondere dann erforderlich sein, damit das Gericht des ersuchenden Staates den in Österreich erhobenen Beweis im anlassgebenenden Strafverfahren auch verwenden und im Urteil verwerten kann. Österreich entspricht einem derartigen Anliegen, wenn die fremden Verfahrensregeln mit den Grundsätzen des österreichischen Strafverfahrens vereinbar sind (§ 58 ARHG).

Nach dem ARHG ist für die Leistung von Rechtshilfe **Gegenseitigkeit** **93**
(§ 3 ARHG) und die Vereinbarkeit der Rechtshilfe mit dem **ordre public** (§ 2 ARHG) erforderlich. **Ablehnungsgründe** (§ 51 Abs 1 ARHG) sind:

a) das Fehlen der **beiderseitigen Strafbarkeit** (vgl oben 5/65);
b) der Schutz bestimmter **rechtsstaatlicher Grundsätze** (vgl oben 5/70);
c) **politische und fiskalische Delikte,** die dem Ersuchen zugrunde liegen (vgl oben 5/64); insbesondere dieses Rechtshilfehindernis wurde durch Übereinkommen zurückgedrängt.
d) Eine beachtliche Einschränkung der Rechtshilfe nach ARHG ergibt sich **94**
daraus, dass die in der StPO geregelten **materiellen Voraussetzungen der jeweiligen Ermittlungsmaßnahme** vorliegen müssen, die rechtshilfeweise durchgeführt werden soll (§ 51 Abs 1 Z 3 Satz 1 ARHG).

   Beispiel: Ist ein bestimmter Eingriff nach österreichischem Recht an eine bestimmte **Mindeststrafhöhe** der Anlasstat gebunden, ist die Höhe der Strafdrohung nach *österreichischem* Recht maßgeblich, die sich für die dem Ersuchen zugrundeliegende Tat bei sinngemäßer Umstellung des Sachverhalts auf den österreichischen Blickwinkel ergibt. Die Strafdrohung im ersuchenden Staat ist demgegenüber unerheblich.

e) Ein Rechtshilfeersuchen muss auch dann abgelehnt werden, wenn dadurch **95**
eine **Geheimhaltungspflicht** verletzt würde, die auch gegenüber Strafgerichten im inländischen Verfahren besteht. Insbesondere beruflich bedingte Verschwiegenheitspflichten, die zu einem Recht auf Aussageverweigerung führen – das Anwaltsgeheimnis, das Geheimnis der Wirtschaftstreuhänder etc (§ 157 Abs 1 Z 2, 3, 4 StPO) – genießen diesen Schutz auch vor einer Preisgabe im Wege der Rechtshilfe.
f) Das ARHG **verbietet** die Vornahme von Ermittlungen und Verfahrens- **96**
handlungen durch **ausländische Organe** auf dem Gebiet der Republik Österreich. Allerdings sieht es die Möglichkeit vor, „dem zuständigen ausländischen Richter, Staatsanwalt und anderen am Verfahren beteiligten Personen sowie ihren Rechtsbeiständen ... die Anwesenheit und Mitwirkung bei Rechtshilfehandlungen zu gestatten, wenn dies zur sachgemäßen Erledigung des Rechtshilfeersuchens erforderlich erscheint“ (§ 59 Abs 1 ARHG). Außer Richtern und Staatsanwälten, die das Gesetz ausdrücklich nennt, spielen in der Praxis viel häufiger Polizeibeamte eine Rolle (*Martetschläger,* WK^2 § 59 ARHG Rz 1 [2.5.2019]).

5. Beweisrechtshilfe in der EU

97 Auch für die Beweisrechtshilfe innerhalb der EU gilt vorrangig das **EU-JZG**, das 2018 die **Richtlinie über die Europäische Ermittlungsanordnung (RL-EEA**; vgl oben 5/30) umsetzt hat. Wie der EHB beruht diese auf dem Prinzip der gegenseitigen Anerkennung (vgl oben 5/61, 73): Die Anordnung eines Gerichts eines anderen EU-Mitgliedstaates soll **in der gesamten Union** vollstreckt werden können.

98 a) Eine Europäische Ermittlungsanordnung (EEA) ist eine auf Beweise ausgerichtete Entscheidung der jeweils zuständigen Behörde aus einem anderen EU-Mitgliedstaat (der „ausstellende Behörde", § 2 Z 4a EU- JZG). Sie ist daher idR auf die **Durchführung einer bestimmten Ermittlungsmaßnahme** und/oder die **Übermittlung von Ermittlungsergebnissen** im „Vollstreckungsstaat" gerichtet (vgl § 2 Z 14 EU-JZG).

Wie im Zusammenhang mit dem EHB (vgl oben 5/73) werden auch bei der EEA neue Begriffe verwendet: Ausstellungsstaat statt ersuchender Staat, Vollstreckungsstaat statt ersuchter Staat.

99 b) Eine Europäische Ermittlungsanordnung wird in Österreich nur vollstreckt, wenn sie von einer **Justizbehörde** – einem Gericht oder einer Staatsanwaltschaft – ausgestellt wurde oder zumindest von einer solchen kontrolliert wird. Eine solche sog „Validierung" liegt dann vor, wenn die Ermittlungsanordnung von einer Justizbehörde genehmigt wurde und von den Betroffenen außerdem vor einer solchen bekämpft werden kann.

100 c) Die RL-EEA hat **kein** generelles Prinzip **forum regit actum** (vgl oben 5/91) eingeführt. Eine EEA wird daher nach den ***österreichischen* Verfahrensregeln** vollzogen. Eine ***Fremdrechtsanwendung*** ist allerdings nicht ausgeschlossen: Vor allem kann eine Europäische Ermittlungsanordnung die „ein vom österreichischen Rechts abweichendes Vorgehen erfordert", entsprechend vollstreckt werden, wenn diesem Vorgehen „keine wesentlichen innerstaatlichen Rechtsgrundsätze entgegenstehen" (§ 55d Abs 6 EU-JZG).

Beispiele: **Zulässig** wird demnach eine **Teilnahme der (anderen) Beteiligten** bei einer Vernehmung sein; zulässig mag mitunter auch eine **Hausdurchsuchung in Nachtstunden** sein; zulässig mag auch ein Ablauf von Vernehmungen sein, in dem der **Verteidiger** den Beschuldigten vor jeder Antwort speziell **beraten** darf, wenn ein Staat darum ersucht.

Unzulässig wird jedoch die **Vernehmung von nahen Angehörigen ohne Belehrung** über ein Aussageverweigerungsrecht sein: Die Aussagebefreiung (§ 156 Abs 1 Z 1 StPO) im Verfahren gegen einen Angehörigen vermeidet den psychischen Konflikt des bestreffenden Angehörigen, wird daher dem nach österreichischem Verständnis im Grundsatz der Verhältnismäßigkeit verankert und gehört daher zu den innerstaatlichen Rechtsgrundsätzen. Ebenso sind die **Aussageverweigerungsrechte** nach § 157 StPO – insbesondere berufsbedingte Aussageverweigerungsrechte, Schutz eines Zeugen vor Selbst- oder Angehörigenbelastung – auf Grundsätze zurückzuführen, teilweise auf das Verbot des Zwangs zur Selbstbelastung, teilweise wiederum auf die Verhältnismäßigkeit. Unzulässig wird auch sein, Personen zu vernehmen, soweit sie von einem **Vernehmungsverbot** erfasst sind (§ 155 StPO: Geistliche, Beamte etc).

d) Der österreichische Gesetzgeber hat im Wesentlichen alle nach der RL-EEA zulässigen **Ablehnungsgründe** umgesetzt; teilweise wurden sie fast wörtlich übernommen, statt sie in österreichische Gesetzessprache überzuführen (§ 55a Abs 1 EU-JZG). Die wichtigsten sind: 101

aa) Das Verhalten, das Anlass für die EEA ist, ist in Österreich straflos (**Fehlen beiderseitiger Strafbarkeit**). Wenn allerdings 102

- eines der taxativ aufgezählten Delikte vorliegt, die im Anhang I Teil A des EU-JZG zu finden sind (vgl oben 5/77 zum EHB) oder
- um eine der fünf Listenmaßnahmen ersucht wird, die laut RL-EEA jedenfalls zur Verfügung stehen müssen,

  dazu gehören immerhin alle nicht mit Zwang verbundenen Ermittlungsmethoden und Vernehmungen,

wird die EEA auch dann vollstreckt, wenn **keine Strafbarkeit** in Österreich vorliegt.

bb) Der **Schutz des Territorialitätsprinzips** steht der Vollstreckung einer EEA dann entgegen, wenn sie der Aufklärung einer außerhalb des Ausstellungsstaates begangenen Straftat dient, die aus österreichischer Sicht eine Inlandstat aber nach österreichischem Recht nicht strafbar ist. 103

Beispiel: Eine EEA, in der um die Sicherstellung und Beschlagnahme bestimmter Papiere im Zusammenhang mit einer fahrlässig begangenen Geldwäscherei ersucht wird, die nicht im Ausstellungsstaat, sondern (ganz oder teilweise) in Österreich begangen wurde, wird nicht vollstreckt: In Österreich ist Geldwäscherei nur bei Vorsatz strafbar (§ 165).

cc) Eine EEA wird nicht vollstreckt, wenn durch das Verfahren im Ausstellungsstaat das **Doppelbestrafungsverbot** (Art 54 SDÜ) verletzt werden würde. 104

Eine Verurteilung oder ein Freispruch in einem anderen (EU-Mitglied-) Staat steht der Vollstreckung einer EEA daher grundsätzlich entgegen.

dd) Sodann sind auch im Rahmen der Vollstreckung einer EEA bestimmte **Grenzen** einzuhalten, die nach der StPO für die **Ermittlungsmaßnahmen**, um die jeweils ersucht wird, vorgesehen sind. 105

- So darf eine Ermittlungsmaßnahme, die nach österreichischem Recht nur wegen **bestimmter Anlasstaten** oder wegen **Anlasstaten** ab einer **bestimmten Schwere** zulässig ist, nicht wegen einer außerhalb dieser Grenzen stehenden Anlasstat durchgeführt werden. Dazu gehören insbesondere geheime Ermittlungsmethoden, zB Nachrichtenüberwachung, Lausch- und Spähangriff, systematische verdeckte Ermittlung.

  Sonstige Voraussetzungen für bestimmte Ermittlungsmaßnahmen wie eine **erhöhte Verdachtsschwelle** werden **nicht berücksichtigt**. Ob die begehrte Ermittlungsmaßnahme ieS verhältnismäßig ist, entscheidet ebenfalls prinzipiell die ausstellende Behörde; § 55b Abs 1 Z 2 EU-JZG erlaubt aus Gründen der Verhältnismäßigkeit allerdings ein Ausweichen auf weniger eingriffsintensive Maßnahmen, wenn diese genauso zielführend sind.

106 – Eine Europäische Ermittlungsanordnung wird nicht vollstreckt, wenn ihr eine sog **„Immunität“** entgegensteht. Diese aus der RL-EEA geradezu abgeschriebene Formulierung ist missverständlich: Es geht nicht nur um politische oder diplomatische Immunität iS der nationalen Gesetzessprache, sondern vor allem um die Befreiung von insofern privilegierten Personen von einzelnen Ermittlungshandlungen vor allem durch **Vernehmungsverbote** (§ 155 StPO), **Aussagebefreiungen** (§ 156 StPO, zB nahe Angehörige des Beschuldigten) und **Aussageverweigerungsrechte** (§ 157 StPO va zum Schutz bestimmter beruflicher Geheimnisse wie zB des Anwaltsgeheimnis).

107 – Zusätzlich kann ein sog **Umgehungsverbot** der Vollstreckung einer EEA entgegenstehen. Hintergrund ist, dass bestimmte, und zwar in erster Linie die besonders geschützten beruflichen Geheimnisse (zB das Anwaltsgeheimnis), nach der StPO nicht nur mit einem **Schweigerecht** ihrer Protagonisten geschützt werden, sondern dieses Schweigerecht auch vor jeder Umgehung. Daher ist zB die Beschlagnahme beruflicher Unterlagen oder die Überwachung der beruflichen Räume etc verboten (§ 157 Abs 2 StPO).

Beispiel: Eine auf die Hausdurchsuchung einer Anwalts- oder Notariatskanzlei nach beruflichen Akten bezogene EEA würde in Österreich nicht vollstreckt werden dürfen.

108 ee) Es ist ein auf die Einhaltung der **Menschenrechte** bezogener Ablehnungsgrund vorgesehen: Die Vollstreckung einer EEA wird abgelehnt, wenn angenommen wird, dass sie Rechtsgrundsätze des Art 6 EUV – er schließt die EMRK mit ein – oder Rechte nach der GRC verletzen würde.

Beispiele: Unzulässig wäre die Verpflichtung des Beschuldigten und oder von Zeugen zur **Selbstbelastung**; unzulässig wäre die Verweigerung von **Schweigerechten** des Verteidigers oder des Bewährungshelfers des Beschuldigten; unzulässig wäre auch, den Beschuldigten über eine Videokonferenz zu seiner Hauptverhandlung im Ausland bloß zuzuschalten, statt ihn zur uneingeschränkten Teilnahme zu überstellen.

109 e) Das EU-JZG sieht außerdem die Vollstreckung einer Europäischen Ermittlungsanordnung durch einen **Rückgriff auf eine andere** als die begehrte **Ermittlungsmaßnahme** vor (§ 55b EU-JZG). Ein solcher ist möglich,

- wenn die angeordnete Ermittlungsmaßnahme einen **Eingriff** vorsieht, der nach dem österreichischen Recht **nicht ausdrücklich gesetzlich vorgesehen** ist, oder
- wenn die Straftat, die Anlass der Europäischen Ermittlungsanordnung ist, in keine der Kategorien der Anlasstaten fällt, auf die eine begehrte Ermittlungsmaßnahme nach der StPO beschränkt wird.

Wird in diesen Fällen keine andere Ermittlungsmaßnahme gefunden, die so zulässig ist und zielführend ist, wie die ursprünglich begehrte, ist die Ermittlungsanordnung abzulehnen (§ 55b Abs 1 Z 1, Abs 3, § 55a Abs 1 Z 4 EU-JZG).

Gibt es neben der begehrten Ermittlungsmaßnahme eine andere zielführende, aber **weniger eingriffsintensive Ermittlungsmaßnahme**, müssen die Strafverfolgungsbehörden im Übrigen stets auf diese greifen (§ 55 Abs 1 Z 2 EU-JZG). **110**

Die Fälle, in denen ein Ausweichen in Frage kommt, dürften allerdings eher selten sein. Vorstellbar ist, dass die besonders eingriffsintensive Überwachungsmethode eines Lauschangriffs durch eine an etwas weniger strenge Voraussetzungen gebundene Nachrichtenüberwachung ersetzt wird.

Wenn eine Maßnahme aus der Liste vorliegt, die nach der RL-EEA nach dem Recht des Vollstreckungsmitgliedstaates jedenfalls zur Verfügung stehen müssen (siehe zu diesen oben 5/102; § 55b Abs 2 EU-JZG), darf allerdings nicht auf eine weniger invasive Maßnahme ausgewichen werden.

f) Auf Ersuchen der ausstellenden Behörde kann die zuständige Staatsanwaltschaft die **Anwesenheit von ausländischen Organen** – von Richtern, Staatsanwälten, Organen der Kriminalpolizei, Organen von Zoll- und Finanzstrafbehörden – sowie von **Verfahrensbeteiligten** und deren **Rechtsbeiständen bewilligen** (§ 55k EU-JZG). **111**

Auch das EU-JZG lässt grundsätzlich keine selbstständigen Ermittlungen oder Verfahrenshandlungen ausländischer Organe in Österreich zu (§ 55k Abs 2 EU-JZG). Ausnahmen bestehen für Mitglieder gemeinsamer Ermittlungsgruppen und für verdeckte Ermittler aus anderen EU-Mitgliedstaaten. Auch diese stehen stets unter der Leitung einer österreichischen Behörde (§ 71 f EU-JZG, § 73 f EU-JZG).

II. Abschnitt: Die Lehre von der Straftat

A) Grundlagen

6. Kapitel: Elemente der Straftat

Literaturauswahl zur juristischen Person: *Boller*, Die strafrechtliche Verantwortlichkeit von Verbänden nach dem VbVG (2007); *Heine*, Unternehmen, Strafrecht und europäische Entwicklungen, ÖJZ 2000, 871; *Hilf*, Grundlegende Aspekte der neuen Verbandsverantwortlichkeit, JSt 2006, 112; *Lewisch/Parker*, Strafbarkeit der juristischen Person? (2001); *E. Steininger*, Verbandsverantwortlichkeitsgesetz. Ein Lehrbuch (2006); *Zeder*, Ein Strafrecht juristischer Personen: Grundzüge einer Regelung in Österreich, ÖJZ 2001, 630.

I. Grundbegriffe

a) **Rechtsnormen** bestehen aus **Tatbestand** und **Rechtsfolge**: Wenn der **Tatbestand** erfüllt ist, dann **soll** die **Rechtsfolge** eintreten. Mit diesem „Tatbestand" beschäftigt sich die **Lehre von der Straftat**: Sie handelt von den Voraussetzungen der besonderen **Rechtsfolge „Strafe"**. 1

Freilich spricht man im Strafrecht nicht vom „Tatbestand", wenn man diesen Tatbestandsbegriff im Sinne der allgemeinen Rechtslehre meint. Man redet von der **Straftat**, von **Verbrechen (iwS)** oder von Verbrechen und Vergehen, von der **strafbaren Handlung** oder einfach von einem **Delikt**. Alle diese Begriffe bezeichnen dasselbe: die Summe aller *materiellen* (dh nichtprozessualen) Voraussetzungen, die erfüllt sein müssen, damit die Rechtsfolge Strafe eintreten soll. 2

Im ***materiellen Recht*** ist es üblich und unschädlich, die Begriffe „Straftat" und „Strafbare Handlung" synonym zu verwenden (vgl etwa Überschrift und Text von § 62). Im ***Strafprozess*** ist es dagegen oft notwendig, klar zwischen der **Tat** einerseits als dem *tatsächlichen Geschehen* (dem *historischen Ereignis*), das beispielsweise Gegenstand der Anklage (§ 263 StPO: „einer anderen *Tat* beschuldigt, als wegen der er angeklagt ist") oder des Urteils ist (§ 260 Abs 1 Z 1 StPO: „*welcher Tat* der Angeklagte schuldig befunden worden ist"), und der **strafbaren Handlung** andererseits zu unterscheiden. Mit letzterer ist dann die *rechtliche Beurteilung* der Tat, also die *Subsumtion* der Tatsachen unter einen Deliktstatbestand und die sonstigen Strafbarkeitsvoraussetzungen gemeint (§ 260 Abs 1 Z 2: „welche ***strafbare Handlung*** durch die als erwiesen angenommenen Tatsachen … begründet wird"). Besonders deutlich wird die Gegenüberstellung in § 211 Abs 1 Z 2 StPO, wenn in der Anklageschrift anzuführen sind: „Zeit, Ort und nähere Umstände der Begehung der dem Angeklagten zur Last gelegten *Tat* und die gesetzliche Bezeichnung der durch sie verwirklichten *strafbaren Handlung*". Immer, wenn es auf diese Unterscheidung ankommt, sollte mit der neueren Rechtsprechung diese Terminologie konsequent verwendet werden (*Ratz*, WK-StPO § 281 Rz 516 ff [1.1.2020] und WK^2 Vorbem zu §§ 28–31 Rz 1).

3 b) Diese Begriffe müssen von jenem der „**mit Strafe bedrohten Handlung**" unterschieden werden, den das Gesetz (zB in §§ 20, 21 bis 23, 26, 287) verwendet, wenn es eine Tat meint, die zwar einige wesentliche, aber *nicht alle Voraussetzungen einer Straftat* erfüllt. Die „mit Strafe bedrohte Handlung" weist einen *Defekt* gegenüber der vollen Straftat (der „strafbaren Handlung") auf: Mindestens ein *Element der Straftat fehlt*; welches dies ist, ist nach der jeweiligen Norm verschieden und durch Auslegung zu ermitteln. Als Richtlinie kann gelten: Ein mit Strafe bedrohtes Verhalten ist ein **tatbestandsmäßiges und rechtswidriges** Verhalten, das aber **nicht schuldhaft** gesetzt zu sein braucht (zumindest nicht alle Schuldelemente erfüllt).

4 *Beispiel:* Der **Verfall nach § 17 FinStrG** (zB Verfall des beim Schmuggel verwendeten Autos, § 35 Abs 4 FinStrG) ist eine (Neben-) *Strafe* und setzt darum voraus, dass der Täter ein „**Finanzvergehen**", also eine strafbare Handlung begangen hat und zu einer „Haupt"-Strafe verurteilt wird. Ein Verfall kann daher nur ausgesprochen werden, wenn der Täter eine Straftat in allen ihren Merkmalen erfüllt, also **auch schuldhaft** gehandelt hat. Gleiches gilt für die **Konfiskation nach § 19a StGB**.

5 Anders ist es bei der **Einziehung** (§ 26 StGB; § 34 SMG): Diese ist eine *vorbeugende Maßnahme*, durch die besonders gefährliche Gegenstände (zB Einbruchswerkzeug, Druckstöcke des Geldfälschers oder Suchtgift) unschädlich gemacht werden sollen. Auch für die Maßnahme verlangt das Gesetz aus Gründen der Rechtsstaatlichkeit einen Bezug zu einem strafrechtlich relevanten Geschehen (**Anlasstat**, vgl oben 2/43), doch dafür genügt es, dass der einzuziehende Gegenstand bei einer „*mit Strafe bedrohten Handlung*" verwendet wurde oder hätte verwendet werden sollen, auch wenn der Täter **mangels Schuld** (zB wegen Zurechnungsunfähigkeit) nicht bestraft werden kann. Die Einziehung gefährlicher Gegenstände kann sogar verfügt werden, wenn der Täter unbekannt ist; sie erfolgt dann im sog **objektiven (selbständigen) Verfahren** (§ 445 StPO). Für die vorbeugende Maßnahme genügt ein tatbestandsmäßig-rechtswidriges Verhalten, eben eine „mit Strafe bedrohte Handlung".

6 Diese Terminologie wurde ursprünglich im StGB 1975 konsequent durchgehalten. Heute ist der Gesetzgeber leider ungenau geworden: Auch der **Verfall nach § 20 StGB** erfordert nach dem Gesetzestext nur eine „*mit Strafe bedrohte Handlung*". Doch ist der Verfall – anders als die frühere Abschöpfung der Bereicherung, bei der dem Täter nur der Gewinn seiner Tat weggenommen werden konnte (vgl 7. Aufl 6/6) – heute eine Strafe, weil alles für verfallen erklärt wird, was der Täter durch die Tat erlangt hat (Bruttoprinzip). Wie jede Strafe setzt der Verfall daher Schuld voraus (§ 4), also eine strafbare Handlung mit allen Merkmalen.

6a Auch für den **Besonderen Teil** des StGB ist die Unterscheidung zwischen *strafbarer* und *mit Strafe bedrohter* Handlung von Bedeutung. Als Vortaten einer Hehlerei (§ 164 StGB) oder Geldwäscherei (§ 165 StGB) genügen nach dem Gesetzeswortlaut „*mit Strafe bedrohte Handlungen*". Es ist somit nicht erforderlich, dass ein Dieb oder Räuber schuldhaft handelt, damit derjenige, der ihm hilft, die Beute zu verstecken, wegen Hehlerei bestraft werden kann.

II. Die Straftat als Handlung

7 Was ist nun diese **Straftat**? Auszugehen ist vom Zweck des Strafrechts, wie er in den ersten beiden Kapiteln umschrieben wurde: Strafrecht ist *Rechtsgü-*

terschutz durch Einwirkung auf menschliches Verhalten. Sein Ziel ist es, bestimmte, in besonderer Weise sozialschädliche Verhaltensweisen zu verhindern und die Menschen zu richtigem Verhalten und richtigem Wollen anzuleiten. Die strafrechtlichen Normen sind daher nicht nur **Bewertungsnormen** (negative Bewertungen bestimmter Verhaltensweisen), sondern auch und vor allem **Bestimmungsnormen**, die *Verhaltensanforderungen aufstellen* und Verstöße gegen diese Verhaltensanforderungen mit Strafe belegen.

1. Für den Begriff der Straftat folgt daraus zweierlei:

a) Erstens kann **nur ein Mensch** Adressat der strafrechtlichen Normen sein. 8
Es gibt keine Tierprozesse und auch keine unmittelbare Strafbarkeit *juristischer Personen.* Strafbar können sich immer nur die Menschen machen, die für die juristische Person handeln.

Juristische Personen (zB Aktiengesellschaften, Gesellschaften mit beschränk- 9
ter Haftung, Vereine) können also aus sachlogischen Gründen nicht bestraft werden. Seit 2006 können jedoch **„Verbände"**, das sind juristische Personen und andere Rechtsträger (zB Personengesellschaften), **für Straftaten von natürlichen Personen verantwortlich** gemacht werden, die zu ihren Gunsten oder unter Verletzung von Pflichten des Verbandes begangen werden (**Verbandsverantwortlichkeitsgesetz, VbVG**): Unter bestimmten Voraussetzungen kann über den Verband eine Geldbuße verhängt werden, die dieser zu zahlen hat.

Ausgelöst wurde diese Entwicklung durch **internationale Rechtsakte** (zB das oben 5/19 genannte EU-Finanzschutz-Übereinkommen, das den Förderungsmissbrauch verhindern will), die verlangen, dass bei Rechtsverletzungen auch – dh zusätzlich zur Bestrafung der verantwortlichen Menschen – *„wirksame, angemessene und abschreckende Sanktionen"* gegen juristische Personen vorgesehen werden, wenn die Tat in einem Unternehmen begangen wurde. Denn es ist insbes in kompliziert strukturierten Wirtschaftsbetrieben oft unmöglich, den für ein strafbares Geschehen persönlich Verantwortlichen zu ermitteln. Und selbst wenn dies gelingt, ist die (Geld-) Strafe, die gegen diese Einzelperson verhängt werden kann, kaum der Bedeutung der Rechtsverletzung angemessen, von der die juristische Person profitiert hat.

Das Hauptproblem bei solchen **strafrechts-ähnlichen Sanktionen gegen juristische** 10
Personen ist, dass diese Sanktionen in Wahrheit nicht die bloße Fiktion „juristische Person" treffen, sondern deren Eigentümer (zB durch fallende Aktienkurse) und deren Mitarbeiter, die ihren Arbeitsplatz verlieren können. Unter welchen Voraussetzungen ist die Sanktionierung der juristischen Person *diesen Menschen* gegenüber gerecht?

Das VbVG unterscheidet zwei Fälle:

- Für **Straftaten von Entscheidungsträgern** (d.s. die Mitglieder von Vorstand und Aufsichtsrat und vergleichbare Führungskräfte der obersten Ebene; näher § 2 Abs 1 VbVG) ist immer auch die juristische Person verantwortlich (§ 3 Abs 2 VbVG).
- Bei **Straftaten anderer Mitarbeiter** kann die juristische Person nur dann verantwortlich gemacht werden, wenn „die Begehung der Tat dadurch ermöglicht oder wesentlich erleichtert wurde, dass ***Entscheidungsträger*** die nach den Umständen gebotene und zumutbare ***Sorgfalt außer acht gelassen*** haben, insbesondere indem sie wesentliche technische, organisatorische oder personelle *Maßnahmen zur Verhinderung* solcher Taten unterlassen haben" (§ 3 Abs 3 Z 2 VbVG).

11 b) Zweitens ist Strafe die **Reaktion auf ein bestimmtes Fehlverhalten** und damit auf die **Einzeltat** (wie auch eine bestimmte Anlasstat Anknüpfungspunkt für die Verhängung einer vorbeugenden Maßnahme ist). Diese Einzeltat ist auch *Anknüpfungspunkt des Schuldvorwurfs*: Schuld ist **Einzeltatschuld**, nicht Lebensführungsschuld; bestraft wird die bestimmte Tat eines Menschen, nicht seine asoziale Lebensführung oder Ähnliches. Insofern ist unser Strafrecht ein **Tatstrafrecht** und kein Täterstrafrecht, wobei freilich bei der Strafzumessung ganz wesentlich und zum Teil auch bei der Tatbestandsbildung (zB Rückfall, Gewerbsmäßigkeit) *täterschaftliche Gesichtspunkte berücksichtigt* werden.

12 2. Die **Straftat** ist also ein *bestimmtes menschliches Verhalten* (Tun oder Unterlassen, Handlung im weiteren Sinn). Jede Prüfung der Strafbarkeit muss *an ein bestimmtes Verhalten anknüpfen.*

III. Weitere Merkmale der Straftat

13 Als weitere Eigenschaften der Straftat lassen sich feststellen:

– Straftat kann nur ein Geschehen sein, das **in der Außenwelt** in Erscheinung tritt. Es gibt keine staatlich strafbaren Gedankenverbrechen („*Gedankenstrafrecht*"). Die Straftat ist daher jedenfalls auch ein **äußeres Verhalten**.

  Unbestritten und unbestreitbar ist aber, dass jede Straftat *auch innere (subjektive) Komponenten* enthält. Dabei wird die **Grenze zwischen äußeren (objektiven) und inneren (subjektiven) Merkmalen** folgendermaßen gezogen: Äußere Merkmale der Straftat (die in ihrer Summe die **„äußere Tatseite"** bilden) sind solche, die sich *außerhalb des seelischen Bereichs des Handelnden* (des Täters) abspielen. Dazu zählen *auch psychische Vorgänge bei dritten Personen* wie zB der Irrtum des Getäuschten beim Betrug. Zur „**inneren Tatseite**" zählen umgekehrt alle *Vorgänge des seelischen Bereichs des Täters*, also insbesondere seine Vorstellungen, Ziele und Wünsche. Diese sind die inneren (subjektiven) Merkmale der Straftat.

14 – Straftat kann nur ein verbotenes, also ein **rechtswidriges Verhalten** sein, ein Verhalten, das *gegen die Verhaltensanforderungen der Rechtsordnung verstößt*.

15 – Strafbar kann nur ein Verhalten sein, das *vom Gesetz ausdrücklich mit Strafe bedroht* wird (vgl § 1). Aus diesem Gebot der gesetzlichen Strafdrohung folgt, dass Straftat nur ein **tatbestandsmäßiges Verhalten** sein kann, also ein Verhalten, das einen gesetzlichen Deliktstatbestand erfüllt.

  Tatbestandsmäßigkeit und Rechtswidrigkeit hängen zusammen. **Straftatbestände begründen Rechtswidrigkeit:** Bedroht das Gesetz ein bestimmtes Verhalten mit Strafe, so ist dieses Verhalten in der Regel auch rechtswidrig. Nur in besonderen Ausnahmsfällen kann die Rechtswidrigkeit entfallen (Rechtfertigungsgründe; näher ab Kap. 15).

– Strafbar kann weiters nur ein Verhalten sein, das dem Täter persönlich zum Vorwurf gemacht werden kann, also ein **schuldhaftes Verhalten**. **16**

Damit ergibt sich **zusammenfassend** folgende klassische Definition: Die **Straftat** (strafbare Handlung, Delikt, Verbrechen iwS, crimen) als die Summe aller materiellen Voraussetzungen für die Rechtsfolge Strafe ist **17**

1. ein **menschliches Verhalten** mit äußeren (objektiven) und inneren (subjektiven) Merkmalen, das
2. **tatbestandsmäßig**,
3. **rechtswidrig** und
4. **schuldhaft** gesetzt ist und
5. allfälligen **zusätzlichen Voraussetzungen** der Strafbarkeit genügt.

Solche **zusätzlichen („bloßen") Strafbarkeitsvoraussetzungen** kommen nicht bei allen Delikten vor. Sie sind eine Sammelbezeichnung für jene seltenen Strafbarkeitsvoraussetzungen jenseits *von Rechtswidrigkeit und Schuld*, die sich nicht bei den anderen Elementen einordnen lassen. Dazu gehören etwa die **objektiven Bedingungen** der Strafbarkeit (zB § 91, § 287, die Gegenseitigkeit in § 318) sowie **Strafausschließungsgründe** (zB die berufliche Immunität des Abgeordneten in Art 57 Abs 1 B-VG im Gegensatz zur außerberuflichen Immunität) und **Strafaufhebungsgründe** (zB Rücktritt vom Versuch, Tätige Reue, Tod des Täters, Verjährung; vgl näher unten in Kap 27). **18**

Diese **fünf Elemente** der strafbaren Handlung sind im Wesentlichen *unbestritten*, der *Inhalt der einzelnen Elemente ist freilich zum Teil strittig* (vgl dazu 8/5 ff über die verschiedenen Verbrechenssysteme). **19**

7. Kapitel: Die Handlung

I. Die verschiedenen Handlungsbegriffe

1 Jede Straftat ist ihrem Wesen nach eine **menschliche Handlung**; nur sie kommt als Anknüpfungspunkt für die strafrechtliche Verantwortlichkeit in Frage (Einzeltatstrafrecht).

2 Man könnte daher daran denken, den **Handlungsbegriff** zum *Grundbegriff der gesamten Verbrechenslehre* für alle Deliktsarten zu machen. Solche Bestrebungen bilden den Hintergrund für die **verschiedenen Handlungslehren**.

1. Für den **naturalistischen Handlungsbegriff** ist die Handlung allein die durch die *Körperbewegung* eines Menschen ausgelöste Abfolge von *Veränderungen in der Außenwelt*, also eine Summe von Naturvorgängen. In dieser Sicht ist die Beleidigung nichts anderes als die Summe von Stimmband- und Kehlkopfbewegungen eines Menschen ohne jede wertende Betrachtung.
2. In ähnlicher Weise sieht der **kausale Handlungsbegriff** die Handlung als die *Bewirkung eines Erfolges*: Handlung ist jede willkürliche, dh vom Willen beherrschte oder beherrschbare, Körperbewegung eines Menschen, die eine bestimmte Folge in der Außenwelt herbeiführt (zB den Tod eines Menschen). Dabei wird der Wille nur in seiner verursachenden Funktion gesehen und nicht als eine Kraft, die den Geschehensablauf steuert.

3 3. Im Gegensatz dazu erhebt die **finale Handlungslehre** den Anspruch, die Handlung nicht nur zu beschreiben, sondern von einem *ontologischen Ansatzpunkt* aus das *Wesen der Handlung* zu erkennen: Nach der einsehbaren und erkennbaren Struktur des Seienden ist die Handlung wesensmäßig Ausübung menschlicher Zwecktätigkeit; sie ist ein vom zwecktätigen Willen des Menschen beherrschtes, final (auf ein Ziel hin) gesteuertes Geschehen und damit ein Akt der menschlichen Selbstbestimmung (*Welzel*).

4. Die **sozialen Handlungslehren** sehen in der Handlung ein sozial erhebliches Verhalten, das vom Willen getragen ist. Eine solche Umschreibung ist zwar umfassend, aber unbestimmt und damit wenig brauchbar.

II. Zur Bedeutung der finalen Handlungslehre

4 Die finale Handlungslehre hatte überragende Bedeutung für die **Entwicklung der Strafrechtsdogmatik**: Wenn der **Wille** das Rückgrat der Handlung ist, dann muss er im Straftatsystem vom ersten Element an eine wesentliche Rolle spielen. Daraus ergeben sich wesentliche Folgerungen:

- Strafnormen werden als **Verhaltensnormen** und als **Bestimmungsnormen** verstanden.
- Ein bestimmtes Verhalten ist nicht deshalb verboten, weil es ex post einen bestimmten negativ bewerteten Erfolg herbeigeführt hat, sondern es ist deshalb **rechtswidrig**, weil es ex ante die Eignung in sich trägt, einen sol-

chen Erfolg herbeizuführen. Neben den Erfolgsunwert tritt in dieser Sicht der **Handlungsunwert** als personales Unrechtselement. Eine Nebenfolge ist das Ende der Erfolgshaftung.

- Wesentliches Merkmal dieses personalen Handlungsunwertes ist der **Vorsatz**, der daher ein allgemeines Tatbestandsmerkmal bei allen Vorsatzdelikten sein muss.
- Ähnliches gilt für das **Fahrlässigkeitsdelikt**: Auch dessen Unrecht ist nicht durch die Erfolgsherbeiführung hergestellt, sondern nur dadurch, dass ex ante betrachtet eine **objektive Sorgfaltspflicht** verletzt wurde, die den Eintritt dieses Unwerterfolges verhindern soll.

Diese Erkenntnisse führten zu einem *grundsätzlichen Umbau des Verbrechensbegriffes*. Schließlich brachte die finale Handlungslehre auch grundsätzliche Neubestimmungen des *Schuldbegriffes* und der *Irrtumslehre*. 5

Der **finale Handlungsbegriff** passt gut für die zielbewusst geplanten **vorsätzlichen Handlungsdelikte**: Wer von langer Hand geplant einen anderen töten will, wählt zuerst das Opfer aus, kauft dann die Waffe, lauert seinem Opfer auf und drückt schließlich ab; in diesem Fall lassen sich alle Einzelakte durch den alles umspannenden Handlungswillen des Täters zur Einheit verbinden. Aber nicht einmal alle Vorsatzdelikte laufen nach diesem Schema ab. Weniger gut passt der finalistische Handlungsbegriff für die **Unterlassungsdelikte**, bei denen die charakteristische Steuerung des Kausalgeschehens auf ein Ziel hin gerade fehlt. Auch bei den **Fahrlässigkeitsdelikten**, insbesondere bei der unbewussten Fahrlässigkeit (vgl unten 12/1), bestehen Schwierigkeiten.

Während die finale Handlungslehre *als Handlungslehre* umstritten blieb, haben sich ihre **Folgerungen** für den Aufbau des Straftatbegriffes allgemein und auch bei jenen Strafrechtslehrern durchgesetzt, die der finalen Handlungslehre nicht folgen (näher in Kap 8, insbes 8/12 ff). 6

III. Aufgabe des Handlungsbegriffes

Der Streit um die verschiedenen Handlungsbegriffe war zwar historisch gesehen *äußerst fruchtbar*, braucht aber heute nicht weitergeführt zu werden. Denn alle Bestrebungen, das „Wesen" der Handlung zu erfassen, führen im Rahmen des Straftatsystems lediglich dazu, dass *Sachprobleme in den Handlungsbegriff vorgezogen* werden, die besser bei den einzelnen Verbrechenselementen behandelt werden. Der Streit um das „Wesen" der Handlung bringt also vor allem in didaktischer Hinsicht keinen Gewinn. 7

Der Begriff der **Handlung** sollte daher so gebildet werden, dass er nur die *unbedingt notwendigen Aufgaben* erfüllt. Er muss es erstens ermöglichen, jenes bestimmte **Geschehen abzugrenzen**, das Anknüpfungspunkt für die weitere Prüfung der Strafbarkeit ist. Außerdem soll der Handlungsbegriff ein **erstes grobes Filter** sein, das *Naturereignisse* und *unwillkürliche Körperbewegungen* eines Menschen, die von vornherein keine Strafhaftung begründen können, aus der Verbrechensprüfung ausscheidet.

IV. Formal-abstrakter Handlungsbegriff

8 Dies führt zur Beschränkung auf einen **formal-abstrakten Handlungsbegriff:** Handlung ist jedes willkürliche, dh **vom Willen beherrschte** oder beherrschbare, menschliche Verhalten (Tun oder Unterlassen). Dabei ist davon auszugehen, dass die **Körperbewegungen** eines Menschen *grundsätzlich vom Willen beherrscht* werden oder *beherrschbar* sind. **Unwillkürlich** sind nur:

9 1. Bloße **Reflexbewegungen**, das sind Bewegungen, die *ohne Mitwirkung des Bewusstseins* durch *direkte Nervenimpulse* zustande kommen. Beispiele sind der Kniesehnenreflex, der Pupillarreflex oder – praktisch wichtiger – echte Schmerzreflexe.

Beispiel: Ein Autofahrer zuckt zusammen, verreißt das Lenkrad und verursacht dadurch einen Verkehrsunfall, weil ihn eine Wespe am Auge sticht.

Im Gegensatz dazu sind bewusst gesteuerte Reaktionen auf ein bestimmtes Verhalten keine echten Reflexe, sondern Handlungen: Wer einem anderen „im Reflex" eine Ohrfeige gibt, setzt eine Handlung, die seine Strafbarkeit begründen kann.

10 2. Akte im Zustand der **Bewusstlosigkeit** (Schlaf, Narkose).

Beispiel: Die Mutter erdrückt ihr Kind im Schlaf.

11 3. Körperbewegungen unter dem Einfluss von **vis absoluta**.

Beispiel: A wird vom Sprungturm ins Schwimmbecken gestoßen und verletzt einen Schwimmer.

Davon zu unterscheiden sind Handlungen unter Zwang (vis compulsiva), die den Handlungsbegriff erfüllen und damit strafrechtliche Verantwortlichkeit begründen können.

Beispiel: B droht dem A Prügel an, wenn er nicht vom Sprungturm auf den Schwimmer X springt. A begeht eine Handlung, wenn er springt, die jedoch (zB wegen entschuldigenden Notstands) straflos sein kann.

12 Alle **unwillkürlichen Körperbewegungen** können von vornherein keine strafrechtliche Verantwortlichkeit begründen. Sie können auch **keine Anlasstaten** für vorbeugende Maßnahmen sein. Zu prüfen ist aber immer, ob die Strafbarkeit nicht an eine **andere** (frühere) **Handlung** angeknüpft werden kann, die vom Willen beherrschbar war.

Beispiel: Die Mutter, die ihr Kind im Schlaf erdrückt, kann zwar nicht für die Körperbewegungen im Schlaf verantwortlich gemacht werden, wohl aber möglicherweise dafür, dass sie ihr Kind vor dem Einschlafen zu sich ins Bett gelegt hat.

8. Kapitel: Die verschiedenen Verbrechenssysteme (Straftatsysteme)

I. Der analytische Verbrechensbegriff

a) Der analytische Verbrechensbegriff zerlegt die Straftat (Delikt, Verbrechen iwS, strafbare Handlung) in ihre **einzelnen Elemente**, die schon oben (6/17) dargestellt wurden: Tatbestandsmäßigkeit, Rechtswidrigkeit und Schuld sowie allfällige sog zusätzliche Voraussetzungen der Strafbarkeit. 1

Zweck dieser Zerlegung ist es vor allem, den Entscheidungsprozess bei der Falllösung zu **systematisieren** und zu **rationalisieren**. Durch die Zerlegung in Elemente wird es möglich, jedes Zurechnungsproblem – Zurechnung verstanden im weiten Sinn als die Verantwortlichkeit eines Menschen für ein Verhalten (vgl oben 2/23 ff) – **einzuordnen** und die zur Lösung maßgeblichen **Argumente** im Zusammenhang darzustellen. Der analytische Verbrechensbegriff ermöglicht es, ein **Schema der Fallprüfung** aufzustellen, das die **Falllösung** erleichtert und eine weitgehend rationale Entscheidungsfindung ermöglicht.

b) Die wesentliche Leistung des analytischen Verbrechensbegriffes ist die Trennung von **Unrecht** (Rechtswidrigkeit) und **Schuld** als **zwei Wertungsstufen**: 2

- Auf der Stufe des **Unrechts** wird das Verhalten als „richtig“ oder „falsch“, als „erlaubt“ oder „verboten“ an den Verhaltensanforderungen der Rechtsordnung gemessen: **Unrecht** ist das *Verbotensein des Verhaltens* am Maßstab der *Rechtsnormen*; ein Verhalten, das jenem Verhalten widerspricht, das die Rechtsordnung vom Menschen *verlangt*.
- **Schuld** dagegen ist die *persönliche Vorwerfbarkeit* des verbotenen Verhaltens einem bestimmten Menschen gegenüber.

Diese beiden Wertungsstufen stehen in einem **logischen Stufenverhältnis** zueinander: Da das Unrecht der Gegenstand des Vorwurfes ist, gibt es **keine Schuld ohne Unrecht**, wohl aber umgekehrt rechtswidriges Verhalten ohne Schuldvorwurf.

c) Die Trennung schafft vielfach erst die **psychologischen Voraussetzungen** für sachgerechte Lösungen. 3

Beispiel (**Mignonette-Fall,** benannt nach dem Namen des Schiffes, Regina v Dudley and Stephens, 14 Q.B.D. 273 [1884]): Im Jahre 1884 hatten zwei Schiffbrüchige in letzter Not einen sterbenden Leidensgefährten, den Schiffsjungen, getötet und sich bis zur Rettung von seinem Körper ernährt;

ansonsten hätten sie nicht überlebt. Das englische Gericht, das darüber zu urteilen hatte, scheute vor einem Freispruch zurück, weil es meinte, dass man das Leben als ein absolutes Gut ansehen müsse und daher die Tötung eines unschuldigen Menschen auch in extremen Fällen **nicht erlauben** dürfe. Es verhängte daher ein Todesurteil, das bald im Gnadenwege in eine sechsmonatige Freiheitsstrafe umgewandelt wurde.

4 Der analytische Verbrechensbegriff, der damals freilich noch nicht entwickelt war, zeigt jedoch mit seiner **Unterscheidung von Rechtfertigungs- und Entschuldigungsgründen**, dass nicht jeder Freispruch auf einer Billigung des Verhaltens beruht. Heute wären die beiden Seeleute wegen **entschuldigenden Notstands** freizusprechen (vgl unten 24/8 ff, 19): Ihre Tat kann von der Rechtsordnung zwar nicht als erlaubt angesehen werden – deshalb hätte sich der Schiffsjunge (rechtmäßig) in **Notwehr** wehren dürfen –, doch verzichtet das Recht darauf, an ein Fehlverhalten in solchen Extremsituationen die Rechtsfolge Strafe zu knüpfen, weil die **Vorwerfbarkeit** fehlt.

II. Die einzelnen Verbrechenssysteme

5 Während die Elemente des Verbrechensbegriffes (Tatbestand, Rechtswidrigkeit, Schuld, zusätzliche Voraussetzungen) als solche unbestritten sind, war der **Inhalt der einzelnen Elemente** – die Frage, welchen Elementen die einzelnen Merkmale einer Straftat zugeordnet werden sollen – Gegenstand verschiedener Auseinandersetzungen.

Obwohl diese Kontroverse nur noch **historische Bedeutung** hat, weil die unten unter 3. genannte personale Unrechtslehre heute allgemein anerkannt ist, ist ihre Kenntnis zum Verständnis des modernen Straftatsystems wichtig.

1. Der klassische Verbrechensbegriff (objektive Unrechtslehre; Beling, Rittler, Nowakowski im Lehrbuch)

6 a) Ausgangspunkt des **klassischen Verbrechensbegriffes** waren der kausale (naturalistische) Handlungsbegriff und die *scharfe Trennung* zwischen den **äußeren** und den **inneren Tatmerkmalen** (äußerer und innerer Tatseite, vgl 6/13).

- Alle *äußeren Tatmerkmale* werden den Verbrechenselementen **Tatbestand und Rechtswidrigkeit** und damit dem **Unrecht** zugeordnet,
- alle *inneren Tatmerkmale* dem Verbrechenselement **Schuld**.

7 b) Die **Folge** dieser Zuordnung ist ein *rein äußerlich verstandenes Unrecht* (**objektive Unrechtslehre** des klassischen Verbrechensbegriffs): Für das Unrecht einer Handlung ist nur die Tatsache der Erfolgsherbeiführung (Tod eines Menschen, Sachbeschädigung usw) maßgeblich (**Erfolgsunwert**). Dies führt zwangsläufig zu einem rein **formalen Tatbestandsbegriff**: Der Tatbestand als erstes Element des Verbrechensbegriffes ist die rein äußere Beschreibung

von Handlung und Erfolg *ohne jede Wertung*; diese erfolgt erst auf den weiteren Stufen der Rechtswidrigkeit und der Schuld.

Die Entsprechung von inneren Tatmerkmalen und Schuld wiederum führt zu einer **psychologischen Schuldauffassung**: Die Schuld ist im klassischen Verbrechensbegriff in unspezifischer Weise die Summe aller geistigen und seelischen Vorgänge beim Täter, also die „*psychische Beziehung des Täters zu seiner Tat*“. Wichtigster Bestandteil ist das *psychologische Schuldelement* mit den sogenannten **Schuldformen** Vorsatz und Fahrlässigkeit. 8

c) Der **Vorteil** des klassischen Verbrechensbegriffs besteht in einer klaren Zuordnung von Tatmerkmalen und Verbrechenselementen. Der **Nachteil** liegt insbesondere darin, dass die Folgerungen, die sich aus dieser Zuordnung für den Inhalt der Verbrechenselemente ergeben, nicht sachgerecht sind: Mord, fahrlässige Tötung und das zufällige und unvermeidbare Herbeiführen des Todes eines Menschen sind für den klassischen Verbrechensbegriff *in gleicher Weise „rechtswidrig“*; Unterschiede bestehen nur in der Schuld. Zudem lässt sich *erst im Nachhinein* feststellen, ob eine Handlung rechtswidrig war oder nicht, weil sich erst im Nachhinein ergibt, ob sie einen Erfolg herbeigeführt hat oder nicht. 9

Beispiel: Den Tatbestand des Mordes erfüllt nach dieser Ansicht auch, wer das Licht einschaltet und damit unwissentlich eine Bombe zur Explosion bringt, deren Zünder ein anderer mit dem Schalter verbunden hat und die einen Dritten tötet. Der Tatbestand einer fahrlässigen Tötung ist erfüllt, wenn einem sich völlig verkehrsrichtig verhaltenden Autofahrer ein Fußgänger unvorhersehbar in den Wagen läuft. – In beiden Fällen entfällt bloß die Schuld (Vorsatz oder Fahrlässigkeit).

Besondere Schwierigkeiten bereitet in diesem System die Bestrafung des **Versuchs**: Da beim Versuch der Erfolg definitionsgemäß nicht eintritt, fehlt es am Erfolgsunwert, sofern man sich nicht mit einem Gefährdungserfolg begnügt. Aber selbst dieser ist beim untauglichen Versuch nicht feststellbar, so dass mit dem sehr problematischen Begriff der „*nicht rechtswidrigen, aber schuldhaften Handlung*“ gearbeitet werden muss (*Nowakowski*) – eine Konsequenz, die besonders deutlich zeigt, dass der klassische Verbrechensbegriff eine sachgerechte Trennung von Unrecht und Schuld nicht leisten kann. 10

2. *Lehre von den subjektiven Unrechtselementen*

Die Abkehr von der objektiven Unrechtslehre wurde aber nicht durch diese grundsätzlichen Überlegungen, sondern durch die Erkenntnis gebracht, dass es bei manchen Delikten *ganz offensichtlich* vom **Willen** des Handelnden abhängt, ob die Handlung **verboten** ist oder nicht: 11

– Wer einen **Geldschein** (in Farbe) **kopiert**, tut nur dann etwas von der Rechtsordnung Verbotenes, wenn er das Geld „*mit dem Vorsatz* nachmacht ..., dass es als echt ... in Verkehr gebracht werde“ (§ 232 Abs 1); Kopieren von Geldscheinen ohne diesen Vorsatz – zB der Abbildung wegen –

ist in unserer Rechtsordnung nicht verboten, zumindest aber nicht strafbar. Ebenso begeht keine **Urkundenfälschung** (§ 223 Abs 1), wer die falsche Urkunde bloß zum Scherz und nicht zur Verwendung im Rechtsverkehr herstellt.

– In anderen Fällen hängt zumindest die *spezifisch strafrechtliche Rechtswidrigkeit* vom Vorsatz ab: Einen **Diebstahl** begeht nur derjenige, der eine Sache mit dem **Vorsatz** wegnimmt, sich durch die **Zueignung** der Sache unrechtmäßig zu bereichern; fehlt dieser Vorsatz – zB weil der Wegnehmende die Sache nur kurz gebrauchen und dann wieder zurückgeben will –, so liegt in den meisten Fällen zwar eine rechtswidrige Besitzstörung, jedenfalls aber kein strafbarer Diebstahl vor.

Bei diesen Delikten ist das **äußere Geschehen**, wenn man es für sich allein betrachtet, *mehrdeutig*: Das eine Mal ist es rechtlich unbedenklich oder nur zivilrechtlich von Bedeutung, das andere Mal eine gerichtlich strafbare Handlung; ob das eine oder das andere der Fall ist, hängt zumindest bei bestimmten Delikten zwingend vom *Vorsatz des Handelnden* und damit von subjektiven Merkmalen ab.

12 Diese Erkenntnis führte zur Lehre von den subjektiven Unrechtselementen, die zwar grundsätzlich an der objektiven Unrechtslehre (oben 8/6 ff) festhielt, aber anerkannte, dass bei einzelnen Tatbeständen **besondere subjektive Tatbestandsmerkmale** (der Bereicherungsvorsatz beim Diebstahl, der Gebrauchsvorsatz bei den Urkundendelikten und bei der Geldfälschung) vorkommen. Diese wurden zwar gleichsam als *systemwidrige Ausnahmen* angesehen, doch war mit ihrer Entdeckung das Dogma vom rein äußerlich zu verstehenden Unrecht gefallen und der Weg bereitet für eine **Subjektivierung der Unrechtslehre.**

Auch die psychologische Schuldauffassung wurde durch die „Entdeckung" **normativer Schuldmerkmale** (Zumutbarkeit, entschuldigender Notstand) erschüttert. Hand in Hand damit ging eine Wandlung des formellen Unrechtsverständnisses zu einem **materiellen Verständnis des Unrechts** als Sozialschädlichkeit. – Zur Bedeutung der **finalen Handlungslehre** für die Entwicklung des Verbrechensbegriffes vgl oben im 7/4 ff.

3. Die moderne Verbrechenslehre (personale Unrechtslehre)

13 Ausgangspunkt dieser Lehre ist nicht die Trennung der Tat in eine äußere und eine innere Tatseite, sondern gerade umgekehrt die **inhaltliche Bestimmung** der Verbrechenselemente **Unrecht** und **Schuld,** denen dann die einzelnen Tatmerkmale *nach sachlichen Gesichtspunkten* zugeordnet werden:

14 a) Ansatz für die nähere inhaltliche Bestimmung des **Unrechtsbegriffs** ist der Satz, dass Strafrecht *Rechtsgüterschutz durch Einwirkung auf menschliches Verhalten* ist und auf eine **Verhaltenssteuerung** abzielt: Alle Menschen sollen dazu angehalten werden, ihr Verhalten so einzurichten, dass Rechtsgutsverletzungen nach Möglichkeit vermieden werden.

Darin unterscheidet sich das Strafrecht vom zivilen Haftpflichtrecht, bei dem die **Ausgleichsfunktion** (Schaden-„*Ersatz*") im Vordergrund steht. Deshalb wird in vielen Fällen auch dann **bestraft**, wenn **gar kein Schaden eingetreten** ist (und darum auch keine zivile Schadenersatzpflicht besteht): zB beim **Versuch** oder bei **abstrakten Gefährdungsdelikten**.

Wenn aber der Zweck des Strafrechts die Verhaltenssteuerung ist, dann kann sich der Unwert eines Verhaltens nicht in der – nur ex post feststellbaren – Tatsache der Erfolgsherbeiführung erschöpfen; die Handlung muss vielmehr **ex ante** von der Rechtsordnung nach den Kriterien richtig oder falsch beurteilt werden, denn es muss im **Zeitpunkt**, in dem die **Handlung vorgenommen** wird, feststehen, ob sie verboten oder erlaubt ist; nur wenn dies gewährleistet ist, kann die Verbotsnorm den Einzelnen dazu motivieren, die Handlung (wegen des Verbotes) zu unterlassen: **Handlungsunwert**. **15**

Nun ist aber das **äußere Geschehen** zumindest im Zeitpunkt seiner Vornahme für sich allein sehr häufig – nicht nur in den oben genannten Ausnahmsfällen – **mehrdeutig**: **16**

- Dies gilt einmal dort, wo das Gesetz **finale Begriffe** verwendet: Ob jemand, der durch den Wald schleicht, „*dem Wild nachstellt*" (§ 137), lässt sich nicht beurteilen, ohne dass man den Vorsatz des Spaziergängers kennt. Ebenso lässt es sich nicht ohne Kenntnis des Vorsatzes beurteilen, ob jemand, der ein gefundenes Gut einsteckt, sich dieses *zueignet* (§ 134) und damit den Tatbestand der Unterschlagung verwirklicht oder aber sich völlig sozialkonform verhält, indem er die gefundene Sache sicherstellt und später abliefert. **17**
- Könnte man dies noch – wie oben die besonderen subjektiven Unrechtselemente – als Spezialität einzelner Delikte abtun, so gilt jedenfalls allgemein für den **Versuch**, dass sich ein Geschehen ohne Kenntnis des Handlungswillens nicht beurteilen lässt: Wer eine Lade öffnet, in der sich seine eigene Brieftasche und eine fremde Brieftasche befinden, der kann dadurch etwas Verbotenes tun, nämlich einen versuchten Diebstahl begehen. Ob dies der Fall ist, hängt einzig und allein von seinem **Vorsatz** ab: Will er die eigene Brieftasche nehmen oder die fremde? – Wenn aber der Vorsatz beim versuchten Delikt für das Unrecht relevant ist, dann wäre es zumindest eigenartig, wenn seine Bedeutsamkeit mit der Vollendung wieder wegfiele. **18**
- In Wahrheit gilt aber bei **allen Delikten**, dass auch bei **Vollendung** des äußeren Geschehensablaufes dieser für sich allein noch nichts Endgültiges über den Unwert der Handlung aussagt: Der Bote, der eine Briefbombe zustellt, die dann explodiert und einen Menschen tötet, kann einen Mord oder eine fahrlässige Tötung begehen oder aber sich – ex ante – völlig richtig und sozialkonform verhalten; dann nämlich, wenn er weder gewusst hat noch hätte erkennen können, dass er für den Tod eines Menschen kausal wird. Allein das objektive Geschehen lässt nicht einmal in diesem Fall ein endgültiges Unwerturteil zu. **19**

20 b) Ob ein **Verhalten** *in spezifischer Weise verboten* – also strafrechtliches Unrecht – oder aber völlig sozialkonform ist, lässt sich daher nicht ohne Berücksichtigung *subjektiver Elemente* beurteilen: Es gibt **objektive** (äußere) **und subjektive** (innere) **Unrechtselemente**. Ordnet man alle Merkmale der strafbaren Handlung, die für das generelle Verbotensein wesentlich sind, dem Verbrechenselement Tatbestand zu, dann hat dies insbesondere zur Folge, dass der **Vorsatz** bei allen Vorsatzdelikten Bestandteil des (inneren) **Tatbestandes** wird.

21 Auch für die **Fahrlässigkeit** ergeben sich Konsequenzen: Fahrlässiges Unrecht kann nur verwirklichen, wer schon ex ante (im Handlungszeitpunkt) gegen eine Verhaltenspflicht (*Sorgfaltsnorm*) verstoßen hat, nicht aber, wer ohne Sorgfaltsverstoß für einen Rechtsgutsverlust (zB den Tod eines Menschen) kausal geworden ist. Hier muss die **Verletzung der Verhaltenspflicht** Tatbestandsmerkmal sein.

22 c) Damit ändert sich der Inhalt aller Elemente der Straftat: Der **Tatbestand** kann nicht mehr als die wertfreie Beschreibung eines äußeren Geschehens aufgefasst werden, sondern ist die *Zusammenfassung der für den Unrechtsgehalt eines Deliktstypus charakteristischen Merkmale* (materielles Unrechtsverständnis). Der Tatbestand wird zum **Unrechtstypus**, und das Straftatelement der Rechtswidrigkeit wird Sitz für die **Rechtfertigungsgründe** (Unrechtsausschluss).

23 Die **Schuld** dagegen – von den „Schuldformen" Vorsatz und Fahrlässigkeit entlastet – wandelt sich endgültig im Sinne der normativen Schuldauffassung: Schuld ist die **persönliche Vorwerfbarkeit** des tatbestandsmäßigen Unrechts und enthält **subjektiv gefasste**, aber auch **objektivierte Schuldmerkmale**.

24 d) Die personale Unrechtslehre kann die besonderen subjektiven Unrechtselemente (oben 8/11 f) zwanglos erklären und stellt die Einheit des Systems wieder her. Sie führt auch in den genannten (vgl die Beispiele oben 8/9) und in anderen Fällen, die dem klassischen System Schwierigkeiten bereitet haben, zu klaren und einfachen Lösungen:

25 – Nicht erklären ließen sich insbesondere die sog **abstrakten Gefährdungsdelikte**, bei denen das Gesetz eine bestimmte Handlung ohne Rücksicht auf einen Erfolg bei Strafe verbietet (zB Kurpfuscherei, falsche Beweisaussage), weil diese Delikte definitionsgemäß keinen Erfolgsunwert voraussetzen. Nunmehr lassen sie sich unschwer als Delikte mit *Handlungsunwert ohne Erfolgsunwert* beschreiben.

26 – Auch das Wesen der **Rauschtat** und der **Anlasstat** bei den vorbeugenden Maßnahmen lässt sich klarer und ohne die Notwendigkeit lösen, einen neuen Begriff des „natürlichen Vorsatzes" einzuführen (vgl unten 22/24 und im BT).

Die personale Unrechtslehre ist daher heute allgemein anerkannt. Dennoch darf man mit der Erkenntnis des Handlungsunwertes **nicht übers Ziel hinausschießen**: Sie darf nicht dazu führen, dass man dem herbeigeführten Erfolg überhaupt kein Gewicht mehr zumisst. Richtigerweise ist auch in der personalen Unrechtslehre von einer **grundsätzlichen Gleichwertigkeit** von Handlungs- und Erfolgsunwert auszugehen (dazu näher unten 10/8 ff). **27**

9. Kapitel: Grundformen der Straftaten

I. Inhaltliche Einteilungen

1. Begehungs- und Unterlassungsdelikte

1 Straftaten lassen sich nach den Grundformen des menschlichen Handelns in Begehungs- und Unterlassungsdelikte einteilen:

- Beim **Begehungsdelikt** führt der Täter durch ein **aktives Tun** eine Änderung der äußeren Sachlage herbei. Er verstößt gegen ein **Verbot** („Du sollst nicht …") und wird für einen bestimmten Erfolg oder zumindest für ein äußeres Geschehen **kausal**.
- Dagegen besteht das **Unterlassen** im **Unterbleiben** eines **gebotenen und möglichen Tuns** des Täters. Unterlassen ist also nicht schlechthin „Nichts-Tun", sondern tritt in der **Differenz** zwischen der **rechtlichen Verhaltenserwartung** (dem Gebot: „Du sollst …") und dem **(passiven) Verhalten** des Täters in Erscheinung. Auch die Unterlassung kann eine Veränderung in der Außenwelt „bewirken", freilich nicht im naturalistischen („Aus nichts wird nichts!"), sondern im normativen Sinn; man spricht daher von „**Quasikausalität**".

2 Es ist offensichtlich, dass ein bloßes Verbot die Freiheit des Normadressaten **viel weniger beschränkt** als ein Gebot.

- Ein Verbot untersagt nur punktuell bestimmte Handlungen (zB einen anderen zu töten), während alle anderen (nicht verbotenen) **Handlungsalternativen offen** bleiben.
- Ein Gebot dagegen zwingt den Adressaten zu einem **ganz bestimmten Verhalten** (zB einem anderen Menschen zu helfen) und schließt damit alle Verhaltensalternativen aus.

Auch fordert es von einem Menschen **größere Überwindung** (und zeugt damit von höherer verbrecherischer Energie), ein Rechtsgut durch aktives Tun zu beeinträchtigen, als bloß (aus Passivität) untätig zu bleiben und die drohende Rechtsgutsbeeinträchtigung geschehen zu lassen.

3 Aus diesen Gründen sind die meisten Tatbestände des Strafrechts als **Begehungsdelikte** formuliert, die bloß aktives Tun mit Strafe bedrohen. Unterlassungsdelikte im Besonderen Teil des Strafrechts (sog „unmittelbar vertypte" oder **„echte" Unterlassungsdelikte**) sind die Ausnahme (zB §§ 94, 95, 286). Eine **allgemeine Erweiterung** der Strafbarkeit enthält jedoch § 2 (**Begehung durch Unterlassung**): Alle Erfolgsdelikte des Besonderen Teils – nicht dagegen die bloßen Handlungsdelikte – können auch durch Unterlassung begangen werden, allerdings nur dann, wenn nicht nur eine allgemeine Handlungspflicht besteht, sondern gerade den Täter eine **besondere rechtliche**

Verpflichtung zur Erfolgsabwendung trifft, der er nicht nachkommt, und außerdem die Unterlassung einer Begehung des Delikts durch aktives Tun **gleichwertig** ist: „**unechte**" (bloß mittelbar vertypte) **Unterlassungsdelikte**.

Näher zu den Unterlassungsdelikten unten in Kap 37.

2. *Vorsatz- und Fahrlässigkeitsdelikte*

a) Reine Vorsatz- oder Fahrlässigkeitsdelikte

(1) Die wohl wichtigste Unterscheidung des Strafrechts ist jene zwischen **Vorsatz- und Fahrlässigkeitsdelikten**: 4

- **Vorsätzlich** handelt, wer das Geschehen auf die **Rechtsgutsbeeinträchtigung hin steuert** und damit zeigt, dass er sich gegen das Rechtsgut und für die Verletzung entschieden hat.
- Dagegen fehlt es bei **fahrlässigem Verhalten** an dieser bewussten Steuerung. Der Vorwurf besteht vielmehr darin: Der Täter hätte das Geschehen beherrschen und dadurch die **Rechtsgutsverletzung vermeiden können**, und er hätte dies nach den rechtlichen Verhaltensanforderungen auch **tun müssen**, hat es aber nicht getan.

Es ist offensichtlich, dass vorsätzliches Tun – ceteris paribus – einen viel 5
schwereren Schuldvorwurf begründet als Fahrlässigkeit, die in bloßer Unachtsamkeit bei prinzipieller Rechtstreue besteht.

Darum gilt im Strafrecht eine **scharfe Grenze zwischen Vorsatz- und** 6
Fahrlässigkeitshaftung:

- In vielen Fällen – zB bei den meisten Vermögensdelikten, aber auch bei den Delikten gegen die Allgemeinheit – ist **nur vorsätzliches Verhalten strafbar**, fahrlässiges dagegen straflos (so dass es nur zivil- oder verwaltungsrechtliche Folgen nach sich ziehen kann).
- Aber selbst dort, wo beide Formen strafbar sind, gilt für die fahrlässige Begehung eine **viel geringere Strafdrohung** als für Vorsatz, zB für fahrlässige Tötung eines Menschen eine Freiheitsstrafe bis zu einem (§ 80 Abs 1) oder (bei grober Fahrlässigkeit nach § 81 Abs 1) bis zu drei Jahren im Gegensatz zur Drohung mit lebenslanger Freiheitsstrafe bei Mord.

Das ist ein grundlegender Unterschied zum zivilen **Schadenersatzrecht**: Dort verläuft die wichtigste Grenze zwischen **leichter** und **grober Fahrlässigkeit**, die der vorsätzlichen Schädigung weitgehend gleichgestellt ist.

(2) Ob ein Delikt ein Vorsatz- oder ein Fahrlässigkeitsdelikt ist, ergibt sich 7
aus § 7 Abs 1:

Fahrlässige Begehung ist **nur strafbar**, wenn dies im betreffenden Tatbestand **ausdrücklich angeordnet** ist. Fehlt dagegen in einem Tatbestand das Wort „fahrlässig", so ist **nur vorsätzliche** Begehung strafbar, also das Tatbestandsmerkmal „vorsätzlich" hinzuzudenken.

b) Vorsatz-Fahrlässigkeits-Kombinationen

8 (1) Bei manchen Delikten bezieht sich die Voraussetzung der Fahrlässigkeit nur auf einzelne Merkmale des Tatbestandes; für die übrigen Tatbestandsmerkmale ist wegen der allgemeinen Regel des § 7 Abs 1 Vorsatz erforderlich.

Beispiel: § 83 Abs 2: *„... wer einen anderen am Körper* ***misshandelt*** *und dadurch* ***fahrlässig verletzt*** *... “*. Bezüglich der Misshandlung ist also Vorsatz gefordert, für den Verletzungserfolg (nur) Fahrlässigkeit. – Hat der Täter auch Verletzungsvorsatz, so erfüllt er § 83 Abs 1.

Ebenso § 84 Abs 1: „Wer einen anderen am Körper **misshandelt** und dadurch **fahrlässig** eine länger als vierundzwanzig Tage dauernde Gesundheitsschädigung ... *zufügt*, ...“ sowie § 85 Abs 1: „Wer einen anderen am Körper **misshandelt** und dadurch **fahrlässig** ... den Verlust oder eine schwere Schädigung der Sprache, des Sehvermögens, des Gehörs oder der Fortpflanzungsfähigkeit ... *herbeiführt*, ...“

9 (2) Häufig sieht das Gesetz dabei vor, dass es zur Strafbarkeit genügt, wenn das betreffende Tatbestandsmerkmal **„wenn auch nur fahrlässig“** verwirklicht wird (gleichwertige Formulierungen: **„wenigstens fahrlässig“** und **„zumindest fahrlässig“**). In diesen Fällen kann das Merkmal **vorsätzlich oder fahrlässig** verwirklicht werden, während für die übrigen Tatmerkmale (bei denen zum inneren Tatbestand nichts Besonderes gesagt wird) Vorsatz erforderlich ist.

10 *Beispiele:* § 84 Abs 4 erfüllt, „wer einen anderen **am Körper verletzt** oder an der Gesundheit schädigt und dadurch, ***wenn auch nur fahrlässig***, eine **schwere Körperverletzung** oder Gesundheitsschädigung (Abs 1) des anderen herbeiführt.“ Der Täter muss einen beliebigen (wenn auch nur *leichten) Verletzungserfolg* wollen (= vorsätzlich am Körper verletzt) und dadurch **fahrlässig** eine *schwere Körperverletzung* (zB Knochenbruch) herbeiführen. Aber er wird auch dann (und erst recht dann) nach diesem Tatbestand bestraft, wenn er seinem Opfer auch die schwere Verletzung **vorsätzlich** zufügt, er also insgesamt dessen schwere Verletzung will. – Ebenso § 85 Abs 2 (vorsätzliche Körperverletzung und dadurch wenn *auch nur fahrlässige* Verursachung einer schweren Dauerfolge).

Nach § 199 macht sich strafbar, wer die ihm obliegende „Pflege, Erziehung oder Beaufsichtigung einer minderjährigen Person gröblich **vernachlässigt** und dadurch, ***wenn auch nur fahrlässig***, deren **Verwahrlosung** bewirkt“. Die Vernachlässigung muss vorsätzlich geschehen, sie ist aber nur strafbar, wenn sie auch zu einer Verwahrlosung führt, für deren Eintritt allerdings Fahrlässigkeit genügt.

Weitere Beispiele: 92 Abs 2, 93 Abs 1, 222 Abs 2 und 312 Abs 2.

Solche Vorsatz-Fahrlässigkeits-Kombinationen beinhalten daher **auch ein reines Vorsatzdelikt**.

(3) Häufig ist der Vorsatzanteil des Delikts auch für sich allein strafbar und dieses Delikt **qualifiziert**, wenn auch jenes Tatbestandsmerkmal (meist ein schwerer **Erfolg**) verwirklicht wird, für das das Gesetz Fahrlässigkeit genügen lasst (erfolgsqualifizierte Delikte iwS). 11

Beispiele: Wer einen anderen vorsätzlich verletzt, erfüllt § 83 Abs 1. Führt der Angriff zumindest fahrlässig zu einer schweren Verletzung, dann ist § 84 Abs 4 erfüllt, führt er zu einer schweren Dauerfolge § 85 Abs 2. Diese Tatbestände sind also in der Sache eine Qualifikation von § 83 Abs 1. – Anders bei § 84 Abs 1, weil die vorsätzliche Misshandlung für sich allein nicht strafbar ist. Entsprechendes gilt für die Absätze 1 der §§ 85 und 86.

(4) **Erfolgsqualifizierte Delikte im engeren Sinn**: Für den Fall, dass bei einer Erfolgsqualifikation die jeweilige Strafbestimmung keine Aussage zu Vorsatz oder Fahrlässigkeit enthält, findet sich in **§ 7 Abs 2** eine allgemeine Regel: Baut auf einem (vorsätzlich oder fahrlässig zu begehenden) **Grunddelikt** eine **Qualifikation** (vgl unten 10/53) auf, die an eine **besondere Folge der Tat** eine **schwerere Strafe** knüpft, so kann diese schwerere Strafe nur denjenigen treffen, der „diese Folge **wenigstens fahrlässig** herbeigeführt hat“. 11a

Beispiel: Absichtliche schwere Körperverletzung (§ 87 Abs 2): „Zieht die Tat eine **schwere Dauerfolge** (§ 85) nach sich“ und „… hat die Tat den **Tod des Geschädigten** zur Folge, …“

§ 7 Abs 2 ist also eine **Ausnahme von der allgemeinen Regel** des § 7 Abs 1, wonach nur vorsätzliche Begehung strafbar ist, wenn nichts anderes angegeben ist.

Erfolgsqualifizierte Delikte – bei denen Fahrlässigkeit hinsichtlich der besonderen Folge ausreicht – erkennt man zumeist an der gesetzlichen Formulierung: „*Hat die Tat … zur Folge, …*“ (zB §§ 80 Abs 2; 88 Abs 4; § 94 Abs 2 und § 95 Abs 1 zweiter Fall; § 143 Abs 2 zweiter Satz; § 201 Abs 2). Manchmal hat der Gesetzgeber jedoch eine andere Formulierung gewählt, vgl oben § 87 Abs 2: „Zieht die Tat … nach sich“.

Auch bei § 143 Abs 2 erster Satz genügt hinsichtlich der schweren Verletzungsfolge Fahrlässigkeit („durch die Tat“). Ebenso ist § 136 Abs 3 eine Erfolgsqualifikation: Der „durch die Tat verursachte Schaden“ muss fahrlässig herbeigeführt worden sein; dass der Täter schuldlos in einen Unfall verwickelt wird, genügt nicht (für die Erforderlichkeit von Vorsatz *Lewisch,* BT I² 206).

Meistens ist das Grunddelikt ein Vorsatzdelikt, so dass eine **Vorsatz-Fahrlässigkeits-Kombination** vorliegt. **Vorsatz** auch hinsichtlich der besonderen Folge ist nicht erforderlich, aber auch **nicht ausgeschlossen** (arg ***„wenigstens“*** in § 7 Abs 2). Das Ergebnis ist also dasselbe wie bei jenen Delikten, bei denen unmittelbar im Tatbestand festgelegt ist, dass ein Tatmerkmal „wenn auch nur fahrlässig“ verwirklicht werden muss (oben Rz 9). Soweit ein spezielles (reines) Vorsatzdelikt besteht, verdrängt dieses das erfolgsqualifizierte Delikt. 11b

Beispiele: Wird bei einer Vergewaltigung (§ 201) das Opfer **schwer verletzt**, so ist die Tat nach Abs 2 erster Fall qualifiziert (Freiheitsstrafe bis zu 15 Jahren), wird das Opfer **getötet**, so ist der letzte Fall des Abs 2 erfüllt (bis zu lebenslanger Freiheitsstrafe). Die jeweilige schwere Folge muss der Täter nicht gewollt haben, es genügt, dass er sie fahrlässig herbeigeführt hat. – Hat der Täter den Tod des Opfers auch in Kauf genommen (Eventualvorsatz), dann ist er wegen Mordes (§ 75) und wegen (unqualifizierter) Vergewaltigung nach § 201 Abs 1 in echter Konkurrenz zu bestrafen.

Auch die durch die Schwere der Verletzung qualifizierten Fälle der Körperverletzung (heute §§ 84 Abs 1 und 4, 85 und 86) gehörten bis zum StRÄG 2015 zum Anwendungsbereich des § 7 Abs 2. Nunmehr hat der Gesetzgeber das Fahrlässigkeitserfordernis direkt in den Text der Bestimmungen aufgenommen.

11c Umgekehrt ist **Fahrlässigkeit** (oder Vorsatz) hinsichtlich der besonderen Folge auch **erforderlich**. Vor allem muss die besondere Folge **objektiv zurechenbar** sein. Handelt der Täter diesbezüglich nicht einmal fahrlässig, so hat er nur das (unqualifizierte) Grunddelikt zu verantworten (vgl unten 12/21 f und Kap 13).

11d § 7 Abs 2 gilt auch für **fahrlässige Grunddelikte**: Wer einen anderen fahrlässig (§ 6 Abs 1) am Körper verletzt (§ 88 Abs 1) und dadurch eine schwere Körperverletzung herbeiführt, begeht eine fahrlässige **schwere Körperverletzung** nach § 88 Abs 4. Hinsichtlich der schweren Verletzung genügt wegen § 7 Abs 2 Fahrlässigkeit, obwohl in § 88 Abs 4 die fahrlässige Begehung nicht genannt ist. Zu diesen praktisch besonders wichtigen Delikten ausführlich *Fuchs/Reindl-Krauskopf*, BT I^7 28 ff.

12 (5) Von den erfolgsqualifizierten Delikten zu unterscheiden sind die **echten Deliktsqualifikationen**, bei denen der qualifizierende Umstand nicht eine besondere Folge der Tat ist. Da in diesen Fällen § 7 Abs 2 nicht gilt, muss auch der qualifizierende Umstand vom **Vorsatz** erfasst sein, sofern nicht ausdrücklich im jeweiligen Tatbestand steht, dass diesbezüglich Fahrlässigkeit genügt.

Echte Deliktsqualifikationen sind daher **reine Vorsatzdelikte** (vgl oben 9/7).

Beispiele für echte Deliktsqualifikationen: § 84 Abs 2, 3 und 5 sowie insbesondere die *Wertqualifikationen der Vermögensdelikte* (zB § 126 Abs 1 Z 7, § 128 Abs 1 Z 5 und Abs 2 usw).

3. Einteilung nach dem Rechtsgut

13 Die einzelnen Deliktstatbestände des BT (§§ 75 bis 321k) sind nach dem Rechtsgut geordnet. Manche Tatbestände schützen auch mehrere Rechtsgüter (zB §§ 201, 142). Näheres *Fuchs/Reindl-Krauskopf*, BT I^7 1 ff.

II. Formale Einteilung: Verbrechen und Vergehen

14 a) In formaler Hinsicht unterscheidet § 17 zwischen **Verbrechen** im technischen Sinn und **Vergehen**:

- **Verbrechen** sind **Vorsatz**delikte, die im Höchstmaß mit **mehr als drei Jahren** Freiheitsstrafe bedroht sind;
- alle anderen Straftaten sind **Vergehen**.

Maßgebend für die Unterscheidung ist also die **höchste Strafdrohung im Gesetz**, nicht die konkret ausgesprochene Strafe. Strafschärfungen nach **§ 39** oder nach **§ 313** sind nach hM **nicht zu berücksichtigen**, ebensowenig die Veränderungen der Strafdrohungen durch das **JGG** (§ 5 Z 7 JGG). **15**

Beispiel: Auch ein **schwerer Diebstahl** (§ 128 Abs 1) im **Rückfall** (§ 39) ist ein Vergehen, obwohl eine Freiheitsstrafe bis zu viereinhalb Jahren verhängt werden kann. Umgekehrt ist der Einbruchsdiebstahl in eine Wohnstätte (§ 129 Abs 2 Z 1) eines **Jugendlichen** ein Verbrechen, obwohl nach § 5 Z 4 JGG nur eine Strafe bis zu zweieinhalb Jahren ausgesprochen werden kann.

Fahrlässigkeitsdelikte sind immer Vergehen, auch wenn sie (ausnahmsweise) mit mehr als drei Jahren Freiheitsstrafe bedroht sind (zB § 170 Abs 2 am Ende). **Vorsatz-Fahrlässigkeits-Kombinationen** (insbes erfolgsqualifizierte Delikte) gelten dagegen als Vorsatzdelikte; Körperverletzung mit schweren Dauerfolgen (§ 85) ist also ein Verbrechen. **16**

Die Abgrenzung gilt auch für das **Nebenstrafrecht** (Art II StRAG). Eine eigenständige Regelung enthält das **Finanzstrafrecht**: Nach § 1 Abs 3 FinStrG sind vorsätzliche Finanzvergehen, die mit einer *zwingend* zu verhängenden Freiheitsstrafe von mehr als drei Jahren bedroht sind, *Verbrechen* iSd § 17 StGB (zB Abgabenbetrug nach § 39 FinStrG).

b) Die Unterscheidung ist alt: Auch das **StG**, das bis 1974 galt, teilte die Straftaten in Verbrechen und Vergehen und kannte daneben noch die Gruppe der „**Übertretungen**", die heute dem Verwaltungsstrafrecht („Verwaltungsübertretungen") vorbehalten sind. Die Einteilung hat vor allem **plakative Bedeutung**: Mit der Bezeichnung als Verbrechen, die nach § 260 Abs 1 Z 2 aE StPO ausdrücklich in das Urteil aufzunehmen ist, soll der *besondere Unwertgehalt* der Tat zum Ausdruck gebracht werden. **17**

Darüber hinaus knüpfen seit jeher **andere Gesetze** an diese Unterscheidung an: So war bei Inkrafttreten des StGB 1974 nach § 540 ABGB aF erbunwürdig, wer „gegen den Erblasser ein *Verbrechen* begangen hat". Ähnliche Verweise enthielten § 1210 ABGB über den Ausschluss aus der Gesellschaft und § 1489 ABGB über die Verjährung. **18**

Diese Anknüpfung wurde jedoch 1975 bei der Anpassung an das neue StGB ausdrücklich **nicht übernommen**: Soweit in älteren Gesetzen (in Gesetzen, die vor 1975 erlassen wurden) auf *Verbrechen* Bezug genommen wird, gilt nicht § 17 StGB, sondern tritt an die Stelle des Hinweises auf Verbrechen der Hinweis auf Vorsatztaten, die mit mehr als **einjähriger** Strafe bedroht sind (Art VIII Abs 5 Z 3 StRAG). Nur für **Verfassungsbestimmungen** gilt § 17 StGB, da Art VIII Abs 5 StRAG nicht auf Verfassungsbestimmungen anwendbar ist (Art X StRAG). **19**

Beispiel: Alte Gesetze, die vom StRAG betroffen sind, gibt es nur noch wenige, zB § 7 Z 3 WaffengebrauchsG: lebensgefährdender Waffengebrauch zur Erzwingung der Festnahme einer Person, die einer Vorsatztat mit mehr als einem Jahr Strafdrohung (bis 1974: eines Verbrechens) verdächtig ist. – **Immune Abgeordnete** dürfen aber nur bei Ergreifung auf frischer Tat wegen eines **Verbrechens nach § 17 StGB** (Vorsatztat mit Strafdrohung über drei Jahre) verhaftet werden (Art 57 Abs 5 B-VG).

20 Für **neuere Gesetze** gilt dagegen die Begriffsbestimmung des § 17, zB:

- Unter den Tatbestand der **Kriminellen Vereinigung** (§ 278) fällt jedenfalls eine Ausrichtung der entsprechend strukturierten Vereinigung auf *Verbrechen*, wogegen nur ausdrücklich genannte *Vergehen* als Zielstraftat relevant sind.
- Gem § 4 Abs 2 Z 2 JGG bleiben **Jugendliche unter 16 Jahren** unter bestimmten Voraussetzungen straffrei, wenn sie nur ein *Vergehen* begangen haben (näher unten 22/7).
- Personen, gegen die wegen eines *Verbrechens* ein Strafverfahren eingeleitet ist, dürfen nicht in den **richterlichen Vorbereitungsdienst** aufgenommen werden (§ 2 Abs 1a Z 2 RStDG).

B) Das Begehungsdelikt als Modellfall

a) Begründung des Unrechts durch den Tatbestand

10. Kapitel: Lehre vom Unrecht und vom Tatbestand

I. Rechtswidrigkeit und Unrecht

Rechtswidrigkeit ist Widerspruch zu den Anforderungen des Rechts. Bei näherer Betrachtung sind „Rechtswidrigkeit“ und „Unrecht“ zu unterscheiden: 1

1. Rechtswidrigkeit als Verhaltenseigenschaft

a) Rechtswidrig ist ein Verhalten, wenn es mit den **Verhaltensanforderungen der Rechtsordnung**, den rechtlichen Verboten und Geboten, in Widerspruch steht. Das Rechtswidrigkeitsurteil ergibt sich also formal aus dem Vergleich mit den rechtlichen Verhaltensnormen. Der Begriff ist **nicht quantifizierbar**: Ein Verhalten kann nicht mehr oder weniger rechtswidrig sein, sondern nur rechtswidrig oder rechtmäßig. 2

In materieller Sicht ist Rechtswidrigkeit **rechtsgutsbezogene Pflichtwidrigkeit**: Ein Verhalten wird gerade wegen seiner **Gefährlichkeit** für ein Rechtsgut verboten, deshalb nämlich, weil es für ein Rechtsgut ein **Risiko** begründet. 3

> **Gefährlichkeit** ist also eine **Verhaltenseigenschaft**, nämlich die *generelle Eignung einer Handlung zur Herbeiführung einer Rechtsgutsverletzung*, ex ante beurteilt und unabhängig vom tatsächlichen Eintritt der Rechtsgutsverletzung im Einzelfall. – Davon streng zu unterscheiden ist der Begriff der (konkreten) **Gefahr** als ein **Erfolg** (su).

b) Nun kann die Rechtsordnung aber nicht alle denkbaren Risken für Rechtsgüter verbieten. Sie muss vielmehr zwischen *erlaubten und unerlaubten Risken* unterscheiden. Daher ist ein Verhalten nur dann rechtswidrig, wenn es ein **unerlaubtes** (ein **sozial-inadäquates**) **Risiko** für das Rechtsgut begründet. 4

Ob ein Risiko erlaubt oder unerlaubt ist, entscheidet die jeweilige **Verhaltensnorm der Rechtsordnung** (und ihre Auslegung).

Ob eine Handlung **sozial-inadäquat gefährlich** ist, muss – wie schon oben angedeutet – in jenem **Zeitpunkt** feststehen, in dem die Handlung vorgenommen wird; nur dann kann die Verbotsnorm den Einzelnen dazu motivie- 5 ren, die Handlung (wegen ihrer Gefährlichkeit) zu unterlassen. Es wäre sachwidrig, das Rechtswidrigkeitsurteil rückwirkend (**ex post**) aus der Tatsache abzuleiten, dass es einen rechtlich unerwünschten Erfolg herbeigeführt hat. Die Rechtswidrigkeit muss sich vielmehr **ex ante** aus einem Urteil **über die Handlung selbst** im Zeitpunkt ihrer Vornahme ergeben.

c) Exkurs: **Ex-ante- und Ex-post-Urteile; objektive Urteile**

(vgl *Hruschka*, Strafrecht nach logisch-analytischer Methode[2] (1988) insbes 411 ff, 431 ff)

6 In einem **Ex-ante-Urteil** werden künftige Ereignisse *zu einem Zeitpunkt abgeschätzt*, in dem sie noch in der Zukunft liegen. Wir fragen: Was wird wohl geschehen? Insbesondere: Was wird wohl geschehen, wenn wir dieses oder jenes tun? Eine solche Ex-ante-Abschätzung kann auch im Nachhinein geschehen, indem sich der Urteiler *in die Situation zurückversetzt*, in der das zu beurteilende Ereignis noch in der Zukunft lag, und den zu erwartenden Geschehensablauf aufgrund der damals gegebenen Tatsachen abschätzt („nachträgliche Prognose“, **nachträgliches Ex-ante-Urteil**). *Beispiel* für ein Ex-ante-Urteil: „*Wenn* A die Pistole abdrückt, dann besteht die Gefahr, dass X, auf den sie gerichtet ist, sein Leben verliert.“

Ex-ante-Urteile sind **Prognosen** über zukünftige Geschehensabläufe. Wir können aber über dasselbe Geschehen auch später noch einmal urteilen, indem wir einen **Ex-post-Standpunkt** einnehmen. *Beispiel*: „*Weil* A die Pistole auf X gerichtet und abgedrückt hat, hat X sein Leben verloren.“ Typische Ex-post-Urteile sind Kausalitätsurteile.

Ex-ante- und Ex-post-Urteile können zwar miteinander verglichen werden, man darf sie aber **nicht aneinander messen** und damit vermengen. *Beispiel*: Das Ex-ante-Urteil: „Wenn A die Pistole abdrückt, dann besteht Gefahr für das Leben des X“ bleibt auch dann richtig, wenn schon längst feststeht, dass A danebengeschossen hat. Man kann nicht sinnvoll urteilen: „A hat daneben geschossen, also war es ein Irrtum anzunehmen, dass sich X in Lebensgefahr befunden hat.“, weil die Frage nach der Lebensgefahr auch nachträglich nur ex ante beurteilt werden kann.

Auch Ex-ante-Urteile können **wahr** (richtig) oder **falsch** sein. Wenn der Beobachter O weiß, dass X in Wahrheit mit einer Schreckschusspistole bedroht wird, so wird er ex ante urteilen: „Wenn A die Pistole abdrückt, dann besteht keine Lebensgefahr für X.“, mag es auch für jeden anderen Beobachter so aussehen, als bestünde eine solche Gefahr. Über denselben Gegenstand kann aber nur ein Urteil wahr (richtig) sein. Dieses (genauer: das Urteil, an dem andere Urteile im Hinblick auf ihre Richtigkeit gemessen werden) nennen wir das **„objektive“ Urteil**. Alle Urteiler, deren Aussage vom objektiven Urteil abweicht, befinden sich im **Irrtum**. Der Irrtum bleibt auch dann ein Irrtum, wenn er auch jedem anderen Urteiler an Stelle des Irrenden bei Einhaltung der gebotenen Sorgfalt unterlaufen wäre. Denn die Frage, ob ein Irrtum vermeidbar war, ist von der Frage zu unterscheiden, ob überhaupt ein Irrtum vorliegt.

2. Unrecht als das rechtswidrige Verhalten selbst

7 a) Die **rechtswidrige Handlung** selbst und ihre **Wirkungen** werden **Unrecht** genannt. Der Begriff ist also umfassender als jener der Rechtswidrigkeit. Er ist außerdem **quantifizierbar**: Es gibt schwereres und leichteres Unrecht:

8 – Erste Stufe des Unrechts ist der Unwert der verbotenen Handlung selbst, der **Handlungsunwert**. Er ist einerseits umso größer, je höher das **Risiko**

ist, das die Handlung für das geschützte Rechtsgut begründet, und je mehr sie daher **vom sozial adäquaten Handeln abweicht**. Andererseits hängt er vom **Grad der Steuerung** der Handlung ab. ***Vorsatzunrecht*** wiegt schwerer als ***Fahrlässigkeitsunrecht***, beide Stufen sind ihrerseits in sich quantifizierbar: Bei Absichtlichkeit ist der Handlungsunwert – ceteris paribus – größer als bei Eventualvorsatz (vgl unten 14/7, 49 ff), bei grober Fahrlässigkeit (vgl unten 12/19a ff) größer als bei leichter.

- Das Unrecht steigert sich weiter, wenn ein **Erfolgsunwert** hinzutritt. Dies ist der Fall, wenn das rechtswidrige Verhalten (zurechenbare) Folgen hat. Solche Folgen können sein: 9
  - die Schaffung einer **konkreten Gefahr**, das ist der tatsächliche Eintritt einer Sachlage, bei der ein bestimmter Rechtsgutsträger (Handlungsobjekt) *in den konkreten Wirkungsbereich der gefährlichen Handlung gerät*, eine Verletzung aber gerade noch (durch einen glücklichen Zufall) unterblieben ist („primärer Erfolgsunwert"); 10
  - als „sekundärer Erfolgsunwert" der Eintritt eines **Verletzungserfolges**, das ist der *Verlust des Rechtsgutes* als Verwirklichung der Gefahr. 11

Auch der **Erfolgsunwert** und sein Maß (zB leichte Verletzung, schwere Verletzung, Tod) steigern den **Gesamtunwert**. 12

Beispiele:

1. A schneidet mit seinem Wagen eine Straßenkurve und überfährt dabei eine Sperrlinie, wobei er genau sieht, dass kein anderes Fahrzeug entgegenkommt. – Obwohl die Handlung nicht konkret gefährlich ist, ist sie nach Verwaltungsrecht verboten (§ 7 Abs 1 und § 9 Abs 1 StVO) und als Verwaltungsübertretung strafbar (§ 99 Abs 3 lit a StVO). Man kann von einer **abstrakt gefährlichen Handlung** und einem rein abstrakten Gefährdungsdelikt (vgl unten 10/43) mit formalem (nicht erfolgsbezogenem) Handlungsunwert sprechen. 13

2. A schneidet eine unübersichtliche Kurve; glücklicherweise kommt kein Fahrzeug entgegen. – Aus der Sicht des Handelnden, auf die es hier ankommt, eine **konkret gefährliche Handlung** als rechtsgutsbezogene Pflichtwidrigkeit.

3. A schneidet eine Kurve; der Lenker eines entgegenkommenden Fahrzeuges kann im letzten Augenblick einen Zusammenstoß vermeiden. – Zum Handlungsunwert der konkret gefährlichen Handlung kommt ein primärer Erfolgsunwert dazu, nämlich die **konkrete Gefahr** für die Insassen des entgegenkommenden (und auch des eigenen) Fahrzeuges (Gefährdungserfolg, **konkrete Gefahr**).

4. A schneidet eine Kurve und stößt mit einem entgegenkommenden Wagen zusammen, dessen Lenker verletzt wird. – Konkret gefährliche Handlung mit **Verletzungserfolg**.

Das Ausmaß des verwirklichten Unrechts ist Teil der **Strafzumessungsschuld** und beeinflusst damit die Höhe der Strafe (vgl unten 21/1 f und im AT II). 14

b) Handlungs- und Erfolgsunwert stehen in einem **logischen Abhängigkeitsverhältnis**: 15

Die Haftung für die Rechtsgutsgefährdung (konkrete Gefahr) oder Rechtsgutsverletzung wird immer vermittelt durch die **Haftung für die gefährliche Handlung**, die sie verursacht hat.

Daher gibt es zwar einen **Handlungsunwert ohne Erfolgsunwert** (nämlich die Vornahme der gefährlichen Handlung, ohne dass etwas passiert), jedoch keinen strafrechtlich relevanten Erfolgsunwert ohne Handlungsunwert. Das **Rechtswidrigkeitsurteil** hat Vorrang zur **Begründung** des Handlungsunwertes; in der **Unrechtsbewertung** kommt es dagegen sowohl auf den Handlungs- als auch auf den Erfolgsunwert an.

16 c) Auf der Unterscheidung von Handlungs- und Erfolgsunwert beruht eine **Grundentscheidung** unseres Gesetzes:

- Beim **Vorsatzdelikt** ist der Handlungsunwert ohne (sekundären) Erfolgsunwert grundsätzlich mit Strafe bedroht, und zwar auch dann, wenn der Deliktstatbestand des Besonderen Teils einen Erfolgsunwert fordert, nämlich als **Versuch**. Freilich ist nicht jeder Versuch auch tatsächlich strafbar (Straflosigkeit des absolut untauglichen Versuchs, § 15 Abs 3).
- Dagegen gibt es beim **Fahrlässigkeitsdelikt** keine dem Versuch entsprechende generelle Erweiterung (vgl § 15 Abs 1). Fahrlässiges Verhalten ist daher (weil die meisten Tatbestände Erfolgsdelikte sind) meist nur strafbar, wenn ein **Erfolgsunwert** hinzutritt und wenn dieser dem Täter **zurechenbar** ist.

II. Tatbestand und Rechtswidrigkeit im Straftatsystem

1. Tatbestand als Unrechtstypus

17 a. Verhaltensnormen, die bestimmte Handlungen verbieten und damit für **rechtswidrig** erklären, gibt es auch im Zivil- und Verwaltungsrecht. **Strafbar** kann aber nur ein Verhalten sein, das **ausdrücklich mit (gerichtlicher) Strafe bedroht** ist, also einen Straftatbestand erfüllt. Da umgekehrt die **Straftatbestände** *gezielt verbotenes Verhalten umschreiben* – welchen Sinn sollte es sonst haben, bestimmte Verhaltensweisen mit der Rechtsfolge Strafe zu bedrohen? –, ergibt sich durch die *Kombination von deliktstypischen Merkmalen und Unwerturteil* der Begriff des **Unrechtstatbestandes**, der im Strafrecht immer gemeint ist, wenn vom Tatbestand schlechthin die Rede ist (Tatbestand „im technischen Sinn“):

18 Der **Tatbestand** ist die Summe aller Merkmale der strafbaren Handlung, die das **deliktstypische Unrecht generell umschreiben und abgrenzen**. Er beschreibt also die typischen Fälle generell verbotenen Verhaltens (Tatbestand als **Unrechtstypus**).

b. Straftatbestände knüpfen oft an eine außerstrafrechtliche Unrechtsbewertung an (vgl auch oben 1/3b). So ist beispielsweise das Leben eines Menschen bereits durch Art 2 EMRK und durch § 16 ABGB geschützt, das Eigentum insbes durch § 354 ABGB. Doch unabhängig davon **schaffen Straftatbestände jedenfalls** auch **eigenständig Unrecht**: Wenn das Gesetz ein Verhalten für strafbar erklärt, so ist dieses Verhalten verboten und rechtswidrig.

Beispiel: Der Tatbestand des § 120 Abs 2 StGB verbietet es bei Strafe, *„ohne Einverständnis des Sprechenden die Tonaufnahme einer nicht öffentlichen Äußerung eines anderen einem Dritten, für den sie nicht bestimmt ist, zugänglich"* zu machen. Ein solches Verhalten ist unmittelbar durch den Straftatbestand verboten, ohne dass es zur Unrechtsbewertung des Rückgriffs auf das allgemeine Persönlichkeitsrecht des § 16 ABGB mit seinen unbestimmten Abwägungen bedarf (insoweit verfehlt darum 6 Ob 236/19b „Ibiza-Video").

c. Allerdings gilt dieses **tatbestandliche Unwerturteil** nicht unbeschränkt. **19**
In **eng begrenzten Ausnahmsfällen** wie bspw Notwehr oder Notstand kann die Verletzung eines Straftatbestandes im Einzelfall gerechtfertigt sein. Man sagt: **Die Tatbestandsmäßigkeit „indiziert" die Rechtswidrigkeit**, dh

- **tatbestandsmäßiges** Verhalten ist *immer rechtswidrig* (verboten), wenn nicht
- im Einzelfall eine andere Norm eingreift **(Erlaubnissatz)**, die das tatbestandsmäßige Verhalten bei einer *Interessenkollision* im Einzelfall *ausnahmsweise erlaubt* (zB Notwehr, § 3) oder sogar gebietet (zB Amtspflicht): **Rechtfertigungsgrund**.

Ein endgültiges Rechtswidrigkeitsurteil ergibt sich erst aus dem Zusammen- **20**
spiel von **Tatbestand** und **Rechtfertigungsgründen** nach dem **Regel-Ausnahme-Prinzip** (näher unten 15/1 ff).

2. Zusammenfassung: Die verschiedenen Tatbestandsbegriffe

Wenn im Strafrecht vom Tatbestand ohne nähere Bezeichnung gesprochen **21**
wird, ist zumeist der **Unrechtstatbestand** im soeben dargestellten Sinn gemeint (**Tatbestand im technischen Sinn**). Er ist von anderen Tatbestandsbegriffen zu unterscheiden, die ebenfalls verwendet werden:

- Der **Deliktstatbestand (Deliktstypus, Straftatbestand)** umfasst die Sum- **22**
me aller gesetzlichen Merkmale der strafbaren Handlung, die in einer bestimmten Strafbestimmung des Besonderen Teils beschrieben sind.

  Der *Deliktstatbestand* besteht aus dem **Unrechtstatbestand**, dem **Schuldtatbestand** (siehe sogleich) sowie allfälligen deliktstypischen **zusätzlichen Voraussetzungen** der Strafbarkeit (vgl Kap 27), die das Gesetz nennt.
- Als **Schuldtatbestand** bezeichnet man allfällige besondere Schuldmerk- **23**
male des Delikts (vgl unten Kap 25).
- Der **Garantietatbestand** ist die Summe aller Merkmale, für die der Nulla- **24**
poena-sine-lege-Satz gilt (vgl oben 4/30 ff).
- In der Rechtstheorie spricht man vom **Tatbestand** im Gegensatz zur Rechts- **25–26**
folge und meint damit die Summe aller Rechtsfolgevoraussetzungen; im materiellen Strafrecht ist dieser Begriff gleichbedeutend mit der Straftat (vgl oben 6/1 f).

III. Elemente des Tatbestands als Unrechtstypus

1. Unrechtserhebliche generelle Tatmerkmale

27 Definitionsgemäß umfasst der Tatbestand eines Delikts alle – äußeren und inneren – Merkmale, die den **generellen Unwertgehalt** der Tat betreffen. Was im Einzelnen dazu zählt, bestimmt das jeweilige Gesetz.

28 a) Ein im **gesetzlichen Deliktstatbestand** des BT angeführtes Tatmerkmal ist *in der Regel unrechtserheblich* und damit Element des Tatbestandes; anderes gilt nur, wenn die Auslegung *ausnahmsweise* ergibt,

29 – dass das Merkmal das Unrecht der Tat nicht berührt, sondern nur eine gesetzliche **Vermutung über die Schuld des Täters** darstellt (sog **besondere Schuldmerkmale**, die den Schuldtatbestand bilden; vgl unten 25/2);

Beispiel: Die mildere Bestrafung der Mutter, die ihr Kind „**bei der Geburt**" tötet (§ 79), hat ihren Grund nicht in einem herabgesetzten Handlungs- oder Erfolgsunwert der Tat, sondern in einer gesetzlichen Vermutung über die verminderte Schuld der Täterin. Also ist das Merkmal nicht unrechts-, sondern nur **schuld**erheblich. Daher gehört es nicht zum Tatbestand.

oder

30 – dass das Merkmal bloß eine **zusätzliche Voraussetzung** der Strafbarkeit beschreibt: zB in § 91 der Eintritt der Körperverletzung oder des Todes als *objektive Bedingung der Strafbarkeit* (vgl unten 27/5 ff).

31 b) Generelle Unrechtsmerkmale, die in der jeweiligen Gesetzesbestimmung des BT nicht ausdrücklich genannt sind, sind aus dem AT zu **ergänzen**; so insbesondere:

- **Vorsatzdelikte** durch den Tatbildvorsatz (§ 7 Abs 1);
- Fahrlässigkeitsdelikte durch das Merkmal der objektiven Sorgfaltswidrigkeit (§ 6);
- **Unterlassungsdelikte** insbesondere durch das Merkmal der **Garantenstellung** (§ 2; näher unten 37/36 ff).

32 Das äußere Geschehen, dass jemand eine Briefbombe befördert und dadurch den Tod eines anderen verursacht, lässt für sich allein noch kein Unwerturteil zu (vgl oben in Kap 8, insbes 8/9). Erst der Umstand, dass der Täter die todbringende Wirkung seines Tuns gewollt hat **(Vorsatz)** oder dass er sie hätte vermeiden können und müssen **(objektive Sorgfaltswidrigkeit** der Handlung), kann das deliktstypische Unrecht begründen, das allenfalls durch einen Rechtfertigungsgrund ausgeschlossen wird. Vorsatz und Sorgfaltswidrigkeit gehören daher zum Tatbestand.

33 Bei manchen Delikten, die **Verweisungsbegriffe** enthalten, ergibt sich ein Unrechtstypus erst durch den *Inhalt der außerstrafrechtlichen Norm*, auf die verwiesen wird. So verweist zB bei der **Untreue** (§ 153) das Tatbestandsmerkmal des „Missbrauchs" auf das (zivilrechtliche) Pflichtenverhältnis, so dass alle Umstände, die die Pflichtwidrigkeit des Vollmachtgebrauchs

begründen, mittelbar Tatbestandsmerkmale sind. Anders ist es etwa bei der *Freiheitsentziehung* (§ 99), wo das Wort „widerrechtlich" bloß darauf hinweist, dass bei diesem Delikt Rechtfertigungsgründe besonders häufig auftreten.

Aufgrund dieser Ergänzungen gilt ausnahmslos, dass die **Tatbestandsmäßigkeit die Rechtswidrigkeit begründet** („indiziert"), so dass beim Verbrechenselement der Rechtswidrigkeit **nur noch** deren **Ausschluss durch Rechtfertigungsgründe** zu prüfen ist.

2. Die einzelnen Elemente des Tatbestands im Allgemeinen

a) Tatsubjekt

Da Tatbestände verbotenes Handeln beschreiben, müssen sie die *Person* nennen, die das Delikt begehen kann (**Tatsubjekt**): **34**

- Die meisten Delikte können von jedem Menschen begangen werden („wer"): **Allgemeindelikte**. **35**
- Manche Delikte setzen jedoch *„besondere persönliche Eigenschaften oder Verhältnisse"* (§ 14) des Handlungssubjektes voraus. So kann einen Amtsmissbrauch (§ 302) nur ein „Beamter" oder eine Grob fahrlässige Beeinträchtigung von Gläubigerinteressen (§ 159) nur ein Schuldner begehen (weil der Täter „seine" Zahlungsunfähigkeit herbeiführen muss); andere Personen sind zur Deliktsbegehung nicht „qualifiziert": **Sonderdelikte**. **36**

  Weitere Beispiele für Sonderdelikte sind das Imstichlassen eines Verletzten (§ 94: nur derjenige, der die Verletzung verursacht hat) oder die Delikte nach dem Militärstrafgesetz (§ 1 MilStG: nur Soldaten). Zur Unterscheidung zwischen *„echten"* und *„unechten"* Sonderdelikten vgl unten im 35/2 f.

Sonderdelikte werfen besondere Probleme beim **untauglichen Versuch** sowie bei der **Beteiligung** auf (vgl Kap 35).

b) Tathandlung, Erfolg und Rechtsgutsbeeinträchtigung

aa) Notwendiges Merkmal ist weiters die Beschreibung der **Tathandlung**, das ist jenes Verhalten, das das Gesetz wegen seiner sozial-inadäquaten Gefährlichkeit für das geschützte Rechtsgut bei Strafe verbietet. **37**

Viele Tatbestände verlangen darüber hinaus die Herbeiführung eines bestimmten **Erfolges** oder beschreiben überhaupt die *Tathandlung als die Erfolgsherbeiführung*. Sie nennen dazu ein **Handlungsobjekt**, das ist die Person oder der Gegenstand, der von der Handlung betroffen ist; meist verkörpert sich in ihm das geschützte (und durch die Tat verletzte) Rechtsgut (zB beim Mord: jeder Mensch). **38**

Der Tatbestand eines Erfolgsdelikts ist nur erfüllt, wenn auch der Erfolg eingetreten und dem Täter **zurechenbar** ist. Diese Zurechnung wird *durch die verbotene Handlung* vermittelt, deren *Gefährlichkeit sich im Erfolg* *verwirklicht* haben muss. Bei allen Erfolgsdelikten sind also weitere Merkmale die **Kausalität** und die **objektive Zurechnung** des Erfolgs zur Handlung des Täters (dazu ausführlich unten in Kap 13).

bb) Es lassen sich daher nach der **äußeren Beschreibung** unterscheiden:

39 – **Schlichte Tätigkeitsdelikte**, die nur eine bestimmte Handlung ohne Rücksicht auf eine von ihr bewirkte Veränderung in der Außenwelt beschreiben.

Sie sind häufig im Verwaltungsstrafrecht, aber selten im gerichtlichen Strafrecht. Ein *Beispiel* ist § 184 (**Kurpfuscherei**): Wer die dort beschriebene Handlung vornimmt, macht sich ohne Rücksicht auf einen Erfolg (gute oder schlechte Behandlung) strafbar. Auch § 288 (**falsche Beweisaussage**) ist bereits mit der falschen Zeugenaussage erfüllt – es kommt nicht darauf an, ob der Richter sich überzeugen lässt.

40 – **Erfolgsdelikte**, deren Tatbestände eine *von der Handlung getrennte Veränderung in der Außenwelt* fordern; nur bei diesen Tatbeständen stellen sich Fragen der **Kausalität** und der **objektiven Zurechnung**.

Beispiel: **Betrug** (§ 146) begeht, wer einen anderen täuscht (Tathandlung) und dadurch einen Irrtum des Getäuschten, eine Vermögensverfügung und letztlich einen Vermögensschaden herbeiführt (Erfolg). Alle diese vier Tatbestandsmerkmale müssen durch eine geschlossene Kausalkette miteinander verbunden sein.

41 Viele – und gerade die wichtigsten – Deliktstatbestände beschreiben die Tathandlung nicht speziell, sondern nur als die Herbeiführung eines bestimmten Erfolges (sog reine **Erfolgs-Verursachungs-Delikte**), zB Mord, Körperverletzung, Sachbeschädigung, fahrlässige Tötung.

Auch bei **Unterlassungsdelikten** ist zwischen schlichten Unterlassungsdelikten und Erfolgsdelikten zu unterscheiden (näheres unten in Kap 37).

42 cc) Nach der **Beziehung zum Rechtsgut** lassen sich unterscheiden:

43 – **(Rein) abstrakte Gefährdungsdelikte** beschreiben Verhaltensweisen, die sie ein für allemal und ohne jede Rücksicht auf eine tatsächlich eingetretene Rechtsgutsgefährdung oder -verletzung für strafbar erklären. Nicht einmal die **Gefährlichkeit** der Handlung im Einzelfall muss konkret festgestellt werden, sie wird vielmehr **gesetzlich vermutet**.

Auch sie kommen vor allem im Verwaltungsstrafrecht vor („Ordnungswidrigkeiten"), vgl das Beispiel des Schneidens einer übersichtlichen Kurve (oben 10/13). – *Beispiele* für abstrakte Gefährdungsdelikte im gerichtlichen Strafrecht sind § 184 (**Kurpfuscherei**), aber auch § 288 (**falsche Beweisaussage**): Wer als Zeuge falsch aussagt, ist strafbar, auch wenn nie die Gefahr besteht, dass der Richter ihm glaubt.

44 – **Gefährlichkeitsdelikte („potentielle Gefährdungsdelikte**"): Auch diese bedrohen **gefährliche Handlungen** ohne Rücksicht auf die tatsächliche Rechtsgutsbeeinträchtigung mit Strafe, doch muss hier die Gefährlichkeit (ex ante!) der Handlung, dh die typische Eignung des Verhaltens zur Herbeiführung einer konkreten Gefahr aus der Sicht des Handelnden, **im Einzelfall festgestellt** werden. Ein konkreter Gefährdungserfolg ist nicht erforderlich.

Beispiel: § 178 (Gefährdung eines Menschen durch übertragbare Krankheiten).

- Bei den **konkreten Gefährdungsdelikten** ist der Tatbestand nur erfüllt, wenn die gefährliche Handlung auch den Erfolg einer konkreten Gefahr verursacht hat, also ein **konkretes Handlungsobjekt** tatsächlich in den Wirkungsbereich der gefährlichen Handlung geraten ist (objektive Beurteilung). **45**

  Beispiel: Eine Gefährdung der körperlichen Sicherheit (§ 89) liegt erst dann vor, wenn ein Mensch konkret gefährdet wird.

- Bei den **Verletzungsdelikten** schließlich muss die **Rechtsgutsbeeinträchtigung** auch tatsächlich eintreten (zB Tod eines Menschen). **46**

dd) Die Einteilung nach der Beziehung zum Rechtsgut deckt sich nicht immer mit der Unterscheidung von schlichten Tätigkeits- und Erfolgsdelikten. Zwar sind die *konkreten Gefährdungsdelikte* und die *Verletzungsdelikte* immer Erfolgsdelikte. Auch sind die abstrakten Gefährdungsdelikte und die Gefährlichkeitsdelikte zumeist bloße Handlungsdelikte, da sie ja eine gefährliche Handlung als solche und ohne Rücksicht auf ihre Wirkungen mit Strafe bedrohen. Ausnahmsweise kann aber die gefährliche Handlung als die Herbeiführung einer Veränderung in der Außenwelt – und damit eines Erfolges – beschrieben werden, der aber noch nicht die Rechtsgutsbeeinträchtigung ist. **47**

Beispiel: Wegen **Verletzung des Briefgeheimnisses** macht sich strafbar, wer einen verschlossenen Brief, der nicht zu seiner Kenntnisnahme bestimmt ist, **öffnet**. Das Öffnen des Briefes ist ein **Erfolg** – weil eine Veränderung in der Außenwelt –, aber noch keine materielle Verletzung des Geheimnisses, also noch **keine Rechtsgutsverletzung**. Das Rechtsgut ist nur abstrakt gefährdet. – Ähnlich ist es beim **Siegelbruch** (§ 272) und bei den **Umweltdelikten** (§§ 180 ff).

c) *Objektiver Tatbestand (äußerer Tatbestand, Tatbild) und subjektiver Tatbestand (innerer Tatbestand)*

Unrechtsmerkmale – und damit auch die Tatbestandsmerkmale – lassen sich in **äußere** (objektive) und **innere** (subjektive) Merkmale einteilen, je nachdem, ob sie sich außerhalb oder innerhalb des **seelischen Bereichs** des Täters abspielen (vgl oben 6/13). **48**

- Die Summe aller äußeren Tatbestandsmerkmale bildet den **äußeren (objektiven) Tatbestand**, beim Vorsatzdelikt auch **Tatbild** genannt (§ 5 Abs 1);
- die Summe der inneren Merkmale den **inneren (subjektiven) Tatbestand.**

  Tatbild ist der gesetzliche Begriff für den **äußeren Tatbestand.** Es gibt kein „äußeres" und kein „inneres" Tatbild, sondern nur einen äußeren und einen inneren Tatbestand.

Jedes **Vorsatzdelikt** hat einen äußeren (objektiven) und einen inneren (subjektiven) Tatbestand: Allgemeines subjektives Tatbestandsmerkmal ist der **Tatbildvorsatz**, der alle Merkmale des äußeren Tatbestandes umfassen muss (§ 7 Abs 1 iVm § 5 Abs 1 Satz 1); bei einzelnen Delikten können besondere **49** subjektive Tatbestandsmerkmale hinzukommen, die das Gesetz ausdrücklich nennt (**erweiterter Vorsatz**; zB Bereicherungsvorsatz; vgl näher unten 10/58 und 14/12, 59 ff).

Beim **Fahrlässigkeitsdelikt** ist eine Unterscheidung zwischen äußeren und inneren Tatmerkmalen zwar bisweilen denkbar; sie hat aber keine praktische Bedeutung, so dass von einem **einheitlichen Tatbestand** auszugehen ist.

3. Zusammenfassung: Aufbau des Tatbestandes bei Vorsatz- und bei Fahrlässigkeitsdelikten

50 Der Tatbestand eines vorsätzlichen Begehungsdeliktes umfasst:

1. den **äußeren Tatbestand** (das Tatbild):
   a. tatbestandsmäßige **Handlung** (dazu näher unten das Kap 11);
   b. ggf objektiv-täterschaftliche Merkmale (bei Sonderdelikten).
   Bei Erfolgsdelikten zusätzlich:
   c. Eintritt des Verletzungs- oder Gefährdungs**erfolges** am Handlungsobjekt und
   d. **objektive Zurechnung** dieses Erfolges zum Handeln des Täters
      aa. Kausalität
      bb. normative Zurechnung: Adäquanz, Risikozusammenhang, Risikoerhöhung gegenüber rechtmäßigem Alternativverhalten (dazu näher unten Kap 13);
2. den **inneren Tatbestand** (dazu näher unten Kap 14)
   a. **Tatbildvorsatz** (§ 7 Abs 1) als allgemeines subjektives Merkmal der Vorsatzdelikte;
   b. besondere subjektive Tatbestandsmerkmale (**erweiterter Vorsatz**), soweit sie der betreffende Straftatbestand fordert.

51 Beim **Fahrlässigkeitsdelikt** gehören zum Tatbestand:
   a. eine **objektiv sorgfaltswidrige** tatbestandsmäßige **Handlung** (dazu näher Kap 12);
   b. ggf objektiv-täterschaftliche Merkmale (bei Sonderdelikten).
   Bei Erfolgsdelikten zusätzlich:
   c. der Eintritt des jeweiligen Verletzungs- oder Gefährdungs**erfolges** und
   d. die **objektive Zurechnung** dieses Erfolges zum Handeln des Täters
      aa. Kausalität
      bb. normative Zurechnung: Adäquanz, Risikozusammenhang, Risikoerhöhung gegenüber rechtmäßigem Alternativverhalten (dazu näher Kap 13).

52 Vorsatz- und Fahrlässigkeitsdelikt werden in den meisten Lehrbüchern zum AT getrennt behandelt: Zuerst werden alle Elemente des Vorsatzdeliktes dargestellt und erst im Anschluss daran werden die Besonderheiten des Fahrlässigkeitsdelikts erläutert. Dies hat den Nachteil, dass die praktisch wichtige *Lehre von der objektiven Zurechnung* des Erfolges (vgl Kap 13) nicht zusammenhängend dargestellt werden kann: Während die Kausalität jedenfalls bereits beim Vorsatzdelikt behandelt werden muss, lassen sich realistische Beispiele zur normativen Zurechnung (Risikozusammenhang, Risikoerhöhung gegenüber rechtmäßigem Alternativverhalten) nur bei Fahrlässigkeitsdelikten und bei Vorsatz-Fahrlässigkeits-Kombinationen finden. Außerdem verdeckt die getrennte Darstellung den Umstand, dass auch beim Vorsatzdelikt nur eine *sozial-inadäquat gefährliche* Handlung den äußeren Tatbestand erfüllt.

Im Folgenden wird daher eine andere Darstellungsweise gewählt: Auf die Erläuterung der **Tathandlung des Vorsatzdelikts** (Kap 11) und der **Tathandlung des Fahrlässigkeitsdelikts** (Kap 12) folgt die für beide Deliktsarten gleichermaßen bedeutsame Lehre von der **objektiven Erfolgszurechnung** (Kap 13). Daran schließt das Kapitel über den **inneren Tatbestand** des Vorsatzdelikts an (Kap 14). Anhand des obigen Schemas lässt sich leicht erkennen, welche Tatbestandselemente nur beim Vorsatz- und welche nur beim Fahrlässigkeitsdelikt vorkommen.

IV. Weitere Einteilungen der Deliktstatbestände

1. Abwandlungen: Grunddelikt, Qualifizierungen und Privilegierungen; selbständige Abwandlungen

a) Häufig sieht das Gesetz für verschiedene Begehungsformen eines Delikts **verschieden hohe Strafdrohungen** vor. Meist wird das Delikt am mildesten in seiner **Grundform** bestraft; treten **weitere Merkmale** hinzu, dann ist die Tat strenger strafbar: **Qualifizierung**. Diese steht zum Grunddelikt im Verhältnis der **Spezialität**. 53

Beispiel: Grunddelikt des Diebstahls in § 127 und Qualifizierungen in den folgenden Paragrafen: schwerer Diebstahl, Einbruchsdiebstahl, räuberischer Diebstahl.

Seltener ist das Gegenteil: Ein Delikt wird bei Hinzutreten weiterer Tatmerkmale milder bestraft (**Privilegierung**).

Beispiel: Manche geringfügigen Vermögensdelikte sind, wenn sie aus bestimmten Motiven begangen werden, als Entwendung (§ 141) privilegiert. Auch bei Begehung im Familienkreis werden bestimmte Vermögensdelikte milder bestraft (§ 166).

Eine Sonderform der Qualifizierung sind die **Erfolgsqualifizierten Delikte**, bei denen hinsichtlich der qualifizierenden schweren Folge Fahrlässigkeit ausreicht (§ 7 Abs 2, vgl oben 9/11).

b) Qualifizierungen und Privilegierungen sind **unselbständige Abwandlungen** des Grunddelikts. Sie sind nur strafbar, wenn auch das *Grunddelikt vollständig erfüllt* ist. Dieses ist auch im Urteil anzuführen (§ 260 Abs 1 Z 2 StPO). 54

Beispiel: Schwere Erpressung liegt vor, wenn „die Tat" einen Selbstmord oder Selbstmordversuch des Genötigten oder eines anderen zur Folge hat, gegen den sich die Gewalt oder gefährliche Drohung richtet (§ 145 Abs 3). „Die Tat" ist in § 144 Abs 1 beschrieben; diese Bestimmungen sind daher mitzuzitieren (zB §§ 144 Abs 1, 145 Abs 3). – Ein „Einbruch" ist nach § 129 nur als Qualifikation eines Diebstahls strafbar („Wer einen Diebstahl begeht, indem er …").

Bei den Körperverletzungsdelikten muss man heute unterscheiden: § 84 Abs 1 ist (formal) ein eigenständiges Delikt, weil die Bestimmung die Tatmerkmale vollständig nennt. § 84 Abs 5 ist dagegen eine (Handlungs-)Qualifikation zu § 83, auf den ausdrücklich verwiesen wird; *hier* ist § 83 daher immer mitzuzitieren.

55 c) Von einer **selbständigen Abwandlung** spricht man, wenn ein Delikt zwar die spezielle Form eines anderen ist, sich in seinem Unwertgehalt aber so sehr verselbständigt hat, dass es als ein eigenständiges Delikt („delictum sui generis") empfunden wird. Da in einem solchen Fall das Gesetz die Merkmale des speziellen Delikts vollständig aufzählt und nicht auf das „Grunddelikt" verweist, ist dieses im Urteil auch nicht zu zitieren.

Beispiel: **Raub** ist logisch betrachtet eine Qualifikation des Diebstahls, jedoch formal ein selbständiges Delikt. Gleiches gilt für das Verhältnis von **Totschlag** und Mord.

2. Einteilungen nach dem äußeren Aufbau

a) Einfache Delikte und Mischdelikte

56 Zumeist beschreiben die Tatbestände des BT nur eine einzige Begehungsform einer bestimmten Rechtsgutsbeeinträchtigung. Ausnahmen sind die Mischdelikte:

- **Alternative Mischdelikte** enthalten **gleichwertige Begehungsformen** ein- und desselben Deliktstypus. Es ist daher nicht notwendig, im Einzelnen festzustellen, welche Begehungsform konkret erfüllt ist, wenn nur ohne Zweifel feststeht, dass eine dieser Begehungsformen vorliegt.

  Beispiel: Beim Einbruchsdiebstahl (§ 129 Abs 1 Z 1) ist es gleichgültig, ob der Täter in ein Gebäude *eingebrochen* oder *eingestiegen* ist. Eine alternative Feststellung genügt. – Gleiches gilt für die verschiedenen Fälle der schweren Körperverletzung nach § 84 Abs 1.

- **Kumulative Mischdelikte** enthalten dagegen – oft ohne sachlichen Grund – in einem Paragrafen verschiedene Deliktstypen mit *verschiedenem sozialem Sinngehalt*. Daher muss im Einzelfall die Begehungsform genau festgestellt werden.

  Beispiel: **Einbruchsdiebstahl** (§ 129 Abs 1) einerseits und **bewaffneter Diebstahl** (§ 129 Abs 2 Z 2) anderseits sind ganz verschiedene Delikte, die in einem Paragrafen zusammengefasst sind. Auch bei der **schweren Körperverletzung** nach § 84 **Abs 5** muss zur Verurteilung eindeutig feststehen, welche der drei Ziffern dieser Gesetzesstelle erfüllt ist.

b) Einaktige und mehraktige Delikte

57
- **Einaktige Delikte** sind der Normalfall: Das Gesetz beschreibt eine einzige Handlung, die den Tatbestand herstellt, zB die Tötung eines Menschen (§ 75) oder die Nötigungshandlung (§ 105).
- Bei den **mehraktigen Delikten** ist der Tatbestand erst erfüllt, wenn der Täter zusätzlich zur ersten eine zweite Handlung vornimmt.

Beispiel: Ein **Raub** (§ 142) ist noch nicht mit der Gewaltanwendung, sondern erst mit der Wegnahme der Sache vollendet. Ebenso **Vergewaltigung** (§ 201): Gewaltanwendung und geschlechtliche Handlung.

c) Delikte mit erweitertem Vorsatz („Delikte mit überschießender Innentendenz“, „Absichtsdelikte“) und Tendenzdelikte

Delikte mit erweitertem Vorsatz enthalten über den Tatbildvorsatz (vgl unten 14/12) hinaus noch besondere subjektive Tatbestandsmerkmale. **58**

- Bei den **verkümmert zweiaktigen Delikten** nimmt der Täter die erste Handlung mit dem Vorsatz vor, später **selbst eine zweite Handlung** nachfolgen zu lassen. **59**

  Beispiel: **Hausfriedensbruch** nach § 109 Abs 3 Z 1 begeht, wer in eine Wohnung gewaltsam und mit der Absicht eindringt, dort Gewalt zu üben. Das Delikt ist mit dem gewaltsamen Eindringen vollendet, wenn der Täter in diesem Zeitpunkt die Absicht der späteren Gewaltanwendung in der Wohnung gehabt hat, auch wenn es noch nicht zu dieser (zweiten) Gewaltanwendung gekommen ist.

- Bei den (häufigeren) **kupierten Erfolgsdelikten** genügt dagegen der Vorsatz des Täters, dass er selbst **oder ein anderer** den zweiten Akt, der zum Erfolg führt, nachfolgen lassen werde. **60**

  Beispiel: Bei der **Urkundenfälschung** nach § 223 Abs 1 muss der Täter, der die falsche Urkunde herstellt, nicht vorhaben, die Urkunde selbst zu benützen; Vorsatz auf Benützung durch einen anderen genügt. – In gleicher Weise ist nach **§ 28 SMG** strafbar, wer Suchtgift mit dem Vorsatz besitzt, dass es – von ihm selbst oder von einem anderen – in Verkehr gebracht werde (zur Systematik der Suchtgifttatbestände vgl unten 29/44).

- **Tendenzdelikte** (Delikte mit intensivierter Innentendenz) verlangen dagegen keinen über die Tatbildverwirklichung hinausreichenden Vorsatz (und damit keinen Vorsatz auf eine weitere Rechtsgutsbeeinträchtigung), sondern bloß eine bestimmte *Willensrichtung* (Ziel, Motiv, Gesinnung) des Täters bei der Verwirklichung des Tatbildes (vgl auch 25/4). **61**

  Beispiel: Handeln „aus Not, aus Unbesonnenheit oder zur Befriedigung eines Gelüstes“ kann den Diebstahl zur **Entwendung** (§ 141) machen.

d) Zustandsdelikte und Dauerdelikte

- Bei den **Zustandsdelikten** ist die Rechtsgutsbeeinträchtigung mit der *Herbeiführung* des beschriebenen Zustandes abgeschlossen und das Delikt damit vollendet; die Aufrechterhaltung der Rechtsgutsbeeinträchtigung erfüllt nicht mehr den Tatbestand. **62**
- Bei den **Dauerdelikten** wird dagegen durch die **Aufrechterhaltung** des Zustandes die **Rechtsgutsbeeinträchtigung weiter intensiviert**; auch die Aufrechterhaltung (Unterlassung) erfüllt den Tatbestand. **63**

Ob ein Zustands- oder ein Dauerdelikt vorliegt, ergibt sich aus der Formulierung des jeweiligen Tatbestandes: Es ist eine Frage der Auslegung, ob er nur **64** die Herbeiführung oder auch die Aufrechterhaltung der Rechtsgutsbeeinträchtigung erfasst.

Beispiel: **Diebstahl** (§ 127) wird durch die „Wegnahme“ der Sache begangen, nicht durch das Behalten. Ebenso wird **Bigamie** (§ 192) dadurch begangen, dass ein Verheirateter eine neue Ehe schließt, nicht aber durch das Aufrechterhalten einer bereits geschlossenen mehrfachen Ehe. Beide Tatbestände sind daher Zustands- und keine Dauerdelikte.

Dagegen entzieht auch derjenige einem anderen die persönliche Freiheit, der ihn gefangen hält. Auch das Eingesperrt-Halten erfüllt den Tatbestand der **Freiheitsentziehung** (§ 99); erst mit der Freilassung endet die Tathandlung.

65 Praktische Bedeutung hat die Unterscheidung für den **Zeitpunkt des Vorsatzes** (vgl unten 14/31), für den **Beginn der Verjährung** (vgl AT II) sowie für die **Beteiligung** (vgl unten 28/6 und 33/61 ff).

11. Kapitel: Der objektive Tatbestand (das Tatbild) des Vorsatzdelikts

I. Merkmale des Tatbestandes

a) Der objektive (äußere) Tatbestand eines Delikts umfasst alle Tatmerkmale, die 1

- **außerhalb des seelischen Bereichs des Täters** gelegen sind und
- den **generellen Unwertgehalt** der Tat betreffen.

Dazu gehören alle im Gesetz angeführten äußeren Tatmerkmale, soweit die Auslegung nicht *ausnahmsweise* ergibt, dass das Merkmal das Unrecht der Tat nicht berührt, sondern nur eine gesetzliche **Vermutung über die Schuld des Täters** darstellt (**objektiviertes Schuldmerkmal**) oder bloß eine **zusätzliche Voraussetzung** der Strafbarkeit beschreibt (vgl oben 10/29 f).

b) **Notwendige Merkmale** des äußeren Tatbestandes beim Vorsatzdelikt sind 2

- das **Subjekt** und
- die Beschreibung der verbotenen Handlung (**Tathandlung**).

Mögliche weitere Merkmale sind

- das **Handlungsobjekt** (im Unterschied vom Rechtsgut) und
- der **Erfolg** sowie die **objektive Zurechnung**.

II. Im Besonderen: Die Tathandlung des Vorsatzdelikts

1. Schluss von der Erfolgsverursachung auf die Tathandlung

Bei den sog reinen **Erfolgs-Verursachungsdelikten** beschreibt das Gesetz 3 die Tathandlung nur als Herbeiführung eines bestimmten Erfolges (vgl oben 10/41). Ob eine Handlung einen Erfolg herbeigeführt hat, lässt sich nur **ex post** feststellen; ob eine Handlung sozial-inadäquat gefährlich und damit rechtswidrig ist, muss aber ex ante im Zeitpunkt ihrer Vornahme feststehen. Beim Vorsatzdelikt beruht die **sozial-inadäquate Gefährlichkeit** gerade auf der **Finalsteuerung** des Geschehens auf den Erfolg hin, so dass sich das deliktstypische Unrecht nur vom **Vorsatz** her feststellen lässt.

> *Beispiel:* Der Transport eines Paketes oder das Drücken auf einen Knopf kann eine Tötungshandlung (oder zumindest ein Teil davon) sein, obwohl beides „an sich" ein völlig sozial-konformes Verhalten ist.

So gerät man leicht in einen Zirkel: Einerseits ist die gefährliche Handlung als Element des Tatbildes Gegenstand des Vorsatzes (vgl unten Kap 14), andererseits wird die sozial-inadäquate Gefährlichkeit aufgrund des Vorsatzes festgestellt.

4 In der Praxis wird daher – **bei Vorsatzverdacht**! – zuerst einmal der **vorläufige Schluss** von der Tatsache der Erfolgsverursachung auf die Tatbestandsrelevanz eines Verhaltens gezogen und vorläufig angenommen, dass das Verhalten, das den Erfolg herbeigeführt hat, den äußeren Tatbestand erfüllt. Tatbestandsmäßig (und damit generell rechtswidrig) ist dieses Verhalten ohnedies erst, wenn der **Vorsatz dazukommt**. Dass dabei der Erfolgsunwert vor dem Handlungsunwert behandelt wird, aus einem Sein (dem eingetretenen Erfolg) auf ein Sollen (die Pflicht zur Vermeidung der gefährlichen Handlung) geschlossen und ein Ex-ante-Urteil aus einem Ex-post-Urteil abgeleitet wird, ist zwar logisch nicht ganz korrekt, wird aber (um der praktischen Handhabbarkeit willen zu Recht) hingenommen.

2. Entfall des äußeren Tatbestandes bei erlaubtem Risiko

5 Ausnahmsweise entfällt aber – mangels sozial-inadäquaten Risikos der Handlung für den Erfolgseintritt – bereits der äußere Tatbestand, wenn sich die Tathandlung **im Rahmen der** von der Rechtsordnung **erlaubten Gefährlichkeit** hält, und zwar auch dann, wenn die Handlung im Einzelfall einen „verbotenen" **Erfolg herbeiführt** und dies auf genau dieselbe Weise geschieht, wie der Täter es **vorausgesehen und gewollt** hat.

Beispiel: A liest immer wieder von Flugzeugabstürzen. Er überredet daher seinen ängstlichen Erbonkel, der lieber zu Hause geblieben wäre, zu einer Flugreise nach Mallorca und kauft ihm gleich die Karten. Was A wollte, geschieht: Das Flugzeug stürzt ab und der Erbfall tritt ein. – Mangels sozial-inadäquat gefährlicher Handlung hat der Neffe weder einen vollendeten noch einen versuchten Mord begangen. Er hält sich im Rahmen des erlaubten Risikos und bleibt (trotz vorhergesehenen Erfolgseintritts) straflos.

Dies gilt gleichermaßen, wenn der Erbonkel das „**Risiko**" eines Flugs **richtig einschätzt** (in diesem Fall Straflosigkeit auch wegen bloßer Mitwirkung an fremder Selbstgefährdung, vgl unten 33/86 ff) oder aber seinerseits das **Risiko nicht überblickt** oder vielleicht sogar dement ist: Jemanden auf einen regulären Flug zu schicken, begründet kein verbotenes Todesrisiko. – Anderes gilt natürlich, wenn A dem Onkel vorsorglich eine Bombe ins Gepäck mitgegeben hat, die in der Luft explodiert.

3. Sozial-inadäquate Gefährlichkeit als notwendige Eigenschaft der Tathandlung

6 a. Die soeben gewonnene Einsicht lässt sich verallgemeinern: Eine Handlung erfüllt trotz scheinbarer Finalsteuerung **nicht den objektiven Tatbestand** eines Vorsatzdelikts, wenn sie sich innerhalb des von der Rechtsordnung erlaubten Risikos bewegt und damit **nicht sozial-inadäquat gefährlich für das**

Handlungsobjekt ist. Das gilt insbesondere, wenn sich eine Handlung ***nicht*** ausreichend auf den Erfolgseintritt hin ***steuern*** lässt (vgl das Beispiel zum Flugzeugabsturz). Tatbildmäßig ist vielmehr nur ein Verhalten, das das Maß des **erlaubten Risikos** für den Eintritt des deliktstypischen Erfolges **überschreitet**.

Dabei kommt es auf der Tatbestandsebene allein auf den generellen Unwertgehalt der Handlung (oben Rz 1) und damit nur auf die generelle **Gefährlichkeit für den Erfolgseintritt** an. Nicht tatbestandsmäßig sind daher bloß Handlungen, denen schon generell aufgrund ihrer Art die Eignung fehlt, das Geschehen mit hinreichender Sicherheit auf den Erfolg hin zu steuern. Gefährliche Handlungen erfüllen dagegen auch dann den Tatbestand, wenn sie im Einzelfall aufgrund einer Interessenabwägung **ausnahmsweise von der Rechtsordnung erlaubt** werden, weil ein **Rechtfertigungsgrund** vorliegt.

Wer von einem anderen angegriffen wird und den Angreifer niederschlägt und verletzt, erfüllt den Tatbestand der Körperverletzung (§ 83). Der Schlag gegen den Angreifer ist sozial-inadäquat gefährlich, weil er geeignet ist, die Verletzung des Angreifers herbeizuführen. Die Tathandlung ist jedoch gerechtfertigt, wenn die Voraussetzungen des § 3 (Notwehr) erfüllt sind. 7

Dies gilt auch bei anderen Rechtfertigungsgründen: Der Schnitt durch die Bauchdecke eines Menschen erfüllt den Tatbestand des § 83, mag er auch als ärztliche Heilbehandlung erlaubt oder sogar geboten sein (ausführlich unten 16/43 ff). „Typisierte Sonderkonstellationen" (vgl *Burgstaller/Fabrizy*, WK[2] § 83 Rz 18 ff [1.4.2021]) aufgrund von Interessenabwägungen im Einzelfall lassen nicht den Tatbestand entfallen, sondern sind Gegenstand der Rechtfertigungsgründe.

b. Die Erkenntnis, dass ungefährliche Handlungen nicht einmal das Tatbild eines Deliktes erfüllen, hat Auswirkungen auf den **Vorsatz**, der sich auf das gesamte Tatbild beziehen muss (§ 5 Abs 1): Der Entschluss zu einer Handlung, die *kein rechtlich missbilligtes Risiko* für das Tatobjekt schafft, ist nicht auf einen Sachverhalt gerichtet, der einem gesetzlichen Tatbild entspricht, und daher kein deliktischer Vorsatz. Zu den praktischen Auswirkungen vgl unten 14/14 und – hinsichtlich der Abgrenzung von Versuch und Wahndelikt – 29/8 und 30/13 f. 8

4. *Risikoverringerung*

An einer sozial-inadäquat gefährlichen Handlung mangelt es auch im Fall der **Risikoverringerung**. 9

Beispiel: Jemand lenkt den Schlag, der dem Kopf eines anderen gegolten hat, mangels anderer Möglichkeiten auf dessen Schulter ab oder bremst ihn so ab, dass er zwar nach wie vor, aber abgeschwächt den Kopf trifft.

Jedoch ist zu unterscheiden:

– Wird der Schlag lediglich *abgebremst*, so hat die „Bremshandlung" **kein neues Risiko** geschaffen, sondern ein bestehendes verringert. Obwohl die Handlung für den Erfolg in seiner konkreten Gestalt kausal geworden ist 10 (vgl 13/7), entfällt mangels Gefährlichkeit der Handlung der äußere Tatbestand der Körperverletzung.

11 – Wird der Schlag dagegen *abgelenkt*, so dass er einen anderen Körperteil trifft, so ist die Ablenkungshandlung tatbestandsmäßig (weil sie für den anderen Körperteil, hier die Schulter, eine **neue Gefahr** eröffnet hat) und auf der **Rechtfertigungsebene** nach den Regeln der mutmaßlichen Einwilligung oder des Notstandes zu beurteilen.

12 Umso eher ist der Tatbestand erfüllt, wenn jemand eine bestehende Gefahr im Interesse des Bedrohten durch eine andere, geringere Gefahr **ersetzt**. *Beispiel*: Jemand wirft ein Kind aus dem Fenster des brennenden Hauses und rettet es damit zwar vor dem Verbrennen oder Ersticken, verletzt es aber durch den Aufprall (*Roxin/Greco*, AT 1^5 11/54). Die Handlung wird jedoch zumeist durch mutmaßliche Einwilligung gerechtfertigt sein (vgl unten 16/38 ff).

12. Kapitel: Der Tatbestand des Fahrlässigkeitsdelikts

Literaturauswahl: *Burgstaller*, Das Fahrlässigkeitsdelikt im Strafrecht (1974); *ders*, Spezielle Fragen der Erfolgszurechnung und der objektiven Sorgfaltswidrigkeit, Pallin-FS (1989) 39; *Burgstaller/Schütz*, WK² § 6, § 80 f und § 88 f; *Lewisch*, Funktion und Reichweite des Vertrauensgrundsatzes im Fahrlässigkeitsstrafrecht, ZVR 2000, 146; *H. Steininger*, „Freiwillige Selbstgefährdung" als Haftungsbegrenzung im Strafrecht, ZVR 1985, 97; *Wichtl*, Die Judikatur zu §§ 80, 81, 88 und 89 StGB im Lichte der modernen Fahrlässigkeitsdogmatik, ZVR 1980, 97.

I. Wesen der Fahrlässigkeit

1. Fahrlässigkeit als eigenständige Unrechtsform

a) Beim **Vorsatzdelikt will** der Handelnde die tatbestandsmäßige Rechts- 1
gutsbeeinträchtigung (die Tatbildverwirklichung) herbeiführen; der Handlungsunwert beruht gerade auf dieser **Entscheidung gegen das Rechtsgut** und auf der **Finalsteuerung** des Geschehens (vgl schon oben 9/4). Beim **Fahrlässigkeitsdelikt** kommt es zwar auch zu einer solchen Beeinträchtigung (Tatbestandserfüllung), doch **fehlt** es an einem der **Vorsatzelemente**:

- Entweder **erkennt** der Täter gar **nicht**, dass sein Handeln für das Rechtsgut **sozial-inadäquat gefährlich** ist und die Möglichkeit einer Verletzung heraufbeschwört: **unbewusste Fahrlässigkeit**;
- oder er **erkennt** dies zwar, nimmt die Gefahr aber **nicht ernst** und **glaubt**, dass die tatbestandsmäßige (volle) Beeinträchtigung **nicht eintreten** wird: **bewusste Fahrlässigkeit**.

> *Beispiel:* Wer ein Auto mit defekten Bremsen lenkt, mag vielleicht von 2
> diesem Mangel gar **nichts wissen**; oder er mag davon wissen, aber gar nicht an die **Möglichkeit** eines Unfalls denken; oder aber er mag an diese **Möglichkeit denken**, aber zusätzlich annehmen, es werde schon nicht zu einem Unfall kommen. – In allen Fällen fehlt es am Verletzungsvorsatz und damit an der Vorsatzhaftung, wenn es doch zu einem Unfall kommt; mag auch bezüglich **einzelner Elemente** Vorsatz vorliegen.

Bewusste und unbewusste Fahrlässigkeit werden im StGB durchgehend **gleich behandelt**; es besteht keine generelle Wertdifferenz. Die Unterscheidung hat – wenn überhaupt – nur Bedeutung für die Abgrenzung zum Vorsatz (vgl dazu unten 14/49 ff).

b) Zwischen Vorsatz und Fahrlässigkeit besteht ein **wesensmäßiger Unter-** 3
schied:

- Wer vorsätzlich handelt, entscheidet sich ***gegen das Rechtsgut*** und *für dessen* Verletzung;
- hingegen lässt der fahrlässig Handelnde nur die ***erforderliche Sorgfalt*** *außer acht*, ist aber *prinzipiell rechtstreu*.

Diese **Differenz** betrifft nicht nur die persönliche Vorwerfbarkeit des Verhaltens, sondern bereits das **Unwerturteil**. Nach heute auch in Österreich ganz herrschender Ansicht ist die Fahrlässigkeit ein Komplex aus Unrechts- und Schuldelementen und damit nicht eine „Schuldform", sondern eine eigenständige **Unrechtsform**.

4 c) Fahrlässige Begehung ist nur dann strafbar, wenn sie im Besonderen Teil **ausdrücklich für strafbar erklärt** wird (§ 7 Abs 1). Anders ist es nur bei **Erfolgsqualifizierten Delikten** hinsichtlich der besonderen Folge der Tat (§ 7 Abs 2; näher oben 9/11).

5 d) Auf Tatbestandsebene unterscheidet das Gesetz meist nicht zwischen verschiedenen **Graden der Fahrlässigkeit**. Diese spielen erst bei der Strafzumessung eine Rolle. Manchmal verlangt ein Tatbestand allerdings **grobe Fahrlässigkeit**. Dazu unten III (12/19a–c).

2. Fahrlässigkeit als Sorgfaltswidrigkeit

6 a) Da es beim Fahrlässigkeitsdelikt an der für die Vorsatztat typischen Finalsteuerung fehlt, ist **nicht einmal ein vorläufiger Schluss** vom – ex post eingetretenen – Erfolgseintritt auf die – ex ante zu beurteilende – Rechtswidrigkeit des Verhaltens möglich. Der Täter haftet vielmehr für den Erfolgseintritt nur, wenn er die Rechtsgutsverletzung **hätte erkennen können** und **hätte vermeiden müssen**, wenn seine Handlung also ex ante sozial-inadäquat gefährlich war.

7 Wann eine Beeinträchtigung vermeidbar ist, ist keine tatsächliche, sondern eine **normative Frage**: Die Rechtsordnung bestimmt die Grenze zwischen **erlaubtem und verbotenem Risiko**. Man pflegt sie mit dem Begriff der **Sorgfalt** zu umschreiben: Wer die **nötige Sorgfalt** einhält und trotzdem ein Rechtsgut beeinträchtigt, für den war diese Folge seines Tuns nicht vermeidbar. Wer dagegen diese **Sorgfalt außer acht lässt** (ohne weiteres Wissen und Wollen), der handelt fahrlässig.

8 Man kann eine **„innere"** und eine **„äußere" Sorgfalt** unterscheiden: Jene ist die vom einzelnen geforderte Aufmerksamkeit, Anspannung und Konzentration bei der Vornahme von Handlungen, die äußere Sorgfalt ist die ***Sachgemäßheit des äußeren Verhaltens***.

Beispiel: Wer unaufmerksam Auto fährt und dadurch eine Verkehrsampel übersieht, aber dabei (zufälligerweise) die Kreuzung bei Grünlicht überquert, der hält die äußere Sorgfalt ein, obwohl er gegen die innere verstößt. – Im Strafrecht hat in solchen Fällen die **äußere Sorgfalt Vorrang**: Ohne Verstoß gegen die äußere Sorgfalt gibt es keine Strafhaftung.

9 b) Die **nötige Sorgfalt** ist in § 6 StGB umschrieben. Sie besteht aus **mehreren Elementen** (Sorgfaltsmaßstäben), die verschiedenen Stufen des Straftatbegriffes zuzuordnen sind:

1. Die Sorgfalt, zu der der Täter *nach den Umständen verpflichtet* ist (objektive Sorgfaltspflicht): Ein Verstoß gegen sie begründet die **objektive Sorg-**

faltswidrigkeit des Verhaltens, die als Unrechtselement ein *Tatbestandsmerkmal* ist.

2. Die Sorgfalt, zu der der Täter *nach seinen geistigen und körperlichen Verhältnissen befähigt* ist: Ein Verstoß gegen diese wird **subjektive Sorgfaltswidrigkeit** genannt und ist ein *Schuldmerkmal* (vgl unten 26/2).
3. Die Sorgfalt, die dem Täter *zuzumuten* ist: Die **Zumutbarkeit** betrifft die Vorwerfbarkeit des objektiv sorgfaltswidrigen Verhaltens und ist damit ebenfalls ein *Schuldelement* (vgl unten 26/10).

Diese Regelung, die in § 6 Abs 1 unmittelbar nur die unbewusste Fahrlässigkeit erfasst, gilt **für alle Fälle der Fahrlässigkeit**, also auch für die bewusste (§ 6 Abs 2): Auch diese bedeutet Außerachtlassung derjenigen Sorgfalt, zu welcher der Täter nach den Umständen verpflichtet und nach seinen geistigen und körperlichen Verhältnissen befähigt ist und die ihm zuzumuten ist.

II. Objektive Sorgfaltswidrigkeit des Verhaltens

1. Tatbestandsmäßig ist (nur) ein Verhalten, das für das geschützte Rechtsgut 10
sozial-inadäquat gefährlich ist; ein Verhalten also, das „gegen jene allgemein verbindlichen *Verhaltensanforderungen*" verstößt, „deren Einhaltung das Recht in der jeweiligen konkreten Situation zur Vermeidung ungewollter Tatbildverwirklichungen **verlangt**" (*Burgstaller/Schütz*, WK² § 6 Rz 33). Erst durch diesen Verstoß gegen eine rechtliche Sorgfaltspflicht wird das *deliktstypische* **Unrecht** des Fahrlässigkeitsdelikts hergestellt; daher ist die objektive Sorgfaltswidrigkeit des Verhaltens ein **Tatbestandsmerkmal** (Tatbestand als Unrechtstypus), nicht die Berücksichtigung des erlaubten Risikos ein Rechtfertigungsgrund.

Besondere Bedeutung hat dieses Merkmal bei den „**reinen Erfolgs-Verursachungstatbeständen**" (zB § 80), bei denen jede Verhaltensbeschreibung im Gesetz fehlt. Hier ist der im Besonderen Teil des Gesetzes beschriebene Tatbestand jedenfalls durch § 6 um das Merkmal der objektiven Sorgfaltswidrigkeit **zu ergänzen**: Nicht jedes Verhalten, das (ex post betrachtet) den Tod eines anderen verursacht hat, erfüllt den Tatbestand des § 80, sondern nur ein (schon ex ante) objektiv sorgfaltswidriges Verhalten.

Aber auch bei **Delikten mit gesetzlichen Handlungsbeschreibungen** muss die Tatbestandsbeschreibung im BT um das Merkmal der objektiven Sorgfaltswidrigkeit ergänzt werden. *Beispiel*: Nicht jeder, der Sprengstoff zur Explosion bringt, erfüllt allein dadurch den Tatbestand des § 174 iVm § 173, sondern nur derjenige, der dies unter Außerachtlassung der im Verkehr gebotenen Sorgfalt tut. Manchmal freilich beschreibt der Tatbestand gezielt ein sorgfaltswidriges Verhalten, so dass ein Rückgriff auf § 6 nicht mehr erforderlich ist. *Beispiel*: Ein Schuldner, der „übermäßigen" Aufwand treibt (§ 159 Abs 5 Z 3), handelt per se objektiv sorgfaltswidrig (*Burgstaller*, Fahrlässigkeitsdelikt 33 ff).

11 2. **Objektiv sorgfaltswidrig** – insbes bei den Erfolgs-Verursachungs-Delikten – ist ein Verhalten, das für das geschützte Rechtsgut *sozial-inadäquat gefährlich* ist:

a) **Gefährlich** ist ein Verhalten, wenn ein sachkundiger Beobachter aus der Sicht des Handelnden ex ante urteilt, dass die Handlung zur Herbeiführung des rechtlich unerwünschten Erfolges geeignet ist (vgl oben 10/3).

b) Nicht jede, sondern nur die **sozial-inadäquate Gefährlichkeit** begründet objektive Sorgfaltswidrigkeit. Ein Verhalten, das die **verkehrsübliche Sorgfalt** einhält, erfüllt auch dann nicht den Tatbestand, wenn es gefährlich ist und (ex post) einen unerwünschten Erfolg verursacht (hat).

Beispiel: A lenkt sein Auto unter Einhaltung aller Verkehrsregeln. Plötzlich und unvorhersehbar springt der Fußgänger X unmittelbar vor dem Wagen des A auf die Fahrbahn, wird niedergestoßen und getötet. – Autofahren ist zwar immer gefährlich, aber sozialadäquat, solange die Regeln der Straßenverkehrsordnung eingehalten werden. A hat **kein objektiv sorgfaltswidriges** Verhalten gesetzt, seine Handlungen sind nicht tatbestandsmäßig nach § 80; die Frage nach der Erfolgszurechnung (nach dem Erfolgsunwert) stellt sich gar nicht.

Tatbestandsmäßig ist weiters nur eine **deliktstypische** objektive Sorgfaltswidrigkeit. Notwendig ist daher die Verletzung solcher Sorgfaltsnormen, „die der Hintanhaltung *gerade desjenigen Delikts* dienen, dessen Verwirklichung jeweils in Frage steht" (*Burgstaller/Schütz*, WK^2 § 6 Rz 33).

12 3. Die **objektive Sorgfaltswidrigkeit** eines Verhaltens kann sich im Einzelfall ergeben:

13 a) Aus einem Verstoß gegen **Rechtsnormen** (rechtliche Verhaltensnormen), zB die *Straßenverkehrsordnung*.

Bei Erfolgsdelikten ist auch hier die Sorgfaltswidrigkeit **spezifisch erfolgsbezogen** zu verstehen. Der Verstoß gegen eine Rechtsnorm ist nur dann objektiv sorgfaltswidrig, wenn er – **konkret** – ein sozial-inadäquates Risiko für das geschützte Rechtsgut eröffnet. Ist der Rechtsverstoß dagegen schon ex ante ungefährlich, so fehlt es bereits an der objektiven Sorgfaltswidrigkeit des Verhaltens. Ein Verstoß gegen Rechtsnormen **indiziert** daher die objektive Sorgfaltswidrigkeit **bloß**, im Einzelfall kann diese trotz eines (formalen) Verstoßes gegen eine Rechtsnorm entfallen.

Beispiel: Fahren ohne Zulassungsschein verstößt zwar gegen eine Rechtsnorm, begründet aber kein Risiko für Leib und Leben und ist nicht objektiv sorgfaltswidrig in Bezug auf §§ 80, 88. – Das gleiche gilt, wenn man einen anderen, der keinen Führerschein (genauer: keine Lenkerberechtigung) hat, aber sehr gut fahren kann, mit seinem Wagen fahren lässt. – Ebenso ist es bei einer Überschreitung der durch ein

Straßenverkehrszeichen vorgeschriebenen Höchstgeschwindigkeit an einer Baustelle am Sonntag, wenn erkennbar nicht gearbeitet wird: In allen Fällen fehlt es an einer deliktsspezifischen Sorgfaltswidrigkeit im Hinblick auf § 80 oder § 88 StGB.

b) Aus einem Verstoß gegen Verkehrsnormen, zB *Schiregeln* oder die Regeln des *Österreichischen Lebensmittelbuchs*. **14**

Verkehrsnormen sind Sollenssätze (normative Maßstäbe), die in den maßgeblichen Verkehrskreisen als *Regeln für verkehrsgerechtes Verhalten* anerkannt sind, aber (noch) keinen Rechtscharakter haben. Die **Verkehrssitte** ist dagegen eine bloße Tatsache.

c) Durch den Vergleich mit dem **Verhalten einer differenzierten Maßfigur**: Objektiv sorgfaltswidrig ist ein Verhalten, wenn es nicht jenem Verhalten entspricht, das ein *gewissenhafter, einsichtiger und besonnener Mensch aus dem Verkehrskreis des Täters in der betreffenden Situation* gesetzt hätte. Im Einzelnen gilt für den Vergleich: **15**

1. Maßgebend ist ein **normativer Maßstab**, nicht der statistische Durchschnitt. Die empirische Tatsache, dass die meisten Menschen schlampig sind, mindert nicht den Sorgfaltsmaßstab, den der gewissenhafte, einsichtige und besonnene Mensch beachtet hätte. **16**
2. Der Sorgfaltsmaßstab ist **objektiv**, entsprechend der **vorgenommenen Tätigkeit**, zu bestimmen. Die individuelle (Un-)Fähigkeit des konkret Handelnden bleibt außer Betracht; sie wird erst bei der Schuld (subjektive Sorgfaltswidrigkeit) berücksichtigt (vgl unten 26/2). **17**

   Beispiel: Ein Heimwerker, dem beim Dachdecken ein Ziegel entgleitet, der hinabfällt und einen Passanten erschlägt, handelt objektiv sorgfaltswidrig, wenn einem **ordentlichen Dachdecker** in dieser Situation der Ziegel nicht ausgekommen wäre. Dass der Täter als Laie überfordert war und nach seinen persönlichen Fähigkeiten das Hinabfallen des Ziegels nicht hatte vermeiden können, ändert nichts an der objektiven Sachwidrigkeit (Sorgfaltswidrigkeit), sondern betrifft nur die Schuld.
3. Es muss weitgehend nach der konkreten **Handlungssituation differenziert** werden. Den Sorgfaltsmaßstab für eine Bauchoperation bietet also nicht der maßgerechte Arzt schlechthin, sondern der *maßgerechte Facharzt* für Chirurgie. **18**
4. **Sonderwissen** des Täters wird berücksichtigt, nicht aber Sonderkönnen (näher *Burgstaller/Schütz*, WK^2 § 6 Rz 55 und *Burgstaller*, Fahrlässigkeitsdelikt 64). **19**

   Wer weiß, dass an einer bestimmten unübersichtlichen Straßenstelle häufig Kinder spielen, muss vorsichtiger fahren als ein ortsunkundiger Fahrer; für diesen gilt die allgemeine Sorgfalt, die danach bemessen wird, wie sich einem sorgfältigen Fahrer die Lage darstellt. – Auch für den Super-Chirurgen gilt derselbe Sorgfaltsmaßstab wie für jeden anderen Chirurgen bei der betreffenden Operation (normativer Maßstab, vgl oben 1.).

III. Grobe Fahrlässigkeit

19a 1. Wenn das Gesetz von Fahrlässigkeit spricht, meint es grundsätzlich alle Grade der Sorgfaltswidrigkeit und des Verschuldens; Abstufungen in leichte und schwere Sorgfaltsverstöße spielen erst bei der Strafzumessung eine Rolle. In letzter Zeit findet sich jedoch **grobe Fahrlässigkeit** auch als Tatbestandsmerkmal:

- Bei der Fahrlässigen Tötung und bei der Fahrlässigen Körperverletzung führt grobe Fahrlässigkeit **zu strengeren Strafrahmen** (§ 81 Abs 1, § 88 Abs 3 und 4);
- manche Delikte sind **qualifiziert**, wenn eine bestimmte Folge der Tat (nicht nur allgemein fahrlässig nach § 7 Abs 2, sondern) grob fahrlässig herbeigeführt worden ist (zB §§ 104a Abs 4 dritter Fall, § 106 Abs 3 fünfter Fall, § 207a Abs 2 letzter Fall);
- in seltenen Fällen verlangt das Gesetz ausnahmsweise grob fahrlässiges Verhalten, um die **Strafbarkeit** überhaupt zu **begründen** (§§ 159, 181e, 181g, 181i, § 303); leichte Fahrlässigkeit ist hier nicht gerichtlich strafbar.

19b 2. Seit 2015 gibt es eine Legaldefinition der groben Fahrlässigkeit im Allgemeinen Teil des StGB: Nach **§ 6 Abs 3** handelt **grob fahrlässig**,

- „wer **ungewöhnlich und auffallend sorgfaltswidrig** handelt,
- sodass der **Eintritt eines** dem gesetzlichen Tatbild entsprechenden **Sachverhaltes** als **geradezu wahrscheinlich vorhersehbar** war".

Das Gesetz nennt damit zwei Elemente, die es aufeinander bezieht („sodass"). Entscheidend ist das erste Element:

> Grob fahrlässig ist ein Verhalten, das **von der gebotenen Sorgfalt extrem stark abweicht** (*Reischauer* in Rummel, ABGB^3 § 1324 Rz 3; *Fuchs/Reindl-Krauskopf*, BT I^7 32).

Die **Wahrscheinlichkeit des Erfolgseintritts** („geradezu") (und deren Vorhersehbarkeit) muss nach dem Wortlaut des Gesetzes dazukommen. Aber diese Wahrscheinlichkeit kann für sich allein keine grobe Fahrlässigkeit, ja nicht einmal Fahrlässigkeit an sich begründen. Denn nicht jedes gefährliche Verhalten ist verboten, sondern nur ein sozial-inadäquat gefährliches. Ausgangspunkt und Maßstab der Bewertung ist jenes **Risiko, das eingegangen werden darf**: Nur ein Verhalten, das **vom erlaubten Verhalten extrem abweicht** und das erlaubte Risiko in hohem Maß überschreitet, kann grob fahrlässig sein.

Beispiel: Bei einer komplizierten und riskanten, aber notwendigen Hirnoperation, kann der kleinste Aufmerksamkeitsfehler des Arztes, der jedem Chirurgen einmal unterlaufen kann, mit hoher Wahrscheinlichkeit zum Tod führen; ein solches Versehen ist dennoch kein grobes (*Reischauer* aaO). Entscheidend sind immer **Grad und Maß des Abweichens** vom Verhalten, das nach den Umständen geboten ist.

Die gesetzliche Umschreibung ist **wenig geglückt**: Die Rede von der „ungewöhnlichen“ Sorgfaltswidrigkeit erweckt den Eindruck, dass es auch eine „gewöhnliche“ Sorgfaltswidrigkeit gäbe. Das mag faktisch zutreffen (Fährt nicht jeder in der Stadt mit 55 km/h?), doch normativ betrachtet ist *jede Sorgfaltswidrigkeit ungewöhnlich*, weil sich der maßgerechte Mensch rechtmäßig verhält und darum das sorgfaltsgemäße Verhalten *normativ* das gewöhnliche Verhalten ist. Doch darf diese sprachliche Mehrdeutigkeit nicht zur Annahme verleiten, dass jede Sorgfaltswidrigkeit auch grobe Fahrlässigkeit wäre. Die **grobe Fahrlässigkeit ist die Ausnahme** im Bereich der Fahrlässigkeit. Darum kann nur ein **extrem starkes Abweichen vom pflichtgemäßen Verhalten** (dem erlaubten Risiko) grobe Fahrlässigkeit begründen. 19c

3. Grob fahrlässig handelt in der Regel, wer eine **gebotene Sorgfaltsnorm bewusst und erheblich übertritt** und dies unter Umständen tut, in denen die Verletzung oder Tötung eines anderen als wahrscheinlich vorhersehbar ist. *Beispiele*: Wettfahrt mit weit überhöhter Geschwindigkeit im Ortsgebiet; bewusstes Einfahren in eine Kreuzung bei Rotlicht und nicht überblickbarem Verkehr. 19d

Bloße Aufmerksamkeitsfehler begründen für sich allein noch keine grobe Fahrlässigkeit. Anders dann, wenn aufgrund der konkreten Umstände eine erhöhte Aufmerksamkeit geboten war und **mehrere Sorgfaltsverstöße zusammentreffen**. *Beispiel*: Ein Autofahrer fährt bei Dunkelheit mit überhöhter Geschwindigkeit und übersieht dabei einen Fußgängerübergang. Insofern ist die sog. Mosaiktheorie, mit der die Rechtsprechung vor dem StRÄG 2015 das Vorliegen „besonders gefährlicher Verhältnisse“ begründet hat, auch für die Frage nach der groben Fahrlässigkeit nutzbar.

4. Das extreme Abweichen von der Sorgfaltsnorm muss dem Täter auch in seiner Schwere persönlich vorwerfbar sein (**subjektives** Element der groben Fahrlässigkeit). 19e

IV. Weitere Tatbestandsmerkmale

Bei fahrlässigen Erfolgsdelikten sind weitere Tatbestandsmerkmale 20

- der Eintritt des tatbestandsmäßigen **Erfolges** (zB § 80: Tod eines Menschen) und
- die **objektive Zurechnung** des eingetretenen Erfolges zum objektiv sorgfaltswidrigen Handeln des Täters.

Siehe dazu Kap 13.

V. Vorsatz-Fahrlässigkeits-Kombinationen

Bei Vorsatz-Fahrlässigkeits-Kombinationen, bei denen eine bestimmte (schwere) **Folge der Tat** bloß fahrlässig herbeigeführt zu sein braucht (vgl oben 9/8–11c), ist zu prüfen, ob die **Tathandlung** *auch hinsichtlich der besonderen (schwereren) Folge* ***spezifisch objektiv sorgfaltswidrig*** ist. Dies gilt insbesondere bei den Erfolgsqualifizierten Delikten (§ 7 Abs 2). 21

Beispiel: Eine körperliche Misshandlung, die eine schwere Verletzung herbeiführt, kann nur dann den Tatbestand des § 84 Abs 1 erfüllen, wenn sie *ex ante* die sozial-inadäquate Gefahr gerade einer *schweren* Verletzung des Angegriffenen eröffnet hat.

Bei identem Rechtsgut ist diese spezifische Sorgfaltswidrigkeit meist durch die vorsätzliche oder fahrlässige Begehung des Grunddelikts (oder sonst des vorsätzlich zu verwirklichenden Tatmerkmals) **indiziert**, so dass sich die Fahrlässigkeitsprüfung auf die Frage beschränken kann, ob auch die besondere Folge dem sorgfaltswidrigen Verhalten **objektiv zurechenbar** ist (Vorhersehbarkeit der schwereren Folge, vgl unten Kap 13).

22 **Ausnahmsweise** kann es jedoch sein, dass eine Handlung zwar hinsichtlich einer leichten Verletzung, nicht aber im Hinblick auf „überschwere" Verletzungsfolgen (10 Os 146/85 JBl 1988, 395 = SSt 57/28) sozial-inadäquat gefährlich ist, so dass hinsichtlich der Qualifikation bereits die objektive Sorgfaltswidrigkeit entfällt.

Beispiel: Der Stoß mit der flachen Hand gegen einen Menschen mag einen blauen Fleck oder, unter unglücklichen Umständen, allenfalls einen Sturz mit Knöchel- oder Armbruch erwarten lassen, nicht aber eine dauernde Lähmung oder gar den Tod des Gestoßenen. Die Misshandlung ist daher objektiv sorgfaltswidrig im Hinblick auf eine einfache oder eine schwere Körperverletzung (§§ 83 Abs 2, 84 Abs 1); für eine Körperverletzung mit schweren Dauerfolgen (§ 85 Abs 1) oder gar eine solche mit tödlichem Ausgang (§ 86 Abs 1) mangelt es – trotz vorsätzlicher Misshandlung – bereits an der sozial-inadäquaten Gefährlichkeit. Zum Ergebnis der Straflosigkeit gelangt man freilich auch mit den Regeln über die objektive Zurechnung (*Burgstaller*, Pallin-FS 54 ff).

Selbst die Indizwirkung entfällt, wenn Grundtatbestand und Qualifikation ausnahmsweise zwei **verschiedene Rechtsgutsangriffe** beschreiben. *Beispiel*: Aus der Tatsache des vorsätzlichen *unbefugten* Gebrauchs eines Fahrzeuges (§ 136 Abs 1) kann nicht auf die Sorgfaltswidrigkeit hinsichtlich eines Schadens am Fahrzeug (Abs 3) geschlossen werden. Diese muss jedenfalls gesondert – zB durch den *unsachgemäßen* Gebrauch oder durch eine Übertretung der StVO – begründet werden.

13. Kapitel: Kausalität und objektive Zurechnung des Erfolges

Literaturauswahl: *Burgstaller*, Fahrlässigkeitsdelikt (1974) 69–149; *ders,* Zu den objektiven Grenzen der Fahrlässigkeitshaftung, AnwBl 1980, 99; *ders*, Normative Lehren der objektiven Zurechnung, JAP 1992/93, 136; *ders*, Erfolgszurechnung bei nachträglichem Fehlverhalten eines Dritten oder des Verletzten selbst, Bezauer Tage 1983, 131 = Jescheck-FS (1985) 357; *ders*, Spezielle Fragen der Erfolgszurechnung und der objektiven Sorgfaltswidrigkeit, Pallin-FS (1989) 39; *Lewisch*, Erfolgszurechnung bei nachträglichem Opferfehlverhalten, ZVR 1995, 98; *ders*, Mitverschulden im Fahrlässigkeitsstrafrecht, ÖJZ 1995, 296; *Schmoller*, Fremdes Fehlverhalten im Kausalverlauf, StPdG 22 (1994) 25 = Triffterer-FS (1996) 223.

I. Objektive Zurechnung

1. Begriff der objektiven Zurechnung

Bei den Erfolgsdelikten stehen Handlung und Erfolg nicht zusammenhanglos nebeneinander. Vielmehr muss der real eingetretene Erfolg ein „**Werk des Täters**“ und damit die **Auswirkung** seiner sozial-inadäquat gefährlichen Handlung sein, die die Zurechnung des Erfolgsunwertes vermittelt. Die Verbindung zwischen **Handlung und Erfolg** heißt **objektive Zurechnung** (des Erfolges zur Tathandlung). 1

Diese **Verbindung zwischen verbotener Handlung und tatbestandsmäßigem Erfolg** meint man, wenn man von der **objektiven Zurechnung** schlechthin spricht.

Der **Begriff der Zurechnung** wird im Strafrecht (wie in anderen Rechtsgebieten) auch in anderen Bedeutungen verwendet, so dass mit der Terminologie Vorsicht geboten ist. Im weitesten Sinn kann man von der **Zurechnung** eines Geschehens oder eines Ereignisses **zu einem bestimmten Menschen** sprechen („Der Tod des X ist dem A zuzurechnen“); von dieser „Zurechnung“ handelt die gesamte Lehre von der Straftat und in dieser Bedeutung war im vorherigen Absatz von der „Zurechnung des Erfolgsunwertes“ die Rede. – Etwas anderes ist wiederum gemeint, wenn man von der „**Zurechnung zur Schuld**“ spricht, die in manchen Fällen entfällt (*„Zurechnungs“-Unfähigkeit*, § 11 StGB, vgl unten Kap 22). – Manche bezeichnen auch die Verbindung zwischen Handlung und Erfolg als die **spezielle objektive Zurechnung** und unterscheiden davon eine **generelle objektive Zurechnung**, hinter der sich nichts anderes verbirgt als die objektive Sorgfaltswidrigkeit des Verhaltens.

Die **Bedeutung** der objektiven Zurechnung liegt darin, dass sie die **Beziehung zum Erfolgsunwert** vermittelt. Wenn sorgfaltswidriges Verhalten ohne Erfolgsunwert nicht strafbar ist (wie bei den meisten Fahrlässigkeitsdelikten), so entfällt die Strafbarkeit auch dann, wenn ein tatbestandsmäßiger Erfolg zwar eingetreten ist, aber der Handlung des Täters *nicht objektiv zugerechnet* werden kann. Bei den Vorsatzdelikten führt der Entfall der objektiven Zurechnung zum Versuch (vgl unten Kap 28.). 2

2. Kausalität und objektive Zurechnung

3 Unabdingbare Voraussetzung dafür, dass ein real eingetretener Erfolg als die Auswirkung der verbotenen Handlung angesehen werden kann, ist es, dass diese Handlung für den Erfolg **kausal** geworden ist. Doch ist die Feststellung der objektiven Zurechnung – wie die Entscheidung jeder Rechtsfrage – kein naturwissenschaftliches, sondern ein spezifisch normatives Urteil. Die **Kausalität** ist daher bloß eine notwendige, aber keine hinreichende Bedingung, also *nur die erste Stufe* dieser Zurechnung, zu der eine **normative Zurechnung** hinzutreten muss.

II. Die Kausalität

1. Formel von der gesetzmäßigen Bedingung

4 Kausalität ist die **naturgesetzmäßige Beziehung** zwischen Handlung und Erfolg. Eine Handlung ist kausal, wenn sie bei **objektiver Ex-post-Betrachtung** eine **Bedingung für den Erfolgseintritt** war: **Bedingungstheorie** (auch **Äquivalenztheorie** genannt, weil alle Bedingungen gleichwertig sind).

5 Die Kausalität wird mit der **Formel von der gesetzmäßigen Bedingung** umschrieben:

> Eine Handlung war für den Erfolg **kausal**, wenn sich an sie nach allgemeiner oder sachverständiger Erfahrung **zeitlich nachfolgende Veränderungen** in der Außenwelt angeschlossen haben, die mit dem Verhalten und untereinander (natur-) **gesetzmäßig verbunden** waren und die in den tatbestandsmäßigen Erfolg **ausgemündet** sind (vgl *Burgstaller*, Fahrlässigkeitsdelikt 93 im Anschluss an *Engisch*).

2. Einzelne Kausalitätsprobleme

6 Im Einzelnen gilt (vgl *Jakobs*, AT[2] 7/12 ff):

a) Die Bedingung muss **tatsächlich wirken**. Wird sie von einer anderen „überholt", so ist sie nicht kausal geworden (**überholende Kausalität**, „abgebrochene Kausalität").

Beispiel: A gibt dem X ein langsam wirkendes Gift. Bevor es wirkt, wird X unabhängig davon von B erschossen. – Das Gift war für den Tod nicht kausal.

7 b) Kausal ist jede Handlung, die eine Bedingung war für den Erfolg **in seiner konkreten Gestalt**.

Beispiel: A gibt dem todkranken X Gift ein, an dem dieser stirbt. Ohne sein Eingreifen wäre X einige Tage später unter qualvollen Schmerzen gestorben. – A war für den Tod des X kausal, weil die Verkürzung des Lebens zur Kausalität genügt.

c) Es kommt auf den **konkreten Verlauf** zum Erfolg an. Dass ein anderes Verhalten möglicherweise den gleichen Erfolg herbeigeführt hätte, hebt die Kausalität nicht auf (Problem der **hypothetischen Kausalität**). 8

Beispiel: A weist Menschen in ein Vernichtungslager ein, wo sie getötet werden. Hätte er es nicht getan, so hätte ein anderer die Opfer in die gleiche Lage gebracht. – Trotz der (möglichen) Ersatzursache ist A (real) kausal geworden für den Tod der Eingewiesenen.

d) Tritt der Erfolg erst durch das **Zusammenwirken** mehrerer Bedingungen ein, so ist jede dieser Bedingungen kausal (**kumulative Kausalität**). 9

Beispiel: A und B geben voneinander unabhängig Gift in den Wein des X. Dieser stirbt, wobei erst beide Giftmengen zusammen tödlich waren. – A und B waren kausal.

e) Jede von mehreren **für sich allein hinreichenden**, aber jeweils nicht notwendigen Bedingungen ist kausal (**Doppelkausalität, alternative Kausalität**). 10

Beispiel: A und B geben voneinander unabhängig Gift in den Wein des X. Jede der beiden Giftmengen ist für sich allein ausreichend, mehrere Menschen zu töten. – Wiederum waren sowohl A als auch B kausal für den Tod.

f) Auch wer einen **rettenden Kausalverlauf abbricht**, setzt eine Bedingung für den als Folge eingetretenen Erfolg. Er wird für den eingetretenen Erfolg kausal, wenn der von ihm unterbundene Kausalverlauf – hinzugedacht, wie bei der Kausalität der Unterlassung (vgl unten 37/24 ff) – den Erfolg *mit an Sicherheit grenzender Wahrscheinlichkeit* verhindert hätte. 11

Beispiel: X ist ins Wasser gefallen und droht zu *ertrinken*. Der Rettungsschwimmer A reißt sich die Kleider vom Leib, um ihn zu retten, wird jedoch von B, dem Feind des X, niedergeschlagen. X ertrinkt. – B war durch aktives Tun (Niederschlagen des Rettungsschwimmers) kausal für den Tod des X.

g) **Normative Erwägungen**, in wessen Zuständigkeitsbereich ein Bedingungszusammenhang fällt, sind für seinen Bestand und damit für die Kausalität **unerheblich**. 12

Beispiel: Kausalität liegt auch dann vor, wenn A den X durch einen Messerstich (oder durch einen Verkehrsunfall) verletzt und dieser stirbt (obwohl die Verletzung an sich nicht tödlich war),

aa) weil er durch den notwendig gewordenen Arztbesuch einen Zug versäumt und der nächste Zug bei einer Eisenbahnkatastrophe verunglückt;

bb) weil er Bluter ist;

cc) weil er, fast schon genesen, im Krankenhaus von einer erbschleicherischen Krankenschwester ermordet wird;

dd) weil der Rettungswagen auf der Fahrt ins Krankenhaus – mit oder ohne Verschulden eines anderen Verkehrsteilnehmers – verunglückt;

ee) weil dem Arzt bei der notwendig gewordenen Operation ein Fehler unterläuft;

ff) weil X seine Wunde nicht ordnungsgemäß behandelt usw.

In allen diesen Fällen war A (genauer: sein Messerstich oder sein sorgfaltswidriges Verhalten) für den Tod des X **kausal**. Es gibt keine *„Unterbrechung des Kausalzusammenhanges"* – außer im oben genannten Fall der *überholenden Kausalität* – und kein *„Regressverbot"* (vgl unten 13/22) auf der Stufe der Kausalitätsprüfung (auch nicht im Fall cc bei vorsätzlichem Zutun eines Dritten).

3. Die Eliminationsmethode

13 a) In der **Praxis** wird die Kausalität häufig nach der **Eliminationsmethode** mit der **Conditio-sine-qua-non-Formel** (Csqn-Formel) geprüft:

Eine Handlung war für den Erfolg **kausal**, wenn sie *nicht hinweggedacht* werden kann, ohne dass *zugleich der Erfolg in seiner konkreten Gestalt entfiele.*

Die Csqn-Formel bietet eine **klare Lösung** für die Normalfälle der Kausalität. Sie bewährt sich auch in den Fällen der *überholenden* und der *kumulativen* Kausalität, bei *Abbruch rettender Kausalverläufe* und bei der Kausalität für den Erfolg in seiner *konkreten Gestalt.* Leicht verändert, nützt sie auch für die Feststellung der Kausalität der *Unterlassung* (näher unten 37/25).

14 b) Die Csqn-Formel **versagt** aber, wenn die real wirkende Bedingung *keine notwendige* Bedingung ist, also in den Fällen der **hypothetischen** (oben 13/8) und der **alternativen Kausalität** (Doppelkausalität, oben 13/10).

Beispiel: Geben A und B dem X unabhängig voneinander je 20g Gift ein und beträgt die tödliche Dosis 10g, so kann sowohl die Giftgabe des A als auch jene des B ohne weiteres hinweggedacht werden, ohne dass sich am Erfolg auch nur das geringste ändert: X wäre dann an der (hier sogar doppelt) tödlichen Dosis des anderen – zur selben Zeit und auf dieselbe Weise – gestorben. Also waren nach der Csqn-Formel weder A noch B für seinen Tod kausal.

Verwendet man zur Feststellung der Kausalität die **Eliminationsmethode** (was in den meisten Fällen durchaus zweckmäßig ist), so muss man beachten, dass diese Formel in den zwei genannten Fällen – hypothetische und alternative Kausalität – **versagt**, und in diesen Fällen auf die generelle Umschreibung nach der *Formel von der gesetzmäßigen Bedingung* (oben 13/5) zurückgreifen. Das Versagen zeigt aber auch, dass die Eliminationsmethode **keine Definition** der Kausalität bietet, sondern bloß eine praktische Formel ist, die in den meisten Fällen funktioniert, aber nicht immer.

c) In Wahrheit ist die **objektive Zurechnung** gerade bei der alternativen Kausalität unproblematisch. Problematisch ist sie dagegen im Falle der *kumulativen* Kausalität: **15**

Beispiel: A gibt dem X fahrlässig 1g Gift ein. Wenn 10g die tödliche Dosis ist, dann wird X nicht sterben, also der Tatbestand des § 80 StGB nicht erfüllt sein. Ist es nun gerecht, den A wegen fahrlässiger Tötung zu bestrafen, wenn X stirbt, weil er zufälligerweise zur selben Zeit von jemand anderem (B) **9 weitere Gramm** Gift bekommen hat (kumulative Kausalität)? Nach der Csqn-Formel ist die Kausalität eindeutig zu bejahen. Anders dagegen, wenn das Opfer neben dem 1g des A von B **10 g** Gift (also die volle tödliche Dosis) erhalten hat: Dann lässt sich die Giftgabe des A (nur 1g) ohne weiters wegdenken, so dass A nicht für den Tod des X kausal war. Lässt sich die unterschiedliche Behandlung der beiden Fälle rechtfertigen?

4. Kausalität als Wahrscheinlichkeitsurteil ex ante

Das **Hauptproblem bei der Kausalität** ist, dass alle Formeln in Wahrheit die **Kenntnis der wirkenden Realfaktoren** voraussetzen. Daher sind die Urteile zur praktischen Feststellung der Kausalität keine Ex-post-Urteile, sondern Wahrscheinlichkeitsurteile nach der Erfahrung ex ante. **16**

Beispiel: Kann der Fabrikant A, der Schwefeldioxid emittiert, für Sachbeschädigung (§ 125 StGB) bestraft werden, wenn der Wald stirbt? **17**

Strafbarkeit wegen (vollendeter) Sachbeschädigung setzt den **Nachweis** voraus, dass die Emission des A für die Zerstörung bestimmter Sachen (den „Tod" eines konkreten Baumes) **kausal** geworden ist. Dies setzt wiederum den Nachweis voraus,

1. dass Schwefeldioxid (saurer Regen) Bäume zerstört (**generelle** oder naturwissenschaftliche **Kausalität**) und
2. dass gerade das von A emittierte giftige Gas in entsprechender Menge auf einen bestimmten Baum getroffen ist und gerade dessen Absterben bewirkt hat (**Kausalität im Einzelfall**).

Zur Lösung keiner dieser beiden Fragen können die genannten Kausalitätsformeln auch nur das geringste beitragen. Erst dann, **18**

- wenn man (zB durch Experimente) festgestellt hat, dass ein Baum abstirbt, wenn er eine bestimmte Zeit hindurch einer bestimmten SO_2-Konzentration ausgesetzt ist,
- wenn man weiter weiß, dass diese „tödliche" Konzentration in einem bestimmten Waldstück tatsächlich geherrscht hat (weil sich dort zB eine Messstelle befindet) und
- wenn man darüber hinaus andere SO_2-Quellen als Ursache dieser Immission ausschließen kann,

erst dann kann man die Kausalität der Emissionshandlung des Fabrikanten A für die Zerstörung eines bestimmten Baumes und damit den Tatbestand der Sachbeschädigung bejahen. Es ist daher offensichtlich, dass sich Umweltverschmutzungen mit Erfolgsdelikten nicht wirksam bekämpfen lassen und sich das Gesetz andere Tatbestände einfallen lassen muss, die auf den Eintritt eines Verletzungserfolges (und damit auf einen Kausalitätsnachweis) verzichten. Näheres im BT II zu den Umweltdelikten.

5. Kausalität und Zweifelsgrundsatz

19 Ist die Kausalität für einen bestimmten Erfolg Deliktsmerkmal, dann muss dem Täter jeweils nachgewiesen werden, dass gerade seine Handlung – und nicht die Handlung einer anderen Person – für den Erfolg kausal geworden ist. Gelingt dieser Nachweis nicht, dann muss *in dubio pro reo* (oben 4/14) angenommen werden, dass das Verhalten nicht kausal war.

Beispiel: Schlagen A und B unabhängig voneinander auf den X ein und stellt sich nachher heraus, dass dieser einen Nasenbeinbruch erlitten hat, so kann A nur dann für (vollendete) schwere Körperverletzung bestraft werden, wenn man nachweisen kann, dass gerade seine Schläge dem X die Nase gebrochen haben. Ist das Gericht nicht davon überzeugt, dass ein Schlag des A kausal für die schwere Verletzung war, so muss es in dubio pro reo davon ausgehen, dass die schwere Verletzung durch einen Schlag des B verursacht worden ist, und bei der Beurteilung der Strafbarkeit des B gilt Entsprechendes umgekehrt. Also müssen im Zweifel beide freigesprochen werden. Diesem Kausalitätsproblem verdankt der § 91 StGB seine Existenz (vgl dazu unten 33/18 und *Fuchs/Reindl-Krauskopf*, BT I^{7} 60 f). – Beim Vorsatzdelikt ist Versuch möglich, soweit der Vorsatz reicht.

Anders ist es, wenn A und B im bewussten und gewollten Zusammenwirken handeln: Dann sind beide für den Erfolg ihrer gemeinsamen Tat kausal geworden (näher unten 33/13 ff).

III. Spezifisch normative Verknüpfung zwischen Handlung und Erfolg (normative Zurechnung)

1. Kausalität und normative Zurechnung als zwei Stufen der objektiven Zurechnung

20 a) Die Äquivalenztheorie spannt die Grenze der Zurechnung sehr weit: Streng genommen, waren auch die Eltern des Mörders oder des Autorasers – oder auch Adam und Eva – kausal für den Tod des Ermordeten oder des Verkehrsopfers, ja sogar das Opfer selbst oder jemand, der dem Opfer zu der fatalen Autofahrt geraten hat. Zwar ergibt sich eine wichtige Einschränkung schon durch das Erfordernis der Sorgfaltswidrigkeit (sozial-inadäquaten Gefährlichkeit) der Handlung (vgl oben Kap 11 und 12), doch selbst wenn man nur sorgfaltswidrige Handlungen auf ihre Kausalität für einen eingetretenen Erfolg prüft, wird die Haftung sehr weit ausgedehnt.

Beispiel: A fährt von Wien nach Linz und überschreitet in Wien eine Geschwindigkeitsbeschränkung. Daher ist er früher in Linz und fährt einen Fußgänger nieder. – Die sorgfaltswidrige Handlung in Wien (Schnellfahren) kann nicht hinweggedacht werden, ohne dass der Tod des Fußgängers in Linz entfiele, also war sie kausal. Aber es ist offensichtlich, dass A nicht deswegen für die Tötung des Fußgängers in Linz bestraft werden kann, weil er in Wien zu schnell gefahren ist.

Zu weiteren Beispielen vgl oben 13/12 (Tod des Opfers bei einer Eisenbahnkatastrophe, Ermordung durch die erbschleicherische Krankenschwester usw).

In vielen Fällen ist der Erfolg trotz Kausalität nicht ein **Werk des Täters**, sondern bei normativer Betrachtung **Zufall**. Man muss daher die Haftung begrenzen: Es genügt nicht, dass das objektiv-sorgfaltswidrige Verhalten für den Erfolg kausal war; der Erfolg muss vielmehr mit dem verbotenen Verhalten in **spezifischer Weise normativ verknüpft** sein. 21

b) **Historische Versuche** einer Haftungsbegrenzung waren verschiedene Bemühungen, den **Kausalitätsbegriff** entsprechend zu **modifizieren**, also die Kausalität nicht nach der Äquivalenztheorie, sondern anders zu bestimmen: 22

- **Individualisierende Kausalitätstheorien** versuchten zwischen verschiedenen Arten von „Bedingungen" (Wirkungsfaktoren) für den Erfolgseintritt zu unterscheiden: Kausal ist nur die „wichtigste" oder die „relevante" Bedingung.
- Weiters wurde versucht, die Äquivalenz- durch die **Adäquanztheorie als Kausalitätstheorie** zu ersetzen.
- Andere Versuche sind das sog **Regressverbot** und die Lehre von der **Unterbrechung des Kausalzusammenhanges:** Schiebt sich zwischen die Tathandlung und den Erfolgseintritt das *vorsätzliche Verhalten eines Dritten*, so dürfe auf frühere Verhaltensweisen nicht zurückgegriffen werden; das Verhalten des Dritten „unterbreche" den Kausalzusammenhang.

Alle diese Theorien haben gemeinsam, dass sie versuchen, die naturgesetzliche Kausalität mit normativen Kriterien aufzuladen. Zweckmäßiger ist jedoch die **Trennung** der verschiedenen Gesichtspunkte, die sich darum heute durchgesetzt hat: Man belässt es dabei, die **Kausalität** als bloßen *naturgesetzlichen Ursachenzusammenhang* zu verstehen (wie oben unter 13/4 beschrieben), erkennt aber an, dass die Kausalität nur eine notwendige, aber keine hinreichende Bedingung für die objektive Zurechnung des Erfolges zur verbotenen Handlung ist. Zur Kausalität muss vielmehr noch eine **normative Zurechnung** als zweite Stufe der Zurechnung dazukommen, die die Haftung begrenzt.

2. *Die Stufen der normativen Zurechnung*

Die normative Zurechnung ihrerseits erfolgt in **drei Stufen**: 23

1. Adäquanz,
2. Risikozusammenhang und
3. **Risikoerhöhung** gegenüber rechtmäßigem Alternativverhalten.

a) Adäquanz

aa) Früher galt die Adäquanztheorie als *Kausalitätstheorie*. Heute wird die Äquivalenztheorie als die einzige Kausalitätstheorie angesehen, die Adäquanz gilt erst als Kriterium zur *Haftungsbegrenzung* nach Feststellung der Kausalität. 24

Ein eingetretener Erfolg ist dann **nicht adäquat** und trotz Kausalität **nicht zurechenbar**, wenn sein Eintritt ***außerhalb jeder Lebenserfahrung*** lag.

25 Die Adäquanzformel ist jedoch von zweifelhaftem Wert: Gerade die Lebenserfahrung lehrt, dass es auch atypische Kausalverläufe gibt, so dass die Adäquanzformel kaum jemals zu einem Haftungsausschluss führt.

Beispiel: Liegt es wirklich außerhalb jeder Lebenserfahrung, dass jemand bei einem Eisenbahnunglück ums Leben kommt? Dass ein Patient von einer Krankenschwester ermordet wird?

26 Manche wollen darum die Formel **modifizieren** und die Zurechnung schon dann ausschließen, wenn der Erfolgseintritt außerhalb der *gewöhnlichen* Lebenserfahrung liegt, um den Preis der Unsicherheit, wie zwischen „gewöhnlicher" und „ungewöhnlicher" Lebenserfahrung abzugrenzen ist.

27 bb) Eine weitere Vertiefung lohnt nicht, weil in allen Fällen der „nicht adäquaten" Verursachung auch der *Risikozusammenhang entfällt* (siehe sogleich 13/28 ff), die Adäquanz also der Sache nach in den weiteren Stufen der normativen Zurechnung aufgeht. Man kann daher, wenn man sorgfältig den Risikozusammenhang prüft, auf die Prüfung der Adäquanz ohne Schaden verzichten. Allenfalls kann man die Adäquanz als **erstes grobes Filter** benutzen, das **völlig atypische Kausalverläufe** ausscheidet, in denen die mangelnde Zurechnung so **evident** ist, dass es keiner näheren Prüfung des Risikozusammenhanges bedarf.

b) *Lehre vom Risikozusammenhang (Schutzzweckzusammenhang, Schutzzweck der Norm, objektive Vorhersehbarkeit des Erfolges)*

aa) Grundgedanke

28 Strafrechtliche Verhaltensnormen sind nicht Erfolgs-Verursachungs-Verbote, sondern Verbote bestimmter Verhaltensweisen, **weil** diese Verhaltensweisen nach unserem gegenwärtigen Erfahrungswissen auf bestimmte Weise einen bestimmten unwerten Erfolg nach sich ziehen können und **weil** die Verhaltensnormen dies verhindern können. Die Norm hat daher versagt, wenn der **Erfolg auf andere Weise** – nur im zufälligen Zusammentreffen mit der Normverletzung des Täters – eintritt; also ist in einem solchen Fall der eingetretene Erfolg *keine Folge der Normverletzung*.

29 Der **konkret eingetretene Erfolg** ist daher nur dann dem Normverstoß **zurechenbar**,

wenn der Erfolg gerade eine **Verwirklichung desjenigen Risikos** darstellt, dem die **übertretene Verhaltensnorm gezielt entgegenwirken** will (**Schutzzweck der Norm**). Nur dann hat sich gerade jene spezifische Gefahr realisiert, derentwegen das Verhalten verboten ist.

Ist dagegen der eingetretene Erfolg nicht die Verwirklichung des Risikos, dem die übertretene Verhaltensnorm entgegenwirken wollte, sondern hat sich ein *anderes Risiko verwirklicht*, dann ist zwar nicht der Kausalzusammenhang, aber der **Risikozusammenhang unterbrochen**.

bb) Prüfung des Risikozusammenhanges

Im oben (13/12) genannten **30**

> *Beispiel:* A übersieht einen Fußgänger und stößt ihn nieder. Das leicht verletzte Opfer muss einen Arzt aufsuchen, versäumt den Zug, muss mit dem nächsten Zug fahren, der verunglückt, wobei das Opfer zu Tode kommt.

war der Verkehrsunfall (und damit das sorgfaltswidrige Verhalten des A) für den Tod kausal (conditio sine qua non). Die Prüfung des **Risikozusammenhanges** erfolgt in **drei Stufen**:

(1) **Welche Verhaltensnorm**, die ex ante die objektive Sorgfaltswidrigkeit seines Verhaltens begründet, hat der Täter konkret übertreten? **31**

> Die Feststellung der Sorgfaltswidrigkeit hat logischen Vorrang: Bevor man nach dem **Schutzzweck einer Norm** fragen kann, muss man die **Norm genau feststellen**. – Hier ist es die Regel der Straßenverkehrsordnung, aufmerksam zu fahren und niemanden zu übersehen.

(2) **Welcher Gefahr** soll die übertretene Verhaltensnorm entgegenwirken? **32** **Warum** (konkret!) ist das Verhalten verboten (Frage nach dem **Schutzzweck der Norm**)?

> Fußgänger können niedergestoßen und verletzt werden; sie können mit dem Kopf auf der Straße aufschlagen oder an der Wunde verbluten: All diesen Risken will die Verbotsnorm entgegenwirken. Aber man soll nicht deshalb aufmerksam Auto fahren, weil jemand einen Zug versäumen und bei einem Eisenbahnunglück ums Leben kommen könnte.

(3) Welche Gefahr hat sich *im konkreten Geschehensablauf* und *im tatsächlich eingetretenen Erfolg* **verwirklicht**? Hat sich nicht ein **ganz anderes Risiko verwirklicht**? **33**

> Offenbar hat sich im Beispielsfall durch den Tod des Opfers das *allgemeine Lebensrisiko* verwirklicht, das jedermann trifft, der mit der Eisenbahn fährt, nicht aber das Risiko, das A durch eine Unaufmerksamkeit für den Fußgänger geschaffen hat.

Wie das Beispiel zeigt, muss der **Schutzzweck** der übertretenen Sorgfalts- **34** norm **hinreichend präzise konkretisiert** werden: Es genügt nicht, als den Schutzzweck der Verhaltensnormen im Straßenverkehr „die Abwendung von Gefahren für Leib und Leben anderer Verkehrsteilnehmer" zu bezeichnen, denn eine solche Umschreibung würde auch den Tod durch das Eisenbahnunglück mit umfassen. Man muss vielmehr durch teleologische Interpretation der Sorgfaltsnorm ermitteln, *welchen Gefahren* für das geschützte Gut und *welchen Geschehensabläufen* die Norm gezielt entgegenwirken will. Der Schutzzweck umfasst daher nicht nur das Rechtsgut an sich, sondern **auch die Art und Weise** der Rechtsgutsverletzung.

Beispiel: Dass der Überholte nach einem gewagten Überholmanöver vor Schreck einen Herzinfarkt erleidet, wird dem Überholenden nicht zugerechnet.

35 Der Schutzzweck der Norm muss **auch bei Vorsatzdelikten** geprüft werden: Im oben genannten Beispiel der Eisenbahnkatastrophe ist es nicht deshalb verboten, auf einen Menschen mit Tötungsvorsatz zu schießen, weil er daraufhin den Zug versäumen und bei einem Eisenbahnunglück ums Leben kommen könnte. Es fehlt am Risikozusammenhang, so dass der eingetretene Erfolg trotz Kausalität dem Mordschützen nicht zurechenbar ist.

cc) Fallgruppen

36 Die **wichtigsten Gesichtspunkte**, die den Risikozusammenhang und damit die objektive Zurechnung entfallen lassen, sind:

- die Verwirklichung eines Risikos außerhalb des **räumlichen oder sachlichen Schutzbereichs** der verletzten Norm;
- die Verwirklichung des **allgemeinen Lebensrisikos;**
- die Verwirklichung eines Risikos, das ein **Dritter** oder auch
- der **Verletzte selbst** geschaffen hat;
- die Verwirklichung eines **anderen Risikos**, insbes eines Berufsrisikos;
- **spezielle Begrenzungen** des Schutzzwecks der Verbotsnorm.

Diese Gesichtspunkte lassen sich in **Fallgruppen** zusammenfassen:

37 (1) Tritt der Erfolg außerhalb des **räumlich begrenzten Schutzbereichs** der übertretenen Sorgfaltsnorm ein, so entfällt der Risikozusammenhang.

Beispiel siehe oben: Die Übertretung einer Geschwindigkeitsbeschränkung in Wien führt zu einem Verkehrsunfall in Linz. – Der Zweck der Geschwindigkeitsbeschränkungen ist es nicht, Gefahren an ganz anderen Orten zu begegnen.

38 (2) Ebenso entfällt der Risikozusammenhang, wenn der Erfolg außerhalb der **sachlichen Grenzen des Schutzzwecks** liegt.

Beispiel: Zwei Radfahrer fahren hintereinander, beide sind unbeleuchtet. Der erste stößt mit einem entgegenkommenden Fahrzeug zusammen und wird verletzt. Der Unfall wäre vermieden worden, wenn nur beim zweiten (hinteren) Radfahrer eine ordnungsgemäße Beleuchtung vorhanden gewesen wäre. – Der zweite Radfahrer ist nicht deshalb verpflichtet, sein Fahrzeug zu beleuchten, um dadurch Unfälle anderer Verkehrsteilnehmer zu verhindern.

39 (3) Der Schutzzweck ist überschritten, wenn der eingetretene Erfolg eine Verwirklichung des **allgemeinen Lebensrisikos** ist.

- Das allgemeine Lebensrisiko verwirklicht sich insbesondere in **Folgeunfällen**, die **nicht** mehr auf ein *Weiterwirken der spezifischen Gefahrenlage* zurückzuführen sind, die durch die Übertretung der Sorgfaltsnorm (Erstunfall) geschaffen worden ist.

Beispiel: Nach einem Unfall auf der Autobahn ist die Unfallstelle vollständig und ordnungsgemäß abgesichert. Trotzdem fährt ein nachfolgender Autofahrer auf die Unfallfahrzeuge auf. – Nach ordnungsgemäßer Absicherung ist die erste Gefahrenlage beseitigt, so dass Folgeunfälle nicht mehr im Risikozusammenhang mit dem Erstunfall stehen.

Der Risikozusammenhang zum Erstunfall besteht jedoch, wenn der Folgeunfall *Ausdruck der spezifischen Gefahrenlage* ist, die der Erstverursacher geschaffen hat und die noch weiterwirkt. Daher können Folgeunfälle vor Absicherung der Unfallstelle zugerechnet werden, wenn nicht ein grobes Fehlverhalten eines Dritten vorliegt (vgl unten 13/42).

Weiteres Beispiel: Keine Zurechnung, wenn das Rettungsfahrzeug auf dem Weg ins Krankenhaus verunglückt.

– Gleiches gilt für Folgeerkrankungen: Sie sind zuzurechnen, wenn sie auf ein *Weiterwirken der Gefahrenlage* zurückzuführen sind, andernfalls nicht. **40**

Beispiel: Der bei einem Verkehrsunfall Verletzte stirbt im Krankenhaus an einer Grippe, die er sich dort holt. – Grundsätzlich ist eine Grippeinfektion die Verwirklichung des allgemeinen Lebensrisikos, da das Risiko im Krankenhaus nicht größer ist als sonst. Eine Ausnahme liegt vielleicht dann vor, wenn nachgewiesen wird (in dubio pro reo), dass das Opfer durch den Unfall geschwächt war und daher leichter (um wie vieles leichter?) mit Grippe infiziert werden konnte.

– Eine besondere schlechte körperliche Konstitution des Verletzten ist Teil seines erhöhten allgemeinen Lebensrisikos und schließt die Zurechnung aus. **41**

Beispiel von oben: Das Opfer eines Verkehrsunfalls stirbt, weil es Bluter ist, an einer Verletzung, die jeder andere überlebt hätte. – Hier hat sich nicht die Verkehrsgefahr, der die StVO entgegenwirken will, sondern das (erhöhte) allgemeine Lebensrisiko eines Bluters verwirklicht; also keine Zurechnung.

(4) (a) Der Risikozusammenhang entfällt bei einem nachträglichen Fehlverhalten eines Dritten, das zumindest als grob sorgfaltswidrig einzustufen ist. **42**

Beispiel: A verletzt bei einem Verkehrsunfall den X. Dieser stirbt, weil dem behandelnden Arzt ein Fehler unterläuft. – Die Zurechnung zum Erstverursacher entfällt, wenn dem Arzt ein grober Fehler (auffallender und ungewöhnlicher Sorgfaltsverstoß) unterlaufen ist, der einem auch nur halbwegs sorgfältigen Arzt keinesfalls unterlaufen darf. Dagegen wird der Tod dem A bei bloß leichtem Fehlverhalten zugerechnet, das „im Trubel des Geschehens" auch einem ansonsten sorgfältigen Arzt passieren kann.

Bei grober Sorgfaltswidrigkeit des Dritten erhält dessen nachträgliches Fehlverhalten wertungsmäßig ein derart großes erlebnismäßiges Gewicht, dass es den Zusammenhang des Erfolges mit dem Verhalten des Erstverursachers ganz in den Hintergrund treten lässt (*Burgstaller*, Fahrlässigkeitsdelikt 119).

43 (b) Eine Ausnahme besteht, wenn der Schutzzweck der Verhaltensnorm ausnahmsweise *auch das Fehlverhalten des Dritten* umfasst.

Beispiel: A hängt während eines Streites im Wirtshaus sein geladenes Gewehr an die Wand. B erschießt damit seinen Widersacher. – Ein geladenes Gewehr darf man während eines Streites auch deshalb nicht sorglos an einer frei zugänglichen Stelle an die Wand hängen, weil ein Streitteilnehmer es nehmen und damit vorsätzlich einen anderen damit verletzen könnte.

44 (c) Auch die grob pflichtwidrige Unterlassung eines Dritten kann den Risikozusammenhang unterbrechen, allerdings nur dann, wenn der eingetretene Erfolg bei Vornahme der gebotenen und grob pflichtwidrig unterlassenen Handlung des Dritten wahrscheinlich unterblieben wäre (*Burgstaller*, Bezauer Tage 1983, 152 = Jescheck-FS 370).

Beispiel: Verkennt der behandelnde Arzt grob sorgfaltswidrig die Schwere der Verletzung, so dass eine rechtzeitige Behandlung unterbleibt und der von A bei einem Verkehrsunfall Verletzte stirbt, so kann der Tod dem A dann nicht mehr zugerechnet werden, wenn bei rechtzeitiger Behandlung der Verletzte *wahrscheinlich* überlebt hätte. Dagegen bleibt es trotz grob sorgfaltswidriger Unterlassung des Arztes bei der Zurechnung des Erfolgs zum Erstverursacher, wenn das Opfer auch bei rechtzeitiger Behandlung wahrscheinlich nicht hätte gerettet werden können.

45 Die Frage, welcher Grad an Wahrscheinlichkeit für die hypothetische Kausalbeziehung zwischen dem Fehlverhalten des unterlassenden Dritten und dem eingetretenen Erfolg vorliegen muss, damit die Zurechnung zum Erstverursacher ausgeschlossen werden kann, ist freilich umstritten. Die Rechtsprechung hatte ursprünglich dazu geneigt, zu verlangen, dass die pflichtwidrig unterlassene Handlung des Dritten den Erfolg „mit einer an Sicherheit grenzenden Wahrscheinlichkeit" abgewendet hätte (11 Os 42/80 SSt 51/25 = EvBl 1981/15 = ZVR 1981/65 m krit Anm *Liebscher*), sich aber in der Folge für den Zurechnungsausschluss damit begnügt, dass ohne die nachfolgende Unterlassung der Erfolg „mit sehr großer Wahrscheinlichkeit nicht eingetreten wäre" (9 Os 47/86 EvBl 1987/142). Auch die radikale Gegenposition wird vertreten, die Zurechnung des Erfolges zum Erstverursacher schon dann auszuschließen, wenn bloß die Möglichkeit besteht, dass dieser Erfolg ohne das nachträgliche Fehlverhalten des unterlassenden Dritten ausgeblieben wäre.

46 Die richtige Lösung liegt wohl in der Mitte: Bei grober Fahrlässigkeit (oder gar Vorsatz) des unterlassenden Dritten und „einfacher Wahrscheinlichkeit", dass der Erfolg bei pflichtgemäßem Handeln abgewendet worden wäre, erhält die nachträgliche Unterlassung des Dritten „ein derart großes erlebnismäßiges Gewicht", dass sie den Zusammenhang des Erfolges mit dem Verhalten des Erstverursachers ganz in den Hintergrund treten lässt (*Burgstaller*, aaO und Pallin-FS 44 f).

(5) Entsprechendes gilt bei einem nachträglichen **Fehlverhalten des Verletzten** selbst: Der Risikozusammenhang entfällt, wenn – analog zur groben Sorgfaltswidrigkeit beim nachträglichen Fehlverhalten eines Dritten – das Verhalten des Verletzten bei objektiv-individueller Betrachtung **grob unvernünftig** war. **47**

Beispiel: A verletzt den X. Dieser verschmutzt seine Wunde, um länger in Krankenstand bleiben zu können, und stirbt an Blutvergiftung: keine Zurechnung des Todes. – Unterlässt es der Verletzte bloß, sich einer notwendigen Behandlung zu unterziehen, so ist zu unterscheiden, ob dieses Verhalten noch als halbwegs vertretbar oder bereits als grob unvernünftig anzusehen ist. Im letzteren Fall entfällt die Zurechnung, wenn der Erfolg bei ordnungsgemäßer Behandlung *wahrscheinlich* (vgl oben 13/44) nicht eingetreten wäre.

In gleicher Weise wie beim Fehlverhalten eines Dritten wird der Risikozusammenhang nicht unterbrochen, wenn der **Schutzzweck** der Verhaltensnorm ausnahmsweise *auch das Fehlverhalten des Opfers* umfasst. Dies ist insbesondere dann der Fall, wenn das Opfer durch die Tat in eine unmittelbare und deliktstypische Not- und Zwangslage gerät, die es an einer vernünftigen Entscheidung hindert. **48**

Beispiel: Springt das Opfer einer Vergewaltigung aus dem Fenster, um weiteren Angriffen zu entgehen, und verletzt es sich dabei schwer, so ist der Vergewaltiger nach dem qualifizierten Delikt des § 201 Abs 2 zu bestrafen (12 Os 29/95 JBl 1996, 804). Selbst ein Todessprung des in Panik geratenen Opfers wäre dem Täter zuzurechnen, weil das Verbot der Vergewaltigung auch **Panikreaktionen des Opfers** in der akuten Bedrohung und deren **spezifische Folgen** verhindern will.

Dagegen fehlt es mangels akuter und deliktsspezifischer Zwangslage am Risikozusammenhang, wenn der Verletzte Monate nach dem Verkehrsunfall wegen anhaltender Folgen Selbstmord begeht (für Zurechnung des Todes die Zivil-E 2 Ob 27/91 JBl 1992, 255).

(6) Besonders umstritten ist die sog **Retterproblematik**: **49**

Beispiel: Beim Löschen eines Brandes, den A fahrlässig verursacht hat, kommen ein Feuerwehrmann und ein hilfsbereiter Nachbar ums Leben. Kann deren Tod dem A zugerechnet werden?

Während die Rechtsprechung die Zurechnung von Verletzungen des Retters zum Erstverursacher weithin bejaht, wird im Schrifttum darauf hingewiesen, dass sich der Retter **bewusst der Gefahr** selbst aussetzt und die bloße Veranlassung einer **freiwilligen Selbstgefährdung** wenigstens grundsätzlich nicht strafbar sein kann. Eine Zurechnung ist daher jedenfalls dann zu verneinen, wenn der Retter *zum Eingreifen nicht verpflichtet* ist oder wenn er sich Gefahren aussetzt, die in *keinem vernünftigen Verhältnis* zu ihrem möglichen Nutzen stehen. Mit *Burgstaller* (Fahrlässigkeitsdelikt 115) wird man den Risikozusammenhang aber auch bei rechtlich *verpflichteten* (berufsmäßigen) Helfern ausschließen müssen, weil sich in deren Verletzung ein **spezifisches Berufsrisiko** oder jenes Risiko verwirklicht, das ihnen die **Rechtsordnung** (zB § 95 StGB) aufbürdet und das sie nicht auf den Erstverursacher überwälzen darf.

50 Ebenso ist in anderen Fällen zu entscheiden, in denen sich spezifische Berufsrisken verwirklichen, die das Opfer freiwillig auf sich genommen hat.

Beispiel: Verletzungen, die die Besatzung eines Polizeiautos bei einer Verfolgungsjagd erleidet, können dem Verfolgten mangels Risikozusammenhanges nicht zugerechnet werden (anders die Zivil-E 8 Ob 3/87 SZ 60/105 = JBl 1987, 785).

dd) Rechtsfolge

51 Entfällt der Risikozusammenhang, so kann der eingetretene Erfolg dem Täter nicht zugerechnet werden. Die Strafbarkeit entfällt daher, soweit sie den Eintritt eines zurechenbaren Erfolges voraussetzt.

- Beim Vorsatzdelikt bleibt es beim Versuch.
- Beim fahrlässigen Erfolgsdelikt bleibt der Täter straflos.
- Bei einem erfolgsqualifizierten Delikt bleibt es bei der Strafbarkeit nach dem Grunddelikt, also beispielsweise beim Grunddelikt des Raubes (§ 142 Abs 1), wenn das Opfer zwar tot oder auf Dauer schwer verletzt ist, die Dauerfolge oder der Tod aber außerhalb des Risikozusammenhanges liegen.
- Entsprechendes gilt für die anderen Vorsatz-Fahrlässigkeits-Kombinationen: Es bleibt bei der Haftung für den zurechenbaren Vorsatzanteil, soweit dieser einen Deliktstatbestand erfüllt.

  Führt der Stoß mit der flachen Hand durch unglückliche Umstände zum Tod des Opfers, so bleibt die Bestrafung wegen leichter oder wegen schwerer Körperverletzung, soweit die objektive Zurechnung eben reicht.

c) Risikoerhöhung gegenüber rechtmäßigem Alternativverhalten

aa) Problem

52 Mit der Lehre vom Risikozusammenhang könnten an und für sich alle Fälle des Zurechnungsausschlusses erfasst werden, wenn man nur den Schutzzweck der jeweils verletzten Sorgfaltsnorm hinreichend konkret definiert. In der Praxis hat sich für eine besondere Fallgestaltung ein eigenes Zurechnungskriterium herausgebildet: Die Zurechnung entfällt, wenn sich der Normverstoß des Täters nicht konkret – im Einzelfall – ausgewirkt hat.

Beispiel (nach dem „Hadikgassen-Fall", *Burgstaller*, AnwBl 1980, 99): A fährt mit 80 km/h auf einer Vorstadtstraße, auf der nur eine Geschwindigkeit von 60 km/h erlaubt ist (Verkehrszeichen). Unvorhersehbar läuft ein Fußgänger X hinter einem Lastwagen hervor und unmittelbar vor dem Wagen des A auf die Fahrbahn. A kann nicht mehr reagieren, erfasst den X frontal und tötet ihn. – Nach verkehrstechnischen Erkenntnissen führen Frontalzusammenstöße eines PKW mit einem Fußgänger bei einer Geschwindigkeit von mehr als 50 km/h so gut wie immer zu tödlichen Verletzungen.

Das Verhalten des A (Autofahren mit 80 km/h) war jedenfalls sorgfaltswidrig und kausal für den Tod des X. Ob der eingetretene Erfolg auch im **Risikozusammenhang** steht, hängt davon ab, wie weit man den Schutzzweck von Geschwindigkeitsbeschränkungen auf Vorstadtstraßen fasst. Nach wohl hM werden solche Beschränkungen im Ortsgebiet auch deshalb verfügt, weil dort der Verkehr dichter ist und es häufiger zu einem Fehlverhalten von Verkehrsteilnehmern kommt. Folgt man dem, so fallen in den Schutzbereich auch Fußgänger, die *vorschriftswidrig* die Fahrbahn überqueren, so dass der Risikozusammenhang zu bejahen ist.

Dennoch ist es zweifelhaft, ob dem A der konkret eingetretene Erfolg zugerechnet werden kann. Schließlich wäre der Fußgänger auch dann gestorben, wenn A die erlaubte Geschwindigkeit von 60 km/h eingehalten hätte: Zwar hätte ihn A dann statt mit 80 km/h mit 60 km/h angefahren, aber auch eine solche Aufprallgeschwindigkeit führt immer zum Tod, so dass der Unterschied für das Ergebnis ohne Bedeutung ist: Mehr als tot kann X nicht sein.

bb) Lehre von der Risikoerhöhung

Um festzustellen, ob der Normverstoß auch tatsächlich konkrete Relevanz für den konkret eingetretenen Erfolg gehabt hat, muss man das **sorgfaltswidrige Verhalten**, das den Erfolg tatsächlich herbeigeführt hat, mit dem **vorgestellten sorgfaltsgemäßen Verhalten** des Täters (= *rechtmäßigen Alternativverhalten*) vergleichen. Im vorliegenden Fall muss man also fragen, *wie sich die Dinge entwickelt hätten*, wenn A – alle übrigen Umstände als gleichbleibend angenommen – in dem Zeitpunkt, als er erkennen konnte, dass X vorschriftswidrig auf die Fahrbahn trat, statt mit 80 km/h bloß mit 60 km/h gefahren wäre (*Burgstaller*, AnwBl 1980, 102). 53

- Steht fest (oder muss in dubio angenommen werden), dass der Fußgänger auch in diesem Fall **keine praktisch bedeutsame Überlebenschance** gehabt, also auch bei rechtmäßigem Verhalten des A mit an Sicherheit grenzender Wahrscheinlichkeit den Zusammenstoß nicht überlebt hätte, dann darf der konkret eingetretene Todeserfolg dem Fehlverhalten nicht zugerechnet werden, so dass A nur wegen der Geschwindigkeitsüberschreitung (mit einer Verwaltungsstrafe nach der StVO), nicht aber wegen fahrlässiger Tötung bestraft werden kann. 54
- Dagegen ist der eingetretene Erfolg zurechenbar, wenn feststeht, dass der Fußgänger überlebt hätte, wenn der Autofahrer im maßgebenden Zeitpunkt nur mit der erlaubten Höchstgeschwindigkeit von 60 km/h gefahren wäre, oder wenn er in diesem Fall eine **merkbar bessere Überlebenschance** gehabt hätte. 55

56 Verallgemeinernd lässt sich sagen: Die Zurechnung erfolgt nur dann (aber auch schon dann), wenn das sorgfaltswidrige Verhalten, das den Erfolg tatsächlich herbeigeführt hat,

> das **Risiko des Erfolgseintritts** gegenüber dem vorgestellten sorgfaltsgemäßen Verhalten (= rechtmäßiges Alternativverhalten) **zweifelsfrei erhöht** hat.

Es wird also zugerechnet, wenn zwar nicht feststeht, dass der Erfolg bei rechtmäßigem Alternativverhalten ausgeblieben wäre (vielleicht wäre er auch dann eingetreten), aber **immerhin** feststeht, dass durch den Sorgfaltsverstoß das **Risiko des Erfolgseintrittes** – konkret und ex post betrachtet – **erhöht** worden ist. Steht dagegen – wie im Beispielsfall – fest, dass der Erfolg auch bei rechtmäßigem Alternativverhalten eingetreten wäre (oder lässt sich nicht einmal die Risikoerhöhung nachweisen), so erfolgt (ggf in dubio pro reo) keine Zurechnung.

57 **Variationen des Ausgangsfalles**: Im Beispielsfall wurde angenommen, dass der Fußgänger *unmittelbar* vor dem Auto auf die Fahrbahn getreten ist und der Fahrer daher vor dem Zusammenprall überhaupt nicht mehr bremsen konnte. Wandelt man den Sachverhalt dahin ab, dass der Fußgänger *in einiger Entfernung* vor dem Autofahrer auf die Straße gelaufen ist und dieser noch reagieren (zB die Geschwindigkeit von 80 km/h auf auch noch tödliche 70 km/h verringern) konnte, so ist zur Prüfung der Risikoerhöhung gegenüber rechtmäßigem Alternativverhalten zu fragen, auf welche Aufprallgeschwindigkeit der Autofahrer sein Fahrzeug hätte abbremsen können, wenn er in dem Zeitpunkt mit der erlaubten Geschwindigkeit von 60 km/h gefahren wäre, als er erkennen konnte, dass der Fußgänger vorschriftswidrig auf die Fahrbahn trat. Steht fest, dass dann der Aufprall mit einer Geschwindigkeit erfolgt wäre, die dem Fußgänger eine merkbare Überlebenschance gelassen hätte (zB 40 km/h), dann ist die Risikoerhöhung und damit die Zurechnung zu bejahen.

cc) Einwendungen gegen die Lehre von der Risikoerhöhung

58 (1) Gegen die Lehre von der Risikoerhöhung wird bisweilen eingewendet, dass sie die Erfolgsdelikte entgegen dem Gesetz in **Gefährdungsdelikte** umwandle und außerdem gegen den Grundsatz **in dubio pro reo** verstoße. Wolle man dies vermeiden, so dürfe man einen schädlichen Erfolg dem sorgfaltswidrigen Verhalten nur dann zurechnen, wenn **sicher** sei, dass er bei sorgfaltsgemäßem Verhalten ausgeblieben wäre; „im Zweifel" sei die Zurechnung ausgeschlossen.

> Für den *Beispielsfall* würde das bedeuten: Auch wenn der Autofahrer bei rechtmäßigem Verhalten seinen Wagen auf 40 km/h oder auf 30 km/h hätte abbremsen können (siehe oben), **entfiele** die Zurechnung und damit eine Strafbarkeit wegen fahrlässiger Tötung, wenn es bloß **möglich** wäre, dass der Fußgänger auch diesen Aufprall nicht überlebt hätte. Erst wenn das rechtmäßige Alternativverhalten zu einer Aufprallgeschwindigkeit geführt hätte, bei der der Fußgänger **sicher** überlebt hätte (10 km/h?), wäre die Erfolgszurechnung zu bejahen.

59 (2) Die Einwendungen gegen die Lehre von der Risikoerhöhung sind unberechtigt (*Roxin/Greco*, AT 1^5 11/90 ff): Man darf nicht das Risiko in einen

erlaubten und einen *verbotenen* Teil spalten und für jeden gesondert einen Kausalitäts- und Zurechnungsnachweis verlangen. Denn das Gesetz verlangt mit Recht auch und gerade dort die Befolgung einer Sorgfaltsnorm, wo ihre Einhaltung zwar die **Chance** der Rechtsgutsbewahrung deutlich erhöht, aber *nicht mit absoluter Sicherheit* gewährleistet. Wer aber das erlaubte Risiko überschreitet und dadurch die vom Gesetz tolerierte Gefahr weiter erhöht, der hat *im Ganzen* ein **verbotenes** Risiko geschaffen, und dieses insgesamt verbotene Risiko verwirklicht sich, wenn der Erfolg im Risikozusammenhang eintritt.

Beispiel: Ein Arzt, der bei einer Operation einen Fehler macht (zB ein Blutgefäß nicht abklemmt), haftet auch dann wegen fahrlässiger Tötung, wenn die Möglichkeit nicht auszuschließen ist, dass der Patient auch bei sachgerechter Durchführung nicht mehr zu retten gewesen wäre. Denn das Risiko für das Leben des Patienten ist im Vergleich zu einem sorgfaltsgemäßen Alternativverhalten (Operation ohne Fehler) insgesamt erhöht worden und hat sich im Tod auch verwirklicht. Erst wenn umgekehrt mit an Sicherheit grenzender Wahrscheinlichkeit feststeht, dass der Patient durch den Eingriff in Wahrheit gar nicht zu retten war, der ärztliche Fehler also an der Eintrittswahrscheinlichkeit des (nach menschlichem Ermessen ohnedies sicheren) Todes nichts mehr geändert hat, hat die Sorgfaltsnorm im konkreten Fall ihren Zweck verfehlt, so dass mangels Risikoerhöhung die Erfolgszurechnung entfällt.

(3) Mit der **Risikoerhöhung** steht daher – Sorgfaltswidrigkeit, Kausalität und **60**
Risikozusammenhang vorausgesetzt – die Zurechnung fest. Freilich ist vor **Fehlern bei der Anwendung** zu warnen, die zu einer zu weiten Ausdehnung der Erfolgszurechnung und der Strafhaftung führen (*Burgstaller*, JAP 1992/93, 142):

– Die Lehre von der Risikoerhöhung gegenüber rechtmäßigem Alternativ- **61**
verhalten dient zur **Begrenzung** der objektiven Zurechnung bei **gegebener Sorgfaltswidrigkeit** der Handlung; sie kann die Feststellung der Sorgfaltswidrigkeit, die der Prüfung der Erfolgszurechnung vorangehen muss, nicht ersetzen.

– Das **sorgfaltsgemäße Verhalten**, mit dem man den tatsächlichen Ge- **62**
schehensablauf vergleicht, ist **strikt ex ante** und ohne Blick auf den ex post eingetretenen tatsächlichen Ablauf zu bestimmen. So wäre es im Beispielsfall absolut unzulässig, aus für den Autofahrer ex ante nicht erkennbaren Umständen (zB aus der Tatsache des Unfalls) die Annahme abzuleiten, dass *konkret* nur eine Geschwindigkeit von 30 km/h zulässig gewesen wäre, die – als rechtmäßiges Alternativverhalten dem Vergleich zugrundegelegt – unproblematisch eine Erfolgszurechnung ermöglicht. Vielmehr ist das rechtmäßige Alternativverhalten unabhängig vom tatsächlichen Geschehen strikt aufgrund des ex ante Erkennbaren zu ermitteln.

63 – Die **Risikoerhöhung** dagegen ist, wie jedes Element der objektiven Zurechnung, strikt **konkret** und **ex post** zu prüfen. Sie lässt sich daher im Beispielsfall nicht mit dem allgemeinen Hinweis bejahen, dass durch die Überschreitung der zulässigen Geschwindigkeit jedenfalls die Aufprallwucht größer gewesen sei. Eine Risiko**erhöhung** gegenüber rechtmäßigem Alternativverhalten liegt vielmehr nur dann vor, wenn durch diese verminderte Aufprallwucht eine reale Chance eröffnet worden wäre, den tatbestandsmäßigen Erfolg (Tod des Fußgängers) zu vermeiden. Nur wenn dies für den konkreten Einzelfall feststeht, darf die Zurechnung bejaht werden.

14. Kapitel: Vorsatz und Tatbildirrtum

Literaturauswahl: *Hochmayr*, Die Vorsatzform bei notwendigen Nebenfolgen, JBl 1998, 205; *Nowakowski*, WK[1] § 5; *ders*, Rechtsfeindlichkeit, Schuld, Vorsatz, ZStW 1953, 379; *Platzgummer*, Die Bewußtseinsform des Vorsatzes (1964); *ders*, Vorsatz und Unrechtsbewußtsein, StPdG 1 (1973) 35; *ders*, Probleme des Rechtsirrtums, StPdG 13 (1985) 1; *Roxin*, Zur Abgrenzung von bedingtem Vorsatz und bewußter Fahrlässigkeit, JuS 1964, 53; *Schütz*, Tatbestandsirrtum und Verbotsirrtum im Nebenstrafrecht (2000); *E. Steininger*, Der Irrtum über normative Tatbestandsmerkmale, JBl 1987, 205, 287.

I. Wesen des Vorsatzes

1. Vorsatz als Wissen und Wollen

„Vorsätzlich handelt, wer einen Sachverhalt verwirklichen will, der einem gesetzlichen Tatbild entspricht“ (§ 5 Abs 1 Satz 1). Da es aber kein unbewusstes Wollen gibt, sondern man einen bestimmten Sachverhalt nur dann verwirklichen „wollen“ kann, wenn man die Sachverhaltsverwirklichung als Folge seines Tuns zumindest *für möglich* hält, kann man kurz sagen: Vorsatz ist das **Wissen** und **Wollen** der Tatbildverwirklichung (das vom Wissen getragene Wollen). 1

- Die **Wissensseite** des Vorsatzes (**intellektuelles Element**) umfasst die **Kenntnis** aller Tatsachen (Sachverhalt), die den **äußeren Tatbestand** (das Tatbild) in allen seinen Elementen begründen. Äußerer und innerer Tatbestand müssen einander insoweit entsprechen. 2

  Dabei sind **verschiedene Stufen** (Grade) dieses Wissens möglich: Als Untergrenze ist es denkbar, dass der Täter einen bestimmten Umstand **„bloß für möglich hält“**; stärker ausgeprägt ist die Wissensseite des Vorsatzes, wenn der Täter das Vorliegen oder den Eintritt einer bestimmten Tatsache *„für wahrscheinlich hält“*, am stärksten, wenn er dies **„für gewiss hält“**.

- Die **Willensseite** des Vorsatzes (**voluntatives** oder **emotionales Element**) erfordert, dass der Täter darüber hinaus die Verwirklichung des Tatbildes in seinen **Willen** aufgenommen und sich solcherart **für die Rechtsgutsverletzung entschieden** hat. Dabei sieht im Gegensatz zum „Wünschen“ beim „Wollen“ der Wollende sich selbst als Ursache des Gewollten. 3

  Auch bei der Willensseite sind **verschiedene Stufen** zu unterscheiden: Neben dem „einfachen Wollen“ ist der Fall herauszuheben, dass es dem Täter **„gerade darauf ankommt“**, einen bestimmten Sachverhalt (zB einen bestimmten Erfolg) zu verwirklichen.

2. *Direkter Vorsatz und Eventualvorsatz*

4 Vorsatz liegt jedenfalls vor, wenn *eine der beiden Komponenten* – die Willens- oder die Wissensseite – in ihrer **stärksten Ausprägung** verwirklicht ist. Man spricht in diesen Fällen von **direktem Vorsatz** (**dolus directus**):

5 a) Hält es der Täter **für gewiss**, dass die tatbilderheblichen Umstände vorliegen und dass sein Handeln einen Sachverhalt verwirklicht, der einem gesetzlichen Tatbild entspricht (**Wissentlichkeit**, § 5 Abs 3), so hat er diese Tatbildverwirklichung auch gewollt. Weitere Feststellungen zur Willensseite sind in diesem Fall nicht mehr erforderlich.

Beispiel: Wer es für gewiss hält, dass die Sache, die er kauft, Diebsgut ist, begeht eine vorsätzliche Hehlerei (§ 164 Abs 2), mag ihm dieser Umstand auch höchst unerwünscht sein und er viel lieber eine redlich erlangte Sache erwerben „wollen": Im Rechtssinn will er den Kauf der gestohlenen Sache.

6 b) Von **Absichtlichkeit** spricht man, wenn es dem Täter **gerade darauf ankommt**, einen Sachverhalt zu verwirklichen, der einem Deliktstatbestand entspricht (§ 5 Abs 2). Auch in diesem Fall handelt er vorsätzlich, mag er auch (auf der Wissensseite) die Erfolgswahrscheinlichkeit seines Tuns als sehr gering einschätzen.

Beispiel: A schießt aus weiter Entfernung auf seinen Feind X, wobei es ihm gerade auf dessen Tod ankommt. Da A ein schlechter Schütze ist, hält er es für ziemlich unwahrscheinlich, dass er ihn treffen wird. Aber er versucht dennoch sein Glück und hat Erfolg. – Vorsätzliche Tötung, solange A es auf der Wissensseite des Vorsatzes auch nur für möglich hält, dass der Schuss den X töten werde; wegen der besonderen Ausprägung der Willensseite genügt auf der Wissensseite die Untergrenze.

7 Aber auch ohne diese besonderen Ausprägungen des intellektuellen oder des emotionalen Elements kann Vorsatz vorliegen. Denn nach der Legaldefinition des § 5 Abs 1 Satz 2 „*genügt es, dass der Täter diese Verwirklichung* (dh die Verwirklichung eines Sachverhalts, der einem gesetzlichen Tatbild entspricht) *ernstlich für möglich hält und sich mit ihr abfindet*". Dieser **Eventualvorsatz** (**dolus eventualis**) ist die **Grenzform** des Vorsatzes und genügt für alle Delikte, für die nicht ausdrücklich etwas anderes vorgeschrieben ist (**allgemeiner Anwendungsbereich** des Eventualvorsatzes). Zur Abgrenzung zwischen Eventualvorsatz und Fahrlässigkeit vgl unten 14/49 ff.

3. *Besonderer Anwendungsbereich von Wissentlichkeit und Absichtlichkeit*

8 **Wissentlichkeit** und **Absichtlichkeit** sind dagegen nur dann erforderlich, wenn ein besonderer Deliktstatbestand ausdrücklich wissentliches oder absichtliches Handeln fordert. Dabei ist die besondere Vorsatzform zumeist nicht für alle Tatbildmerkmale, sondern nur für einzelne vorausgesetzt, so dass bezüglich der übrigen Merkmale Eventualvorsatz genügt.

a) Wichtige Delikte, die als besondere Ausgestaltung der Wissenskomponente **wissentliches** Handeln erfordern, sind die *Untreue* (§ 153), die *Verleumdung* (§ 297) und der *Amtsmissbrauch* (§ 302). In allen Fällen ist Wissentlichkeit nicht für alle, sondern nur für einzelne Tatbildmerkmale gefordert. So muss zB bei der **Untreue** der Machthaber bloß für gewiss halten, dass er seine Befugnis missbraucht (also in unvertretbarerer Weise gegen seine Pflichten aus dem Innenverhältnis verstößt); für den Eintritt eines Vermögensschadens genügt Eventualvorsatz (vgl unten 14/49 ff). Ein weiteres Beispiel für Wissentlichkeit ist der „Isolierungstatbestand" der **Geldwäscherei** (§ 165 Abs 2) im Gegensatz zum Verschleierungstatbestand des Abs 1, für den Eventualvorsatz genügt (ausführlich zu diesen Tatbeständen *Fuchs/Reindl-Krauskopf*, BT I[7] 237 ff, 278 ff). 9

b) Eine **absichtliche** schwere Körperverletzung, die nach § 87 strenger bestraft wird als eine normal-vorsätzliche (§ 84), begeht derjenige, dem es gerade darauf ankommt, seinem Opfer eine schwere Verletzung zuzufügen. Dabei muss der Eintritt der schweren Verletzung das **Endziel** des Täters (**die angestrebte Hauptfolge**, zB absichtliche Verletzung des Widersachers) sein oder doch zumindest eine **notwendige Durchgangsstufe**, ohne die das eigentliche **Ziel** nicht zu erreichen ist. Dass die schwere Verletzungsfolge eine (wenngleich vielleicht als gewiss vorausgesehene) *Nebenfolge* ist, genügt für Absichtlichkeit nicht. 10

Bisweilen verwendet das Gesetz auch die **Wendung „um … zu"**, wenn es die Strafbarkeit auf absichtliches Handeln beschränken will. So liegt ein *räuberischer Diebstahl* (§ 131) nur dann vor, wenn es dem Dieb bei der Gewaltanwendung oder Drohung gerade darauf ankommt, sich dadurch die weggenommene Sache *zu erhalten*; kommt es ihm überwiegend auf etwas anderes an (zB auf die Ermöglichung der Flucht), so entfällt mangels Absichtlichkeit die Qualifikation des § 131. 11

Ähnlich ist es bei der *Begünstigung* (§ 299): Der Taxifahrer, der (vielleicht sogar wissentlich) einen auf der Flucht befindlichen Dieb transportiert, macht sich nur dann wegen dieses Deliktes strafbar, wenn es ihm gerade darauf ankommt, dadurch den Dieb der Verfolgung zu entziehen. Daran fehlt es, wenn es dem Fahrer vorrangig auf den üblichen Fuhrlohn ankommt, den der Flüchtling zahlt; verlangt er dagegen „wegen des höheren Risikos" einen erhöhten Fuhrlohn, dann ist die gewährte Hilfe eine notwendige Durchgangsstufe zur Erreichung dieses Zieles, so dass eine absichtliche Begünstigung vorliegt.

4. *Tatbildvorsatz und erweiterter Vorsatz*

Unmittelbar geregelt ist in § 5 nur der **Tatbildvorsatz** als ein allgemeines Tatbestandsmerkmal aller Vorsatzdelikte (**§ 7 Abs 1**). Die Regeln sind aber analog anzuwenden auf die Fälle des erweiterten Vorsatzes: Auch in diesem Fall genügt Eventualvorsatz (zB beim Bereicherungsvorsatz des Diebstahls), sofern das Gesetz nicht ausdrücklich Absichtlichkeit (zB § 131) oder Wissentlichkeit verlangt. 12

Im Folgenden wird zuerst der **Tatbildvorsatz** erörtert (II–IV); anschließend werden die Besonderheiten des **erweiterten Vorsatzes** behandelt (unten V).

II. Einzelheiten

1. Gegenstand des Vorsatzes

13 a) Der **Gegenstand des Vorsatzes** ist jener **Sachverhalt** (Tatsachen), der den **äußeren Tatbestand** (Tatbild) des betreffenden Deliktes in allen seinen Elementen begründet.

Beispiel: Beim **Mord** (§ 75) muss sich der Vorsatz insbesondere auf den Eintritt des *Todes* beziehen, beim **Diebstahl** (§ 127) auf die Fremdheit der Sache und auf den *Gewahrsamsbruch*.

Dagegen braucht sich der Vorsatz **nicht** zu beziehen auf:

- **objektive Bedingungen** der Strafbarkeit, zB auf die Gegenseitigkeit nach § 318 Abs 2 oder auf den Eintritt einer Körperverletzung oder des Todes bei einem Raufhandel nach § 91 (näher unten 27/5 ff);
- objektivierte Schuldmerkmale (vgl unten 25/2);
- **Prozessvoraussetzungen**, zB Privatanklage- oder Ermächtigungserfordernis.

b) **Gegenstand** des Vorsatzes sind insbesondere:

14 aa) die **Tathandlung** in ihrer Eigenschaft als *sozial-inadäquat gefährliche* Handlung;

Beispiel: A gibt dem X fünf Löffel Zucker in den Kaffee in der Vorstellung, dass so viel Zucker im Kaffee den stärksten Mann umbringt. Stirbt X tatsächlich, weil der Zucker – was A nicht im entferntesten geahnt hat – (zufälligerweise) tödliche Bakterien enthält, so kann A trotzdem nicht wegen vorsätzlicher Tötung (Mord) bestraft werden. Denn sein Vorsatz umfasst nur das „Vergiften mit Zucker", also eine *ungefährliche* Handlung. Ein sozial-inadäquates Risiko schafft A nur durch Eingabe von Bakterien; darauf erstreckt sich sein Vorsatz aber nicht. Möglich ist nur eine fahrlässige Tötung.

bb) das **Tatobjekt** in seinen tatbildrelevanten Eigenschaften.

15 Daher liegt, wenn der Erfolg *an einem anderen* als dem gewollten *Objekt* eintritt, bezüglich dieses anderen Objekts kein Vorsatz vor: **aberratio ictus**.

Beispiel: A schickt dem X vergiftete Bonbons, um ihn zu töten. X bietet die Bonbons dem Y an, der stirbt: **Versuchter** Mord an X und (gegebenenfalls) **fahrlässige Tötung** des Y. Vollendeter Mord liegt nur dann vor, wenn A auch den Tod des Y (eines „anderen") zumindest dolo eventuali in sein Bewusstsein aufgenommen hat.

16 Dagegen ist Vorsatz gegeben, wenn der Erfolg *am vorgestellten Objekt* eintritt, auch wenn der Täter über dessen **Identität** irrt, diese aber nicht tatbildrelevant ist: **error in objecto** vel persona.

Beispiel: Der Berufsmörder A soll den X töten. Da er ihn aber nur aus Beschreibungen kennt, hält er den herankommenden Spaziergänger Y für den X und tötet den Y: **Vollendeter** Mord, da sich die Tätervorstellung auf ein bestimmtes Handlungsobjekt konkretisiert hat („das herankommende Etwas") und A dieses Handlungsobjekt in seinen tatbildrelevanten Eigenschaften (nämlich als einen Menschen) erkannt hat und einen Menschen töten wollte. Die Identität des Menschen ist bei § 75 unerheblich.

Dies gilt allerdings nur bei **gleichwertigen Objekten**, das sind solche, die beide den entsprechenden Tatbestand erfüllen. Bei ungleichwertigen Objekten liegt ein auf das vorgestellte Objekt bezogener Versuch vor (wie bei einer **aberratio ictus**). 17

Beispiel: A schießt auf einen Menschen, den er für eine Schaufensterpuppe hält: Neben der versuchten Sachbeschädigung keine vorsätzliche Körperverletzung (vielleicht eine fahrlässige), weil sich das vorgestellte Handlungsobjekt (Puppe = Sache) nicht unter die Handlungsobjekte des § 83 (Mensch) subsumieren lässt, der allein erfüllt ist. – Ebenso im umgekehrten Fall: A schießt auf eine Puppe, die er für einen Menschen hält: Versuchte Körperverletzung, aber keine vorsätzliche Sachbeschädigung. – Zur Frage der Tauglichkeit des jeweiligen Versuchs vgl unten in Kap 30.

cc) Gegenstand des Vorsatzes ist auch der **Kausalverlauf** in seinen groben Zügen. 18

Da der tatsächliche Kausalverlauf, durch den der Erfolg herbeigeführt worden ist, zu den tatbildrelevanten Umständen zählt, muss sich auch der Vorsatz darauf beziehen. Freilich ist es dem Durchschnittsmenschen meist nicht möglich, den Kausalzusammenhang zwischen einer Handlung und den durch diese Handlung bewirkten Ereignissen völlig zu durchschauen; nur der Fachmann weiß genau, wie eine Schusswaffe funktioniert. Für den Tatvorsatz muss es daher hinreichen, dass der Täter den Kausalverlauf zwischen seiner Handlung und dem Eintritt des Deliktserfolges **in seinen wesentlichen Zügen** voraussieht. **Unwesentliche** Abweichungen des tatsächlichen Kausalverlaufs vom vorgestellten schließen den Vorsatz nicht aus.

Beispiel für eine unwesentliche Abweichung: A wirft den X von einer Brücke, wobei er erwartet, dass X im Fluss ertrinken werde. X stirbt aber dadurch, dass er auf dem Brückenpfeiler aufschlägt und sich das Genick bricht.

Unwesentlich ist die Abweichung so lange, als der eingetretene Erfolg im **Risikozusammenhang** mit der Tathandlung steht. Im Ergebnis ist damit der Vorsatz in Bezug auf den Kausalverlauf ohne Bedeutung; fehlt es am Risikozusammenhang, so entfällt bereits der objektive Tatbestand (vgl oben 13/28 ff). 19

Beispiel: A schlägt auf den X mit Tötungsvorsatz ein (will ihn also erschlagen). X weicht dem Schlag aus (so dass dieser fehlgeht) und stürzt dabei über eine Treppe, wobei er sich das Genick bricht. – Vollendeter Mord, wenn man annimmt, dass es auch deshalb verboten ist, auf einen anderen einzuschlagen, weil er sich beim Ausweichen das Genick brechen könnte (*Roxin/Greco*, AT 1^5 12/158); nur Versuch, wenn man den Risikozusammenhang verneint (dazu näher *Burgstaller/Schütz*, WK^2 § 7 Rz 31).

dd) Kein Gegenstand des Vorsatzes ist das Fehlen von **Rechtfertigungsgründen**. Die irrtümliche Annahme eines rechtfertigenden Sachverhalts schließt den Vorsatz also nicht aus, hat aber die gleiche Wirkung (vgl unten Kap 20). 20

2. Tatsachenkenntnis und Wertung

a) Kenntnis des sozialen Bedeutungsgehaltes als Gegenstand des Vorsatzes

21 aa) Der Vorsatz bezieht sich auf einen Sachverhalt, also auf Tatsachen, doch er erschöpft sich nicht in der nackten Tatsachenkenntnis. Notwendig ist vielmehr, dass der Täter zumindest in laienhafter Weise die **Wertungen** des Gesetzes nachvollzieht und die Tatbildelemente auch in ihrem **sozialen Bedeutungsgehalt** erfasst. Dazu ist freilich nicht eine juristisch korrekte Subsumtion erforderlich, sondern (nur) eine „**Parallelwertung in der Laiensphäre**".

Beispiel: Wer einen fremden Hund erschlägt, wird im Strafverfahren wegen Sachbeschädigung nicht mit Erfolg einwenden können, er habe es nicht für möglich gehalten, dass ein Hund eine **Sache** sein solle, und er werde es auch niemals glauben. Solange der Täter erfasst hat, dass er in einen fremden Herrschaftsbereich eingegriffen hat, hat er das Wesen der Sachbeschädigung als einer Eigentumsbeeinträchtigung in laienhafter Weise erfasst und handelt vorsätzlich. Sein Irrtum ist ein irrelevanter **Subsumtionsirrtum**.

Ebenso: Wer Klebstoff in eine Uhr schüttet, hat wohl immer das Wesen des **Beschädigens** (oder des Unbrauchbarmachens) erfasst. – Wer ein Kind während der Geburt tötet, hat in der Regel das Wesen der Tötung eines **Menschen** erkannt, mag er auch den feinen Unterschied zwischen dem Beginn des Menschseins im Strafrecht und im Bürgerlichen Recht nicht kennen (dazu näher *Fuchs/Reindl-Krauskopf*, BT I[7] 6).

22 bb) Die Kenntnis des sozialen Bedeutungsgehaltes kann dem Täter insbesondere bei **normativen Tatbestandsmerkmalen** fehlen.

Beispiel: Ein besonders schwieriger und stark normativ aufgeladener Begriff ist die „**Urkunde**". Wesentliches Merkmal ist die Garantiefunktion. Wer einen *Reisepass* fälscht, wird wohl immer (zumindest in laienhafter Weise) erkennen, dass er diese Garantiefunktion beeinträchtigt. Eine Scheckkarte als Urkunde zu erkennen ist für einen Laien schon nicht mehr so selbstverständlich. Kaum möglich ist es dagegen, ohne aktuelle Kenntnis der Fiktion des § 49 Abs 1 KFG zweiter Satz zu wissen, dass eine *Kfz-Kennzeichentafel* eine öffentliche Urkunde ist (vgl auch unten 14/45).

Enthält ein Deliktstatbestand **Rechtsbegriffe**, die auf andere Rechtsbereiche (insbes auf **andere Rechtsgebiete**) verweisen, so genügt für den Vorsatz bezüglich solcher Tatbestandsmerkmale nicht die Kenntnis der Tatsachen, aus denen bei richtiger rechtlicher Subsumtion in dem anderen Rechtsgebiet die Merkmalserfüllung folgt. Vorsätzlich handelt nur, wer die **strafrechtliche Wertung** des betreffenden Rechtsbegriffes zumindest in laienhafter Weise nachvollzieht.

Beispiele:

(1) Die **Eigentumsdelikte** werden an **fremden Sachen** begangen, wobei sich die Fremdheit nach bürgerlichem Recht beurteilt. Wer daher eine Sache im Glauben kauft, bereits durch den Kaufabschluss ohne Übergabe Eigentümer zu werden, und dann „seine" Sache vor der Übereignung in der Wohnung des Verkäufers zerschlägt, der hat (objektiv) eine *fremde* Sache zerstört, da er ohne Übergabe noch nicht Eigentümer geworden ist, und kennt auch alle Tatsachen, aus denen dies bei richtiger Beurteilung nach bürgerlichem Recht folgt. Sein Irrtum ist ein Rechtsirrtum (über § 1053 ABGB), der aber den Vorsatz ausschließt, wenn der Täter nicht einmal in laienhafter Weise den **Eigentumseingriff** empfindet. **23**

(2) **Wilderei** (§ 137) begeht nur, wer sich der „Verletzung fremden Jagd- oder Fischereirechts", also des Eingriffs in das ausschließliche Aneignungsrecht des Jagdberechtigten, bewusst ist (vgl dazu das Beispiel unten 14/46). **24**

(3) **Hehlerei** kann nur an Sachen begangen werden, die durch eine gerichtliche Straftat erlangt worden sind. Für den Vorsatz des Hehlers ist zwar keine Subsumtion der Vortat unter einen bestimmten Tatbestand, aber immerhin das Bewusstsein des Hehlers erforderlich, dass die Vortat gerade *strafrechtlich* sanktioniert ist; hält er sie nur für ziviles Unrecht, so fehlt es dem Hehler am Vorsatz. – Bei der **Geldwäscherei** (§ 165) muss sich das Bewusstsein des Täters sogar darauf beziehen, dass der gegenständliche Vermögensbestandteil aus einer schweren strafbaren Handlung („Verbrechen" oder vergleichbar schwere Vortat) herrührt. **25**

(4) **Untreue** begeht, wer wissentlich die ihm eingeräumte Befugnis missbraucht, also in unvertretbarer Weise gegen seine Pflichten aus dem Innenverhältnis zum Machtgeber verstößt. Auch hier genügt für den Vorsatz nicht die Kenntnis der Tatsachen, aus denen sich (zB bei einem Geschäftsführer nach dem GmbH-Gesetz) die Pflichtwidrigkeit rechtlich ableiten lässt, sondern ist (sogar in Form der Wissentlichkeit) das *Bewusstsein gerade der Pflichtwidrigkeit als solcher und der Unvertretbarkeit der Vertretungshandlung* notwendig. **26**

Bei den **Umweltdelikten** (zB § 180) müsste sich nach den allgemeinen Regeln der Vorsatz des Täters darauf beziehen, dass er „entgegen einer Rechtsvorschrift oder einem behördlichen Auftrag" (Verwaltungsakzessorietät) die Umwelt verunreinigt; Unkenntnis der Verwaltungsvorschriften ließe den Vorsatz entfallen. Hier gilt allerdings die **Sonderregel des § 183a** (vgl unten 14/48). **27**

b) Maßstab der Bewertung

Bei der Bewertung der Tatsachen genügt es, wenn der Täter weiß, wie das Merkmal *von der* **Gesellschaft** *(Rechtsordnung) bewertet* wird; dass er selbst die Bewertung teilt, ist nicht erforderlich: Der Täter muss die normative Bewertung *erkennen*, nicht aber nachvollziehen. **28**

Beispiel: A ist wegen Verbreitung unzüchtiger Schriften nach dem Pornographiegesetz angeklagt. Er wendet ein, er selbst habe die von ihm verkauften Hefte nicht für unzüchtig gehalten. – Der Einwand ist unerheblich, wenn der Täter nur gewusst hat, dass die Gesellschaft (das Gesetz) solche Schriften als unzüchtig bewertet (was beim Händler selbst, anders als bei jugendlichen Angestellten, zumeist anzunehmen sein wird).

3. *Bewusstseinsform des Vorsatzes*

29 Grundsätzlich ist **aktuelles Bewusstsein** notwendig: Vorsatz liegt nur dann vor, wenn der Täter im Zeitpunkt der Tathandlung zumindest an die Möglichkeit der Tatbestandsverwirklichung **aktuell gedacht** hat.

Beispiel: Wer weiß, dass ein Student in die Institutsräumlichkeiten gegangen ist, aber in dem Augenblick, in dem er am Abend die Tür zusperrt, nicht daran denkt, hat keinen Vorsatz auf Freiheitsentziehung. Dass der Täter „es hätte wissen müssen, dass noch jemand im Institut ist", begründet Fahrlässigkeit, keinen Vorsatz.

Nur ausnahmsweise, nämlich bei **fixen persönlichen Eigenschaften** des Täters, genügt **aktualisierbares Bewusstsein**. Solche Umstände gehören zum **„ständigen Begleitwissen"**, an das man nicht dauernd aktuell denkt, das einem aber trotzdem ständig „mitbewusst" ist (**Mitbewusstsein**; *Platzgummer*).

Beispiel: Ein Beamter denkt nicht dauernd an seine Beamtenstellung. Dennoch ist ihm diese persönliche Eigenschaft mitbewusst, so dass er auch hinsichtlich dieses Tatmerkmals vorsätzlich handelt.

4. *Zeitpunkt des Vorsatzes*

30 a) Der Vorsatz muss im **Zeitpunkt der Tathandlung** vorliegen, „**dolus superveniens**" oder „**dolus antecedens**" sind irrelevant (**Gleichzeitigkeitsprinzip**, Simultanitätsprinzip).

Beispiel: A zieht im Gasthaus irrtümlich einen fremden Mantel an, den er für den seinen hält. Zu Hause bemerkt er seinen Irrtum und beschließt, den Mantel zu behalten. – Im Zeitpunkt des Gewahrsamsbruchs (Tathandlung des § 127) fehlt der Vorsatz auf diesen und auf die Fremdheit der weggenommenen Sache. Dass er später (zu Hause) dazukommt, macht die vorsatzlose Wegnahme nicht nachträglich zum Diebstahl: ***dolus superveniens non nocet***. Allerdings kann der Täter nunmehr (nachdem er die Fremdheit erkannt hat) ein anderes Delikt begehen (Anschlussunterschlagung, § 134 Abs 2).

Weiteres Beispiel: A möchte seine Ehefrau, die nicht schwimmen kann, töten. Sein Plan geht dahin, weit aufs Meer hinauszurudern und die Frau dann ins Wasser zu stoßen. Doch bereits nach kurzer Fahrt stößt A aus Ungeschicklichkeit gegen die Frau, so dass diese bereits jetzt ins Wasser fällt und ertrinkt (ohne dass A sie retten kann). – ***Dolus antecedens***.

b) Bei **Dauerdelikten** (vgl oben 10/63) erfüllt jedoch auch die Aufrechterhaltung des rechtswidrigen Zustandes den Tatbestand; ein während dieses Zeitraumes hinzukommender Vorsatz stellt auch unter Beachtung des Gleichzeitigkeitsprinzips das Delikt her. **31**

Beispiel: Wer einen anderen unbewusst eingesperrt hat (vgl das Beispiel oben 14/29) und dies später erkennt, macht sich nunmehr wegen Freiheitsentziehung (§ 99) durch Gefangenhalten strafbar, wenn er den Eingesperrten nicht befreit.

Gegenbeispiel: Wer eine gestohlene Sache gutgläubig gekauft hat und sie auch dann behält, als er später von ihrer deliktischen Herkunft erfährt, hat jedenfalls keine Hehlerei durch An-sich-Bringen (§ 164 Abs 2) begangen und richtigerweise auch keine andere Begehungsform dieses Delikts erfüllt, weil Hehlerei in allen ihren Begehungsformen ein Zustands- und kein Dauerdelikt ist.

c) Bei **mehraktigen Delikten** muss der *gesamte* Tatvorsatz – also auch der Vorsatz, den *zweiten* Akt vorzunehmen – bereits während des *ersten* Aktes vorliegen. **32**

Beispiel: Wer einen anderen im Zuge einer Auseinandersetzung niederschlägt und dem Bewusstlosen dann die Brieftasche wegnimmt, begeht nur dann einen Raub, wenn er die Tasche schon im Zeitpunkt des Niederschlagens wegnehmen wollte.

d) Aufgrund des Gleichzeitigkeitsprinzips ist es notwendig, **zusammengesetzte Sachverhalte** in ihre Abschnitte zu zerlegen. Es gibt keinen „alles umfassenden dolus generalis". **33**

*Beispiel 1 (**verspätete Vollendung**):* A will den X mit einem Knüppel erschlagen und dann die Leiche in einer Jauchengrube versenken. X wird jedoch durch den Schlag nur betäubt (was A nicht erkennt, der ihn für tot hält) und ertrinkt erst in der Jauchengrube.

A hat durch den **ersten Akt** einen **versuchten Mord** und (gegebenenfalls) eine **fahrlässige Tötung** durch den **zweiten Akt** begangen. Vollendeter Mord liegt nur dann vor, wenn der Täter auch beim zweiten Akt noch Tötungsvorsatz hat („Vielleicht ist er noch nicht ganz tot, sicher ist sicher."). – Nach einer anderen Ansicht ist der Mord vollendet, weil die zweite Handlung „ein *Zwischenglied* in der Kausalkette (ist), die die Kausalität zwischen der *ersten* Handlung und dem *Erfolg* begründet" (*Triffterer*, AT^2 9/96), und sich das *Risiko* verwirklicht hat, das die *erste* Handlung eröffnet hat. Richtigerweise ist aber der Risikozusammenhang zwischen der Handlung, die nach dem Vorsatz des Täters die Tötungshandlung sein sollte, und dem eingetretenen Erfolg zu verneinen: Jemanden auf den Kopf zu schlagen, ist nicht deshalb verboten, weil der Täter das Opfer für tot halten und bei der Beseitigung der vermeintlichen Leiche töten könnte (*Reindl-Krauskopf*, WK^2 § 5 Rz 66).

*Beispiel 2 (**vorzeitige Vollendung**):* A will den X mit einem Knüppel betäuben und dann in der Jauchengrube ertränken. X wird jedoch schon durch den Schlag getötet (was A nicht erkennt, der ihn bloß für bewusstlos hält), so dass A eine Leiche in die Grube wirft. **34**

Die Tötungshandlung soll nach der Vorstellung des Täters das **Ertränken** sein, nur diesbezüglich hat er Vorsatz, in diesem Zeitpunkt ist X jedoch bereits tot: (absolut untauglicher) **Mordversuch.** Für den **ersten Akt (den Schlag)**, den er ohne Tötungsvorsatz (hinsichtlich dieser Tathandlung) setzt, ist A wegen **§ 86 Abs 2** strafbar (wenn, was anzunehmen ist, der Tod im Risikozusammenhang mit dem Schlag steht und darum eine fahrlässige Folge der vorsätzlichen Misshandlung ist). – Es ist allerdings möglich, dass A mit dem ersten Akt schon in das Versuchsstadium hinsichtlich des zweiten Aktes getreten ist, wenn der Schlag dem geplanten Ertränken unmittelbar vorangehen sollte (vgl zur Abgrenzung von Vorbereitung und Versuch unten 29/24 ff). – Ähnlich der Fall 13 Os 150/83 JBl 1984, 326 m Anm *Fuchs*.

In beiden Fällen liegt also mangels Zusammentreffens von Tötungshandlung und Tötungsvorsatz kein vollendeter Mord vor.

5. Konkretisierung des Vorsatzes und „dolus generalis"

35 Gegenstand des Vorsatzes ist ein **konkreter Lebenssachverhalt**.

Beispiel: Der Terrorist A versteckt in einem PKW auf der Mariahilferstraße eine Bombe mit Zeitzünder, die zur Hauptgeschäftszeit explodieren soll. Zehn zufällig vorbeikommende Passanten werden getötet. – Vollendeter Mord, wenn der Täter zumindest eventualvorsätzlich mit dem Tod eines Passanten gerechnet hat. Welche Opfer getroffen werden, ist hier gleichgültig, da der Vorsatz **hinreichend konkretisiert** ist. In diesem Sinne gibt es einen „**dolus generalis**".

6. Tatbestandsbezogenheit des Vorsatzes und dolus alternativus

36 a) Ob der Täter „einen Sachverhalt verwirklichen will, der einem gesetzlichen Tatbild entspricht" (§ 5 Abs 1 Satz 1), ist **für jeden konkreten Tatbestand gesondert** zu prüfen. Dabei ist es denkbar, dass der Täter mit einer Handlung **mehrere Tatbestände** verwirklichen will.

Beispiel: Der Täter schlägt eine Glastür ein und rechnet dabei damit, dass dadurch auch ein in der Nähe stehender Mensch verletzt werde.

In diesem Fall ist der Täter **wegen aller Delikte**, für die er Vorsatz hatte, zu bestrafen, und zwar für Vollendung oder für Versuch, je nachdem, ob der jeweilige Erfolg eingetreten ist oder nicht.

37 b) Anders ist es, wenn die Verwirklichungen der verschiedenen Tatbestände einander nach dem Urteil des Täters **gegenseitig ausschließen (dolus alternativus)**. Denkbar sind folgende Fälle:

38 – Der Täter hat Zweifel über das Vorhandensein eines zum Handlungszeitpunkt bereits feststehenen und damit **statischen tatbestandsrelevanten Umstands**, insbesondere über eine bestimmte wesentliche Eigenschaft des Tatobjekts.

Beispiel 1: Er schießt auf ein bestimmtes Objekt, das nach seinen Vorstellungen ein Mensch oder eine Statue sein kann. Sein Vorsatz ist auf Sachbeschädigung und auf Körperverletzung gerichtet, doch kann und soll – da nur ein Objekt vorhanden ist – nur eines der beiden Delikte verwirklicht werden.

Beispiel 2: Ebenso ist es, wenn der Täter zweifelt, ob die fremde Brieftasche, die er an sich nimmt, verloren (dann Fundunterschlagung) oder bloß verlegt (dann Diebstahl) ist.

– Es kann aber auch sein, dass der Täter über ein **dynamisches Element**, nämlich über die möglichen Wirkungen seiner Tathandlung zweifelt. 39

Beispiel 3: Der Täter schießt auf einen Menschen, der vor einer Fensterscheibe steht, und hält es dabei für möglich, den Menschen zu verfehlen und die Scheibe zu treffen. Hier ist die Tathandlung gegen zwei **ungleichwertige Objekte** gerichtet, wobei der Täter aber nur eine **alternative Verwirklichung** für möglich hält.

Beispiel 4: Denkbar ist auch ein alternativer Vorsatz bei zwei **gleichwertigen Objekten**: Der Täter gibt einen Schuss in eine Menschenmenge ab, wobei er damit rechnet, einen Menschen zu verletzen.

In allen Fällen des alternativen Vorsatzes ist der Täter **nur nach einem**, nämlich nach dem schwersten **Delikt** zu bestrafen (*Nowakowski*, JBl 1937, 465 ff; *Roxin/Greco*, AT 1^5 12/94), da er immer nur ein einziges Delikt begehen will. Dieses schwerste Delikt kann auch ein *Versuch* sein, der bei einem Irrtum über statische Umstände nach richtiger Ansicht absolut untauglich ist (vgl dazu unten in Kap 30). 40

Ist in *Beispiel 2* die Brieftasche tatsächlich verloren, so hat der Täter eine vollendete Fundunterschlagung begangen. Der außerdem verwirklichte Versuch des Diebstahls ist mangels einer im fremden Gewahrsam stehenden Sache absolut untauglich. – In *Beispiel 3* ist der Täter, auch wenn er den Menschen verfehlt und die Scheibe zerstört, nur wegen versuchter Körperverletzung (oder versuchten Mordes, je nach Vorsatz) zu bestrafen. 41

III. Tatbildirrtum als Gegenstück des Vorsatzes

1. Begriff des Tatbildirrtums

a) Aus § 5 Abs 1 folgt im Umkehrschluss: **Fehlt** das **Wissen oder Wollen** hinsichtlich mindestens **eines** Tatbildelementes, so handelt der Täter nicht vorsätzlich. Ist in einem solchen Fall der Tatbestand eines bestimmten Delikts objektiv verwirklicht, ohne dass der Täter dies erkennt oder will, so spricht man von einem **Tatbildirrtum**. Dieser ist also im Gesetz nicht ausdrücklich geregelt, sondern folgt als Fehlen des Vorsatzes indirekt aus der Vorsatzdefinition des § 5. 42

b) Der Tatbildirrtum ist meist ein **Tatsachenirrtum**:

43 *Beispiele:* Der kurzsichtige Jäger A hört ein Rascheln im Gebüsch. In der Meinung, einen kapitalen Hirsch vor sich zu haben, drückt er rasch ab – und „erlegt" den Treiber X. – A nimmt im Gasthaus einen fremden Mantel mit, den er für den eigenen hält.

44 Der Tatsachenirrtum über ein **qualifizierendes Merkmal** schließt den Vorsatz hinsichtlich der Qualifikation aus. Bei echten Deliktsqualifikationen (im Gegensatz zu den erfolgsqualifizierten Delikten, vgl oben 9/11 ff) bleibt es daher bei der Strafbarkeit wegen des Grunddelikts.

Beispiel: A stiehlt ein Armband, das er für eine gelungene Imitation im Wert von 100 Euro hält. In Wahrheit ist das Schmuckstück echt und über 5.000 Euro wert. – Strafbar nur wegen § 127, für die Qualifikation des § 128 Abs 1 Z 5 fehlt der Vorsatz.

45 c) Da aber vorsätzlich nur handelt, wer zumindest in laienhafter Weise auch die soziale Bedeutung der gesetzlichen Tatbildmerkmale erkennt (vgl oben 14/22 ff), ist auch der **Irrtum über den sozialen Bedeutungsgehalt eines normativen Tatbestandsmerkmals** ein Tatbildirrtum.

Beispiel (im Anschluss an oben 14/22): A lässt nach einem Unfall sein Auto in Deutschland reparieren. Dabei wird auch, wie dort üblich, die (österreichische) Kennzeichentafel, die beim Unfall zerstört worden ist, erneuert. A fährt mit dem Auto in Österreich – und wundert sich über eine Anklage wegen Gebrauchs einer falschen Urkunde (§ 223 Abs 2 StGB). – Objektiv ist dieser Tatbestand tatsächlich erfüllt, denn Kfz-Kennzeichentafeln sind nach der Legaldefinition (Fiktion) des § 49 Abs 1 KFG öffentliche Urkunden. A kennt zwar alle Tatsachen, aus denen dies folgt (unterliegt also keinem Tatsachenirrtum), erkennt aber nicht im entferntesten den sozialen Bedeutungsgehalt seines Tuns als Fälschung einer „Urkunde". Sein Irrtum, obwohl ein **Rechtsirrtum** (KFG), ist ein **Tatbildirrtum** und schließt den Vorsatz aus.

Dieser Lösung scheint **§ 9** entgegenzustehen, der nach seiner Überschrift *alle* Rechtsirrtümer zu regeln scheint. Doch setzt § 9 – nach seinem klaren Wortlaut – vorsätzliches Handeln voraus, regelt also nur den *Rechtsirrtum bei vorliegendem Vorsatz*. Die Bestimmung kann daher nicht zur (einschränkenden) Auslegung des § 5 über den Vorsatz herangezogen werden (*Platzgummer*, StPdG 13, 7 ff; zum Verbotsirrtum, den § 9 in Wahrheit regelt, vgl unten Kap 23).

46 d) Tatsachen- und Bedeutungsirrtum können auch in einem Fall **zusammentreffen**:

Beispiel (nach 13 Os 124/86 RZ 1987/22): A stellt eine Falle auf, um einen Marder zu fangen, es fängt sich aber ein Hase. – Sowohl Hase als auch Marder sind nach dem maßgebenden Landes-Jagdgesetz jagdbare Tiere, die fremdem Jagdrecht unterliegen. Also erfüllt sowohl das Töten eines

Hasen als auch das Erlegen eines Marders den objektiven Tatbestand des § 137 StGB.

- Weiß A, dass Marder und Hase jagdbare Tiere sind, unterliegt er einem unbeachtlichen error in objecto: Er will (durch das Fangen des Marders) fremdes Jagdrecht verletzen und er verletzt es auch (wenngleich dadurch, dass er einen Hasen fängt).
- Glaubt A dagegen, dass der Marder kein jagdbares Tier ist, so fehlt ihm der Vorsatz, fremdes Jagdrecht zu verletzen (*Bedeutungsirrtum* über das normative Tatbestandsmerkmal „unter Verletzung fremden Jagd- oder Fischereirechts"). Er kann daher nach § 137 nicht bestraft werden. Daran ändert sich auch dann nichts, wenn er letztlich einen Hasen fängt, an den er aber (*Tatsachenirrtum*) nie gedacht hat.

2. Folgen des Tatbildirrtums

a) Da der Vorsatz fehlt, kann der Täter aus dem **Vorsatzdelikt** nicht bestraft werden. Auf eine etwaige **Vorwerfbarkeit** des Tatbildirrtums **kommt es nicht an**; auch der *vorwerfbare* (unentschuldbare) Tatbildirrtum schließt den Vorsatz aus und lässt die Vorsatzhaftung entfallen. Allerdings kann der Täter wegen **fahrlässiger Begehung** bestraft werden, wenn 47

- ein entsprechendes **Fahrlässigkeitsdelikt** existiert und
- der **Irrtum** auf **Fahrlässigkeit** beruht, wenn also ein sorgfältiger und gewissenhafter Mensch den wahren Sachverhalt erkannt hätte

(**doppelt bedingte Fahrlässigkeitshaftung**).

Dies gilt auch für den **Irrtum über den sozialen Bedeutungsgehalt** eines normativen Tatbestandsmerkmals.

b) Eine **Ausnahme** ist die Sonderregelung des **§ 183a Abs 1 StGB** für Umweltdelikte: Hat sich der Täter mit den Vorschriften des Verwaltungsrechts, gegen die seine umweltverschmutzenden Handlungen verstoßen, pflichtwidrig nicht bekannt gemacht oder ist ihm sein Irrtum über diese Rechtsvorschriften sonst **vorzuwerfen**, so ist er, *wenn er „im übrigen* (!) *vorsätzlich handelt"*, – wie beim Verbotsirrtum (§ 9) – „*gleichwohl*" nach dem entsprechenden **Vorsatzdelikt** zu bestrafen. Obwohl dem Täter hinsichtlich des normativen Tatbestandsmerkmals „entgegen einer Rechtsvorschrift oder einem behördlichen Auftrag" (zB § 180 Abs 1) der Vorsatz fehlt, tritt aufgrund ausdrücklicher gesetzlicher Anordnung Vorsatzhaftung ein. Die Bestimmung macht damit die in ihr aufgezählten Umweltdelikte in dieser Hinsicht zu Vorsatz-Fahrlässigkeits-Kombinationen. 48

§ 183a stützt die hier vertretene Auslegung, dass der (Rechts-) Irrtum über den sozialen Bedeutungsgehalt eines normativen Tatbestandsmerkmals ein Tatbildirrtum ist. Denn wäre er ohnedies nach § 9 zu beurteilen, dann wäre § 183a unnötig.

IV. Eventualvorsatz als Grenzform des Vorsatzes

1. Begriff

49 Vorsatz ist nicht nur **Wissentlichkeit** oder **Absichtlichkeit** (vgl oben 14/5 ff). Sofern das Gesetz die Strafbarkeit nicht ausdrücklich auf wissentliche oder absichtliche Begehung beschränkt, „*genügt es*" für vorsätzliches Handeln, dass der Täter die Verwirklichung eines Sachverhalts, der einem gesetzlichen Tatbild entspricht, „*ernstlich für möglich hält und sich mit ihr abfindet*" (§ 5 Abs 1 Satz 2; **Eventualvorsatz, dolus eventualis**).

Der bisweilen verwendete Begriff „**bedingter Vorsatz**" ist missverständlich und sollte besser vermieden werden: Ein „**bedingter Handlungsentschluss**" genügt nicht.

Beispiel: A ist bei einem bewaffneten Einbruch unerwartet dem Nachtwächter begegnet. Er versteckt sich hinter einer Kiste und beschließt, zu schießen, wenn der Wächter noch näherkommen sollte. Im selben Moment berührt er den Abzug, so dass sich ein Schuss löst, der den Wächter tötet: Keine vorsätzliche Tötung.

2. Möglichkeiten einer Abgrenzung von Vorsatz und Fahrlässigkeit

50 Der Eventualvorsatz ist insbesondere **von der bewussten Fahrlässigkeit abzugrenzen**. Dabei ist zu beachten, dass zwischen Vorsatz und Fahrlässigkeit kein kontinuierlicher Übergang, sondern ein **klarer Qualitätsunterschied** besteht.

Die Abgrenzung erfolgt nach der **Wissensseite** und nach der **Willensseite** des Vorsatzes:

51 a) Jene Theorie, die das Schwergewicht der Abgrenzung auf die **Wissensseite** des Vorsatzes legt, bezeichnet man als **Wahrscheinlichkeitstheorie**. Nach dieser Ansicht liegt Vorsatz dann vor, wenn der Täter die Tatbildverwirklichung (den Erfolgseintritt) nicht nur für möglich, sondern auch **für wahrscheinlich** gehalten hat; ein weiteres Wollenselement wird dann für den Vorsatz nicht mehr gefordert.

Offen bleibt freilich, *welcher Grad an Wahrscheinlichkeit* (20 Prozent oder mehr als 50 Prozent, soweit man die Annahmen des Täters über die Wahrscheinlichkeit überhaupt in Zahlen ausdrücken kann) für Vorsatz erforderlich ist. Aber ganz abgesehen davon: Die Wahrscheinlichkeitstheorie **vernachlässigt die emotionale Seite** des Vorsatzes: Es kann sein, dass der Täter sich über die hohe Wahrscheinlichkeit des Erfolgseintrittes im klaren ist, aber dennoch in der gefühlsmäßig begründeten und durchaus unvernünftigen Zuversicht handelt, in seinem speziellen Fall werde „schon nichts passieren". In diesem Fall hat er sich nicht in jener spezifischen Weise gegen das Rechtsgut entschieden, die den Vorsatz ausmacht.

52 b) Dagegen legt die **Billigungstheorie** das Schwergewicht der Abgrenzung auf die **Willensseite**: Vorsätzlich handelt, wer die Tatbildverwirklichung auch „innerlich gebilligt", sie „**billigend (zustimmend) in Kauf genommen**" hat.

Die Billigungstheorie überschätzt wiederum die emotionale Seite: Man kann auch etwas **wollen, was man nicht billigt**, etwa deshalb, weil man es für das geringere Übel hält.

Beispiel („Lacmann'scher Schießbudenfall", ZStW 1911, 159): Auf dem Jahrmarkt verspricht A dem B Geld für den Fall, dass B einer Schießbudeninhaberin eine Glaskugel aus der Hand schießt, ohne die Frau zu verletzen. B weiß, dass er ein unsicherer Schütze ist, und hält es darum für sehr wahrscheinlich, dass er nicht die Kugel, sondern die Frau treffen werde. Dennoch schießt er – und trifft die Frau. – Hat B die Verletzung der Frau „gebilligt", obwohl sie ihn um die Belohnung bringt?

3. *Gesetzliche Regelung*

a) *Wissens- und Willensseite*

§ 5 Abs 1 Satz 2 StGB kombiniert zur Abgrenzung Gesichtspunkte beider Vorsatzelemente: Mit **Eventualvorsatz** handelt, **53**

- wer die Tatbildverwirklichung **ernstlich für möglich** hält
- und sich damit **abfindet**.

Dies ist der Fall, wenn der Täter

- **ernstlich** mit der Tatbestandsverwirklichung rechnet, also den möglichen Eintritt der Rechtsgutsbeeinträchtigung **erkennt** und **ernst** nimmt,
- und **trotzdem handelt**,
- es sei denn, dass er aus besonderen (auch irrationalen) Erwägungen auf das **Ausbleiben der Tatbildverwirklichung vertraut** („*emotionaler Gegenakt*").

Weder genügt es also auf der **Wissensseite**, dass der Täter die Tatbildverwirklichung bloß *für möglich* hält, noch stellt das Gesetz allein auf einen *bestimmten Grad der Wahrscheinlichkeit* ab, mit der der Täter mit ihrem Eintritt rechnet. Vielmehr muss der Täter die Tatbildverwirklichung „**ernstlich**" für möglich halten, also den möglichen Eintritt der Rechtsgutsbeeinträchtigung **erkennen** und **ernst nehmen**. **54**

Dies setzt voraus, dass der Täter die Tatbildverwirklichung nicht nur entfernt für möglich, sondern ihr Eintreten auch bis zu einem gewissen Grad für *wahrscheinlich* gehalten hat, enthält aber auch eine **Willenskomponente**. Denn Ernstnehmen kann man nur etwas, mit dem man sich **bewusst auseinandergesetzt** und zu dem man *bewusst Stellung genommen* hat: Der Täter muss sich mit dem Gedanken, es könnte so sein, auch beschäftigt haben; die Ernstlichkeit fehlt, wenn der Täter die Möglichkeit der Verwirklichung des Tatbildes zwar erwogen, aber bald wieder verworfen hat („Es ist möglich, aber es wird schon nicht so sein").

Anderseits verlangt das Gesetz dann, wenn der Täter die Möglichkeit der Tatbildverwirklichung erkannt und ernst genommen und trotzdem gehandelt hat, **nicht**, dass er sie auch innerlich „**billigt**"; eine „positive innere Einstellung" des Täters zu seiner Tat ist für Vorsatz nicht erforderlich. Vielmehr genügt es bei ernstlichem Für-möglich-Halten für das Sich-damit-Abfinden auf **55** der **Willensseite**, dass der Täter **nicht in einem emotionalen Gegenakt** auf das **Ausbleiben** der Tatbildverwirklichung **vertraut** hat, wobei die *bloße Hoffnung* auf das Ausbleiben den Vorsatz noch nicht ausschließt.

b) Vorsatz als Bewusstsein eines verbotenen Risikos

56 Entscheidendes Merkmal der Abgrenzung ist daher die **Ernstlichkeit** des Für-möglich-Haltens, das Schwergewicht liegt also auf der *mit emotionalen Elementen angereicherten Wissensseite*. Ob ein bestimmtes „Für-möglich-Halten" **ernstlich** ist, ist nicht nur ein psychischer Vorgang, sondern bestimmt sich auch nach einem **normativen Maßstab**. Maßgebend für das Vorliegen eines Vorsatzes ist nicht nur das Empfinden des Täters, sondern auch die *Bewertung dieses Empfindens durch die Rechtsordnung*. Eventualvorsatz hat der Täter, wenn er das **Risiko der Tatbildverwirklichung** so hoch einschätzt, dass ein gesetzestreuer Bürger in seiner Situation die Tathandlung unterlassen hätte, weil ihm das Risiko einer Tatbildverwirklichung zu groß gewesen wäre. Vorsatz ist also das **Bewusstsein eines verbotenen Risikos**.

c) Delikts- und situationsbezogene Auslegung

57 Bei dieser normativen Abgrenzung von erlaubtem und verbotenem Risiko ist nach der **Art des Deliktes** und nach der **Art der Tathandlung** zu unterscheiden: Je *gefährlicher die Tathandlung als solche* ist, desto eher ist Vorsatz anzunehmen, und je mehr die *Handlung als solche unverdächtig und sozial-adäquat* ist, desto höher ist das Niveau des erlaubten Risikos anzusetzen und desto eher Vorsatz abzulehnen.

Beispiel 1: Bei einem Jäger, der an die Möglichkeit denkt, das anvisierte Ziel könnte ein Mensch sein, aber trotzdem abdrückt und solcherart den Treiber erlegt, wird man die Schwelle der Ernstlichkeit und damit des **Tötungsvorsatzes sehr niedrig** ansetzen. Denn ein gewissenhafter Jäger unterlässt es schon bei geringen Zweifeln, auf ein ungewisses Ziel zu schießen. Handelt der Täter trotz solcher Zweifel, so hat er sich mit dem Todeserfolg auch abgefunden, sofern er nicht ausnahmsweise auf das Ausbleiben vertraut hat.

Beispiel 2 (**verbotenes Autorennen in der Stadt**, vgl BGH 4 StR 399/17, 4 StR 311/17, 4 StR 158/17, 4 StR 482/19, 4 StR 345/19): Zwei Autofahrer verabreden sich im Stadtgebiet spontan, ihren Mut und ihr Fahrkönnen in einem waghalsigen Rennen zu messen, bei dem sie nicht nur die erlaubte Geschwindigkeit wesentlich überschreiten (150 km/h im Ortsgebiet), sondern auch sonst sämtliche Sorgfaltsregeln auf schwerwiegende Weise brechen (zB Missachtung von Rotlicht, Befahren der Gegenfahrbahn). Einer der Fahrer stößt dabei mit einem anderen Auto zusammen, dessen Fahrer dadurch getötet wird. – Vorsätzliche Tötung (**Mord**, § 75)?

Einerseits lässt sich behaupten, dass derartige Fahrer in maßloser Selbstüberschätzung geglaubt haben, ihr Fahrzeug bis zum Schluss kontrollieren zu können. Andererseits wird man fallweise dann, wenn der Täter das Opfer bereits wahrgenommen, aber die hochgefährliche Fahrweise ungebremst weitergeführt hat, Tötungsvorsatz annehmen können. Wurde das Opfer allerdings erst zu einem Zeitpunkt gesehen, in dem das Fahrzeug nicht mehr kontrollierbar und ein Unfall daher unvermeidbar war, fehlt die Gleichzeitigkeit von Tathandlung und Vorsatz. Weder in der Verabredung zum Rennen noch in der hochgefährlichen Fahrweise allein liegt Vorsatz auf Tötung.

Wegen dieser Beweisschwierigkeiten hat der deutsche Gesetzgeber 2017 ein **Gefährdungsdelikt** mit fahrlässiger **Erfolgsqualifikation** geschaffen. Nach § 315d dStGB wird ***schon die Teilnahme*** an einem nicht erlaubten Autorennen (auch wenn niemand verletzt oder auch nur konkret gefährdet wird) mit Freiheitsstrafe bis zu zwei Jahren bestraft. Wird ein Mensch konkret gefährdet, so steigt die Strafdrohung auf fünf Jahre, hat das Autorennen fahrlässig den Tod oder schwere Gesundheitsschäden zur Folge, so können bis zu zehn Jahre Freiheitsstrafe verhängt werden. – In Österreich ist insbes an eine **Vorsätzliche Gemeingefährdung mit Todesfolge** (§ 176) zu denken, die mit einer Freiheitsstrafe bis zu fünfzehn, u.U. sogar bis zu zwanzig Jahren bedroht ist. Allerdings verursacht nicht jedes Autorennen eine Gemeingefahr i.S.d. Strafbestimmung.

Bei *Tatbeständen,* die auch durch *normalerweise völlig ungefährliche Handlungen* erfüllt werden können, ist es anders: *Beispiel:* Ein Bibliothekar, der immer wieder Bücher für einen ausländischen Botschaftsrat beschafft, der in Wahrheit einen **militärischen Nachrichtendienst** betreibt, erfüllt den äußeren Tatbestand des § 319 StGB, weil er objektiv „für eine fremde Macht … einen militärischen Nachrichtendienst … wie immer unterstützt“. Hier ist jedoch das **Niveau des erlaubten Risikos hoch** anzusetzen: Herborgen von Büchern ist keine an sich gefährliche Tätigkeit wie Schießen, so dass ein gewissenhafter Bibliothekar schon sehr handfeste Anhaltspunkte für eine deliktische Verwendung durch den Entleiher haben muss, um die Ausleihe zu unterlassen. Praktisch kann sich der Bibliothekar nur für **wissentliches** Unterstützen strafbar machen (*Fuchs*, Strafrechtliche Probleme im Alltag der Bibliothekare, in: Der österreichische Bibliothekarstag 1992 [Wien 1993] 247). Gleiches gilt, wenn die Informationen aus einem beschafften Buch beispielsweise für einen Giftmord verwendet werden: Die (objektiv gegebene) Beteiligung an einem Delikt durch an sich **sozial-adäquates** Handeln ist praktisch nur bei **Wissentlichkeit** strafbar (vgl auch unten 33/59). **58**

V. Besondere subjektive Tatbestandsmerkmale

a) Allgemeines Merkmal aller Vorsatzdelikte ist der **Tatbildvorsatz,** also das Wissen und Wollen eines Sachverhalts, der dem Tatbild des betreffenden Deliktes entspricht. Manche Tatbestände verlangen darüber hinaus einen weiteren Vorsatz, dessen Gegenstand nicht das Tatbild des Delikts ist, sondern ein **(zusätzlicher) Sachverhalt** *außerhalb des Tatbildes* (deshalb: **erweiterter Vorsatz**). Dieser Gegenstand wird in der jeweiligen Deliktsbeschreibung besonders genannt. **59**

Beispiel: **Diebstahl** (§ 127) begeht nur, wer die Sache „mit dem Vorsatz wegnimmt, sich oder einen Dritten ***durch deren Zueignung*** unrechtmäßig zu bereichern“.

Weitere Beispiele sind die sog **kupierten Erfolgsdelikte** und die **verkümmert zweiaktigen Delikte** (vgl oben 10/59 f). Wer einen 100-Euro-Schein mit einem Farbkopierer vervielfältigt, begeht nur dann eine **Geldfälschung** (§ 232 StGB), wenn er dabei mit dem Vorsatz handelt, dass die Kopien als echt in den Verkehr gebracht werden.

60 b) Für den erweiterten Vorsatz gelten die gesetzlichen Regeln über den Tatvorsatz entsprechend. Daher **genügt Eventualvorsatz**, wenn nicht ausdrücklich eine besondere Vorsatzform verlangt wird (§ 5 Abs 1 Satz 2). Diebstahl, Veruntreuung, Unterschlagung, Betrug, Erpressung und alle anderen **Bereicherungsdelikte** erfordern keine Bereicherungs*absicht*, sondern begnügen sich damit, dass der Täter seine unrechtmäßige Bereicherung ernstlich für möglich hält und sich damit abfindet. Dagegen wird der Diebstahl erst dadurch zum **räuberischen Diebstahl** (§ 131), dass der Täter die Gewalt gerade in der Absicht anwendet, sich die Beute zu erhalten.

61 Auch der erweiterte Vorsatz muss **im Zeitpunkt der Tathandlung** vorliegen. Auch hier gilt: Dolus superveniens non nocet.

62 c) Ein **Irrtum** des Täters lässt den erweiterten Vorsatz ebenso entfallen, wie der Tatbildirrtum den Tatbildvorsatz ausschließt.

Beispiel: Der Kaufhausdetektiv A fordert vom Ladendieb X eine hohe Summe Geldes mit der Drohung, er werde ihn ansonsten anprangern. Er droht mit einem unzulässigen Mittel und handelt sittenwidrig. Ob Nötigung (§ 105) oder Erpressung (§ 144) vorliegt, hängt davon ab, ob A den von § 144 geforderten Bereicherungsvorsatz hatte.

- Glaubt A irrtümlich, X habe früher schon viel gestohlen, so dass die Forderung auch der Höhe nach als Ersatz für diese früheren Diebstähle berechtigt sei, so schließt dieser **Tatsachenirrtum** den erweiterten Vorsatz auf unrechtmäßige Bereicherung aus.
- Doch auch ein **Rechtsirrtum** kann den Bereicherungsvorsatz entfallen lassen: Ist A – entgegen der Rechtsprechung – davon überzeugt, dass dem Kaufhaus eine Ersatzforderung in dieser Höhe für aufgewendete Vorsorgekosten (Überwachungskamera etc) zustehe, so irrt er über das **normative Tatbestandsmerkmal** „*unrechtmäßig*" des erweiterten Vorsatzes, so dass auch in diesem Fall der Bereicherungsvorsatz entfällt (umfassend *Burgstaller*, Der Ladendiebstahl und seine private Bekämpfung [1981] 81 ff; *Fuchs/Reindl-Krauskopf*, BT I[7] 197 f).

Die **Rechtsfolgen** sind dieselben wie beim Tatbildirrtum: Entfall der Vorsatzhaftung und **doppelt bedingte Fahrlässigkeitshaftung** (vgl oben 14/47).

b) Ausschluss des Unrechts durch Rechtfertigungsgründe

15. Kapitel: Das Wesen der Rechtfertigungsgründe

Literaturauswahl: *Lewisch*, WK[2] Nach § 3 Rz 1–15.

I. Regel-Ausnahme-Prinzip

Im Straftatsystem ist das Rechtswidrigkeitsurteil auf zwei Verbrechenselemente aufgeteilt: Die **Tatbestandsmäßigkeit** indiziert die Rechtswidrigkeit, **Rechtfertigungsgründe** widerlegen dieses Indiz. 1

- Wenn der Gesetzgeber einen **Straftatbestand** aufstellt, dann **verbietet** er gezielt das im Tatbestand beschriebene Verhalten und bedroht es mit der schwersten Sanktion, die dem Staat zur Verfügung steht, mit einer Strafe. Tatbestandsmäßiges Verhalten ist daher **in der Regel** auch **rechtswidrig** (**Verbotsnorm**, **Unrechtstypus**).
- Aber die generelle („typische") Umschreibung im Tatbestand kann nicht auf alle Besonderheiten des Einzelfalles eingehen: **Ausnahmsweise** können Umstände vorliegen, die dazu führen, dass die *Rechtsordnung* in diesem besonderen Fall *den Sachverhalt insgesamt nicht negativ bewertet*: Rechtfertigungsgründe sind **Erlaubnissätze** und gezielte Ausnahmen vom generellen Verbot (**Regel-Ausnahme-Prinzip**).

Da im Zeitpunkt der Handlungsvornahme feststehen muss, ob die Handlung erlaubt oder verboten ist, muss die Frage, ob ein Rechtfertigungsgrund vorliegt, immer **objektiv ex ante** beurteilt werden. Ein Rechtfertigungsgrund erlaubt daher die *riskante Handlung*. 2

II. Materieller Ansatz

Alle Rechtfertigungsgründe beruhen auf einer **Interessenabwägung**: Eine Handlung, die ein normalerweise **unerlaubtes Risiko** für ein Rechtsgut eröffnet, kann im Einzelfall nötig sein, um einen **Vorteil** für dasselbe oder ein anderes Rechtsgut herbeizuführen, insbes dann nämlich, wenn von zwei Rechtsgütern nur eines erhalten werden kann und daher eine **Wertekollision** zwischen den betroffenen **Rechtsgütern** besteht. Stehen diese Rechtsgüter verschiedenen Personen zu, so besteht darüber hinaus eine **Interessenkollision** zwischen diesen beteiligten Personen. Rechtfertigungsgründe sind nun *Regeln zur Lösung solcher Werte- und Interessenkollisionen*: Die Missbilligung des tatbestandsmäßigen Verhaltens entfällt, wenn die Rechtsordnung die **Chance** für ein anderes Rechtsgut (*Rechtfertigungsgut*, gerettetes Rechtsgut) 3

höher bewertet als das **Risiko** für das vom Tatbestand *geschützte Rechtsgut* (geopfertes Rechtsgut). Insgesamt ist die Handlung dann **erlaubt**.

4 Alle Rechtfertigungsgründe beruhen auf dem **Prinzip des überwiegenden Interesses**: In der Bewertung durch die Rechtsordnung überwiegt das Interesse an der Erhaltung des Rechtfertigungsgutes das Interesse an der Erhaltung des vom Tatbestand geschützten Gutes. Dies gilt auch für die **Einwilligung**, bei der es nicht am Interesse des Verletzten an der Erhaltung seines Rechtsgutes „mangelt“, sondern das Recht auf freie Selbstbestimmung überwiegt (vgl unten 16/7).

5 Der **Tatbestand** eines Deliktes ist daher **keine eigene Wertungsstufe**: Ob ein Verhalten strafrechtlich verboten ist, lässt sich endgültig erst nach Prüfung allfälliger Rechtfertigungsgründe beurteilen. Tatbestandsmäßiges und damit „an sich“ rechtswidriges, aber durch einen speziellen Erlaubnissatz (wie z.B. durch Notwehr) gerechtfertigtes Verhalten ist **genauso rechtmäßig** wie ein Verhalten, das von vornherein keinen Tatbestand erfüllt. Wertungsmäßig gibt es nur zwei Stufen des Deliktsaufbaues: **Unrecht** (bestehend aus Tatbestand und Rechtfertigungsgründen) einerseits und **Schuld** anderseits.

III. Begrenzung auf besondere Ausnahmsfälle

5a 1. Schon das soeben genannte Beispiel der Notwehr zeigt, dass die Rechtfertigungsgründe das Potenzial haben, Straftatbestände unwirksam zu machen und den strafrechtlichen **Rechtsgüterschutz aufzuweichen**. Die Ausnahme von einem strafrechtlichen Verbot kann daher nur in einem sehr engen Umfang angenommen werden: Rechtfertigungsgründe gelten für **ganz bestimmte Situationen** und sind auf **besondere Ausnahmsfälle** begrenzt. Die meisten Rechtfertigungsgründe (allerdings nicht alle) haben eine **klare gesetzliche Grundlage**, die die **Voraussetzungen der Rechtfertigung präzise umschreibt**.

Im Allgemeinen Teil des StGB ist die Notwehr ausführlich geregelt (§ 3, unten 17/5 ff), andere tatbestandsübergreifende Rechtfertigungsgründe finden sich im Besonderen Teil des StGB (so insbes die Einwilligung des Verletzten bei der Körperverletzung, § 90, unten 16/2 ff), weitere in der Strafprozessordnung (zB das Anhalterecht Privater nach § 80 Abs 2 StPO, unten 18/23 ff), viele aber auch außerhalb des Strafrechts wie vor allem die Eingriffsbefugnisse der Polizei und anderer Amtsträger (dazu 18/8 ff und unten Rz 6 zur Systematik der Rechtfertigungsgründe).

5b 2. **Ein *allgemeiner* Rechtfertigungsgrund des überwiegenden Interesses existiert nicht** (ebenso *Lewisch* WK[2] Nach § 3 Rz 124 [1.3.2020]). Mit der Formulierung eines Straftatbestandes hat der Gesetzgeber das rechtliche Interesse am **Schutz des Rechtsgutes** generell festgelegt. Ausnahmen von diesem strafrechtlichen Schutz bedürfen einer klaren Rechtsgrundlage.

5c Im **Besonderen Teil** des Strafrechts finden sich allerdings *spezielle* Rechtfertigungsgründe, die explizit eine Interessenabwägung verlangen und **nur für den betreffenden Tatbestand** gelten. So schreibt § 122 sogar – für seinen Bereich! – eine umfassende Interessenabwägung vor: Die **Verletzung eines Geschäfts- oder Betriebsgeheimnisses (§ 122)** ist „nicht zu bestrafen, wenn die *Offenbarung oder Verwertung nach Inhalt und Form durch ein öffentliches oder ein berechtigtes privates Interesse gerechtfertigt ist*", § 122 Abs 4). Für andere Tatbestände gilt diese Interessenabwägung nicht, weil das Gesetz bei ihnen keinen entsprechenden Ausschluss der Strafbarkeit vorsieht. So ist bspw bei der **Auskundschaftung eines Geschäfts- oder Betriebsgeheimnisses (§ 123)** nicht generell nach öffentlichen oder privaten Interessen zu fragen, weil dieser Tatbestand keinen entsprechenden Rechtfertigungsgrund kennt.

Anders wieder beim **Landesverrat:** Wer ein Staatsgeheimnis der Öffentlichkeit bekannt macht (§ 252 Abs 2), ist gerechtfertigt, wenn das Staatsgeheimnis eine *verfassungsgefährdende Tatsache* (z.B. einen bevorstehenden Staatsstreich) betrifft und der Täter nicht in der Absicht handelt, der Republik Österreich einen Nachteil zuzufügen (§ 252 Abs 2 zweiter Satz); das Interesse an der Veröffentlichung verfassungsgefährdender Tatsachen (und nur solcher!) geht nach ausdrücklicher gesetzlicher Anordnung dem generellen Verbot des Tatbestands vor. Die Verletzung des **Briefgeheimnisses (§ 118)** wiederum kann – mangels eines besonderen Rechtfertigungsgrundes bei diesem Tatbestand – nur ausnahmsweise nach den allgemeinen Regeln (insbes durch Notwehr oder Notstand) gerechtfertigt sein.

IV. System der Rechtfertigungsgründe

Ein geschlossenes System der Rechtfertigungsgründe lässt sich nicht aufstellen. Rechtfertigungsgründe finden sie sich (wie erwähnt) **in der gesamten Rechtsordnung** (zB in der Strafprozessordnung bei den Festnahmegründen oder im Sicherheitspolizeigesetz, vgl unten 18/11), ja sie können ausnahmsweise sogar durch **Gewohnheitsrecht** begründet werden (übergesetzlicher Notstand, vgl unten 17/54). Es gilt allgemein: Immer dann, wenn ein Verhalten in irgendeinem Rechtsbereich erlaubt oder sogar geboten ist, so kann es nicht in einem anderen Bereich rechtswidrig sein (Grundsatz der **Einheit der Rechtsordnung**), so dass der Erlaubnissatz von der Strafhaftung befreit. 6

Die **wichtigsten tatbestandsübergreifenden Rechtfertigungsgründe,** die im Folgenden behandelt werden, sind: 7

1. **Wertekollisionen** ohne Interessenkollisionen (Kap 16):
   a) Einwilligung des Verletzten
   b) Ärztliche Heileingriffe
   c) Mutmaßliche Einwilligung
   d) Rechtsverletzungen als **Erziehungsmittel**
2. **Notrechte** (Kap 17):
   a) Notwehr
   b) Rechtfertigender Notstand
   c) Offensive Selbsthilfe
3. Pflichtenkollisionen
4. Ausübung von Amts- und Dienstpflichten
5. Anhalterecht Privater

16. Kapitel: Die einzelnen Rechtfertigungsgründe I: Wertekollisionen (Einwilligung und mutmaßliche Einwilligung, ärztliche Heilbehandlung, Erziehung)

Literaturauswahl: *Bertel*, Schifahren und Bergsteigen in strafrechtlicher Sicht, in Sprung/König (Hg), Das österreichische Schirecht (1977) 61; *Brandstetter*, Aktuelle Probleme der Sterilitätsbehandlung in strafrechtlicher Sicht, in Brandstetter ua (Hg), Künstliche Befruchtung (1985) 53; *ders*, Strafrechtliche und rechtspolitische Aspekte der Verwendung von Organen Verstorbener, Lebender und Ungeborener, in Brandstetter/Kopetzki (Hg), Organtransplantationen (1987) 90; *ders*, Aktuelle Probleme des Rechtfertigungsgrundes der Einwilligung, StPdG 21 (1993) 171; *Burgstaller*, Fahrlässigkeitsdelikt (1974) 158–172; *ders*, Zur Einwilligung im Strafrecht, RZ 1977, 1; *Schütz*, WK² § 90; *Haag*, Strafrechtliche Verantwortung für Aufklärungsfehler? RdM 2005, 68; *Hinterhofer*, Die Einwilligung im Strafrecht (1998); *Lewisch*, WK² [1.3.2020] Nach § 3 Rz 213–247, 258–264; *Maleczky*, Erziehung und Strafrecht³ (2003); *ders*, Zur Strafbarkeit der „G'sundn Watschn", ÖJZ 1993, 625; *ders*, Unvernünftige Verweigerung der Einwilligung in die Heilbehandlung, ÖJZ 1994, 681; *H. Steininger*, „Freiwillige Selbstgefährdung" als Haftungsbegrenzung im Strafrecht, ZVR 1985, 97; *Zerbes*, SbgK § 90; *dies*, Noch keine 14 – und schon tätowiert! Grenzen der Einwilligung zu ästhetischen Eingriffen an Kindern, in Fuchs-FS (2014) 685; *Zipf*, Zur Einwilligung im neuen Strafrecht, insbesondere beim Zusammentreffen mehrerer Rechtsgüter in einem Straftatbestand, RZ 1976, 192; *ders*, Die Bedeutung und Behandlung der Einwilligung im Strafrecht, ÖJZ 1977, 379 = StPdG 5 (1977) 26.

1 Die erste Gruppe von Rechtfertigungsgründen ist dadurch gekennzeichnet, dass *geschütztes Rechtsgut* und *Rechtfertigungsgut* (vgl oben 15/3 f) *derselben Person* zustehen. Es besteht daher nur eine **Wertekollision** bei ein und demselben Rechtsgutsträger, jedoch **keine Interessenkollision** zwischen verschiedenen Personen. Daher ist grundsätzlich die **subjektive Willensentscheidung** dieses Rechtsgutsträgers maßgebend, sofern der freien Selbstbestimmung nicht ausnahmsweise in einem übergeordneten Interesse Grenzen gesetzt werden müssen.

I. Einwilligung des Verletzten

1. *Abgrenzung: Einwilligung als Tatbestandsmerkmal*

2 In einigen – gar nicht so seltenen – Fällen ist die Einwilligung bereits für die Erfüllung des **Tatbestandes** von Bedeutung.

3 a) Bei manchen Delikten ist, wenngleich bisweilen versteckt, das **Fehlen** der Einwilligung ein **Tatbestandsmerkmal**. Liegt die Einwilligung vor (man spricht hier auch von *Einverständnis*), so entfällt bereits der Tatbestand; fällt sie nachträglich weg, so wird bei einem Dauerdelikt der Tatbestand hergestellt.

Beispiel: Eine wirksame Einwilligung in die Heilbehandlung lässt (selbstverständlich) schon den Tatbestand der **eigenmächtigen Heilbehandlung** (§ 110) entfallen (dazu ausführlich *Fuchs/Reindl-Krauskopf*, BT I⁷ 115). –

Diebstahl (§ 127) wird durch Wegnahme begangen, also durch einen Gewahrsams*bruch*. Eine Einwilligung des Inhabers in den Gewahrsamsübergang lässt bereits das Tatbestandsmerkmal der Wegnahme entfallen. – Weitere Beispiele sind insbes die **Freiheitsdelikte** (§ 99, § 105), aber auch der **Betrug** (§ 146).

Die Regeln über den Rechtfertigungsgrund der Einwilligung – zB über das Fehlen von Willensmängeln (unten 16/30) – gelten **sinngemäß auch für die tatbestandsausschließende Einwilligung**: Wer ohne ausreichende Aufklärung einer Heilbehandlung zustimmt, hat nicht wirksam in die Behandlung eingewilligt, so dass der Tatbestand des § 110 („ohne dessen Einwilligung") erfüllt ist.

b) Anderseits gibt es einige wenige Delikte, bei denen gerade umgekehrt das **Vorliegen** einer Einwilligung ein **Tatbestandsmerkmal** ist. *Fehlt* die Einwilligung, so ist das Delikt nicht erfüllt (aber vielleicht ein anderes). Da bei diesen Tatbeständen Zweck der Strafbestimmung offenbar gerade der Schutz des *einwilligenden* Opfers ist, kann die Einwilligung des Verletzten hier auch kein Rechtfertigungsgrund sein. 4

Beispiel: Beim **Wucher** (§ 154 f) kann die Einwilligung des „Bewucherten" den Wucherer selbstverständlich nicht von der Strafbarkeit befreien. – Ähnliches gilt bei bestimmten **Sexualdelikten**: Das Delikt des Missbrauchs eines Autoritätsverhältnisses (§ 212) setzt voraus, dass das Opfer freiwillig zu den sexuellen Handlungen bereit war; wurde es gezwungen, so kann ein schwereres Delikt erfüllt sein (Vergewaltigung, § 201, oder geschlechtliche Nötigung, § 202).

2. *Einwilligung des Verletzten als Rechtfertigungsgrund*

a) Bei allen übrigen Delikten, insbes bei den sog reinen Erfolgsverursachungsdelikten wie **Körperverletzung** oder **Sachbeschädigung**, ist nach der gesetzlichen Formulierung der Tatbestand auch dann erfüllt und die Rechtsgutsverletzung auch dann **typischerweise rechtswidrig**, wenn das Opfer in sie einwilligt. Bei diesen Delikten stellt sich daher die Frage, ob die Tat nicht im Einzelfall durch die Einwilligung des Verletzten **gerechtfertigt** sein kann. 5

b) Dass die Einwilligung des Verletzten allgemein die Rechtswidrigkeit ausschließt, steht nicht ausdrücklich im Gesetz, lässt sich aber aus der **Sonderregel des § 90** erschließen: Wenn sogar die Einwilligung in eine Körperverletzung (unter bestimmten Voraussetzungen) rechtfertigt, dann umso eher die Einwilligung in andere (geringerwertige) Individualrechtsgüter (Vermögen, Freiheit, Ehre). 6

Entscheidend für die Relevanz der Einwilligung sind aber grundsätzliche Überlegungen: Wenn der **Rechtsgutsinhaber in die Verletzung seines Rechtsgutes einwilligt**, dann geschieht ihm wegen dieser Einwilligung kein Unrecht, und wenn sonstige rechtserhebliche Interessen nicht beeinträchtigt werden, wird **überhaupt kein Unrecht verwirklicht** (*Lewisch,* WK^2 Nach § 3 Rz 213). 7

Grund der Rechtfertigung sind dabei eine **Interessenabwägung** auf Seiten des Opfers und die **Freiheit der Selbstbestimmung**: Die Rechtsgüter werden dem Einzelnen zugeordnet und geschützt, damit der Mensch *durch die Verfügung über Güter seine Freiheit verwirklichen* kann.

Eine mögliche Form der Verfügung und damit der Selbstbestimmung kann es auch sein, der *Zerstörung* seiner Güter zuzustimmen, wenn das Interesse an der Verletzung das Interesse an der Erhaltung des Rechtsgutes überwiegt. Dabei liegt im freiheitlichen Staat die Bewertung seiner Interessen grundsätzlich in der **freien Entscheidung** des Rechtsgutsträgers. So ist die „*Anerkennung der Einwilligung aus* **verfassungsrechtlichen Grundsätzen** *selbst abzuleiten und in der Anerkennung der Einwilligung eine Grundentscheidung der Rechtsgemeinschaft über das* **Verhältnis des Staates zum einzelnen Staatsbürger** *zu sehen*" (*Zipf*, ÖJZ 1977, 380). Die Rechtsordnung muss nur darauf achten, dass der Verfügende

- **wirklich frei handelt**, seine Einwilligung in die Verletzung also wirklich ein ***Akt der freien Selbstbestimmung*** ist, und
- für Extremfälle eine **Grenze** dort setzen, wo es ausnahmsweise notwendig ist, den Einzelnen gegen den unbedachten Gebrauch der Freiheit ***vor sich selbst zu schützen***.

8 Dagegen ist die Wirksamkeit der Einwilligung **nicht deshalb begrenzt**, weil der Einzelne verpflichtet wäre, seinen gesunden Körper oder seine übrigen Individualgüter im Interesse *der Allgemeinheit* und für den Staat zu erhalten (so aber anscheinend unter Hinweis auf die „Sozialbezogenheit" der körperlichen Unversehrtheit und mwN *Burgstaller/Schütz*, WK^2 § 90 Rz 67). Eine solche *rechtliche* Allgemeinpflichtigkeit des Einzelnen wäre mit der Personenwürde im freiheitlichen Staat unvereinbar. Eine nicht unbedenkliche, aber ausdrücklich gesetzlich angeordnete Ausnahme ist § 10 MilStG: Ein Soldat macht sich strafbar, wenn er seine Dienstuntauglichkeit herbeiführt.

9 c) Eine rechtfertigende Einwilligung ist daher bei allen Delikten gegen den Einzelnen prinzipiell denkbar (vgl zum Rechtsgut näher unten 16/16 ff) und kann auch bei **willkürlicher Zulassung** eine Rechtsgutsverletzung rechtfertigen.

Die Einwilligung wird bei der **ärztlichen Heilbehandlung** von diesem besonderen Rechtfertigungsgrund überlagert, ist also bei *indizierten* und *lege artis* durchgeführten Heilbehandlungen hinsichtlich der Delikte gegen Leib und Leben ohne Bedeutung (näher unten 16/43 ff). Ärztliche Eingriffe, die auf Seiten des Beeinträchtigten **keine Heilbehandlungen** sind (zB **Organspende**), können dagegen nur nach den Regeln der Einwilligung des Verletzten gerechtfertigt sein.

Für die Einwilligung in die **Organspende** gilt ergänzend das Bundesgesetz über die Transplantation von menschlichen Organen (OTPG). Dieses beschreibt insbes, wie der Spender aufgeklärt werden muss, und verlangt Schriftform.

3. *Voraussetzungen*

a) Einwilligung und Erklärung

Erste Voraussetzung der Rechtfertigung ist es, dass im Zeitpunkt der **Tathandlung** tatsächlich eine **Einwilligung vorliegt**, die zwar nicht den strengen Regeln der Rechtsgeschäfte unterliegt, aber nach hM doch **erklärt** worden sein muss (sog **abgeschwächte Willenserklärungstheorie**). Dass der Berechtigte bloß innerlich zustimmt („*Willensrichtungstheorie*"), genügt nicht. Die Erklärung kann nicht nur ausdrücklich, sondern auch **schlüssig** (konkludent) erfolgen und muss nicht dem Täter gegenüber abgegeben werden; es genügt, dass sie in irgendeiner Weise **nach außen getreten** ist. **10**

Für diese Lösung der hM sprechen zwar Gründe der *Rechtssicherheit*, konsequent ist sie jedoch nicht: Da der tragende Grund der Rechtfertigung die Selbstbestimmung des Verletzten – also sein Wille – ist (vgl oben 16/7), sollte es für das Vorliegen einer Einwilligung allein auf das Vorhandensein dieses **inneren Willens** ankommen; seine Äußerung ist irrelevant (*Jakobs*, AT² 7/115).

b) Gegenstand der Einwilligung

aa) Nach (noch) überwiegender Auffassung ist die Einwilligung „zunächst und vor allem Zulassung einer bestimmten Rechtsgutsbeeinträchtigung". „Primärer Einwilligungsgegenstand" sei der **Erfolg** (*Schütz*, WK² § 90 Rz 20). Dabei wird die **psychische Beziehung** des Einwilligenden zum Einwilligungsgegenstand entsprechend dem Vorsatz gesehen: Eine Einwilligung deckt jeweils (nur) jene Erfolge ab, deren Eintritt der Einwilligende ernstlich für möglich gehalten und mit denen er sich abgefunden hat (*Schütz*, WK² § 90 Rz 24). Dass der Verletzte mit der *gefährlichen Handlung* oder mit einer konkreten Gefährdung der körperlichen Sicherheit einverstanden war, vermag eine allenfalls eingetretene *Verletzung* nicht zu rechtfertigen. **11**

Ob das Opfer nur in die gefährliche Handlung oder auch in den Verletzungserfolg eingewilligt hat, ist durch **Auslegung der Einwilligungserklärung** zu ermitteln. Die Rechtsprechung ist vor allem bei konkludenten Erklärungen sehr restriktiv. *Beispiel*: Mitfahren mit einem – wie der Mitfahrer weiß – betrunkenen Autolenker wird nie als Einwilligung in eine (wenngleich nur leichte) Verletzung gedeutet (*Schütz*, WK² § 90 Rz 31).

Mit Recht ist der Ansicht, die Einwilligung müsse sich auf den Erfolg beziehen, entgegengehalten worden, dass sie besonders bei Körperverletzungen diesen Rechtfertigungsgrund **praktisch unanwendbar** macht (*Bertel/Schwaighofer/Venier*, BT I¹⁵ § 90 Rz 1 für fahrlässige Körperverletzungen). Zudem gerät sie in jenen Fällen in Schwierigkeiten, in denen sich ein aufgrund der Einwilligung **erlaubtes Risiko** in einem Erfolg verwirklicht, der (als Erfolg) der Disposition des Opfers entzogen ist (vgl unten 16/18). *Beispiel*: Stirbt der Organspender am Risiko, das mit der Organentnahme unvermeidbar verbunden ist, so müsste bei rein erfolgsbezogener Betrachtung der Arzt nach § 86 Abs 2 strafbar sein, weil in die Tötung nicht rechtswirksam eingewilligt werden kann. Dem lässt sich nicht entgegen- **12** halten, dass die Zurechnung des Todeserfolges schon unabhängig von der Einwilligung entfiele, weil der Eingriff nicht „konkret" lebensgefährlich wäre. Denn stirbt der Organ-„Spender" bei einer *zwangsweise* (= ohne Einwilligung) erfolgten Entnahme am unvermeidbaren Operationsrisiko, so ist die Strafbarkeit wegen Körperverletzung mit tödlichem Ausgang völlig sachgerecht. Dass man bei einer echten (*freiwilligen*) Spende anders entscheidet, liegt allein an der Einwilligung des Spenders; *diese* – und nicht nur der objektive Wert des Eingriffs (so aber *Schütz*, WK² § 90 Rz 79, 94) – bestimmt den für das *erlaubte* Risiko maßgeblichen Wahrscheinlichkeitsgrad.

13 bb) Eine in Österreich im Vordringen befindliche Ansicht (*Bertel*, *Brandstetter*) bezieht daher in radikaler Umkehr die Einwilligung nicht auf den Verletzungserfolg, sondern auf die **Gefährlichkeit der Handlung**: Gegenstand der Einwilligung könne in Wahrheit nur die mehr oder weniger *riskante Handlung* des Täters sein (*Bertel/Schwaighofer/Venier*, BT I¹⁵ § 90 Rz 2). Einwilligung ist in dieser Sicht das Gestatten eines bestimmten Gefährlichkeitsniveaus. Wenn die Einwilligung des Opfers wirksam ist, dann ist die Handlung des Täters trotz ihrer Gefährlichkeit *im Hinblick auf die Güter des Einwilligenden* sozial-adäquat und damit nicht rechtswidrig, so dass ein allenfalls eintretender Erfolg – welchen Grades auch immer (!) – bereits mangels spezifisch rechtswidriger Handlung nicht zugerechnet werden kann.

Diese Ansicht wiederum gerät, bei prinzipieller Richtigkeit ihres Ansatzes, in jenen Fällen in Schwierigkeiten, in denen die Handlung (ex ante) wegen ihrer besonderen Gefährlichkeit nicht gerechtfertigt ist, sich diese Gefährlichkeit aber nur in einer geringfügigen Verletzung verwirklicht, die ihrerseits (als Erfolg) von der Einwilligung gedeckt ist. *Beispiel*: Stimmt der Beifahrer einer lebensgefährlichen Motorradraserei zu, so ist die Fahrt wegen ihrer besonderen Gefährlichkeit trotz der Einwilligung rechtswidrig. Kommt es aber nur zu einer *leichten* Verletzung des Beifahrers, die *als Erfolg* ebenfalls von der Einwilligungserklärung gedeckt ist, so bleibt der Fahrer hinsichtlich eines Verletzungsdeliktes straflos, weil beim Fahrlässigkeitsdelikt die gefährliche Handlung für sich allein nicht bestraft wird. Mit der strengen Handlungsbezogenheit der Einwilligung lässt sich dies jedoch nicht erklären.

14 cc) Zu befriedigenden Ergebnissen gelangt man daher nur, wenn man **beide Lösungsansätze** miteinander **kombiniert** (so auch 13 Os 102/02). Die Einwilligung rechtfertigt – bei Vorliegen der übrigen Voraussetzungen – den Täter,

- wenn der Träger des geschützten Rechtsgutes **entweder** in den **Verletzungserfolg** eingewilligt, also die Rechtsgutsbeeinträchtigung als solche zugelassen hat
- **oder** wenn er in die **gefährliche Handlung** eingewilligt und damit eine bestimmte, für seine Güter riskante Handlung zugelassen hat (Gestattung eines bestimmten Risikoniveaus); in diesem Fall ist bei wirksamer Einwilligung die Handlung *dem Einwilligenden gegenüber nicht mehr sozialinadäquat gefährlich*, so dass sie keine taugliche Grundlage für die Zurechnung eines allfällig eintretenden Erfolges abgeben kann (vgl oben 10/15).

15 In beiden Fällen unterliegt die Einwilligung dem *Sittenwidrigkeitskorrektiv*, soweit das Gesetz ein solches vorsieht (also bei Eingriffen in Leib und Leben, § 90). Zu den Folgerungen im Einzelnen vgl sogleich unten 16/18 ff.

c) Verfügungsbefugnis über das Rechtsgut

Weitere Voraussetzung der wirksamen Einwilligung ist die **Verfügungsbefugnis** des Einwilligenden **über das Rechtsgut**. 16

aa) In Verletzungen der **Ehre**, der **Freiheit** und des **Vermögens** kann der Berechtigte unbeschränkt einwilligen, freilich (insbesondere bei der Freiheit) grundsätzlich nur für die Gegenwart und widerruflich (näher unten 16/31 f). Auf eine allfällige Sittengemäßheit und insbesondere darauf, aus welchen Motiven eingewilligt wird, kommt es nicht an: Genauso, wie jemand normalerweise sein Vermögen unbeschränkt verschenken oder verschleudern kann, kann er nach Willkür in die Zerstörung einwilligen, soweit nur seine eigenen Rechte betroffen sind. 17

Beispiel: Wer das Haus eines anderen, der ihn darum gebeten hat, zum Zwecke eines Versicherungsbetruges anzündet, ist trotz des sittenwidrigen Motivs aufgrund der Einwilligung des Hauseigentümers *hinsichtlich der Sachbeschädigung* (§ 125) am Haus gerechtfertigt. Die Strafbarkeit wegen anderer Delikte (zB § 151 oder §§ 12, 146 zu Lasten der Versicherung, die selbstverständlich nicht eingewilligt hat, oder ggf wegen Gefährdung der Güter Dritter, § 169 Abs 2) bleibt unberührt.

bb) Dagegen kann man in Verletzungen von **Leib und Leben** nicht unbeschränkt einwilligen. Nach der **Sonderregel des § 90** rechtfertigt die Einwilligung in eine Körperverletzung oder Gefährdung der körperlichen Sicherheit nur, „*wenn die Verletzung oder Gefährdung als solche nicht gegen die guten Sitten verstößt*". Zudem folgt aus den Strafbestimmungen gegen Tötung auf Verlangen (§ 77) und gegen Mitwirkung am Selbstmord (§ 78), dass in die **Tötung** überhaupt **nicht wirksam eingewilligt** werden kann. 18

Für die **Sittenwidrigkeitsprüfung** folgt aus dem gesetzlichen Hinweis auf die *Verletzung „als solche"*, dass es **nicht** primär **auf das Motiv**, sondern in erster Linie auf die Verletzungshandlung oder auf den Erfolg selbst ankommt. Daher ist bei der **erfolgsbezogenen Einwilligung** 19

- die Einwilligung in eine **leichte** und vorübergehende **Verletzung** unabhängig vom Handlungs- und Einwilligungsmotiv immer rechtfertigend, die Verletzung also bei Einwilligung nie sittenwidrig;
- dagegen ist es bei **schweren**, insbes bei **unwiderruflichen Verletzungen** erforderlich, den Einzelnen gegen den unbedachten und voreiligen Gebrauch der Freiheit vor sich selbst zu schützen; solche Verletzungen sind trotz Einwilligung grundsätzlich sittenwidrig und verboten, wenn sie nicht ausnahmsweise aus *besonderen, sachlich bedeutsamen Gründen* und zu einem *ethisch wertvollen Zweck* erfolgen, zB zur Rettung eines Kranken (Organspende) oder zu bestimmten medizinischen Versuchen.

Dem folgt auch die **neuere Rspr** (zB 14 Os 135/96; 13 Os 102/02). – Die *ältere Rspr* prüfte und bewertete dagegen **auch bei leichten Körperverletzungen** den **Beweggrund**: Auch diese seien trotz Einwilligung des Verletzten sittenwidrig und damit strafbar, wenn sie „auf keinerlei wertorientiertem oder sonst allgemein verständlichem Grund, sondern – wie im 20 vorliegenden Fall – auf bloßem Mutwillen" beruhten (12 Os 184/77 SSt 49/9 = JBl 1978, 385: Strafbarkeit, wenn jemand einem anderen auf dessen ernstgemeinte Aufforderung hin mit einem zerbrochenen Glas eine Schnittwunde auf dem Handrücken zufügt). Diese Ansicht verkannte jedoch das Wesen des § 90, der dem Träger des Rechtsgutes so weit wie möglich seine freie Selbstbestimmung belassen und ihn nur dort vor sich selbst schützen will, wo dies wirklich erforderlich ist (also nur bei schweren Verletzungen).

21 Bei der **handlungsbezogenen Einwilligung** (Zulassung eines bestimmten Risikoniveaus, vgl oben 16/14) hängt die Sittenwidrigkeit und damit die Rechtfertigung einerseits von der *Schwere und Wahrscheinlichkeit* der drohenden Verletzung und anderseits vom *Beweggrund* ab (vgl 13 Os 102/02):

22 – Die Einwilligung in eine Handlung, die (mit an Sicherheit grenzender Wahrscheinlichkeit) nur eine **leichte** Körperverletzung erwarten lässt, rechtfertigt immer.

23 – Ist dagegen (ex ante) auch eine **schwere Verletzung** oder gar der **Tod** möglich oder sogar wahrscheinlich, so ist die gefährliche Handlung nur dann gerechtfertigt, wenn die Handlung, in die eingewilligt wird, einem allgemein anerkannten, ethisch wertvollen Zweck dient. Dabei ist der im konkreten Fall noch tolerierbare Grad der Erfolgswahrscheinlichkeit umso höher anzusetzen, je wertvoller der verfolgte Zweck einzustufen ist (*Schütz*, WK[2] § 90 Rz 75 ff). Freilich besteht auch eine absolute Grenze: Ab einem gewissen Gefährlichkeitsgrad (insbes der Wahrscheinlichkeit eines tödlichen Ausganges) können auch der wertvollste Zweck und die Einwilligung des Verletzten der gefährlichen Handlung ihre Sittenwidrigkeit nicht nehmen.

24 § 90 Abs 3 stellt klar, dass „in eine Verstümmelung oder sonstige Verletzung der Genitalien" auch dann nicht rechtfertigend eingewilligt werden kann, wenn diese Verletzung aus religiösen Motiven erfolgt („weibliche Beschneidung"). Wegen der Schwere der Körperverletzung hätte es einer solchen Bestimmung allerdings gar nicht bedurft.

25 cc) Bei Delikten, die **Rechtsgüter der Allgemeinheit** schützen (zB Meineid, Doppelehe), ist eine wirksame Einwilligung kaum denkbar, weil ein verfügungsberechtigter Rechtsgutsträger fehlt.

26 dd) Bei Tatbeständen, die sowohl ein **Individualrechtsgut** als auch ein **Gut der Allgemeinheit** schützen, ist zu unterscheiden:

- **Dominiert** das Rechtsgut der Allgemeinheit dermaßen, dass es die mitgeschützten Individualinteressen überlagert, so ist die Einwilligung unbeachtlich.
- Sind dagegen die Schutzgüter im Wesentlichen **gleichwertig** und ist daher eine Aufspaltung möglich, so bewirkt dies, „dass der der Einwilligung zugängliche Rechtsschutzaspekt ausscheidet und nur der verbleibende Gesichtspunkt die Strafbarkeit bestimmt" (*Zipf*, Bedeutung 382). Konsequent weitergedacht, hat dies zur Folge, dass eines der beiden geschützten Güter, deren gemeinsame Verletzung für den Unrechtsgehalt dieses Deliktes

konstitutiv ist, nicht mehr rechtswidrig beeinträchtigt wird und damit *insgesamt* die *Strafbarkeit entfällt*. Dominiert das Individualrechtsgut, so gilt dies umso eher.

Beispiel: Gibt nach einem Verkehrsunfall mit Personenschaden der Fahrer der Polizei gegenüber mit Einwilligung (oder sogar auf Initiative) des Beifahrers an, dieser sei gefahren, so fragt es sich, ob der Fahrer wegen **Verleumdung** (§ 297) belangt werden kann oder aber wegen Einwilligung des Verleumdeten straflos bleibt. Die Lösung hängt davon ab, wie man das Verhältnis der von § 297 geschützten Rechtsgüter zueinander – *Freiheit, Vermögen und Ehre* des Verleumdeten, dem eine Bestrafung droht, einerseits und das Allgemeingut der *Rechtspflege* anderseits – bewertet. 27

Die Frage kann nur nach einer Analyse der Tatbestände des BT (§§ 297 und 298) beantwortet werden (siehe darum dort). Die Rspr nimmt heute eine Dominanz der Rechtspflege an und hält die Einwilligung des Verleumdeten für unwirksam (zB 12 Os 56/82 SSt 53/29 = JBl 1982, 607 = EvBl 1982/192; ebenso *Burgstaller*, RZ 1977, 1; im Ergebnis auch *Pilnacek/Swiderski*, WK² § 297 Rz 3–12). Richtig ist das nicht: Dass jemand *mit* seinem Willen verleumdet werden kann und konsequenterweise, wenn die Initiative für den „Rollentausch nach dem Verkehrsunfall" vom Beifahrer ausgeht, dieser sogar wegen *Bestimmung zur Selbstverleumdung* bestraft werden müsste, kann nicht stimmen. In Wahrheit wiegt bei der Verleumdung der Schutz des Verleumdeten mindestens ebenso schwer wie der Schutz der Rechtspflege im Allgemeinen (in diesem Sinne *Zipf*, RZ 1976, 192 und ÖJZ 1977, 382; *Pallin*, WK¹ § 297 Rz 2 und früher 9 Os 90/75 SSt 47/19 = EvBl 1976/253 = JBl 1976, 549 = ZVR 1977/248 = RZ 1976/105; siehe auch den Ersatzanspruch in § 6 Abs 1 MedienG). Damit ist bei wirksamer Einwilligung in das disponible Rechtsgut eine *maßgebliche* Unrechtskomponente und damit das Unrecht des zusammengesetzten Delikts insgesamt nicht voll verwirklicht (*Hinterhofer*, Einwilligung 28; *Lewisch*, WK² Nach § 3 Rz 223), so dass die Strafbarkeit wegen dieses Deliktes entfallen muss.

d) Anforderungen an die Einwilligung

Die Einwilligung ist nur dann ein **Akt der Selbstbestimmung**, wenn der Einwilligende die Tragweite seiner Entscheidung voll überblickt. Eine wirksame Einwilligung setzt daher voraus: 28

– die konkrete **Fähigkeit** des Einwilligenden, Bedeutung und Tragweite seiner Einwilligung und ihrer Folgen zu erkennen und zu beurteilen. Diese ist nach hM von der zivilrechtlichen Geschäftsfähigkeit prinzipiell unabhängig, so dass es im Strafrecht nicht auf eine starre Altersgrenze ankommt, sondern auf die **konkrete Entscheidungsfähigkeit**, das ist die Fähigkeit, die *Bedeutung und die Folgen seines Handelns im jeweiligen Zusammenhang zu verstehen*, seinen *Willen danach zu bestimmen* und *sich entsprechend zu verhalten* (§ 24 Abs 2 ABGB). Ob diese vorliegt, hängt von der *Art des Eingriffes* und von der *individuellen geistigen Entwicklung* des Rechtsgutsträgers ab; 29

Fehlt bei einer Heilbehandlung (§ 110) die Entscheidungsfähigkeit, so kann bisweilen der Obsorgeberechtigte oder ein Erwachsenenvertreter einwilligen, ggf das Gericht (ausführlich *Fuchs/Reindl-Krauskopf*, BT I⁷ 120 ff).

30 – die **Freiheit** der Entscheidung, insbes das **Fehlen von Willensmängeln** (Zwang, Furcht, Irrtum). Gegebenenfalls ist Information nötig (**Aufklärung**).

e) Zeitpunkt der Einwilligung

31 Die Einwilligung wirkt nur dann rechtfertigend, wenn sie **vor dem Eingriff** erteilt worden ist. Eine nachträgliche *Genehmigung* der Rechtsgutsverletzung oder der gefährlichen Handlung *genügt* nach hM *nicht*.

32 Ob die einmal erteilte Einwilligung des Verletzten **widerrufen** werden kann, hängt vor allem von der *Art des Rechtsgutes* ab, das beeinträchtigt werden soll. Grundsätzlich ist von einer *freien Widerruflichkeit* auszugehen, außer eine Bindung – insbes für kurze Zeit – entspricht der Verkehrssitte.

– Die Einwilligung in eine Verletzung der **körperlichen Unversehrtheit** ist – wegen des engen Bezuges dieses Rechtsguts zur Menschenwürde – **immer widerruflich**.

Beispiel: Wer, etwa für ein medizinisches Experiment, in eine leichte Verletzung oder aber in eine Organspende eingewilligt hat, kann es sich, solange der Eingriff nicht vollzogen worden ist, immer noch überlegen. Den Eingriff trotz Widerrufs vorzunehmen wäre eine strafbare Körperverletzung.

– Auch beim Rechtsgut der **Freiheit** ist die Einwilligung grundsätzlich frei widerruflich. *Beispiel*: Wer sich (für ein wissenschaftliches Experiment) verpflichtet, ein Jahr in einem verschlossenen Zimmer zu leben, ist freizulassen, wenn er dies nach einer Woche wünscht. – Eine verhältnismäßig **kurzfristige Bindung** für die Zukunft ist bei der Freiheit nach der Verkehrssitte jedoch möglich. *Beispiel*: Wer in Wien in den Schnellzug steigt, kann ihn erst beim nächsten Halt in St. Pölten wieder verlassen. Das Zugpersonal begeht keine rechtswidrige Freiheitsentziehung, wenn es dem Verlangen des Fahrgastes nicht nachkommt, vorher (auf offener Strecke oder in einem Bahnhof) anzuhalten.

– Eine zivilrechtlich für die Zukunft bindende Einwilligung in **Vermögensverletzungen** wirkt auch für das Strafrecht: Sie kann nur nach den Regeln des Zivilrechts widerrufen werden.

4. Exkurs: Sportverletzungen

33 a. Bezieht man die Einwilligung des Verletzten auf die gefährliche Handlung (vgl oben 16/14), dann erfasst dieser Rechtfertigungsgrund eine Reihe von **Sportverletzungen**: Ein Boxer willigt zwar nicht in den Verletzungserfolg ein, den ihm sein Gegner zufügt, wohl aber in die Vornahme des *gefährlichen Schlages* im Rahmen der Regeln des Boxkampfes. Da dieser eine anerkannte Sportart ist, verstößt der *regelgemäße* Boxhieb – mag er auch eine schwere Körperverletzung befürchten lassen und tatsächlich herbeiführen – nicht gegen die guten Sitten (*Zerbes*, SbgK § 90 Rz 43).

Doch vermag die Einwilligung nicht alle Fälle gerechtfertigter Sportverletzungen zu erfassen. *Beispiel*: Werden einem durchbrechenden Stürmer beim Fußballspiel von hinten die Beine weggezogen („Notbremse") und wird er dadurch verletzt, so hat er weder in den Verletzungserfolg noch in die *regelwidrige* gefährliche Handlung eingewilligt. Dennoch wird eine strafrechtliche Haftung für die eingetretene Verletzung allgemein abgelehnt.

Meist wird versucht, die Straflosigkeit damit begründet, dass Regelverstöße, die für eine bestimmte Sportart typisch sind und die *zur Ermöglichung der betreffenden Sportart als unvermeidbar* angesehen und daher allgemein hingenommen werden, **keine objektive Sorgfaltswidrigkeit** begründen und damit kein tatbestandsmäßiges Verhalten im Sinne der Fahrlässigkeitsdelikte sind (*Burgstaller*, Fahrlässigkeitsdelikt 54 im Anschluss an *F. Bydlinsky* und *Zipf*). Doch diese Argumentation versagt: Das Wegziehen der Beine ist eine **vorsätzliche Misshandlung**, die wenigstens fahrlässig die Körperverletzung zur Folge gehabt hat (§ 83 Abs 2, bei schwerer Verletzung gegebenenfalls § 84 Abs 1). Außerdem wird diese Lösung dem **besonderen Charakter** der Sportverletzungen nicht gerecht. **34**

b. Richtigweise besteht – wie bei der ärztlichen Heilbehandlung (vgl dazu unten 16/48) – ein besonderer **Rechtfertigungsgrund der anerkannten Sportausübung**. Gefährliche Handlungen **35**

- bei der Ausübung einer in der Gesellschaft **anerkannten Sportart** (also zB nicht bei Gladiatorenkämpfen)

sind gerechtfertigt, sofern sie

- entweder die für den jeweiligen Sport **geltenden Spiel- und Wettkampfregeln** (einschließlich der maßgeblichen Sicherheitsbestimmungen) einhalten
- oder sich aus typischen, bei der Ausübung der betreffenden Sportart praktisch **unvermeidbaren Regelverstößen** ergeben.

Vorausgesetzt ist freilich, dass der Verletzte **36**

- sich **freiwillig** an der betreffenden Sportausübung beteiligt; insofern ist auch die Einwilligung des Verletzten von Bedeutung.

Im *Beispiel* des Fouls am durchbrechenden Stürmer entfällt daher die Strafbarkeit, wenn ein „üblicher" Verstoß gegen die Fußballregeln vorliegt, der unglücklicherweise zur Verletzung des Gefoulten – und sei diese auch schwer (Knochenbruch) – geführt hat. Anders bei **außergewöhnlichen, besonders gefährlichen Regelverstößen**: Wer einem laufenden Spieler von hinten mit dem Fußballschuh mit Wucht gegen den Knöchel schlägt, haftet wegen **schwerer Körperverletzung** (§ 84), wenn das Opfer dadurch einen Knöchelbruch erleidet.

Begründen lässt sich der Rechtfertigungsgrund am einfachsten durch Gewohnheitsrecht: Dass Sport in den genannten Grenzen erlaubt ist, obwohl Sportler sich verletzen oder in Einzelfällen sogar sterben können, ist seit langem anerkannt.

II. Mutmaßliche Einwilligung

37 Auch wenn eine tatsächliche Einwilligung fehlt, kann ein tatbestandsmäßiges Verhalten wegen mutmaßlicher Einwilligung des Verletzten gerechtfertigt sein. Dabei sind **zwei** grundsätzlich verschiedene **Fallgruppen** zu unterscheiden.

1. Handeln im Interesse des Verletzten

38 a) In diesem Fall setzt die Rechtfertigung einen **Entscheidungsnotstand** voraus, das ist eine Sachlage, in der

- die **dringende Gefahr** für ein Rechtsgut des Verletzten und
- ein **Zwang** zum **raschen Handeln** bestehen,
- die Gefahr durch Eingriffe in ein **anderes Rechtsgut *des Gefährdeten*** abgewendet werden kann,
- jedoch eine **Entscheidung des Berechtigten**, welches seiner Rechtsgüter zu erhalten ihm wichtiger ist, aus tatsächlichen Gründen **nicht eingeholt werden kann**.

> *Beispiel:* A bemerkt, dass im Haus des abwesenden X ein Wasserschlauch geplatzt ist. Um größeren Schaden zu verhindern, schlägt A eine Fensterscheibe ein und dreht den Wasserhahn zu.

39 In einem solchen Entscheidungsnotstand ist der Eingriff in (andere) Rechtsgüter des Gefährdeten wegen mutmaßlicher Einwilligung des Verletzten **gerechtfertigt**, wenn *ex ante* (im Zeitpunkt des Entscheidungsnotstandes) anzunehmen ist, dass der Betroffene – könnte er nur rechtzeitig gefragt werden – mit dem Eingriff **einverstanden wäre**. Es kommt also auf den **hypothetischen Willen** des Betroffenen an.

- Mangels anderer Anhaltspunkte ist dabei auf die Entscheidung eines **vernünftigen „Normalmenschen"** abzustellen. Dieser wird jene Handlungsalternative wählen, die insgesamt die *höherwertigen Güter* erhält; also ist mangels anderer Informationen nach dem Grundsatz der **Güterabwägung** (vgl unten 17/56 ff) vorzugehen.
- Sind jedoch ein **abweichender konkreter Wille** des Berechtigten oder andere individuelle Umstände bekannt, so sind sie zu berücksichtigen, mag dieser Wille auch noch so unsinnig sein.

> Im *Beispiel* ist das Einschlagen der Fensterscheibe gerechtfertigt, wenn und weil es ex ante einen geringeren Schaden erwarten lässt als das Weiter-Auslaufenlassen des Wassers, das zumindest den Fußboden verderben würde. Ist jedoch (was freilich in der Praxis kaum jemals der Fall sein wird) bekannt, dass der Wohnungseigentümer unter keinen Umständen will, dass man in seine Wohnung eindringt, so muss man – wenn nur seine Güter bedroht sind – das Wasser laufen lassen.

b) Durch die Notsituation und die Güterabwägung im Normalfall ähnelt dieser Rechtfertigungsgrund dem *rechtfertigenden Notstand* (vgl unten 17/53 ff). In Wahrheit besteht jedoch ein grundlegender Unterschied, weil in den Fällen der **mutmaßlichen Einwilligung** bei Handeln im Interesse des Verletzten der Träger des geretteten (Fußboden) auch der Träger des geopferten Rechtsgutes (Fensterscheibe) ist. Deshalb ist hier primär die *subjektive Bewertung* dieser einen Person maßgebend und nur subsidiär (wenn deren konkrete Bewertung nicht bekannt ist) der objektive Wert der Güter. 40

Die Regeln des **rechtfertigenden Notstandes** gelten dagegen für Notfälle, in denen die betroffenen Rechtsgüter *verschiedenen* Personen zustehen und daher nicht nur eine Wertekollision, sondern auch eine **Interessenkollision** zwischen diesen Personen besteht. Deshalb entscheiden in diesem Fall *objektive* Gesichtspunkte, so auch dann, wenn man das *Beispiel* dahin verändert, dass auch Güter dritter Personen (Sachen in der darunterliegenden Wohnung) bedroht sind.

c) Einen besonderen Fall der mutmaßlichen Einwilligung regelt § 110 Abs 2: Die **eigenmächtige Heilbehandlung** ist straflos, wenn die Einwilligung des Behandelten nicht eingeholt worden ist, weil durch den Aufschub der Behandlung dessen Leben oder Gesundheit ernstlich gefährdet worden wären. Auch diese Bestimmung setzt einen **Entscheidungsnotstand** (zB bewusstloser Patient, der auch vorher keine Verfügungen getroffen hat) voraus und rechtfertigt daher nicht, wenn der Patient *schon entschieden* (dh die Behandlung abgelehnt) hat oder trotz Möglichkeit hiezu *nicht* um seine Entscheidung *gefragt* worden ist; bei erwachsenen und entscheidungsfähigen Patienten ist allein ihr Wille maßgebend. 41

Auch **Kinder** können in medizinische Behandlungen einwilligen, wenn sie entscheidungsfähig sind (oben 16/29); das wird bei mündigen Minderjährigen (Personen, die das 14. Lebensjahr vollendet haben) im Zweifel gesetzlich vermutet (§ 173 Abs 1 Satz 1 ABGB). Mangelt es an der konkreten Entscheidungsfähigkeit, dann kommt es auf die Zustimmung des Obsorgeberechtigten (hinsichtlich Pflege und Erziehung) an (§ 173 Abs 1 Satz 2 ABGB), das sind idR die Eltern. Bei Behandlungen, die gewöhnlich mit einer schweren oder nachhaltigen Beeinträchtigung der körperlichen Unversehrtheit oder der Persönlichkeit verbunden sind, ist auch bei entscheidungsfähigen Kindern die Zustimmung der Eltern erforderlich (§ 173 Abs 2 ABGB). Verweigern diese *pflichtwidrig* die Einwilligung in die Behandlung und kann eine Entscheidung des Gerichtes (§ 181 Abs 1 ABGB) nicht rechtzeitig erlangt werden, so kommt es auf die **mutmaßliche Einwilligung des Gerichtes** an: Bei Lebensgefahr oder der Gefahr eines ernsten Gesundheitsschadens hat die Behandlung stattzufinden (§ 173 Abs 3 ABGB).

2. *Handeln bei mutmaßlich fehlendem Interesse des Berechtigten*

42 Ausnahmsweise kann ein tatbestandsmäßiges Verhalten trotz **Fehlens einer tatsächlichen Einwilligung** des Opfers gerechtfertigt sein, wenn als sicher anzunehmen ist, dass der Berechtigte – könnte er gefragt werden – auch unabhängig von seinen Interessen dem Eingriff **zustimmen würde**. Dies kann insbesondere dann der Fall sein, wenn der Eingriff *geringfügig* ist und der Berechtigte, der zum Täter in einer *näheren persönlichen Beziehung* steht, in solchen Situationen früher schon *mehrmals zugestimmt hat.*

Beispiel: Ein Student verwendet unbefugt das Auto eines abwesenden Heimkollegen für eine kurze Fahrt.

Wegen der Missbrauchsgefahr ist dieser Rechtfertigungsgrund nur **sehr zurückhaltend** anzuwenden: Es muss wirklich für jeden vernünftigen Menschen feststehen, dass der Berechtigte – hätte er nur Gelegenheit dazu gehabt – eingewilligt hätte. Ist dies im Zeitpunkt der Tathandlung der Fall, so bleibt wegen der maßgebenden **Ex-ante-Beurteilung** die Tat auch dann gerechtfertigt, wenn der Verletzte im konkreten Fall nachträglich erklären sollte, dass er dem Eingriff nicht zugestimmt hätte.

III. Ärztliche Heilbehandlung

43 a) Eine ärztliche Heilbehandlung soll dem Patienten nützen, sie kann aber auch **mehrere Rechtsgüter** des Behandelten beeinträchtigen:

- Einmal erfüllt eine ärztliche Behandlung den **Tatbestand der Körperverletzung**, wenn sie – zumindest vorübergehend – bisher unbeeinträchtigte Teile des Körpers verletzt. Offensichtlich ist dies in jenen Fällen, in denen der Patient zB nach der Operation „vielleicht bewegungsunfähig, von künstlicher Atmung und dergleichen abhängig und auf fremde Hilfe angewiesen, im Bett" liegt (ausführlich *Nowakowski*, WK[1] Nach § 3 Rz 29).
- Außerdem kann die **Freiheit der Selbstbestimmung** des Patienten verletzt werden, wenn dieser der Behandlung nicht zugestimmt hat.

44 b) Zur Frage nach der Rechtfertigung ist davon auszugehen, dass in Österreich ein besonderer Straftatbestand gegen **eigenmächtige Heilbehandlung** (§ 110) besteht, der gezielt die Freiheit der Selbstbestimmung des Patienten schützt (ausführlich *Fuchs/Reindl-Krauskopf*, BT I[7] 113 ff). Bei der Rechtfertigung im Hinblick auf ein **Körperverletzungsdelikt** braucht dieser Aspekt nicht mehr berücksichtigt zu werden.

45 Die mit einer Heilbehandlung verbundene (vorübergehende) Beeinträchtigung von Leib und Leben ist daher durch den besonderen **Rechtfertigungsgrund der ärztlichen Heilbehandlung** erlaubt, wenn sie

- **medizinisch indiziert** ist und
- **lege artis** durchgeführt wird.

Wie bei jedem Rechtfertigungsgrund sind dabei Risiko und Rettungschance **ex ante**, also für den Augenblick der Behandlung, abzuwägen. Die Behandlung ist daher gerechtfertigt, wenn sie die *überwiegende Chance auf eine Verbesserung* des Gesundheitszustandes eröffnet und nach den *Regeln der medizinischen Wissenschaft* durchgeführt wird; auf den Eintritt eines Heil**erfolges** ex post kommt es nicht an.

Die Rechtfertigung wegen eines Körperverletzungsdelikts ist **von der Einwilligung** des Behandelten **unabhängig**. Die medizinisch indizierte und sachgerecht durchgeführte, aber *eigenmächtig* vorgenommene Heilbehandlung ist daher nicht als **Körperverletzung**, sondern nur als **Freiheitsverletzung** (§ 110) strafbar. Nur die nicht indizierte (in Wahrheit gar nicht notwendige) oder die nicht sachgerecht durchgeführte Behandlung („*ärztlicher Kunstfehler*") kann als (meist fahrlässiges) Körperverletzungs- oder Tötungsdelikt bestraft werden; eine Rechtfertigung durch Einwilligung ist denkbar. **46**

c) Dieser Rechtfertigungsgrund der ärztlichen Heilbehandlung gilt für **alle Heilbehandlungen** im weiteren Sinn, also nicht nur für die unmittelbare Therapie, sondern auch für *diagnostische* und *vorbeugende* Eingriffe sowie zB für eine kosmetische Behandlung *zu Heilzwecken* (für deren Vornahme eine psychische Notwendigkeit besteht). **47**

Andere ärztliche Eingriffe, so insbes kosmetische Behandlungen ohne Heilzweck („Schönheitsoperationen"), medizinische Experimente sowie die Organspende (weil die Transplantation nur auf Seiten des Empfängers eine Heilbehandlung ist) können nur nach den Regeln über die *Einwilligung des Verletzten* gerechtfertigt sein (vgl oben 16/2 ff).

Seit 2013 gilt ein besonderes **Bundesgesetz über die Durchführung von ästhetischen Behandlungen und Operationen (ÄsthOpG)** mit Sonderregeln (BGBl I 2012/80). Es setzt beispielsweise ein Mindestalter von 16 Jahren für solche Behandlungen fest. Für die Einwilligung des Patienten gelten besondere Formvorschriften, auch ist eine Frist zwischen Einwilligung und Behandlung (meist 14 Tage) einzuhalten (näher *Zerbes*, SbgK § 90 Rz 88 ff; *Zerbes*, Fuchs-FS 694). **47a**

d) Nach einer **Gegenansicht** erfüllt die medizinisch indizierte und sachgerecht durchgeführte Operation **nicht einmal den Tatbestand** einer Körperverletzung (ausführlich zu dieser Rechtsansicht und zu ihrer Widerlegung *Fuchs/Reindl-Krauskopf*, BT I^{7} 57 f). Begründen lässt sich dies allenfalls mit sehr unsicheren Kriterien: Entweder mit „**mangelnder Sozialinadäquanz**" der Handlung oder aber dadurch, dass man Einzelakt und angestrebten Endzustand („Enderfolg") von vornherein im Rahmen des Tatbestands **zusammenzieht** und die zeitweilige Beeinträchtigung vor Erreichen des Endzustandes nicht selbständig bewertet. Aber um diesen Saldo zu ziehen und zu dieser zusammenfassenden Bewertung zu gelangen, muss man gerade jene Überlegungen anstellen und Abwägungen vornehmen, die für Rechtfertigungsgründe charakteristisch sind. Dem **Regel-Ausnahme-Prinzip** – und damit dem dreistufigen Verbrechensaufbau unseres StGB – entspricht es daher, die ärztliche Heilbehandlung als einen Rechtfertigungsgrund anzusehen. Ein sachlicher Unterschied besteht nicht, da die Tatbestandsmäßigkeit eines Verhaltens *keine eigene Wertungsstufe* ist (vgl oben 15/5). **48**

IV. Rechtsgutsverletzungen als Erziehungsmittel

49 1. Gem §§ 137 und 158 ABGB haben die Eltern ihre minderjährigen Kinder zu erziehen (**Erziehungspflicht, Obsorge**). Dies soll in erster Linie durch Vorbild und Überzeugung geschehen, in letzter Konsequenz können aber auch Anordnungen (**Verbote und Gebote**) erforderlich sein, das Erziehungsziel zu erreichen. Dementsprechend bestimmt das Gesetz, dass das minderjährige Kind die Anordnungen der Eltern zu **befolgen** hat (§ 161 ABGB). Insbesondere sind die Eltern – „soweit die Pflege und Erziehung es erfordern" – berechtigt, den **Aufenthalt** des Kindes zu bestimmen; nötigenfalls haben die „Behörden und Organe der öffentlichen Aufsicht" (das sind die **Sicherheitsbehörden**) „bei der **Ermittlung des Aufenthalts** und notfalls auch bei der **Zurückholung** des Kindes mitzuwirken" (§ 162 Abs 1 ABGB; § 24 Abs 1 Z 4 SPG).

50 Mit der gesetzlichen Pflicht zur Erziehung sind aber auch die *nötigen Mittel* verbunden, dieser Pflicht nachzukommen. Dies zeigt sich insbes am Bestimmen des Aufenthaltsortes: Es wäre widersinnig, anzunehmen, dass zwar die Polizei „entwichene" Kinder immer wieder mit Gewalt zurückholen, die Eltern aber nicht das „Entweichen" verhindern dürften. Nötige **Einschränkungen der persönlichen Freiheit** und die notwendigen Maßnahmen zur Durchsetzung der diesbezüglichen Anordnungen sind daher durch das Erziehungsrecht (besser: durch die Erziehungspflicht) gerechtfertigt, mögen sie auch den Tatbestand einer Freiheitsentziehung (§ 99) oder einer Nötigung (§ 105) erfüllen. Was für die Wahl des Aufenthaltsortes gilt, gilt aber kraft Größenschlusses auch für **andere** – weniger einschneidende – **Erziehungsmaßnahmen**. Es ist daher erlaubt, notfalls auch mit Gewalt dem Kind gefährliche oder ungeeignete Gegenstände (Videospiel) wegzunehmen, den Fernsehapparat abzuschalten oder aber das Kind zu seinem Schreibtisch zu drängen, damit es endlich seine Aufgaben macht.

51 2. Wenn § 137 Abs 2 ABGB anordnet, dass bei der Kindererziehung „die Anwendung von Gewalt … unzulässig" sei, so darf das nicht im letzten Sinn wörtlich verstanden werden. Aus der Entstehungsgeschichte folgt, dass der Gesetzgeber nur die **repressive Gewalt**, die *Bestrafung* mit Prügeln, verbieten wollte. **Abgeschafft** ist das **Züchtigungsrecht**, das bis 1977 ausdrücklich im Gesetz geregelt war (§ 145 ABGB aF: „… Kinder auf nicht übertriebene und ihrer Gesundheit unschädliche Art zu züchtigen …").

Strafbar ist auch die „**g'sunde Watschn**", wenn sie zu einer Körperverletzung führt oder sonst einen strafbaren Tatbestand (zB § 92) erfüllt und nicht im Einzelfall vielleicht ein Entschuldigungsgrund eingreift.

52 3. Nach wie vor **erlaubt** ist dagegen die **angemessene Gewalt**, die zur **unmittelbaren Durchsetzung** von notwendigen Erziehungsmaßnahmen erforderlich ist (vgl die oben angeführten Beispiele). Dazu gilt im Einzelnen:

a) **Erziehungsberechtigt** (und -verpflichtet) sind die Eltern (§ 177 Abs 1 ABGB), bei unehelichen Kindern grundsätzlich die Mutter (§ 177 Abs 2 ABGB), ansonsten jene Personen, die das Kind an Stelle der Eltern erziehen: Großeltern, Pflegeeltern oder dem Jugendwohlfahrtsträger (§§ 178, 181 ABGB).

b) Der – allenfalls auch gewaltsame – Eingriff in Rechtsgüter des Kindes (Freiheit, Besitz) durch den Erziehungsberechtigten ist **gerechtfertigt**, wenn

- ein berechtigter **Erziehungsanlass** besteht, also die Maßnahme im Rahmen der anerkannten oder doch der vertretbaren Erziehungsmaßstäbe notwendig ist, und
- das Erziehungsmittel zur Erreichung des Erziehungszieles **geeignet**, insbes dem **Alter** des Kindes gemäß ist (vgl § 161 ABGB: „Die Eltern haben bei ihren Anordnungen und deren Durchsetzung auf Alter, Entwicklung und Persönlichkeit des Kindes Bedacht zu nehmen; ...“).

17. Kapitel: Die einzelnen Rechtfertigungsgründe II: Notrechte
(Notwehr, rechtfertigender Notstand, offensive Selbsthilfe)

Literaturauswahl: *Bertel*, Notwehr gegen verschuldete Angriffe, ZStW 1972, 1; *Fuchs*, Grundfragen der Notwehr (1986); *ders*, Probleme der Notwehr, StPdG 8 (1980) 1; *Hanslauer*, Zum Selbsthilferecht des Straßenbahnunternehmers gegen Schwarzfahrer, JBl 2008, 335; *Kienapfel*, Der rechtfertigende Notstand, ÖJZ 1975, 421; *Lewisch*, Altes und Neues zur Notwehr, JBl 1990, 772; *ders*, WK^2 (1.3.2020) § 3; *ders*, WK^2 Nach (1.3.2020) § 3 Rz 16–124, 155–212; *E. Steininger*, Der Fahrlässigkeitsbegriff bei der Notwehrüberschreitung, Triffterer-FS (1996) 257; *ders*, SbgK § 3 und Nach § 3; *H. Steininger*, Die Notwehr in der neueren Rechtsprechung des OGH, ÖJZ 1980, 225; *Wach*, Private Sicherheitsdienste und Strafrecht, JSt 2008, 48.

I. Grundstruktur der Notrechte

1. Notsituation und Interessenkollision

1 Droht dem Rechtsgut einer Person (A) ein Nachteil (**bedrohtes Rechtsgut**) und kann der Bedrohte (Träger des bedrohten Rechtsgutes) oder ein Dritter für ihn (Nothilfe) diesen Nachteil nur dadurch abwenden, dass das (an sich nicht bedrohte) Rechtsgut eines anderen (B) beeinträchtigt wird (**zu opferndes** oder **beeinträchtigtes Rechtsgut**), so besteht – da nur eines der beiden Güter erhalten werden kann – eine **Güterkollision** und – da die beiden Rechtsgüter verschiedenen Trägern zustehen – eine **Interessenkollision** zwischen den beteiligten Personen.

Die Notrechte sind also dadurch charakterisiert, dass das **bedrohte Rechtsgut** und das **Rechtsgut, in das zu seiner Rettung eingegriffen** wird, *verschiedenen Personen* zustehen. Stehen das bedrohte und das zu opfernde Gut *derselben Person* zu, so ist nach den Regeln der **Einwilligung** oder der **mutmaßlichen Einwilligung** vorzugehen (vgl oben 16/2 ff, 37 ff).

Bei einer solchen Kollision der Interessen zweier Personen muss die **Rechtsordnung** aufgrund ihrer Ordnungsfunktion **entscheiden**, unter welchen Voraussetzungen es erlaubt ist, den drohenden Nachteil vom bedrohten auf das beeinträchtigte Gut und damit von einer Person auf eine andere zu überwälzen.

2. Grundsatz der Interessenabwägung

2 Die Rechtsordnung folgt dabei dem Grundsatz der **Interessenabwägung** als einem *allgemeinen Prinzip zur Konfliktlösung*: Der Eingriff in das beeinträchtigte Gut ist erlaubt, wenn das Interesse des Trägers des beeinträchtigten Gutes (B) an dessen Erhaltung weniger schwer wiegt als das Interesse des Trägers des bedrohten Gutes (A). Maßgebend ist die *Bewertung* dieser Interessen

durch die Rechtsordnung. Diese konkretisiert den Grundsatz der Interessenabwägung inhaltlich durch **zwei Gesichtspunkte**:

- Nach dem **Prinzip der Güterabwägung** werden die **objektiven Werte** der betreffenden Rechtsgüter miteinander verglichen. In dieser Sicht ist der Eingriff erlaubt, wenn das bedrohte Rechtsgut *höherwertig* ist als das beeinträchtigte. Der Grundsatz der Güterabwägung beruht auf dem Gedanken der **Einheit** aller rechtlich anerkannten Werte der Gesellschaft und auf dem utilitaristischen Gedanken der **Gütererhaltung** als oberstem Ziel. Der Eingriff ist daher gerechtfertigt, wenn und weil *insgesamt* ein Mehr an Werten erhalten bleibt. **3**
- Dagegen beruht das Prinzip der **Zurechnung** auf dem Grundsatz der **rechtlichen Trennung** der Interessensphären verschiedener Personen (**Sphärentheorie**). Danach ist es bei der Bewertung der kollidierenden Interessen insbesondere zu berücksichtigen, wenn die Notsituation (*Quelle der Gefahr*) einem Beteiligten in bestimmter Weise *zurechenbar* ist; dieser hat nach dem Prinzip der Zurechnung den drohenden Nachteil eher zu tragen als der andere. **4**

Die konkrete Ausgestaltung der Notrechte erklärt sich im Wesentlichen durch das **Zusammenspiel von Güterabwägungs- und Zurechnungsprinzip**.

3. „Not" als Ausnahmesituation

Wie schon für die Rechtfertigungsgründe generell (oben 15/5a) gilt insbesondere für die Notrechte: Ihre Ausübung ist auf **ganz bestimmte Situationen** und auf **besondere Ausnahmsfälle** beschränkt. Denn wenn der Gesetzgeber ein Verhalten mit Strafe bedroht, dann zeigt er, dass er das vom Straftatbestand geschützte Rechtsgut hoch bewertet und das verbotene Verhalten als besonders verwerflich betrachtet. Um die Verletzung eines Straftatbestandes zu rechtfertigen, bedarf es daher besonders schwerwiegender Interessen, die im Gesetz ihren klaren Ausdruck finden müssen. **4a**

Dazu kommt, dass die Notrechte regelmäßig auch private Gewalt erlauben und damit das **staatliche Gewaltmonopol** durchbrechen. Im Rechtsstaat ist zur Verhinderung von Straftaten grundsätzlich die Polizei berufen (§ 21 Abs 2 iVm § 16 Abs 1 Z 1 SPG), und auch bei sonstigen Rechtsverletzungen muss sich der Betroffene um Abhilfe **an die zuständige Behörde** wenden (z.B. an das Zivilgericht durch Klage oder den Antrag auf eine Einstweilige Verfügung); Selbsthilfe muss in einem geordneten Rechtsstaat der seltene Ausnahmsfall bleiben.

Keine Notrechte gibt es zugunsten von **Rechtsgütern der Allgemeinheit** und zur Verteidigung überindividueller Interessen. Die staatlichen Behörden sind strikt an das Gesetz gebunden (Art 18 B-VG), und für Private gibt es keine gesetzliche Grundlage, anstelle der staatlichen Organe tätig zu werden.

Einzige Ausnahme ist das **Anhalterecht Privater** zur Sicherung des staatlichen Strafverfolgungsrechtes (§ 80 Abs 2 StPO, unten 18/23 ff). Staatliches Eigentum darf allerdings wie andere Privatrechtsgüter des Staates wie privates Eigentum verteidigt werden.

II. Notwehr (§ 3)

5 Notwehr ist der einzige Rechtfertigungsgrund, der ausführlich im Allgemeinen Teil des StGB geregelt ist.

1. Grundgedanke

6 Die **Notwehrsituation** ist dadurch gekennzeichnet, dass die Quelle der Gefahr einem Beteiligten als **rechtswidriger Angriff** zurechenbar ist. In diesem Fall bewertet das Gesetz die Interessen des Angreifers gering und gibt dem Bedrohten **weitreichende Befugnisse**, die drohenden Nachteile auf den Angreifer **zurückzuwerfen**, der die Nachteile seines Angriffes selbst tragen muss. Bei der Notwehr dominiert das **Zurechnungsprinzip**, der Interessenkonflikt wird strikt zu Lasten des Angreifers gelöst. Auf eine Güterabwägung kommt es normalerweise nicht an.

7 In funktionaler Sicht erlaubt Notwehr die Selbsthilfe gegen rechtswidrige Angriffe und dient in erster Linie dem **Rechtsgüterschutz**. Zwar sind im modernen Staat der Güterschutz und die unmittelbare Gefahrenabwehr Aufgabe der staatlichen Organe, doch können (und sollen) diese nicht allgegenwärtig sein. Fehlt staatliche Hilfe aus tatsächlichen Gründen (weil kein Polizist da ist), so muss sich der Einzelne selbst verteidigen dürfen: Das Notwehrrecht ist die notwendige Ergänzung des staatlichen Rechtsschutzes und, wenigstens grundsätzlich, **notwendiger Bestandteil individueller Rechtsgüter**.

8 Aus diesen Grundgedanken ergeben sich auch die wichtigsten **Grenzen** der Notwehr:

- Notwehr rechtfertigt immer nur **Eingriffe in Rechtsgüter des Angreifers** (vgl § 3 Abs 1 Satz 2), denn nur ihm gegenüber gilt die rigorose Interessenabwägung. In **Rechtsgüter anderer Personen** darf bei der Abwehr nur eingegriffen werden, wenn ein anderer Rechtfertigungsgrund vorliegt (zB **rechtfertigender Notstand**, unten 17/53 ff).
- Weil die Notwehr den (wichtigen!) Grundsatz des **staatlichen Gewaltmonopols** durchbricht, muss sie auf **bedeutsame Bedrohungen** und auf **evidente Fälle** von Recht und Unrecht beschränkt sein.
- Die Notwehr gewährt *keine Strafbefugnis*, sie ist auf **gegenwärtige Angriffe** beschränkt und erlaubt nur diejenige Verteidigung, die *zur Abwehr* des Angriffes **notwendig** ist.
- Schließlich muss das strenge Zurechnungsprinzip in Extremfällen durch das **Güterabwägungsprinzip** korrigiert werden (Einschränkungen des

Notwehrrechts, vgl unten 17/37 f), so insbesondere bei geringfügigen Angriffen.

Diese Grenzen schlagen sich in den gesetzlichen Merkmalen der Notwehrbestimmung nieder.

Die hM nennt neben dem **Güterschutzprinzip** (*individualrechtliche Seite* der Notwehr) auch das **Rechtsbewährungsprinzip** (*sozialrechtliche Seite*) als zweiten, gleichwertigen Grundsatz der Notwehr: Der Verteidiger, so wird gesagt, verteidigt nicht nur seine eigenen Güter, sondern auch die Rechtsordnung im ganzen („Das Recht braucht dem Unrecht nicht zu weichen"). 9

Richtig betrachtet, steht jedoch für jeden Verteidiger der Schutz seiner Interessen klar im Vordergrund. Notwehr ist Rechtsgüterschutz in Fällen, in denen staatliche Hilfe zu spät kommt, die überindividuelle Wirkung („Verteidigung der Rechtsordnung") ist ein bloßer Reflex. Das **Güterschutzprinzip** dominiert und **bestimmt** allein Art und Ausmaß der zulässigen Verteidigung, das Allgemeininteresse an der Wahrung der Rechtsordnung tritt nur durch das Medium des Einzelrechtsschutzes in Erscheinung (näher *Fuchs*, Grundfragen 67 f).

2. *Voraussetzungen der Notwehr*

Die Voraussetzungen der Notwehr im Einzelnen sind weitgehend im Gesetz umschrieben. 10

a) Notwehrsituation

Die Notwehr setzt einen „gegenwärtigen oder unmittelbar drohenden, rechtswidrigen Angriff auf Leben, Gesundheit, körperliche Unversehrtheit, sexuelle Integrität und Selbstbestimmung, Freiheit oder Vermögen" voraus.

aa) Angriff

(1) Ein **Angriff** ist ein **menschliches Verhalten**, das (objektiv und ex ante betrachtet) den Verlust eines rechtlich geschützten Wertes konkret befürchten lässt; das also eine **konkrete Gefahr** für ein Rechtsgut schafft. 11

Ob ein Angriff vorliegt, hängt oft auch von *psychischen Faktoren*, nämlich von inneren Umständen aufseiten des Angreifers ab.

Beispiel: Wenn jemand in seine Rocktasche greift, in der sich eine geladene Pistole und ein Taschentuch befinden, so ist dies ein Angriff auf das Leben, wenn er die Waffe ziehen und sein Gegenüber erschießen will; nicht dagegen, wenn der Griff in die Tasche dem Taschentuch gilt.

(2) Keine Notwehr gibt es – mangels einer konkreten Gefahr – gegen einen **untauglichen Versuch**. Ebenso begründen „Angriffe" von **Tieren** oder Gefahren, die von anderen **Sachen** ausgehen, keine Notwehrsituation. 12

Beispiel: Wird jemand von einem Hund angefallen, so ist das kein „Angriff" iSd § 3. Der Hund kann nicht nach den Regeln der Notwehr, sondern im rechtfertigenden Notstand abgewehrt werden. – Wer dagegen einen Hund auf einen anderen Menschen hetzt, der greift diesen an.

13 (3) Auch eine **Unterlassung** kann ein Angriff sein: Wer es unterlässt, die einem anderen drohende Gefahr abzuwenden, greift an, wenn

- er zur Gefahrabwendung **rechtlich verpflichtet** ist,
- das pflichtwidrige Untätigbleiben eine **Veränderung der tatsächlichen Verhältnisse** im Herrschaftsbereich des Bedrohten zur Folge hat und
- diese Veränderung aus der Sphäre des Unterlassenden herrührt.

Beispiel: Fällt der Hund des A den X aus eigenem Antrieb an und hält A den Hund nicht zurück, obwohl er es könnte, so ist dies ein Angriff des Hundeeigentümers durch Unterlassen. In die Rechtsgüter des A darf daher nach Notwehrgesichtspunkten eingegriffen werden. – Unterlässt es dagegen der Passant B, der in keiner Weise für den Hund verantwortlich ist, entgegen der allgemeinen Hilfeleistungspflicht (§ 95 StGB), dem von einem Hund angefallenen X beizustehen, so greift B nicht an, weil die Gefahr nicht aus seiner Sphäre stammt.

14 Kein Angriff durch Unterlassen liegt vor, wenn jemand seine **zivilrechtlichen Verpflichtungen** nicht erfüllt, weil sich in diesem Fall die *tatsächlichen Verhältnisse* im Herrschaftsbereich des Bedrohten nicht ändern.

Beispiel: Eine wettbewerbswidrige Ankündigung in der Geschäftsauslage darf vom „bedrohten" Mitbewerber nicht in Notwehr, sondern allenfalls unter den viel engeren Voraussetzungen der (offensiven) Selbsthilfe (vgl dazu unten 17/75 ff) entfernt werden. – Weitere *Beispiele* unten 17/24.

bb) Rechtswidrigkeit

15 (1) Der Angriff ist rechtswidrig, wenn der Angreifer **pflichtwidrig** (vorsätzlich oder *zumindest objektiv sorgfaltswidrig*) handelt und dadurch ein sozialinadäquates Risiko für den Bedrohten schafft. Es ist also **Handlungsunwert** erforderlich; bloß drohender Erfolgsunwert ohne Pflichtwidrigkeit des Angreifers genügt nicht.

Beispiel: A ist gerade im Begriff, eine technische Anlage in Betrieb zu setzen, an der – für A *trotz aller Sorgfalt unerkennbar* – gerade Reparaturen vorgenommen werden. Dadurch droht eine Gefahr (für einen Menschen, für Sachen). Da A nicht pflichtwidrig handelt, greift er nicht rechtswidrig an, so dass keine Notwehr-, sondern nur eine Notstandssituation besteht.

Kann sich der Angreifer auf einen **Rechtfertigungsgrund** berufen (zB auf Rechtfertigenden Notstand, unten 17/53 ff), so handelt er *nicht rechtswidrig*. Gegen gerechtfertigte Handlungen ist Notwehr ausgeschlossen.

16 (2) Ein **strafbares** oder ein **schuldhaftes** Verhalten des Angreifers wird bei der Notwehr jedoch **nicht** vorausgesetzt. Auch gegen schuldlos geführte (entschuldigte) Angriffe oder gegen Rechtsgutsbeeinträchtigungen, die keinen Straftatbestand erfüllen, ist Notwehr zulässig.

Beispiel: Wer ein fremdes Fahrrad unbefugt in Gebrauch nehmen will, erfüllt keinen Straftatbestand (vgl § 136). Trotzdem ist dieser unbefugte Gebrauch ein rechtswidriger Eingriff in das Vermögen, der durch Notwehr verhindert werden darf. – Ebenso darf gegen eine drohende fahrlässige Sachbeschädigung oder gegen Angriffe Geisteskranker Notwehr geübt werden (vgl aber unten 17/43 ff).

Entschuldigender Notstand (näher unten 24/8 ff) aufseiten des Angreifers lässt daher – im Gegensatz zum Rechtfertigenden Notstand – die Notwehrbefugnis des Angegriffenen unberührt („Notwehrprobe", vgl oben 8/3 f; vgl aber auch unten 17/43).

cc) Gegenwärtigkeit

(1) Die Notwehrsituation **endet**, wenn der **Angriff abgeschlossen** ist, dh wenn *keine weitere Rechtsgutsbeeinträchtigung* oder *keine Intensivierung der Beeinträchtigung* zu erwarten ist. Dies ist zB der Fall, 17

- wenn der Angreifer den **Angriff aufgegeben** hat und die Gefahr beseitigt ist,
- wenn der Angreifer bezwungen wurde oder der Angriff sonst misslungen ist, aber auch dann,
- wenn der Angreifer sein **Ziel erreicht** hat und das angegriffene Rechtsgut endgültig vernichtet, die bedrohte Sache etwa zerstört ist.

Dieser Zeitpunkt ist unabhängig von einer allfälligen Deliktsvollendung. 18

Beispiel: Flüchtet der Dieb **ohne Beute**, so droht keine weitere Rechtsgutsverletzung; der Angriff ist nicht mehr gegenwärtig, so dass die Möglichkeit der Notwehr entfällt. – Die Flucht eines Diebes **mit Beute** darf dagegen nach den Regeln der Notwehr verhindert werden, weil durch das Fortschaffen die Rechtsgutsbeeinträchtigung *weiter intensiviert* wird und der Angriff auf das Vermögen daher noch *gegenwärtig ist*. – Ist der Dieb mit der Beute jedoch der unmittelbaren Verfolgung **entkommen**, so ist auch hier die Notwehrsituation zu Ende; dass er die gestohlene Sache rechtswidrig weiter *behält*, ist kein Angriff im Sinne der Notwehrbestimmung mehr.

(2) Die Notwehrsituation **beginnt**, wenn der Angriff **„unmittelbar" droht**. 19
Notwehr ist erst in einer Situation zulässig, die dem eigentlichen Beginn des Angriffs in *zeitlicher, örtlicher und funktioneller Hinsicht unmittelbar vorangeht*. Dies ist insbesondere dann anzunehmen, wenn die Gegenwehr zur Rettung des bedrohten Gutes bereits **sachlich geboten** ist, weil *später keine wirksame Verteidigungsmöglichkeit* mehr besteht und auch die *Hilfe der Behörde nicht erlangt* werden kann.

Beispiel: Notwehr darf geübt werden, um zu verhindern, dass sich der Angreifer zum sofortigen Angriff bewaffnet, wenn er später nicht mehr abgewehrt werden könnte. – Dagegen ist jetzt noch keine Notwehr zulässig, wenn der Angreifer erst am nächsten Tag handeln will; hier muss man sich an die Behörde um Schutz wenden.

20 „**Präventivnotwehr**" ist nur als *Vorbereitung von Verteidigungsmaßnahmen* zulässig, die erst im Zeitpunkt des (gegenwärtigen) *Angriffs wirksam* werden:

- Unproblematisch ist die **vorsorgliche Bewaffnung** des Verteidigers, wenn die Waffen erst im späteren Angriffszeitpunkt eingesetzt werden sollen und bis dahin noch vom *Willen* des Verteidigers *beherrscht* werden.
- Problematisch, aber doch zu bejahen, ist die Zulässigkeit von Verteidigungsmitteln, die im Angriffszeitpunkt *von selbst tätig* werden (zB **Selbstschussanlagen**), wenn durch *ausreichende Warnung* sichergestellt ist, dass nur Angreifer und nicht auch unbeteiligte Dritte beeinträchtigt werden.

dd) Notwehrfähige Rechtsgüter

21 Anders als andere Rechtsordnungen erlaubt unser Gesetz die Notwehr nicht zur Verteidigung aller Rechtsgüter, sondern beschränkt dieses Notrecht ausdrücklich: Notwehr ist nur zur Verteidigung von **Leben, Gesundheit, körperlicher Unversehrtheit, Freiheit, sexuelle Integrität und Selbstbestimmung** und **Vermögen** zulässig.

22 (1) **Keine Notwehr** gibt es zum Schutz von Rechtsgütern der *Allgemeinheit* (keine „Staatsnotwehr"), doch dürfen *Individualrechtsgüter des Staates* (zB Vermögen) in Notwehr (Nothilfe) verteidigt werden. Ebenso ist die Notwehr ausgeschlossen bei jenen Individualrechtsgütern, die das Gesetz nicht nennt. Dazu zählen insbesondere die *Ehre*, aber auch Persönlichkeitsrechte wie zB das *Briefgeheimnis*.

Beispiel: Dass ein Unbefugter einen Brief liest, darf man nicht nach den Regeln der Notwehr, sondern allenfalls nach einem anderen Rechtfertigungsgrund verhindern.

23 Da das Gesetz eine *Misshandlung ohne eine Verletzung* am Körper zu den Ehrverletzungen zählt (vgl § 115), gibt es keine Notwehr gegen bloße Misshandlungen. Allerdings werden drohende Misshandlungen bei der gebotenen *Ex-ante-Beurteilung* so gut wie immer auch eine Körperverletzung befürchten lassen, so dass Notwehr zum Schutz der körperlichen Unversehrtheit geübt werden darf.

24 (2) Zum notwehrfähigen **Vermögen** zählen insbesondere das **Eigentum** an Sachen, das gegen die Wegnahme und Abnötigung, aber auch gegen die Anmaßung unbefugten Gebrauchs (vgl oben 17/16) verteidigt werden darf, aber auch das **sonstige Vermögen**. Bei diesem ist jedoch der Angriff von der Unterlassung, den rechtmäßigen Zustand herzustellen, abzugrenzen. Ein Angriff auf das Vermögen ist jede Bedrohung, die einen Vermögensnachteil durch eine *Veränderung der* **tatsächlichen Verhältnisse** *im Herrschaftsbereich des Bedrohten* erwarten lässt. Keine Notwehr, sondern allenfalls offensive Selbsthilfe (vgl zu deren Voraussetzungen unten 17/78) gibt es daher zur eigenmächtigen Herstellung des rechtmäßigen Zustandes.

Beispiel: Wer rechtswidrig seine **Schulden nicht bezahlt**, während sich seine Vermögensverhältnisse verschlechtern, gefährdet zwar fremdes Vermögen, begeht aber keinen Angriff iSd § 3. – Ebenso gibt es keine Notwehr gegen den **ohne Beute** flüchtenden Ladendieb, der durch seine Flucht den Schadenersatzanspruch des Kaufhauses vereitelt.

(3) Zur notwehrfähigen **Freiheit** zählt jedenfalls die **persönliche Freiheit**, das ist die von § 99 StGB geschützte Bewegungsfreiheit des Menschen im Raum. Dabei ist es ohne Bedeutung, wie weit der Tatbestand des § 99 reicht: Auch wenn man der (herrschenden) Auffassung folgt, dass ein nur kurzfristiges Festhalten die „tatbestandliche Mindestschwelle" nicht erreicht und darum nicht strafbar ist (*Bertel/Schwaighofer/Venier,* BT I[15] § 99 Rz 6: tatbestandsmäßig erst nach mehr als zehn Minuten; ausführlich *Fuchs/Reindl-Krauskopf*, BT I[7] 88 f), so ist dieses Festhalten doch ein rechtswidriger Angriff auf die Freiheit, der (vielleicht unter den Einschränkungen für geringfügige Angriffe, vgl unten 17/37 f) zur Notwehr berechtigt. **25**

Keine Notwehr gibt es dagegen gegen bloße Angriffe auf die *Freiheit der Willensentschließung*; ein Erpresser, der mit der Preisgabe verfänglichen Wissens droht, darf nicht „in Notwehr" erschossen werden. **26**

Fraglich ist, ob das **Hausrecht**, dessen Verletzung das Gesetz zu den Delikten gegen die Freiheit zählt (§ 109), ein notwehrfähiges Gut ist (idS *Soyer/Schumann*, WK[2] StGB § 109 Rz 13). Richtigerweise ist dies zu verneinen (anders in früheren Auflagen dieses Buches). Beeinträchtigungen des Hausrechts können jedoch gleichzeitig **Angriffe auf Leib und Leben** des Bedrohten, auf seine persönliche Freiheit oder auf sein **Vermögen** sein. **27**

Das gilt insbesondere für das **gewaltsame Eindringen in Wohnungen** und sonstige Liegenschaften (Sachbeschädigung, Gewalt gegen Personen als Angriff auf Leib und Leben). Insofern ist Notwehr zulässig (vgl *Lewisch*, WK[2] § 3 Rz 49). Jedenfalls darf das Eindringen nach den Regeln des Rechtfertigenden Notstandes (**Defensivnotstand**, unten 17/53 ff, insbes 17/61 ff) mit angemessenen Mitteln verhindert werden, wobei auch die zu erwartende Beeinträchtigungen des Hausrechts in die Güterabwägung einfließt.

Gegen Personen, die sich bloß **unberechtigt in einer fremden Wohnung aufhalten** und sich auf Aufforderung des Berechtigten nicht entfernen, ist mangels Angriffs keine Notwehr zulässig. Der Störer kann jedoch nach den Regeln der **offensiven Selbsthilfe** mit maßhaltenden Mitteln entfernt werden, sofern keine behördliche Hilfe zu erlangen ist (näher unten 17/75 ff, insbes 17/80; vgl *Lewisch*, WK[2] § 3 Rz 50).

(4) Zur notwehrfähigen Freiheit zählt auch die Freiheit vor Zwang zu sexuellen Handlungen (**sexuelle Selbstbestimmung**). Eine drohende Vergewaltigung darf (selbstverständlich) als Angriff auf die **körperliche Unversehrtheit** und auf die Freiheit in Notwehr bzw Nothilfe abgewehrt werden. Mit der Strafgesetznovelle 2017 hat der Gesetzgeber überdies die **sexuelle Integrität und Selbstbestimmung** explizit in den Katalog der notwehrfähigen Güter aufgenommen. **28**

Die Formulierung des neuen Rechtsgutes im Katalog des § 3 stört die Klarheit des österreichischen Notwehrrechts empfindlich, die vor allem auf der strikten Beschränkung der Rechtsgüter beruht, zu deren Verteidigung aber auch drastische Mittel bis hin zur Tötung des Angreifers zulässt. Denn die Bezeichnung lehnt sich offenbar an die Überschrift des Zehnten Abschnitts des StGB an, der aber ein inhomogenes Konglomerat ganz unterschiedlicher Delikte mit unterschiedlichen Rechtsgütern – vom Kapitalverbrechen der Vergewaltigung bis hin zur Erregung öffentlichen Ärgernisses (§ 218 Abs 1 Z 2 und Abs 2) – umfasst, die keineswegs alle unmittelbar die sexuelle Integrität eines Menschen schützen.

Beispiel: Wer andere Menschen in der Öffentlichkeit belästigt, indem er sexuelle Handlungen an sich selbst vornimmt (§ 218 Abs 1 Z 2), verletzt den Anstand, aber nicht die sexuelle Integrität der anderen Menschen. Notwehr gegen den Belästiger scheidet von vornherein aus.

Ebenso darf nicht durch Notwehr verhindert werden, dass jemand auf pornographische Darstellungen Minderjähriger im Internet zugreift (§ 207a Abs 3a). Dieses Verhalten ist zwar verboten und strafbar, damit indirekt die sexuelle Integrität der Minderjährigen, die dargestellt sind, geschützt wird, aber es verletzt selbst nicht (mehr) die sexuelle Integrität.

Sexuelle Integrität und Selbstbestimmung als notwehrfähiges Gut ist daher die **Verfügung über den eigenen Körper in sexueller Hinsicht**, also jener Bereich, der bisher als Eingriff in die körperliche Unversehrtheit und die Freiheit erfasst war. Erweitert wurde das Notwehrrecht allenfalls dadurch, dass nunmehr auch **körperliche Angriffe** auf bloß **„der Geschlechtssphäre zuzuordnende Körperstellen“** (ohne gleichzeitige Einschränkung der Bewegungsfreiheit durch Festhalten etc) erfasst sind (**„Po-Grapschen“**, § 218 Abs 1a). Die EBRV (1621 BlgNR XXV. GP zu § 3) gehen von einer solchen Erweiterung aus, betonen aber gleichzeitig, dass die Verteidigung in diesen Fällen nicht nur notwendig, sondern auch angemessen sein muss (§ 3 Abs 1 zweiter Satz; vgl unten 17/37 f). Bloßes Berühren des Gesäßes (ohne dass ernsthaft die Gefahr einer Vergewaltigung besteht) darf man daher nicht durch Niederschießen des Angreifers verhindern.

Auf Notwehr kann sich auch nicht berufen, wer eigenmächtig pornographische Schriften vernichtet (vgl das nach wie vor gültige Pornographiegesetz, BGBl. Nr. 97/1950).

b) *Notwehrhandlung*

29 aa) In einer Notwehrsituation handelt rechtmäßig, wer sich nur der Verteidigung bedient, die **notwendig** ist, **um den Angriff abzuwehren**. Diese Abwehr kann sowohl

- **passiv** erfolgen (zB Vorhalten eines Messers, „**Schutzwehr**“) als auch
- **aktiv** („initiative Notwehr“) mit dem Ziel, den Angreifer kampfunfähig oder doch wenigstens „kampfunlustig“ (9 Os 41/59 SSt 30/48) zu machen.

30 Die Verteidigung darf immer nur in **Rechtsgüter des Angreifers** eingreifen; die Beeinträchtigung anderer Personen ist allenfalls nach *Notstandsregeln* gerechtfertigt oder entschuldigt.

Beispiel: Wer dem mit beträchtlicher Beute davonlaufenden Bankräuber nachschießt, weil es keine andere Möglichkeit gibt, das Fortschaffen der Beute zu verhindern, ist hinsichtlich der Verletzung des Räubers (= Angreifer) durch Notwehr gerechtfertigt. Die Verletzung unbeteiligter Passanten wäre jedoch nicht mehr durch Notwehr gedeckt.

Dies gilt ausnahmslos, auch bei Verwendung fremder Sachen als Angriffsmittel.

Beispiel: Hetzt A seinen **eigenen Hund** auf den X, so dürfen alle Rechtsgüter des A (auch sein Hund) in Notwehr verletzt werden, soweit dies zur Abwehr des Angriffs notwendig ist. Hetzt A dagegen einen **fremden Hund**, so sind Eingriffe in das Eigentumsrecht des unbeteiligten Dritten am Hund nicht durch Notwehr gerechtfertigt.

bb) Die Notwendigkeit ist streng **funktional** im Hinblick auf die **Erfordernisse** der Verteidigung **zur Abwendung der Gefahr** in der konkreten Situation zu bestimmen. Notwendig ist das **gelindeste Mittel**, das den Angriff **verlässlich abwehrt**. Daher ist bei der Beurteilung einer Notwehrhandlung zu fragen: 31

(1) Welche Maßnahmen (Verteidigungshandlungen, Mittel) stehen dem Angegriffenen in der gegebenen Situation konkret **zur Verfügung**?

(2) Welche davon sind mit **hinreichender Wahrscheinlichkeit geeignet**, den Angriff sofort zu beenden?

(3) Welche dieser **hinreichend wirksamen Maßnahmen** schädigt den Angreifer **am wenigsten (gelindestes wirksames Mittel)**? Dieses Mittel ist dann notwendig, um den Angriff abzuwehren.

Zur Prüfung, ob ein bestimmtes Verteidigungsmittel notwendig war, kann auch gefragt werden, *was* der Angegriffene in der konkreten Situation *ansonsten hätte tun können*, um den Angriff abzuwehren (Kontrollfrage nach der **konkreten Handlungsalternative**). Lässt sich ein **anderes Verteidigungsmittel** nennen, das 32

- dem Bedrohten **konkret zur Verfügung** gestanden wäre,
- den Angriff ebenfalls mit **hinreichender Sicherheit** abgewehrt und dabei
- den Angreifer **weniger geschädigt** hätte,

dann war das angewendete Verteidigungsmittel nicht notwendig (Notwehrüberschreitung); lässt sich kein solches anderes Verteidigungsmittel angeben, dann war das angewendete Mittel notwendig.

Die Antwort auf diese Fragen bedarf einer **Prognose**, bei der abzuschätzen ist, *welche Wirkungen* eine bestimmte Verteidigungshandlung voraussichtlich haben wird. Die Notwendigkeit einer Verteidigungshandlung ist also **objektiv** und **ex ante** zu beurteilen. Handlungen, die zwar theoretisch denkbar, aber praktisch nicht durchführbar sind, bleiben ebenso außer Betracht wie allfällige unglückliche Folgen der Verteidigung. 33

cc) Ein **Verteidigungsmittel** ist **hinreichend wirksam**, wenn es den Angriff **verlässlich** abwendet und die **Gewissheit** einer sofortigen und endgültigen Beseitigung der Gefahr gewährleistet. Das Risiko des Angriffs und seiner sachgerechten Abwehr hat grundsätzlich der Angreifer zu tragen, der es auch 34 jederzeit in der Hand hat, mit dem Angriff aufzuhören und dadurch die Notwehrsituation zu beenden. Auf Gegenmaßnahmen, deren Wirkung für die Abwehr zweifelhaft ist, braucht sich der Verteidiger in einer Notwehrsituation nicht einzulassen. Er braucht **kein Risiko** einzugehen, er darf vielmehr ein Mittel wählen, das ihn dem Angreifer gegenüber **unbedingt überlegen** macht.

Welches Mittel der Verteidiger in einer konkreten Situation wählen darf, hängt insbesondere von **Art, Wucht und Intensität des Angriffs**, von den **Möglichkeiten des Angreifers**, von seiner aus dem Vorverhalten erschließbaren *Aggressivität* sowie von den Möglichkeiten und **Fähigkeiten des Verteidigers**, also zB von den körperlichen Kräfteverhältnissen oder von der Bewaffnung, ab.

Beispiel: Wer einen händisch geführten Angriff ohne Waffen abwehrt, handelt regelmäßig rechtmäßig. Aber auch der Gebrauch einer Waffe (zB Messer) gegen einen händischen Angriff eines zwar unbewaffneten, aber körperlich überlegenen oder kräftemäßig gleichwertigen Angreifers ist normalerweise zulässig, weil nur er den Verteidiger unbedingt überlegen macht und sofortige Abwehr verspricht. – Gegenüber einem mit angelegter Schusswaffe drohenden Bankräuber kann nur ein gegen den Kopf oder gegen die Körpermitte abgegebener Schuss, der ihn sofort handlungsunfähig macht, ein hinreichend verlässliches Mittel sein, die Gefahr sofort zu beenden.

35 dd) Wer rechtswidrig angegriffen wird, darf sich in einer bestehenden Notwehrsituation in der Regel auch dann verteidigen, wenn er dem Angriff leicht durch **Ausweichen** oder durch eine Flucht entgehen könnte. Denn wer flüchtet, verzichtet auf Rechte, und dazu ist gegenüber einem rechtswidrigen Angriff niemand verpflichtet.

Beispiel: Wer in einer Gaststätte belästigt und angegriffen wird, hat keineswegs die Pflicht, diese zu verlassen, um dem Angriff des Raufboldes zu entgehen; denn er hat das Recht, sich in dem Lokal aufzuhalten, und braucht dieses Interesse nicht dem rechtswidrigen Angriff preiszugeben. Vielmehr darf er sich verteidigen.

Fremde, insbesondere behördliche **Hilfe** ist zu benützen, wenn sie **gegenwärtig** ist und den Angriff **verlässlich abwehrt**. Dagegen besteht keine Verpflichtung des Angegriffenen, fremde – sei es staatliche oder sei es private – Hilfe herbeizuholen, weil nur ein präsentes Abwehrmittel geeignet sein kann, den Angriff sofort zu beenden.

36 ee) Die **Notwendigkeit** der Verteidigungshandlung ist die **einzige Grenze** der zulässigen Verteidigung. Eine *Güterabwägung* (Verhältnismäßigkeit zwischen dem angegriffenen Rechtsgut und dem durch die Gegenwehr verletzten; „Angemessenheit" der Verteidigung) ist bei der Notwehr nach dem klaren Wortlaut des Gesetzes im Normalfall (§ 3 Abs 1 Satz 1) **nicht vorgesehen**. Der Schaden, der dem Angreifer durch die notwendige Verteidigung zugefügt wird, darf den aus dem Angriff drohenden Nachteil bei weitem übersteigen. Daher dürfen auch Vermögenswerte durch Eingriffe in Leib und Leben des Angreifers verteidigt werden, wenn es keine andere Möglichkeit gibt.

Beispiel: Wer dem mit dem Familienschmuck (= nicht bloß geringwertiger Beute) in das Dunkel der Nacht davonlaufenden Dieb nachschießt, ist gerechtfertigt, obwohl er um den Preis der Verletzung des Diebes oder sogar seiner Tötung Vermögen rettet.

Anders ist es nur beim geringfügigen Angriff, dazu siehe sogleich unten 17/37 f.

3. *Einschränkungen der Notwehr*

a) Geringfügige Angriffe

37 Das Notwehrrecht ist eingeschränkt, „wenn es offensichtlich ist, dass dem Angegriffenen bloß ein geringer Nachteil droht" („Unfugabwehr", § 3 Abs 1 Satz 2). In diesem Fall – und nur in diesem (!) – genügt es zur Rechtfertigung nicht, dass die Verteidigungshandlung notwendig ist, sondern ist darüber hinaus die Angemessenheit zu prüfen und eine beschränkte Güterabwägung vorzunehmen: Auch die notwendige Verteidigung ist nicht erlaubt, wenn sie, „insbesondere wegen der Schwere der zur Abwehr nötigen Beeinträchtigung des Angreifers, unangemessen wäre". Geringfügige Angriffe muss man daher – entgegen der allgemeinen Regel – dulden, wenn man sie nur um den Preis einer schweren Verletzung des Angreifers abwehren könnte.

Schulbeispiel ist der Fall des Gelähmten mit Gewehr, der mangels anderer Möglichkeiten, das Plündern seines Kirschbaumes zu verhindern, die diebischen Buben vom Baum schießt. – Wirklichkeitsnäher ist der Fall des Ladendiebs: Läuft er mit wertvoller Beute davon, so darf man ihm im Extremfall sogar nachschießen (vgl oben 17/30). Ist die Beute jedoch geringwertig, so sind – auch wenn es kein anderes Mittel gibt – alle Verteidigungshandlungen unzulässig, die (ex ante) die nahe Gefahr einer erheblichen Verletzung begründen. Man wird also in diesem Fall dem davonlaufenden Ladendieb vielleicht in *ungefährlicher* Umgebung ein Bein stellen dürfen, nicht aber unter Umständen, in denen die Gefahr besteht, dass er dadurch gegen eine Kante stürzt und sich mehrere Zähne ausschlägt oder sonst schwer verletzt. Kann man ihn nicht anders am Entkommen hindern, so muss man ihn laufen lassen.

38 Die Angemessenheit ist nur zu prüfen, wenn der Angriff absolut geringfügig ist, also bei objektiver Ex-ante-Betrachtung nur einen Nachteil erwarten lässt, der auch *unabhängig von dem Nachteil*, der dem Angreifer bei der Abwehr zugefügt werden müsste, offensichtlich als gering anzusehen ist.

– Bei Angriffen auf das Vermögen wird man die Grenze nicht so eng ziehen können, wie sie die Rechtsprechung bei der Geringwertigkeit der Sache in den §§ 141 oder 142 Abs 2 gezogen hat (früher 1.000 Schilling, heute 100 Euro). Wegen der umfangreichen Befugnisse, die in einer Notwehrsituation bestehen, muss man die Grenze höher ansetzen. Allerdings wird der Verlust von Vermögenswerten über 5.000 Euro – der Wertqualifikation, die nach dem Gesetz ein Vermögensdelikt zu einem „schweren" macht (zB § 128 Abs 1 Z 5) – nicht mehr als ein offensichtlich geringer Nachteil anzusehen sein, so dass ein solcher Angriff volles Notwehrrecht auslöst.

Der sachgerechte Grenzwert für das Vorliegen eines geringen Nachteils iSd § 3 Abs 1 Satz 2 wird daher zwischen diesen beiden Beträgen liegen: Bloß ein geringer Nachteil droht, wenn der Angriff nicht mehr befürchten lässt als den Verlust von **Vermögen im Wert von etwa 1.000 Euro**.

– Geringfügig ist auch ein Angriff auf den Körper, der ex ante nur eine **minimale Verletzung** erwarten lässt. Schließlich ist auch an **kurzfristige Freiheitsentziehungen** (Festhalten für wenige Minuten) zu denken.

b) Die sog Notwehrprovokation

39 aa) Auch derjenige, der den **Angriff** (vorsätzlich oder fahrlässig) **herbeigeführt** hat oder sonst **hätte vermeiden können**, dass er in eine Notwehrsituation gerät, hat dann, wenn er tatsächlich rechtswidrig angegriffen wird, das volle Verteidigungsrecht.

Beispiel: Wer ein Gasthaus besucht, obwohl er weiß, dass er dort wahrscheinlich von Rowdys belästigt werden wird, darf sich im Rahmen des Notwendigen verteidigen, wenn er tatsächlich angegriffen wird.

40 bb) Die *Rechtsprechung* neigt freilich dazu, in solchen Fällen das Notwehrrecht einzuschränken: Wer den Angriff „provoziert" hat, müsse in erster Linie dem gegenwärtigen Angriff ausweichen (also im Beispiel wohl das Lokal verlassen); nur wenn er das nicht könne, dürfe er sich gegen den Angriff aktiv zur Wehr setzen, wobei aber „*an die Erforderlichkeit maßvoller Verteidigung strengere Anforderungen zu stellen sind als bei der Abwehr eines unprovozierten Angriffs*" (*L/St/Tipold* StGB[4] § 3 Rz 87a mit Nachweisen aus der Rspr).

Noch strengere Anforderungen stellt die Rspr bei der sog **Absichtsprovokation**: Wurde der Angriff „mutwillig und ausschließlich um der Gelegenheit zur Abwehr willen herausgefordert, so ist das Notwehrrecht idR verwirkt" (*L/St/Tipold* StGB[4] aaO). Offenbar muss in diesem Fall der Bedrohte den Angriff hinnehmen, also sich rechtswidrig verletzen lassen.

41 cc) Richtig sind diese Einschränkungen der Notwehr gegen sog „provozierte" Angriffe **nicht**: Einerseits gibt es **keine Pflicht**, Situationen zu **vermeiden**, in denen ein rechtswidriger Angriff zu befürchten ist (also keine „vorsorgliche" Ausweichpflicht im weiteren Sinn), und anderseits beruht auch ein vom Verteidiger veranlasster Angriff auf einer **verantwortlichen Willensentscheidung** des Angreifers, der – wie jedermann – verpflichtet ist, Provokationen – was immer man darunter verstehen mag – zu widerstehen, und nicht mit der Verletzung fremder Rechtsgüter reagieren darf. Wie es zu dem Angriff gekommen ist, ist für die Zulässigkeit der Notwehr unerheblich, solange der

Angriff rechtswidrig und nicht etwa seinerseits die rechtmäßige Verteidigung gegen die Provokationshandlung ist. Dem Angegriffenen bleibt daher auch bei provozierten rechtswidrigen Angriffen das **volle Notwehrrecht** erhalten (näher *Fuchs*, StPdG 8, 27).

Beispiel: Wer sich ein schwächliches Aussehen gibt und dann in der New Yorker (oder auch in der Wiener) U-Bahn fährt, um überfallen zu werden und dabei (im Vertrauen auf seine überlegenen Fähigkeiten) die Täter durch die notwendige Verteidigung auszuschalten, hat gewiss die Notwehrsituation provoziert. Solange der Verteidiger aber in jenem Zeitpunkt, in dem er tatsächlich angegriffen wird, nicht mehr tut, als zu seiner Verteidigung notwendig ist, ist kein gesetzlicher Grund ersichtlich, warum er nicht durch Notwehr gerechtfertigt wäre.

Allenfalls kann der Verteidiger (bei Rechtfertigung seiner Verteidigungshandlung in der akuten Notwehrsituation) nach den Regeln einer **actio illicita in causa** für die *Provokationshandlung* selbst bestraft werden, weil diese letztlich Ursache nicht nur für den Angriff, sondern auch für die Verletzung des Angreifers war. Hier ist vieles ungeklärt. Notwendig ist jedenfalls, dass der Geschehensablauf durch den Verteidiger auf die Verletzung des Angreifers hin steuerbar ist. Die Annahme einer actio illicita in causa ist also wohl auf diejenigen Fälle zu beschränken, in denen es an einer freien Entscheidung des Provozierten fehlt und dieser gleichsam als „Werkzeug gegen sich selbst" in die Falle des Provokateurs läuft, der das Geschehen allein beherrscht. Das wird aber nur sehr selten vorliegen (*Bertel*; *Fuchs*, StPdG 8, 29). 42

c) *Weitere Einschränkungen*

aa) Notwehr verlangt einen rechtswidrigen Angriff, aber **kein schuldhaftes** 43
Verhalten des Angreifers (vgl oben 17/15 f). Unbestritten ist dies, wenn bloß die **Zumutbarkeit** rechtmäßigen Verhaltens fehlt. Auch wer seinen Schicksalsgefährten vom Brett des Karneades (vgl unten 24/1) stößt, greift rechtswidrig an, so dass sich der Bedrohte *ohne jede Einschränkung* im Rahmen des Notwendigen verteidigen darf. Dass die Rechtsordnung mangels Verschuldens des Angreifers auf Strafe verzichtet, ist für die Notwehrbefugnis ohne Bedeutung.

Dennoch neigt die Rspr in bestimmten Fällen zu einer **Einschränkung** 44
des Notwehrrechts, und zwar

- bei Angriffen von **Kindern**, unreifen **Minderjährigen** und **Geisteskranken**, die „unter dem besonderen Schutz der Gesetze (stehen)" (§ 21 Abs 1 ABGB),
- bei Angriffen **Irrender** und
- bei **Angriffen im Familienkreis** (in einigen älteren Entscheidungen).

Worin die Einschränkung des Notwehrrechts aber konkret bestehen soll, bleibt weithin unklar. Am ehesten lässt sich noch Übereinstimmung dahin ablesen, dass der Verteidiger in diesen Fällen – entgegen der allgemeinen Regel (vgl oben 17/35) – dem Angriff nach Möglichkeit *ausweichen* müsse, mag dies auch mit einem gewissen Rechtsverlust verbunden sein.

45 Bei **Angriffen Betrunkener** oder durch Drogen beeinträchtigter Personen werden Einschränkungen des Notwehrrechts dagegen heute allgemein abgelehnt, weil diese Personen nicht unter dem besonderen Schutz der Gesetze stehen und selbstverschuldete Trunkenheit sogar als ein an sich sozialschädliches Verhalten angesehen wird (*L/St/Tipold* StGB[4] § 3 Rz 87).

46 bb) Richtigerweise ist das Notwehrrecht in allen diesen Fällen **nicht beschränkt**. Vor allem die klare Wortwahl des Gesetzgebers, der die Notwehr bewusst an die *Rechtswidrigkeit* des Angriffs und nicht an ein *schuldhaftes* Verhalten des Angreifers geknüpft hat, spricht dagegen. Daher steht im Prinzip auch gegen rechtswidrige Angriffe schuldunfähiger Personen volles Notwehrrecht zu.

Beispiel: Wenn ein offenbar Geistesgestörter auf ein Dach klettert und beginnt, es abzudecken, wodurch ein Schaden von mehreren zehntausend Euro droht (so der Sachverhalt in einem Zeitungsbericht der FAZ vom 9.2. 1982, 7), so stellt sich die Frage, ob ihn der Hauseigentümer oder (in Nothilfe) die Feuerwehr – mangels anderer Möglichkeiten, den Dachabdecker an seinem Tun zu hindern – selbst dann „vom Dach spritzen" darf, wenn die Gefahr besteht, dass der Kletterer neben das aufgespannte Sprungtuch fällt und dadurch zu Tode kommt. Gilt volle Notwehr, so darf man es.

Freilich wird diese scheinbare Härte in der Praxis dadurch **gemildert**, dass bei Angriffen *körperlich unterlegener Kinder* weniger schwerwiegende Eingriffe als bei Erwachsenen ausreichen werden, um die Bedrohung verlässlich abzuwenden. Auch Geisteskranke werden häufig wegen ihres *psychischen Defektes* in ihren Handlungsmöglichkeiten eingeschränkt sein, so dass auch ihnen gegenüber eine verlässliche Abwehr mit vergleichsweise milden Mitteln geschehen kann. Bei *irrenden Angreifern* wird die notwendige Verteidigung häufig darin bestehen, dass der Irrtum aufgeklärt wird. Völlig uneinsichtig wären schließlich Einschränkungen der Notwehr im *Familienkreis*: Warum soll sich die Frau, die ihr betrunkener Ehemann krankenhausreif schlagen will, nicht in Notwehr dagegen wehren dürfen?

Vertretbar ist auch die Gegenmeinung, die bei „unverschuldeter Schuldunfähigkeit" – also dann, wenn die Unfähigkeit zur Normeinsicht und zur individuellen Willenssteuerung den Angreifer offenbar *schicksalhaft getroffen* hat – das **Notwehrrecht entfallen** lässt und den Bedrohten auf die Regeln des defensiven Notstandes verweist (vgl unten 17/64).

4. Sonstige Notwehrprobleme

47 a) **Nothilfe**, das ist die Abwehr von Angriffen auf Rechtsgüter anderer, ist uneingeschränkt zulässig, da das Gesetz die Abwehr des Angriffs *„von einem anderen"* der Abwehr *„von sich"* völlig gleichstellt.

Auch **private Bewachungsdienste** und Sicherheitsunternehmungen, die in jüngster Zeit immer beliebter werden, können sich mangels anderer Regelungen (nur) auf Nothilfe berufen. Für die „staatliche Nothilfe" gelten die speziellen Bestimmungen des **Polizeirechts**, das im Waffengebrauchsgesetz zum Teil auf das allgemeine Notwehr- und Nothilferecht verweist (ausführlich unten 18/14 f).

b) **Notwehr und EMRK.** Manchmal wird bezweifelt, ob das Notwehrrecht, das zur Verteidigung von nicht bloß geringwertigen *Sach*gütern auch Eingriffe in *Leib und Leben* des Angreifers zulässt, mit der **Europäischen Menschenrechtskonvention** (EMRK) vereinbar ist. Denn deren Art 2 bestimmt, dass „das Recht jedes Menschen auf das Leben … gesetzlich geschützt (wird)" (Abs 1) und eine „absichtliche" Tötung nur in seltenen Ausnahmsfällen erlaubt ist, so dann, „wenn sie sich aus einer unbedingt erforderlichen Gewaltanwendung ergibt, um die **Verteidigung eines Menschen** gegenüber rechtswidriger Gewaltanwendung sicherzustellen" (Abs 2 lit a). Die Verteidigung von Sachgütern mit Mitteln, die das Leben des Angreifers gefährden, scheint daher ausgeschlossen zu sein. 48

Richtigerweise ist aber das private Notwehrrecht davon nicht betroffen, weil die EMRK nur das **Verhältnis zwischen dem Staat und dem Einzelnen** regelt. 49

Das ergibt sich bereits klar aus dem Text des Art 2 EMRK: Alle Ausnahmen vom Verbot der absichtlichen Tötung – Todesstrafe (Abs 1), Festnahme (Abs 2 lit b) sowie Unterdrückung eines Aufstandes (lit c) – betreffen **staatliches Handeln**, und auch in lit a ist nur von der „Verteidigung eines Menschen" die Rede. Gedacht ist offensichtlich an die staatliche Nothilfe und Gefahrenabwehr durch Staatsorgane; die **Selbstverteidigung durch Private** ist unter den Ausnahmen vom Tötungsverbot nicht angeführt, offenbar weil sie vom Tötungsverbot des Art 2 gar nicht betroffen ist. Nur dem Handeln der staatlichen Organe setzt Art 2 EMRK Grenzen, die das **Waffengebrauchsgesetz** auch berücksichtigt (ausführlich unten Rz 18/15 f).

Die österreichische Notwehrbestimmung wird auch durch **staatliche Schutzpflichten** nicht eingeschränkt, die der EGMR seit dem Urteil X und Y gegen die Niederlande (25.3.1985) in mehreren Entscheidungen entwickelt hat. Danach sind die Mitgliedstaaten der EMRK verpflichtet, den Einzelnen auch vor Menschenrechtsverletzungen *durch Private* effektiv – und wenn erforderlich auch durch Strafbestimmungen – zu schützen (zB Entscheidung M.C. gegen Bulgarien, 4.12.2003, 39272/98, die einen mangelhaften strafrechtlichen Schutz vor Vergewaltigung festgestellt hat). Denn in diesen Entscheidungen geht es stets darum, den *rechtstreuen* und schutzbedürftigen Einzelnen vor schwerwiegenden *rechtswidrigen* Angriffen – insbes vor sexuellen Übergriffen – zu schützen. Dass der Staat auch einen *Angreifer gegen das Opfer* schützen müsste, das sich im Rahmen des Notwendigen gegen schwerwiegende rechtswidrige Angriffe auf seine Güter verteidigt, lässt sich den Entscheidungen nicht entnehmen. MRK-widrig wäre es allerdings, eine lebensgefährdende Verteidigung auch gegen Bagatellangriffe zuzulassen (*Lewisch*, WK^2 StGB § 3 Rz 7 [April 2020]); diese Grenze ist jedoch durch den zweiten Satz des § 3 Abs 1 ausdrücklich berücksichtigt (vgl oben Rz 37 f).

c) Hält sich der Verteidiger im Rahmen der zulässigen Notwehr, so ist seine Verteidigungshandlung gerechtfertigt und damit erlaubt, mag sie auch einen gesetzlichen Tatbestand erfüllen. Der Rechtsgutseingriff in Notwehr ist **rechtmäßig**, so dass ihn der Angreifer **dulden** und den Verlust seiner Rechtsgüter hinnehmen muss. Wehrt er sich, so begeht er wiederum einen rechtswidrigen Angriff („*Gegen Notwehr gibt es keine Notwehr*"). 50

Verwendet der Verteidiger ein Mittel, das nicht notwendig oder – bei einem geringfügigen Angriff – nicht angemessen ist, oder liegt gar keine Notwehrsituation (mehr) vor (zB weil der Angreifer seinen Angriff schon aufgegeben hat), dann überschreitet der Verteidiger die Grenzen der Notwehr. Die **Notwehrüberschreitung** ist rechtswidrig, aber möglicherweise entschuldigt (§ 3 Abs 2, vgl unten 24/29 ff).

51 d) Von **Putativnotwehr** spricht man, wenn der Täter irrtümlich einen Sachverhalt annimmt, in dem sein Handeln durch Notwehr gerechtfertigt wäre; der Irrtum ist nach § 8 zu behandeln (vgl unten in Kap 20).

52 Die Frage, ob gerechtfertigte Notwehr einen „**Verteidigungswillen**" erfordert, lässt sich aus dem Text des § 3 nicht beantworten. Denn der verwendete Finalsatz („notwendig ..., um ... abzuwehren") beschreibt schon sprachlich keine inneren Handlungsmerkmale, sondern den Inhalt des Rechtfertigungsmerkmals der Notwendigkeit. Die Frage nach *subjektiven Notwehrelementen* ist nach allgemeinen Grundsätzen zu lösen (vgl unten in Kap 19).

III. Rechtfertigender Notstand

1. Grundgedanke

53 a) Ist in einer **Notsituation** die **Quelle der Gefahr** *nicht* der rechtswidrige Angriff eines Menschen, so findet sich keine ausdrückliche Regel im Gesetz, unter welchen Voraussetzungen der Bedrohte (oder ein anderer für ihn) die Gefahr auf fremde Rechtsgüter ablenken darf. Offensichtlich lassen sich aber Situationen angeben, in denen eine solche Ablenkung zulässig sein muss:

Beispiel: Wenn jemand im Schneesturm vor der versperrten Schihütte steht und sein Leben nur dadurch retten kann, dass er das Schloss aufbricht, so muss diese Sachbeschädigung erlaubt sein.

Gleiches gilt in allen **anderen Notsituationen**, die nicht nach den Regeln der Notwehr zu lösen sind, zB bei Angriffen auf *nicht notwehrfähige Güter* oder bei Eingriffen in Güter *anderer Personen* als des Angreifers.

Man könnte daran denken, zur Lösung solcher Fälle § 10 über den **entschuldigenden Notstand** heranzuziehen. Doch dies reicht nicht, denn dann bliebe das Aufbrechen der Tür immer noch ein rechtswidriger Angriff, gegen den sich der Eigentümer der Schihütte seinerseits in Notwehr wehren dürfte. Gesucht ist daher kein Entschuldigungs-, sondern ein **Rechtfertigungsgrund**.

54 b) **Grund der Rechtfertigung** in solchen Fällen ist die Pflicht jedes Menschen zu einem Mindestmaß an **gegenseitiger Solidarität**: In bestimmten Fällen muss es auch ein Unbeteiligter hinnehmen, dass fremde Rechtsgüter (das Leben des Verirrten) auf seine Kosten (um den Preis des beschädigten Schlosses) gerettet werden, mit der Folge, dass der Beeinträchtigte sich gegen den

rettenden **Eingriff** nicht wehren darf, ihn vielmehr **dulden** muss und auf einen **Ersatzanspruch** verwiesen wird, soweit das Privatrecht einen solchen kennt. In **überindividueller Sicht** beruht diese Solidaritätspflicht auf dem **Grundsatz der Gütererhaltung:** Die Rettung eines höherwertigen Rechtsgutes auf Kosten eines geringerwertigen Gutes ist zulässig, weil damit *in Summe Güter von höherem Wert* erhalten bleiben. Grundlage ist das **Prinzip der Güterabwägung**.

Diese Situation bezeichnet man als **rechtfertigenden Notstand**. Er ist nicht ausdrücklich im Gesetz geregelt – darum auch **„übergesetzlicher" Notstand** –, jedoch ein *allgemeines Strukturprinzip* der Rechtsordnung, in der Rspr voll anerkannt (zB 13 Os 29/72 SSt 43/20 = JBl 1972, 623 m Anm *Liebscher*; 12 Os 143/75 SSt 47/75; *Lewisch*, WK^2 Nach § 3 Rz 16; vgl *L/St/Tipold* StGB^4 § 3 Rz 49) und am einfachsten mit *Gewohnheitsrecht* begründbar.

Es gibt also zwei „Notstände": den rechtfertigenden Notstand und den entschuldigenden Notstand (**„Differenzierungstheorie"**). Außer dem Erfordernis der Notsituation haben sie kaum etwas gemeinsam: Sowohl die Rechtsfolge (hier Rechtfertigung, dort Entschuldigung) als auch der Grundgedanke (beim einen Güterabwägung, beim anderen die Berücksichtigung besonderer Druck- und Zwangssituationen) sind grundsätzlich verschieden. Näheres zum entschuldigenden Notstand unten 24/8 ff.

2. *Voraussetzungen der Rechtfertigung*

a) *Notstandssituation*

(1) Eine **Notstandssituation** besteht, wenn das Rechtsgut einer Person in **gegenwärtiger** oder unmittelbar bevorstehender **Gefahr** ist und ein *bedeutsamer Nachteil* droht, der durch den Eingriff in ein anderes Rechtsgut abgewendet werden kann. **55**

Die Gefahr kann **beliebigen Individualrechtsgütern** drohen, es besteht keine Beschränkung auf bestimmte Rechtsgüter des Einzelnen wie bei der Notwehr. Freilich wird bei der Bewertung der Rechtsgüter (vgl unten 17/57 f) zu berücksichtigen sein, dass bestimmte Güter in § 3 – offenbar als besonders wertvoll – herausgehoben sind. Träger des Individualrechtsguts kann jede natürliche oder juristische Person sein, auch der Staat (insbes staatliches Eigentum).

Auch die **Quelle der Gefahr** ist beliebig: Sie kann ebenso gut durch menschliches Handeln verursacht sein wie durch ein Naturereignis.

(2) Rechtfertigender Notstand zugunsten von **überindividuellen Gütern** und von **Rechtsgütern der Allgemeinheit** scheidet aus (*Lewisch*, WK^2 StGB Nach § 3 Rz 49 mwN [April 2020]). **55a**

Daher ist es insbesondere **unzulässig**, die gesetzlichen Grenzen der öffentlich-rechtlichen Eingriffsbefugnisse unter Berufung auf **„*Staatsnotstand*"** zu erweitern.

Beispiel: Wenn das Gesetz eine Telefonüberwachung durch die Polizei ohne richterlichen Befehl nicht gestattet (vgl § 137 Abs 1 StPO, § 54 Abs 4 SPG), dann kann sie auch nicht unter Berufung auf einen „Ermittlungsnotstand" gerechtfertigt sein, mag es auch um die Aufklärung noch so schwerwiegender Straftaten gehen. Auch eine Berufung auf rechtfertigenden Notstand zum Schutz von Individualrechtsgütern scheidet in diesem Fall aus, weil die allgemeine Wiederholungsgefahr, die von einem unbekannten Täter ausgehen mag, noch keine gegenwärtige oder unmittelbar drohende Gefahr im Sinne der Notstandsregelung ist (vgl oben 17/19).

Auch strafbare Handlungen, mit denen beispielsweise eine ***Umweltbeeinträchtigung***, ein ***Amtsmissbrauch*** oder ein ***Verrat von Staatsgeheimnissen*** (§ 252) verhindert werden sollen, können nicht durch übergesetzlichen Notstand gerechtfertigt werden. Ein solcher **gefährlicher Angriff** (§ 16 Abs 2 und 3 SPG) auf Rechtsgüter der Allgemeinheit darf nur und muss von der Polizei im Rahmen der Gesetze abgewehrt werden (§ 21 Abs 2 SPG).

55b Vereinzelte Überlegungen in Deutschland, rechtfertigenden Notstand auch zu Gunsten von überindividuellen Rechtsgütern zuzulassen, sind abzulehnen. Nach § 34 dStGB kann durch Notstand gerechtfertigt sein, wer „in einer *gegenwärtigen* … Gefahr … eine Tat begeht, um die Gefahr *von sich oder einem anderen* abzuwenden". Die Gefahr muss also *unmittelbar* einer *Person* drohen – Allgemeingefahren wie drohende Umweltbeeinträchtigungen bedrohen aber keine Person unmittelbar (kurz und überzeugend *Frister* 17/2; ebenso für die Schweiz *Trechsel/Geth* in *Trechsel/Pieth,* Schweizerisches StGB Praxiskommentar[3] Art 17 N 4). In Österreich, wo eine unmittelbare gesetzliche Grundlage fehlt (auch im Bürgerlichen Recht, vgl etwa *Reischauer* in Rummel, ABGB[3] § 1306a Rz 5), muss umso eher gelten, dass ein (neben dem oder gegen das Gesetz gebildeter) Notstand, der ein strafrechtliches Verbot außer Kraft setzt, nur in jenen sehr engen Grenzen anerkannt werden kann, wie sie oben 17/53 dargestellt wurden. Für die enge Auslegung spricht auch die Durchbrechung des staatlichen Gewaltmonopols sowie die Funktion der Notrechte allgemein (oben 17/4a; *Frister* aaO).

55c (3) Nur eine **akute Gefahrenlage** kann rechtfertigenden Notstand begründen: Der Nachteil für das bedrohte Rechtsgut muss **unmittelbar** („hier und jetzt") **bevorstehen**. Zukünftige Gefahren, mag ihr Eintritt auch noch so wahrscheinlich sein, begründen jetzt noch keine Notstandslage. Allenfalls dann, wenn ein sofortiges Handeln sachlich geboten ist, weil *später keine wirksame Rettungsmöglichkeit* mehr besteht, kann auf einen ganz engen zeitlichen Zusammenhang verzichtet werden (vgl zur Notwehr oben 17/19; *Lewisch* WK[2] StGB Nach § 3 Rz 39 [April 2020]).

b) Notstandshandlung

aa) Grundsatz der Güterabwägung als Ausgangspunkt

56 Der Eingriff ist zulässig, wenn

- er das einzige, zumindest aber das **schonendste Mittel** ist, die Gefahr abzuwenden (es also *keinen anderen Ausweg* gibt), und
- das **bedrohte Rechtsgut**, das gerettet werden soll, **eindeutig höherwertig** ist als das durch die Rettungshandlung beeinträchtigte: **Grundsatz der Güterabwägung**.

Die **Bewertung** der Rechtsgüter ist nicht immer einfach. Selbstverständlich sind *Leib und Leben* eines Menschen höherwertig als das *Vermögen* oder die Ehre. Deshalb ist im Beispielsfall die Beschädigung des Schlosses zur Lebensrettung gerechtfertigt. Leib und Leben gegen *Freiheit* sind schon schwieriger abzuwägen: IdR ist die körperliche Unversehrtheit höherwertig, doch wird eine längere Freiheitsberaubung wohl schwerer wiegen als eine leichte Verletzung am Körper. **57**

Bei **quantifizierbaren Rechtsgütern**, insbes beim *Vermögen*, ist auch das Ausmaß der Beeinträchtigung zu berücksichtigen. Das Rechtsgut *Leben* ist jedoch **nicht quantifizierbar**: Das Leben jedes einzelnen Menschen ist ein Höchstwert, der auch durch das Leben vieler Menschen nicht übertroffen werden kann. Eine Tötung kann daher nach dem Grundsatz der Güterabwägung nie gerechtfertigt sein, auch nicht durch die Rettung vieler Menschen. **58**

Beispiel: Bei einem Schiffbruch hat A die rettende Planke (*Brett des Karneades*; vgl 24/1) erreicht, die nur einen Menschen zu tragen vermag; B, der sonst ertrinken müsste, stößt den A vom Brett. – Mangels Höherwertigkeit ist B nicht gerechtfertigt; zur Entschuldigung vgl unten in Kap 24 – Das gleiche gilt im *Mignonette-Fall*, oben 8/3.

Oder: Auf einer Bahnstrecke rasen drei Güterwaggons führerlos zu Tal. Sie drohen, mit einem Personenzug zusammenzustoßen und eine Zugkatastrophe größten Ausmaßes herbeizuführen. Im letzten Augenblick lenkt der Weichensteller A die Wagen auf ein Nebengleis und verhindert so den Zusammenstoß mit dem Personenzug, doch wird dadurch – wie vorhergesehen – ein Arbeiter auf dem Nebengleis getötet, der zuvor nicht gefährdet war (*Weichensteller-Fall*). – Ebenso keine Rechtfertigung, weil auch das Leben vieler Menschen nicht höherwertig ist als das Leben des einen Arbeiters.

Das gleiche gilt für den ebenfalls fiktiven Fall des (auch verfilmten) Theaterstücks „Terror" (Ferdinand *v. Schirach* 2015): Der Täter, ein Kampfpilot, schießt ein von Terroristen entführtes Flugzeug ab, das mit „nur" etwa 200 Insassen auf ein mit mehreren tausend Menschen gefülltes Fußballstadion zurast. Er handelt nicht im rechtfertigenden Notstand. Dass ohne den Abschuss *alle* – die Flugzeugpassagiere *und* die Stadionbesucher – getötet worden wären, ändert daran nichts. Wer den Täter mit Gewalt abhält, wäre daher wegen Nothilfe gerechtfertigt.

bb) Risiko und Rettungschance

Wie immer, sind auch beim Notstand die Rechtfertigungsvoraussetzungen **ex ante** zu beurteilen. Bei der Güterabwägung kommt es daher nicht darauf an, was ex post geschehen ist, sondern darauf, was ex ante zu erwarten war. Dass die Rettungshandlung ex post fehlgeschlagen ist, kann ihre Rechtmäßigkeit nicht beeinträchtigen, wenn sie ex ante aussichtsreich war. **59**

Aus der notwendigen Ex-ante-Beurteilung folgt auch, dass bei der Güterabwägung **Risiko und Rettungschance** zu berücksichtigen sind: Nicht auf den abstrakten Wert der Güter allein kommt es an, sondern auch auf *Art, Umfang und Wahrscheinlichkeit der konkret drohenden Beeinträchtigung*. Es ist also die **Wahrscheinlichkeit des Rettungserfolges** gegen die möglichen negativen Folgen der Rettungshandlung für die fremden Güter abzuwägen. So kann es geschehen, dass eine Rettungshandlung gerechtfertigt ist, die ex ante ein **geringes Risiko** für ein **höherwertiges Gut** begründet, dabei aber eine **große Rettungschance** für das **geringerwertige Gut** eröffnet.

60 *Beispiel (nach Rittler):* Wer in einem Volksgedränge seinem Nachbarn einen Stoß versetzt (= geringes Risiko einer Körperverletzung), um ein zu Boden gefallenes Schmuckstück aufheben zu können (= hohe Rettungschance für das an sich geringerwertige Vermögen), ist durch Notstand gerechtfertigt.

Weiters: Ein Radfahrer darf, um dem anders nicht vermeidbaren ernsten Zusammenstoß mit einem plötzlich auftauchenden Auto zu entgehen, auf den Gehsteig ausweichen, auch auf die Gefahr hin, dort einen Fußgänger niederzustoßen. Denn die Gefahr, dass dieser schwer verletzt oder gar getötet wird, ist äußerst gering. Anders wäre es für einen bedrohten Motorradfahrer: Wegen der großen Gefahr für die Fußgänger wäre er idR nicht durch Notstand gerechtfertigt (*Lewisch*, WK^2 Nach § 3 Rz 90).

Ebenso: Schießt der Bankdirektor dem mit wertvoller Beute davonlaufenden Dieb nach, so kann die Verletzung eines Passanten durch einen Querschläger (zwar nicht durch Notwehr – vgl oben 17/30 –, aber doch) durch Notstand gerechtfertigt sein, wenn ex ante nur ein *sehr geringes Risiko* bestanden hat, dass der Passant getroffen werden kann.

cc) Zurechnungsprinzip

61 Der Grundsatz der Güterabwägung, der den Kern des rechtfertigenden Notstandes ausmacht, ist durch das **Zurechnungsprinzip** zu ergänzen: Bei der Bewertung der kollidierenden Interessen **belastet** es einen Beteiligten, wenn die Gefahr *in seiner Sphäre entstanden ist.*

62 (1) Der **Eingriff** in fremde Rechtsgüter ist **eher zulässig**, wenn die Gefahr in der Sphäre desjenigen entstanden ist, in dessen Güter zur Abwendung eingegriffen werden muss.

In diesem Fall kann die Notstandshandlung – je nachdem, wie sehr die Zurechnung zur Sphäre des zu Beeinträchtigenden ***wertungsmäßig ins Gewicht fällt*** – schon dann gerechtfertigt sein, wenn das gerettete Rechtsgut nur verhältnismäßig *geringfügig überwiegt* oder sogar dem geopferten *gleichwertig* ist. Im Extremfall – weitgehende Zurechnung, die gerade noch nicht eine Notwehrsituation begründet – kann es sogar zu einem **Vorrang des Zu-**

rechnungsprinzips kommen, so dass in die Rechtsgüter dessen, in dessen Sphäre die Gefahr entstanden ist, im Rahmen des Notwendigen (einziges Mittel) eingegriffen werden darf, soweit der durch die Notstandshandlung entstehende **Schaden nicht außer Verhältnis** zur Gefahr steht, die der Eingriff abwenden soll (Korrektur des Zurechnungsprinzips durch den Grundsatz der Güterabwägung).

- Dies gilt insbes für die sog **Sachwehr:** Wenn die Gefahr von einer fremden Sache ausgeht und durch die Zerstörung eben dieser Sache abgewendet werden kann, so ist der Eingriff auch bei geringerem Wert des geretteten Gutes gerechtfertigt, solange der dadurch entstehende Schaden *nicht außer Verhältnis* zum Nutzen der Rettungshandlung steht (*Nowakowski*, WK[1] Nach § 3 Rz 2). **63**

  Beispiel: Die starke und wertvolle Dogge des X greift den ganz gewöhnlichen Hund des A an und droht, ihn totzubeißen. A verhindert dies mit seinem schweren Wanderstock und schlägt dabei der Dogge ein Auge aus. – Da die Dogge offensichtlich mehr wert ist als der gerettete Hund des A, wäre ihre Beschädigung (§ 125) nach dem Grundsatz der Güterabwägung nicht gerechtfertigt. Allerdings muss der Eigentümer einer Sache (X) Nachteile, die von ihr ausgehen, weitgehend selbst tragen. Die Zerstörung der gefährlichen Sache ist daher gerechtfertigt, soweit kein krasses Missverhältnis zwischen den kollidierenden Gütern besteht, also nicht eine sehr geringwertige Sache auf Kosten einer äußerst wertvollen gerettet wird.

- Durch die Erstreckung des bei der Sachwehr entwickelten Zurechnungsprinzips auf andere Fälle, in denen die *Gefahr in der Sphäre eines Beteiligten* entstanden ist, kommt man zum **defensiven Notstand** (näher *Roxin/Greco*, AT 1[5] 16/72 f). **64**

  Beispiel: Der Autofahrer A verliert auf einem ihm *nicht erkennbaren Ölfleck* die Herrschaft über sein Fahrzeug und schlittert auf den X zu. Mangels anderer Möglichkeiten zur Rettung des X, drängt B das Auto mit seinem Lastwagen ab, wodurch X gerettet, aber A verletzt wird. – Trotz Gleichwertigkeit der Rechtsgüter ist B gerechtfertigt, da die Gefahr aus der Sphäre des A stammt. Wer den Nutzen aus der erlaubten, aber gefährlichen Tätigkeit des Autofahrens hat, muss einen daraus drohenden Nachteil eher tragen als ein Unbeteiligter.

Allerdings ist bei der Rechtfertigung von Beeinträchtigungen des Rechtsgutes Leib und Leben große Zurückhaltung geboten (so mit Recht *Lewisch*, WK[2] Nach § 3 Rz 117). Jedenfalls darf sich in diesem Fall die Zurechnung, die eine Abschwächung der strengen Güterabwägung gestattet, nicht nur aus dem So-Sein des Beeinträchtigten ergeben, sie muss zumindest in seinen (wenngleich nicht rechtswidrigen) Handlungen und in einer Erweiterung seines Handlungsspielraumes (dazu unten 37/61 f) begründet sein.

65 (2) Umgekehrt darf der Eingriff nur unter **strengeren Voraussetzungen**, also bei *großem Überwiegen* des zu rettenden Gutes, stattfinden, wenn die *Gefahr in der Sphäre des Bedrohten entstanden* ist, dieser sich ihr bewusst ausgesetzt oder die Gefahr „verschuldet" hat.

dd) Angemessenheitskorrektiv

66 (1) In manchen – seltenen – Fällen kann es die Rechtsordnung trotz Höherwertigkeit des geretteten Gutes nicht billigen, dass die Notlage des einen auf Kosten eines anderen Menschen gelöst wird.

Beispiel: Wenn das Leben eines Patienten nur dadurch gerettet werden kann, dass ein anderer seine Niere opfert, so kann die Transplantation mit Einwilligung des lebenden Spenders (vgl oben 16/2 ff, 19), nie aber gegen dessen Willen zulässig sein. Eine Organentnahme (= Körperverletzung) kann daher auch dann nicht durch rechtfertigenden Notstand erlaubt sein, wenn sie zur Rettung eines eindeutig höherwertigen Rechtsgutes (Leben) notwendig wäre.

Die notwendige Einschränkung des Rechtfertigungsgrundes leistet das **Angemessenheitskorrektiv**: Die Rettungshandlung ist nicht erlaubt, wenn sie „bezogen auf die obersten Prinzipien und Wertbegriffe der Rechtsordnung nicht als das **angemessene Mittel** erscheint" (*Kienapfel*, ÖJZ 1975, 421, 429).

67 (2) Welche diese „obersten Prinzipien und Werte" sind, wird meist nicht gesagt. Näher betrachtet, ist es wohl der Gedanke der **Trennung der rechtlichen Sphären** der Menschen und das Prinzip der Selbstbestimmung (**Autonomieprinzip**; *Roxin/Greco*, AT 1[5] 16/46 ff), das in diesen Fällen die Pflicht zur Solidarität mit einem in Not geratenen Mitmenschen begrenzt. Das Recht an der eigenen Niere ist **absolut** und braucht auch der Rettung höchstwertiger Güter anderer nicht geopfert zu werden.

68 (3) Man könnte freilich daran denken, auf eine gesonderte Notstandsvoraussetzung der Angemessenheit zu verzichten und die Selbstbestimmung des Rettungsopfers im Rahmen einer *umfassenden Interessenabwägung* oder bei der Güterabwägung (in die man das Rechtsgut der Selbstbestimmung mit einbezieht) zu berücksichtigen, oder aber für die Rechtfertigung durch Notstand ein *wesentliches* Überwiegen des geretteten Rechtsgutes fordern, das man im Verhältnis Niere gegen Leben verneinen könnte. Doch würde dies dem absoluten Charakter des Angemessenheitskorrektivs nicht gerecht.

69 *Beispiel (Blutspenderfall):* A wird sterben, wenn er nicht sofort Blut einer seltenen Blutgruppe übertragen erhält. X, der einzige konkret in Betracht kommende Spender, weigert sich jedoch, der Transfusion zuzustimmen. – Obwohl hier das zu rettende Gut (Leben) wesentlich überwiegt, kann die zwangsweise Blutabnahme (leichte Körperverletzung) nicht durch rechtfertigenden Notstand erlaubt werden. Man braucht sich nur die Konsequenzen einer Rechtfertigung vor Augen zu halten: Menschen mit einer seltenen Blutgruppe (oder auch alle Menschen, wenn Mangel an Blutkonserven herrscht) würden als lebende Blutdepots umherlaufen, auf die jedermann bei Bedarf zugreifen dürfte.

3. Weitere Notstandsprobleme

a) Auch die **Verletzung von Rechtsgütern der Allgemeinheit** kann durch Notstand gerechtfertigt sein. Eine konkrete und gegenwärtige Gefahr für Menschen – zB durch die drohende Explosion einer Betriebsanlage – kann daher eine Beeinträchtigung der Umwelt rechtfertigen, wenn sie anders nicht abgewendet werden kann (vgl zu dem Beispiel auch unten 24/21). **70**

Der Rechtfertigungsgrund des Notstandes darf jedoch nicht dazu verwendet werden, die **Regeln zu umgehen**, die die Rechtsordnung in einem **speziellen Fall** zur Lösung von Interessenkollisionen aufstellt. Insbesondere ist die **Verletzung eines Rechtsgutes der Allgemeinheit** (zB der Umwelt) **zur Rettung eines Individualrechtsgutes** (insbes des Vermögens) nicht gerechtfertigt, wenn die Auslegung ergibt, dass die Norm, die das Allgemeingut schützt, die betreffende *Interessenkollision bereits bedacht* hat und *regelt*. **71**

Beispiel: Wer nach den gewerberechtlichen Vorschriften eine lärmende Maschine nur bis 22 Uhr betreiben darf, kann sich zur Rechtfertigung einer Lärmbeeinträchtigung (§ 181a) nicht darauf berufen, dass ihm ohne die („ausnahmsweise") Nachtarbeit ein großer Auftrag entginge oder Pönalzahlungen drohten. Gewerberechtliche Auflagen gelten auch bei guter Auftragslage. **72**

b) **Notstandshilfe**, also die Abwendung der Gefahr von Rechtsgütern eines anderen, ist allgemein und unter denselben Voraussetzungen wie die Rettung eigener Güter zulässig. **73**

c) Für die **irrtümliche Annahme** einer Notstandssituation und für die Frage nach **subjektiven Rechtfertigungselementen** gelten die allgemeinen Regeln (vgl unten in Kap 19 und 20). **74**

IV. Offensive Selbsthilfe

1. Notwehr und Notstand dienen der Abwendung von tatsächlichen Bedrohungen, offensive Selbsthilfe dagegen der *Durchsetzung* oder *Sicherstellung* gefährdeter **Ansprüche** (*Koziol*, Haftpflichtrecht I[4] 4/85). Dabei sind zwei Fälle zu unterscheiden: **75**

- die – mit Notwehr und Notstand eng verwandte – eigenmächtige **Herstellung des gesetzmäßigen Zustandes** und
- die vorläufige **Sicherung** der Durchsetzung **von (zivilrechtlichen) Ansprüchen** durch eine Privatperson.

2. Mehr noch als die *Abwehr* tatsächlicher Gefährdungen durchbricht die offensive Selbsthilfe das **staatliche Gewaltmonopol** und muss darum die Ausnahme bleiben. Denn im modernen Rechtsstaat ist der Bürger zur Durchsetzung seiner Ansprüche auf den (Zivil-)**Rechtsweg** verwiesen, wo er seine Ansprüche durch Klage, einstweilige Verfügung, Beweissicherung usw mit den rechtlich vorgesehenen Instrumenten sicherstellen und durchsetzen muss **76**

und vor allem die gewaltsame Herstellung des rechtmäßigen Zustandes nur durch **staatliche Organe** (Vollstrecker des Gerichts, uU mit Polizeihilfe) erfolgt.

§ 19 ABGB bestimmt daher, dass sich niemand „mit Hintansetzung (der Behörde) der eigenmächtigen Hilfe“ bedienen darf. Die strikte Einhaltung dieses Grundsatzes würde jedoch voraussetzen, dass solche Behörden sowohl *(rechtlich) eingerichtet* als auch immer und überall *tatsächlich gegenwärtig oder erreichbar* sind. Das kann aber der Staat (selbstverständlich) nicht leisten. § 344 ABGB erlaubt es darum zum Besitzschutz, „in dem Falle, dass die richterliche Hilfe zu spät kommen würde, Gewalt mit angemessener Gewalt abzutreiben (§ 19)“.

77 Der Gedanke kann verallgemeinert werden: Ausnahmsweise besteht ein **subsidiäres Selbsthilferecht** zur Herstellung des rechtmäßigen Zustandes und zur vorläufigen Sicherung von Ansprüchen, wenn **behördliche Hilfe** aus tatsächlichen Gründen **zu spät** käme, wenn also die Einschaltung der Behörde eine *Verzögerung* hervorrufen würde, die den *Erfolg* – nämlich die Herstellung des rechtmäßigen Zustandes oder die Verwirklichung eines Anspruches – *ernstlich in Frage stellen* würde.

78 Diese Selbsthilfe darf nur mit dem **gelindesten Mittel** und nur mit **angemessener Gewalt** erfolgen. Zur Prüfung der Angemessenheit ist eine **Interessenabwägung** vorzunehmen:

– Der **Wert des durchzusetzenden Rechtes** (welcher Nachteil droht, wenn das Recht verloren geht?) ist
– dem **Nachteil**, der dem anderen **bei der Rechtsdurchsetzung** zugefügt werden muss, und der **Verletzung des staatlichen Gewaltmonopols** gegenüberzustellen.

78a Dabei fällt ins Gewicht, dass sich der Betroffene **rechtswidrig** verhält, wenn er die Rechtsdurchsetzung vereiteln will. Ähnlich dem defensiven Notstand ist die Selbsthilfe daher erlaubt, soweit die zugefügten Beeinträchtigungen *nicht außer Verhältnis zur Bedeutung des durchzusetzenden Rechtes* stehen (vgl auch die Notwehr gegen geringfügige Angriffe).

Beispiele: Wer fahrlässig eine fremde Sache beschädigt hat und sich durch Flucht der Schadenersatzpflicht entziehen will, darf in Selbsthilfe zur Identitätsfeststellung festgehalten werden, weil ohne Kenntnis der Identität keine Ansprüche gegen ihn geltend gemacht werden können (*Lewisch*, WK² Nach § 3 Rz 164 mwN). Dabei darf er nicht in einer Weise beeinträchtigt werden, die außer Verhältnis zur Höhe des Schadenersatzanspruches steht.

Dass die Polizei in einem solchen Fall die Identität des Schädigers nicht feststellt, weil keine Straftat und damit kein gefährlicher Angriff vorliegt (vgl § 35 SPG), ist ein bedauerlicher Mangel, der zur Privatgewalt zwingt. Zu überlegen ist, ob die Polizei nicht wenigstens den Geschädigten bei der Ausübung seines Selbsthilferechtes unterstützen kann (vgl *Fuchs*, Moos-FS 185; *Fuchs/Funk/Szymanski*, SPG² III zu § 35).

Der OGH hat eine gerechtfertigte Selbsthilfe angenommen, wenn **Kontrollorgane eines Beförderungsunternehmers** einen „Schwarzfahrer" bis zum Eintreffen der Polizei festhalten (15 Os 71/07s JBl 2008, 123 m Anm *Burgstaller*), die dann wegen der Verwaltungsübertretung nach Art III Abs 1 Z 2 EGVG (oben 1/13) die Identität feststellen kann (vgl unten 18/11). **78b**

Bei der Prüfung der **Angemessenheit** darf jedoch nur der Wert des ***privatrechtlichen Anspruchs*** des Verkehrsunternehmens in Rechnung gestellt werden (und der ist eher gering: Fahrpreis samt Zuschlag, vielleicht Unterlassungsanspruch; *Hanslauer*, JBl 2008, 335). Dass der OGH auch das ***öffentliche Interesse*** an der „Aufrechterhaltung dieser Form des städtischen Verkehrs" (gemeint: ohne Schaffner) berücksichtigen will, ist strikt abzulehnen: §§ 19, 344 ABGB sichern einzig und allein privatrechtliche Ansprüche. Wenn man davon abgeht, zerstört man die Grenzen und Konturen des Selbsthilferechtes und erzeugt Rechtsunsicherheit. Den Schutz öffentlicher Interessen müsste der Gesetzgeber ausdrücklich regeln, am einfachsten dadurch, dass er bestimmten (!) Kontrollorganen gesetzlich ein Anhalterecht (entsprechend § 80 Abs 2 StPO) einräumt. Dass dies (bisher) nicht geschehen ist, darf nicht in gesetzwidriger Weise überspielt werden.

Dass nunmehr der tätliche Angriff auf Kontrollore ein eigener Straftatbestand ist (§ 91a), ändert selbstverständlich nichts: Weder kann dieser Tatbestand ein Verhalten von Kontrollen rechtfertigen noch schränkt er ein etwaiges Notwehrrecht gegen rechtswidriges Festhalten durch Kontrollore ein.

3. Da die Selbsthilfe nur Defizite bei der Rechts-*Durchsetzung* überbrücken soll, scheidet dieser Rechtfertigungsgrund aus, wenn die zuständige Behörde bereits **rechtskräftig** über den Anspruch **entschieden** hat. Wer den Prozess um eine Sache verloren hat, darf sich diese (selbstverständlich) nicht „in Selbsthilfe" holen. **79**

Lehnt die Behörde eine **vorläufige Rechtsschutzmaßnahme** ab, weil sie für ihr Eingreifen keine gesetzliche Grundlage sieht oder überlastet ist, ist die zuständige Behörde nicht erreichbar oder gibt es überhaupt keine Rechtsgrundlage für eine vorläufige Rechtsschutzmaßnahme, dann ist offensive Selbsthilfe möglich.

Der Rechtfertigungsgrund der offensiven Selbsthilfe hängt also von der **konkreten Ausgestaltung des Rechtsschutzes** und von der **tatsächlichen Erreichbarkeit der Behörden** ab. Er hat gegenwärtig einen *nicht unbeträchtlichen Anwendungsbereich*, weil bei den Zivilgerichten, die zur Durchsetzung oder Sicherung privatrechtlicher Ansprüche in erster Linie berufen sind, kein Journaldienst eingerichtet ist und die Sicherheitsorgane, die rund um die Uhr erreichbar sind, zur Rechtssicherung häufig nicht zuständig sind wie etwa für Identitätsfeststellung zur Sicherung privater Ansprüche (vgl oben 17/78a).

Wie kompliziert und kasuistisch die Regelung im Einzelnen ist, sei am Beispiel eines Störers gezeigt, der sich unbefugt auf einem **fremden Grundstück** oder in einem fremden Raum (insbes in einer **fremden Wohnung**) **aufhält** und sich **auf Aufforderung des Berechtigten nicht entfernt:** **80**

- Ist der Störer **mit Gewalt** oder durch Drohung mit Gewalt in eine Wohnstätte **eingedrungen**, so hat er einen gerichtlich strafbaren **Hausfriedensbruch** (§ 109 StGB) begangen. Das ist polizeirechtlich ein gefährlicher Angriff iSd § 16 Abs 2 SPG, den die Polizei mit unmittelbarem Zwang zu beenden (§ 21 Abs 2 SPG) und von Amts wegen als Straftat zu verfolgen hat (§ 99 StPO).
- Wenn der Eindringling zwar **gewaltlos**, aber doch „***ohne Rechtsgrund*** und ***ohne Duldung des Besitzers***" das Grundstück oder den fremden Raum **betreten** hat und „durch sein **Verharren** vor Ort **schwerwiegend in die Rechte des Besitzers** eingreift", dann hat ihn die Polizei auf Verlangen des Besitzers wegzuweisen (§ 38 Abs 5 SPG) und diese **Wegweisung** erforderlichenfalls mit unmittelbarem Zwang (§ 50 SPG) durchzusetzen. Insoweit ist Selbsthilfe unzulässig, weil rechtzeitig die Hilfe der Behörde erlangt werden kann.

  Lehnt die Polizei allerdings ein Eingreifen ab, weil die **Besitzstörung nicht „schwerwiegend" genug iSd § 38 Abs 5 SPG** ist, ist der Hausherr wieder auf Selbsthilfe verwiesen, die jedoch bei wenig bedeutsamen Rechtsverletzungen wegen der geforderten Angemessenheit nur zurückhaltend geübt werden darf.
- Hat der Besitzer den Störer selbst in die Wohnung gelassen (hat dieser also die Liegenschaft ***mit Duldung des Besitzers*** **betreten**), dann kann die Polizei nicht eingreifen. Weder ist es in Österreich ein gerichtlich strafbarer Hausfriedensbruch, wenn man sich bloß unbefugt auf einem **fremden Grundstück** oder in einem fremden Raum (insbes in einer fremden Wohnung) aufhält und sich **auf Aufforderung des Berechtigten nicht entfernt** (§ 109 StGB; anders § 123 deutsches StGB), noch gibt das SPG eine Eingriffsbefugnis, aufgrund deren die Polizei den Störer von der Liegenschaft entfernen könnte. Dem Besitzer bleibt daher bis zum Eingreifen der zuständigen Behörde, dem Bezirksgericht (Besitzstörung, § 339 ABGB), nur die Selbsthilfe.
- Anders ist es wiederum, wenn eine **Besetzung** – die Gesetzesmaterialien sprechen von zehn Eindringlingen, deren Abwehr in Selbsthilfe dem Wohnungseigentümer nicht mehr zugemutet werden könne – vorliegt, diese Besetzung einen *schwerwiegenden Eingriff* in die Rechte des Besitzers darstellt und dieser die Auflösung verlangt: Dann hat die Polizei einzugreifen und die Besetzung zu beenden (§ 37 Abs 1 Z 2 SPG), so dass insofern Selbsthilfe unzulässig wäre.

18. Kapitel: Die einzelnen Rechtfertigungsgründe III: Weitere Rechtfertigungsgründe

I. Pflichtenkollision

1. Begriff

a) Von einer Pflichtenkollision spricht man, wenn **jemanden zwei oder mehr Rechtspflichten** treffen, von denen er – aus tatsächlichen Gründen oder deshalb, weil sie ihm Widersprüchliches auftragen – **nicht alle erfüllen** kann, so dass er zwangsläufig eine dieser Pflichten verletzen muss. Diese Pflichten können sein: 1

- zwei (oder mehrere) **Handlungspflichten**:

  Beispiel: Jemand kann nur einen von mehreren Verunglückten retten.

  Oder: In ein Krankenhaus werden gleichzeitig mehrere Schwerverletzte eingeliefert, die eine Herz-Lungen-Maschine benötigen. Es steht aber nur ein Gerät zur Verfügung.

- eine **Handlungs- und eine Unterlassungspflicht**:

  Beispiel: Jemand soll einen Verunglückten retten (Handlungspflicht), könnte dies aber nur durch Eingriffe in Rechtsgüter Dritter (Unterlassungspflicht; zB dadurch, dass er das Schloss eines Bootsschuppens aufbricht oder einem anderen Ertrinkenden den Rettungsring entreißt).

  Oder: Ein zur Verschwiegenheit verpflichteter (Unterlassungspflicht) Arzt müsste die Krankheit eines Patienten anderen Personen mitteilen (Handlungspflicht), um diese vor Ansteckung zu schützen.

Dabei kann sich die Handlungspflicht aus einer **Garantenstellung** (§ 2; vgl unten 37/36 ff) oder aus einer **allgemeinen Hilfeleistungspflicht** (zB § 95 StGB) ergeben, die *nicht* einmal *strafrechtlich sanktioniert* zu sein braucht (zB § 4 StVO).

b) In einem solchen Fall muss die Rechtsordnung entscheiden, wie sich der Verpflichtete verhalten soll. Denn niemand darf in eine ausweglose Situation gebracht werden, in der er sich nur noch rechtswidrig und nicht mehr rechtmäßig verhalten kann. Wer daher diejenige Pflicht verletzt, die zurücktreten muss, ist diesbezüglich **gerechtfertigt**, mag sein Verhalten auch einen gesetzlichen Deliktstatbestand erfüllen. 2

Insofern besteht in Wahrheit gar **keine Pflichtenkollision**, doch ist es bloß ein sprachliches Problem, ob man sagt, die eine Pflicht werde durch die andere begrenzt, oder aber annimmt, dass die eine Pflichtverletzung durch die Erfüllung der anderen Pflicht gerechtfertigt sei.

3 c) Eines **Rechtfertigungsgrundes** der Pflichtenkollision bedarf es aber nur dort, wo die **beiden Pflichten grundsätzlich bestehen** und die Pflichtverletzung *nur ausnahmsweise im Einzelfall* durch die Erfüllung einer anderen Pflicht erlaubt ist (**„echte" Pflichtenkollision**). Keine (oder nur eine „**unechte**") **Pflichtenkollision** besteht, wenn schon die Pflicht selbst durch eine einschränkende Bestimmung begrenzt ist.

Beispiel: Die Strafverfolgungsbehörden haben einerseits die Pflicht, Straftaten aufzuklären, und andererseits die Pflicht, sich dabei an die Gesetze zu halten (zB kein Telefon ohne Vorliegen der Voraussetzungen der §§ 134 ff StPO abzuhören). Dennoch besteht von vornherein keine Pflichtenkollision, weil es sich in beiden Fällen um ein und dieselbe Pflicht handelt (Pflicht zur Strafverfolgung), die durch die Regeln der StPO bloß präzisiert wird.

Ebenso: Die Behandlungspflicht des Arztes (zB § 49 ÄrzteG), die auch Garantenstellung begründet, wird durch das Verbot der eigenmächtigen Heilbehandlung (§ 110 StGB) begrenzt, so dass von vornherein keine Pflichtenkollision vorliegt (vgl auch oben 16/41, 46).

2. *Grundsätze der Problemlösung*

4 a) Kollidieren eine **Handlungs- und eine Unterlassungspflicht**, so geht die **Unterlassungspflicht** (also das Verbot) vor, es sei denn, der Eingriff in das durch das Verbot (!) geschützte Rechtsgut wäre *nach den Regeln des rechtfertigenden Notstandes* oder der *mutmaßlichen Einwilligung* (oder allenfalls nach einer anderen Regel wie zB durch das Erziehungsrecht) erlaubt.

Beispiel: Wer das Leben eines anderen nur auf Kosten des Lebens eines Dritten retten könnte, muss dies unterlassen. Dagegen darf (und muss, wenn eine Handlungspflicht besteht) zur Rettung eines Ertrinkenden der fremde Bootsschuppen aufgebrochen werden, weil die Sachbeschädigung durch Notstand gerechtfertigt ist.

5 Ist die Handlung nicht durch Notstand erlaubt, so ist die Unterlassung (Verletzung der Handlungspflicht) durch **Pflichtenkollision** gerechtfertigt.

Beispiel: Hängt an der einzigen Herz-Lungen-Maschine ein 60-Jähriger und wird später ein 20-Jähriger eingeliefert, der diese Maschine auch benötigt, so ist es – bei gleichem Risiko und gleicher Rettungschance – nicht erlaubt, die Behandlung des 60-Jährigen abzubrechen, um die Maschine für den Jüngeren freizumachen. Es gibt keine Abwägung Leben gegen Leben, auch nicht im Hinblick auf die noch zu erwartende Lebensdauer. – Auch der *Garant*, der in einer Gefahrenlage das Leben seines Schützlings durch die Tötung eines unbeteiligten Dritten erhalten könnte (zB der Vater, der den Dritten vom Brett des Karneades stoßen müsste), verhält sich nur dann rechtmäßig, wenn er dies *unterlässt*.

b) Treffen **zwei Handlungspflichten** zusammen, so geht die **stärkere Pflicht** vor; die Verletzung der schwächeren Pflicht ist gerechtfertigt. Welche Pflicht die stärkere ist, ergibt die Auslegung, wobei vor allem folgende Kriterien maßgebend sind: 6

– Bei **gleichartigen Pflichten** ist jene Handlungsalternative zu wählen, die **höherwertige Güter** zu erhalten verspricht.

  Beispiel: Eine Garantenpflicht zum Lebensschutz geht (selbstverständlich) einer Garantenpflicht zum Eigentumsschutz vor.

– **Besondere Pflichten**, insbes **Garantenpflichten** (vgl unten 37/36 ff), gehen allgemeinen Handlungspflichten vor.

  Beispiel: Wer nur seine Ehefrau *oder* das Dienstmädchen aus dem brennenden Haus retten kann, muss sich für die Ehefrau entscheiden.

– Widersprechen einander diese beiden Regeln, so geht tendenziell die Rettung des **höherwertigen Gutes** vor.

  Beispiel: Auch der Museumswärter muss vorrangig das ihm unbekannte Kind retten, nicht das ihm anvertraute wertvolle Gemälde.

– Bei der Entscheidung sind – wegen der gebotenen Ex-ante-Beurteilung – **Risiko und Rettungschance** zu berücksichtigen (vgl oben 17/59).

  Beispiel: Ist das Leben eines unbekannten Unfallopfers in Gefahr, so ist der Ehemann nicht gerechtfertigt (§ 95), wenn er stattdessen die leichte und ungefährliche Wunde seiner Ehefrau verbindet (*Roxin/Greco*, AT 1^5 16/123).

c) Sind die kollidierenden **Handlungspflichten gleichwertig**, so bleibt es dem Verpflichteten überlassen, welche er erfüllt; er ist hinsichtlich der Verletzung der anderen Pflicht(en) **gerechtfertigt**. Dabei ist es gleichgültig, aus welchen Motiven der Pflichtige handelt. Strafbar kann er sich nur machen, wenn er ***keine*** der ihn treffenden Pflichten erfüllt. 7

Beispiel: Kann der Vater nur eines seiner beiden Kinder retten, so ist er hinsichtlich des Unterlassungsdelikts (§§ 2, 75), das er am anderen Kind begeht, gerechtfertigt. Auch der Arzt ist gerechtfertigt, welchen der eingelieferten Verletzten, die das einzige vorhandene Gerät benötigen, er auch an diese lebenserhaltende Maschine anschließt.

Der Arzt handelt also **rechtmäßig**, wenn er den einen Patienten – gleichgültig welchen – rettet und den anderen (zwangsläufig) sterben lässt. Dieses Ergebnis ist freilich nicht unumstritten: Manche nehmen an, dass der Arzt auch in diesem Fall – hinsichtlich der Verletzung der zweiten Pflicht – rechtswidrig handelt und **bloß entschuldigt** ist (zB *L/St/Tipold* $StGB^4$ § 3 Rz 48; gegen eine Rechtfertigung kraft Pflichtenkollision auch *Lewisch*, WK^2 Nach § 3 Rz 150 ff; vgl auch die bei *Roxin/Greco*, AT 1^5 16/119 genannte Lit: „*Rettet* [er] ... *A, dann tut er dem B Unrecht. Er konnte ja B statt A retten*“).

Aber das ist nicht richtig: Die Rechtsordnung kann ein Verhalten nur dann als rechtswidrig bezeichnen, „wenn sie sagen kann, was richtig und damit ‚gesollt‘ gewesen wäre“ (*Roxin/Greco* aaO). Dass jemand in einer Situation falsch (= rechtswidrig) handelt, was immer er tut, kann nicht stimmen: Man wird einem Arzt, der sich nach einer Erdbebenkatastrophe mit vollem Einsatz bemüht, mit den vorhandenen knappen Mitteln möglichst viele Menschen zu retten, vernünftigerweise nicht sagen können, dass er rechtwidrig handelt, weil er nicht alle rettet.

II. Ausübung von Amts- und Dienstpflichten

1. Rechtfertigung durch gesetzliche Eingriffsbefugnisse

8 **Nicht die Amtsstellung** rechtfertigt, sondern die **gesetzliche Ermächtigung** des Beamten zur Vornahme bestimmter **Handlungen** (Zwangsakte), die einen Deliktstatbestand erfüllen (**öffentlich-rechtliche Eingriffsbefugnis**).

Beispiel: Der Richter, der einen **Haftbefehl** ausstellt, bestimmt zur Freiheitsentziehung und handelt tatbestandsmäßig nach §§ 12 Fall 2, 99 StGB, die **Festnahme** selbst erfüllt den Tatbestand in unmittelbarer Täterschaft. Beide Handlungen sind aber gerechtfertigt, wenn die gesetzlichen Voraussetzungen für einen Haftbefehl oder eine Festnahme vorliegen, zB nach den §§ 170 ff StPO.

Oder: Die gewaltsame Wegnahme einer Sache durch den **Vollstrecker** ist tatbestandsmäßig nach § 105 StGB, aber gerechtfertigt nach den Regeln der EO.

9 Die Rechtfertigungswirkung tritt nur ein, wenn **alle Voraussetzungen** der Eingriffsnorm, sowohl die *materiellen* als auch die *formellen*, vorliegen.

Beispiel: Das eigenmächtige Abhören eines Telefons ist auch dann rechtswidrig und strafbar (§ 119 StGB), wenn der Richter die Überwachung vermutlich bewilligt und der Staatsanwalt sie vermutlich angeordnet hätte (§ 137 Abs 1 Satz 2 StPO), sie es aber nicht getan haben.

Dabei sind die materiellen Voraussetzungen im Gesetz zumeist **ex ante formuliert**:

Beispiel: Für die Rechtmäßigkeit einer Untersuchungshaft genügt „**dringender Tatverdacht**" (§ 173 Abs 1 StPO). Stellt sich ex post die Unschuld des ex ante hinreichend Verdächtigen heraus, so ändert dies nichts an der **Rechtmäßigkeit** (Rechtfertigung) der Freiheitsentziehung. – Darum sind auch für Fälle der *rechtmäßigen* Haft **Entschädigungen** vorgesehen (§ 2 Abs 1 Z 2 im Gegensatz zu Z 1 StEG).

2. Wichtige Eingriffsbefugnisse, insbes für die Polizei

10 Für die Ausübung von Amts- und Dienstpflichten, dem wohl häufigsten Rechtfertigungsgrund in der Praxis, gilt mehr noch als für andere Rechtfertigungsgründe, dass sich **kein geschlossenes System** angeben lässt: Immer dann, wenn ein Gesetz zu einem Eingriff ermächtigt, ist dieser gerechtfertigt, mag er auch einen strafbaren Tatbestand erfüllen.

a) Wichtige Eingriffsbefugnisse für die Polizei finden sich in der **Strafprozessordnung** (StPO, siehe die Beispiele oben), im **Verwaltungsstrafgesetz** (VStG) und im **Sicherheitspolizeigesetz** (SPG): So dürfen die Sicherheitsorgane zB **11**

- als Kriminalpolizei (§ 18 StPO) unter bestimmten Voraussetzungen (insbesondere bei Gefahr im Verzug) Personen, die einer Straftat verdächtig sind, **auch ohne richterliche Bewilligung festnehmen** (§ 171 Abs 2 StPO);
- Personen zur Vorführung vor die Behörde festnehmen, die auf frischer Tat einer **Verwaltungsübertretung** betreten werden, wenn ihre Identität nicht sofort feststellbar ist oder der Betretene trotz Abmahnung die strafbare Handlung fortsetzt (§ 35 VStG);
- **gefährliche Angriffe** durch unmittelbare Befehls- und Zwangsgewalt beenden (§ 33 SPG);
- in bestimmten Fällen eine **Identitätsfeststellung** erzwingen (zB § 34b VStG, § 35 SPG);
- unter bestimmten Voraussetzungen – zB zur Hilfeleistung oder zur Abwehr eines gefährlichen Angriffs – **Grundstücke und Räume betreten** und durchsuchen (§ 39 SPG).

Sicherheits**organe** – im Gesetz: **Organe des öffentlichen Sicherheitsdienstes** (§ 5 SPG) – sind im Wesentlichen die Angehörigen des ***Wachkörpers Bundespolizei*** (ggf noch Angehörige von Gemeindewachkörpern und bestimmte Polizeijuristen; § 5 Abs 2 SPG), also *die einzelnen Exekutivbeamten (Polizisten)*. Manche Ermächtigungen – zB das Platzverbot (§ 36 SPG) oder die Auflösung von Besetzungen (§ 37 SPG) – sind den Sicherheits**behörden** vorbehalten, das sind der *Bundesminister für Inneres*, die *Landespolizeidirektionen* und die Bezirksverwaltungsbehörden. Solche Eingriffe dürfen nicht vom einzelnen Wachebeamten eigenmächtig vorgenommen, sondern müssen vom Behördenleiter (Innenminister, Landespolizeidirektor, in Wien Landespolizeipräsident, Bezirkshauptmann) oder einem zur Vertretung der Behörde bevollmächtigten Organ (Polizeijurist) angeordnet werden. **12**

b) Hinsichtlich des **anzuwendenden Mittels** bei der Ausübung polizeilicher **Zwangsbefugnisse** gilt für die Organe der Bundespolizei und der Gemeindewachkörper das **Waffengebrauchsgesetz 1969**, auf das auch das Sicherheitspolizeigesetz verweist (§ 50 SPG). Es enthält folgende Grundsätze: **13**

- Auch **Gummiknüppel**, **Tränengas**, **Wasserwerfer** und **Diensthunde** sind Waffen. Für die Anwendung **physischer Gewalt** (Körperkraft) gilt das Waffengebrauchsgesetz sinngemäß.
- Gewalt und Waffen dürfen **nur subsidiär** (§ 4) und nur im **unbedingt erforderlichen Ausmaß** (§ 5) eingesetzt werden; es gilt der Grundsatz der **Verhältnismäßigkeit** (§ 6; § 29 SPG).

- Der Waffengebrauch (einschließlich der Anwendung körperlicher Gewalt) ist zulässig (§ 2): **14**

– zur **Notwehr** einschließlich der Nothilfe;

Zur Abwehr rechtswidriger Angriffe verweist das Gesetz also auf die **private Notwehr (Nothilfe)**. Daher darf die Polizei zur Abwehr im selben Umfang Gewalt anwenden, wie es ein privater Nothelfer dürfte (vgl oben 17/6 ff, aber auch sogleich unten).

– zur Überwindung von Widerstand gegen eine **rechtmäßige Amtshandlung**;

– zur Erzwingung einer rechtmäßigen **Festnahme** und zur Verhinderung des Entkommens einer rechtmäßig festgehaltenen Person.

15 – Strengere Regeln gelten für den **lebensgefährdenden Waffengebrauch** (§ 7): Dieser – zB ein Schuss auf einen Menschen – ist nur zulässig

– im Fall der **Notwehr** (Nothilfe) nur **zur Verteidigung eines Menschen**, nicht zum Vermögensschutz (Z 1);

– zur **Festnahme** oder der Verhinderung des Entkommens nur bei Personen, die einer gerichtlich strafbaren Vorsatztat mit mehr als einjähriger Strafdrohung (vgl oben 9/19) überwiesen oder dringend verdächtig sind und aufgrund ihres Verhaltens als **„allgemein gefährliche Menschen**“ anzusehen sind (Z 2);

– zur Unterdrückung eines **Aufstandes** oder **Aufruhrs** (Z 3).

Außer bei Notwehr und Nothilfe ist der lebensgefährdende Waffengebrauch vorher anzudrohen (**Warnschuss**).

15a Zu Z 1 (Notwehr): **Art 2 EMRK** erlaubt staatlichen Organen die absichtliche Tötung oder Lebensgefährdung – abgesehen von einer Festnahme und der Unterdrückung eines Aufstandes – nur dann, wenn „sie sich aus einer unbedingt erforderlichen Gewaltanwendung ergibt, um die **Verteidigung** *eines Menschen* gegenüber rechtswidriger Gewaltanwendung sicherzustellen“. Dementsprechend beschränkt das WaffGebrG die polizeiliche Nothilfe auf Angriffe gegen Leib und Leben oder die Freiheit. Bloße **Vermögensangriffe** darf die Polizei nur mit Mitteln abwehren, die das Leben des Angreifers nicht gefährden.

Diese Beschränkung hat zur Folge, dass dem **privaten Verteidiger mehr Mittel** zur Verfügung stehen als der Polizei. Freilich stehen dem deutlich **erweiterte Festnahmebefugnisse** gegenüber. Die Polizei darf einem mit wertvoller Beute davonlaufenden Dieb zwar nicht zur Verhinderung des Vermögensschadens (anders die private Verteidigung, die nur durch die Notwendigkeit begrenzt ist: oben 17/36), wohl aber dann nachschießen, wenn sie die Festnahme des Tatverdächtigen anders nicht durchsetzen kann (näher oben Rz 15; dagegen kein lebensgefährdender Waffengebrauch zur Anhaltung durch Private: § 80 Abs 2 StPO, unten Rz 26a).

15b Für die **Justizwache** gelten die Sonderregeln des *Strafvollzugsgesetzes*, für **militärische Organe** die besonderen Ermächtigungen des *Militärbefugnisgesetzes*, für **Zollorgane** besondere Bestimmungen des *Zollrechts* (§ 14 Zollrechts-Durchführungsgesetz, ZollR-DG).

c) Das WaffengebrauchsG regelt zwar unmittelbar nur den polizeilichen Waffengebrauch, doch folgt mittels Größenschlusses, dass zur Abwehr eines **gegenwärtigen Angriffs** auf ein notwehrfähiges Rechtsgut auch **andere** notwendige **Mittel** eingesetzt werden dürfen: Wenn es zB bei einer im Gang befindlichen Geiselnahme im Anschluss an einen Banküberfall sogar gestattet ist, auf den Geiselnehmer zu schießen, also seine körperliche Unversehrtheit zu beeinträchtigen (§ 7 WaffengebrauchsG), dann muss es erst recht erlaubt sein, in seine Persönlichkeitsrechte einzugreifen und Überwachungsmikrofone im Bankgebäude oder im Fluchtauto anzubringen. **16**

In einer **Notwehrsituation** sind daher „Lauschangriff“, Peilsender und ähnliche Maßnahmen, die zur Abwehr des gegenwärtigen Angriffs auf ein notwehrfähiges Gut notwendig sind, auch unabhängig von einer besonderen Eingriffsnorm erlaubt. Die Überwachung von Nachrichten (insb Telefon) und die „optische und akustische Überwachung von Personen unter Verwendung technischer Mittel“ während einer Entführung oder Geiselnahme sind ausdrücklich im Gesetz geregelt (§ 135 Abs 2 Z 1, § 136 Abs 1 Z 1 StPO).

3. *Fehlen der Eingriffsermächtigung*

Ohne gesetzliche Ermächtigung (Eingriffsnorm) bleibt es bei der Indizwirkung des Tatbestandes: Die Amtshandlung, die einen gerichtlich strafbaren Tatbestand erfüllt, ist **rechtswidrig** und strafbar. Insbesondere besteht keine Pflichtenkollision, weil eine Handlungspflicht nur im Umfang der Eingriffsbefugnis besteht. Auch darf die exklusive Eingriffsregelung nicht durch Berufung auf übergesetzlichen Notstand überspielt werden (vgl oben 17/55a). **17**

Beispiel: Außer in gegenwärtigen Notwehrsituationen sind Telefonabhören und bestimmte geheime Überwachungsmaßnahmen ohne richterlichen Beschluss absolut unzulässig (vgl § 137 Abs 1 Satz 2 StPO und § 54 Abs 4 SPG).

4. *Rechtmäßiger Widerstand gegen Amtshandlungen*

Von der Rechtfertigung des Beamten zu unterscheiden ist die Frage, unter welchen Voraussetzungen der von der Amtshandlung Betroffene gegen eine rechtswidrige Amtshandlung **Widerstand** üben darf. **18**

Tätlicher Widerstand gegen eine Amtshandlung erfüllt den Tatbestand des § 269 oder § 270 StGB und ist strafbar. Dies gilt jedenfalls bei (ex ante!) rechtmäßigen Amtshandlungen, aber wegen § 269 Abs 4 auch bei **„einfacher“ Rechtswidrigkeit**: Im Normalfall ist der betroffene Bürger vielmehr verpflichtet, auch (angeblich) rechtswidrige Amtshandlungen vorläufig zu dulden (*Kadecka*: „Rechtspflicht, Unrecht zu leiden“).

Gerechtfertigt ist Widerstand gegen Amtshandlungen nur bei **qualifizierter Rechtswidrigkeit**, wenn nämlich **19**

- die Behörde oder der Beamte zu solchen Amtshandlungen **ihrer Art nach nicht berechtigt** ist (zB Festnahme durch einen Verwaltungsbeamten) oder
- die Amtshandlung gegen **strafgesetzliche** Vorschriften verstößt (zB Folter, aber auch Amtsmissbrauch nach § 302 bei absichtlicher Schädigung; vgl auch § 303 StGB).

Eine rechtswidrige Amtshandlung, zu der die Behörde oder der Beamte der Art nach berechtigt ist und die auch nicht einen strafbaren Tatbestand erfüllt, kann nur mit den gesetzlich vorgesehenen *Rechtsmitteln* (Beschwerde, Berufung) bekämpft werden. Darüber hinaus kann der Betroffene ggf nachträglich Schadenersatz verlangen (*Amtshaftung*, Strafrechtliches Entschädigungsgesetz), auch kann der rechtswidrig handelnde Beamte uU *disziplinär* zur Verantwortung gezogen werden.

5. Handeln auf Weisung und Befehl

20 a) Gem Art 20 Abs 1 B-VG und den entsprechenden dienstrechtlichen Bestimmungen sind die Verwaltungsorgane an die **Weisungen** der ihnen vorgesetzten Organe gebunden. Dabei haben sie grundsätzlich auch *rechtswidrige* Weisungen zu befolgen. Im *Strafrecht* ist die Weisung als solche aber dennoch kein Rechtfertigungsgrund, denn Art 20 Abs 1 B-VG bestimmt auch, dass die Weisung nicht verbindlich ist, wenn ihre Befolgung gegen **strafgesetzliche** Vorschriften verstoßen würde.

Der Beamte darf und muss die Weisung daher ablehnen, wenn ihre Ausführung den **Tatbestand** einer gerichtlichen Strafbestimmung erfüllt und nicht aus anderen Gründen als dem der Weisung (nämlich zB durch eine gesetzliche Eingriffsermächtigung) gerechtfertigt ist. Wiederum besteht **keine Pflichtenkollision**, da die Pflicht, den Befehl zu befolgen, durch das strafrechtliche Verbot begrenzt ist.

Eine Weisung kann daher die Indizwirkung für die Rechtswidrigkeit, die der Straftatbestand begründet, nicht ausschließen. Ein Beamter, der auf Weisung seines Vorgesetzten eine Straftat begeht, bleibt **strafbar**, der Vorgesetzte kann wegen **Bestimmungstäterschaft** (Anstiftung) bestraft werden.

21 b) Für den **Befehl**, wie die Weisung im militärischen Bereich heißt, gilt nichts anderes. Denn **§ 3 MilStG** bestimmt ausdrücklich: „Einem Soldaten sind gerichtlich strafbare Handlungen auch dann zuzurechnen, wenn er sie auf Befehl begangen hat." Daher ist ein Untergebener berechtigt und verpflichtet, die Befolgung eines **Befehls abzulehnen**, wenn diese Befolgung den Tatbestand einer gerichtlich strafbaren Handlung herstellen würde. Für diesen Fall ist die **Straflosigkeit** der Befehlsverweigerung ausdrücklich angeordnet (§ 17 MilStG).

Wiederum macht sich der Vorgesetzte, der einen strafgesetzwidrigen Befehl erteilt, seinerseits wegen **Anstiftung** zum aufgetragenen Delikt (**Bestimmungstäterschaft**), allenfalls sogar wegen Amtsmissbrauchs, strafbar.

c) Befolgt der Untergebene die strafgesetzwidrige Weisung oder den strafgesetzwidrigen Befehl, so handelt er rechtswidrig, kann aber allenfalls **entschuldigt** sein, wenn die Voraussetzungen des entschuldigenden Notstandes (§ 10) vorliegen (**Befehlsnotstand**; näher unten 24/20). **22**

III. Anhalterecht Privater (§ 80 Abs 2 StPO)

Wegen des staatlichen Gewaltmonopols darf die Strafverfolgung grundsätzlich nur durch die staatlichen **Strafverfolgungsorgane** (Polizei, Gericht, Staatsanwaltschaft) erzwungen werden. Ausnahmsweise erlaubt § 80 Abs 2 StPO jedoch bei **abwesender Polizei** die **Anhaltung** eines Tatverdächtigen durch Privatpersonen zur **vorläufigen Sicherung** des staatlichen Strafanspruchs. **23**

1. Rechtfertigungssituation

Das Anhalterecht setzt voraus:

a) eine **gerichtlich strafbare Handlung** beliebiger Schwere; bei *Verwaltungsübertretungen* gibt es *kein Anhalterecht Privater*, sondern nur (ausnahmsweise) eine polizeiliche Festnahmebefugnis (§ 35 VStG); **24**

b) **hinreichende Gründe** (Ex-ante-Beurteilung!) aufgrund bestimmter **Tatsachen** für die Annahme, dass die betreffende Person diese Tat
   (1) soeben **ausführe** oder
   (2) **unmittelbar** zuvor **ausgeführt habe** oder
   (3) nach ihr wegen der Begehung einer solchen Tat **gefahndet** werde.

Trotz der Ex-ante-Formulierung des Rechtfertigungsgrundes reicht der subjektive gute Glaube an die begangene Straftat nicht aus. Notwendig sind vielmehr **objektive Verdachtsgründe** aus der Sicht des Handelnden, Umstände also, die bei einem maßgerechten Menschen zur Annahme einer Straftat ausgereicht hätten. Irrt der Täter, so kann er nach **§ 8** straffrei werden (vgl unten Kap 20). **25**

2. Rechtfertigungshandlung

Erlaubt ist die **Anhaltung** des Verdächtigen „**auf verhältnismäßige Weise**" bis zum Eintreffen der Polizei, die sofort verständigt werden muss. Dabei ist **26**

- das **Interesse an der Strafverfolgung**
- gegen das **Interesse an der Vermeidung privater Gewaltanwendung** (staatliches Gewaltmonopol), das Freiheitsinteresse des Verdächtigen, der möglicherweise unschuldig ist, und gegen seine sonstigen Interessen, die bei der Festhaltung beeinträchtigt werden können (zB Körperverletzung),

abzuwägen.

26a Gerechtfertigt ist daher stets die nötige **Freiheitsentziehung** sowie die mit ihr verbundene Drohung (**Nötigung**). Die Rechtfertigung erstreckt sich aber auch auf eine allfällige **Körperverletzung**, die mit der Festnahme verbunden ist, jedoch nur im Rahmen der „***Verhältnismäßigkeit***".

Erlaubt sind daher nur Handlungen, die bloß die Gefahr einer **leichten Körperverletzung** begründen, also zB die Herbeiführung von „blauen Flecken" beim *Festhalten* oder das *Beinstellen* in einer ungefährlichen Umgebung. Dagegen kann § 80 Abs 2 StPO unter keinen Umständen eine **schwere Körperverletzung** rechtfertigen, die ex ante als eine *wahrscheinliche Folge* (*Burgstaller*, Ladendiebstahl 74; *Lewisch*, WK² Nach § 3 Rz 201) der Anhalte-Handlung zu erwarten war. Nach hM gilt dies unabhängig von der Schwere der begangenen Tat, also auch bei der Anhaltung eines Mörders durch Private (anderes gilt für Sicherheitsorgane, vgl oben 18/15).

27 Der Anhaltende hat die Pflicht, die Anhaltung unverzüglich **dem nächsten Sicherheitsorgan anzuzeigen**, das weitere Verfügungen treffen wird. Wird die Meldung an die Polizei verzögert, dann wird die Freiheitsentziehung rechtswidrig (**Dauerdelikt**). Erweist sich der Verdacht schon vor der Anzeige an die Polizei als unbegründet, ist die Anhaltung sofort zu beenden.

28 Wehrt sich der Festgehaltene gegen eine rechtmäßige (§ 80 Abs 2 StPO) Anhaltung, so greift er seinerseits rechtswidrig an, so dass gegebenenfalls gegen ihn Notwehr geübt werden darf.

3. Abgrenzung

29 a) Das Anhalterecht Privater setzt im Gegensatz zur Notwehr nicht voraus, dass ein rechtswidriger **Angriff** noch *gegenwärtig* ist. Vielmehr genügt die (gegenwärtige oder unmittelbar vorher geschehene) Begehung einer **Straftat**, mag auch kein (weiterer) Schaden zu befürchten sein. Daher ist zu unterscheiden:

- Flieht der Bankräuber **mit Beute**, so ist *Notwehr* möglich, um das Fortschaffen der Beute zu verhindern (vgl oben 17/5 ff, 18).
- Flieht der Räuber dagegen **ohne Beute**, so gibt es keine Notwehr mehr. Der Täter darf nur noch zur Sicherung der Strafverfolgung mit *angemessenen* Mitteln festgehalten werden. Private (auch Angehörige eines privaten Sicherheitsdienstes) dürfen ihm keinesfalls mehr nachschießen. Für Polizisten gilt § 7 Waffengebrauchsgesetz (vgl oben 18/13 ff).

30 b) Fehlt es an einer gerichtlich strafbaren Handlung, so gibt es auch kein Anhalterecht Privater.

Beispiel: Der Schwarzfahrer in der Straßenbahn hat idR keine gerichtlich strafbare Handlung begangen, sondern nur – sofern er nach Betretung eine von ihm geforderte Vertragsstrafe nicht sofort zahlt oder seine Identität nachweist (oben 1/13) – eine Verwaltungsübertretung (Art III Abs 1 Z 2 EGVG) und möglicherweise eine zivile Vertragsverletzung. Gegen ihn gibt es daher kein Anhalterecht nach § 80 Abs 2 StPO, auch nicht für Kontrollore der Verkehrsbetriebe, die keine behördlichen Befugnisse haben, sondern nur (ggf) offensive Selbsthilfe üben dürfen (vgl oben 17/75 ff, 78).

19. Kapitel: Subjektive Rechtfertigungselemente

Literaturauswahl: *Burgstaller*, Entscheidungsbesprechung, JBl 1980, 494; *ders*, Fahrlässigkeitsdelikt (1974) 172–181; *Lewisch*, WK[2] § 3 Rz 146–158; *Nowakowski*, Zur subjektiven Tatseite der Rechtfertigungsgründe, ÖJZ 1977, 573 = Perspektiven 113; *Salimi*, Das subjektive Rechtfertigungselement im Strafrecht (2010).

I. Das Problem

1 Da zur Begründung des Unrechts bei den Vorsatzdelikten auch ein **subjektives Element** erforderlich ist, nämlich das Wissen und Wollen um die Tatbestandsverwirklichung (vgl vor allem in Kap 8 und 10), fragt es sich, ob Entsprechendes nicht auch für die Rechtfertigungsgründe gilt: Genügt es zum Unrechtsausschluss, dass ein Rechtfertigungsgrund **objektiv vorliegt**, oder muss der Handelnde auch den rechtfertigenden Sachverhalt **kennen** (oder ihn sogar „**wollen**")?

Beispiel 1: A wirft mit einem Stein eine Fensterscheibe am Haus seines Feindes X ein. Ohne dass A davon weiß, wird durch die einströmende Luft ein im Zimmer schlafender Säugling gerettet, weil das Zimmer infolge einer undichten Rohrleitung unter Gaseinwirkung stand. – Ist A wegen Sachbeschädigung (§ 125 StGB) strafbar oder durch Notstand gerechtfertigt?

Beispiel 2 (nach 13 Os 32/80 JBl 1980, 494 m Anm *Burgstaller*): A wird auf dem Schulhof vom körperlich überlegenen X angegriffen und schlägt, als dieser seinerseits zum Schlag ausholt, auf ihn ein, obwohl er glaubt, dass X bereits von einem hinter ihm stehenden Mitschüler „eingehalten" (zurückgehalten) wird (was aber gar nicht der Fall ist). A handelt also objektiv in Notwehr, glaubt aber, dass seine Verteidigung wegen der erfolgreichen Hilfe des Mitschülers gar nicht mehr notwendig wäre.

II. Lösung

2 1. Die Lösung lässt sich auf der Grundlage der Lehre von **Handlungs- und Erfolgsunrecht** finden:

a) Der Steinwurf im Eingangsbeispiel ist – bei der dafür maßgebenden *Ex-ante-Betrachtung* aus der Sicht des Handelnden – eine **sozial-inadäquat gefährliche Handlung** für das Rechtsgut fremdes Eigentum, das § 125 schützt. Diese Handlung hat der Täter auch *vorsätzlich* vorgenommen; er hat ein **verbotenes Verhalten** gesetzt, **Handlungsunwert** liegt vor.

b) Jedoch gibt es **keinen zurechenbaren Erfolgsunwert**, da die negativen Wirkungen der Handlung (Zerstören der Fensterscheibe) durch die positiven Auswirkungen (Lebensrettung) **überkompensiert** werden (rechtfertigender Notstand).

Das bloß objektive Vorliegen einer Rechtfertigungssituation beseitigt also nur die Zurechnung des **Erfolgsunwertes**. Daher gilt: Der Täter hat seinen **Vorsatz**, eine Sachbeschädigung zu begehen, durch eine (im Hinblick auf § 125) sozial-inadäquat gefährliche Handlung **betätigt, ohne dass ein zurechenbarer Erfolg** eingetreten wäre (Handlungsunwert ohne Erfolgsunwert). Dieser Sachverhalt entspricht aber genau der gesetzlichen Umschreibung des **versuchten** Delikts in § 15 StGB. Fehlt es daher bei einem **Vorsatzdelikt** am subjektiven Rechtfertigungselement, so ist die Tat **versucht**; zur vollen Rechtfertigung ist auch das subjektive Rechtfertigungselement erforderlich.

Fraglich ist jedoch, ob dieser Versuch nicht wegen **absoluter Untauglichkeit** straflos ist (§ 15 Abs 3). Zur Lösung vgl unten 30/38.

2. Beim **Fahrlässigkeitsdelikt** gilt: Da es **keinen Versuch** gibt (vgl § 15 Abs 1), tritt die Rechtfertigung bereits bei *objektivem* Vorliegen der Voraussetzungen ein. Subjektive Rechtfertigungselemente sind daher beim Fahrlässigkeitsdelikt irrelevant (anders, wenn man der unten III 2 dargestellten Lösung folgen wollte). 3

Beispiel: A fährt aus Unachtsamkeit einen Menschen nieder, was sich nachträglich als letztmögliche Abwehr eines Autofallenräubers herausstellt (*Stratenwerth/Kuhlen*, AT[6] 15/41; *Burgstaller*, Fahrlässigkeitsdelikt 172): Beim Fahrlässigkeitsdelikt wird die sorgfaltswidrige Handlung ohne zurechenbaren Erfolgsunwert nicht bestraft.

III. Andere Lösungsvorschläge

Diese Lösung ist freilich nicht unbestritten, verschiedene andere Lösungen werden vertreten. Der Aufwand der Diskussion steht zwar in keinem Verhältnis zur geringen praktischen Bedeutung des Problems, dennoch ist die Darstellung lohnend, weil sie zum Verständnis der strafrechtlichen Unrechtslehre beiträgt.

1. Die *ältere Lehre und Rechtsprechung* hat angenommen, dass subjektive Rechtfertigungselemente von vornherein irrelevant seien: Rechtfertigung trete allein durch das **objektive Vorliegen** der rechtfertigenden Situation ein; die Handlung sei auch dann nicht rechtswidrig, wenn der Täter die rechtfertigende Situation nicht kennt. Vertretbar ist diese Ansicht allenfalls auf der Grundlage einer **reinen Erfolgsunrechtslehre** (vgl oben 8/7 ff). 4

2. Das andere Extrem sind jene Meinungen, die bei Fehlen des subjektiven Rechtfertigungselements zur **Strafbarkeit** wegen des **vollendeten Delikts** gelangen (*K/H/K*, AT[16] 13.24, *Nowakowski*, ÖJZ 1977, 579; anders *Nowakowski*, WK[1] Vor § 3 Rz 78): Einerseits sei der Tatbestand in objektiver und subjektiver Hinsicht erfüllt, andererseits liege – eben wegen des Fehlens des 5

subjektiven Rechtfertigungselements – kein Rechtfertigungsgrund vor. Doch ist diese Lösung formalistisch. In materieller Betrachtung muss man anerkennen, dass ein zurechenbarer Erfolgsunwert fehlt und daher das Unrecht des vollendeten Delikts nicht vollständig verwirklicht ist (*Burgstaller*, Fahrlässigkeitsdelikt 177).

6 3. Eine andere Ansicht tritt daher für die **entsprechende (analoge) Anwendung der Versuchsregelung** ein (*Burgstaller*, aaO und JBl 1980). Sie muss sich freilich mit dem Einwand auseinandersetzen, dies sei verbotene Analogie **zum Nachteil** des Täters (§ 1, vgl oben 4/17, 26 f). Dem wird entgegengehalten, dass „an sich sämtliche Voraussetzungen für die Deliktsvollendung erfüllt sind" (*Burgstaller*, JBl 1980, 496), der Täter sich also „an sich" nach dem vollendeten Delikt strafbar gemacht hätte, so dass die entsprechende Anwendung der Versuchsregeln *Analogie zum Vorteil* sei. Diese Lösung der entsprechenden Anwendung der Versuchsbestimmung steht und fällt daher mit der Annahme, dass „an sich" ein vollendetes Delikt vorläge, und ist denselben Einwänden ausgesetzt wie die Ansicht, die zur Vollendungsstrafe gelangt (oben 19/5).

7 4. Dementsprechend gelangt eine weitere Ansicht zur **Straflosigkeit** (*L/St/Tipold* StGB[4] § 3 Rz 8 f; *Lewisch*, WK[2] § 3 Rz 157): Einerseits liege – mangels zurechenbaren Erfolgsunwertes – kein vollendetes Delikt vor, und anderseits treffe auch die gesetzliche Umschreibung des Versuchs in § 15 StGB nicht zu. Es sei daher ein **rechtswidriges**, aber mangels einer gesetzlichen Strafbestimmung (eines Tatbestandes oder einer Tatbestandserweiterung) strafloses **(tatbestandsloses**) Verhalten, wenn die objektiven Rechtfertigungsvoraussetzungen vorliegen, ohne dass der Täter davon weiß. Eine entsprechende Anwendung der Versuchsbestimmungen wäre verbotene Analogie zum Nachteil des Täters.

Von der hier vertretenen Ansicht der **direkten Versuchsstrafbarkeit** (oben II) unterscheidet sich diese Meinung durch die Annahme, dass es nicht vom äußerst möglichen Wortsinn der **Versuchsdefinition** des § 15 erfasst ist, wenn jemand bei objektivem Vorliegen einer Rechtfertigungslage, aber in Unkenntnis dessen einen Straftatbestand erfüllt. Wenn man weiters – zu Recht – annimmt, dass in diesem Fall auch **kein vollendetes Delikt** vorliegt, muss man konsequenterweise zur Straflosigkeit gelangen.

Nicht überzeugend ist die fundamentale Kritik von *Lewisch* (WK[2] § 3 Rz 153) an der direkten Versuchsstrafbarkeit, die seiner Meinung nach zu „durchaus abwegigen" Konsequenzen führe. Denn seine Prämisse, dass „sachlogische Voraussetzung der Versuchsstrafbarkeit (§ 15) stets die unvollständige Verwirklichung des Delikts*tatbestands*" sei, ist keineswegs zwingend. Voraussetzung ist vielmehr nur, dass *kein vollendetes Delikt* vorliegt, und das ist bei Fehlen des subjektiven Rechtfertigungselements auch nach *Lewischs* Ansicht der Fall (aaO Rz 157). Damit stellt sich nur die Frage, ob diese Konstellation von der – insoweit offenen – Versuchsdefinition erfasst ist.

IV. Inhalt des subjektiven Rechtfertigungselements

Inhaltlich ist das subjektive Rechtfertigungselement das Gegenstück zum **Vorsatz**: 8

1. Hält der Täter das Vorliegen eines rechtfertigenden Sachverhalts **für sicher**, so genügt das zur Straflosigkeit (entsprechend der Wissentlichkeit zur Vorsatzbegründung).

2. Hält es der Täter jedoch bloß **für möglich**, dass eine rechtfertigende Situation vorliegt, dann muss er auf deren Vorhandensein vertrauen. Dem Vertrauen auf das Nicht-Vorliegen des objektiven Tatbestandes zum Vorsatzausschluss (vgl oben 14/55) entspricht das **Vertrauen auf das Vorliegen** eines rechtfertigenden Sachverhalts zur Rechtfertigung.

> *Beispiel:* Der Bankdirektor, der dem mit wertvoller Beute davonlaufenden Bankräuber unter Umständen nachschießt, in denen dies die einzige Möglichkeit ist, ihn am Entkommen mit der Beute zu hindern, handelt objektiv in Notwehr (vgl oben 17/18, 24). Das subjektive Rechtfertigungselement ist erfüllt, wenn der Verteidiger *ernstlich damit rechnet*, dass der Fliehende wertvolle Beute bei sich haben könnte, und auf das Vorliegen dieser Sachlage auch *vertraut*.

3. Inhalt des subjektiven Rechtfertigungselements ist bloß die **Kenntnis** der rechtfertigenden Situation. **Nicht erforderlich** ist es, dass sich der Täter gerade durch den Gedanken an einen Rechtfertigungsgrund zu seinem Handeln **motivieren** lässt: Eine spezifische Rechtfertigungs**absicht** ist **nicht** nötig. Denn das Recht ist nicht dazu da, die böse (unedle, unmoralische) Gesinnung eines Menschen für sich allein zu bestrafen. 9

> *Beispiel:* Der Bankdirektor im soeben genannten Beispiel ist auch dann durch Notwehr gerechtfertigt, wenn es ihm gar nicht auf die Wiedererlangung des Geldes ankommt (etwa, weil die Bank ohnedies gut versichert ist).
>
> *Ebenso* genügt es in dem oben I genannten Beispiel zur Rechtfertigung, wenn der Täter erkennt, dass Gas in die Wohnung einströmt und das Einschlagen der Scheibe den Säugling rettet. Dass er sich möglicherweise über die günstige Gelegenheit zur (straflosen) Sachbeschädigung freut und es ihm allein darauf ankommt, dem Eigentümer Schaden zuzufügen, ist rechtlich irrelevant.

20. Kapitel: Irrtümliche Annahme eines rechtfertigenden Sachverhalts (§ 8)

Literaturauswahl: *Schmoller*, Die irrtümliche Annahme eines rechtfertigenden Sachverhalts, Fuchs-FS (2014) 453.

I. Wesen des § 8-Irrtums

1 Erkennt der Täter nicht, dass er einen Sachverhalt verwirklicht, der einem *gesetzlichen Tatbild* entspricht, so fehlt es am Vorsatz (Tatbildirrtum, vgl oben 14/42 ff). Eine entsprechende **Inkongruenz** von **objektiven** und **subjektiven** Elementen kann es auch bei Rechtfertigungsgründen geben: Der Täter verwirklicht vorsätzlich ein Tatbild, nimmt jedoch (zusätzlich) *Tatsachen* an, die einen *Rechtfertigungsgrund* begründen würden, wenn sie tatsächlich vorlägen, was aber nicht der Fall ist.

2 *Beispiel 1:* A glaubt sich im nächtlichen Park vom hastig daherstürmenden X angegriffen und stößt diesen zur Seite, so dass X verletzt wird. In Wirklichkeit wollte der ungestüme X nur nach dem Weg zum Bahnhof fragen (**Putativnotwehr**).

3 *Beispiel 2:* A bricht die Tür einer Schihütte auf, weil er darin die einzige Möglichkeit erblickt, im Schneesturm sein Leben zu retten. Er hätte jedoch ohne Sachbeschädigung durch ein Fenster einsteigen können, das nicht verriegelt war (**Putativnotstand**).

4 Entsprechend dem Verhältnis zwischen Tatbestand (als unrechts**begründenden**) und Rechtfertigungsgründen (als unrechts**ausschließenden**) Tatmerkmalen *kehrt sich der Inhalt des Irrtums um*: Beim Tatbildirrtum kennt der Täter einen tatsächlich vorliegenden (unrechtsbegründenden) Tatumstand nicht, bei der irrtümlichen Annahme eines rechtfertigenden Sachverhalts glaubt er an das Vorliegen einer (unrechtsausschließenden) Tatsache, die in Wahrheit nicht vorliegt. Nicht immer betrifft eine solche „Mehr-Annahme" Rechtfertigungsgründe: Bei **negativen Tatbildmerkmalen** (zB § 136: „ohne Einwilligung") schließt die irrtümliche Annahme eines nicht vorhandenen Tatumstandes (zB die Annahme, dass der Berechtigte eingewilligt habe) bereits den *Tatbildvorsatz* aus. Die Abgrenzung ist aber (glücklicherweise) ohne praktische Bedeutung, weil Tatbildirrtum und § 8-Irrtum dieselben Rechtsfolgen haben (vgl sogleich 20/10 ff).

II. Abgrenzung

5 Ein **Tatsachenirrtum** über einen **Rechtfertigungsgrund** lässt den Vorsatz unberührt. Denn dieser setzt nach der Legaldefinition des § 5 Abs 1 nur voraus, dass der Täter einen Sachverhalt verwirklichen will, der einem gesetzlichen *Tatbild* entspricht. Die irrtümliche Annahme eines rechtfertigenden Sachverhalts ist also *terminologisch* vom Tatbildirrtum zu unterscheiden, wenngleich die Rechtsfolgen dieselben sind (vgl unten 20/7, 12 f).

Vom indirekten **Verbotsirrtum** (§ 9) unterscheidet sich der in § 8 StGB geregelte Irrtum dadurch, dass der Täter beim Verbotsirrtum bei **voller Tatsachenkenntnis** irrtümlich einen *erlaubenden Rechtssatz* annimmt, der nicht existiert, also nicht über den Sachverhalt, sondern über eine *Rechtsfrage* irrt (**Rechtsirrtum**, vgl unten Kap 23).

Wie beim Vorsatz stellt sich die Frage, wie der **Irrtum über den sozialen Bedeutungsgehalt eines normativen Rechtfertigungsmerkmals** zu behandeln ist. Richtigerweise ist ein solcher Irrtum – entsprechend dem Irrtum über den sozialen Bedeutungsgehalt eines normativen Tatbestandsmerkmals – nach § 8 zu beurteilen (vgl oben 14/21 ff).

III. Gesetzliche Regelung

1. „Wer irrtümlich einen ***Sachverhalt annimmt***, der die Rechtswidrigkeit der Tat ausschließen würde, kann *wegen* ***vorsätzlicher*** *Begehung nicht bestraft* werden" (§ 8), mag der Irrtum auch noch so unverständlich sein. Genauso, wie auch der Tatbildirrtum den Vorsatz ausschließt, der zwar gänzlich unverzeihlich, aber dem Täter tatsächlich unterlaufen ist, genauso lässt einzig und allein die innere Tatsache, dass der Täter vom Vorliegen des rechtfertigenden Sachverhalts überzeugt gewesen ist oder einen solchen Sachverhalt für möglich gehalten und auf sein Vorliegen vertraut hat (vgl oben 19/8), zwar nicht den Vorsatz, aber doch die **Vorsatzhaftung entfallen**. **6**

Die Folge ist eine **doppelt bedingte Fahrlässigkeitshaftung**: Der Täter wird wegen fahrlässiger Begehung bestraft, wenn **7**

- es ein entsprechendes **Fahrlässigkeitsdelikt gibt** (so oben 20/2 f im *Beispiel 1*: § 88; nicht aber im *Beispiel 2*, weil fahrlässige Sachbeschädigung nicht strafbar ist) und
- der Irrtum auf **Fahrlässigkeit** beruht, dh wenn der Täter nach den für Fahrlässigkeitsdelikte geltenden Regeln **hätte erkennen können und müssen**, dass der rechtfertigende Sachverhalt in Wirklichkeit nicht vorlag.

2. **Gegenstand des Fahrlässigkeitsvorwurfs** ist bei einer Körperverletzung des scheinbaren Angreifers nicht die Verletzungshandlung als solche, sondern der **Irrtum des Täters**: Ein aufmerksamer und sorgfältiger Mensch hätte in dieser Situation erkannt, dass er nicht oder nicht in der vom Täter angenommenen Weise angegriffen wird. Die Strafbarkeit richtet sich nach dem **anzuwendenden Fahrlässigkeitsdelikt** mit allen seinen Qualifikationen (hier: §§ 88, 80, 81, je nach Folge). **Grobe Fahrlässigkeit** ist in Extremfällen denkbar, wenn es für einen Maßmenschen geradezu evident war, dass die vom Täter angenommene Notwehrsituation keinesfalls vorliegen kann. **7a**

Hätte dagegen auch ein sorgfältiger Mensch in der Lage des Täters angenommen, dass ein rechtfertigender Sachverhalt vorliegt, dann beruht der Irrtum **nicht auf Fahrlässigkeit**; der Täter bleibt auch bei Existenz eines Fahrlässigkeitstatbestandes *straflos*.

8 3. **Voraussetzung** dieser Rechtsfolge ist jedoch, dass auf der Grundlage der Vorstellungen des Täters auch wirklich **sämtliche Rechtfertigungsmerkmale** erfüllt sind. Dies gilt auch für die Rechtfertigungshandlung, die **hypothetisch** auf der Grundlage der *Tatsachenvorstellungen des Täters* zu prüfen ist: Wäre das, was der Täter getan hat, bei richtiger rechtlicher Beurteilung gerechtfertigt, wenn der Sachverhalt tatsächlich so wäre, wie ihn sich der Täter vorgestellt hat? **Überschreitet** der Täter die **Grenzen der Rechtfertigung**, die in der von ihm angenommenen Situation zulässig wäre, so treten die Rechtsfolgen des § 8 nicht ein und er bleibt voll verantwortlich.

9 *Beispiel:* Verteidigt sich der vermeintlich Angegriffene im Beispiel 1 (oben 20/2) auf eine Weise, die auch in der vorgestellten Situation nicht notwendig wäre, dann ist er für die Notwehrüberschreitung (selbstverständlich) ebenso verantwortlich, wie er für sie verantwortlich wäre, wenn die Situation tatsächlich so wäre, wie er sie sich vorstellt („**Putativnotwehrüberschreitung**").

IV. Rechtsnatur des Strafausschlusses

10 Das Gesetz regelt zwar eindeutig, dass der Täter bei irrtümlicher Annahme eines rechtfertigenden Sachverhalts wegen eines Vorsatzdeliktes nicht bestraft werden kann, sagt aber nicht, ob die *Rechtswidrigkeit* (vgl § 3: „nicht rechtswidrig handelt") oder (erst) die *Schuld* entfällt (vgl § 9: „handelt nicht schuldhaft").

11 1. Nach einer Ansicht liegt bloß ein **Entschuldigungsgrund** vor wie beim nicht vorwerfbaren Verbotsirrtum des § 9 (*K/H/K*, AT[16] 20.6). Begründet wird dies vor allem mit der „*Notwehrprobe*": „Wer in einem Irrtum gemäß § 8 befangen ist, handelt tatbestandsmäßig **und rechtswidrig**; auch wenn er straflos ist, kann dagegen Notwehr geübt werden" (*L/St/Koller/Schütz* StGB[4] § 8 Rz 11, auch Rz 4).

Beispiel: Verteidigt sich der vermeintlich Angegriffene, so kann der irrtümlich für einen Angreifer Gehaltene (im Beispiel 1 – oben 20/2 – also derjenige, der den anderen im Park nach dem Bahnhof fragt) dagegen seinerseits Notwehr üben.

Diese Lösung ist jedoch zumindest dann sehr fragwürdig, wenn der **scheinbare Angreifer** seinerseits dafür **verantwortlich** ist, dass der andere irrtümlich eine Notwehrsituation annimmt.

Beispiel: Hat sich der nach dem Bahnhof Fragende so ungeschickt benommen, dass jeder vernünftige Mensch sich bedroht gefühlt und verteidigt hätte, dann wäre es offenbar ungerecht, ihm nun gegen die unvermeidbare Putativnotwehr des anderen das schneidige Notwehrrecht zuzugestehen.

12 2. Vorzuziehen ist daher die Gegenmeinung, die den § 8-Irrtum bereits auf der Unrechtsebene behandelt und einen **Ausschluss des spezifischen Vorsatzunrechts** annimmt (*Burgstaller*; ausführlich mwN *Schmoller*, Fuchs-FS): Wie beim Tatbildirrtum ist bei der irrtümlichen Annahme eines rechtfertigenden Sachverhalts der **Wille** des Täters auf die Verwirklichung eines Sachverhalts gerichtet, dessen Verwirklichung (bei *richtiger* rechtlicher Beurteilung) recht**mäßig** ist. Seine Vorstellungen von Recht und Unrecht stimmen mit dem Recht völlig überein. Daher entfällt der **vorsatzspezifische Handlungsunwert** und damit auch die Grundlage für die **Zurechnung** des (objektiv verwirklichten) Erfolgsunwertes: Es mangelt am Vorsatz**unrecht**.

Beruht der Irrtum auf Fahrlässigkeit, so verwirklicht der Täter **Fahrlässigkeitsunrecht**. Dies führt einerseits zur Bestrafung wegen eines Fahrlässigkeitsdelikts (wenn ein solches existiert) und begründet anderseits eine **Notwehrsituation** für den vermeintlichen Angreifer und nun Angegriffenen, für die ja kein vorsätzlicher, sondern nur ein rechtswidriger Angriff gefordert ist. Wäre dagegen der Irrtum auch einem sorgfältigen Menschen unterlaufen, so fehlt es auch am Fahrlässigkeitsunrecht, so dass Notwehr (richtigerweise) ausscheidet. Solche Güter- und Interessenkollisionen sind nach den Regeln des *rechtfertigenden Notstandes* zu lösen. 13

V. Abschlussbeispiel

Auch eine Überschreitung der **Rechtfertigungshandlung**, zB eine (objektive) Überschreitung der notwendigen Verteidigung in einer tatsächlich gegebenen Notwehrsituation, kann einen § 8-Irrtum begründen. 14

> *Beispiel:* Der körperlich unterlegene Bankräuber X bedroht den Kassier mit gezogener Pistole und fordert Geld oder Leben. Der Bankangestellte A schießt sofort und trifft den X tödlich. Es stellt sich heraus, dass dessen Waffe nicht geladen war.

Gegen den schwächlichen Räuber mit der ungeladenen Waffe hätten gelindere Mittel ausgereicht (zB ihn niederzuschlagen); der Schuss auf ihn ist auch bei der gebotenen objektiven Ex-ante-Beurteilung **nicht notwendig** und nicht unmittelbar durch Notwehr gerechtfertigt.

A hat jedoch eine Situation (Bedrohung mit einer schussbereiten Waffe) angenommen, in der der abgegebene Schuss die einzig mögliche sichere Verteidigung gewesen und daher durch Notwehr erlaubt gewesen wäre (hypothetische Prüfung der Notwendigkeit). Gem § 8 **entfällt** das **Vorsatzunrecht**, so dass A für die vorsätzliche Tötung nicht bestraft werden kann.

Hätte A *erkennen können* und (nach den für ihn geltenden Sorgfaltsregeln) auch *erkennen müssen*, dass die Waffe nicht geladen war, so verwirklicht er das Unrecht einer fahrlässigen Tötung. Normalerweise wird dies jedoch nicht der Fall sein. Daher entfällt auch das **Fahrlässigkeitsunrecht**, und A hat nicht rechtswidrig gehandelt. Der Schuss des A ist kein rechtswidriger Angriff auf den Bankräuber, so dass sich dieser **nicht seinerseits in Notwehr** dagegen wehren darf, wie jene Ansicht annehmen müsste, die dem § 8-Irrtum bloß entschuldigende Wirkung zuerkennt.

c) Schuld

21. Kapitel: Grundlagen und Aufbau des Schuldbegriffs

Literaturauswahl: Siehe die Literaturangaben zu Kap 2 (insbes *Burgstaller*, Strafzumessungsrecht; *Nowakowski*; *Platzgummer*; *Zipf*).

I. Schuld im Straftatsystem (Strafbegründungsschuld)

Um einen Menschen für eine Tat bestrafen zu können, genügt es nicht, dieses Verhalten am Maßstab der Rechtsnormen zu messen und als verboten (**rechtswidrig**) zu bezeichnen. Die sozialethische Verurteilung, die mit der *besonderen Rechtsfolge Strafe* verbunden ist, darf den Menschen nur dann treffen, wenn ihm sein Fehlverhalten auch *persönlich zum Vorwurf* gemacht werden kann. **Zweite Stufe der Zurechnung** ist daher die **persönliche Vorwerfbarkeit** des rechtswidrigen Verhaltens, die man **Schuld** nennt (vgl schon oben im 2/23 ff). 1

Die beiden Stufen der Zurechnung stehen in einem **logischen Verhältnis** zueinander: Wenn Schuld die persönliche Vorwerfbarkeit des Fehlverhaltens ist, dann ist die Feststellung der *Rechtswidrigkeit* die logische Voraussetzung für die Feststellung der *Schuld*. Daher gibt es zwar Rechtswidrigkeit ohne Schuld, aber keine Schuld ohne Rechtswidrigkeit. Auch ist die Schuld als Voraussetzung der Strafbarkeit – ebenso wie die Rechtswidrigkeit – **nicht quantifizierbar**: Strafbar ist, wer schuldhaft tatbestandsmäßiges Unrecht begangen hat.

Diesen Schuldbegriff legt in natürlichem Verständnis des Wortes die übliche **Urteilsformel** zugrunde: „Der Angeklagte ist **schuldig**, er hat … begangen und wird dafür zu … verurteilt.“ Selbstverständlich wird damit auch ausgedrückt, dass der Verurteilte tatbestandsmäßig und rechtswidrig gehandelt hat, aber alle diese Merkmale sind von der *letzten Stufe der Zurechnung*, der Schuld, mitumfasst.

Ein anderer, umfassenderer und **quantifizierbarer Schuldbegriff** gilt bei der **Strafzumessung**: Wenn § 32 davon spricht, dass Grundlage der Strafzumessung die Schuld des Täters ist, so ist damit das **verschuldete Unrecht** gemeint. In diesen Schuldbegriff fließen also alle Unterschiede des Handlungs- und des Erfolgsunwertes, aber auch das *Maß der Vorwerfbarkeit* (Gesinnungsunwert) ein, so dass die Schuld schwerer oder leichter sein und zu höherer oder geringerer Strafe führen kann. Näheres im AT II. 2

II. Inhalt des Schuldvorwurfs

3 Die Schuld der modernen Verbrechenslehre ist die **persönliche Vorwerfbarkeit** des rechtswidrigen Verhaltens. Diese Vorwerfbarkeit ermöglicht es, das tatbestandsmäßige Unrecht einer bestimmten **Person** zuzurechnen, die *als Person* dafür verantwortlich gemacht und bestraft wird. Damit ist die Schuld in allen ihren Elementen ein **normatives Urteil**: kein psychologischer Vorgang, sondern gerade die *Bewertung* dieses Vorganges (aber auch objektivierter Merkmale) durch die Rechtsordnung (**normative Schuldauffassung**).

Das war nicht immer so. Unter Schuld verstand man früher in unspezifischer Weise die Summe aller inneren (subjektiven) Tatmerkmale: Schuld als die *„psychische Beziehung des Täters zur Tat in ihrer objektiven Bedeutung"*. Diese **psychologische Schuldauffassung** war die Konsequenz der **formalen Einteilung** der Straftatmerkmale in äußere und innere und der Zuordnung zu den Begriffen Unrecht und Schuld nach diesem Einteilungskriterium (Schuld als „innere Tatseite"). Wichtigster Inhalt dieses Schuldbegriffs (neben der Zurechnungsfähigkeit) waren die beiden *„Schuldformen"* **Vorsatz** und **Fahrlässigkeit**. Ebenso, wie das Dogma vom rein äußerlich verstandenen Unrecht (objektive Unrechtslehre) durch die Entdeckung der besonderen subjektiven Unrechtselemente ins Wanken geriet, so wurde die (rein) psychologische Schuldauffassung durch die Entdeckung des sog **„normativen Schuldelementes"** der Zumutbarkeit durchbrochen (entschuldigender Notstand). Die grundlegende Änderung der Schuldauffassung ergab sich dann zwingend aus der Wandlung des Unrechtsverständnisses: Vom Vorsatz und der objektiven Sorgfaltswidrigkeit entlastet (deren Unrechtsrelevanz das moderne Straftatsystem erkannte), wandelte sich die Schuld endgültig zur normativen Schuldauffassung (vgl zu alledem näher oben 8/5 ff über die einzelnen Verbrechenssysteme).

4 **Inhalt der Schuld** im Hinblick auf die besondere Rechtsfolge Strafe ist der **Vorwurf**, der Täter habe im Augenblick der Tat die Möglichkeit gehabt, sich *anders*, nämlich zum rechtlich Gesollten, *zu entscheiden* und danach *zu handeln*, habe dies aber trotz dieser Freiheit nicht getan. Über die Schwierigkeiten, die sich aus dieser engen Verbindung von strafrechtlicher und sittlicher Schuld ergeben, wurde bereits berichtet, ebenso über die ungenügenden Versuche, diesem Dilemma durch einen *„reduzierten Schuldbegriff"* zu entgehen (vgl ausführlich oben 2/30 f). Auch auf die Lösung, die unser Gesetzgeber wählt, wurde bereits hingewiesen: Das Gesetz stellt durch Tatbestände und Rechtfertigungsgründe bestimmte Verbots- und Gebotsnormen auf und nimmt dabei an, dass jedermann („wer") diese Sollensanforderungen **normalerweise befolgen kann**. Es umschreibt aber **bestimmte Ausnahmesituationen** als **Entschuldigungsgründe**, in denen nach unserem gegenwärtigen Erfahrungswissen die **Entscheidungsfreiheit** und damit die **Schuld des Täters fehlt** (negative Methode). Die Schuld wird also im Gesetz nirgends positiv umschrieben, sondern **vorausgesetzt**.

III. Übersicht über die einzelnen Schuldelemente

Damit ergeben sich folgende **Schuldelemente**: 5

1. Dem Täter kann kein Schuldvorwurf gemacht werden, wenn er **unfähig** ist, die rechtlichen *Sollensanforderungen zu erkennen* oder sein Handeln *an den rechtlichen Normen auszurichten*. Diese **Schuldunfähigkeit** kann bestehen
   - wegen seines **jugendlichen Alters** (§ 4 JGG) oder
   - infolge psychischer Störungen (Zurechnungsunfähigkeit, § 11).
2. Der Schuldvorwurf setzt weiters voraus, dass der Täter entweder weiß, wie er seinen Willen hätte bestimmen und wie er hätte handeln sollen (**aktuelles Unrechtsbewusstsein**), oder dass ihm aus der Unkenntnis der rechtlichen Verhaltensnormen zumindest ein Vorwurf gemacht werden kann (**potentielles** oder **virtuelles Unrechtsbewusstsein**). War dagegen der **Verbotsirrtum unvermeidbar**, so ist der Täter entschuldigt (§ 9 StGB, § 9 FinStrG).
3. Schließlich gibt es **besondere Situationen**, in denen dem Täter trotz Schuldfähigkeit und Unrechtsbewusstseins aus dem Unrecht **kein Vorwurf** gemacht werden kann, weil er bei der Begehung der Tat unter einem so starken **psychischen Druck** stand, dass ein rechtmäßiges Verhalten von ihm nicht mehr erwartet werden konnte: Er ist dann wegen **Unzumutbarkeit** des rechtmäßigen Verhaltens entschuldigt (**besondere Entschuldigungsgründe**, zB entschuldigender Notstand, § 10).
4. Ausnahmsweise kann es sein, dass ein Deliktstypus objektivierte (zB § 79: „bei der Geburt“) oder subjektiv gefasste (zB § 76: „in einer allgemein begreiflichen heftigen Gemütsbewegung“) **besondere Schuldmerkmale** enthält, deren Vorliegen positiv zu prüfen ist: sog „**Schuldtatbestand**“.

Dagegen gibt es im modernen Straftatsystem **kein „psychologisches Schuldelement“** und **keine „Schuldformen“**: Der Vorsatz, früher das Kernstück des psychologischen Schuldbegriffs, und die objektive Sorgfaltswidrigkeit werden nicht nochmals geprüft; sie wurden bereits als Kern des Handlungsunwertes beim Tatbestand behandelt (vgl oben 8/20 ff). 6

Bisweilen wird die Lehre von der „**Doppelstellung des Vorsatzes**“ vertreten: Der Vorsatz sei sowohl ein Unrechtsmerkmal (innerer Tatbestand) als auch zusätzlich ein Schuldelement. Zur Begründung wird angeführt, der Vorsatz bestimme nicht nur den Unwert eines Verhaltens, sondern *auch die Schuld* des Täters. Dies ist gewiss richtig, doch noch kein hinreichender Grund dafür, den Vorsatz zu einem eigenen Schuldelement zu machen. Denn **alle** unrechtserheblichen Merkmale der Straftat sind *mitbestimmend* für den *Vorwurf*, der dem Täter gemacht wird, und damit schuldrelevant (vgl oben 21/2). Als Element der Schuld im Straftatsystem müsste der Vorsatz nur dann (nochmals) genannt werden, wenn er eine Komponente enthielte, die das Unrecht unberührt ließe und **allein** schuldrelevant wäre. Solange dies nicht nachgewiesen ist, dürfte die Lehre von der Doppelstellung des Vorsatzes eine unnötige Komplizierung des Straftatsystems bedeuten. 7

22. Kapitel: Zurechnungsunfähigkeit

Literaturauswahl: *Bertel*, Die Zurechnungsfähigkeit, ÖJZ 1975, 622; *Schwaighofer*, Glücksspielsucht und strafrechtliche Schuld, ÖJZ 2013, 164; – Zu V: *Brandstetter*, Entscheidungsanmerkung, RZ 1987, 279; *ders*, Grundprobleme der Deliktsverwirklichung im Vollrausch, StPdG 16 (1988) 161; *ders*, Grundfragen der Deliktsverwirklichung im Vollrausch (1992); *Plöchl*, WK[2] (1.3.2020) § 287. – Siehe auch die Lit zu Kap 2 (insbes *Zerbes*).

I. Grundlagen

1 1. „Schuldfähigkeit" ist die Fähigkeit des Täters, seinen *Willen* und damit sein *Handeln an den rechtlichen Verhaltensregeln auszurichten.* Sie umfasst zwei **Elemente**:

- die **Diskretionsfähigkeit**, das ist die Fähigkeit, das Unrecht der Tat **einzusehen** (**Einsichtsfähigkeit**), und
- die **Dispositionsfähigkeit**, das ist die Fähigkeit, nach dieser Einsicht zu **handeln** (**Handlungsfähigkeit, Steuerungsfähigkeit**).

Die Schuldfähigkeit wird aber niemals positiv festgestellt, sondern nur im Hinblick auf ihren **Ausschluss** und zumeist spezifisch hinsichtlich eines **bestimmten Delikts** (die konkrete Tat) geprüft; deshalb spricht man von **Zurechnungsunfähigkeit**.

2 **Zurechnungsunfähigkeit** liegt vor, wenn **eines** der beiden Elemente der Schuldfähigkeit fehlt, es dem Täter also an der Einsichts- **oder** an der Steuerungsfähigkeit mangelt. Dies lässt sich nach **drei Methoden** feststellen:

- Man spricht von einer **psychologischen Methode**, wenn das Gesetz *unmittelbar* auf das Fehlen der Einsichts- oder Dispositionsfähigkeit abstellt.
- Bei der **biologischen Methode** macht das Gesetz die Zurechnungsunfähigkeit indirekt vom Vorliegen bestimmter biologischer Gegebenheiten (zB Alter) abhängig.
- Kombiniert das Gesetz schließlich diese beiden Gesichtspunkte, so spricht man von einer **gemischten Methode**.

3 2. **Vorsatz** und **Schuldfähigkeit** sind grundsätzlich voneinander **unabhängig**. Vorsatz setzt nur die Fähigkeit voraus, *überhaupt einen Willen zu bilden*; das können aber auch Kleinkinder, wie jedermann weiß, der einmal ein kleines Kind zu Bett gebracht hat. Bei der Zurechnungsfähigkeit wird dagegen gefragt, ob der Täter in der Lage war, diesen (gebildeten) Willen *verantwortlich an den Rechtsnormen auszurichten* und sich bei seinem Handeln durch die Normen bestimmen zu lassen. Auch Zurechnungsunfähige können daher Vorsatz haben, sofern sie nicht bereits handlungsunfähig sind (vgl oben 7/8 ff).

3. Das Gesetz geht davon aus, dass der **geistig gesunde Erwachsene** schuldfähig ist. Zurechnungsunfähigkeit kann daher wegen des jugendlichen Alters oder wegen geistiger Störungen bestehen. 4

II. Zurechnungsunfähigkeit infolge jugendlichen Alters

1. **Unmündige**, das sind Personen, die das 14. Lebensjahr noch nicht vollendet haben (§ 1 Z 1 JGG), sind *immer zurechnungsunfähig* (§ 4 Abs 1 JGG). Ihre Schuldunfähigkeit wird vom Gesetz, das hier eine rein biologische Methode anwendet, *für alle Delikte* unwiderleglich und ohne Prüfung des Einzelfalles vermutet (**Strafunmündigkeit**). 5

2. **Jugendliche**, das sind Personen vom vollendeten *14. bis zum* vollendeten *18. Lebensjahr* (§ 1 Z 2 JGG idF BGBl I 2001/19; bis Mitte 2001 war die Grenze das vollendete 19. Lebensjahr), sind *grundsätzlich schuldfähig*. Sie sind jedoch zurechnungsunfähig, wenn sie 6

- aus **bestimmten Gründen** noch nicht reif genug sind,
- das Unrecht der Tat einzusehen oder nach dieser Einsicht zu handeln (§ 4 Abs 2 Z 1 JGG).

Möglich ist also ein Ausschluss der Zurechnungsfähigkeit wegen **verzögerter Reife** im Einzelfall aufgrund eines intellektuellen oder emotionalen Defizits (*entwicklungsbedingte Zurechnungsunfähigkeit* nach der gemischten Methode).

Aber auch wenn ihre Zurechnungsfähigkeit nicht ausgeschlossen ist, sind Jugendliche für **Vergehen** (iSd § 17), die sie vor Vollendung des **16. Lebensjahres** begangen haben, **nicht strafbar**, wenn 7

- sie kein schweres Verschulden trifft und
- die Bestrafung **nicht** aus *besonderen* Gründen **spezialpräventiv geboten** ist (§ 4 Abs 2 Z 2 JGG).

Für die Zurechnungsfähigkeit **junger Erwachsener** – Personen, die das 18., aber noch nicht das *21. Lebensjahr* vollendet haben – gelten die allgemeinen Regeln für Erwachsene. Allerdings werden für sie die Strafrahmen herabgesetzt (§ 36 StGB, § 19 JGG), offenbar weil das Gesetz eine verminderte Schuld annimmt. 8

III. Zurechnungsunfähigkeit infolge psychischer Störungen (§ 11)

1. Ein Straftäter ist zurechnungsunfähig, wenn

- aus bestimmten, im Gesetz taxativ aufgezählten Gründen (**biologisches Element**) 9
- seine Einsichts- **oder** Dispositionsfähigkeit ausgeschlossen ist (**psychologisches Element**).

Hier bedient sich das Gesetz also der **gemischten Methode**: Zwar genügt es zum Schuldausschluss, dass *eines* der beiden Elemente der Schuldfähigkeit –

die Einsichts- *oder* die Handlungsfähigkeit – fehlt, doch gilt dies nur dann, wenn dies *aus einem der im Gesetz genannten biologischen Gründe* der Fall ist.

10 Dabei ist der Ausschluss der Zurechnungsfähigkeit immer im Hinblick auf eine **konkrete Tat** hin zu prüfen. Daher kann zum selben Zeitpunkt und bei derselben Person die Zurechnungsfähigkeit für Mord gegeben sein (weil sie in ihrem geistigen Zustand das Unrecht einer Tötung einsehen kann), für Urkundenfälschung aber fehlen.

11 2. Folgende **biologische Gründe** der Schuldunfähigkeit nennt das Gesetz:

- Eine **Geisteskrankheit** ist ein Zustand von Krankheitswert, der die **Intelligenz** oder das **Gemüt** eines Menschen entscheidend verändert. Man unterscheidet **exogene Psychosen**, d.s. körperlich-organische Defekte wie zB Vergiftungen, Tumore oder Kopfverletzungen, und **endogene Psychosen** (Schizophrenie, manisch-depressives Irresein), bei denen sich keine körperliche Ursache für den abnormen Geisteszustand feststellen lässt.
- Eine **geistige Behinderung** (bis 2009: „Schwachsinn") ist ein Zustand von Geistesschwäche (Störung des Auffassungsvermögens, insbes des Kombinations- und Urteilsvermögens), dem „das Prozesshafte fehlt, das die in der Medizin überwiegende Auffassung für den Krankheitsbegriff wesentlich findet" (EBRV 1971, 77).

12
- Häufigster Fall der **tiefgreifenden Bewusstseinsstörung** – im Gegensatz zur Bewusstlosigkeit, die schon den Handlungsbegriff ausschließt – ist die *„volle Berauschung"* durch Alkohol oder durch andere berauschende Mittel (zB Suchtgifte; vgl unten 22/17 ff). Auch Vergiftungen können zu tiefgreifenden Bewusstseinsstörungen führen.
- Zurechnungsunfähigkeit kann auch bei „einer anderen schweren, einem dieser Zustände **gleichwertigen seelischen Störung**" vorliegen, zB bei schweren Neurosen, hochgradigen Angstzuständen, bei schwerer Übermüdung oder bei besonders schwerwiegenden Affektzuständen (*Zerbes*, Schuldausschluss). Die Praxis wendet diese **Analogieanordnung** freilich nur sehr restriktiv an.

13 Bei Zweifeln über die Zurechnungsfähigkeit einer Person ist im Strafprozess ein **Sachverständiger** zu bestellen (§§ 125 ff, 429 ff StPO). Dieser hat dem Richter alle *Tatsachen* über den Geisteszustand des Untersuchten zusammenzustellen und zu beschreiben, welchen Einfluss ein solches Krankheitsbild üblicherweise auf die Einsichts- und Handlungsfähigkeit eines Menschen ausübt. Die Beurteilung, ob die Zurechnungsfähigkeit ausgeschlossen ist, ist freilich eine **Rechtsfrage** (Wertungsfrage), die der **Richter** aufgrund des sachverständigen **Gutachtens** und des **Befundes** selbst zu entscheiden hat.

14 3. War der Täter im Zeitpunkt seiner Tat nicht zurechnungsfähig (§ 11), so hat er **nicht schuldhaft** gehandelt und kann **nicht bestraft** werden. Beruht die Zurechnungsunfähigkeit auf einer „geistigen oder seelischen Abartigkeit von höherem Grad“, die *noch andauert* und befürchten lässt, dass der Täter weitere schwere Straftaten begehen wird (*Gefährlichkeitsprognose*), so kann er aufgrund der „Anlasstat“ in eine **Anstalt für geistig abnorme Rechtsbrecher** eingewiesen werden (§ 21 Abs 1; vgl oben 2/41 ff; näher im AT II).

IV. Verminderung der Zurechnungsfähigkeit

War es dem Täter im Zeitpunkt der Tat – insbes wegen einer Geisteskrankheit, einer geistigen Behinderung, einer tiefgreifenden Bewusstseinsstörung oder eines gleichwertigen Zustandes – (zwar nicht unmöglich, aber doch) **erschwert**, das Unrecht seiner Tat einzusehen oder nach dieser Einsicht zu handeln, so handelt er schuldhaft und kann bestraft werden. Dass er die Tat „unter dem Einfluss eines abnormen Geisteszustandes begangen hat“ oder „schwach an Verstand“ war, **mindert** jedoch seine **Schuld** (besonderer Milderungsgrund nach § 34 Abs 1 Z 1) und führt – ceteris paribus – zu einer **milderen Strafe**. Eine besondere Herabsetzung des Strafrahmens wegen verminderter Zurechnungsfähigkeit erübrigt sich in Österreich wegen der generellen Möglichkeit der *außerordentlichen Strafmilderung* (§ 41). 15

Auch vermindert Zurechnungsfähige können in eine **Anstalt für geistig abnorme Rechtsbrecher** eingewiesen werden, wenn sie besonders gefährlich sind (§ 21 Abs 2).

Für die **Berauschung** gilt eine Sonderregel (§ 35, siehe sogleich unten 22/29).

V. Zusammenfassung: Auswirkungen der Berauschung im Strafrecht

1. Handlungsunfähigkeit

Schwerste Berauschung, die zur **Bewusstlosigkeit** führt, schließt bereits die **Handlungsfähigkeit** aus (vgl oben 7/10). 16

Beispiel: Wer sich volltrunken im Straßengraben wälzt, handelt nicht und kann sich schon aus diesem Grund nicht strafbar machen. Auch eine vorbeugende Maßnahme kann mangels einer Anlasstat nicht verhängt werden.

2. Volle Berauschung

a) Entfall der Schuld

Ist der Täter zwar nicht bewusstlos, aber durch den Genuss des Rauschmittels in einem Zustand der **tiefgreifenden Bewusstseinsstörung**, die ihn unfähig macht, das Unrecht seiner konkreten Tat einzusehen oder nach dieser Einsicht zu handeln (§ 11), so ist er zwar handlungsfähig, aber **zurechnungsunfähig**; man spricht von „**voller Berauschung**“. Dazu genügt es, dass die 17

Steuerungsfähigkeit ausgeschlossen ist, mag auch die Einsichtsfähigkeit (noch) vorliegen; auch eine *Enthemmung durch Alkohol* kann die Zurechnungsfähigkeit ausschließen.

Zur Annahme einer vollen Berauschung orientiert sich die Rechtsprechung, wenn möglich, am **Blutalkoholgehalt**: Unter 2,5 Promille liegt in der Regel keine tiefgreifende Bewusstseinsstörung vor, bei einem Alkoholgehalt im Blut von mehr als 3 Promille wird fast immer Zurechnungsunfähigkeit angenommen. Im Bereich zwischen diesen beiden Werten hängt die Beurteilung von den Umständen des Einzelfalles ab, insbesondere von der Konstitution des Täters (wie viel Alkohol er „verträgt") und von der Art des Deliktes.

Bei voller Berauschung **entfällt** die **Schuld**, so dass der Täter wegen einer Handlung in diesem Zustand nicht bestraft werden kann (Zurechnungsunfähigkeit nach § 11). Möglicherweise kann zur Strafbarkeit jedoch an eine **frühere Handlung** angeknüpft werden, die noch im Zustand der Schuldfähigkeit gesetzt wurde (unten b und c):

b) Actio libera in causa

18 aa) Von einer **vorsätzlichen actio libera in causa** spricht man, wenn sich der Täter in den Zustand der Zurechnungsunfähigkeit versetzt, weil er in diesem Zustand ein bestimmtes Delikt begehen will. Er wird dann nach diesem Vorsatzdelikt bestraft.

Beispiel: A trinkt sich „Mut an", um im Zustand der Zurechnungsunfähigkeit den X zu verletzen, und tut dies auch.

Tathandlung der Körperverletzung ist in diesem Fall das Sich-Betrinken, das die im Zustand der Schuldfähigkeit gesetzte „causa" für die „actio" im Zustand der Zurechnungsunfähigkeit und damit auch Ursache für den Verletzungserfolg ist. Das Sich-Betrinken ist also kausal geworden für die Körperverletzung, der Täter hat sich als sein eigenes Werkzeug verwendet. Fraglich ist allerdings, ob das Sich-Betrinken eine *sozial-inadäquat gefährliche Handlung* iSd § 83 ist (vgl zu diesem Erfordernis oben 11/6). Man wird dies nur dann (aber immerhin dann) annehmen können, wenn der Täter aufgrund besonderer Umstände damit rechnen kann und auch damit rechnet, dass er tatsächlich im Zustand der Zurechnungsunfähigkeit die Verletzung zufügen werde (zB weil er aus Erfahrung weiß, dass er in alkoholisiertem Zustand immer aggressiv wird).

Praktisch vorstellbar ist die actio libera in causa beim **Unterlassungsdelikt**: *Schulbeispiel*: Der Schrankenwärter betrinkt sich, um später beim Herannahen des Zuges den Schranken nicht betätigen zu können, so dass jemand ums Leben kommt: Unterlassen durch Tun (vgl unten 37/16 ff).

19 Die Konstruktion ist freilich **problematisch** und **umstritten**, vor allem deshalb, weil sie im Gesetz nicht geregelt ist. Trotzdem liegt kein Verstoß gegen das Analogieverbot vor,

sofern man die Konstruktion auf Erfolgs-Verursachungsdelikte und auf deliktstypisch-sozialinadäquat gefährliche Handlungen (causae) beschränkt, da bei diesen Delikten die Tathandlungen nicht erschöpfend im Gesetz aufgezählt sind, also auch andere Handlungen – wie zB das erfolgskausale Sich-Betrinken – dem Wortlaut des Gesetzes entsprechen.

bb) Bei der **fahrlässigen actio libera in causa** hat sich der Täter in einen die Zurechnungsfähigkeit ausschließenden Rauschzustand versetzt, obwohl er *hätte voraussehen können und müssen* (oder sogar vorausgesehen, aber auf das Ausbleiben vertraut hat), er werde im Zustand der vollen Berauschung ein **bestimmtes** Delikt begehen. Er ist dann strafbar wegen fahrlässiger Begehung dieses Delikts, wenn die fahrlässige Begehung mit Strafe bedroht ist. 20

c) Begehung einer mit Strafe bedrohten Handlung im Zustand voller Berauschung (§ 287)

Praktisch weitaus wichtiger ist die Bestrafung nach dem **besonderen Delikt des § 287** (Begehung einer mit Strafe bedrohten Handlung im Zustand voller Berauschung). 21

aa) Die Tat ist ein **abstraktes Gefährdungsdelikt**, dessen Unrechtstatbestand und **Tathandlung** darin bestehen, dass sich der Täter, „*wenn auch nur fahrlässig, durch den Genuss von Alkohol oder den Gebrauch eines anderen berauschenden Mittels in einen die Zurechnungsfähigkeit ausschließenden Rausch versetzt*“. Dies allein, das Betrinken bis zur Zurechnungsunfähigkeit, ist die verbotene Handlung. Sie ist abstrakt gefährlich, weil bei jedem Volltrunkenen die Gefahr besteht, dass er durch den Alkohol enthemmt wird und eine Straftat begeht. 22

Nicht einmal fahrlässig betrinkt sich, wer – ausnahmsweise – nicht einmal vorhersehen konnte, dass er in einen die Zurechnungsfähigkeit ausschließenden Rausch geraten werde, etwa deshalb, weil ihm unbemerkt Schnaps ins Bier geschüttet wird oder aber die Zurechnungsunfähigkeit durch das unvorhersehbare – weil nicht im Beipackprospekt angegebene – Zusammenwirken von Alkohol und Medikamenten entsteht.

bb) Bestraft wird der Täter für das Sich-Betrinken aber nur, wenn er „*im Rausch eine Handlung begeht, die ihm außer diesem Zustand als ein Verbrechen oder Vergehen zugerechnet würde*“. Diese **Rauschtat** ist eine **objektive Bedingung der Strafbarkeit**, die nicht vom Vorsatz des Täters im Zeitpunkt der Tathandlung (Sich-Betrinken) erfasst zu sein braucht. Konstruktiv ist das Erfordernis der Rauschtat eine Einschränkung der Strafbarkeit. 23

Bei rein formaler Betrachtung muss dem Täter im Zeitpunkt des Sich-Betrinkens *nicht einmal erkennbar* gewesen sein, dass er im Vollrausch *irgendein* Delikt begehen werde; die **bloße Tatsache** der Begehung der Rauschtat erfüllt die objektive Bedingung. Dann kann auch bestraft werden, wer sich betrinkt, nachdem er sich vorsichtshalber in seiner Wohnung eingeschlossen hat, und die Rauschtat nur begeht, weil ihn seine „Freunde“ als Volltrunkenen unerwartet freigelassen haben.

Richtig ist diese Auslegung aber nicht. Man muss vielmehr verlangen, dass dem Täter im Zeitpunkt des Betrinkens immerhin **vorhersehbar** gewesen sein muss, dass er **irgendein Delikt** begehen werde (im Gegensatz zur fahrlässigen actio libera in causa, bei der ein *bestimmtes Delikt* vorhersehbar gewesen sein muss).

24 Eine Handlung würde dem Täter „außer diesem Zustand" – also dann, wenn er nicht durch den Rausch zurechnungsunfähig wäre – als ein Verbrechen oder Vergehen zugerechnet werden, wenn sie **alle Merkmale einer Straftat** mit Ausnahme der Zurechnungsfähigkeit aufweist. Die Rauschtat als objektive Bedingung der Strafbarkeit nach § 287 muss daher eine **tatbestandsmäßig-rechtswidrige Handlung** sein, die nicht aus einem anderen Grund als wegen Zurechnungsunfähigkeit des Täters entschuldigt ist (zB wegen entschuldigenden Notstands) und die allfälligen sonstigen Voraussetzungen der Strafbarkeit entspricht. Sie muss daher auch **vorsätzlich** oder objektiv sorgfaltswidrig begangen worden sein.

Beispiel: Wer auf einer Party im Vollrausch eine wertvolle Vase zerschlägt, kann nur dann nach § 287 iVm § 125 bestraft werden, wenn er **vorsätzlich** gehandelt hat. Hat er die Vase gar nicht gesehen oder sie in seinem Rausch nicht als eine fremde Sache erkannt, so haftet der Schädiger auch nicht nach § 287, denn die fahrlässige Sachbeschädigung würde ihm auch „außer diesem Zustand" nicht als Straftat zugerechnet werden.

25 Ein **Tatbildirrtum** bei der Begehung der Rauschtat lässt daher die objektive Bedingung der Strafbarkeit *entfallen* (*Plöchl*, WK[2] § 287 Rz 31 mwN). Dies gilt auch für (angeblich) **rauschbedingte Irrtümer**: Die Annahme, dass der Täter die Vase „rauschbedingt" nicht bemerkt habe und sie auch dann zerschlagen hätte, wenn er sie als fremde Sache erkannt hätte, ist eine unzulässige Unterstellung. Denkt man sich den Tatbildirrtum weg, so bedeutet das noch lange nicht, dass der Täter mit Vorsatz gehandelt hat; das Vorsatzdelikt des § 125 kann ihm aber auch außerhalb seines Rauschzustandes nur dann als Straftat zugerechnet werden, wenn er den vom Gesetz geforderten Vorsatz tatsächlich gehabt hat.

Entsprechendes gilt für die irrtümliche Annahme eines rechtfertigenden Sachverhalts (11 Os 22/87 RZ 1987/78 m Anm *Brandstetter*; *Fuchs* in Prüfungsfälle 71 f; aA *Plöchl*, WK[2] § 287 Rz 32): Ein Voll-Berauschter, der glaubt, am Leben bedroht zu werden, und sich im Rahmen des hypothetisch Zulässigen wehrt (vgl oben 20/8), kann nicht wegen § 287 iVm § 83, sondern nur gegebenenfalls nach § 287 iVm § 88 bestraft werden (oben 20/7). Denn durch den Tatsachenirrtum entfallen der vorsatzspezifische Handlungsunwert und damit das Vorsatzunrecht der Rauschtat (vgl oben 20/12), und außerdem wäre die Annahme, dass dem Täter der Irrtum im nüchternen Zustand nicht unterlaufen wäre, auch hier bloße Spekulation.

26 cc) Wegen Begehung einer mit Strafe bedrohten Handlung im Zustand voller Berauschung darf **keine strengere Strafe** verhängt werden, als sie für die im Rausch begangene Tat verhängt werden dürfte, wenn der Täter zurechnungsfähig wäre (§ 287 Abs 1 letzter Satz). Auch aus diesem Grund ist es notwendig, zwischen **vorsätzlicher** und **fahrlässiger** Begehung der Rauschtat (dh zwischen dem durch diese verwirklichten Vorsatz- oder Fahrlässigkeitsunrecht) zu unterscheiden.

Beispiel: Wer volltrunken einen anderen schwer verletzt, kann bei vorsätzlich begangener Rauschtat nach § 287 iVm § 84 bis zu drei Jahren, bei fahrlässig begangener nach § 287 iVm § 88 Abs 4 nur mit Freiheitsstrafe bis zu sechs Monaten bestraft werden.

3. Minderrausch

Bei einem Rauschzustand, der die **Zurechnungsfähigkeit nicht ausschließt**, **27** ist zu unterscheiden:

a) Bei *fahrlässiger Tötung* (§ 80) und bei *fahrlässiger Körperverletzung* (§ 88 **28** Abs 3, Abs 4 zweiter Fall) ist die Berauschung ein **qualifizierender Umstand**, wenn der Täter beim Trinken *vorausgesehen* hat oder hätte voraussehen können, dass ihm eine für Leib und Leben gefährliche Tätigkeit (zB Autofahren) bevorstehe (§ 81 Abs 2); bei § 89 ist die Berauschung unter diesen Umständen sogar strafbarkeitsbegründend.

b) In *allen anderen Fällen* ist **abzuwägen**, ob die Berauschung bei der Straf- **29** zumessung als **mildernd** anzusehen ist oder nicht.

- **Mildernd** ist die Tatsache der herabgesetzten Einsichts- oder Dispositionsfähigkeit als solche.
- Dem Milderungsgrund steht allerdings entgegen, dass der (exzessive) Genuss oder Gebrauch eines berauschenden Mittels grundsätzlich als **sozial-ethisch wertwidrig** anzusehen ist.

Die Berauschung wirkt daher

„*nur insoweit mildernd*, als die dadurch bedingte Herabsetzung der Zurechnungsfähigkeit nicht durch den **Vorwurf** aufgewogen wird, den der Genuss oder Gebrauch des berauschenden Mittels den Umständen nach begründet“ (§ 35).

Ein solcher **Vorwurf** wird dem Täter immer zu machen sein, wenn nicht ausnahmsweise besondere Umstände vorliegen, die die *Berauschung verständlich* erscheinen lassen (allgemein verständliches Motiv zum Trinken in einer Ausnahmesituation). Normalerweise ist die Berauschung daher **kein Milderungsgrund**.

23. Kapitel: Unrechtsbewusstsein und Verbotsirrtum

Literaturauswahl: *Platzgummer*, Probleme des Rechtsirrtums, StPdG 13 (1985) 1; *Rudolphi*, Die Verbotsirrtumsregelung des § 9 StGB im Widerstreit von Schuld und Prävention, JBl 1981, 289; *Schütz*, Tatbestandsirrtum und Verbotsirrtum im Nebenstrafrecht (2000); *Cernusca*, Zur Unterscheidung von Tatbestands- und Verbotsirrtum bei Blankettstrafnormen, ÖJZ 2015, 737.

I. Sachverhaltskenntnis und Kenntnis der Verbotsnorm

1 1. Das **psychische Faktum**, dass der Täter im Zeitpunkt der Tathandlung alle tatbildrelevanten Sachverhaltsbezüge (die **Tatsachen** in ihrem spezifischen **Bedeutungsgehalt**; vgl oben 14/13 ff, 21 ff) tatsächlich (aktuell) kennt, ist Grundvoraussetzung für jede Verantwortlichkeit wegen eines Vorsatzdeliktes („**aktuelles Tatbewusstsein**"). Jeder – auch der unverzeihliche – **Irrtum über** die tatbilderheblichen **Tatsachen** schließt den Vorsatz und damit die Vorsatzhaftung aus. Dass er dem Täter nicht hätte unterlaufen dürfen, er also die Tatsachen hätte kennen können und müssen (*„potentielles Tatbewusstsein"*), genügt für den Vorsatzvorwurf keinesfalls, sondern begründet lediglich einen **Fahrlässigkeitsvorwurf**.

Aber auch diese Tatsachenkenntnis (Kenntnis des Sachverhalts) genügt nicht zur Strafbarkeit. Seine falsche Willensbildung kann dem Täter nur dann **persönlich zum Vorwurf** gemacht werden, wenn er auch wusste oder zumindest hätte wissen können, **wie** er seinen Willen nach den Normen der Rechtsordnung richtig hätte bestimmen sollen. Schuld setzt voraus, dass der Täter auch die **Verbotsnorm** *kannte* (**aktuelles Unrechtsbewusstsein**) oder dass ihm die *Unkenntnis der Verbotsnorm* (= sein **Verbotsirrtum**) zumindest *zum Vorwurf gemacht* werden kann (**virtuelles** oder **potentielles Unrechtsbewusstsein**).

2 2. Der Satz „**Rechtsunkenntnis schützt vor Strafe nicht**" kann in dieser Absolutheit nicht gelten. Er war einigermaßen zu rechtfertigen, solange sich das Strafrecht auf die **grundlegenden Verstöße** gegen soziale Normen beschränkte und der Einzelne die **Grenzen seines Rechtskreises** nicht überschritt. Seit jedoch die Strafnormen weit über den (in der pluralistischen Gesellschaft ohnedies schwer zu bestimmenden) Kernbereich der Sozialethik hinauswuchern und die Überquerung von Staatsgrenzen alltäglich ist, kann nicht jede Unkenntnis des Strafgesetzes unentschuldbar sein.

Früher unterschied das Gesetz zwischen einem Irrtum über ein **Delikt des Strafgesetzbuches** und einem **Irrtum über Normen außerhalb des StG** (§§ 3, 233 StG 1852/1945: „Mit der Unwissenheit des *gegenwärtigen* Gesetzes … kann sich niemand entschuldigen."). Aber diese Unterscheidung war rein formal und sachlich nicht gerechtfertigt: Einerseits sind nicht alle Straftatbestände des StGB leicht einsehbar, und anderseits finden sich auch im Nebenstrafrecht Delikte, die zum Kernbereich der Sozialethik gehören (zB Suchtgiftdelikte).

3. Es ist daher zu unterscheiden: 3

- Bei **aktuellem Unrechtsbewusstsein** ist der Schuldvorwurf unproblematisch.
- Bei **nicht-vorwerfbarer Rechtsunkenntnis** muss die Schuld und damit die Strafbarkeit entfallen.
- Wie die **vorwerfbare Rechtsunkenntnis** (= der Fall des *virtuellen* oder *potentiellen Unrechtsbewusstseins*) zu behandeln ist, ist das Hauptthema der Lehre vom Unrechtsbewusstsein.

Das *Unrechtsbewusstsein im weiteren Sinn* wird bereits durch die Unkenntnis der tatbestandsrelevanten Tatsachen (**Tatbildirrtum**) ausgeschlossen, ebenso entfällt es bei irrtümlicher Annahme eines rechtfertigenden Sachverhaltes (**§ 8-Irrtum**). In der engeren Bedeutung, die in diesem Kapitel verwendet wird, ist mit dem **Unrechtsbewusstsein** bloß die *Kenntnis der Verbotsnorm bei gegebener Tatsachenkenntnis* gemeint. Gegenstück des aktuellen Unrechtsbewusstseins ist der **Verbotsirrtum**: Von ihm spricht man, wenn dem Täter die *aktuelle* Verbotskenntnis fehlt. 4

II. Aktuelles Unrechtsbewusstsein

Handelt der Täter mit aktuellem Unrechtsbewusstsein, so irrt er nicht über das Unrecht. Es liegt **kein Verbotsirrtum** vor und es besteht kein Anlass, einen Schuldausschluss zu prüfen. 5

1. Gegenstand des Unrechtsbewusstseins ist das **Unrecht** der Tat. Der Täter hat aktuelles Unrechtsbewusstsein, wenn er weiß, dass sein Verhalten von der Rechtsordnung **verboten** ist. Die Kenntnis seiner persönlichen **Strafbarkeit** ist von vornherein nicht erforderlich. 6

> *Beispiel:* A begeht einen Raub und glaubt, dass ihm nichts passieren könne, weil er geisteskrank und damit zurechnungsunfähig sei. In Wahrheit ist er voll schuldfähig. – Der Irrtum betrifft nicht das Unrecht, sondern die Schuldfähigkeit und lässt das aktuelle Unrechtsbewusstsein unberührt. Er ist irrelevant.

2. Bewusstsein der **Rechtswidrigkeit** ist nicht Bewusstsein der **Strafbarkeit**, der Täter braucht also nicht zu wissen, dass er **tatbestandsmäßig**-rechtswidrig im Sinne einer Strafnorm handelt. Nach hM genügt es für *aktuelles* Unrechtsbewusstsein, wenn er weiß, dass sein Verhalten einer *Rechtsnorm* widerspricht, mag er auch irrtümlich nur an eine **zivile** oder eine **verwaltungsrechtliche** Rechtswidrigkeit denken. 7

> *Beispiel:* Der Ausländer A weiß nicht, dass der unbefugte Gebrauch eines Autos in Österreich strafbar ist (§ 136). Wenn er aber immerhin weiß, dass dies als Eigentumsverletzung zivilrechtlich verboten ist, so handelt er mit aktuellem Unrechtsbewusstsein. Die Frage nach einem Verbotsirrtum (oder gar nach seiner Vorwerfbarkeit) stellt sich daher gar nicht.

8 3. Das Bewusstsein der **Sitten- oder Moralwidrigkeit** genügt dagegen nicht. Aktuelles Unrechtsbewusstsein liegt nur vor, wenn der Täter sich bewusst ist, dass er **rechtliche** Verbote oder Gebote missachtet.

9 4. **Strenge Subsumtion** unter eine bestimmte Verbotsnorm ist selbstverständlich nicht erforderlich. Auch für aktuelles Unrechtsbewusstsein genügt eine „*Parallelwertung in der Laiensphäre*".

10 5. Weiters genügt es für aktuelles Unrechtsbewusstsein, dass der Täter weiß, *wie die Rechtsordnung* sein Verhalten bewertet, auch wenn er selbst es anders beurteilt oder sich gar zu dem als Rechtsbruch erkannten Verhalten moralisch verpflichtet fühlt. **Überzeugungstäter** handeln mit aktuellem Unrechtsbewusstsein.

11 6. Das Unrechtsbewusstsein muss sich immer *spezifisch auf die übertretene Norm* (genauer: auf die Rechtsgutsverletzung) beziehen und ist daher **teilbar**.

Beispiel: Wer seine Ehre mit der Waffe verteidigt und weiß, dass er diese unbefugt führt (§ 50 WaffenG), kann gleichzeitig einem Verbotsirrtum über die Grenzen der Notwehr unterliegen.

12 7. Wie die Tatsachenkenntnis kann auch die Kenntnis des Unrechts als **Begleitwissen** vorliegen: Wer einbricht, denkt nicht dauernd daran, etwas Verbotenes zu tun, aber es ist ihm trotzdem dauernd aktuell bewusst. Wer freilich (nicht bei einem Einbruchdiebstahl, aber in komplizierteren Fällen) den Hinweis auf die Rechtswidrigkeit seines Verhaltens vergessen hat, handelt im Verbotsirrtum, auch wenn sein Wissen um das Verbotensein durch Nachdenken aktualisierbar wäre (*Roxin/Greco*, AT 1^5 21/28).

13 8. **Zweifelt** der Täter, ob sein Verhalten erlaubt oder verboten ist, so handelt er nach hM in Anlehnung an die Vorsatzumschreibung in § 5 Abs 1 Satz 2 mit aktuellem Unrechtsbewusstsein, wenn er das Verbotensein ernstlich für möglich hält und sich damit abfindet („**bedingtes Unrechtsbewusstsein**"; *L/St/Öner/Schütz* $StGB^4$ § 9 Rz 3 mwN).

Bedenkt man jedoch, dass das Gesetz grundlegend zwischen Tatbewusstsein und Unrechtsbewusstsein unterscheidet (vgl oben 23/1), so wird diese Analogie *sehr fragwürdig*. Sie mag für den Kernbereich des Strafrechts angebracht sein, doch ist nicht einzusehen, warum auch im Nebenstrafrecht (oder sonst bei zweifelhaften Rechtsfragen) jeder (ernsthafte) Zweifel des Täters, der nicht durch einen emotionalen Gegenakt im Sinne eines Vertrauens auf die Rechtmäßigkeit seines Tuns überwunden wird (vgl dazu oben 14/55), ein für allemal die Berufung auf einen Verbotsirrtum abschneiden soll. Der Bürger, der sich keinem Strafbarkeitsrisiko aussetzen will, müsste **gewaltige Einschränkungen seines Freiheitsraumes** hinnehmen, wenn sein Handlungsspielraum bei zweifelhaften Rechtsfragen jeweils durch die **ungünstigste** Rechtsmeinung begrenzt wäre (*Roxin/Greco*, AT 1^5 21/31).

Für die rigorose Lösung der hM besteht nach geltendem Recht auch kein Anlass. Denn anders als beim Entfall des Vorsatzes bleibt die Möglichkeit einer Vorsatzhaftung bestehen, wenn man anerkennt, dass auch bei Zweifeln an der Rechtmäßigkeit eines Verhaltens ein Verbotsirrtum vorliegen kann, der im konkreten Fall auf seine **Vorwerfbarkeit** zu prüfen ist (vgl unten 23/14 ff, 19 ff).

III. Vorsatz und Unrechtsbewusstsein

1. Sieht man das **Wesen des Vorsatzes** (zum Unterschied von der Fahrlässigkeit) in der bewussten und gewollten Entscheidung des Täters gegen die Verbotsnorm, so setzt *die Haftung für eine Vorsatztat* **immer aktuelles** (tatsächliches) **Unrechtsbewusstsein** voraus. *Jeder* Irrtum, der die aktuelle Unrechtseinsicht verhindert – ein Verbotsirrtum ebenso wie ein Tatbildirrtum –, schließt den Vorsatz aus, mag dieser Irrtum auch noch so unverzeihlich sein. Nach dieser Lehre, der **strengen Vorsatztheorie**, kann der Täter, der über das Unrecht irrt, immer nur nach einem allfälligen **Fahrlässigkeitsdelikt** bestraft werden. 14

Die **Nachteile** liegen auf der Hand: Erstens bestehen **Beweisprobleme** und zweitens gibt es nicht immer ein entsprechendes **Fahrlässigkeitsdelikt** (mit einer angemessenen Strafdrohung), so dass der irrende Täter selbst dann straflos bliebe, wenn sein Rechtsirrtum auf **Rechtsfeindlichkeit** oder **Rechtsblindheit** beruhte.

Für Fälle der Rechtsfeindlichkeit und Rechtsblindheit will daher die sogenannte **eingeschränkte Vorsatztheorie** auf aktuelles Unrechtsbewusstsein verzichten; bei anderen Gründen für mangelndes aktuelles Unrechtsbewusstseins bleibt es aber auch nach dieser Theorie bei der Fahrlässigkeitshaftung. 15

2. Unser StGB geht einen anderen Weg und behandelt das **Unrechtsbewusstsein** als ein **selbständiges**, vom Vorsatz getrenntes **Schuldmerkmal**: **Schuldtheorie**. Für den **Vorsatz** genügt *aktuelles Tatbewusstsein* (§ 5 Abs 1 Satz 1); selbst die irrtümliche Annahme eines rechtfertigenden Sachverhaltes schließt den Vorsatz nicht aus (hat aber im Ergebnis dieselben Folgen wie ein Tatbildirrtum, vgl oben Kap 20). 16

Fehlt *dem Täter das aktuelle Unrechtsbewusstsein* bei vorhandenem aktuellen Tatbewusstsein (Vorsatz) (= unterliegt er einem **Verbotsirrtum**), so schließt diese psychische Tatsache für sich allein die **Vorsatzhaftung** noch nicht aus. Es reicht zur Vorsatzschuld vielmehr hin, dass der Täter die **Möglichkeit** hatte, *zur Unrechtseinsicht zu gelangen*, auch wenn er tatsächlich nicht zur Unrechtseinsicht gelangt ist (**potentielles** oder **virtuelles Unrechtsbewusstsein**). Hatte der Täter nicht einmal diese Möglichkeit – also nicht einmal potentielles Unrechtsbewusstsein –, dann ist sein Verbotsirrtum nicht vorwerfbar und er ist **entschuldigt** und damit straffrei. Die Folge ist also ent- 17 weder Vorsatzhaftung oder Straflosigkeit; eine **Fahrlässigkeitshaftung** kommt bei vorsätzlicher Begehung nicht in Betracht.

18 Die „**strenge Schuldtheorie**" unterscheidet streng zwischen einem **Tatbildirrtum** und allen **anderen Irrtümern** über das Unrecht, dem sogenannten „bloßen Irrtum über die Rechtswidrigkeit", der die Vorsatzhaftung unberührt lässt, wenn er vorwerfbar ist. Diese Theorie behandelt also den Tatsachenirrtum über einen Rechtfertigungsgrund (irrtümliche Annahme eines rechtfertigenden Sachverhalts, vgl oben Kap 20) wie den Verbotsirrtum. Anders unser StGB, das der „**eingeschränkten Schuldtheorie**" folgt und die *irrtümliche Annahme eines rechtfertigenden Sachverhalts* in § 8 in den Rechtsfolgen *dem Tatbildirrtum* gleichstellt.

IV. Gesetzliche Regelung des Verbotsirrtums nach § 9 StGB

1. Begriff und Abgrenzung

19 a) § 9 regelt den **Verbotsirrtum**. Dieser liegt vor, wenn dem Täter das *aktuelle Unrechtsbewusstsein* im beschriebenen Sinn fehlt: Er hält sein Verhalten für rechtmäßig, obwohl er *alle Sachverhaltsbezüge* kennt, aus denen sich bei *richtiger rechtlicher Beurteilung* die Rechtswidrigkeit ergibt.

§ 9 regelt **nicht**

– den vorsatzausschließenden **Tatbild-** (Tatbestands-) **Irrtum** (Tatsachen- und Bedeutungsirrtum; dazu oben im 14/42 ff);
– die irrtümliche Annahme eines rechtfertigenden Sachverhalts (§ 8; vgl dazu oben in Kap 20);
– den „**bloßen Strafbarkeitsirrtum**", der nicht das Unrecht der Tat betrifft, sondern zB die Schuldfähigkeit des Täters, objektive Bedingungen der Strafbarkeit oder den Charakter der Rechtsnorm (Zivilrecht oder Strafrecht; dazu oben 23/6).

20 b) Man unterscheidet zwischen einem **direkten** und einem **indirekten Verbotsirrtum**:

21 – Beim **direkten Verbotsirrtum** irrt der Täter schon über die *Existenz oder über die Reichweite der Verbotsnorm*; er weiß nicht, dass es einen solchen Tatbestand (oder ein solches rechtliches Verbot) gibt.

Beispiel: A weiß nicht, dass Blutschande (§ 211) oder Mitwirkung am Selbstmord (§ 78) in Österreich verboten sind. Von Bedeutung ist dieser Irrtum insbes im Nebenstrafrecht.

22 – Beim **indirekten Verbotsirrtum** kennt der Täter zwar die Verbotsnorm, nimmt aber eine *Rechtfertigungsnorm* (Erlaubnissatz) an, die das Gesetz nicht oder nicht in dieser Form kennt.

Beispiel: Der Täter glaubt, dass Notwehr auch zum Schutz der Ehre oder des Briefgeheimnisses zulässig ist; er glaubt, dass man auch zur Verteidigung geringwertiger Sachen den Angreifer schwer verletzen darf (Irrtum über die Angemessenheit bei der sog Unfugabwehr); er irrt bei der Güterabwägung beim rechtfertigenden Notstand oder bei der Angemessenheit der Selbsthilfe.

Die Unterscheidung zwischen direktem und indirektem Verbotsirrtum ist ohne weitere Bedeutung, da die **Rechtsfolgen gleich** sind.

2. Rechtsfolgen

Für die **Rechtsfolgen des Verbotsirrtums** nach § 9 StGB kommt es darauf an, ob der Irrtum dem Täter **vorzuwerfen** ist oder nicht. **23**

- Ist der Irrtum *nicht vorzuwerfen*, so besteht ein **Entschuldigungsgrund**: Es entfällt jegliche Schuld. Der Täter kann beim nicht vorwerfbaren Verbotsirrtum weder aus einem Vorsatz- noch aus einem Fahrlässigkeitsdelikt bestraft werden.
- Ist der Irrtum *vorzuwerfen*, dann ist die Tat nicht entschuldigt: Hat der Täter vorsätzlich gehandelt, dann bleibt es bei der **Vorsatzhaftung**, bei fahrlässigem Handeln wird nach dem Fahrlässigkeitsdelikt bestraft. In beiden Fällen ist es ein **Milderungsgrund**, dass der Täter die Tat „in einem die Schuld nicht ausschließenden Rechtsirrtum (§ 9) begangen hat" (§ 34 Abs 1 Z 12).

3. Kriterien der Vorwerfbarkeit (§ 9 Abs 2)

a) Der Verbotsirrtum ist vorwerfbar, wenn „das Unrecht *für den Täter wie für jedermann* **leicht erkennbar** war". Damit verweist das Gesetz auf **vorrechtliche Wertsysteme**, die der Rechtsordnung zugrunde liegen: Es gibt auch in einer pluralistischen Gesellschaft einen Grundstock an **allgemein anerkannten Werten**, deren Missachtung einen so schweren Mangel an rechtlicher Gesinnung verrät, dass dieser Mangel unbeachtlich bleiben muss und nicht entschuldigen kann. **24**

Dabei ist nach dem Wortlaut des Gesetzes ein **objektiver Maßstab** anzulegen. Die Rechtsprechung berücksichtigt freilich vor allem das Alter des Täters: Für den Kernbereich des Strafrechts wird bei erwachsenen und schuldfähigen Tätern die Verbotskenntnis grundsätzlich vermutet; anders bei **jugendlichen Straftätern**. Besonders zu prüfen ist die Vorwerfbarkeit auch bei **Ausländern**: Die Formulierung *„für den Täter* wie für jedermann" soll für jene Fälle vorsorgen, in denen der Täter aus einem fremden Kulturkreis stammt, in dem andere Auffassungen über Recht und Unrecht bestehen. Im Übrigen kann sich der Täter aber auf seine individuelle Unfähigkeit zur Unrechtseinsicht nicht berufen; deren Relevanz ist in den Bestimmungen über die Zurechnungsunfähigkeit abschließend geregelt. **25**

b) Schuldhaft im *vorwerfbaren* Verbotsirrtum handelt aber auch, wer sich mit den einschlägigen Vorschriften **nicht bekannt gemacht** hat, obwohl er seinem Beruf, seiner Beschäftigung oder sonst den Umständen nach **dazu ver-** **26**

pflichtet gewesen wäre. Wenn es **nicht gleichsam selbstverständlich** ist, dass ein bestimmtes Verhalten verboten ist, dann handelt der Täter nur dann schuldhaft, wenn ihm vorgeworfen werden kann, dass er sich die *notwendige Rechtskenntnis nicht verschafft* hat, obwohl er nach den *konkreten Umständen* des Einzelfalles **Anlass** dazu gehabt hätte. Dabei neigt die Praxis dazu, die Pflicht zur Information über die Rechtsnormen sehr weit auszudehnen.

Beispiel: Wer in einem fremden Land Auto fährt, muss sich mit den einschlägigen Verkehrsvorschriften bekannt machen. Gewerbetreibende müssen sich mit den für sie geltenden Vorschriften vertraut machen (Gewerberecht, Lebensmittelrecht usw).

27 **Rechtsauskünfte** bei verlässlichen (unabhängigen) Fachleuten lassen die Vorwerfbarkeit des Verbotsirrtums entfallen.

V. Finanzstrafgesetz

28 Eine andere Regelung des Verbotsirrtums als im StGB findet sich im **Finanzstrafrecht**. Gem § 9 FinStrG wird dem Täter

> „*weder Vorsatz noch Fahrlässigkeit* zugerechnet, wenn ihm bei der Tat ein *entschuldbarer Irrtum* unterlief, der ihn das *Vergehen* oder das darin liegende *Unrecht* nicht erkennen ließ; ist der Irrtum *unentschuldbar*, so ist dem Täter *grobe* Fahrlässigkeit zuzurechnen."

Die Bestimmung regelt den Tatbildirrtum („..., der ihn das Vergehen ... nicht erkennen ließ") und den Verbotsirrtum („... das darin liegende Unrecht nicht erkennen ließ") in einem. Der Unterschied zum allgemeinen Strafrecht (§ 9 StGB) liegt beim **vorwerfbaren** (= unentschuldbaren) **Verbotsirrtum**, bei dem dem Täter im Finanzstrafrecht „grobe Fahrlässigkeit zuzurechnen (ist)", er also auch bei *aktuellem Tatbewusstsein* (bei vorsätzlichem Handeln iSd § 8 Abs 1 FinStrG) nur wegen fahrlässiger Begehung bestraft werden kann, wogegen im allgemeinen Strafrecht der vorwerfbare Verbotsirrtum bei vorsätzlicher Begehung zur Vorsatzhaftung führt (vgl oben 23/23). Die finanzstrafrechtliche Regelung ist also für den Täter günstiger und folgt in der Sache der **Vorsatztheorie**.

Da im Finanzstrafrecht seit 2016 generell nur grob fahrlässiges Verhalten strafbar ist, ist auch beim Irrtum **nur „grobe Fahrlässigkeit** zuzurechnen" (vgl 684 BlgNR XXV. GP, 45). **Leichte Fahrlässigkeit ist nicht zuzurechnen**: Hat der Täter das Finanzvergehen oder das darin liegende Unrecht nicht erkannt, ohne dass ihm dies als grobe Fahrlässigkeit vorzuwerfen wäre, so bleibt er straflos. Der letzte Satz des § 9 FinStrG, dass dem Täter „Fahrlässigkeit auch dann nicht zugerechnet (wird), wenn ihm bei der Tat eine entschuldbare Fehlleistung unterlief", geht heute soweit ersichtlich ins Leere; dass der Satz nicht gestrichen wurde, ist offenbar ein Redaktionsversehen.

24. Kapitel: Besondere Entschuldigungsgründe

Literaturauswahl: Siehe bei Kap 2 und 21; *E. Steininger*, Der Putativnotwehrexzess, ÖJZ 1986, 747.

I. Allgemeines

1. Grundgedanke

Schuld ist Vorwerfbarkeit des rechtswidrigen Verhaltens. *Normalerweise* steht 1 der Schuldvorwurf bei zurechnungsfähigen Tätern, die bewusst (oder in vorwerfbarer Unkenntnis) gegen das Recht verstoßen haben, fest. **Ausnahmsweise** kann es aber **besondere Situationen** geben, in denen jemandem trotz Schuldfähigkeit und Unrechtsbewusstseins aus dem tatbestandsmäßigen Unrecht **kein Vorwurf** gemacht werden kann, weil er bei der Begehung der Tat unter einem so starken **psychischen Druck** gestanden ist, dass ihm ein rechtmäßiges Verhalten **nicht zugemutet** werden konnte.

Ein klassisches *Beispiel* ist das *Brett des Karneades*: Bei einem Schiffbruch hat B eine Planke ergattert, die ihn über Wasser hält, aber nur einen einzigen Menschen zu tragen vermag. Um sein Leben zu retten, stößt A, der frei im Wasser schwimmt, den B von der Planke, so dass dieser ertrinkt.

Ebenso: *Mignonette*-Fall (vgl oben 8/3).

Die Rechtsordnung will und kann ein solches Verhalten **nicht gestatten**, vor 2 allem deshalb nicht, weil ein Erlaubnissatz (Rechtfertigungsgrund) zur Folge hätte, dass der Betroffene (= B) den Eingriff dulden müsste und sich nicht (in Notwehr) dagegen wehren dürfte. Aber sie muss anerkennen, dass bestimmte starke *Motive, Affekte und Gefühle* (zB der Überlebenswille) ein normgemäßes Verhalten verhindern können und es nicht die Aufgabe des Rechts ist, „bei Strafe" das Verhalten eines **Helden** oder eines **Heiligen** zu erzwingen. In diesen Fällen bleibt es daher beim Unwerturteil, doch verzichtet das Recht auf den strafrechtlichen Vorwurf und auf **Strafe**.

2. Entschuldigung bei Unzumutbarkeit rechtmäßigen Verhaltens

Zur Umschreibung dieser Situationen und zur Bestimmung der Voraussetzungen, unter denen die Tat entschuldigt ist, muss auf die *allgemeine Umschreibung der Schuld* zurückgegriffen werden: Der Täter ist entschuldigt, 3 wenn ihm in dieser Ausnahmesituation aus dem rechtswidrigen Verhalten kein Vorwurf gemacht werden kann, insbesondere deshalb nicht, weil ihm **nicht zugemutet** werden konnte, einen drohenden Nachteil für seine Rechtsgüter hinzunehmen (**Unzumutbarkeit** rechtmäßigen Verhaltens).

Eine präzisere allgemeine Umschreibung ist wegen der Individualität des Schuldvorwurfs nicht möglich, doch lassen sich **Typen der Unzumutbarkeit** angeben (vgl unten 24/7, 8 ff), die durch ***Fallvergleich*** auf andere Situationen übertragen werden können. Dabei muss man sich aber immer vor Augen halten, dass nicht die Schuld im Einzelfall nachgewiesen werden kann, sondern nur die Schuld in Ausnahmesituationen **entfällt**. Ein Schuldausschluss setzt daher die Angabe jener *Besonderheiten* voraus, die den vorliegenden Fall vom *Normalfall* unterscheiden, für den das Gesetz die Fähigkeit jedes Menschen zur Einhaltung der Gebote und Verbote allgemein voraussetzt (vgl oben 2/34).

3. Schuldausschluss und Vergleich mit dem Verhalten eines mit den rechtlich geschützten Werten verbundenen Menschen

4 a) Unser Gesetz versucht freilich diese Unzumutbarkeit näher zu bestimmen. Da es bei der Strafzumessung die Schuld vor allem als den **Mangel an Verbundenheit mit den rechtlich geschützten Werten** verstehen will, liegt es nahe, auch zum Entfall der Schuld das Täterverhalten mit dem gedachten Verhalten eines mit den *rechtlich geschützten Werten verbundenen (auch „maßgerechten") Menschen* zu vergleichen:

- Die **Schuld** wiegt umso **geringer**, je mehr die Tat „auf äußere Umstände oder Beweggründe zurückzuführen ist, durch die sie auch einem *mit den rechtlich geschützten Werten verbundenen Menschen naheliegen* könnte" (§ 32 Abs 2);
- sie **entfällt** im Extremfall **ganz**, wenn die Tat auf äußere Umstände oder Beweggründe zurückzuführen ist, aufgrund deren „in der Lage des Täters von einem *mit den rechtlich geschützten Werten verbundenen Menschen* kein anderes Verhalten zu erwarten war" (§ 10 Abs 1 aE).

5 Maßgebend ist dafür, wie immer im Recht, nicht der statistische Durchschnitt, sondern ein **normativer, objektiver Maßstab**: Es kommt nicht darauf an, wie der Täter die Situation *real* empfunden hat, sondern ausschließlich darauf, wie die Sachlage auf den **„maßgerechten" Menschen** gewirkt hätte. Dabei wird weitgehend nach **Personengruppen** individualisiert (ein Jugendlicher wird dem Motivationsdruck früher nachgeben als ein Erwachsener), jedoch die **persönliche Eigenart** des Täters, zB sein besonderes Triebleben und seine inneren Zwänge, die bereits bei der Schuldfähigkeit (Zurechnungsunfähigkeit) behandelt wurden, nicht mehr berücksichtigt.

6 b) Wörtlich genommen scheint die Formel widersprüchlich: Da das Recht von den Menschen nichts Unmögliches verlangt, sind schon die Verbote und Gebote des Rechts so formuliert, dass sie eingehalten werden können. Die Rechtsregeln gibt es nur, weil das Recht von einem *rechtstreuen* Menschen ihre *Einhaltung erwartet*. Insofern wäre der mit den rechtlich geschützten Werten verbundene Mensch, von dem die Einhaltung der Verbote und Gebote *nicht* erwartet werden kann, ein Widerspruch in sich.

Genauer betrachtet kommt es für den Ausschluss der Schuld aber nicht auf die **Erwartung** des Rechts, sondern darauf an, ob man die **Enttäuschung** dieser Erwartung in einer bestimmten Ausnahmesituation (Druck und Zwang) **strafrechtlich sanktionieren** kann und will.

4. Übersicht über die wichtigsten Entschuldigungsgründe

Entschuldigungsgründe finden sich an verschiedenen Stellen des Gesetzes. 7
Die wichtigsten sind:

- im Allgemeinen Teil des Strafrechts:
  - der **entschuldigende Notstand** (§ 10) und
  - die **Notwehrüberschreitung aus asthenischem Affekt** (§ 3 Abs 2);
- im Besonderen Teil zB:
  - die **Unzumutbarkeit der Hilfeleistung** (§ 94 Abs 3, § 95 Abs 1 und 2), wo der Gesetzgeber allerdings Unrechts- und Schuldelemente miteinander vermengt (vgl näher unten 37/82);
  - der **Aussagenotstand** (§ 290) und
  - die Unzumutbarkeit normgemäßen Verhaltens bei der **Begünstigung** (§ 299 Abs 4) und bei der **Unterlassung der Verhinderung** einer mit Strafe bedrohten Handlung (§ 286 Abs 1).

Darüber hinaus ist bei **Fahrlässigkeits-** und bei **Unterlassungsdelikten** die *Zumutbarkeit* rechtmäßigen Verhaltens als Schuldelement *positiv* zu prüfen (vgl unten 26/10 und 37/81).

Alle Entschuldigungsgründe sind Ausprägungen desselben Grundgedankens; sie ergänzen einander (vgl unten 24/25 ff zum Verhältnis des § 10 zu den Entschuldigungsgründen des Besonderen Teils) und sind der Analogie fähig.

II. Entschuldigender Notstand (§ 10)

Wichtigster Fall einer Zwangs- und Drucksituation, die die Zumutbarkeit 8
rechtmäßigen Verhaltens ausschließt, ist der entschuldigende Notstand.

1. Notstandslage

Die Notstandslage (Notstandssituation) wird, wie jede Notlage (vgl oben 17/1), 9
durch einen **unmittelbar drohenden bedeutenden Nachteil** für ein (beliebiges) Rechtsgut begründet, der durch den Eingriff in ein fremdes (Individual-) Rechtsgut abgewendet werden kann. Auch beim entschuldigenden Notstand beschränkt das Gesetz die Notstandslage *nicht grundsätzlich auf bestimmte Rechtsgüter* (wie zB § 35 dStGB). Daher kann auch die Rettung von Vermögenswerten nach § 10 durch Notstand entschuldigt sein, doch wird der psychische Druck auf den Täter in diesem Fall geringer sein als bei Gefahren für Leib und Leben.

10 Nur **äußere Umstände** können eine Notstandslage begründen, nie besteht sie allein aufgrund der Triebe und inneren Zwänge des Täters. Die Besonderheiten seines Innenlebens werden bei der Beurteilung der *Zurechnungsfähigkeit* erschöpfend behandelt und können nicht nochmals zur Begründung der Notstandslage herangezogen werden (*L/St/Koller/Schütz* StGB[4] § 10 Rz 12).

Die Notstandslage entspricht daher vollständig der Notlage beim *rechtfertigenden Notstand*, von dem sich der entschuldigende Notstand aber im Übrigen wesentlich unterscheidet (vgl oben 17/53 ff).

2. Notstandshandlung

11 Wer eine Straftat begeht, „um einen unmittelbar drohenden bedeutenden Nachteil von sich oder einem anderen abzuwenden" (§ 10), ist unter folgenden **Voraussetzungen** entschuldigt:

12 a) Der aus der Rettungshandlung (objektiv ex ante) drohende Schaden darf **nicht unverhältnismäßig schwerer** wiegen als der Nachteil, den sie abwenden soll. Diese **Unverhältnismäßigkeitsklausel** verlangt eine **beschränkte Güterabwägung** im umgekehrten Sinn: Während der *rechtfertigende* Notstand grundsätzlich **Höherwertigkeit** des geretteten Gutes (ergänzt durch das Zurechnungsprinzip) voraussetzt, hat die Güterabwägung hier nur die Funktion, die Entschuldigung in Extremfällen *auszuschließen*. Das gerettete Gut darf unter Umständen sogar **geringerwertig** sein als das geopferte, aber nicht *unverhältnismäßig*.

Insofern ergänzt der entschuldigende Notstand den rechtfertigenden: Möglicherweise wäre auch dann, wenn der Täter mit einer Notstandshandlung ein höherwertiges Gut rettet, von einem rechtstreuen Menschen kein anderes Verhalten zu erwarten gewesen, doch ist der Täter dann sogar gerechtfertigt.

13 b) Die Rettungshandlung ist nicht entschuldigt, wenn sich der Täter „der **Gefahr ohne einen von der Rechtsordnung anerkannten Grund bewusst ausgesetzt** hat" (§ 10 Abs 2 Satz 1).

Beispiel: Der Attentäter hat auf dem Schiff, auf dem auch er selbst sich befindet, eine Bombe zur Explosion gebracht. Das Schiff sinkt, es mangelt an Rettungsgeräten. Um sich zu retten, schlägt er einen anderen zu Boden und nimmt ihm die einzige zur Verfügung stehende Schwimmweste ab. – Trotz Lebensbedrohung keine Entschuldigung.

Dagegen ist – argumento e contrario – die Entschuldigung nicht von vornherein ausgeschlossen, wenn sich der Täter der Gefahr aus einem **anerkannten Grund** – zB als Retter oder bei einer Sportausübung oder bei einer Tätigkeit im Dienste der Forschung – ausgesetzt hat.

14 c) Als drittes und umfassendes Kriterium nennt das Gesetz den Vergleich mit dem Verhalten eines maßgerechten Menschen: Der Täter ist entschuldigt, wenn in seiner Lage „*von einem mit den* **rechtlich geschützten Werten verbundenen Menschen kein anderes Verhalten** *zu erwarten war*".

aa) Die Formel ist sehr vage. Immerhin lassen sich **Kriterien** für das Verhalten des maßgerechten Menschen in **besonderen Fällen** nennen:

(1) Der Bedrohte muss den Nachteil *eher hinnehmen*, wenn er aufgrund eines **besonderen Rechtsverhältnisses** zur Gefahrtragung verpflichtet ist, zB als Polizist, Schiffskapitän oder Arzt. **15**

(2) Der Bedrohte muss die Gefahr eher tragen, wenn die Rettungshandlung auf Kosten einer Person ginge, der er **besonders verpflichtet** ist, zB unter Aufopferung seines eigenen Kindes. **16**

In beiden Fällen ist der entschuldigende Notstand zwar nicht prinzipiell ausgeschlossen, doch ist der Entschuldigungsgrund eingeschränkt, weil der maßgerechte Mensch in diesen Fällen den Nachteil *eher tragen würde* als im Normalfall. Möglich und notwendig ist eine **individuelle Beurteilung** jedes einzelnen Falles.

Beispiel: Der Schiffskapitän, der einem Passagier (unter den Voraussetzungen des Karneades-Brettes) die rettende Schwimmweste entreißt, ist nur unter erschwerten Voraussetzungen entschuldigt: Nicht bei „gewöhnlicher", wohl aber bei unmittelbarer und dringender Lebensgefahr. – Praktisch bedeutsamer ist die Zumutbarkeit beim Unterlassungsdelikt: Der Feuerwehrmann ist – anders als ein sonstiger Garant – nicht entschuldigt, wenn er Rettungshandlungen unterlässt, weil er sich dadurch einer persönlichen Gefahr aussetzen müsste. Bei akuter Lebensgefahr ist aber auch er entschuldigt.

Für **Soldaten** gilt die noch strengere Sonderregel des § 4 MilStG: „Furcht vor persönlicher Gefahr entschuldigt eine Tat nicht, wenn es die soldatische Pflicht verlangt, die Gefahr zu bestehen". Bei solchen Pflichtverletzungen (= Unrechtsbewertung) ist die Entschuldigung also immer ausgeschlossen: Soldaten „dürfen" sich offenbar nicht fürchten. Doch dann, wenn „die Pflichterfüllung den unmittelbaren und konkret vorhersehbaren sicheren Tod bedeutet", ist auch der Soldat entschuldigt (*Rogall,* SK StGB[9] § 35 Rz 38, nach *Rudolphi*, SK StGB I[6] § 35 Rz 13). **17**

(3) Entschuldigender Notstand ist – anders als der rechtfertigende – nicht strikt auf das **mildeste (einzige) Mittel** beschränkt, doch wird der maßgerechte Mensch in der Regel ein Mittel wählen, das *notwendig* ist, fremde Güter also möglichst wenig beeinträchtigt. Ausnahmsweise kann jedoch – wegen des großen psychischen Druckes – auch die Verwendung eines anderen Mittels entschuldigt sein. **18**

bb) Über diese Sonderfälle hinaus hilft die Formel vom Vergleich mit dem Verhalten eines Maßmenschen aber wenig. Notwendig ist der Rückgriff auf die allgemeine Umschreibung der Schuld als **Vorwerfbarkeit und Zumutbarkeit** und der **typologische Vergleich** mit den Fällen des unwiderstehlichen Zwanges, in denen der Täter unter einer *existentiellen Bedrohung* oder sonst unter *besonderem Motivationsdruck* steht. Beispiele für einen entschuldigenden Notstand lassen sich daher vor allem bei unmittelbaren Bedrohungen von Leib und Leben finden, vgl nochmals den *Karneades-Brett-Fall* (oben 24/1), den *Mignonette-Fall* (oben 8/3) und den *Weichensteller-Fall* (oben 17/58). **19**

20 *Beispiele:* Wer mit angesetzter Waffe unter Todesdrohung gezwungen wird, einen anderen zu erschießen, ist idR entschuldigt (**Nötigungsnotstand**). – Die Gefahr muss allerdings nicht unbedingt gegenwärtig sein. Wem für den Fall der Verweigerung eines strafgesetzwidrigen Befehls (vgl oben 18/20) tatsächlich (!) schwerwiegende Nachteile drohen, kann im **Befehlsnotstand** entschuldigt sein. – Eine Frau, die mit ernstzunehmenden Drohungen gegen ihre kleinen Kinder zu einem Suchtgiftschmuggel gezwungen wird, kann entschuldigt sein, wenn sie diesen Drohungen nicht auf andere Weise (zB durch die Hilfe der Behörden) begegnen kann (9 Os 58/75 JBl 1976, 106 m Anm *Lambauer*).

Da solche Extremsituationen aber glücklicherweise sehr selten sind, lassen sich in der Praxis kaum Fälle finden, in denen die Strafbarkeit wegen entschuldigenden Notstandes entfällt.

21 Dass sich kaum Entscheidungen angeben lassen, die den Täter wegen **entschuldigenden Notstandes** straffrei stellen, sondern fast nur solche, die die Berufung auf entschuldigenden Notstand ablehnen, ist auch damit zu erklären, dass der Entschuldigungsgrund vom **rechtfertigenden Notstand** überlagert wird. *Beispiel*: Wer unter Todesdrohungen zu einer Sachbeschädigung gezwungen wird, ist wegen der Rettung *überwiegender Rechtsgüter* durch Notstand gerechtfertigt, so dass der Eigentümer der Sache den Eingriff dulden muss; die Frage nach einem Entschuldigungsgrund stellt sich nicht mehr. Ist aber die Höherwertigkeit der Güter und Interessen zu verneinen, dann sind die Gerichte zu Recht sehr zurückhaltend damit, den Täter dennoch straffrei zu stellen. Die wichtigen Entscheidungen über Strafbarkeit oder Straflosigkeit fallen daher auf der Ebene der **Rechtswidrigkeit** und nicht beim Straftatelement der Schuld.

Beispiel: Wer ein Ventil öffnet, um eine ansonsten unvermeidbar (konkret) drohende Explosion zu verhindern, und dadurch eine unzulässige Menge eines die Umwelt verschmutzenden Stoffes entweichen lässt, ist hinsichtlich des abstrakten Gefährdungsdeliktes (§ 180 Abs 1) idR wegen Rettung überwiegender Werte und Interessen **gerechtfertigt**. Dagegen ist ein Unternehmer nicht einmal **entschuldigt**, wenn er die Umweltbeeinträchtigung (§ 180 Abs 1) zur Abwendung *allgemeiner Gefahren* – Vermeidung wirtschaftlicher Verluste, Sicherung von Arbeitsplätzen („wirtschaftlicher Notstand") – begeht: Im Interesse des fairen Wettbewerbs ist von einem mit den rechtlich geschützten Werten verbundenen Unternehmer die Einhaltung des Umwelt-Verwaltungsrechts auch dann zu erwarten, wenn ihm dadurch wirtschaftliche Nachteile drohen; ein unter Druck gesetzter Dienstnehmer kann jedoch wegen der *ihm persönlich* drohenden Nachteile entschuldigt sein (vgl den „Befehlsnotstand"; nur insofern richtig OLG Innsbruck 7 Bs 390/91 RdU 1994/11).

3. Rettungswille (subjektive Elemente der Entschuldigung)

22 Da der Grund für den Schuldausschluss gerade der besondere Motivationsdruck ist, in dem sich der Täter befindet, setzt die Entschuldigung voraus, dass der Täter diesen *Druck auch tatsächlich empfindet*. Liegen die objektiven Umstände eines entschuldigenden Notstandes vor, ist diese Situation dem Täter aber nicht bekannt, so **fehlt es an der Drucksituation**. Der Täter ist nicht entschuldigt, sondern voll verantwortlich (so auch der Gesetzestext, arg „um … zu …").

4. Notstandshilfe

Durch Notstand kann auch entschuldigt sein, wer die Tat begeht, um einen Nachteil von **einem anderen** abzuwenden (so ausdrücklich § 10). Vorausgesetzt ist allerdings, dass die Gefahr, die dem anderen droht, *gerade den Täter* in eine psychische Druck- und Zwangssituation versetzt, in der auch einem maßgerechten Menschen aus der Tat kein Vorwurf gemacht werden kann. Dies wird vor allem bei der Rettung von Rechtsgütern **Angehöriger** oder sonst **nahestehender Personen** der Fall sein, doch ist die Entschuldigung – anders als etwa in Deutschland (§ 35 dStGB) – *nicht* von vornherein auf diesen Fall *beschränkt*. Daher kann auch die Rettung vieler fremder Menschen auf Kosten eines einzigen durch Notstand entschuldigt sein. 23

Beispiel: Im *Weichensteller*-Fall (vgl oben 17/58) ist die Tötung des Arbeiters auf dem Nebengleis zwar nicht gerechtfertigt, aber entschuldigt.

5. Rechtsfolge

Handlungen im entschuldigenden Notstand bleiben **rechtswidrig**, sind aber mangels Schuld **nicht strafbar**. Sie können daher ein rechtswidriger Angriff sein, den der Bedrohte nicht zu dulden braucht und gegen den er sich in Notwehr verteidigen bzw in Nothilfe verteidigt werden darf. 24

6. Verhältnis des § 10 zu Entschuldigungsgründen des Besonderen Teils

Entschuldigungsgründe, die das Gesetz im Besonderen Teil für einzelne Delikte regelt, sind idR *spezielle Fälle der Unzumutbarkeit* rechtmäßigen Verhaltens, so dass sich die Frage stellt, in welchem **Verhältnis** sie zur allgemeinen Regel des § 10 stehen. 25

a) Zum Teil sind diese besonderen Entschuldigungsgründe **gesetzliche Konkretisierungen** der Unzumutbarkeit, in denen das Gesetz nach objektiven Kriterien unwiderleglich festlegt, dass in dieser Situation auch von einem mit den rechtlich geschützten Werten verbundenen Menschen kein anderes Verhalten zu erwarten war. Dies gilt insbesondere für § 299 Abs 3: Wer unmittelbar einen **Angehörigen begünstigt**, bleibt immer straflos, ohne dass es eines konkreten Vergleiches mit dem Verhalten eines Maßmenschen bedürfte. Bei der indirekten Angehörigenbegünstigung verlangt das Gesetz dagegen eine Interessenabwägung im Einzelfall (§ 299 Abs 4 aE). 26

b) Soweit ein Entschuldigungsgrund des Besonderen Teils eine **bestimmte Situation speziell regelt**, ist diese Regelung exklusiv, so dass sie nicht durch einen Rückgriff auf § 10 ergänzt werden darf. Daher sind die Voraussetzungen, unter denen eine **falsche Beweisaussage** zur Abwendung der Gefahr *strafgerichtlicher Verfolgung* oder eines *Vermögensnachteils* entschuldigt ist, in § 290 ausschließlich geregelt. Fälle, die die besondere Bestimmung nicht 27–28 regelt, sind aber im Rückgriff auf § 10 zu lösen. Wer falsch aussagt, um eine Gefahr für *Leib und Leben* abzuwenden – zB der von der Mafia bedrohte Zeuge –, kann daher nach § 10 entschuldigt sein.

III. Notwehrüberschreitung aus asthenischem Affekt (§ 3 Abs 2)

1. Grundgedanke

29 Wer in eine Notwehrsituation gerät, ist meistens aufgeregt. **Beim Angegriffenen** treten häufig **Affektzustände** auf, die eine „kühle" Beurteilung der Sachlage und die Bemessung der zulässigen Verteidigung erschweren und die damit eine (rechtswidrige!) *Überschreitung* des Notwehrrechts *als nicht vorwerfbar* erscheinen lassen. Für diesen Fall sieht das Gesetz einen besonderen Entschuldigungsgrund vor.

Jede Notwehrüberschreitung, auch die Überschreitung aus Angst, ist **rechtswidrig**. Das folgt schon aus dem Wortlaut des Gesetzes, das in § 3 Abs 2 gerade denjenigen straffrei stellt, der „das *gerechtfertigte* Maß der Verteidigung überschreitet". Rechtmäßig ist nur die Gegenwehr in den Grenzen, die § 3 Abs 1 absteckt.

2. Anwendungsbereich

30 Nach der ausdrücklichen Regelung des § 3 Abs 2 kann nicht nur die Überschreitung der **„normalen" Notwehr** (§ 3 Abs 1 Satz 1) entschuldigt sein, sondern auch die Abwehr offensichtlich geringfügiger Angriffe („**Unfugabwehr**", § 3 Abs 1 Satz 2) mit unangemessenen Mitteln. Im ersten Fall tut der Verteidiger mehr, als zur sicheren Abwehr des Angriffes *notwendig* wäre, im zweiten hält er sich vielleicht im Rahmen des Notwendigen, überschreitet aber die – hier ausnahmsweise zu berücksichtigende – *Angemessenheitsgrenze.*

3. Voraussetzungen und Rechtsfolge

31 a) Der Täter ist hinsichtlich des Vorsatzdeliktes **entschuldigt**, wenn die Überschreitung lediglich aus **Bestürzung, Furcht oder Schrecken** geschieht (**asthenischer** Affekt, von griechisch *sthenos* = Kraft; *a-sthenes* = kraftlos). Entscheidend für den Entfall der Vorsatzhaftung ist allein die **psychische Tatsache**, ob der Täter aus einem dieser (asthenischen) Motive heraus handelt oder nicht.

32 Der Täter kann jedoch wegen fahrlässiger Begehung bestraft werden, wenn ein entsprechendes Fahrlässigkeitsdelikt existiert und die Notwehrüberschreitung auf Fahrlässigkeit beruht (**doppelt bedingte Fahrlässigkeitshaftung**). Inhalt des **Fahrlässigkeitsvorwurfes** ist dabei, dass ein sorgfältiger Mensch auch in einer solchen Notwehrsituation *nicht dermaßen in Angst und Schrecken geraten* wäre, sondern seinen *Affekt entsprechend beherrscht* hätte (EBRV 1971, 63).

Die Fahrlässigkeitshaftung ist allerdings **nicht sachgerecht**: Wenn das Gesetz den Täter, der die Grenzen der Notwehr aus Bestürzung, Furcht oder Schrecken überschreitet, wegen Unzumutbarkeit rechtmäßigen Verhaltens entschuldigt, dann kann es ihm nicht doch wieder einen Vorwurf daraus machen, dass er sich in dieser Situation nicht auf die erlaubte Verteidigung beschränkt hat. Richtigerweise müsste die Unzumutbarkeit auch hinsichtlich eines Fahrlässigkeitsvorwurfes gelten, so dass **Straflosigkeit** die zwingende Folge wäre (so auch konsequenterweise § 33 dStGB). – Zum Vorschlag von *Lewisch*, die Regelung als eine „*typisierende Strafmilderung*" zu verstehen, vgl WK^2 § 3 Rz 164. Er kann allerdings nicht erklären, wieso die Notwehrüberschreitung bei Fehlen eines *Fahrlässigkeits*vorwurfes doch noch zur Straflosigkeit führen kann. Aber die Deutung dürfte dem Bedürfnis der Praxis entsprechen, bei zweifelhaften Notwehrsituationen auf ein Delikt mit geringerer Strafdrohung auszuweichen.

b) Aus der gesetzlichen Regelung folgt im **Umkehrschluss**: Wer die Grenzen der Notwehr aus **anderen Motiven** überschreitet, zB aus Wut oder aus Zorn (sei es auch „heiliger Zorn"), der ist dafür *voll verantwortlich* (Notwehrüberschreitung im **sthenischen Affekt**). Nur die Notwehrüberschreitung im **a**-sthenischen Affekt ist ein Entschuldigungsgrund, die Überschreitung im sthenischen Affekt ist rechtlich irrelevant. 33

In **geschworenengerichtlichen Verfahren** ist daher (in einer Zusatzfrage) nach der Notwehrüberschreitung im *asthenischen* Affekt, nicht aber nach der Überschreitung im *sthenischen* Affekt zu fragen.

IV. Putativnotwehrüberschreitung aus asthenischem Affekt

Nimmt der Täter **irrtümlich eine Notwehrsituation** an (oder auch eine größere Gefährlichkeit des Angriffes, als sie tatsächlich vorliegt), so bleibt er (zumindest hinsichtlich des Vorsatzdelikts) straflos, wenn er nur jene Handlungen vornimmt, die zur Verteidigung erlaubt wären, wenn die Situation tatsächlich so wäre, wie sie sich der Täter vorstellt: **Ausschluss des spezifischen Vorsatzunrechtes**, wenn der Irrende nicht mehr tut, als in der vorgestellten Situation zulässig wäre (§ 8; vgl oben Kap 20). 34

Auch in dieser Situation können beim Angegriffenen die **gleichen Affektzustände** auftreten wie in einer tatsächlichen Notwehrsituation: Eine vermeintliche Notwehrsituation unterscheidet sich in dieser Hinsicht überhaupt nicht von einer wirklichen. Daher ist **§ 3 Abs 2 analog** anzuwenden:

- Nimmt der Täter irrtümlich eine Notwehrsituation an und
- überschreitet er **aus Bestürzung, Furcht oder Schrecken** die Grenzen der Verteidigung, die in der vorgestellten Situation zulässig wäre,

so ist er hinsichtlich eines **Vorsatzdeliktes entschuldigt** (Putativnotwehrüberschreitung aus asthenischem Affekt). Er ist jedoch wegen **fahrlässiger Begehung** strafbar, wenn es ein Fahrlässigkeitsdelikt gibt und die Überschreitung auf Fahrlässigkeit beruht.

Eine Überschreitung aus anderen Motiven lässt die Strafbarkeit unberührt.

V. Irrtümliche Annahme eines entschuldigenden Sachverhalts

35 Wie bei einem Rechtfertigungsgrund kann es auch bei einem Entschuldigungsgrund geschehen, dass nur die subjektiven, nicht aber die objektiven Elemente vorliegen: Der Täter **nimmt irrtümlich an**, dass er sich in einer **schuldausschließenden Situation** befindet.

Beispiel: Der Täter glaubt irrtümlich, die Tragfähigkeit des Karneades-Brettes (vgl oben 24/1) reiche nur für einen Menschen, wogegen die Planke in Wahrheit auch zwei Schiffbrüchige getragen hätte.

36 Da die nur **vermeintliche Zwangslage** auf den Täter **dieselbe motivatorische Kraft** ausübt wie eine wirkliche, ist seine Vorsatzschuld in gleicher Weise ausgeschlossen. Der Täter ist jedoch wegen **fahrlässiger Begehung** zu bestrafen, wenn sein Irrtum, der ihn den entschuldigenden Sachverhalt annehmen ließ, auf Fahrlässigkeit beruht und die fahrlässige Begehung mit Strafe bedroht ist (§ 10 Abs 2 Satz 2).

Beispiel: Wenn A den B vom Brett des Karneades stößt, weil er annimmt, sein eigenes Leben nur auf diese Weise retten zu können, so schließt diese Vorstellung die Vorsatzschuld und damit die Strafbarkeit wegen Mordes auch dann aus, wenn die Planke in Wahrheit auch zwei Menschen getragen hätte. Hätte ein sorgfältiger Mensch in der Lage des A dies jedoch erkannt, so ist A wegen fahrlässiger Tötung zu bestrafen.

Die Regel des § 10 Abs 2 Satz 2, die unmittelbar nur für den Entschuldigenden Notstand gilt, kann durch **Rechtssatzanalogie** auch auf bestimmte andere Entschuldigungsgründe angewendet werden.

25. Kapitel: Besondere Schuldmerkmale (sog „Schuldtatbestand“)

I. Begriff

Normalerweise beschreiben die gesetzlichen Deliktstatbestände jene Merkmale, die das **Unrecht** der Tat generell abgrenzen und damit den Tatbestand (Unrechtstatbestand, Unrechtstypus) bilden (vgl oben 10/17 f, 27 ff und 11/1). *Ausnahmsweise* kann die Auslegung aber ergeben, dass ein im Gesetz genanntes Deliktsmerkmal das Unrecht der Tat nicht berührt, sondern ausschließlich eine gesetzliche Vermutung über die **Schuld des Täters** darstellt. Diese „**besonderen Schuldmerkmale**“ bilden den sog „**Schuldtatbestand**“ solcher Delikte. 1

Zum Unterschied zwischen dem **Deliktstatbestand** (Deliktstypus) und dem **Unrechtstatbestand** (Unrechtstypus) vgl oben 10/21 f.

II. Fallgruppen

Nur wenige Delikte haben einen Schuldtatbestand. Man unterscheidet:

1. Als **objektivierte Schuldmerkmale** beschreibt das Gesetz einen *äußeren Sachverhalt*, mit dem es eine *bestimmte Bewertung der Schuld* des in dieser Situation Handelnden verbindet (*Nowakowski*, Grundzüge 65). 2

Beispiel: Die **Tötung eines Kindes** durch die Mutter „**bei der Geburt**“ wird milder bestraft (§ 79) als die Tötung eines Menschen in anderen Fällen (§ 75). Das bedeutet nicht etwa, dass ein neugeborenes Kind weniger wert oder weniger schutzwürdig wäre und seine Tötung daher ein geringeres Unrecht bedeutete als die Tötung eines erwachsenen Menschen. Vielmehr berücksichtigt das Gesetz die **psychische Ausnahmesituation** der Frau bei der Geburt und vermutet unwiderleglich, dass ihre Schuld in diesem Fall geringer ist. Der (Unrechts-) Tatbestand von § 75 und § 79 ist gleich, im Schuldtatbestand unterscheiden sich die beiden Deliktstypen.

2. Auch bei den **subjektiv gefassten Schuldmerkmalen** wird im Gesetz ein bestimmter Sachverhalt oder Umstand beschrieben, doch muss sich dieser im konkreten Fall auf die Willensbildung des Täters auch tatsächlich *ausgewirkt* haben. 3

Beispiel: Wegen **Totschlags** (§ 76) wird milder als nach § 75 bestraft, wer sich „in einer allgemein begreiflichen, heftigen Gemütsbewegung“ zur Tötung des anderen hat hinreißen lassen. Diese Privilegierung kommt dem Täter nur zugute, wenn sich sein Affekt auch tatsächlich in der Tat ausgewirkt hat.

4 3. Von **Gesinnungsmerkmalen** spricht man, wenn der Straftatbestand verlangt, dass der Täter aus einem *bestimmten Motiv* oder aus einer *bestimmten inneren Einstellung* heraus handelt. Diese innere Einstellung, die die deliktstypische Schuld des Täters mitbestimmt, kann die Tat qualifizieren oder privilegieren, es kann aber auch sein, dass sie die Strafbarkeit erst begründet.

Beispiele: Bestimmte Vermögensdelikte sind als **Entwendung** privilegiert, wenn der Täter „aus Not, aus Unbesonnenheit oder zur Befriedigung eines Gelüstes" handelt (§ 141), andere bei **gewerbsmäßiger** Begehung (§ 70) qualifiziert (zB § 130). – Wegen **Überanstrengens** unmündiger Personen macht sich nach § 93 nur strafbar, wer „aus Bosheit oder rücksichtslos" handelt.

Im Einzelfall kann es fraglich sein, ob ein gesetzliches Tatmerkmal auch das Unrecht oder nur die Schuld betrifft. Aufgrund des Ausnahmecharakters der bloß schulderheblichen Merkmale wird man tendenziell eher ein Tatbestands- als ein bloßes Schuldmerkmal annehmen müssen. *Beispiel*: Wegen Tierquälerei macht sich strafbar, wer ein Tier „roh" misshandelt. Mit dem Merkmal der Rohheit wird aber nicht die innere Gesinnung des Täters, sondern vor allem das Ausmaß und die Intensität der dem Tier zugefügten Schmerzen beschrieben (*L/St/Tipold* StGB[4] § 222 Rz 3). Das Merkmal ist also unrechts- und nicht ausschließlich schulderheblich.

Im Übrigen kann die Abgrenzung, aber auch die Auslegung der einzelnen Merkmale nur deliktsspezifisch erfolgen; sie ist daher eine Aufgabe des **Besonderen Teils**. Im Allgemeinen Teil muss man sich im Wesentlichen mit der Feststellung begnügen, dass es solche ausschließlich schulderheblichen Tatmerkmale gibt.

III. Praktische Bedeutung

5 Da jeder nach seiner Schuld bestraft wird (§ 13), wirken die besonderen Schuldmerkmale nur für denjenigen, in dessen Person sie vorliegen. Andere **Beteiligte** werden nach dem Grunddelikt (wenn das besondere Schuldmerkmal privilegiert oder qualifiziert) oder gar nicht bestraft (wenn es die Strafbarkeit erst begründet). Vgl dazu näher unten 33/66.

26. Kapitel: Besonderheiten der Fahrlässigkeitsschuld

Literaturauswahl: *Burgstaller*, Fahrlässigkeitsdelikt (1974) 182–201; *Burgstaller/Schütz*, WK² § 6 Rz 81–107; *dies*, WK² § 80 Rz 98–100.

I. Schuldfähigkeit und Unrechtsbewusstsein

Wie beim Vorsatzdelikt entfällt auch beim Fahrlässigkeitsdelikt die Schuld, wenn der Täter im Zeitpunkt der Tat **zurechnungsunfähig** ist (oben Kap 22) oder in einem **nicht vorwerfbaren Verbotsirrtum** (oben Kap 23) handelt. 1

Die praktische Bedeutung des Verbotsirrtums ist beim Fahrlässigkeitsdelikt freilich gering, weil das Schuldmerkmal des (virtuellen) Unrechtsbewusstseins zumeist in der – sogleich zu besprechenden – subjektiven Sorgfaltswidrigkeit aufgeht.

II. Positiv zu prüfende Schuldmerkmale

Anders als beim Vorsatzdelikt gibt es jedoch beim Fahrlässigkeitsdelikt generell **positiv zu prüfende Schuldelemente**.

1. Subjektive Sorgfaltswidrigkeit

a) Der Verstoß gegen die Sorgfalt, zu der er nach den Umständen verpflichtet ist, kann dem Täter nur dann *persönlich zum Vorwurf* gemacht werden, wenn er auch 2

- nach seinen **persönlichen geistigen und körperlichen Verhältnissen**
- im **Zeitpunkt der Tat**

befähigt war, die objektiv gebotene Sorgfalt einzuhalten (§ 6). Fahrlässigkeitsschuld setzt daher auch **subjektive Sorgfaltswidrigkeit** des Verhaltens voraus. An der **subjektiven Sorgfaltswidrigkeit mangelt** es,

- wenn der Täter die objektive **Sorgfaltswidrigkeit** seines Verhaltens, insbesondere dessen deliktstypische Gefährlichkeit, aufgrund eines geistigen oder körperlichen Mangels **nicht erkennen** konnte oder
- wenn er persönlich in der Tatsituation aufgrund eines solchen Mangels die bestimmte **Handlung**, die die Sorgfaltsnorm fordert, **nicht vornehmen** konnte.

b) Wie immer bei der Prüfung der Schuld ist zu **individualisieren**: Nicht die Sollensanforderungen des Rechts sind maßgebend, sondern die *persönlichen Kenntnisse und Fähigkeiten* des individuellen Täters. Geistes- und Körpermängel jeder Art, persönliche Ungeschicktheit oder mangelnde Erfahrung, die den Täter die Sorgfaltswidrigkeit der Handlung nicht erkennen oder ihn 3 zur geforderten Handlung unfähig sein ließen, schließen gleichermaßen die subjektive Sorgfaltswidrigkeit und damit die Fahrlässigkeitsschuld aus.

Beispiel: Wem beim Dachdecken ein Ziegel entgleitet, der einen Passanten erschlägt, der handelt objektiv sorgfaltswidrig, wenn einem ordentlichen Dachdecker dieser Fehler nicht passiert wäre (*objektiver Maßstab*, vgl oben 12/17). War der Täter jedoch als Laie beim Dachdecken überfordert und konnte er nach seinen persönlichen Fähigkeiten das Hinabfallen des Ziegels nicht vermeiden, so fehlt es an der subjektiven Sorgfaltswidrigkeit, so dass er mangels Schuld für *diesen* Fehler nicht bestraft werden kann. Zur Übernahmsfahrlässigkeit siehe sogleich.

4 Individuelle Unzulänglichkeiten entlasten jedoch nur, wenn sie die **körperlichen** oder geistigen (= **intellektuellen**) Verhältnisse des Täters betreffen. Im **emotionellen** Bereich gilt dagegen ein objektiver Maßstab: Persönliche Charaktermängel (zB Rücksichtslosigkeit, Leichtfertigkeit oder Gleichgültigkeit) werden – über die Schuldunfähigkeit hinaus (§ 11) – nicht berücksichtigt (**begrenzte Individualisierung**; *Burgstaller/Schütz*, WK[2] § 6 Rz 87).

5 c) Maßgebend sind die konkreten geistigen und körperlichen Fähigkeiten des Täters im **Zeitpunkt der Tat** (Gleichzeitigkeitsprinzip), nicht die allgemeinen Fähigkeiten dieses Menschen. Eine konkret vorliegende Übermüdung oder eine akute Übelkeit können daher die subjektive Sorgfaltswidrigkeit ausschließen.

6 Dies gilt – entgegen der überwiegenden Rspr – auch bei der selbstverschuldeten **Alkoholisierung**: Auch hier kommt es – wegen des Gleichzeitigkeitsprinzips und mangels anderer gesetzlicher Regelung – nicht in abstrahierender Betrachtung auf die Verhältnisse und Fähigkeiten des Täters *in nüchternem Zustand* an, sondern auf seine konkreten Fähigkeiten und Handlungsmöglichkeiten *im Tatzeitpunkt*. Wenn daher der Alkoholisierte im Zeitpunkt der Tathandlung unfähig war, die objektiv gebotene Sorgfalt einzuhalten, so ist er entschuldigt (*L/St/Huber* StGB[4] § 6 Rz 19 mit Nachweisen zur Rspr). Zur Übernahmsfahrlässigkeit siehe wiederum sogleich.

Beispiel: Wer in durch Alkohol beeinträchtigtem Zustand Auto fährt und dabei einen Unfall verursacht, weil er zwar im Vergleich mit einem Maßmenschen zu langsam, aber seinem (alkoholisierten) Zustand entsprechend reagiert, der handelt zwar objektiv, aber nicht subjektiv sorgfaltswidrig. Er kann daher für die Fehlreaktion nicht bestraft werden (möglicherweise aber dafür, dass er in seinem Zustand überhaupt Auto gefahren ist).

7 d) **Entfällt** die subjektive Sorgfaltswidrigkeit eines bestimmten Verhaltens, so kann die Strafbarkeit möglicherweise an eine *andere, frühere Handlung* des Täters angeknüpft werden, und zwar daran, dass der Täter eine gefährliche Tätigkeit übernommen hat, für die er – allgemein oder in seinem besonderen Zustand – die erforderlichen Kenntnisse und Fähigkeiten nicht besaß: **Übernahms- oder Einlassungsfahrlässigkeit**. Alle Fahrlässigkeitselemente sind dann auf diese Handlung – die Übernahme – zu beziehen.

Beispiel: Dem beim Dachdecken überforderten Heimwerker (vgl oben 26/3) kann es zwar nicht zum Vorwurf gemacht werden, dass er den Ziegel hat herabfallen lassen, wohl aber, dass er sich überhaupt auf das Dachdecken eingelassen hat. Seine **objektive Sorgfaltswidrigkeit** ergibt sich dabei aus dem Vergleich mit dem Verhalten eines ordentlichen Heimwerkers, der nicht auf das Dach gestiegen wäre, ohne die dafür erforderlichen Kenntnisse und Fähigkeiten zu besitzen, und **subjektiv sorgfaltswidrig** war die Übernahme des Dachdeckens, wenn dem Heimwerker seine *fehlende Eignung* zum Dachdecken und das daraus folgende Risiko für Leib und Leben von Passanten *konkret erkennbar* waren (was auch bei einem Laien idR der Fall sein wird).

Gleiches gilt für das Einlassen auf eine Autofahrt in alkoholisiertem Zustand: Deren Gefährlichkeit ist auch für einen Alkoholisierten idR einsehbar.

e) Da die Sorgfaltsnormen so beschaffen sind, dass sie von den Menschen **8** *normalerweise* eingehalten werden können, kann man in der Praxis davon ausgehen, dass die objektive Sorgfaltswidrigkeit eines Verhaltens die *subjektive Sorgfaltswidrigkeit* **indiziert**. Diese ist daher nur dann zu prüfen, wenn sich aus dem Sachverhalt **konkrete Anhaltspunkte** dafür ergeben, dass sich der *Täter im Tatzeitpunkt von anderen Menschen* – insbes von der differenzierten Maßfigur, die häufig den Sorgfaltsmaßstab bestimmt – *in einer Weise* **unterscheidet**, die es nahelegt, dass er den objektiven Sorgfaltsanforderungen nicht nachkommen konnte (zB Alkoholisierung, Übermüdung, Mangel an besonderen Fähigkeiten, die bei der differenzierten Maßfigur gefordert werden). Finden sich solche Anhaltspunkte, dann „muss ihnen freilich … jederzeit mit aller Gründlichkeit *nachgegangen werden*“ (*Schütz*, WK^2 § 6 Rz 90 mwN).

2. *Subjektive Zurechenbarkeit des Erfolges*

Bei den fahrlässigen Erfolgsdelikten genügt es zur Strafbarkeit nicht, dass **9** der eingetretene Erfolg der Handlung des Täters objektiv zurechenbar ist. Ein Schuldvorwurf kann dem Täter nur gemacht werden, wenn er den **Erfolgseintritt** und den **Kausalverlauf in seinen groben Zügen** auch individuell – nach seinen persönlichen Verhältnissen im Zeitpunkt der Tat – **voraussehen** konnte. Wiederum werden die geistigen und körperlichen Verhältnisse, nicht aber Besonderheiten im emotionalen Bereich berücksichtigt.

Die **praktische Bedeutung** dieses Merkmals ist **sehr gering**: Fälle, in denen sowohl die objektive und die subjektive Sorgfaltswidrigkeit des Verhaltens als auch die objektive Zurechnung des Erfolges vorliegen, die subjektive Zurechenbarkeit des Erfolges – die durch die objektive Zurechnung indiziert wird – aber fehlt, sind kaum denkbar (*Burgstaller/Schütz*, WK^2 § 6 Rz 98).

3. Zumutbarkeit rechtmäßigen Verhaltens

10 Während bei den vorsätzlichen Begehungsdelikten immer nur nach einem Schuld*ausschluss* wegen Unzumutbarkeit rechtmäßigen Verhaltens gefragt wird (also nach besonderen Entschuldigungsgründen wie zB § 10 StGB, die auch bei fahrlässiger Begehung vorliegen können), verlangt das Gesetz bei den Fahrlässigkeitstaten ausdrücklich (§ 6), in jedem Fall **positiv zu prüfen**, ob dem Täter die Einhaltung der geforderten Sorgfalt auch **zumutbar** war. Die Fahrlässigkeitsschuld kann daher auch dann entfallen, „*wenn dem Täter die Erfüllung der objektiven Sorgfaltspflicht*" nach seinen körperlichen und geistigen Verhältnissen im Zeitpunkt der Tat „*zwar an sich möglich gewesen wäre, aber an ihn* **derart hohe Anforderungen** *gestellt hätte, dass das Recht ihre Verfehlung* **nicht mehr vorwirft**" (*Burgstaller/Schütz*, WK² § 6 Rz 101). Über solche allgemeinen Umschreibungen kommt man leider nicht hinaus.

Die **praktische Anwendung** der Zumutbarkeitsprüfung – will man sie nicht zur Willkür werden lassen – ist daher nicht leicht. Am ehesten wird man sagen können, dass das Erfordernis der Zumutbarkeit sorgfaltsgemäßen Verhaltens „*die Funktion (hat), Fälle* **leichtester Fahrlässigkeit** [culpa levissima] *generell aus dem Strafbarkeitsbereich auszuscheiden*" (*Burgstaller/Schütz*, WK² § 6 Rz 105). Dies gilt insbes für „*(geringfügige) Fehlleistungen, die bei* **gefahrengeneigten Tätigkeiten** *unterlaufen*" (*L/St/Huber* StGB⁴ § 6 Rz 20). Besser wäre es freilich, in solchen Fällen bereits die objektiven Sorgfaltspflichten so zu fassen, dass sie die Anforderungen nicht überspannen.

d) Zusätzliche Voraussetzungen der Strafbarkeit

27. Kapitel: Zusätzliche Voraussetzungen der Strafbarkeit

Literaturauswahl: *Brandstetter*, Grundfragen der Deliktsverwirklichung im Vollrausch (1992).

I. Begriff und praktische Bedeutung

1. Unter der Sammelbezeichnung „Zusätzliche Voraussetzungen der Strafbarkeit" werden ganz unterschiedliche Tatmerkmale zusammengefasst, die nach allgemeiner Ansicht **weder das Unrecht noch die Schuld** betreffen und daher weder unter die *Tatbestandsmerkmale* noch unter die *Rechtfertigungsgründe* noch unter die *besonderen Schuldmerkmale* eingeordnet werden können. 1

Die Einordnung eines Tatmerkmals als (bloße) zusätzliche Strafbarkeitsvoraussetzung hat **schwerwiegende Konsequenzen**: Da diese Tatmerkmale weder zum Tatbild noch zum Schuldtatbestand zählen, muss sich weder der Vorsatz noch die Sorgfaltswidrigkeit noch sonst das Wissen oder Wissen-Können des Täters auf sie beziehen. Der **Irrtum** des Täters über ihr Vorliegen oder Fehlen ist gänzlich **irrelevant**; allein das *objektive Vorliegen* des Merkmals entscheidet über Strafbarkeit und Straflosigkeit. 2

Zusätzliche Voraussetzungen können daher – besonders, wenn sie die Strafbarkeit begründen – als Überreste einer Erfolgshaftung erscheinen und in einer Spannung zum **Schuldgrundsatz** (§ 4) stehen, so dass die Annahme, ein Deliktsmerkmal sei kein Tatbildelement, sondern bloß eine zusätzliche Voraussetzung der Strafbarkeit, **immer der besonderen Begründung im Einzelfall** bedarf. Entscheidend für die Qualifikation sind dabei **Sinn und Zweck des betreffenden Tatmerkmals im jeweiligen Deliktstypus**, so dass die Einordnung letztlich eine Frage des Besonderen Teils ist. 3

2. **Terminologisch** ist zu unterscheiden: 4

- Macht das Gesetz den *Eintritt der Strafbarkeit* vom Vorliegen bestimmter Umstände abhängig, die weder Tatbestands- noch besondere Schuldmerkmale sind, so spricht man von **objektiven Bedingungen** der Strafbarkeit.
- Es kann aber auch sein, dass das Gesetz gerade umgekehrt Umstände nennt, bei deren Vorliegen die *Strafbarkeit entfällt.*
  - Sind dies Umstände, die schon im Zeitpunkt der Tathandlung vorliegen und von vornherein keine Strafbarkeit entstehen lassen, so spricht man von **Strafausschließungsgründen**.

- Umstände, die erst nachträglich eintreten und eine bereits eingetretene Strafbarkeit wieder entfallen lassen, nennt man **Strafaufhebungsgründe**.

II. Einzelne Fälle

1. Objektive Bedingungen der Strafbarkeit

5 a) Unbestrittene Fälle objektiver Strafbarkeitsbedingungen enthält § 318: Die **Herabwürdigung der Symbole** (Fahne) **eines fremden Staates** (§ 317) wird nur dann bestraft, wenn „**Gegenseitigkeit** … verbürgt ist" (§ 318 Abs 2), also der ausländische Staat seinerseits die Herabwürdigung österreichischer Staatssymbole bestrafen würde. Dabei ist offensichtlich, dass dieses zusätzliche Erfordernis weder das Unrecht noch die Schuld berührt, sondern bloß aus außenpolitischen Gründen und Gründen der Zweckmäßigkeit aufgestellt worden ist. Es ist daher kein Tatbestandsmerkmal und braucht vom Vorsatz des Täters nicht umfasst zu sein.

Beispiel: Glaubt der Täter bei der Herabwürdigung irrtümlich, dass keine Gegenseitigkeit besteht und er darum nicht bestraft werden könne, so ist dies völlig irrelevant. Umgekehrt: Glaubt der Täter bei der Tat an das Vorliegen von Gegenseitigkeit, obwohl diese in Wirklichkeit nicht besteht, so ist dies kein Versuch des § 317; die Tat ist vielmehr vollendet, wird aber nicht bestraft, weil die objektive Bedingung der Strafbarkeit nicht erfüllt ist.

6 b) In der Praxis ungleich wichtiger sind der Eintritt einer *Körperverletzung* oder des *Todes* beim **Raufhandel** (§ 91) und die Begehung der *Rauschtat* in **§ 287**, die allgemein als objektive Bedingungen der Strafbarkeit angesehen werden (*L/St/Nimmervoll* StGB[4] § 91 Rz 7 und *L/St/Tipold* StGB[4] § 287 Rz 3b, 4), obwohl sie ganz offensichtlich das Unrecht der Tat (Erfolgsunwert) mitbestimmen. In beiden Fällen sind jedoch für die Ausklammerung aus dem Tatbestand nicht dogmatische Überlegungen, sondern der **spezifische Sinn und Zweck des jeweiligen Delikts** maßgebend.

7 aa) § 91 will den Beweisproblemen begegnen, die bei einem Angriff mehrerer in Nebentäterschaft oder bei einer Schlägerei bestehen und die trotz eingetretener Folgen des Raufhandels in dubio pro reo zu einem kriminalpolitisch unerwünschten Freispruch führen müssten. Der Tatbestand ist daher ein **abstraktes Gefährdungsdelikt**, das bereits die tätliche Teilnahme als solche wegen ihrer generellen Gefährlichkeit für Leib und Leben für strafbar erklärt, diese Strafbarkeit dann aber wieder durch das zusätzliche Erfordernis einer Verletzungs- oder Todesfolge – beim Angriff mehrerer genügt seit dem StRÄG 1996 eine leichte Körperverletzung, bei der Schlägerei muss es zumindest eine schwere Verletzung sein – *einschränkt*.

Die objektive Bedingung ist daher ein „**reiner Strafeinschränkungsgrund**" und mit dem Schuldgrundsatz vereinbar, vorausgesetzt, dass bereits die Teilnahme an der Schlägerei oder an dem Angriff mehrerer für sich allein eine Strafdrohung bis zu zwei Jahren rechtfertigt (Bedenken gegen die Regelung bei *Lewisch*, Verfassung und Strafrecht 305 ff; zu § 91 vgl auch oben 13/19, unten 33/18; ausführlich zu § 91 *Fuchs/Reindl-Krauskopf*, BT I[7] 64 ff).

„In einem Sicherheitsbereich bei einer Sportgroßveranstaltung" ist ausnahmsweise bereits die **tätliche Teilnahme** an einer Schlägerei oder an einem Angriff mehrerer für sich allein (also auch dann, wenn es zu keiner Körperverletzung kommt) strafbar (§ 91 Abs 2a). Diese Deliktsvariante enthält also keine objektive Bedingung der Strafbarkeit. – Ebenso ist ein **tätlicher Angriff** zB auf Kontrolleure der öffentlichen Verkehrsdienste unabhängig von den Folgen strafbar (§ 91a, eingeführt durch die Strafgesetznovelle 2017).

bb) Auch § 287 lässt sich am einfachsten als ein **abstraktes Gefährdungsdelikt** verstehen: Betrinken als generell gefährliche Handlung, die aber nur unter der einschränkenden Bedingung bestraft wird, dass es zu einer Rauschtat kommt (vgl näher oben 22/21 ff; eine grundsätzlich andere Deutung gibt mit guten Gründen *Brandstetter*, Vollrausch). 8

c) Als ein weiteres Beispiel für eine objektive Bedingung der Strafbarkeit wird das gesetzliche Merkmal des **§ 286** genannt, dass die **Tat, deren Verhinderung unterlassen** wird, „mit einer ein Jahr übersteigenden Freiheitsstrafe bedroht ist" (*L/St/Tipold* StGB[4] § 286 Rz 4); das Merkmal brauche vom Vorsatz des Unterlassungstäters nicht erfasst zu sein. 9

Beispiel: Wer im Wirtshaus zufällig erlauscht, dass sich zwei Mitgäste auf den Weg zu einer Straftat machen, die er aufgrund des Erlauschten für einen einfachen Diebstahl hält, wäre nach § 286 strafbar, wenn es bei der Tatausführung zu einer Gewaltanwendung kommt, also (objektiv) ein Raub oder ein räuberischer Diebstahl begangen wird.

Für eine solche Erfolgshaftung besteht aber kein hinreichender Grund. § 286 sollte vielmehr so ausgelegt werden, dass sich nur strafbar macht, wer vorsätzlich eine schwere (= mit einer ein Jahr übersteigenden Freiheitsstrafe bedrohte) Straftat nicht verhindert; das entsprechende Tatmerkmal (das im Übrigen den Unwert der Unterlassung mitbestimmt) ist daher **keine objektive Strafbarkeitsbedingung**, sondern ein echtes Tatbildmerkmal (aA, aber zum selben Ergebnis gelangend *Hinterhofer*, SbgK § 286 Rz 36).

d) **Weitere** – zT fragliche – **Fälle** von objektiven Bedingungen der Strafbarkeit enthalten § 103 (Täter oder Überlieferter ist Österreicher oder Inlandsaufenthalt des Überlieferten), § 159 Abs 3 (Zuwendungen), § 178 (Meldepflicht der Krankheit) und § 274 (Begehung einer Gewalttat). 10

e) **Objektive Bedingungen der erhöhten Strafbarkeit**, die im alten StG 1852/1945 häufig waren, bestehen heute **nicht** mehr (Ausnahme: § 91), da die schwerere Strafe den Täter nur trifft, wenn er die besondere Folge der Tat **wenigstens fahrlässig** herbeigeführt hat (§ 7 Abs 2; vgl oben 9/11 ff). *Beispiel*: Nach § 136 Abs 2 wird nur bestraft, wer den höheren Schaden am Fahrzeug auch fahrlässig verschuldet hat (ausführlich *Stricker*, SbgK § 136 Rz 88 ff). 11

2. *Strafausschließungsgründe*

12 Zu den Strafausschließungsgründen im weiteren Sinn (vgl § 259 Z 3 und § 313 StPO) zählen auch die Rechtfertigungs- und Entschuldigungsgründe. Hier sind nur noch jene seltenen Fälle zu behandeln, in denen das Gesetz trotz schuldhafter Verwirklichung des tatbestandsmäßigen Unrechts die Strafbarkeit entfallen lässt.

13 a) **Wahrheitsgetreue Berichte über** öffentliche **Parlamentssitzungen** bleiben von jeder Verantwortung frei (Art 33, 39 Abs 3 B-VG; *sachlicher Strafausschließungsgrund*).

14 b) Gem Art 57 Abs 1 B-VG dürfen Mitglieder des Nationalrates, des Bundesrates (Art 58 B-VG) und der Landtage (Art 96 B-VG) „wegen der in Ausübung ihres Berufes geschehenen Abstimmungen niemals, wegen der in diesem Beruf gemachten mündlichen oder schriftlichen Äußerungen nur vom Nationalrat verantwortlich gemacht werden". Diese **berufliche oder sachliche Immunität** schließt die Strafbarkeit des Abgeordneten aus. Als persönlicher Strafausschließungsgrund wirkt sie nur für den Abgeordneten selbst; andere Personen, die sich an der tatbestandsmäßigen und rechtswidrigen Tat des Abgeordneten beteiligen, sind strafbar.

Von der beruflichen ist die **außerberufliche oder persönliche Immunität** zu unterscheiden, die nach richtiger Ansicht kein Strafausschließungsgrund, sondern bloß ein prozessuales Verfolgungshindernis ist (*Platzgummer*, Strafverfahren[8] 8 ff).

15 c) Als weitere Beispiele für persönliche Strafausschließungsgründe werden die Voraussetzungen der Straflosigkeit bestimmter Vermögensdelikte, insbesondere unter Angehörigen, angesehen (§§ 141 Abs 3, 150 Abs 3, 136 Abs 4).

16 d) Auch die Strafausschließungsgründe sind die Ausnahme, so dass ein negatives Tatmerkmal in der Regel nicht als Strafausschließungsgrund, sondern als **Tatbestandseinschränkung** aufzufassen ist.

Dies gilt insbes für die Straflosigkeit der **fahrlässigen einfachen Körperverletzung** nach § 88 Abs 2, der keinen bloßen Strafausschließungsgrund normiert.

Aber auch die sog Fristenlösung in § 97 Abs 1 Z 1 ist am einfachsten als eine Einschränkung des Tatbestandes – als ein negatives Tatbildmerkmal des § 96 – aufzufassen (*Eder-Rieder*, WK[2] § 97 Rz 3; *Fuchs*, Notwehr 108 f). Wie immer ist die Einordnung jedoch eine Frage der Auslegung des betreffenden Deliktstatbestandes (näher zum Schwangerschaftsabbruch *Fuchs/Reindl-Krauskopf*, BT I[7] 79 ff).

Beispiel: Nimmt ein Arzt eine Abtreibung im vierten Monat in der Überzeugung vor, dass seit Beginn der Schwangerschaft noch nicht mehr als drei Monate vergangen sind, so hängt die strafrechtliche Beurteilung von der dogmatischen Einordnung des § 97 Abs 1 Z 1 ab: Ist die Fristenlösung ein **Strafausschließungsgrund**, so kommt es nur auf die wahre Sachlage an, so dass der Arzt bestraft wird; sein Irrtum ist irrelevant. Anders, wenn man diese Bestimmung als **Tatbestandseinschränkung** oder als **Rechtfertigungsgrund** ansieht: Dann schließt die irrtümliche Annahme eines einschränkenden Tatbildmerkmals den Vorsatz aus bzw lässt der § 8-Irrtum die Vorsatzhaftung entfallen, so dass der Arzt nicht bestraft werden kann.

3. Strafaufhebungsgründe

Fälle, in denen die bereits eingetretene Strafbarkeit durch ein nachträgliches Verhalten des Täters oder durch andere nachträglich eingetretene Umstände **wieder aufgehoben** wird, sind verhältnismäßig häufig und jeweils im konkreten Regelungszusammenhang zu besprechen: **17**

a) Der **Tod** des Rechtsbrechers lässt den Strafanspruch erlöschen und führt zur sofortigen Einstellung des Verfahrens (näher im AT II).

b) **Verjährung** (§§ 57 ff; näher im AT II).

c) **Rücktritt vom Versuch** (§ 16) und **Tätige Reue** (insbes § 167); dazu näher im Kap 31 und *Fuchs/Reindl-Krauskopf*, BT I^7 279 ff.

d) Bis 2007 war die Mangelnde Strafwürdigkeit der Tat (§ 42 StGB) ein besonderer Strafausschließungs- oder -aufhebungsgrund. Mit der Strafprozessreform 2008 ist das Verfolgungshindernis des § 191 StPO (Einstellung wegen Geringfügigkeit) an seine Stelle getreten.

C) Der Versuch

28. Kapitel: Wesen und Strafbarkeit des Versuchs

Literaturauswahl: *Burgstaller*, Über den Verbrechensversuch, JBl 1969, 521; *ders*, Der Versuch nach § 15 StGB, JBl 1976, 113; *Fuchs*, Probleme des Deliktsversuchs, ÖJZ 1986, 257; *Jakobs*, Kriminalisierung im Vorfeld einer Rechtsgutsverletzung, ZStW 1985, 751; *Nowakowski*, Zur Systematik der Lehre von den Erscheinungsformen des Verbrechens nach der subjektiven Auffassung, Zeitschr. f. österr. R. 1946, 22; *ders*, Die Erscheinungsformen des Verbrechens im Spiegel der Verbrechensauffassungen, ÖJZ 1953, 596; *Platzgummer*, Die Vorverlegung des Strafrechtsschutzes durch Gefährdungs- und Unternehmensdelikte im österreichischen Strafrecht, ZStW 1987 (Beiheft) 37; *Sautner*, Beginn der Strafbarkeit beim Versuch, JBl 2013, 753; *Schmoller*, Ist die versuchte Herbeiführung einer qualifizierenden Folge strafbar? JBl 1984, 654.

I. § 15 StGB als Strafausdehnungsnorm

Grundfall und **Hauptform** des strafbaren Verhaltens, das das Gesetz in den Deliktstypen des Besonderen Teils beim Vorsatzdelikt umschreibt, ist das **vollendete Delikt**: die Verwirklichung eines Tatbestandes in allen seinen **objektiven** (*Tatbild*) und **subjektiven** (*Vorsatz*, § 7 Abs 1) **Merkmalen**, wobei Tatbild und Vorsatz (objektiver und subjektiver Tatbestand) einander entsprechen müssen (vgl § 5 Abs 1 Satz 1). Fehlt es an dieser Kongruenz, so sind zwei Fälle denkbar: 1

1. Das **Tatbild** ist voll hergestellt, aber der Vorsatz in Bezug auf mindestens ein Tatbildelement fehlt: **Tatbildirrtum**. Mangels Vorsatzes entfällt zwingend die Vorsatzhaftung, Fahrlässigkeitshaftung ist möglich (vgl oben 14/47).
2. Der **subjektive Tatbestand** ist voll verwirklicht (dh der Täter *will* einen Sachverhalt verwirklichen, der einem gesetzlichen Tatbild entspricht), nicht aber der objektive (dh es gelingt ihm nicht): **Versuch**.

Der Versuch wäre straflos, wenn nicht § 15 **die Strafdrohungen** der Vorsatzdelikte ausdrücklich auf diesen Fall **ausdehnte**. Die Strafbarkeit des Versuchs ist also vom jeweiligen **vollendeten** Delikt **abgeleitet**. 2

Es gibt daher keinen Versuch schlechthin, sondern nur den Versuch eines **bestimmten Delikts**. Seine Strafbarkeit gründet sich auf die Kombination des § 15 mit dem jeweiligen Deliktstatbestand des Besonderen Teils, so dass beide Paragrafen im Urteil anzuführen sind.

II. Vollendung und (materielle) Beendigung (Vollbringung)

1. Ein Delikt ist **vollendet**, wenn *alle objektiven und subjektiven Merkmale eines gesetzlichen Deliktstatbestandes* erfüllt sind. Bei schlichten Tätigkeitsdelikten ist dies der Fall, wenn der Täter die im Gesetz beschriebene Handlung vollständig ausgeführt hat; Erfolgsdelikte sind erst mit dem Eintritt der tatbestandsmäßigen Veränderung in der Außenwelt vollendet. 3

Wann alle Tatbestandsmerkmale verwirklicht sind, ergibt die Auslegung des betreffenden Deliktstypus. *Beispiel*: **Mord** (§ 75) ist erst mit dem Tod des Opfers (nicht schon mit dem Giftgeben) vollendet, **Betrug** (§ 146) erst mit dem Schadenseintritt, nicht schon mit der Irreführung. Auch die **Nötigung** (§ 105) ist ein Erfolgsdelikt und erst mit der Vornahme der abgenötigten Handlung durch das Opfer vollendet. Der **Diebstahl** (§ 127) ist erst dann vollendet, wenn der Dieb den Alleingewahrsam an der gestohlenen Sache begründet hat. Wann dieser Alleingewahrsam begründet ist, kann allerdings bisweilen zweifelhaft sein, vgl nur die Kontroverse zum beobachteten Ladendiebstahl an kleinen Sachen (ausführlich *Fuchs/Reindl-Krauskopf*, BT I[7] 166).

4 2. Die Vollendung ist also ein „formeller" Begriff, weil ihr Eintritt allein davon abhängt, ob die gesetzlichen Tatbestandsmerkmale erfüllt sind oder nicht. Bisweilen wird ihr die sog **materielle Vollbringung** (**Beendigung**) der Tat gegenübergestellt (zB *Nowakowski*, WK[1] Vor § 3 Rz 65–67; *L/St/Durl/Schütz* StGB[4] § 15 Rz 2; *Jescheck/Weigend*, AT[5] 517 f): **Vollbracht (beendet)** sei die Straftat erst dann, wenn *„die von dem jeweiligen Straftatbestand bekämpften Rechtsgutsverletzungen tatsächlich in dem vom Täter gewollten Umfang eingetreten sind"* (*Jäger*, SK StGB[9] Vor § 22 Rz 8, nach *Rudolphi*, SK StGB[6] Vor § 22 Rz 7). Vollendung und Beendigung fallen, so wird gesagt, insbesondere bei **Dauerdelikten** und bei Delikten mit **erweitertem Vorsatz** (vgl oben 10/58 ff, 62 ff), dessen Unrechtsmerkmale einen „erweiterten Tatbestand" bilden (*Nowakowski* aaO), auseinander.

Beispiel: So sei der **Betrug** mit dem Eintritt des Schadens vollendet, beendet aber erst mit dem Eintritt der Bereicherung (*Kienapfel*, BT II[3] § 146 Rz 254; *L/St/Flora* StGB[4] § 146 Rz 61). Ebenso sei der **Diebstahl** erst dann materiell beendet, wenn der Täter die Beute in Sicherheit gebracht habe.

5 An die Unterscheidung werden **praktische Konsequenzen** geknüpft: Insbes sei **Beteiligung** (Beitragstäterschaft) auch über die Vollendung hinaus bis zur materiellen Vollbringung möglich (so früher für den Betrug *Kienapfel*, BT II[2] § 146 Rz 254, aber nicht mehr in der 3. Aufl; grundlegend anders *Kienapfel/ Schmoller*, BT II[2] § 146 Rz 253; allgemein *Fabrizy*, WK[2] § 12 Rz 31 und Rz 94 und *L/St/Öner/Schütz* StGB[4] § 12 Rz 48).

3. Dem kann in dieser Allgemeinheit nicht zugestimmt werden. Richtigerweise sind mehrere Fallgruppen zu unterscheiden:

6 a) Unproblematisch sind die **Dauerdelikte**, in denen das Gesetz sowohl die *Herbeiführung* als auch die *Aufrechterhaltung* eines bestimmten rechtsgutsbeeinträchtigenden Zustandes beschreibt (*Nowakowski*, WK[1] Vor § 3 Rz 60). Eine Freiheitsentziehung (§ 99) ist zwar (schon) mit dem Einsperren des Opfers vollendet, wird aber durch das anschließende Gefangenhalten weiter begangen; man kann daher sagen, dass das Delikt erst mit der Freilassung beendet ist. Bis zu diesem Zeitpunkt ist Beteiligung (am Gefangenhalten) möglich. Entsprechendes gilt für den unbefugten Fahrzeuggebrauch (§ 136: Wegfahren und Weiterfahren).

b) Dagegen lässt sich bei **Delikten mit erweitertem Vorsatz** eine „materielle Beendigung" nicht mechanisch auf jenen Zeitpunkt festlegen, in dem ein solcher Vorsatz verwirklicht ist. Denn insbesondere der für die Vermögensdelikte in Österreich typische *Bereicherungsvorsatz* beschreibt nicht eine weitere Rechtsgutsbeeinträchtigung, sondern eine bestimmte Innentendenz des Täters, die seine Strafbarkeit bestimmt, aber für die Verletzung des Rechtsgutes ohne Bedeutung ist. Der Betrug ist daher mit dem **Schaden des Opfers** vollendet *und zugleich materiell beendet*. Nach diesem Zeitpunkt gibt es nur noch Hehlerei und Begünstigung, jedoch keine Beteiligung mehr. 7

c) Eine *von der Vollendung abweichende Beendigung* kann – abgesehen von den Dauerdelikten – nur bei jenen Tatbeständen erwogen werden, bei denen der Gesetzgeber aus kriminalpolitischen Gründen den (formellen) Vollendungszeitpunkt **vorverlegt** hat, so dass auch nach der formellen Vollendung das **geschützte Rechtsgut weiter beeinträchtigt** wird, mag diese weitere Rechtsgutsverletzung nun Gegenstand eines erweiterten Vorsatzes sein oder nicht. So lässt sich davon sprechen, dass der **Diebstahl** erst dann beendet ist, wenn der Täter die Beute fortgeschafft hat, wie auch bis zu diesem Zeitpunkt Notwehr möglich ist (vgl oben 17/18; *Fuchs*, Notwehr 100). Ebenso könnte man eine **Erpresserische Entführung** (§ 102) erst mit der Vornahme des abgenötigten Verhaltens (Zahlung des Lösegeldes) als beendet ansehen. 8

Eine solche **Lehre von der Beendigung** als selbständige Verbrechensstufe durch Rechtsgutsbeeinträchtigung nach der Vollendung hätte jedoch nur dann praktische Bedeutung, wenn sich die an sie geknüpften Konsequenzen auch wirklich ziehen ließen. Das ist jedoch nicht der Fall: 9

- In Wahrheit ist – außer bei Dauerdelikten – eine strafbare **Beteiligung** immer nur bis zur **Vollendung** des Delikts möglich, da Beteiligung nicht (unspezifisch) Mitwirkung an einer Rechtsgutsverletzung, sondern der Beitrag zu einer *tatbestandsmäßigen*, also auch das Tatbild erfüllenden Rechtsgutsverletzung ist (vgl unten 33/61).
- Ebenso gilt, dass **qualifizierende Umstände** vor der formellen Vollendung des Grundtatbestandes verwirklicht werden müssen.
- Die **Verfolgungsverjährung** beginnt spätestens in diesem Zeitpunkt, da § 58 StGB ausdrücklich an den „*tatbild*-mäßigen" Erfolg anknüpft, jenen Erfolg also, der im äußeren Tatbestand des Delikts genannt ist.
- Schließlich kann auch nur ein „dem *Tatbild* entsprechender Erfolg" (§ 67 Abs 2) – also etwa beim Betrug der Schaden, nicht die Bereicherung – **österreichische Strafbarkeit** nach dem Territorialitätsprinzip begründen (näher oben 5/37).

Daraus folgt aber, dass die **Lehre von der Beendigung der Straftat** eher zur *Irreführung* geeignet ist als zur Klärung. Auf sie sollte daher *verzichtet* werden.

III. Versuch und Vorbereitung

1. Versuch

10 a) Vor der Vollendung liegt der **Versuch**, auf den § 15 die Strafbarkeit *ausdehnt.* Das versuchte Delikt erfüllt zwar nicht unmittelbar den Deliktstypus des Besonderen Teils, weist aber doch in subjektiver und auch in objektiver Hinsicht eine gewisse *Nähe zu den gesetzlichen Deliktstypen* auf. Im Einzelnen ergibt sich die Abgrenzung aus § 15 (siehe dazu ausführlich 29/19 ff, 27).

11 b) Eine Besonderheit bilden die sogenannten **(echten) Unternehmensdelikte**: Beim *Hochverrat* (§ 242) und bei bestimmten Angriffen auf oberste Staatsorgane (§§ 249, 250 und 316, jeweils iVm § 242 Abs 2) stellt das Gesetz ausnahmsweise den Versuch der Vollendung ausdrücklich gleich, so dass *auch der Versuch die Vollform* der Straftat darstellt. Dies deshalb, weil zB der vollendete Hochverrat, durch den die Verfassung der Republik erfolgreich geändert worden ist, idR aus tatsächlichen Gründen nicht bestraft werden kann.

Ob das Delikt in der *„Unternehmensform" des Versuches* vorliegt, bestimmt sich nach § 15. Durch die Sonderregel wird nur der Zeitpunkt der Vollendung vorverlagert, nicht aber die Grenze der Strafbarkeit verschoben; ohne sie wäre die „Unternehmensform" des Versuches als Versuch des Delikts strafbar (*Platzgummer*, Vorverlegung 40).

Der *Versuch* eines echten Unternehmensdelikts („Versuch des Versuchs") ist daher nicht strafbar (*L/St/Durl/Schütz* StGB[4] § 15 Rz 25); statt des Rücktritts vom Versuch ermöglicht das Gesetz bei der Unternehmensform des Versuches eine (besondere) Tätige Reue (zB § 243).

Zu den sog „**unechten Unternehmensdelikten**" vgl unten 28/30.

c) **Formen des Versuchs**

12 aa) Der Versuch ist in **zwei Formen** denkbar: einerseits – in zeitlicher Hinsicht – als *Durchgangsstufe* vor der Vollendung und anderseits als *untauglicher Versuch.*

Ein **untauglicher Versuch** liegt vor, wenn „die auf die Verwirklichung eines Straftatbestandes abzielende *Handlung* des Täters aus tatsächlichen oder rechtlichen Gründen unter den **gegebenen Umständen** *nicht zur Vollendung* führen kann" (*Jescheck/Weigend*, AT[5] 529). Es fehlt also während der Handlungsvornahme eine „Gegebenheit", ein **statischer Umstand**, den das Gesetz zwingend vorschreibt. *Beispiel*: Wer seines Amtes enthoben ist, kann keinen Amtsmissbrauch begehen (untaugliches Subjekt). Eine Leiche kann man nicht ermorden (untaugliches Objekt). Zur Straflosigkeit des absolut untauglichen Versuchs vgl unten das Kap 30.

13 bb) Noch wichtiger ist die Unterscheidung zwischen folgenden zwei Formen des Versuchs:

- Einmal ist es möglich, dass der Täter eine Handlung setzt, von der er im **Zeitpunkt ihrer Vornahme** annimmt, dass sie **möglicherweise** ausreichen werde, die volle Tatbildverwirklichung (den Erfolg) herbeizuführen, also eine **hinreichende Bedingung** für den Erfolgseintritt ist.

  Beispiel: Der Täter schießt auf sein Opfer und hält es *beim Abdrücken* zumindest ernstlich für möglich und findet sich damit ab, dass *dieser Schuss* tödlich sein könne: **abgeschlossener Versuch** (in Abgrenzung zum Begriff des „beendeten Versuchs", der beim Rücktritt eine Rolle spielt, vgl unten Kap 31, insbes 31/12).

- Davon zu unterscheiden sind jene Versuche, bei denen der Täter **nach seiner Vorstellung** im Zeitpunkt der Versuchshandlung noch *keine hinreichende Bedingung* für die volle Tatbildverwirklichung gesetzt hat, also noch keine Handlung vornimmt, die nach seiner Vorstellung im Zeitpunkt der Tat den Erfolg herbeiführen kann: **nicht abgeschlossener Versuch**.

  Beispiel: Der Täter lauert seinem Opfer auf oder legt an, hat aber noch nicht abgedrückt.

Nur beim **abgeschlossenen Versuch** hat der Täter den **vollen Handlungsunwert** des Deliktes verwirklicht, da er den Erfolg *aus der Hand gegeben* hat und dessen Eintritt oder Nichteintritt aus der Sicht des Täters bloßer Zufall ist. 14

Normlogisch ergibt sich dieser Handlungsunwert aus der Umwandlung der gesetzlichen Bewertungs- in eine **Bestimmungsnorm**: Aus der negativen Bewertung des Tötungs**erfolges** durch das Gesetz (§ 75) folgt die **Handlungs**anweisung: Du sollst keine Handlung vornehmen, von der du annimmst, dass sie den Tod eines Menschen herbeiführen kann. Gegen diese Verhaltensnorm hat der Täter beim abgeschlossenen Mordversuch verstoßen, gleichgültig, ob der Erfolg eintritt oder nicht.

Anders ist es beim **nicht abgeschlossenen Versuch**, bei dem der Täter noch keine solche Handlung vorgenommen hat, die nach seiner Vorstellung den Erfolg herbeiführen kann, mag er eine solche Handlung auch für die allernächste Zukunft vorhaben. Er hat die Tat vielmehr (nach seinen Vorstellungen) noch in der Hand, so dass der **volle Handlungsunwert** *noch **nicht** hergestellt* ist.

Zu den *Konsequenzen* dieser Unterscheidung vgl unten 29/17 f.

2. Vorbereitung

a) Jede Tätigkeit, die dem Versuchsstadium vorausgeht, heißt **Vorbereitung**. 15
Vorbereitungshandlungen sind (negativ) dadurch charakterisiert, dass sie entweder in *subjektiver* (Fehlen des endgültigen Tatentschlusses) oder in *objektiver* Hinsicht (noch) nicht Versuch sind. Sie sind grundsätzlich **straflos**, weil solche Verhaltensweisen nach ihrem äußeren Erscheinungsbild *typischerweise mehrdeutig* sind und als solche mit der *sozialen Ordnung (noch) im Einklang* stehen. Ihr objektiver Gehalt lässt daher ***keinen*** auch nur annähernd

verlässlichen ***Schluss auf den Vorsatz*** zu. Außerdem sind Vorbereitungshandlungen zumeist *ungefährlich*, weil zu weit von der tatbestandsmäßigen Rechtsgutsbeeinträchtigung entfernt.

Die Straflosigkeit der Vorbereitung ist ein Charakteristikum des **rechtsstaatlichen** Strafrechts und eines Strafrechts, das sich auf die Ahndung (tatsächlich) sozial-schädlicher Verhaltensweisen beschränkt und nicht die Gesinnung bestraft. *Totalitäre Systeme* neigen dagegen dazu, den Bereich des strafbaren Versuchs in die Vorbereitung hinein auszudehnen (zB in der früheren DDR: Kauf eines Schlauchbootes als versuchte Republikflucht). Eine klare Abgrenzung von Vorbereitung und Versuch ist darum besonders wichtig (vgl unten 29/19 ff).

15a Leider hat der Gesetzgeber den Grundsatz, dass die bloße Vorbereitung von Straftaten (und erst recht die bloße Planung) aus rechtsstaatlichen Gründen straflos ist, mittlerweile **stark verwässert**, und zwar insbesondere durch die Straftatbestände der **Kriminellen Vereinigung** (§ 278) und der **Kriminellen Organisation** (§ 278a; dazu auch unten 36/34). In beiden Fällen ist der einzige Bezug zu einer Rechtsgutsbeeinträchtigung der Umstand, dass sich der Täter an einer Verbindung beteiligt, die **Straftaten plant**, wobei beispielsweise die ***Planung*** „nicht nur geringfügiger Sachbeschädigungen" (§ 278) oder „schwerwiegender strafbarer Handlungen gegen das ***Vermögen***" (§ 278a) ausreicht. Allein die Beteiligung als Mitglied an der Verbindung begründet eine gerichtlich strafbare Handlung, im Fall des § 278a sogar ein Verbrechen (§ 17).

Ebenso kritisch zu sehen ist § 70 Abs 1 Z 2 der neuen Bestimmung über die **Gewerbsmäßigkeit**. Danach wird strenger bestraft, wer „zwei weitere solche Taten schon im Einzelnen *geplant* hat". Hier zieht der Gesetzgeber die bloße **Planung** von Straftaten als strafverschärfend heran.

Noch unbestimmter ist der ***Verdacht*** der Beteiligung an einer solchen Planung, der die Einleitung von **(geheimen) strafprozessualen Ermittlungen** und insbesondere eine Telefonüberwachung (§ 135 Abs 3 Z 3 StPO) und eine geheime akustische Überwachung (sog. „Lauschangriff", § 136 Abs 1 Z 3 StPO) ermöglicht. Eine hinreichende rechtsstaatliche Bindung an ein konkretes deliktisches Geschehen und eine Rechtsgutsbeeinträchtigung besteht dabei nicht.

16 b) Anders ist es, wenn der Gesetzgeber bestimmte *charakteristische* (eindeutige) und *besonders gefährliche* Vorbereitungshandlungen als **selbständige Tatbestände** unter Strafe stellt. Solche **Vorbereitungsdelikte** sind in unserem Gesetz zB

- § 151: **Versicherungsmissbrauch** (Zerstörung einer eigenen Sache oder Selbstverletzung mit Vorsatz auf Versicherungsbetrug),
- § 175: Beschaffung von radioaktivem Material oder von **Sprengstoff**,
- §§ 227 und 239: Beschaffung typischer Fälschungswerkzeuge,

- § 244: **Vorbereitung eines Hochverrates** durch Verabredung, im Zusammenwirken mit dem Ausland oder durch Herbeiführung einer konkreten Gefahr, aber auch
- § 28 SMG: **Vorbereitung von Suchtgifthandel** im Verhältnis zu § 28a SMG: Suchtgifthandel; vgl zu den Suchtgiftdelikten unten 29/44 und
- § 223 Abs 1: **Herstellung einer falschen Urkunde** im Verhältnis zu § 223 Abs 2: Gebrauch,
- § 241e: Entfremdung **unbarer Zahlungsmittel** und § 241h: Ausspähen von Daten eines unbaren Zahlungsmittels,
- sowie als allgemeines Vorbereitungsdelikt das **Komplott** (§ 277; dazu auch unten 36/34).

Alle diese Delikte sind dadurch charakterisiert, dass sie mit dem **erweiterten Vorsatz** begangen werden müssen, dass das eigentliche Delikt ausgeführt werde. Daran erkennt man, dass sie nur formal eigenständige Straftaten, in materieller Betrachtung *unselbständige Erweiterungen* anderer Tatbestände über den Versuch hinaus in das Vorbereitungsstadium hinein sind.

Zur Frage, ob der **Versuch** solcher Vorbereitungsdelikte strafbar ist, vgl unten 28/31 ff.

c) Vorbereitung (soweit strafbar), Versuch und Vollendung stehen zueinander im Verhältnis der **Scheinkonkurrenz** (*stillschweigende Subsidiarität*): Der Versuch verdrängt ein allenfalls strafbares Vorbereitungsdelikt, tritt aber seinerseits zurück, wenn der Täter die Tat sogar vollendet hat (näher im AT II). **17**

IV. Strafbarkeit des Versuchs

1. Reine Vorsatz- und Fahrlässigkeitsdelikte

a) Der Versuch ist **bei allen Vorsatzdelikten** generell strafbar (§ 15 Abs 1), also auch bei *Vergehen*. Dies gilt auch für das **Nebenstrafrecht** (Art I Abs 1 StRAG 1974). **18**

Anders ist es zB im *deutschen Strafrecht*: Generell strafbar ist nur der Versuch eines Verbrechens im technischen Sinn (Mindeststrafdrohung von einem Jahr oder darüber, also deutlich enger als in Österreich). Bei Vergehen ist der Versuch nur strafbar, wenn es im Besonderen Teil ausdrücklich bestimmt ist (§ 23 dStGB), was allerdings häufig der Fall ist. Auch im österreichischen *Verwaltungsstrafrecht* ist der Versuch einer Verwaltungsübertretung nur strafbar, wenn es in den Verwaltungsvorschriften ausdrücklich angeordnet ist (§ 8 Abs 1 VStG).

§ 15 Abs 1 erklärt weiters jede **Beteiligung an einem Versuch** für strafbar. Dazu näher unten in den Kap 32–36 über die Beteiligung.

b) Für das versuchte Delikt gilt **dieselbe Strafdrohung** wie für das vollendete. Dass es beim Versuch geblieben und damit – meist wegen des geringeren Erfolgsunwertes – die Schuld gemindert ist, ist bloß ein **gesetzlich benannter** **19**

Milderungsgrund (§ 34 Abs 1 Z 13). Eine besondere Änderung des Strafrahmens für den Versuch erübrigt sich wegen der Möglichkeit der *außerordentlichen Strafmilderung* (§ 41).

20 c) Auch **echte Deliktsqualifikationen** – das sind im Unterschied zu den *erfolgsqualifizierten Delikten* solche Qualifikationen, die *nur vorsätzlich* begangen werden können (vgl oben 9/12) – können nach unbestrittener Ansicht versucht werden. Dies gilt sowohl für *Erfolgs-* als auch für *Handlungsqualifikationen.*

Beispiel: Wer eine Sache im Wert von 6.000 Euro stehlen will und bei der Ausführung scheitert, wird wegen versuchten **schweren Diebstahls** (§§ 15, 127, 128 Abs 1 Z 5), wer eine Körperverletzung auf lebensgefährliche Weise versucht, wird wegen versuchter **schwerer Körperverletzung** (§§ 15, 83, 84 Abs 5 Z 1) bestraft.

21 d) Ebenso können **vorsätzliche Unterlassungsdelikte** versucht werden, und zwar sowohl erfolgsbezogene als auch schlichte Unterlassungsdelikte, diese freilich nur in Form des *untauglichen Versuchs* (näher unten 37/84 ff).

22 e) Dagegen ist bei **Fahrlässigkeitsdelikten** ein Versuch vielleicht denkbar (zB als bewusste Sorgfaltswidrigkeit ohne Erfolgseintritt), jedenfalls aber kraft Umkehrschlusses aus § 15 Abs 1 **straflos.**

2. Vorsatz-Fahrlässigkeits-Kombinationen

23 a) Delikte, die in ihrem gesamten Tatbestand **sowohl vorsätzlich als auch fahrlässig** begangen werden können (zB § 89: *„Wer vorsätzlich ... oder fahrlässig ...“*), können bei Vollendungsvorsatz in der **Vorsatz**variante auch versucht werden.

Dem wird zT mit denselben Argumenten wie bei den Vorsatz-Fahrlässigkeits-Kombinationen (erfolgsqualifizierten Delikten) widersprochen (*Burgstaller/Schütz*, WK² § 89 Rz 44 und *Schmoller*, JBl 1984, 654); dazu siehe sogleich 28/25a f.

Delikte mit einem **zwingenden Fahrlässigkeitsanteil** (zB § 83 Abs 2) können dagegen – wie reine Fahrlässigkeitsdelikte – nicht versucht werden.

24 b) aa) Grundsätzlich möglich ist ein Versuch bei jenen **Vorsatz-Fahrlässigkeits-Kombinationen**, die ***auch vorsätzlich*** hinsichtlich aller Tatbestandsmerkmale begangen werden können. Es sind dies sowohl jene Vorsatzdelikte, bei denen *unmittelbar in der Strafnorm* angeordnet ist, dass es bei einzelnen Merkmalen genügt, wenn diese „wenn auch nur fahrlässig“ verwirklicht werden (zB § 84 Abs 4, oben 9/11), als auch die *Erfolgsqualifizierten Delikten ieS*, bei denen die besondere Folge der Tat „wenigstens fahrlässig“ herbeigeführt wird (§ 7 Abs 2, oben 9/11a ff).

Diese Tatbestände lassen sich nämlich als **zwei Varianten** desselben Delikts auffassen, nämlich (bei ***vorsätzlicher*** Herbeiführung des „wenn auch nur“ oder „wenigstens“ fahrlässig zu verwirklichenden Tatmerkmals) als ein **reines Vorsatzdelikt** einerseits und (bei ***fahrlässiger*** Herbeiführung) als eine

Vorsatz-Fahrlässigkeits-Kombination anderseits, die der Einfachheit halber gesetzestechnisch in einer einzigen Bestimmung zusammengefasst sind. In der **Vorsatzvariante** lässt der Wortlaut des Gesetzes eine Anwendung der Versuchsregelung (§ 15) prinzipiell zu.

bb) Die **Rechtsprechung** folgt heute zumindest **bei § 84 Abs 4** (idF des StRÄG 2015) dieser Argumentation und bejaht eine Versuchsstrafbarkeit im Hinblick auf die **schwere Körperverletzung**: „Die schwere Folge kann im Fall des § 84 Abs 4 StGB fahrlässig oder vorsätzlich herbeigeführt werden. ... § 84 Abs 4 StGB lässt sich bei vorsätzlicher Herbeiführung des schweren Erfolgs als reines Vorsatzdelikt auffassen ... In der **Vorsatzvariante** kann § 84 Abs 4 StGB nunmehr sehr wohl **versucht** werden.“ (13 Os 136/16y EvBl 2018/14) **25**

cc) Zuvor hatte die Rechtsprechung vierzig Jahre lang den Versuch einer schweren Körperverletzung nach § 84 Abs 1 aF wie auch den Versuch erfolgsqualifizierter Delikte generell konsequent verneint (RS0089439; Leitentscheidung 13 Os 150/76 SSt 47/84; als obiter dictum 14 Os 11/01 JBl 2001, 601 m Anm Burgstaller; 15 Os 178/10f; und viele mehr). Argumentative Unterstützung hat diese alte Rechtsprechung insbes von *Schmoller* (JBl 1984, 654) erhalten: Wenn das Gesetz bei den erfolgsqualifizierten Delikten für die vorsätzliche wie für die fahrlässige Herbeiführung der schweren Folge **denselben Strafrahmen** vorsehe, so zeige es damit, dass es in diesen Fällen vorwiegend auf den **äußeren** Unwert ankomme, während dem *inneren* Unwert insoweit nur eine untergeordnete Bedeutung beigemessen werde; daher dürfe man bei diesen Delikten den inneren Unwert nicht so hoch ansetzen, dass sich auf ihn eine Versuchsstrafbarkeit stützen könne. **25a**

Diesen Argumenten gegen eine Strafbarkeit des Versuchs stehen allerdings schwerwiegende Wertungswidersprüche gegenüber, die sich ergeben, wenn man den Versuch eines erfolgsqualifizierten Delikts *generell* ablehnt:

- Wer eine **Sache im Wert von 6.000 Euro zu stehlen versucht**, wird wegen versuchten schweren Diebstahls mit Freiheitsstrafe bis zu ***drei Jahren*** bestraft (§ 128 Abs 1 Z 5, echte Deliktsqualifikation, vgl oben 9/12 und zum Versuch 28/20);
- dagegen würde sich ein Mann, der seiner Frau mit Vorsatz auf eine schwere Verletzung ein **heißes Bügeleisen ins Gesicht zu drücken versucht** (so der Sachverhalt in der oben genannten Leitentscheidung 13 Os 150/76 zur alten Rechtsprechung), nur wegen versuchter einfacher Körperverletzung nach § 83 Abs 1 strafbar machen, so dass diese Tat nur mit Freiheitsstrafe bis zu ***einem Jahr*** oder ***Geldstrafe*** bedroht wäre.

dd) Die neue Rechtsprechung **beruft sich ausdrücklich** auf die Änderung des Textes von § 84 durch das StRÄG 2015: In der neuen Fassung unterscheide sich das Delikt „sprachlich in auffälliger Weise von der früheren Rechtslage“. Während früher die schwere Körperverletzung ein erfolgsqualifiziertes Delikt im Sinne des § 7 Abs 2 war, stelle das Delikt nunmehr eine „selbständige Qualifikation des (im Urteilsspruch nicht mitzuzitierenden) § 83 Abs 1 StGB“ dar. **25b**

Es ist daher fraglich, ob die Gerichte auch **über den Bereich der §§ 84 und 85 hinaus** und auch bei den erfolgsqualifizierten Delikten im engeren Sinn die Möglichkeit eines Versuchs bejahen würde.

Gerade für diesen Bereich wurden gewichtige Argumente gegen eine Versuchsstrafbarkeit vorgebracht. So hat *Burgstaller* darauf hingewiesen, dass man – wenn man den Versuch eines Erfolgsqualifizierten Delikts generell anerkennt – etwa bei einer Vergewaltigung (§ 201) wegen des Versuchs hinsichtlich des Eintritts einer Schwangerschaft (§§ 15, 201 Abs 1 *und Abs 2 Fall 2*) bestrafen müsste, wenn eine Schwangerschaft zwar nicht eintritt, der Täter sie aber ernstlich für möglich gehalten und sich damit abgefunden hat. „*Das ist dem Gesetzgeber nicht zusinnbar*" (*Burgstaller*, WK[1] § 7 Rz 27 zu § 201 in der Fassung aus 1979; im Ergebnis ebenso *Burgstaller/Schütz*, WK[2] § 7 Rz 32).

26 ee) Zur Frage, ob der Versuch von Erfolgsqualifizierten Delikten und anderen Vorsatz-Fahrlässigkeits-Kombinationen, bei denen einzelne Tatmerkmale vorsätzlich oder fahrlässig („wenigstens fahrlässig") verwirklicht werden können, strafbar ist, sollte nicht rein formal auf die technische Formulierung des Gesetzes (Anwendungsbereich des vor die Klammer gezogenen § 7 Abs 2 oder unmittelbare Regelung aller Merkmale im Besonderen Teil) abgestellt werden. Vielmehr ist die Frage für **jeden einzelnen Tatbestand gesondert** durch Auslegung zu beantworten.

- Wenn die Konstruktion als Vorsatz-Fahrlässigkeits-Kombination den **Strafbarkeitsbereich** gegenüber einer reinen Deliktsqualifikation (vgl oben 9/12) auf die fahrlässige Begehung **erweitern** wollte, dann ist **Versuch** möglich.
- Wenn dagegen in einem Tatbestand erst durch die **Verwirklichung mehrerer Rechtsgutsbeeinträchtigungen** das volle Unrecht des Delikts hergestellt ist und solcherart im Sinne *Schmollers* die Verwirklichung des **äußeren Unwerts** im Vordergrund steht, dann besteht **keine Versuchsstrafbarkeit**.

26a In die erstgenannte Gruppe fallen jene Qualifikationen, die eine **immer intensivere Beeinträchtigung desselben Rechtsgutes** unter immer strengere Strafe stellen. Hier ist die **Parallele zu den Wertqualifikationen** der Vermögensdelikte herzustellen. Der Grund, warum das Gesetz bei den Körperverletzungsdelikten anders als bei den Vermögensdelikten für die Herbeiführung der schweren Folge Fahrlässigkeit genügen lässt, liegt einzig und allein in einer gewollten **Erweiterung des Strafbarkeitsbereiches**: Wegen eines qualifizierten Vermögensdelikts soll nur bestraft werden, wer auch den hohen Schaden in seinen Vorsatz aufgenommen hat; bei der Körperverletzung soll dagegen hinsichtlich der schweren Folge Fahrlässigkeit genügen. Eine Einschränkung der Strafbarkeit im Versuchsbereich war mit dieser Regelung nicht beabsichtigt.

Beispiel: Bei der **schweren Körperverletzung** nach § 84 Abs 4 genügt, anders als beim schweren Diebstahl (§ 128 Abs 1 Z 5), Fahrlässigkeit hinsichtlich der schweren Folge. Dies wegen des herausragenden Wertes des geschützten Rechtsgutes Leib und Leben. Eine Einschränkung der Versuchsstrafbarkeit gegenüber beispielsweise dem schweren Diebstahl war jedoch nicht beabsichtigt.

§ 84 Abs 4 kann daher im Versuch begangen werden, wenn sich der Vorsatz des Täters auch auf die schwere Verletzungsfolge erstreckt, diese aber nicht eintritt (so im oben genannten Fall des heißen Bügeleisens ins Gesicht: Strafbarkeit nach §§ 15, 84 Abs 4). – Entsprechendes gilt (seit der Strafgesetznovelle 2017) für § 85 Abs 2, aber auch für § 87 Abs 2 erster Fall.

Anders ist es bei jenen Tatbeständen, bei denen mehrere **verschiedene Rechtsgutsbeeinträchtigungen** zu einer Qualifikation zusammengefasst werden, deren Unrecht erst hergestellt ist, wenn alle diese unterschiedlichen Rechtsgutsbeeinträchtigungen auch tatsächlich eintreten. Hier steht der **äußere Unwert** im Vordergrund, so dass diese Qualifikationen nicht versucht werden können. **26b**

Dies gilt beispielsweise für die oben genannte Qualifikation der **Schwangerschaft** bei einer Vergewaltigung (§§ 15, 201 Abs 1 und Abs 2 Fall 2): Diese Qualifikation kann nicht versucht werden. Auch bei Tatbeständen, deren volles Unrecht erst durch das **Zusammentreffen von mehreren Rechtsgutsbeeinträchtigungen konstituiert** wird, von denen eine auch fahrlässig verwirklicht werden kann (zB § 199: Vernachlässigung und Verwahrlosung), ist ein **Versuch nicht strafbar**.

Zusammenfassend ergibt sich: Insbes bei den **Körperverletzungsdelikten** können die Erfolgsqualifikationen **versucht** werden. So ist insbesondere der Versuch einer schweren Körperverletzung nach § 84 Abs 4 strafbar. In den meisten anderen Fällen eines erfolgsqualifizierten Delikts ist der **Versuch** eines erfolgsqualifizierten Delikts **nicht strafbar**. **26c**

c) Eine **andere Versuchskonstellation** bei erfolgsqualifizierten Delikten liegt vor, wenn die qualifizierenden *Folgen tatsächlich eintreten*, das Grunddelikt seinerseits aber *nur versucht* worden ist. **27**

Beispiel: Das Opfer eines versuchten Raubes stirbt bei der Gewaltanwendung, ohne dass es zur Sachwegnahme kommt (§§ 15, 142, 143 letzter Fall). – *Ebenso:* Schon durch die versuchte Vergewaltigung wird das Opfer – fahrlässig – schwer verletzt (§§ 15, 201 Abs 1, Abs 2 Fall 1).

Hier wird allgemein Strafbarkeit nach dem qualifizierten Delikt angenommen (*Burgstaller/Schütz*, WK² § 7 Rz 31). Zu Recht, denn „die Tat", die die besondere Folge herbeiführt, kann auch ein (strafbares!) *versuchtes* Delikt sein, sofern bereits die (verwirklichte) **Versuchshandlung spezifisch gefährlich** ist für den Eintritt dieser besonderen Folge und ihr Eintritt eine Verwirklichung dieser spezifischen Gefahr ist (*Risikozusammenhang*).

Der Risikozusammenhang ist idR problemlos zu bejahen, wenn der Täter die gefährliche Tathandlung bereits vorgenommen hat, wenn er also zB bei einem Raub das Opfer bereits niedergeschlagen hat und dieses an der Gewaltanwendung stirbt, der Raub aber nur versucht ist, weil der Täter nichts mehr wegnehmen konnte. Problematischer ist es, wenn der Täter nicht einmal einen Teil der Ausführung vorgenommen hat. *Beispiel:* Der Räuber kann sein Opfer nicht niederschlagen, weil es davonläuft und dabei von einem Auto überfahren wird. Ist hier der Tod des Opfers eine Verwirklichung der spezifischen Gefahr, die der Täter durch seinen Angriff geschaffen hat? – Zur Lösung vgl oben 13/48.

28 d) Diese Lösung lässt sich aber mangels einer gesetzlichen Grundlage **nicht** auf die **eigentlichen Vorsatz-Fahrlässigkeits-Kombinationen** übertragen. Hier gilt wirklich, dass nach dem klaren Wortlaut des Gesetzes (zB des § 83 Abs 2) nur derjenige nach dieser Bestimmung bestraft werden kann, der einen anderen tatsächlich vorsätzlich am Körper misshandelt *hat* und dadurch fahrlässig eine Verletzung bewirkt. Da die vorsätzliche Misshandlung allein keinen Tatbestand erfüllt (§ 115 ist hier ohne Bedeutung), kann sie auch nicht mit § 15 zum „Grunddelikt" der „versuchten Misshandlung" kombiniert werden, auf dem dann die Qualifikation durch fahrlässige Herbeiführung der Verletzungsfolge aufgebaut werden könnte.

Beispiel: Wenn daher jemand einen anderen mit **bloßem Misshandlungsvorsatz** angreift, das Opfer aber ausweicht und sich dabei oder beim Davonlaufen verletzt, dann kann der Täter mangels eines (versuchten) Grunddelikts nicht nach §§ 15, 83 Abs 2 (oder 84 bzw 85 bei schweren Folgen), sondern (bei Sorgfaltswidrigkeit und Vorliegen des Risikozusammenhanges) nur wegen fahrlässiger Körperverletzung (§ 88) bestraft werden (aA *Kienapfel/Schroll*, BT I[5] § 83 Rz 76 f und Studienbuch BT I[4] § 83 Rz 76 ff; im Ergebnis wie hier gegen Vorsatzhaftung *Burgstaller/Fabrizy*, WK[2] § 83 Rz 38 und § 84 Rz 37; Strafbarkeit wegen *vollendeter* vorsätzlicher Körperverletzung wäre anzunehmen, wenn man für die – vollendete (!) – Misshandlung auch einen Angriff ohne Körperkontakt genügen ließe).

28a e) Zur Vollendungsstrafbarkeit gelangt man bei den Körperverletzungsdelikten der §§ 84 ff, wenn ein objektiv zurechenbarer Erfolg eintritt. *Beispiel:* Jemand greift einen anderen **mit Verletzungsvorsatz** an, das Opfer weicht aber aus, stürzt über eine Treppe und bricht sich den Knöchel. Bejaht man den Risikozusammenhang mit der Begründung, dass Zweck des Angriffsverbotes auch ist, das Opfer davor zu schützen, dass es sich *beim Ausweichen* verletzt, dann haftet der Angreifer wegen vollendeter schwerer Körperverletzung (§ 84 Abs 4).

Jede Handlung, die einen anderen verletzen soll und auch tatsächlich eine zurechenbare Verletzung herbeiführt, ist eine Verletzungshandlung (*„verletzt"*, § 83 Abs 1, 84 Abs 4 usw); unmittelbarer Körperkontakt ist hier nicht erforderlich. Anders bei der *Misshandlung*: Diese setzt Körperkontakt voraus.

3. Unternehmens-, Vorbereitungs- und Beihilfedelikte

29 a) Nicht strafbar ist der Versuch bei den **echten Unternehmensdelikten**, bei denen das Gesetz (lediglich) den *gesamten Bereich des Versuchs nach § 15* der Vollendung gleichstellt (oben 28/11).

30 b) Davon zu unterscheiden sind die sog **unechten Unternehmensdelikte**. Es sind dies (reine) Tätigkeitsdelikte, bei denen das Gesetz die Begriffe des **„Versuchens"**, des **„Suchens"** oder sachlich gleiche Begriffe dazu verwendet, die Tathandlung als ein auf Herbeiführung eines bestimmten *Erfolges* gerichtetes Verhalten zu beschreiben. Hier ist ein Versuch im zeitlichen Ablauf denkbar (aA *L/St/Durl/Schütz* StGB[4] § 15 Rz 25).

Beispiel: Wegen vollendeter *Wahltäuschung* (§ 263) macht sich nicht nur strafbar, wer den Irrtum des Wählers bewirkt, sondern – wegen der schweren Beweisbarkeit einer

Kausalität – auch, wer mit dem Vorsatz auf Irrtumserregung eine Handlung vornimmt, die zu einer solchen Irrtumserregung geeignet ist („zu bewirken versucht"). Eine Handlung, die dieser Handlung unmittelbar vorangeht, ist vom Tatbestand des vollendeten Delikts nicht erfasst, kann aber als Versuch der Wahltäuschung strafbar sein. – Wer zwar noch nicht dem Wilde nachstellt, aber im Wald aus dem Auto aussteigt, kann § 137 versuchen.

Bei den unechten Unternehmensdelikten ist also ein **Versuch möglich**.

c) Bei **Vorbereitungsdelikten** (oben 28/16) wird die Möglichkeit eines straf- 31 baren Versuchs überwiegend mit dem Hinweis bejaht, dass diese – formell betrachtet – *selbständige strafbare Handlungen* seien (zB *L/St/Durl/Schütz* StGB[4] § 15 Rz 40 mwN). Dem ist mit *Fabrizy* (StGB[13] § 15 Rz 2) entgegenzuhalten, dass solche Vorbereitungsdelikte in *materieller* Betrachtung ausnahmsweise Erweiterungen der Strafbarkeit auf das Vorbereitungsstadium – also Spezialnormen gegenüber der in § 15 angeordneten grundsätzlichen *Beschränkung* der Strafbarkeit auf das Versuchs- und Vollendungsstadium – sind, die nicht ihrerseits durch die Versuchsbestimmung des § 15 ausgeweitet werden dürfen.

Allerdings ist es schwierig, den Begriff des Vorbereitungsdelikts zu bestimmen. So könnte beispielsweise auch die Urkundenfälschung als Vorbereitung eines Betruges aufgefasst werden, so dass ihr Versuch straflos wäre. Richtigerweise ist zu unterscheiden:

- **Ausgeschlossen** ist der **Versuch** bei allen Tatbeständen, die – insbesonde- 32 re nach ihrer *systematischen Stellung* – klar als Vorbereitungsdelikte zu erkennen sind, insbesondere bei jenen, die der Gesetzgeber ausdrücklich als solche *deklariert* hat (vgl *Platzgummer*, ZStW 197, Beiheft 41). Dazu zählen zB die §§ 175, 227, 239 und 244.
- Das gleiche gilt für Tatbestände des **allgemeinen deliktischen Vorfeldes**, insbesondere für jene, die ausnahmsweise bereits die *Verabredung* für strafbar erklären, weil diese ihren Unwert ausschließlich und unselbständig aus dem verabredeten Delikt ableiten. **Ausgeschlossen** ist also der Versuch des *Komplotts* (§ 277) und der entsprechenden Sonderbestimmungen (zB § 321 Abs 2 StGB).
- **Strafbar** ist dagegen der Versuch bei Delikten, die – obwohl häufig Vorbereitungshandlungen im Hinblick auf ein anderes Delikt – auch in materieller Hinsicht **selbständige Delikte** mit einem *eigenen Unwertgehalt* sind. Darunter fallen zB die Urkundenfälschung (§ 223), die Bildung einer kriminellen Vereinigung (§ 278) oder einer kriminellen Organisation (§ 278a, jeweils wegen der Eigendynamik) oder das Ausspähen von Staatsgeheimnissen (§ 254).

d) Bei manchen Delikten kann es *zweifelhaft* sein, ob das **Eigengewicht** oder der **Vorbe- 33 reitungscharakter** überwiegt. Die Entscheidung setzt eine genaue Bestimmung des jeweils geschützten Rechtsgutes voraus und ist daher für jeden Tatbestand im Besonderen Teil gesondert zu treffen. Für zwei wichtige Fälle sei die Frage diskutiert:

- Versucht jemand, Suchtgift zu erwerben, um es später in Verkehr zu setzen, so fragt es sich, ob er wegen des Versuchs des Delikts nach **§ 28 SMG** bestraft werden kann (zu den Suchtgiftdelikten vgl ausführlich unten 29/44). *Dagegen* spricht, dass dieses Delikt bereits in seiner Überschrift ausdrücklich als Vorbereitungsdelikt für den nach § 28a SMG strafbaren Suchtgifthandel (Überlassen von Suchtgift an einen anderen) bezeichnet wird. *Anderseits* ist aber der Erwerb von Suchtgift für sich allein schon ein ***sozialinadäquates Verhalten***, und er ist ***besonders gefährlich***, wenn das Suchtgift nicht zum eigenen Gebrauch, sondern zur Weitergabe erworben wird. Der spezifische Unwertgehalt eines *solchen* Erwerbes wird von § 27 SMG nicht erfasst. Im Ergebnis ist daher wohl die Ansicht vorzuziehen, dass die Vorbereitung von Suchtgifthandel (§ 28 SMG) ihrerseits versucht werden kann.
- Beim **Versicherungsmissbrauch** (§ 151) wiederum spricht für den überwiegenden Vorbereitungscharakter der Umstand, dass die pönalisierten Tathandlungen – Beschädigung der eigenen Sache oder Selbstverletzung – ihren (vermögensrechtlichen) Unwertgehalt ausschließlich aus dem Bezug zum später beabsichtigten Versicherungsbetrug ableiten; allein daraus bezieht der Tatbestand seine – im Übrigen sehr zweifelhafte – Legitimation. Im Ergebnis sollte man daher auch § 151 als ein Vorbereitungsdelikt ansehen, das *nicht versucht* werden kann.

34 e) **Straflos** ist auch die **versuchte Beihilfe** (§ 15 Abs 2, näher unten in den Kap 32–34). Dementsprechend können alle Delikte **nicht versucht** werden, die Tathandlungen beschreiben (und damit durch die Tatbestandsformulierung formal zur unmittelbaren Täterschaft machen, vgl unten 33/2), die *der Sache nach Beihilfehandlungen* sind („**Beihilfedelikte**“).

Beispiel: Wer einem anderen Gift für einen Selbstmord besorgt, das dieser dann doch nicht verwendet, bleibt straflos: Die **versuchte Hilfeleistung zum Selbstmord** ist, entsprechend dem Grundprinzip des § 15 Abs 2, nicht strafbar (*L/St/Nimmervoll* StGB[4] § 78 Rz 6a; in der Begehungsform der Verleitung kann § 78 dagegen versucht werden). – *Ebenso:* **Unterstützen eines Nachrichtendienstes** (§ 319) ist der Sache nach Beihilfe zum Betreiben und kann nicht versucht werden. Straflos ist auch der versuchte sonstige Beitrag zu einem **Militärdelikt** (§ 259; vgl unten 35/34).

V. Zum Strafgrund des Versuchs

Die Frage nach dem Strafgrund des Versuchs gehört zu den am meisten umstrittenen Problemen der Strafrechtsdogmatik und kann in Kürze nicht angemessen behandelt werden. Da jedoch häufig die – bewusste oder unbewusste – Festlegung auf eine bestimmte Lehre die Auslegung der Versuchsbestimmung beeinflusst, ist es nützlich, sich die wichtigsten Zusammenhänge bewusst zu machen.

1. Einzelne Theorien

35 a) Seit jeher stehen einander die **subjektive** und die **objektive Lehre** gegenüber.

- Nach der **subjektiven Theorie** liegt der Strafgrund des Versuchs in der *Betätigung des verbrecherischen Willens*, der prinzipiell durch jede beliebige Handlung nach außen in Erscheinung treten kann.

– Die **objektive Theorie** sieht den Strafgrund teils in der **konkreten Gefahr für das** vom Tatbestand geschützte *Handlungsobjekt* (primärer Erfolgsunwert), teils in einer *Teilverwirklichung des Deliktstatbestandes*, dem nur noch das Schlussstück fehle (*Rittler*, AT[2] 255).

Der Gegensatz klingt schärfer, als er in Wahrheit ist. Da niemand die Bedeutung des Vorsatzes beim Versuch – immerhin eine Erscheinungsform des Vorsatzdelikts – bestreitet, geht es nur noch darum, welche Bedeutung man objektiven Merkmalen *zusätzlich* zum Tatvorsatz zur Begründung der Versuchsstrafbarkeit einräumt. Jede moderne Versuchstheorie ist **subjektiv** und objektiv zugleich, freilich kann sie **mehr oder weniger objektiv** sein. Tendenziell *erweitert* man den Bereich des strafbaren Versuchs, wenn man das Schwergewicht auf die subjektive Tatseite legt und die objektiven Erfordernisse der Versuchsstrafbarkeit auf das Allernotwendigste („*De internis non iudicat praetor*“, vgl oben 6/13) beschränkt, wogegen umgekehrt die Betonung der objektiven Voraussetzungen (Ausführungshandlung bei der **Abgrenzung von Vorbereitung und Versuch**, Straflosigkeit des **absolut untauglichen Versuchs**) die Strafbarkeit *einschränkt*. **36**

Im Streit der Versuchstheorien spiegeln sich die verschiedenen **Verbrechensauffassungen und Schuldbegriffe** wider. In Österreich ist insbes *Nowakowski* für eine betont **subjektive Verbrechens- und Versuchsauffassung** eingetreten. Für ihn war dies ein Anliegen der Gerechtigkeit: Immer dann, wenn der Täter seinen deliktischen Vorsatz betätige, dann zeige er jenen Mangel an Wertverbundenheit, in dem die Schuld bestehe (*Nowakowski*, ÖJZ 1953, 599). Ob sein Vorhaben gelinge oder scheitere, ob der Erfolg eintrete oder nicht, ob also das Delikt vollendet werde oder im Versuch steckenbleibe, das alles könne an der spezifischen Schuld des Täters nichts mehr ändern. Gleiche Schuld aber verdiene gleiche Strafe, und das könne nur die subjektive Versuchslehre gewährleisten. In dieser Sicht ist letztlich der **Versuch das eigentliche Verbrechen**: „*Was die Vollendung vom Versuch unterscheidet, ist nach dieser Auffassung lediglich eine objektive Bedingung der Strafbarkeit.*“ (*Nowakowski*, Zeitschr. f. österr. R. 1946, 27). **37**

b) Um eine Vermittlung zwischen den beiden Extrempositionen bemüht sich die sogenannte **Eindruckstheorie**: Sie erblickt den Strafgrund des Versuchs, wie die subjektive Theorie, im betätigten *verbrecherischen Willen*, ergänzt diesen Gesichtspunkt aber um ein *objektives Merkmal*: Die Willensbetätigung sei nur dann strafwürdig, „*wenn durch die auf die Tat gerichtete Willensäußerung das Vertrauen der Allgemeinheit auf die Geltung der Rechtsordnung erschüttert und das Gefühl der Rechtssicherheit und damit der Rechtsfriede beeinträchtigt werden kann*“ (*Hillenkamp,* LK[12] Vor § 22 Rz 56, nach *Vogler*, LK[10] Vor § 22 Rz 52; der Sache nach ebenso *Burgstaller*, JBl 1976, insbes 122). **38**

Wie bei allen generalpräventiven Ansätzen liegt aber letztlich eine **Leerformel** vor, mit der sich (fast) Beliebiges begründen lässt und die darum zur rationalen Lösung konkreter Versuchsprobleme kaum weiterhilft.

2. Einzelne Argumente zu den Theorien

In Wahrheit kommt man um eine Stellungnahme zur Frage, welches Gewicht man den äußeren Tatmerkmalen neben den inneren beim Versuch einräumt, nicht herum.

39 a) Anders als in Deutschland lässt sich in Österreich aus dem Wortlaut des StGB **keine grundsätzliche Entscheidung** des Gesetzgebers *für die subjektive Versuchstheorie* ableiten.

Während nämlich § 22 dStGB den Versuch dahin definiert, dass der Täter „*nach seiner Vorstellung* von der Tat zur Verwirklichung des Tatbestandes unmittelbar ansetzt", verlangt unser Gesetz eine Betätigung des Tatentschlusses „durch eine der Ausführung unmittelbar vorangehende Handlung" (§ 15 Abs 2). Diese Formulierung ist auch für eine *objektive Deutung* des Begriffs der Ausführungshandlung offen, ja sie legt eine solche Deutung durch das Fehlen jedes subjektiven Bezugspunktes sogar nahe. Auch im zentralen Streitpunkt zwischen objektiver und subjektiver Theorie unterscheiden sich das deutsche und das österreichische Recht in charakteristischer Weise: Während § 23 Abs 3 dStGB den **absolut untauglichen Versuch** grundsätzlich für strafbar erklärt, erklärt ihn das österreichische Gesetz ausdrücklich für straflos.

40 b) Für einen „**subjektiven Ausgangspunkt**" (*Burgstaller*) zur Auslegung der Versuchsbestimmung unseres StGB – und in der Folge zur einschränkenden Auslegung der objektiven Voraussetzungen des strafbaren Versuchs – werden vor allem zwei Argumente angeführt:

41 aa) Weil beim versuchten Delikt der objektive Tatbestand definitionsgemäß nicht erfüllt, sondern unvollständig ist, kann das äußere Geschehen für sich allein auch nicht verstanden werden. Sinn und Typizität erhält es nur vom Plan des Täters her: „*Das begrifflich Primäre am Versuch ist der Vorsatz*" (*Burgstaller*, JBl 1976, 114). Das ist gewiss richtig (vgl aber auch unten 30/11), doch lässt dieser Umstand noch keinen Schluss auf den Strafgrund des Versuches zu: Aus der **Tatsache**, dass man den Willen des Handelnden kennen muss, um ein bestimmtes Geschehen als Versuch zu deuten, lässt sich noch nicht das **Werturteil** ableiten, dass dieser Wille auch der tragende Grund für die Versuchsstrafbarkeit ist.

42 bb) Zweitens wird die umfassende Versuchsstrafbarkeit des geltenden Rechts ins Treffen geführt: Die Regelung des Gesetzes, dass in Österreich der Versuch **bei allen Vorsatzdelikten** – auch bei geringfügigen – strafbar ist und generell mit **derselben Strafe** bedroht wird wie das vollendete Delikt, sei nur damit zu erklären, dass der Gesetzgeber den *betätigten Vorsatz als das wesentliche Element* des Versuchs ansehe, denn nur darin glichen sich Versuch und vollendetes Delikt (*Burgstaller* aaO).

Näher betrachtet kann dieser Gedanke jedoch nicht überzeugen, weil eine solche subjektive Sicht des Versuchs auch eine rein **subjektive Unrechtslehre** voraussetzt (vgl oben 28/35 ff), die nur den Handlungsunwert und nicht den Erfolgsunwert berücksichtigt: Wenn die Höhe der Strafdrohungen Ausdruck für das Maß des jeweils verwirklichten Unrechts ist und wenn weiters ein Geschehen, das nur einen *Handlungsunwert* verwirklicht (wie der Versuch nach der subjektiven Theorie), mit demselben Strafsatz bedroht ist wie das vollendete Delikt mit seinem verwirklichten *Erfolgsunwert*, dann ist der Erfolg für die Unrechtsbewertung in Wahrheit irrelevant. Dann ist der Versuch das eigentliche Verbrechen und der Erfolgseintritt entbehrliche Zutat (vgl oben 28/37 *Nowakowski*: „*... lediglich eine objektive Bedingung der Strafbarkeit*").

Das ist aber nicht die Position unseres Gesetzes, das das **vollendete Delikt** *als den Normalfall der Straftat* beschreibt (vgl oben 28/1) und vor allem bei den Fahrlässigkeitsdelikten den Handlungsunwert ohne Erfolgsunwert fast durchwegs straflos lässt. Das Argument kehrt sich daher geradezu um: Wenn **Handlungs- und Erfolgsunwert** *gleichwertige Komponenten* des Unrechts sind (vgl oben 8/27), dann lassen die gleichen Strafdrohungen für versuchtes und vollendetes Delikt nur den Schluss zu, dass nach den Vorstellungen des Gesetzgebers **das versuchte Delikt dem vollendeten auch im objektiven Gehalt weitgehend gleichen soll**, so dass die verbleibende Differenz keiner Änderung des Strafrahmens bedarf, sondern als bloßer Milderungsgrund unter vielen (§ 34 Abs 1 Z 13) sachgerecht erfasst wird.

Die gleichen Strafrahmen sprechen daher eher für eine objektive Versuchsauffassung.

c) Auch die historische Interpretation spricht nicht für eine rein subjektive, sondern für eine „mehr objektive" Versuchsauffassung: Während sich die EBRV 1971 zu den Theorien neutral verhalten, wurde die Frage nach dem Strafgrund des Versuchs in der **Strafrechtskommission** ausführlich diskutiert. Im Ergebnis ist die Kommission *Nowakowski*, der sehr entschieden für die subjektive Auffassung eingetreten ist, in keinem der zentralen Versuchsprobleme – Abgrenzung zwischen Vorbereitung und Versuch, untauglicher Versuch, versuchte Beihilfe und Rücktritt vom Versuch – gefolgt, so dass unser Gesetz – entgegen den Bestrebungen *Nowakowskis*, die subjektive Theorie festzuschreiben – voll von **objektiven Grenzen** der Versuchsstrafbarkeit ist. Zur Frage des untauglichen Versuchs wurde in der Kommission (kurioserweise) sogar ausdrücklich über die Theorie (!) abgestimmt und mit Mehrheit beschlossen, dass der gesetzlichen Regelung die objektive Theorie zugrunde gelegt werden solle (*Kommission* 1046). **43**

3. Zusammenfassende Bewertung und Konsequenzen

Insgesamt folgt aus diesem Befund, dass die in unserem Gesetz festgelegten **objektiven Grenzen der Versuchsstrafbarkeit** ernst zu nehmen sind und **Gewicht haben**. Man darf sie auch nicht von einem „subjektiven Ausgangspunkt" aus durch die Brille einer bestimmten Theorie als Fehler im System und als „Randkorrekturen" verstehen, deren Auswirkungen möglichst gering **44** zu halten wären (so aber wohl, aus seiner Sicht verständlich, die Tendenz bei *Nowakowski*, Probleme der österreichischen Strafrechtsreform [1972] 16). Dies auch deshalb nicht, weil die objektiven Grenzen in Österreich – anders als in Deutschland – der Tradition der Praxis entsprechen und in der Strafrechtskommission gerade von den Praktikern gewollt und durchgesetzt wurden. Als **Entscheidungen des Gesetzgebers** sind sie jedenfalls hinzunehmen.

Darüber hinaus sind die objektiven Grenzen der Versuchsstrafbarkeit auch **wertungsmäßig** wohl begründet. Einmal dienen sie dazu, den *Versuch der Vollendung* auch im Erfolgsunwert **möglichst anzunähern** und so die gleichen Strafdrohungen zu rechtfertigen (vgl oben 28/42). Zum anderen sind sie Garanten der bürgerlichen Freiheit.

45 Die zunehmende **Subjektivierung des Strafrechts** birgt die Gefahr in sich, die Frage zu vernachlässigen, **wann denn überhaupt** die subjektive Tatseite erforscht werden dürfe; wann denn der innere Bereich eines Menschen, seine Vorstellungen und Wünsche, von Staats wegen untersucht und verbindlich festgestellt werden dürfen. Das Schuldprinzip und der Strafzweck des Rechtsgüterschutzes können auf diese Frage keine Antwort geben, denn wenn jedes beliebige – äußerlich wie immer beschaffene – Verhalten dadurch zum strafbaren Delikt werden kann, dass es von einem bestimmten Handlungswillen getragen ist, dann muss es *immer* als zulässig erscheinen, nach diesem Handlungswillen zu forschen. Im **extremen Schuldstrafrecht** kann es **keinen Internbereich** geben.

Der freiheitliche Rechtsstaat, der den Menschen nicht von vornherein als einen Feind der Rechtsgüter, sondern als einen *Bürger mit Freiheitsräumen* und einem – nicht naturalistisch, sondern normativ verstandenen – **Internbereich** ansieht, muss diesen freiheitsbedrohenden Tendenzen entgegenwirken. Er muss **objektive Grenzen der Strafbarkeit** festlegen, die sich gerade nicht aus dem Schuldprinzip ableiten lassen, sondern dieses und das *Streben nach einer Optimierung des Rechtsgüterschutzes von außen her* **einschränken**. Das ist beim vollendeten Delikt auf Grund des Erfordernisses, dass der äußere Tatbestand eines Deliktstypus vollständig hergestellt sein muss, selbstverständlich, muss aber auch für den Versuch gelten (näher *Jakobs*, ZStW 1985, 751, insbes 758 ff; *Fuchs*, ÖJZ 1986, 257).

Praktische Konsequenzen ergeben sich vor allem bei der **Abgrenzung von Vorbereitung und Versuch** (vgl unten 29/19 ff) und bei der **Straflosigkeit des absolut untauglichen Versuchs** (unten in Kap 30).

29. Kapitel: Die Merkmale des Versuchs nach § 15 StGB

Literaturauswahl: Siehe zu Kap 28. – Weiters: *Fuchs*, Tatentschluss und Versuchsbeginn, Triffterer-FS (1996) 73; *Karollus*, Zum Versuchsbeginn beim Betrug, JBl 1989, 627; *Küper*, Versuchs- und Rücktrittsprobleme bei mehreren Tatbeteiligten, JZ 1979, 775; *Sautner*, Der Beginn der Strafbarkeit beim Versuch, ÖJZ 2013, 753; *Wach*, Versuchsbeginn bei nachfolgender unbewusst selbstschädigender Opfermitwirkung, ÖJZ 2002, 791.

I. Übersicht

Ein **versuchtes Delikt** setzt voraus: 1

1. das **Fehlen der Vollendung** (vgl dazu oben 28/3 ff) als ungeschriebenes, weil selbstverständliches Merkmal des Versuchs;
2. den „**Entschluss**, sie (= die Tat) auszuführen" (§ 15 Abs 2 Fall 1; zum *Bestimmungsversuch* siehe sogleich), der im Wesentlichen dem **inneren Tatbestand** (Vorsatz) des vollendeten Delikts entspricht (unten 29/3 ff);
3. die **Betätigung** dieses Tatentschlusses „durch eine der Ausführung unmittelbar vorangehende Handlung" (§ 15 Abs 2): **Versuchshandlung** als **äußerer Tatbestand** des Versuchs (unten 29/19 ff).

Ein Versuch liegt (begrifflich) vor, ist jedoch **nicht strafbar**

4. wenn er **absolut untauglich** ist (§ 15 Abs 3, vgl unten Kap 30);
5. wenn der Täter strafbefreiend vom Versuch **zurückgetreten** ist (§ 16, unten in Kap 31).

§ 15 Abs 2 ist nicht leicht verständlich, denn er regelt in kunstvoller Verschlingung **zwei** voneinander völlig verschiedene **Versuchsprobleme**: einmal die *Abgrenzung von Vorbereitung und Versuch* und zum anderen die *Straflosigkeit der versuchten Beihilfe (Beitragstäterschaft)*. Dies geschieht dadurch, dass zuerst der Versuch dessen umschrieben wird, der den Entschluss gefasst hat, „sie" (= die Tat) „auszuführen", also der Versuch des **unmittelbaren Täters**. Als ein Versuch wird es aber auch definiert, wenn der Täter seinen Entschluss betätigt, „einen anderen dazu" (= zur Ausführung der Tat) „zu bestimmen (§ 12)" (**Bestimmungsversuch**). Im Umkehrschluss folgt daraus, dass es kein strafbarer Versuch ist, seinen Entschluss zu betätigen, „sonst" iSd § 12 zur Ausführung der Tat beizutragen. 2

Die Formulierung ist ungeschickt, weil sie den Begriff der **Ausführung** in zwei verschiedenen Bedeutungen verwendet: Einmal zur Beschreibung der unmittelbaren Täterschaft im Gegensatz zu den übrigen Täterschaftsformen („Entschluss, sie *auszuführen* **oder** einen anderen zu bestimmen [§ 12]") und das andere Mal zur Abgrenzung von Versuchs- und Vorbereitungshandlung („durch eine der *Ausführung* unmittelbar vorangehende Handlung betätigt"), wobei das Gesetz voraussetzt, dass auch der Bestimmungstäter – also derjenige, der nach der eben vorgenommenen Beschreibung der Täterschaftsformen die Tat gerade nicht ausführt – seinen Entschluss durch eine der Ausführung (gemeint: des Bestimmungsentschlusses) unmittelbar vorangehende Handlung betätigen kann.

Im Folgenden wird nur der **Versuch des Einzeltäters** behandelt. Zu den Problemen bei Beteiligung mehrerer vgl unten in den Kap 32–34, zur versuchten Bestimmung insbes 34/28 ff.

II. Tatentschluss

3 Der Tatentschluss als Voraussetzung des strafbaren Versuchs wird üblicherweise mit dem **Vorsatz** des vollendeten Delikts gleichgesetzt, dem er im Entschluss**gegenstand** und im Bewusstseins- und Wollens**inhalt** voll entsprechen muss.

1. Gegenstand des Tatentschlusses

4 **Gegenstand** des Tatentschlusses ist, wie beim Vorsatz, ein „*Sachverhalt ..., der einem gesetzlichen Tatbild entspricht*" (§ 5 Abs 1). Dies folgt bereits aus § 15 Abs 1, der den Versuch auf vorsätzliches Handeln beschränkt (*L/St/Durl/Schütz* StGB[4] § 15 Rz 5); insoweit kann man der Einfachheit halber auch beim versuchten Delikt von **Vorsatz** sprechen.

5 a) Der Tatentschluss muss sich daher auf **alle Tatbildmerkmale** beziehen, insbes auf das Tatobjekt und auf die Tathandlung. Erkennt der Täter das Tatobjekt in seinen tatbildrelevanten Eigenschaften nicht, so entfällt ein Versuch schon mangels Tatentschlusses (Tatbildirrtum).

Beispiel: Wer auf einen Menschen schießt, den er für ein Wild hält, begeht mangels Tatentschlusses auch keinen versuchten Mord.

6 Der Vorsatz muss sich weiters auf die **Vollendung** der Tat beziehen; wer nur den Versuch will – so häufig der agent provocateur –, hat keinen Tatentschluss und bleibt straflos (näher unten 33/67). Beim Versuch des **qualifizierten Delikts** (oben 28/20, 26) muss sich der Entschluss auch auf die qualifizierenden Umstände erstrecken; wenn der Deliktstypus einen **besonderen subjektiven Tatbestand** (erweiterten Vorsatz, zB Zueignungs- und Bereicherungsvorsatz beim Diebstahl) erfordert, muss der Tatentschluss auch dieses Merkmal umfassen.

7 b) Ebenso wie beim vollendeten Delikt muss der Täter die Tatbildmerkmale in ihrer **sozialen Bedeutung** erfassen (Parallelwertung in der Laiensphäre). Ein Irrtum über den sozialen Bedeutungsgehalt eines normativen Tatbestandsmerkmals lässt den Tatentschluss entfallen (vgl oben 14/22 ff).

Beispiel: Wer einen Marder fangen will und dabei nicht erkennt, dass „ein solches Raubzeug“ ein jagdbares Tier ist (Irrtum über das entsprechende Landes-Jagdgesetz), dem fehlt der Tatentschluss für § 137; er kann daher wegen des versuchten Delikts ebensowenig bestraft werden, wie er mangels Vorsatzes für das vollendete Delikt haften würde, wenn es ihm tatsächlich gelänge, den Marder zu erlegen (vgl 13 Os 124/86 RZ 1987/22).

c) **Versuch und Wahndelikt**: Ein Tatentschluss und damit ein Versuch liegt **8**
nur dann vor, wenn der Sachverhalt, den der Täter verwirklichen will, bei **richtiger rechtlicher Beurteilung** einem gesetzlichen Tatbild entspricht. Auf die rechtliche Beurteilung durch den Täter kommt es dabei nicht an: Ebensowenig, wie es den Vorsatz ausschließt, wenn der Täter sein in der tatsächlichen Dimension richtig erkanntes Verhalten irrtümlich für rechtmäßig hält (bloßer Verbotsirrtum, oben Kap 23), kann es Vorsatz begründen, wenn der Täter rechtsirrig sein Verhalten für verboten und strafbar hält. Lässt sich daher der Sachverhalt, den der Täter zu verwirklichen glaubt und verwirklichen will, bei richtiger rechtlicher Beurteilung *unter keinen gesetzlichen Tatbestand* subsumieren, so kann mangels eines „**Tat**“-Entschlusses (mangels Vorsatzes) nie Versuch vorliegen, auch wenn der Täter den Sachverhalt für strafbar hält. Man spricht von einem **Wahn- oder Putativdelikt**.

Diese Konstellation ist in verschiedenen **Fallgestaltungen** möglich:

- Einmal kann es sein, dass der Täter irrtümlich an eine *Verbotsnorm* (*Bei-* **9**
spiel: schriftliche Lüge als vermeintliche Urkundenfälschung) oder bei Kenntnis der Verbotsnorm irrtümlich an das Bestehen einer *Strafnorm* (*Beispiel*: irrtümliche Vorstellung, der unbefugte Gebrauch eines Fahrrades sei strafbar) glaubt. In solchen Fällen ist die Straflosigkeit (mangels *Tat*entschlusses) evident.
- Ein strafloses Putativdelikt (und nicht ein untauglicher Versuch, vgl unten **10**
30/13 f) liegt aber auch dann vor, wenn der Täter einen verpönten Erfolg mit einer *ex ante (!) ungefährlichen Handlung* (oder mit einem solchen *Mittel*) anstrebt. Da nur ein Verhalten tatbildmäßig ist, das ein sozial-*in*adäquates und damit *rechtlich missbilligtes* Risiko für den Eintritt eines tatbildmäßigen Erfolges schafft (vgl oben 11/6), ist der Wille, jemanden durch Zucker im Kaffee, durch Totbeten oder durch Gewehrschüsse auf ein hoch fliegendes Flugzeug zu töten, nicht auf ein tatbildmäßiges Verhalten gerichtet. Denn solche Verhaltensweisen können keine sozial-inadäquate Gefahr für das Leben eines Menschen begründen. Ein solcher Handlungswille ist also kein Tatentschluss iSd § 15 iVm § 75 und der sog **unsinnige** wie auch der **irreale Versuch** daher in Wahrheit kein Versuch im Sinne unseres Gesetzes, sondern ein strafloses Wahndelikt (*Fuchs*, ÖJZ 1986, 259; ebenso im Ergebnis *Jäger* SK StGB[9] § 22 Rz 57, nach *Rudolphi*, SK StGB[6] § 22 Rz 35 mwN).

11 – Entsprechendes gilt bei den *Rechtfertigungsgründen*: Wer einen anderen leicht verletzt und dies trotz ihm bekannter Einwilligung des Verletzten für strafbar hält, weil er nicht weiß, dass die Einwilligung in einem solchen Fall rechtfertigt (vgl oben 16/19), irrt über das Recht und begeht ein strafloses Wahndelikt. Wenn der Täter dagegen nichts davon weiß, dass der Verletzte eingewilligt hat (Tatsachenirrtum), dann fehlt es am subjektiven Rechtfertigungselement, so dass – nach richtiger Ansicht – ein untauglicher Versuch vorliegt (vgl oben 19/2 und unten 30/38).

12 – Bei den Sonderdelikten begründet der Rechtsirrtum über die Täterqualifikation ein Wahndelikt (*Beispiel*: Der Lenker eines Dienstwagens hält sich für einen Beamten und glaubt, einen Amtsmissbrauch zu begehen, wenn er den Wagen für Privatfahrten verwendet), der Tatsachenirrtum einen (untauglichen) Versuch (*Beispiel*: Ein Beamter weiß nichts von seiner Amtsenthebung und erlässt pflichtwidrig einen – wegen der Amtsenthebung unwirksamen – Bescheid).

13 d) Häufig wird ein **Umkehrverhältnis** zwischen Verbotsirrtum und Wahndelikt in dem Sinn angenommen, dass der *umgekehrte Tatbildirrtum* einen (untauglichen) Versuch, der *umgekehrte Verbotsirrtum* dagegen ein Wahndelikt begründe. Dies ist falsch, und zwar im Bereich des *Irrtums über den sozialen Bedeutungsgehalt eines normativen Tatbestandsmerkmals*: Dieser schließt den Vorsatz aus (vgl oben 14/22 ff, 45), begründet also einen Tatbildirrtum, doch begründet umgekehrt die irrtümliche Annahme eines normativen Tatbildmerkmals keinen Versuch, sondern ein Wahndelikt.

Beispiel: Wer beim Töten einer Waldmaus glaubt, in fremdes Jagdrecht einzugreifen, weil er unter Verkennung des Jagdgesetzes die Maus irrtümlich für ein jagdbares Tier hält, hat zwar den Willen, das normative Tatbestandsmerkmal der „Verletzung fremden Jagdrechts" und alle übrigen Merkmale des § 137 zu verwirklichen, doch ist dieser Wille kein Tatentschluss, weil er einen *Sachverhalt* (= Tötung einer Waldmaus) zum Gegenstand hat, der *keinem* gesetzlichen Tatbild entspricht. Der vorgestellte Sachverhalt ist vielmehr mit der Rechtsordnung völlig konform, und daran kann auch die böse Gesinnung des Täters nichts ändern, weil die bloße Gesinnung nicht bestraft wird. Es liegt daher kein (untauglicher) Versuch vor, sondern ein von vornherein strafloses Wahndelikt. – Ebenso begeht ein strafloses Wahndelikt, wer einen anderen „begünstigt" (§ 299) und dabei die Vortat des Begünstigten aufgrund eines Rechtsirrtums für eine gerichtliche Straftat hält, obwohl sie in Wahrheit nur eine Verwaltungsübertretung darstellt (zB Fahrerflucht nach einem Verkehrsunfall ohne Personenschaden).

14 Ein versuchsrelevanter Tatentschluss entfällt *bei jedem* **Rechtsirrtum** des Täters, auch bei einem umgekehrten Irrtum über ein normatives Tatbildmerkmal (näher insbes *E. Steininger*, JBl 1987, 205, 287, 301 ff und *Burkhardt*, JZ 1981, 681).

Dagegen lässt sich auch nicht einwenden, dass damit dem Vorsatz beim vollendeten Delikt ein anderer Inhalt gegeben werde als beim versuchten Delikt (so aber *Rudolphi*, SK StGB[6] § 22 Rz 32a): Vorsatz setzt – beim Versuch wie bei der Vollendung – voraus, dass der Täter einen tatsächlich strafbaren Sachverhalt annimmt **und** ihn (nach Laienart) richtig bewertet; entfällt auch nur eines dieser beiden Elemente – Sachverhaltskenntnis **oder** Bewertung –, dann entfällt der Vorsatz; die falsche Bewertung eines nicht strafbaren Sachverhalts kann niemals Strafbarkeit, sondern bloß ein Wahndelikt begründen.

2. Bewusstseins- und Willensinhalt

a) Der Tatentschluss des Versuchs wird nach allgemeiner Meinung auch im **Bewusstseins- und Willensinhalt** mit dem Vorsatz des vollendeten Deliktes gleichgesetzt. Daraus wird abgeleitet, dass für den Versuch **Eventualvorsatz** (§ 5 Abs 1 Satz 2) **genügt**, wo auch das vollendete Delikt keine andere Vorsatzform fordert. Verlangt dagegen der gesetzliche Deliktstypus eine **besondere Vorsatzform** (Wissentlichkeit, Absichtlichkeit, zB § 153, § 87), so muss diese auch beim Versuch vorliegen. 15

Nicht ausreichend ist sog *„bedingter Handlungswille"*: Es fehlt am Tatentschluss, wenn sich der Täter die **endgültige Entscheidung**, ob er die Tat begehen will oder nicht, noch vorbehalten hat. Dagegen liegt ein ausreichender Tatentschluss und damit Versuch vor, wenn der Täter wegen der Unsicherheit der Sachlage die Ausführung von *äußeren Bedingungen* abhängig macht, aber bereits entschlossen ist, bei Vorliegen dieser Bedingungen „unbedingt" zu handeln. 16

Beispiel: Befühlt der Taschendieb die Brieftasche seines Opfers, um sie zu stehlen, wenn sie dick genug ist, so hat er – trotz dieser Bedingung – bereits den entscheidenden Tatentschluss gefasst.

b) Die Gleichstellung von Tatentschluss und Vorsatz auch im Bewusstseinsinhalt ist jedoch bei näherer Betrachtung fragwürdig. Richtigerweise gilt sie nur für den **abgeschlossenen Versuch** (vgl oben 28/13): Wer in der Vorstellung tätig wird, dass die Handlung, die er eben vornimmt, den *vollen* Tatbestand (den Erfolg) herbeiführen könne, sich damit abfindet und trotzdem handelt, der ist jedenfalls zur Tat entschlossen. Dabei genügt, wo das Gesetz nichts anderes verlangt, für den abgeschlossenen Versuch Eventualvorsatz. *Beispiel*: Wer auf ein Objekt schießt, von dem er es ernstlich für möglich hält, dass es ein Mensch ist, und sich dabei mit dessen möglichem Tod abfindet, der hat den vollen Handlungsunwert des § 75 verwirklicht und den Mord versucht. Hier stellt sich auch kein Problem des bedingten Handlungswillens. 17

Auf den **nicht abgeschlossenen Versuch** passt die gesetzliche Definition des Eventualvorsatzes jedoch nicht: Wer einem anderen *bloß auflauert*, der hält es gerade *noch nicht* ernstlich für möglich, dass er dadurch (= durch das Auflauern) einen Sachverhalt verwirklicht, der dem gesetzlichen Tatbild des Mordes entspricht, mag er auch für später eine solche Tötung (vielleicht) vorhaben; im Gegenteil: Er weiß genau, dass er **jetzt** noch **nicht** tötet. 18

Hat der Täter noch keine Handlung vorgenommen, die nach seinen Vorstellungen den Erfolg herbeiführen kann, dann liegt ein Tatentschluss iSd § 15 nur dann vor, wenn er in ein Deliktsstadium gelangt ist, in dem bei normativer Betrachtung anzunehmen ist, dass sich die Tat bei ungestörtem Fortgang gleichsam automatisch und typischerweise *ohne weitere Entschlussakte* des Täters weiterentwickeln werde; wenn sie sich bereits in einem Stadium befindet, in dem der Täter *typischerweise keine Zeit mehr hat zum Denken und Planen.* Damit wird für die Beschreibung des Tatentschlusses auf die Abgrenzung von Vorbereitung und Versuch verwiesen: Wer in der drängenden Situation der **unmittelbar ausführungsnahen Handlung** im Hinblick auf die ernstlich für möglich gehaltene Tatbildverwirklichung weiterhandelt, der ist zur Tat entschlossen und begeht das versuchte Delikt (*Fuchs*, Tatentschluss 79 f). – Zur ausführungsnahen Handlung siehe sogleich.

III. Die Versuchshandlung (Abgrenzung von Vorbereitung und Versuch)

1. Wesen

19 Der **unbetätigte Handlungsentschluss** bleibt stets **straflos** (*cogitationis poenam nemo patitur*, Ulpian D 48, 19, 18; „*Gedankenstrafrecht*" siehe oben 6/13). Doch auch nicht jede beliebige Betätigung des Entschlusses zu einer fernen Tat genügt. Strafbarer Versuch liegt vielmehr erst dann vor, wenn der Täter seinen Vollendungsvorsatz **in ganz bestimmter Weise**, nämlich *durch eine der Ausführung unmittelbar vorangehende Handlung* (§ 15 Abs 2) oder – was mittels Größenschlusses aus dem Gesetz folgt – durch die *Ausführungshandlung* betätigt. **Versuchshandlung** – im Gegensatz zur Vorbereitungshandlung – ist daher nur eine Handlung, die

- bereits die **Ausführung der Tat** ist oder
- doch **dieser Ausführung unmittelbar vorangeht** (unmittelbar ausführungsnahe Handlung).

20 Zu den rechtsstaatlichen Gründen, die für diese Beschränkung der Versuchsstrafbarkeit durch ein **objektives Kriterium** maßgebend sind, vgl bereits oben 28/15 und 28/44 f. § 15 Abs 2 wurde in bewusster Ablehnung der rein subjektiven **Manifestationstheorie** formuliert, die der OGH vor dem StGB vertrat. Danach war Versuch bereits dann anzunehmen, wenn „*die auf den strafgesetzwidrigen Erfolg gerichtete Absicht des Täters eine schon aus seinem äußeren Verhalten klar erkennbare Darstellung gefunden*" hatte (näher *Burgstaller*, JBl 1969, 531). Doch trifft dies auch auf typische Vorbereitungshandlungen zu, insbesondere dann, wenn die Handlung nur im Hinblick auf die geplante Tat sinnvoll ist und der Täter schon im Vorbereitungsstadium Geld und Zeit investiert hat: Auch bei demjenigen, der seinen Erbonkel vergiften will und sich um teures Geld ein gut wirksames und schwer nachweisbares Gift besorgt, das er dem Onkel in einigen Wochen unters Essen mischen will, hat sich der Tatvorsatz im Kauf des Giftes klar „manifestiert". Für einen strafbaren Versuch nach § 15 Abs 2 genügt dies jedoch mangels (objektiver) Versuchshandlung nicht.

2. *Ausführungshandlung als Ausgangspunkt*

Ausgangspunkt für die Abgrenzung von Vorbereitung und Versuch ist die „**Ausführung der Tat**", also die Handlungsbeschreibung des jeweiligen Deliktstatbestandes des Besonderen Teils (**Tathandlung**, **Ausführungshandlung**). Dabei sind folgende Fälle zu unterscheiden: **21**

a) Bei **schlichten Tätigkeitsdelikten** und in anderen Fällen, in denen das Gesetz eine *bestimmte Handlung* als die Tathandlung beschreibt, ist diese Tathandlung die Ausführungshandlung. **22**

Beispiele: § 27 SMG wird bereits durch den **Erwerb** und durch das **Besitzen**, § 28a SMG nur durch **Einfuhr, Ausfuhr, Erzeugen oder** einem anderen **Anbieten, Überlassen oder Verschaffen** des Suchtgiftes ausgeführt (vgl näher unten 29/44), die Urkundenfälschung nach § 223 Abs 2 durch den **Gebrauch** der Urkunde, der Diebstahl (§ 127) durch die **Wegnahme** und § 288 durch die **Aussage**. Was im Einzelnen diese gesetzlichen Begriffe meinen, ergibt die Auslegung des jeweiligen Tatbestandes.

b) Bei Delikten, bei denen das Gesetz die verbotene Handlung als die **Herbeiführung eines Erfolgs** beschreibt („Erfolgsverursachungsdelikte"), ist Ausführungshandlung jene Handlung des Täters, die dazu „geeignet ist, den tatbildmäßigen Erfolg *ohne weitere Zwischenglieder*, insbesondere *ohne weitere Handlungen des Täters*, herbeizuführen" (*Rittler*, AT^2 105), also die **letzte Handlung** des Täters: Zwischen der Ausführungshandlung und dem Erfolg steht **keine weitere Handlung des Täters** mehr. **23**

Beispiel: Mögliche Ausführungshandlung des Mordes ist das Abdrücken der Pistole, der Schlag auf den Kopf des Opfers oder der Stich ins Herz.

Stehen noch **Handlungen anderer Menschen** zwischen der letzten Handlung des Täters und dem Erfolgseintritt, so ist dieser nach hM nicht unmittelbarer Täter, sondern Beitragstäter (ausführlich unten 33/4 ff). Seine letzte Handlung ist damit **Ausführung der Beitragshandlung** (Bestimmung oder sonstiger Beitrag). Dies gilt auch dann, wenn der unmittelbar Ausführende im Irrtum über die Bedeutung seiner Ausführungshandlung (unten 33/6–10 und 34/17) oder nicht selbstverantwortlich (unten 33/86 ff) handelt. Ob die Beitragstäterschaft oder ihr Versuch strafbar ist, ist dann eine Frage der Beteiligungslehre (ausführlich unten 34/28 ff).

c) Nichts anderes gilt bei jenen Tatbeständen, die *mehrere Handlungsbeschreibungen* miteinander (**mehraktige Delikte**, zB § 201: Gewaltanwendung und Vornahme einer sexuellen Handlung; §§ 127, 129: Einbruch und Wegnahme) oder gesetzliche Handlungsbeschreibungen mit dem Erfordernis einer Erfolgsherbeiführung (zB Betrug: Vermögensschädigung durch Täuschung) kombinieren: Auch bei diesen ist „Ausführung der Tat" erst jene Handlung des Täters, mit der er nach seinen Vorstellungen das gesetzliche Tatbild – abgesehen von einem allfällig geforderten Erfolgseintritt – *vollständig* verwirklicht, also die **letzte Handlung** des Täters. **24**

Dies zeigt schon ein einfacher Größenschluss: Ebenso wie jemand, der heute ein Türschloss aufbricht, um morgen in das Haus einzudringen und dort einen anderen zu verprügeln, heute die Körperverletzung nicht versucht, sondern bloß vorbereitet hat, genauso hat jemand, der heute das Schloss aufbricht, um morgen zu stehlen, mit dem Aufbrechen den **Einbruchsdiebstahl** noch nicht versucht; dass § 129 zwei Handlungen beschreibt (Einbruch und Wegnahme), vermag daran nichts zu ändern. Da Handlungsbeschreibungen in gesetzlichen Tatbeständen **Einschränkungen** der Strafbarkeit gegenüber dem umfassenden Schutz von Rechtsgütern sind, den die Erfolgs-Verursachungs-Delikte bieten (Strafbarkeit nur einzelner und nicht aller beliebigen Verletzungshandlungen), kann der Versuch bei jenen nicht in weiterem Umfang strafbar sein als bei diesen.

Dazu kommt, dass das Gesetz die Ausführung **der Tat** („sie auszuführen") verlangt, und davon kann nur die Rede sein, wenn der Täter das *gesamte tatbestandliche Handlungsunrecht* verwirklicht. Daran fehlt es, wenn der Wille des Täters zunächst nur darauf gerichtet ist, eines von mehreren Tatbestandsmerkmalen (Aufbrechen einer Sperrvorrichtung) zu verwirklichen, er also trotz Verwirklichung eines Tatbestandsmerkmals das tatbestandliche Unrecht noch nicht vollenden will, dies vielmehr erst für einen späteren Zeitpunkt plant (*Jäger,* SK StGB[9] § 22 Rz 12, nach *Rudolphi*, SK StGB[6] § 22 Rz 7a).

25 Die These, dass bei **zweiaktigen Delikten** schon die Vornahme des *ersten Aktes* als (Teil der) Ausführungshandlung und (als ausführungsnahe Handlung) schon die Vornahme einer Handlung Versuch begründe, die der ersten im Tatbestand beschriebenen Handlung unmittelbar vorangehe (*Burgstaller*, JBl 1976, 118; *L/St/Durl/Schütz* StGB[4] § 15 Rz 12), bedarf daher der Präzisierung: Versuch liegt in diesen Fällen nur dann vor, wenn die Handlung des Täters auch der Verwirklichung **aller anderen Tatbestandsmerkmale** – also auch dem geplanten zweiten Akt – **unmittelbar vorangeht** (*Hager/Massauer,* WK[2] §§ 15, 16 Rz 37; heute differenzierend *Bauer/Plöchl*, WK[2] StGB §§ 15, 16 Rz 37–37/6 [21.10.2020]; *Jäger*, SK StGB[9] § 22 Rz 12, nach *Rudolphi*, SK StGB[6] § 22 Rz 7a).

Beispiel: Eine Gewaltanwendung begründet nur dann einen versuchten Raub (§ 142) oder eine versuchte Vergewaltigung (§ 201), wenn ihr nach dem Tatplan die Wegnahme der Sache oder die erzwungene sexuelle Handlung unmittelbar nachfolgen soll. Wer sich dagegen heute seines Opfers mit Gewalt bemächtigt (zB es betäubt), um es morgen sexuell zu missbrauchen, befindet sich hinsichtlich der Vergewaltigung noch im Vorbereitungsstadium, mag auch ein anderes Delikt (Freiheitsentziehung, Körperverletzung, Nötigung) bereits vollendet sein.

26 Gleiches gilt beim **mehrstufig angelegten Betrug**: Nicht jede Täuschungshandlung ist ein Versuch, sondern erst jene Täuschung, die für die gewollte Vermögensverschiebung *entscheidend* sein soll (*Karollus*).

Beispiel: Wer unter falschem Namen ein Konto eröffnet, auf dem er später betrügerische Manipulationen vornehmen will, hat den Betrug mit der Kontoeröffnung – obwohl diese eine Täuschungshandlung ist – noch nicht versucht.

d) Gilt der Satz, dass die letzte Handlung des Täters die Ausführungshandlung (oben 29/23) und mit ihrer Vornahme die Tat jedenfalls versucht ist (oben 29/19), auch dann, wenn diese **Handlung** und die **konkrete Gefährdung des Opfers** zeitlich und sachlich weit **auseinanderfallen**? **26a**

Beispiel: A versteckt im Haus des X einen Sprengkörper, dessen Zündmechanismus so eingestellt ist, dass er erst in einem halben Jahr – wenn X von einer längeren Reise zurückkommt – die Explosion auslöst, sei es durch einen Zeitzünder, sei es etwa durch einen Sensor, der die Rückkehr des X registriert.

Hier fragt es sich, ob A schon **allein mit dem Verstecken** der Bombe den **Mord versucht** hat, obwohl der weit entfernte X noch in keiner Weise gefährdet wird.

Für solche Konstellationen hat *Wach* vorgeschlagen, den Versuchsbeginn dahin zu präzisieren, dass „die *konkrete Gefährdung des Opfers…* ein *‚impliziter' Bestandteil der Ausführungshandlung"* sei, „mit der Folge, dass diese erst dann vollständig vorliegt, wenn *nach dem Tatplan die konkrete Gefährdung des Opfers…* eintritt" (ÖJZ 2002, 797 mwN). Eine solche **Einschränkung** der Versuchsstrafbarkeit verdient – auch im Hinblick auf die Harmonisierung mit dem Versuchsbeginn bei Ausführung durch einen gutgläubigen Dritten (vgl unten 33/6–10 und 34/17) oder durch das Opfer selbst (unten 33/86, 89 und 34/17) – grundsätzlich Zustimmung: Solange der Täter das Opfer noch in Sicherheit weiß, hat sich für ihn die Situation noch nicht in jenem Maße zugespitzt, wie es für den strafbaren Versuch charakteristisch und notwendig ist (vgl oben 29/18 und unten 29/28 ff).

Der Täter befindet sich daher zumindest so lange noch im straflosen **Vorbereitungsstadium**, als er den **Geschehensablauf jederzeit stoppen** kann und nach seinen Vorstellungen dem Opfer noch **keinerlei konkrete Gefahr** droht.

Im Beispiel: Kann A die gelegte Bombe ohne weiteres entschärfen (zB weil er im Haus des X wohnt oder das Haus betreut und jederzeit Zugang hat), dann beginnt der Versuch des Mordes erst, wenn nach den Vorstellungen des Täters mit der Heimkehr des X zu rechnen ist und A es zumindest ernstlich für möglich hält, dass die Explosion unmittelbar bevorsteht. Anders, wenn A nicht mehr leicht an die Bombe herankommt und damit den ausgelösten Kausalverlauf nicht mehr ohne weiteres stoppen kann. Dann hat er die Ausführungshandlung bereits vorgenommen und kann nur noch vom Versuch zurücktreten, indem er den Erfolg abwendet (§ 16 Abs 1 Fall 3, unten 31/12 ff) oder sich iSd § 16 Abs 2 darum bemüht (unten 31/16 ff).

3. *Ausdehnung der Versuchsstrafbarkeit auf die sog ausführungsnahen Handlungen*

a) Die Ausführungshandlung ist aber nicht nur selbst eine Versuchshandlung, sie ist auch Ansatz- und Bezugspunkt für die Bestimmung der **ausführungsnahen Handlung**, auf die § 15 Abs 2 die Strafbarkeit des Versuchs ausdehnt: Diese muss **gerade der Ausführungshandlung „unmittelbar vorangehen"**. **27**

Versuch kann auch durch Handlungen begangen werden, die zwar nicht formell Ausführungshandlungen des betreffenden Delikts sind, aber doch der Ausführung gemäß dem konkreten Tatplan **unmittelbar vorangehen**. Ob eine ausführungsnahe Handlung (und damit Versuch und nicht Vorbereitung) vorliegt, kann daher immer nur **von der Ausführungshandlung her** und damit nur konkret *im Hinblick auf einen bestimmten Deliktstypus* beurteilt werden.

Mit dem Erfordernis, dass die Versuchshandlung der Ausführung **unmittelbar** vorangehen müsse, rückt das Gesetz den Versuch „*bis hart an die Grenze der Tatbestandshandlung heran*" (*Jescheck/Weigend*, AT[5] 519 im Anschluss an *Roxin*). Die übliche Bezeichnung der Versuchshandlung als „*ausführungsnahe Handlung*" ist – streng genommen – nicht korrekt, weil bei diesem Begriff gerade das **Merkmal der Unmittelbarkeit** fehlt, das nach dem Gesetz für die Abgrenzung *entscheidend* ist.

28 b) Mit der hM kommt es zur **Unmittelbarkeit** des Vorangehens auf *drei Kriterien* an: Die Versuchshandlung muss

- in zeitlicher (**zeitliche** Nähe)
- und örtlicher Hinsicht (**örtliche** Nähe) unmittelbar ausführungsnah sein, und sie muss
- nach dem Tatplan ohne weitere Zwischenakte in die Ausführungshandlung übergehen (**aktionsmäßige** unmittelbare Nähe zur Ausführung).

Diese drei Gesichtspunkte sind zu **kombinieren**. Versuchshandlung kann daher nur ein Verhalten sein, das nach dem Tatplan **ohne weitere Unterbrechungen** in die Tatausführung **unmittelbar übergeht** und mit der Ausführungshandlung in einem **räumlich-zeitlichen Naheverhältnis** steht.

29 – **Zeitliche und örtliche Unmittelbarkeit** besteht, wenn der Täter „*hier und jetzt*" die Tat ausführen – dh die Ausführungshandlung vornehmen – will.

30 – Dagegen ist das Merkmal des **Fehlens von Zwischenakten** weniger leicht zu bestimmen, da ein Geschehen in ganz verschiedener Weise in einzelne Akte zerlegt werden kann. Entscheidend ist letztlich ein funktionaler Zusammenhang, den man als „**Automatik des vorgesehenen Tatablaufs**" (*Küper*, JZ 1979, 780) beschreiben kann: Die Tat muss in ein Stadium gelangt sein, in dem sie sich bei ungestörtem Fortgang gleichsam automatisch (ohne weitere Entschlussakte des Täters) zur Ausführungshandlung weiterentwickelt. Dabei können **zwei Kriterien** der näheren Konkretisierung dienen:

31 – **Ruhe- und Überlegungspausen**, die der eigentlichen Tatausführung vorangehen, und Phasen, in denen sich der Täter nach seinem Tatplan nicht voll der Tat zuwendet, schließen den unmittelbaren Zusammenhang mit der Ausführung aus (*Nowakowski*, Grundzüge 92) und sind noch Vorbereitung,

32 – wogegen es für das Fehlen von (relevanten) Zwischenakten – also für Versuch – spricht, dass der Täter bereits Handlungen vorgenommen hat, die für sich allein betrachtet nicht mehr mehrdeutig und sozial-ethisch neutral, sondern bereits **an sich sozial auffällig** und störend sind, er also Akte gesetzt hat, die in die Schutzsphäre des Angegriffenen eingreifen und „durch die bereits eine *tätige* (nicht nur gedankliche) *Beziehung zum fremden Rechtskreis* hergestellt wird" (*Stratenwerth/Kuhlen*, AT[6] 11/40; einen umfangreichen „Katalog von Topoi" für und gegen den Versuch sprechender Merkmale gibt *Jakobs*, AT[2] 25/61–69).

c) Ob eine Handlung der Ausführung bereits unmittelbar vorangeht, ist nach dem **Handlungsplan des Täters**, nicht aber nach seinem realen subjektiven Erleben zu beurteilen (**objektiv-individuelle Betrachtung**): Entscheidend ist, ob bei objektiver Betrachtung des vom Täter geplanten Tatablaufes die Handlung schon in einem unmittelbaren zeitlichen, örtlichen und aktionsmäßigen Zusammenhang zur geplanten Ausführungshandlung steht; wie er selbst diese Nähe empfindet, ist unerheblich. **33**

Beispiel: Wer in ein Haus einbrechen und stehlen will (endgültiger Tatentschluss vorausgesetzt) und dieses beobachtend umrundet, hat den Einbruchsdiebstahl versucht, wenn er die Tat sofort ausführen will, sobald er die günstigste Stelle, zB ein offenes Fenster, ausfindig gemacht hat. Dagegen befindet sich der Täter noch im Vorbereitungsstadium, wenn er, sobald er eine günstige Gelegenheit entdeckt hat, noch sein Einbruchswerkzeug von zu Hause holen will; dann fehlt es am unmittelbaren zeitlichen und aktionsmäßigen Zusammenhang des Umrundens mit der Ausführung der Tat, der Sachwegnahme.

Wegen der **prinzipiellen Mehrdeutigkeit** der der Ausführung vorangehenden Handlungen (die eben noch keine Ausführungshandlungen, sondern für sich allein betrachtet typischerweise sozial unauffällige Handlungen sind) ist dieser *subjektive Beurteilungsmaßstab unvermeidbar*. **34**

d) Als ein weiteres Kriterium für die Abgrenzung der Versuchshandlung von der straflosen Vorbereitung wird bisweilen noch genannt, es komme (auch) darauf an, „ob der Täter bereits die **entscheidende Hemmungsstufe** vor der Tatausführung überwunden hat" (*Burgstaller*, JBl 1976, 119 f; *L/St/Durl/Schütz* StGB[4] § 15 Rz 9 mit Nachweisen aus der Rspr). Ein solches Abgrenzungskriterium ist jedoch abzulehnen (so auch *Bauer/Plöchl* WK[2] §§ 15, 16 Rz 31 f; 12 Os 1/03 JBl 2003, 668 = SSt 2003/18), da es weder im Gesetz genannt noch hinreichend bestimmt ist und außerdem genauer betrachtet nur den Tatentschluss (in Abgrenzung vom „bedingten Handlungswillen") umschreibt. Im Gegensatz dazu verlangt das Gesetz einen **unmittelbaren** Zusammenhang mit der Tat**ausführung**, und dieses **objektive Element** darf nicht verloren gehen. **35**

In Wahrheit geht die „Überwindung der **entscheidenden Hemmschwelle**" in den objektiven Kriterien der räumlich-zeitlichen und aktionsmäßigen Nähe auf: Handelt der Täter trotz dieser unmittelbaren Nähe zur Ausführungshandlung weiter, dann gilt die gesetzliche Vermutung, dass er die entscheidende Hemmschwelle überwunden hat, so dass Versuch vorliegt. Das Kriterium hat daher **keine eigenständige Bedeutung** und sollte besser nicht genannt werden.

e) **Zusammenfassend** lässt sich die Versuchshandlung und damit die Grenze zwischen Versuch und Vorbereitung folgendermaßen bestimmen: **36**

Versuch liegt vor, wenn der Täter **die Ausführungshandlung** oder eine Handlung vorgenommen hat, die nach seinem Tatplan **hier und jetzt** *in die Ausführungshandlung übergehen* soll und von dieser **nicht durch Zwischenakte**, insbesondere durch *Ruhe- und Überlegungspausen*, getrennt ist.

4. Fallgruppen und Einzelfälle

37 Freilich ist diese Formel bloß eine *allgemeine Richtlinie*, die der **Konkretisierung im Einzelfall** bedarf. Dies kann jedoch wegen der Tatbestandsbezogenheit der Ausführungshandlung nur *deliktsspezifisch* geschehen; allenfalls lassen sich einzelne *typische Situationen* herausarbeiten, die vielen Taten mehr oder weniger gemeinsam sind (*Jäger*, SK StGB[9] § 22 Rz 14, nach *Rudolphi*, SK StGB[6] § 22 Rz 13).

38 a) Bei Diebstahl (Einbruchsdiebstahl) und Raub sind die **Beschaffung von Tatwerkzeugen** (Waffe, Nachschlüssel), das **Auskundschaften einer späteren Tatgelegenheit** (Beobachten der Bank, der An- und Abfahrtszeiten der Geldtransporte) und die **Verabredung** zur gemeinsamen Begehung unstreitig typische Vorbereitungshandlungen, die nicht als das versuchte Delikt, sondern allenfalls nach einem anderen Tatbestand (Komplott, Waffendelikt) strafbar sein können.

Auch die **Fahrt zum Tatort** ist noch keine der Ausführung – der *Wegnahme* – unmittelbar vorangehende Handlung. Mit der **Ankunft am Tatort** ist das Versuchsstadium erreicht, wenn der Täter das Geschehen sofort (so rasch wie möglich, zeitliche Unmittelbarkeit) und ohne *außerhalb des notwendigen Geschehensablaufes liegende Zwischenakte* in die Ausführungshandlung überleiten, also den Raub oder Diebstahl jetzt in einem Zug durchführen will.

Beispiel: Wer *bewaffnet bei einem Supermarkt* eintrifft, um den Geschäftsführer sofort zum Öffnen der Geschäftstür zu veranlassen und gleich darauf mit geladener Pistole zum Öffnen des Tresors und der Herausgabe von Geld zu zwingen, hat den Raub bereits versucht (13 Os 4/78 EvBl 1979/6).

39 b) In den sog **Auflauerungsfällen** wird üblicherweise danach unterschieden, ob der Täter das Opfer **schon jetzt** oder **erst „Stunden" später** erwartet (*Burgstaller*, JBl 1976, 119).

Beispiel: A will den X auf einem einsamen Waldweg erschießen und versteckt sich mit seinem Gewehr am Tatort.

Unbestrittenermaßen ist es noch Vorbereitung, wenn sich A schon jetzt versteckt, obwohl er mit dem **Eintreffen des Opfers** erst viel später **rechnet**. Dagegen liegt nach allgemeiner Meinung (schon) Versuch vor, wenn nach den Vorstellungen des Lauernden **jederzeit** mit dem Eintreffen des Opfers zu rechnen ist und A dann sofort handeln will, auch wenn letztlich das Opfer erst viel später kommt.

40 Gegen die zuletzt genannte Ansicht bestehen jedoch **Bedenken**: Solange der Täter nicht sicher ist, ob und wann das Opfer in seinen Wirkungsbereich eintritt, nimmt er – *auch nach seinem Tatplan* – noch keine Handlung vor, die der Ausführung *tatsächlich* unmittelbar vorangeht, sondern bloß eine Handlung, von der er es für *möglich* hält, dass sie bald in eine solche ausführungsnahe Handlung und in die Ausführungshandlung *übergehen könnte*.

Richtigerweise wird man daher einen Versuch nur dann bejahen können, wenn die Situation nach dem Tatplan so gestaltet ist, dass der Täter beim (unvermuteten) Auftauchen des Opfers **keine Überlegungsphase** mehr hat, die es ihm ermöglichen würde, das Geschehen unauffällig – ohne Tatausführung – vorbeistreichen zu lassen. Nur dann ist bereits mit dem Auflauern jene „**Automatik**" angelegt, die den Versuch begründet (vgl oben 29/30).

Beispiele: Richtigerweise beginnt beim **„geheimen" Auflauern** der Versuch erst dann, wenn das Opfer herannaht und der Täter dies bemerkt. – Ebenso ist versuchter Raub zu verneinen, wenn der Täter bei einer Straßenbahnhaltestelle auf den Geldboten wartet, der jedoch nicht kommt (vgl die dt E BGH 4 StR 839/51 NJW 1952, 5144): Auch hier bleibt, mangels eines an sich sozial auffälligen Verhaltens beim „Auflauern", die Situation für den Täter noch unverbindlich.

Halten dagegen mehrere Täter „gemeinsam maskiert und mit einem geladenen Gasrevolver bewaffnet Vorpass auf die Geldbotinnen" (13 Os 82/92), deren zur **unmittelbaren Konfrontation** führendes Eintreffen sie jederzeit erwarten, wobei diese Konfrontation mit dem Opfer den Täter gleichsam zum automatischen Weiterhandeln zwingt, so ist mangels eingeplanter Überlegungsphase das Versuchsstadium bereits erreicht.

c) Verwandt sind die **Verfolgungsfälle**: Es ist daher noch kein strafbarer Raubversuch, wenn jemand einem anderen nachgeht, um ihm an geeigneter Stelle und im geeigneten Augenblick die Handtasche zu entreißen (aA 13 Os 107/84). Bloßes *Nachgehen auf der Straße* ist für den (präsumtiven) Täter *noch unverbindlich.* Anders ist es erst, wenn der Täter die geeignete Gelegenheit zum Raub für gekommen hält und trotzdem im Hinblick auf die Tatausführung weiterhandelt, zB nunmehr auf das Opfer zuläuft, um ihm *hier und jetzt* die Tasche zu entreißen: Jetzt ist der Raub versucht. **41**

d) Eine **Vergewaltigung** (§ 201) ist versucht, sobald der Täter eine der Gewaltanwendung oder Drohung (erster Akt) unmittelbar vorangehende Handlung vornimmt, wenn die sexuelle Handlung (zweiter Akt) *im unmittelbaren Anschluss* daran erzwungen werden soll. **42**

Beispiel: Wenn drei Personen sich verabreden, einen Autofahrer niederzuschlagen und seine Beifahrerin zu vergewaltigen, und zu diesem Zweck das Fahrzeug der Opfer mit ihrem Auto schneiden, in den Straßengraben drängen, an das stehende Fahrzeug anfahren, an der Tür zerren und versuchen, ein Fenster einzuschlagen, um an die Insassen heranzukommen, dann haben sie die geplante Vergewaltigung – entgegen 9 Os 138/85 JBl 1987, 58 m Anm *Mayerhofer* – bereits versucht. Denn ihr ganzes Tun ist einzig und allein auf die vollständige Tatausführung hin ausgerichtet, die hier und jetzt stattfinden soll, ohne dass Überlegungsphasen vorgesehen sind (*Automatik des vorgesehenen Tatablaufs*, vgl oben 29/28 ff, 30).

Soll dagegen das Opfer *erst später* missbraucht werden, so befindet sich die Tat noch im Vorbereitungsstadium (vgl oben 29/24 f).

43 e) Zu einer Überdehnung der Versuchsstrafbarkeit neigte die Rspr früher bei **Suchtgiftdelikten**.

44 Der Umgang mit Suchtgift und „psychotropen Stoffen" ist im **Suchtmittelgesetz (SMG)** geregelt:

- *Grunddelikt* ist **§ 27 SMG** der jeden unerlaubten Umgang mit Suchtgift, insbesondere auch jeden Erwerb und das bloße **Besitzen**, mit verhältnismäßig geringer Strafe bedroht (Freiheitsstrafe bis zu einem Jahr, nur ausnahmsweise bis zu drei Jahren; ist der Täter selbst suchtabhängig, so wird er bei diesem Tatbestand noch milder bestraft).
- *Viel strenger* (bis zu fünf Jahren, in qualifizierten Fällen sogar mit lebenslanger Freiheitsstrafe) wird nach **§ 28a SMG** bestraft, wer
  - in Bezug auf eine die sog. **Grenzmenge** übersteigende Menge an Suchtgift handelt
  - und außerdem eine von sechs ganz *bestimmten*, im Gesetz taxativ aufgezählten ***Tathandlungen*** vornimmt:
    - **Erzeugen**,
    - **Einführen**, **Ausführen**,
    - einem anderen Suchtgift **Überlassen**, es ihm **Anbieten** oder es ihm **Verschaffen** (diese drei Tathandlungen stehen anstelle des bis 2007 genannten **„In-Verkehr-Setzens"**).

  Der bloße Besitz ist nie nach dieser strengen Bestimmung strafbar.
- Ein *Vorbereitungsdelikt* dazu ist **§ 28 SMG**, das den bloßen **Besitz** einer die Grenzmenge übersteigenden Suchtgiftmenge mit Freiheitsstrafe bis zu drei Jahren (unter erschwerenden Umständen auch bis zu fünf oder bis zu zehn Jahren) bedroht, wenn der Täter *mit dem Vorsatz* handelt, dass das Suchtgift in Verkehr gesetzt werde.

Die **Grenzmenge** wird in der Suchtgift-Grenzmengenverordnung festgelegt. Sie beträgt beispielsweise bei Cocain 15 Gramm und bei Heroin 3 Gramm. Maßgebend ist immer die ***Reinsubstanz***, nicht die oft stark verdünnte („gestreckte") Gesamtmenge.

45 Wer in Feldkirch Suchtgift übernehmen will, um es anschließend mit seinem Wagen nach Deutschland zu bringen, jedoch bereits bei der Übernahme scheitert, weil es nicht gelingt, das Suchtgift aus dem Reservereifen eines anderen Autos herauszubekommen, in dem es versteckt ist, der hat **§ 28a Abs 1 SMG** („Wer … Suchtgift … **ausführt**") noch nicht versucht, denn es fehlt an einer *der Grenzüberschreitung* (= der Ausfuhr) **unmittelbar** *vorangehenden Handlung* (aA 14 Os 83/91 zu § 12 SuchtgiftG).

Ebensowenig liegt ein **versuchtes Überlassen** (vor 2008: In-Verkehr-Setzen) von Suchtgift (§§ 15 StGB, 28a Abs 1 SMG) vor, wenn jemand Suchtgift „verkehrsgerecht" portioniert, um es später (morgen oder auch schon in wenigen Stunden) zu verkaufen. Denn Ausführung ist die gesetzliche Tathandlung des Überlassens, also die **Übertragung des Gewahrsams** am Suchtgift, und dieser Gewahrsamsübertragung geht das Portionieren weder zeitlich noch örtlich (anderer Übergabeort) noch funktional (Vorhandensein vieler Zwischenakte) *unmittelbar* voran (aA die ältere Rechtsprechung, zB 11 Os 131/85; 12 Os 36/91; auch 10 Os 104/81 RZ 1982/45 m Anm *Kienapfel*: Versuchtes In-Verkehr-Setzen durch Bereitstellen einer Suchtgiftwaage). – Richtigerweise erfüllen diese Fälle nur das Vorbereitungsdelikt des § 28 SMG (12 Os 106/96).

f) Eine ähnliche Überdehnung findet sich in manchen Entscheidungen zu **Sexualdelikten**. Ein erwachsener Mann, der um 19 Uhr einen 13-Jährigen auffordert, ihn um 22 Uhr zu homosexuellen Handlungen in einer Wohnung zu treffen, hat § 207 noch nicht versucht; denn die Aufforderung zu *späteren* Unzuchtsakten an einem *anderen Ort* ist noch keine der *Ausführung* dieses Deliktes, die allein in der Vornahme der dort beschriebenen Tathandlungen besteht, **unmittelbar** vorangehende Handlung (aA 14 Os 104/88). 46

Seit 2012 gibt es für solche Fälle ein Vorbereitungsdelikt, das auch bestimmte Formen (zB per Internet oder unter Täuschung über sexuelle Absicht) der **Anbahnung von Sexualkontakten** zu Unmündigen unter Strafe stellt (§ 208a).

Versuch des Delikts nach §§ 206 oder 207 ist dagegen die Aufforderung an das unmündige Opfer, *sogleich an Ort und Stelle* in einer Umkleidekabine des Hallenbades die sexuellen Handlungen an sich vornehmen zu lassen (13 Os 32/78 EvBl 1978/213 = RZ 1978, 137 zu §§ 15, 209 idF bis zum StRÄG 2002).

g) Ein Fahrzeuglenker (ohne Lenkerberechtigung), der beim Autofahren einen **gefälschten Führerschein** bei sich trägt, hat allein dadurch das Delikt nach §§ 223 *Abs 2*, 224 noch nicht versucht (OLG Wien 26 Bs 499/83 ZVR 1984/144; aA 13 Os 172/75 EvBl 1976/259), ein Lenker, der einen **für einen anderen ausgestellten Führerschein** mit sich führt, allein dadurch noch nicht das Delikt des § 231 (aA 12 Os 77/86). Zwar mag der *Tatentschluss* vorliegen, wenn der Lenker fest dazu entschlossen ist, diesen (falschen oder fremden) Führerschein bei einer allfälligen Verkehrskontrolle zum Nachweis seiner Lenkerberechtigung zu gebrauchen. Aber das bloße Mit-sich-Führen des Ausweises geht dem **Gebrauchen**, der gesetzlichen Tathandlung dieser Delikte, noch nicht unmittelbar voran: Weder stehen Ort und Zeit eines Gebrauches bei einer allfälligen (völlig ungewissen) Verkehrskontrolle fest, noch mangelt es an Zwischenakten und Überlegungsphasen vor dem tatsächlichen Vorzeigen des Ausweises. – Eine allfällige Mitwirkung an der Fälschung selbst kann selbstverständlich nach §§ 12, 223 *Abs 1* bestraft werden. 47

30. Kapitel: Der straflose untaugliche Versuch

Literaturauswahl: Siehe die Lit zu Kap 28 (insbes *Burgstaller* und *Fuchs*). – Weiters: *Bertel*, Die hereingelegten Haschischschmuggler, AnwBl 1986, 159; *Burgstaller*, Strafbarer oder strafloser Versuch? JBl 1986, 76.

I. Das Problem

1 a) Wenn man die Ausführungshandlung vom Tatplan, also vom Vorsatz des Täters her bestimmt – und wegen der Mehrdeutigkeit der Versuchshandlungen ist ein solcher Ausgangspunkt zwingend (vgl oben 29/33 f) –, dann gelangt man zu einer **extremen Subjektivierung**: Dann ist jede Betätigung eines deliktischen Willens, die allein nach der Vorstellung des Handelnden vom weiteren Ablauf des Geschehens im Hinblick auf eine Straftat ***ausführungsnah*** ist, ein strafbarer Versuch, mag die Handlung als solche auch völlig *sozialadäquat und unauffällig* sein.

2 *Beispiele:* 1. Wer beim Trödler die historistische Imitation einer Renaissancebank, die der Verkäufer redlich erworben hat, zu einem angemessenen Preis kauft, verhält sich gewiss objektiv sozial-adäquat. Der Kauf wird zur **versuchten Hehlerei** (§§ 15, 164), wenn der Käufer die Bank irrtümlich für echt und damit für viel wertvoller hält, als sie ist, und deshalb zumindest mit Eventualvorsatz annimmt, sie sei gestohlen.

3 2. Wer für einen Bekannten einen Koffer durch die Zollkontrolle transportiert und dabei aus der Aufgeregtheit des anderen (oder aus was für Umständen immer) schließt, dass der Koffer Suchtgift enthält, müsste sich wegen **versuchter Einfuhr von Suchtgift** (§§ 15 StGB, 28a SMG) strafbar machen, auch wenn sich alsbald herausstellt, dass der Koffer überhaupt kein Suchtgift, sondern nur

- Milchpulver (weil der Bekannte zwar tatsächlich Suchtgift einschmuggeln wollte, aber beim Kauf betrogen worden ist),
  - geschmuggelte Devisen oder
  - Briefe und andere Sachen der Freundin des Bekannten (die dieser vor seiner Ehefrau verbergen wollte)

enthält. Denn maßgebend ist nur die Betätigung eines deliktischen Vorsatzes durch eine Ausführungshandlung, der wahre Sachverhalt ist für den Versuch irrelevant.

4 3. Wer mit einer 15-Jährigen, die er für noch unmündig hält (wobei Eventualvorsatz genügt), sexuelle Kontakte hat, wäre wegen **versuchten sexuellen Missbrauchs von Unmündigen** strafbar (§§ 206 oder 207).

5 4. Wer in der Dämmerung auf einen Baumstamm oder auch auf einen Schatten schießt, den er für einen Menschen hält und mit dessen Tod er

sich abfindet, hat einen **Mord** versucht, mag auch weit und breit kein Mensch anwesend sein.

Gibt es beim Tätigkeitsdelikt immerhin noch irgendwelche – wenngleich völlig sozial-adäquate (Kaufen einer Bank) – Handlungen, die durch die Vorstellung des Handelnden zum versuchten Delikt werden, so lassen sich beim **Unterlassungsdelikt** logisch einwandfrei, wenn auch nicht immer praxisnah, Straftaten bilden, deren Schauplatz *allein die Psyche* des „Täters" wäre (vgl näher unten in Kap 37). 6

Beispiel 5: Ein Vater, der sich mit geschlossenen Augen am Strand sonnt, hält das Geschrei seines temperamentvoll spielenden Kindes für Angstrufe vor dem Ertrinken und unternimmt dennoch nichts: Versuchter Mord durch Unterlassen.

b) Freilich werden solche „Straftaten" nur selten aufgedeckt werden, so dass die weite Umschreibung der Versuchsstrafbarkeit in der Praxis nur das *Dunkelfeld* unentdeckter Delikte vergrößert. Nun mag man es hinnehmen, dass die weite Definition des strafbaren Versuchs die Kriminalstatistik verfälscht, viel bedenklicher ist es, dass sie die **Erforschung der subjektiven Tatseite** – und damit des Internbereichs eines Menschen, seines Denkens und Wollens – legitimiert oder sogar gebietet, ohne dass das äußere Geschehen dafür hinreichenden Anlass böte (vgl oben 28/45). 7

Beispiel: Der Käufer der Renaissancebank (oben 30/2, Beispiel 1) muss sich die Frage, was er sich beim Kauf gedacht habe, nur dann gefallen lassen, wenn sich herausstellt, dass die Bank tatsächlich gestohlen ist. Ganz anders, wenn der Kauf objektiv in Ordnung ist: Dann wäre es von vornherein unzulässig, vom Käufer Rede und Antwort darüber zu verlangen, ob er nicht vielleicht doch geglaubt oder es wenigstens ernstlich für möglich gehalten und sich damit abgefunden habe, die Bank sei gestohlen. Die Erforschung der inneren Tatseite kann im freiheitlichen Rechtsstaat nur zur Interpretation eines *schon an sich störenden* und damit erklärungsbedürftigen Verhaltens zulässig sein (*Jakobs*).

Auch sollte bei einem sozial-adäquaten und nach außen hin unauffälligen Verhalten nicht das **Legalitätsprinzip** (§ 2 Abs 1 StPO) den Staatsanwalt zu Nachforschungen nach dem Vorsatz eines Menschen zwingen. 8

Beispiel: Wenn dem Staatsanwalt angezeigt wird, dass jemand mit einem unmündigen Mädchen sexuellen Umgang habe (vgl oben 30/4, Beispiel 3), so sollten die Ermittlungen wegen Missbrauchs von Unmündigen eingestellt werden, wenn sich herausstellt, dass das Mädchen – entgegen der Anzeige – zur fraglichen Zeit das 14. Lebensjahr bereits vollendet hatte. Definiert man dagegen den strafbaren Versuch allein von den Vorstellungen des Täters her als den betätigten Tatvorsatz, dann müsste der Staatsanwalt trotz des objektiven Befundes weiter ermitteln, ob der „Täter" das Mädchen nicht für unmündig gehalten hat (wobei wiederum Eventualvorsatz genügt), denn in diesem Fall läge der strafbare Versuch des Verbrechens nach § 206 oder § 207 StGB vor.

II. Versuchsdefinition und Tauglichkeit des Versuchs

1. Lehre vom Mangel am Tatbild

9 a) Man kann nun fragen, ob die nötige Beschränkung der Strafbarkeit nicht durch eine **Einschränkung der Versuchsdefinition** gefunden werden kann; § 15 Abs 2 StGB legt dies insofern nahe, als sein Wortlaut einem **objektiven Verständnis** der „Ausführung" der Tat nicht entgegensteht (anders als das deutsche Strafrecht, nach dessen § 22 die Tat versucht, wer *nach seinen Vorstellungen von der Tat* zur Verwirklichung des Tatbestandes unmittelbar ansetzt; vgl oben 28/39).

Beispiel: Man könnte sagen, dass derjenige, der auf einen Baumstamm schießt, den er für einen Menschen hält (oben 30/5, Beispiel 4), zwar nach seinen Vorstellungen, aber nicht in Wirklichkeit einen Mord ausführt. Er betätigt daher seinen Tötungsvorsatz weder durch eine – **objektiv verstandene** – **Ausführungshandlung** noch durch eine dieser unmittelbar vorangehende Handlung und begeht daher gar keinen Versuch.

Diese Einschränkung vorzunehmen versucht die **Lehre vom Mangel am Tatbild** (insbes *Rittler*, AT² 256 ff).

10 b) Die Lehre vom Mangel am Tatbild wird heute wohl zu Recht allgemein **abgelehnt**.

Zwar ist es nicht überzeugend, wenn ihr positivrechtlich entgegengehalten wird, dass § 15 Abs 3 einen „Versuch" voraussetze, dessen Definition in Abs 2 deshalb subjektiv verstanden werden müsse. Denn § 15 Abs 3 bezweckt die *Einschränkung* der Versuchsstrafbarkeit und darf darum nicht als Vehikel für eine *Erweiterung* verwendet werden.

Doch die Lehre vom Mangel am Tatbild ist schon in der Begriffsbildung in sich widersprüchlich: Bei jedem Versuch, auch beim strafbaren, mangelt es am Tatbild, ist es doch ein wesentliches Merkmal des Versuchs, dass der äußere Tatbestand eines Delikts nicht oder nicht vollständig erfüllt ist. Vor allem aber scheitert sie an den sachlogischen Strukturen: Jedenfalls die Frage, ob eine Handlung der **Ausführung unmittelbar vorangeht**, lässt sich *nur vom Handlungsplan des Täters her* sinnvoll beantworten (vgl oben 29/33 f).

11 Zwar könnte man die *Ausführungshandlung* (mit *Rittler*, AT² 105) durchaus nach *objektiven Maßstäben* bestimmen. *Burgstaller*, JBl 1976, 116, hält dieser Ansicht das Beispiel entgegen, „dass ein von A geschleudertes Messer knapp neben dem Körper des B vorbeifliegt. Ob A hier versuchte Körperverletzung oder gar versuchten Mord begangen hat oder aber bloß mit Erfolg seine Geschicklichkeit unter Beweis stellte, hängt ausschließlich von seinem Handlungswillen ab" (aaO 114). Doch hindert diese Tatsache nicht die Bestimmung der Ausführungshandlung nach objektiven Gesichtspunkten, nämlich als jene Handlung, die ex ante betrachtet eine *sozial-inadäquate Gefahr* für das geschützte Rechtsgut begründet. Dann wäre nach dem Beispiel von *Burgstaller jeder* Messerwurf knapp an einem Menschen vorbei eine Ausführungshandlung des Mordes, dessen *innere* Tatseite jedoch bei einer bloßen Demonstration der Geschicklichkeit nicht erfüllt wäre.

Die objektive Deutung versagt jedoch, wenn man nach einer der Ausführung **unmittelbar vorangehenden Handlung** fragt. Denn diese lässt sich *nicht objektiv bestimmen*, weil sie nicht als solche für das Rechtsgut gefährlich ist, sondern ihre rechtliche Bedeutung nur aus dem *Sinnbezug* zur geplanten – aber eben noch nicht existenten – Ausführungshandlung bezieht. Die Lehre vom Mangel am Tatbild ist daher nur mit einer Versuchsregelung vereinbar, die den strafbaren Versuch auf die Vornahme der *Ausführungs*handlung beschränkt, nicht aber mit einer Ausdehnung auf *vorangehende* Handlungen.

Daher kommt man, wie *Burgstaller* aaO 115 f zu Recht betont, trotz des an sich gegenteiligen Wortlautes des § 15 Abs 2 nicht umhin, die Versuchshandlung *auf der Grundlage des jeweiligen Handlungsplanes* des Täters zu bestimmen.

2. Tauglichkeit als Voraussetzung des strafbaren Versuchs

Unser Gesetz geht daher zur Einschränkung der Strafbarkeit zu Recht einen anderen Weg, indem es zwar den **Versuch** weit umschreibt, dann aber in § 15 Abs 3 bestimmte Fälle **für straflos** erklärt: Der Versuch ist nicht strafbar, wenn die Vollendung der Tat **12**

- mangels persönlicher Eigenschaften oder Verhältnisse, die das Gesetz beim Handelnden voraussetzt (**Untauglichkeit des Subjekts**), oder
- nach der Art der Handlung (**Untauglichkeit der Handlung**)
- oder des Gegenstandes, an dem die Tat begangen wurde (**Untauglichkeit des Objekts**),

unter **keinen Umständen möglich** war. Für diese Fälle der Straflosigkeit hat sich die Bezeichnung **absolut untauglicher Versuch** eingebürgert.

3. Anwendungsbereich der Tauglichkeitsregel

Da § 15 Abs 3 bestimmt, dass „der Versuch" unter bestimmten Umständen nicht strafbar ist, kann sich die Frage nach der Anwendung dieser Bestimmung (absolute Untauglichkeit des Versuchs) nur stellen, wenn zuvor festgestellt wurde, dass **tatsächlich ein Versuch** vorliegt und nicht ein bloßes **Wahndelikt**. **13**

Beispiel: A gibt dem X 10 Stück Zucker in den Kaffee und ist davon überzeugt, dies werde den X töten.

Ein solcher „**unsinniger Versuch**" ist in Wahrheit gar **kein Versuch**, sondern nur ein **Wahndelikt**, weil sich der „Vorsatz" nicht auf eine sozial-inadäquat gefährliche Handlung und damit nicht auf einen Sachverhalt richtet, der einem gesetzlichen Tatbild (§ 75) entspricht. Entsprechendes gilt für den „**abergläubischen Versuch**" (zB Totbeten; vgl oben 29/10; auch 11/6 ff und 14/14). Tauglichkeitsfragen stellen sich gar nicht. **14**

Anders ist es ausnahmsweise bei **Sonderwissen** (oder Sonder-„Glauben") des Täters: Hält A den X für zuckerkrank, dann richtet sich sein Vorsatz (Zucker für einen Zuckerkranken) auf einen Sachverhalt, der dem Tatbild des § 75 entspricht (einen Zuckerkranken kann man auf diese Weise töten). Dann liegt, wenn X gar nicht zuckerkrank ist, ein untauglicher Versuch vor, so dass sich die Frage nach Straflosigkeit wegen absoluter Untauglichkeit (§ 15 Abs 3) stellt.

III. Auslegung

1. Rechtsprechung vor dem StGB

15 Die Straflosigkeit des untauglichen Versuchs kann sich in Österreich auf eine hundertjährige Tradition in der Rechtsprechung stützen (vgl *Burgstaller*, JBl 1969, 528), die nach dem ausdrücklichen Willen des historischen Gesetzgebers (EBRV 1971, 85) von § 15 Abs 3 StGB in Gesetzesform gefasst werden sollte.

16 Diese Rechtsprechung beruhte auf der Unterscheidung zwischen einem **absolut untauglichen** (straflosen) und einem bloß **relativ untauglichen** (und damit strafbaren) Versuch:

- *„Zur absoluten Untauglichkeit des Versuchs ... wird ... erfordert, dass die Vollendung der Tat **objektiv** unter keinen Umständen möglich war, es also auch bei einer **generalisierenden**, von den Besonderheiten des Einzelfalles losgelösten Betrachtungsweise geradezu denkunmöglich war, dass er zur Vollendung der Tat führen konnte. ... Untauglichkeit der Handlung liegt dann vor, wenn eine Handlung der vom Täter gesetzten **Art** das Tatbild **unter keinen wie immer gearteten Umständen** herbeizuführen vermochte. ... Untauglichkeit des Objekts ... setzt voraus, dass das angegriffene (!) Objekt für die Herbeiführung des tatbildmäßigen Erfolges **in abstracto** ungeeignet war. ...*
- *Hingegen ist der Versuch bloß relativ untauglich, wenn er lediglich zufolge der **Umstände des Einzelfalls** gescheitert ist, das Mittel oder das Objekt also für die Herbeiführung des verpönten Erfolges zwar **in abstracto** durchaus geeignet, die Vollendung der Tat aber **in concreto** nicht möglich war.“* (11 Os 4/76 EvBl 1976/265)

17 Offenbar sollen bestimmte Umstände, die die Tatverwirklichung konkret verhindert haben, **hinweggedacht** werden, andere jedoch nicht. Letztlich sind Formeln dieser Art („in abstracto – in concreto“) jedoch inhaltsleer, weil sie vielleicht ein Fallrecht ermöglichen, aber keine systematische Aussage über Grad und Maßstab der vorzunehmenden Generalisierung enthalten.

Beispiel: Wie weit soll man im eingangs angeführten Beispiel der vermeintlichen Einfuhr von Suchtgift abstrahieren und generalisieren: Vom Suchtgift, das allein Tatbildmerkmal ist, zu einem „weißen (?) Pulver“ (umfasst auch Milchpulver, nicht aber Briefe, vgl oben 30/3, Eingangsfall 2) oder zur „körperlichen Sache“ allgemein?

Oder: Der Taschendieb A greift in der Straßenbahn seinem Nachbarn X in die Rocktasche. Die Tasche ist leer. – Durch einen Griff in die leere Tasche ist die Vollendung eines Diebstahls unter keinen Umständen möglich, durch den Griff in eine Rocktasche dagegen sehr wohl. Welche Fragestellung ist die richtige?

2. Lehre vom begleitenden Beobachter

18 a) In dieser intellektuell unbefriedigenden Situation hat *Burgstaller*, noch zum alten StG (JBl 1969, 521), in radikaler Abkehr von der überkommenen Rechtsprechung die **Formel vom „objektiven“** (besser: **begleitenden**) **Beobachter** entwickelt und in der Folge praktisch unverändert auf das neue Recht übertragen. Danach kommt es für die **Unterscheidung zwischen strafbarem und straflosem Versuch**

„auf den **Eindruck** an, den das vom Täter gesetzte Verhalten auf einen mit Durchschnittswissen ausgestatteten **Zuschauer** macht, der den **Tatplan kennt**“ und „die Situation … vom Standort des Handelnden aus“ beurteilt (darum begleitender Beobachter).

- „Scheint einem solchen Betrachter die Deliktsvollendung **möglich**, liegt strafbarer Versuch vor;
- hält er die Vollendung der Tat dagegen **für ausgeschlossen**, ist der Versuch gemäß § 15 Abs 3 StGB straflos“ (*Burgstaller*, JBl 1976, 122).

Entscheidend ist dabei die strikte Beschränkung der Beurteilungsgrundlage: 19

„Maßgebliche Beurteilungsgrundlage soll ausschließlich die Situation sein, wie sie sich **im Zeitpunkt der Vornahme** der Versuchshandlung **vom Standort des Handelnden aus gesehen** darstellt“, wobei als Beurteiler „ein Beobachter zu denken ist, der ausgestattet ist mit dem ontologischen und nomologischen Wissen eines Durchschnittsmenschen, vermehrt um ein etwaiges **Sonderwissen des Täters**“ (*Burgstaller* aaO).

b) Prüft man diese Formel anhand der genannten Beispiele (oben 30/2 ff) am Gesetz, so zeigt sich, dass sie in manchen Fällen offensichtlich bereits **mit dem Wortlaut** des § 15 Abs 3 **nicht vereinbar** ist. 20

Beispiel: Wer mit Tötungsvorsatz auf einen Baumstamm schießt, den er in der Dämmerung als einen Menschen ansieht (oben Beispiel 4), und zwar unter Umständen, die es durchaus als möglich erscheinen lassen, dass man – also auch ein Durchschnittsmensch mit dem Sonderwissen des Täters – diesen Baumstamm aus der Sicht des Täters für einen Menschen hält, der begeht nach der Formel vom begleitenden Beobachter einen strafbaren Versuch. Jedoch: Der Gegenstand, „an dem die Tat begangen **wurde**“ (§ 15 Abs 3), ist ein Baumstamm, und dieser Baumstamm ist auch seiner „**Art**“ nach niemals ein Gegenstand, an dem ein Mord vollendet werden kann.

In anderen Fällen mag das Überschreiten der Wortlautschranke (und damit der Verstoß gegen das **Analogieverbot**) nicht so offensichtlich sein: Mittels „Generalisierung“ könnte man das Milchpulver (oben Beispiel 2) zum „Pulver“ und damit zu einem Gegenstand werden lassen, der – rein verbal ausgelegt – „der Art nach“ Gegenstand eines Suchtgiftdeliktes sein kann; bei den Devisen und bei den vor der Ehefrau verborgenen Briefen ist diese „Art“-Bestimmung schon schwieriger. 21

c) Schwerer als das Wortlautargument wiegt jedoch der Einwand, dass die Formel vom begleitenden Beobachter dem § 15 Abs 3 **jede praktische Bedeutung nimmt**, insbesondere dann, wenn man erkennt, dass der „unsinnige Versuch“ wie auch der „abergläubische Versuch“ in Wahrheit bereits die Versuchsdefinition des § 15 Abs 2 nicht erfüllen (vgl oben 30/14). Es lässt sich daher praktisch **kein Fall** finden, in dem der Versuch absolut untauglich und damit nach § 15 Abs 3 straflos wäre. 22

Man braucht dies nur an den eingangs genannten Beispielen (oben 30/2 ff) zu überprüfen: **Theoretisch** kann die Formel den Versuch (nur, aber immerhin) in jenen Fällen straflos stellen, in denen dem Täter ein Tatsachenirrtum (umgekehrter Tatbildirrtum) unterlaufen ist, der dem Beobachter aus der Sicht des Täters auch bei Kenntnis des Tatplanes nicht unterlaufen wäre. Aber wie **realistisch** ist die Annahme einer Sachlage, in der zwar der Täter einen deliktischen Sachverhalt annimmt und diesen Tatentschluss betätigt, gleichzeitig aber ein Durchschnittsmensch, *der den Tatplan kennt* (!), aus der Sicht des Täters die Verwirklichung einer Straftat für **ausgeschlossen** hält? *„Nichts, was in der Zukunft liegt, kann man wirklich ‚ausschließen'"* (*Bertel*, AnwBl 1986, 161). Es darf daher nicht verwundern, dass sich kein praktischer Fall eines Versuches angeben lässt, der für den begleitenden Beobachter absolut untauglich wäre.

Die Formel entspricht daher mit Sicherheit **nicht dem Willen des historischen Gesetzgebers** (vgl oben 30/16) und kann auch zur Einschränkung der Versuchsstrafbarkeit (oben 30/1 ff, 7 f) nichts beitragen. So interpretiert, hätte sich der Gesetzgeber § 15 Abs 3 sparen können.

23 d) Dass die Formel vom begleitenden Beobachter den § 15 Abs 3 bedeutungslos machen muss, wird sofort einsichtig, wenn man sich ihre theoretischen Grundlagen bewusst macht: Einerseits beurteilt der begleitende Beobachter ausschließlich die **Gefährlichkeit der Handlung** (so auch ausdrücklich *Burgstaller*, JBl 1969, 529), so dass die Formel in den im Gesetz ausdrücklich genannten Fällen der Untauglichkeit des *Subjekts* und des *Objekts* versagen muss. Und anderseits fällt er über diese Gefährlichkeit kein objektives (= wahres), sondern ein **subjektives Urteil** strikt aus der Sicht des Handelnden (vgl oben 10/6). Deshalb ist es irreführend, von einem **„objektiven" Beobachter** zu sprechen, weshalb es hier auch vermieden wurde.

Burgstaller bezeichnet – in sehr abstrakter Weise und entsprechend der sog „Eindruckstheorie" – die „Störung des allgemeinen Rechtsfriedens" und die „Erschütterung des Bewusstseins der Rechtssicherheit" als das „objektive Moment", das § 15 Abs 3 StGB (in der Sicht der Lehre vom begleitenden Beobachter) zusätzlich zum betätigten Vorsatz für die Versuchsstrafe verlange (JBl 1976, 122). Selbst wenn man ein solches „objektives Moment" genügen lassen wollte: Warum soll das objektive Geschehen – der Kauf der Imitation einer Renaissancebank, der Transport von Briefen der Freundin, das Liegen des rettungsunwilligen Vaters am Strand oder der Schuss auf einen Baumstamm (vgl die Beispiele oben 30/1–6) – das allgemeine Rechtsbewusstsein erschüttern? Erst auf denjenigen, der den *Tätervorsatz* kennt, vermag es eine solche störende Wirkung auszuüben – und damit auf den definitionsgemäß über den Tatplan informierten begleitenden Beobachter.

Es ist also der (betätigte) **Tätervorsatz**, der sowohl die Versuchsstrafbarkeit (§ 15 Abs 2) als auch gleichzeitig die „Erschütterung des Rechtsbewusstseins" begründet, dessen Fehlen die Versuchsstrafbarkeit einschränken soll. Dass es mit einem solchen „objektiven Moment" nicht weit her ist, darf nicht verwundern. Mit Recht weist auch *Burgstaller* darauf hin, dass die Lehre vom begleitenden Beobachter „in den praktisch relevanten Fällen regelmäßig zum selben Ergebnis kommt wie die **subjektive Theorie**" (JBl 1986, 78 FN 13).

3. *Lehre von der objektiven Untauglichkeit*

Die Rechtsprechung, die der Lehre vom begleitenden Beobachter zwar nie bedingungslos gefolgt ist (vgl zB 10 Os 94/80 SSt 51/38 = EvBl 1981/76 = RZ 1980/59), sich aber doch eine Zeitlang an sie angelehnt hat, vertritt seit der E eines verstärkten Senates (13 Os 45/86 EvBl 1987/5 = SSt 57/81) wieder eine deutlich **objektivere Linie**. Danach ist zwischen den verschiedenen Formen des untauglichen Versuches, die das Gesetz auseinanderhält, zu unterscheiden: 24

a) Die **Untauglichkeit des Subjekts** ist rein objektiv nach der wahren Sachlage im Zeitpunkt der Versuchshandlung zu beurteilen. Der Versuch eines Sonderdelikts ist demnach straflos, wenn dem (vermeintlichen) Täter jene Eigenschaften oder Verhältnisse, die der betreffende Tatbestand für den Täter voraussetzt, in Wahrheit fehlen. 25

Beispiel: Ein Beamter kann keinen Amtsmissbrauch mehr begehen, wenn er seines Amtes enthoben ist, auch wenn er – und auch der begleitende Beobachter – von dieser Amtsenthebung nichts weiß. Ein Versuch in Unkenntnis der Amtsenthebung ist straflos.

Da das Gesetz beim untauglichen Subjekt nicht auf die „Art" abstellt, sondern uneingeschränkt objektiv formuliert, ist dieses Ergebnis zwingend. Das wird auch von jenen Teilen der Rechtsprechung (zB 10 Os 95/85 RZ 1986/20 m Anm *Kienapfel* und *Pallin*) und Lehre (*Burgstaller*, JBl 1986, 131 in Abkehr von JBl 1976, 126 f) anerkannt, die ansonsten der Formel vom begleitenden Beobachter folgen.

b) Bei der Beurteilung der **Untauglichkeit des Objekts** ist vom Gegenstand, an dem die Tat begangen **wurde**, auszugehen und seine „Art" (im Anschluss an die E des verst Sen) *tatbestandsbezogen* zu bestimmen. Daher ist der Versuch straflos, wenn das Tatobjekt, auf das sich der Vorsatz des Täters im Versuchsstadium konzentriert hat, 26

- entweder **überhaupt nicht existiert** oder
- doch **nicht Träger des** vom betreffenden Tatbestand **geschützten Rechtsgutes** ist oder
- wenn das Objekt jene **Eigenschaft**, die der betreffende Tatbestand voraussetzt und derentwegen die Strafbestimmung besteht, entgegen den Annahmen des Täters gar nicht besitzt.

Ob dies der Fall ist, ist **objektiv** nach der **wahren Sachlage** zu beurteilen, die zur Zeit der Versuchshandlung bestanden hat, mag sie auch später erst hervorgekommen sein. Darauf, ob ein – wie immer definierter – Beobachter die Untauglichkeit erkannt hätte, kommt es nicht an. 27

Beispiel: Der Schuss auf einen Baumstamm, den der Täter für einen Menschen hält; der Kauf einer nur vermeintlich gestohlenen Sache (13 Os 87/86 SSt 57/38); die sexuellen Beziehungen zu einer vermeintlich Unmündigen – alle diese Fälle sind wegen Untauglichkeit des Objekts nach § 15

Abs 3 straflose Versuche des jeweiligen Delikts. Aus jüngster Zeit: 17 Os 49/14f (absolut untauglicher Versuch der Beteiligung an einem Amtsmissbrauch).

28 c) Bei der **Untauglichkeit der Handlung** und des **Mittels** ist weiter zu unterscheiden:

29 aa) Beschränkt das Gesetz die Strafbarkeit ausdrücklich auf ein **bestimmtes Begehungsmittel** (Delikte mit „gesetzlich geschlossenen Mitteln") oder auf eine ganz **bestimmte Handlungsmodalität**, dann muss dieses Mittel oder diese Handlungsmodalität auch wirklich (objektiv) vorliegen; andernfalls ist der Versuch absolut untauglich.

30 *Beispiel:* Wer glaubt, als Zeuge vor Gericht falsch auszusagen, obwohl er in Wirklichkeit von einer Person vernommen wird, die keinerlei richterliche Befugnisse besitzt (zB von einem Rechtspraktikanten), begeht einen absolut untauglichen und damit straflosen Versuch der **falschen Beweisaussage** (§ 288), denn dieses Delikt kann nur durch die Aussage vor Gericht oder vor der Kriminalpolizei oder Staatsanwaltschaft begangen werden (EBRV 1971, 85 und *Fuchs*, ÖJZ 1986, 262 mwN).

31 Richtigerweise ist auch der Fall des vermeintlichen Schmuggels von **Suchtgift**, das in Wahrheit Milchpulver, Auslandsgeld oder ein Brief der Freundin ist (vgl oben 30/3, Beispiel 2), hier einzuordnen. Denn

> *„§ 12 SuchtgiftG (heute § 28a SMG) kann nur bei Verwendung eines Suchtgifts vollendet werden. Was unter Suchtgift zu verstehen ist, definiert § 1 SuchtgiftG. Ein Stoff, der nicht die dort gesetzlich umschriebenen Erfordernisse aufweist, ist eine Substanz, deren Verwendung unter* ***keinen wie immer gearteten Umständen*** *den Tatbestand des § 12 SuchtgiftG herzustellen vermag."* (13 Os 45/86)

Ein solcher Versuch ist daher nach § 15 Abs 3 **straflos**, unabhängig von der Erkennbarkeit der wahren Beschaffenheit des Stoffes.

Zum selben Ergebnis gelangt man, wenn man das Suchtgift als den **Gegenstand**, an dem die Tat begangen wurde, ansieht (13 Os 45/86): Diesem Objekt fehlt die Eigenschaft, um derentwillen das Gesetz die Einfuhr, Ausfuhr usw verboten hat (**absolut untaugliches Objekt**).

32 bb) Lässt das Gesetz dagegen **jedes beliebige Mittel** und **jede beliebige Handlung** ausreichen, so sind verwendetes Mittel und Handlung ex ante auf ihre Gefährlichkeit hin zu beurteilen.

33 (1) Da es nunmehr tatsächlich um die *Gefährlichkeit der Handlung* geht, könnte zu dieser Beurteilung auf die **Formel vom begleitenden Beobachter** zurückgegriffen werden: Eine Handlung als solche ist ungefährlich und damit absolut untauglich, wenn sie aus der Sicht des Handelnden – also subjektiv (vgl oben 10/6) und ex ante beurteilt – nach dem Urteil eines vernünftigen

Durchschnittsmenschen nicht zur Deliktsvollendung führen kann (*Fuchs*, ÖJZ 1986, 262).

(2) Es fragt sich jedoch, ob man nicht konsequenterweise einen Schritt weitergehen und auch die Gefährlichkeit der Handlung **objektiv** ex ante beurteilen sollte, also auf der Grundlage jener **statischen Gegebenheiten**, die im Handlungszeitpunkt *tatsächlich* vorliegen, mögen sie auch dem Handelnden (oder einem begleitenden Beobachter) *nicht bekannt und nicht erkennbar* sein. Dies führt zu folgendem Ergebnis: **34**

- Stehen die zukünftigen Geschehensabläufe beim Eintritt in das Versuchsstadium noch nicht fest, so dass zu diesem Zeitpunkt die Vollendung der Tat *möglich* gewesen wäre, so ist der Versuch tauglich und strafbar.
- Ist hingegen die Vollendung **zu jedem Zeitpunkt objektiv ausgeschlossen,** so ist der Versuch *straflos*.

Gegen diese – wirklich objektive – Ex-ante-Beurteilung lässt sich nicht einwenden, dass dann, wenn man sie zugrundelegt, jeder Versuch absolut untauglich und damit straflos wäre. **35**

Beispiel: Wer aus kurzer Entfernung mit Tötungsvorsatz auf einen Menschen schießt und sein Ziel verfehlt, hat (selbstverständlich) einen strafbaren Mordversuch begangen. Wegen der **prinzipiellen Ungewissheit**, ob der Schuss treffen wird, war das Abdrücken im Zeitpunkt der Handlung (= ex ante) **für jeden Urteiler** – also auch für den objektiven, der alle Tatsachen kennt – eine lebensgefährliche Handlung. Wie sich ein Geschehen (*dynamisch*) weiterentwickeln wird, hängt für uns Menschen auch bei Kenntnis aller *statischen* Gegebenheiten immer auch vom Zufall ab. Dass der Schuss fehlgegangen **ist**, ändert an dem *Ex-ante-Urteil*, dass er **gefährlich war**, nichts. Der Einwand, *ex post* betrachtet sei jeder Versuch untauglich, ist methodisch unzulässig (vgl nochmals oben 10/6).

Weitere Beispiele für Versuche, die auch bei wirklich objektiver Exante-Beurteilung strafbar sind, lassen sich in Fülle angeben: Strafbar ist der Versuch, wenn dem Schützen im letzten Augenblick die Waffe aus der Hand geschlagen wird; denn ex ante war ungewiss, ob es überhaupt zu einer Abwehrhandlung kommen und ob diese gelingen werde. Strafbar ist der Räuber, der in die Bank stürmt und überwältigt oder in die Flucht geschlagen wird: Auch er hat einen Versuch begangen, von dem man auch bei Kenntnis aller tatsächlichen Gegebenheiten ex ante nicht mit Sicherheit sagen kann, dass er misslingen muss; er ist darum tauglich.

Diese Fallgestaltungen sind in der Praxis häufig und bilden die **Hauptmenge der strafbaren Versuche**.

36 (3) *Straflos* bleiben jedoch manche Fälle, in denen der Täter infolge Verwechslung ein **harmloses Mittel** verwendet.

Beispiel: Gibt der Täter seinem Opfer Zucker anstelle von Arsenik ein, so ist zu unterscheiden: Hat er von vornherein nur mit einem harmlosen Stoff zu tun – zB weil ihm der Apotheker, der sich nicht mitschuldig machen wollte, Zucker anstelle des verlangten Giftes gegeben hat –, so sind seine Handlungen im Versuchsstadium objektiv ungefährlich und damit straflos. Verwechselt der Täter dagegen im letzten Augenblick der Tat den vorbereiteten Arsenik- mit dem Zuckerstreuer, so liegen wegen der Ungewissheit im Versuchsstadium eine gefährliche Handlung und ein strafbarer Versuch vor.

4. Besondere Einzelfälle

37 a) Ernsthafte Schwierigkeiten bereitet lediglich der Fall des **zufällig abwesenden Objekts**.

Beispiel: Der Taschendieb, der in die zufällig leere Tasche greift, bleibt bei objektiver Ex-ante-Beurteilung **straflos**. Denn nicht vorhandenes Geld (oder, wenn man so will, aus einer leeren Tasche) kann unter keinen Umständen gestohlen werden.

An dieser Fallgestaltung haben sich nach einem Wort von *Lammasch* schon ganze Generationen von Juristen stumpf gedacht, und es ist zuzugeben, dass die Formel vom begleitenden Beobachter in *diesem* Fall zu einem kriminalpolitisch sinnvollen Ergebnis gelangt. Aber um welchen Preis! Nach der Formel ist auch der Griff in den *eigenen* Mantel, den der Täter in nicht denkunmöglicher Weise für einen fremden hält, ein strafbarer Diebstahlsversuch, und damit schießt die Formel weit übers Ziel hinaus. Sie bietet daher in Wahrheit auch für diese Sachverhaltsgestaltungen keine überzeugende Lösung.

Wem die hier vertretene Straflosigkeit unannehmbar erscheint, der möge zwischen **nicht existentem** (straflos) und **zufällig abwesendem** Objekt unterscheiden und im *letztgenannten Fall* den Versuch, wenn er mit einem **Eingriff in eine fremde Rechtssphäre** (fremde Manteltasche; fremder, aber zufällig leerer Tresor) verbunden ist, als *strafbar* (Vollendung unter Umständen möglich) ansehen.

38 b) Fehlt das **subjektive Rechtfertigungselement** (vgl oben Kap 19), so liegt wohl ein Fall der Untauglichkeit der *Handlung* vor. Bei Ex-ante-Betrachtung aus der *Sicht des begleitenden Beobachters* – also wenn man der Lehre *Burgstallers* oder der oben 30/33 dargestellten Ansicht folgt – ist der Versuch in aller Regel *strafbar*. Anders bei **wirklich objektiver Beurteilung** (oben 30/34), weil das Vorliegen des vom Täter übersehenen Rechtfertigungssachverhalts ein *statisches Element* ist, das die Vollendung der Tat als ausgeschlossen erscheinen lässt.

39 c) Durch einen **agent provocateur** veranlasste Versuche bleiben in objektiver Beurteilung straflos, wenn die Verwendung eines *wirklichen Tatobjekts nur vorgetäuscht* wird.

Beispiel: Ein „Banker“, der angeblich aus dem Drogenhandel, in Wahrheit aber vom FBI stammendes Geld anlegt, begeht mangels eines tauglichen Tatobjekts den straflosen Versuch der Geldwäscherei (§ 165). – Der

Postbeamte, der ein Fangpaket (wertvoll aussehendes Paket, das aber nur ein stark klebendes Farbpulver enthält) öffnet, versucht den Diebstahl an einer Sache ohne Tauschwert und damit am untauglichen Objekt.

Die **Straflosigkeit** ist sehr zu begrüßen: Der Staat darf nicht jene Taten bestrafen, die er zuerst absichtlich provoziert hat (vgl §§ 5 Abs 3, 132 Satz 2 StPO). Kommt man dagegen durch die Provokation anderen Taten auf die Spur (zB früheren Diebstählen des Postbeamten, der sich durch das Fangpaket verraten hat), so ist gegen deren Bestrafung nichts einzuwenden.

Verwendet der agent provocateur dagegen ein **taugliches Tatobjekt** oder Tatmittel, so liegt trotz der Tatprovokation ein tauglicher Versuch vor, wenn das Delikt nicht sogar vollendet ist. 40

Beispiel: Wer im Ausland (und sei es auch von der Polizei) Suchtgift übernimmt und nach Österreich einzuführen versucht, kann sich nicht mit dem Hinweis auf § 15 Abs 3 berufen, dass die (versuchte) Einfuhr von der Polizei überwacht worden ist.

Bedenken gegen die Strafbarkeit der provozierten Tat kann hier nicht mit den Mitteln der Versuchslehre begegnet werden (näher *Fuchs*, ÖJZ 2001, 495).

d) Ein Versuch kann auch hinsichtlich einer **Deliktsqualifikation** (absolut) untauglich sein. 41

Beispiel: Wer Spielautomaten öffnet, um daraus Geld zu stehlen, und dabei (zumindest mit Eventualvorsatz) mehr als 5.000 Euro Beute erwartet, versucht einen schweren Diebstahl (§ 128 Abs 1 Z 5). Der Versuch ist jedoch mangels eines existenten Tatobjekts hinsichtlich der Qualifikation zumindest dann absolut untauglich, wenn sich in den Automaten nie mehr als 5.000 Euro befinden, so dass der Täter nur wegen (versuchten oder vollendeten) einfachen Diebstahls (allenfalls mit Einbruchsqualifikation) bestraft werden kann (10 Os 94/80 SSt 51/38, näher *Fuchs*, ÖJZ 1986, 263).

e) Zum Tauglichkeitsproblem beim Versuch des **Unterlassungsdelikts** vgl unten 37/85 ff. 42

31. Kapitel: Rücktritt vom Versuch (§ 16)

Literaturauswahl: *Bertel*, Die freiwillige Herausgabe der Beute (Rücktritt vom Versuch und tätige Reue), AnwBl 1979, 383; *Burgstaller*, Versuch und Rücktritt vom Versuch, StPdG 3 (1975) 7; *Kienapfel*, Probleme des unvermittelt abgebrochenen Versuchs, Pallin-FS (1989) 205; *Lewisch*, Zur Endgültigkeit und Freiwilligkeit beim Versuchsrücktritt, ÖJZ 1990, 396; *Roxin*, Der fehlgeschlagene Versuch, JuS 1981, 1; *Tipold*, Rücktritt und Reue (2002).

I. Tataufgabe und Schadensgutmachung als Strafaufhebungsgründe

1 1. Gibt der Täter seinen bereits betätigten Vorsatz auf oder bemüht er sich, bereits begangenes Unrecht wiedergutzumachen, so befreit ihn das nur dann von einer bereits verwirkten Strafe, wenn dies im Gesetz vorgesehen ist. Solche **Strafaufhebungsgründe** gibt es

2 a) beim **vollendeten Delikt** nur *ausnahmsweise* kraft besonderer Bestimmung bei einzelnen Delikten, so insbesondere
- umfassend bei den wichtigsten **Vermögensdelikten** als ***Tätige Reue*** (§ 167; dazu ausführlich *Fuchs/Reindl-Krauskopf*, BT I[7] 295 ff),
- bei **Steuer- und Zolldelikten** als strafbefreiende ***Selbstanzeige*** (§ 29 FinanzstrafG),
- bei der **Geldwäscherei** (§ 165a: Bewirken der Sicherstellung wesentlicher Vermögenswerte),
- bei manchen **Umweltdelikten** (§ 183b);

3 b) beim **versuchten Delikt** aufgrund einer *generellen Regel* des Allgemeinen Teils: Der Versuch wird straflos, wenn der Täter freiwillig zurücktritt (§ 16);

4 c) ergänzend dazu als ***Tätige Reue***
- bei den sog **Vorbereitungsdelikten** (vgl oben 28/16), da diese formell vollendete Delikte sind (so dass kein Rücktritt vom Versuch möglich ist), in materieller Betrachtung aber vor dem Versuch liegen, so dass die Rücktrittsmöglichkeiten nicht geringer sein können als bei diesem (zB §§ 151 Abs 2, 175 Abs 2, 240, 241g, 241h Abs 4, 243 ua; zu diesen Fällen und zu ihrer Systematik ausführlich *Tipold*, Rücktritt 235 ff)
- und aus den gleichen Gründen bei manchen anderen Delikten, bei denen die Strafbarkeit weit in das **Vorfeld** der eigentlichen Rechtsgutsverletzung vorverlagert ist (zB bei den Bilanzdelikten, § 163d, oder den Urkunden- und Beweismitteldelikten, §§ 226, 294, 296).

Zu allen diesen Fällen siehe im BT.

5 2. Zur Anwendung der einen oder der anderen Bestimmung – die sich in den einzelnen Merkmalen, zB hinsichtlich eines Freiwilligkeitserfordernisses, oft wesentlich voneinander unterscheiden – ist daher die Abgrenzung zwischen **Versuch und Vollendung** (vgl oben 28/3) besonders wichtig: Vor der Vollendung kann der Täter generell vom Versuch zurücktreten, nachher gibt es nur noch eine Tätige Reue, wenn eine solche im Gesetz vorgesehen ist.

Beispiel: Wer einen anderen mit Tötungsvorsatz lebensgefährlich verletzt und sich dann erfolglos bemüht, das verletzte Opfer zu retten, hat – wenn der Erfolg in objektiv zurechenbarer Weise eingetreten ist – einen vollendeten Mord begangen. Die Frage nach einem Rücktritt vom Versuch stellt sich dann gar nicht mehr, und Tätige Reue ist beim Mord (selbstverständlich) nicht vorgesehen.

Weiters: Gibt der Ladendieb die Sache, die er an sich genommen hat, zurück, so ist diese Schadensgutmachung als Tätige Reue (§ 167) oder als Rücktritt vom Versuch (§ 16) zu beurteilen, je nachdem, ob man annimmt, dass der Diebstahl in diesem Zeitpunkt bereits vollendet war oder nicht. Nimmt man Versuch an, dann ist es wegen des Freiwilligkeitserfordernisses in § 16 schwieriger, straffrei zu werden, als im Falle eines vollendeten Diebstahls, bei dem Tätige Reue die Strafbarkeit aufhebt (grundlegend *Burgstaller* Ladendiebstahl 26, mit Darlegung der kriminalpolitischen Erwägungen; *L/St/Messner* StGB^{4} § 127 Rz 60 ff; *Fuchs/Reindl-Krauskopf*, BT I^{7} 166).

3. Wenn die Voraussetzungen des Rücktritts vom Versuch und der Tätigen Reue (bzw der Selbstanzeige usw) nicht vorliegen, dann ist die *nachträgliche Schadensgutmachung* (nur, aber immerhin) ein **Milderungsgrund** bei der Strafzumessung (§ 34 Abs 1 Z 14). Sie kann aber auch zur Straflosigkeit führen: **6**

- Bei Taten, die mit nicht mehr als drei Jahren Freiheitsstrafe bedroht sind, kann das Verfahren **wegen Geringfügigkeit** eingestellt werden (§ 191 StPO), wobei eine allfällige Schadensgutmachung besonders zu berücksichtigen ist, und
- bei Taten, die nicht in die Zuständigkeit des Schöffen- oder des Geschworenengerichts fallen, kann das Verfahren durch **Diversion** (§§ 198 ff StPO) erledigt werden.

In beiden Fällen werden die Möglichkeiten einer strafbefreienden Schadensgutmachung über die Tätige Reue hinaus **erweitert**, nämlich einerseits ***zeitlich*** auf den Tatausgleich noch im Strafverfahren (§ 167 endet, wenn die Strafverfolgungsbehörde vom Verschulden des Täters erfahren hat) und andererseits ***sachlich*** auf Delikte, die § 167 nicht nennt (§ 191 StPO und Diversion sind insbesondere auch bei Körperverletzungen möglich). Allerdings hängt die Straffreiheit in diesen Fällen – anders als bei Tätiger Reue und beim Rücktritt vom Versuch – von der *Schuld des Täters* und von den *spezial- und generalpräventiven Bedürfnissen* im Einzelfall ab. Näheres im AT II.

II. Grund der Strafaufhebung

7 Die Gründe, einen Täter straffrei zu stellen, wenn er seine Tat aufgibt oder den Schaden abwendet oder gutmacht, lassen sich in zwei Gruppen zusammenfassen: Zum einen soll im **Interesse des Opfers** ein Anreiz zur Tataufgabe und zur Wiedergutmachung geschaffen werden und zum anderen zeigt das **verdienstliche Verhalten** des Täters, dass es zur Rückfallverhütung und zur Rechtsbewährung nicht mehr der Verhängung einer Strafe bedarf. Dem entsprechen die verschiedenen Theorien, die zum Rücktritt vom Versuch genannt werden:

1. Die **Lehre von der goldenen Brücke** betont die Interessen des Opfers: Da der Täter oft die einzige Person ist, die die Deliktsvollendung (den endgültigen Rechtsgutsverlust) noch verhindern kann, soll ihm mit der Straflosigkeit ein Anreiz zur Tataufgabe oder zur Rettung des Opfers gegeben werden. Freilich wird diese Möglichkeit nur wenigen Straftätern bekannt sein, und außerdem kann diese Lehre im geltenden Recht die Rücktrittsmöglichkeit nach § 16 Abs 2 nicht erklären.
2. Nach der **Infirmitätstheorie** verdient der Rücktritt Straflosigkeit, weil er den Mangel an Intensität und Nachhaltigkeit des verbrecherischen Willens zeigt.
3. Die **Prämientheorie** betont die Verdienstlichkeit der Tataufgabe und der Bemühungen des Täters um die Erfolgsverhinderung und sieht in der Rücktrittsbestimmung die Belohnung für die Tataufgabe und die betätigte innere Umkehr im Versuchsstadium.
4. Umfassend weist die **Strafzwecktheorie** darauf hin, dass bei freiwilligem Rücktritt eine Bestrafung weder aus general- noch aus spezialpräventiven Gründen geboten ist; insbesondere habe sich der Täter durch einen Rücktritt „selbst resozialisiert".

Alle Theorien können zur Erklärung der Bestimmung über den Rücktritt vom Versuch beitragen, wobei das Schwergewicht der gesetzlichen Regelung wegen § 16 Abs 2 auf der **Prämientheorie** – also auf der Belohnung für ***verdienstliches Verhalten*** – liegen dürfte.

III. Wirkungen des Rücktritts

8 a) Nach allgemeiner Meinung ist der Rücktritt vom Versuch ein **persönlicher Strafaufhebungsgrund**: Tatbestandsmäßiges Unrecht und Schuld bleiben unberührt, doch wird der Täter, der zurückgetreten ist, aus kriminalpolitischen Gründen wegen des Versuchs nicht bestraft. Dabei wirkt der Rücktritt nur für denjenigen, der **selbst zurücktritt**, also das im Gesetz geforderte verdienstliche Verhalten setzt. Andere Tatbeteiligte bleiben strafbar, sofern nicht auch sie zurücktreten.

9 b) Die Straffreiheit betrifft **nur den Versuch**. Hat der Täter durch den Versuch ein anderes Delikt in vollendeter Form verwirklicht (sog **qualifizierter Versuch**), so ist er wegen dieses vollendeten Deliktes zu bestrafen.

Beispiel: Wer vom *Mordversuch* strafbefreiend zurücktritt, bleibt wegen der verwirklichten (einfachen, schweren, absichtlichen schweren) Körperverletzung strafbar. – Der Rücktritt vom *Raubversuch* lässt die Strafbarkeit wegen Nötigung oder Freiheitsentziehung, der Rücktritt vom versuchten *Einbruchsdiebstahl* die Strafbarkeit wegen der an sich konsumierten Sachbeschädigung aufleben (die aber durch Tätige Reue beseitigt werden kann).

IV. Voraussetzungen für den Rücktritt des Einzeltäters

1. Rücktrittswille und Rücktrittsleistung

Erste und zentrale Voraussetzung des strafbefreienden Rücktritts vom Versuch, 10
die das Gesetz als selbstverständlich ansieht und darum nicht ausdrücklich nennt, ist der **Rücktrittswille**: Der Täter muss den *Tatvorsatz aufgeben* und sich von der weiteren *Ausführung* und von der *Erfolgsherbeiführung abwenden.*

Zweitens muss der Täter eine an die Situation angepasste **Rücktrittsleis-** 11
tung erbringen. Dementsprechend nennt das Gesetz für den Einzeltäter **drei Möglichkeiten**, straffrei zu werden: Er kann

- die **Ausführung aufgeben** (§ 16 Abs 1 Fall 1, in diesem Fall genügt Untätigkeit),
- den **Erfolg abwenden** (§ 16 Abs 1 Fall 3, dh hier ist eine Tätigkeit des Zurücktretenden, ein „contrarius actus", erforderlich) oder
- sich **ernstlich bemühen**, den Erfolg abzuwenden (§ 16 Abs 2, auch hier ist eine Tätigkeit erforderlich).

Welche dieser drei Möglichkeiten der Täter wählen muss, um straffrei zu werden, hängt davon ab, was in dem *Zeitpunkt*, in dem der Täter seinen *Tatvorsatz aufgibt*, nach seiner Ansicht im Hinblick auf das geforderte **verdienstliche Verhalten** notwendig ist, um die (zuvor) beabsichtigte Rechtsgutsbeeinträchtigung zu vermeiden.

2. Beendeter Versuch

a) Begriff

Glaubt der Täter im Zeitpunkt der Aufgabe des Tatvorsatzes, dass die **Voll-** 12
endung der Tat (der Erfolg) bereits aufgrund seiner bisherigen Handlungen (also ohne sein weiteres Zutun) **eintreten werde**, so kann bloßes Aufhören kein verdienstliches Verhalten sein. Daher muss der Täter in diesem Fall aktiv zur Erfolgsverhinderung tätig werden, um wirksam zurückzutreten. Man spricht von einem **beendeten Versuch**.

Beispiel: Der Täter hat seinem Opfer mit Tötungsvorsatz eine schwere Wunde zugefügt, und das Opfer droht nun zu verbluten (oder der Täter nimmt zumindest an, dass das Opfer aufgrund der bisher zugefügten Verletzungen sterben werde).

13 Ein **beendeter Versuch** liegt also vor, wenn der Täter

- **nach seinen Vorstellungen**
- im **Zeitpunkt des Rücktritts**

bereits alles getan hat, was zur Deliktsvollendung (zur vollen Tatbestandsverwirklichung, zum Erfolgseintritt) erforderlich ist.

b) Rücktritt durch Abwenden des Erfolges

14 Vom beendeten Versuch kann der Täter **zurücktreten**, indem er den **Erfolg abwendet** (§ 16 Abs 1 Fall 3). Dies ist der Fall, wenn der Täter bewusst und gewollt durch eine eigene Tätigkeit dafür **kausal** wird, dass der *Erfolg unterbleibt*. Dabei genügt es, dass er sich der Hilfe anderer Personen bedient. Die Kausalität des Täterhandelns für das Unterbleiben des Erfolges ist wie jede Kausalität zu prüfen; als praktische Formel ist die Eliminationsmethode anwendbar.

Beispiel: Der Täter wendet den Erfolg ab, wenn er Hilfe herbeiholt und veranlasst, dass das Opfer im Krankenhaus behandelt wird, wogegen es ohne Behandlung verblutet wäre: Das Herbeiholen der Hilfe kann nicht weggedacht werden, ohne dass der Erfolg eingetreten wäre.

15 Die Erfolgsabwendung muss **erfolgreich** sein. Tritt trotz aller Bemühungen der Erfolg in objektiv zurechenbarer Weise ein, so liegt ein ***vollendetes Delikt*** vor, von dem es ***keinen Rücktritt*** gibt (vgl oben 31/5).

c) Rücktritt durch Bemühen

16 Wird der Täter beim **beendeten Versuch nicht kausal** für das Ausbleiben des Erfolges,

- sei es, weil der Erfolg überhaupt nicht eintreten konnte (untauglicher Versuch, soweit dieser strafbar ist), was der Täter aber nicht erkannt hat,
- sei es, weil der Erfolg nicht mehr eintreten kann (objektiv fehlgeschlagener Versuch), ohne dass der Täter den Fehlschlag erkannt hat,
- oder aus einem beliebigen anderen Grund,

unterbleibt der Erfolg aber trotzdem (also **ohne Zutun** des Täters),

- zB weil ihn ein Dritter abwendet,

dann wird der Täter dennoch **straffrei**, wenn er sich

- in **Unkenntnis** dessen (dass nämlich der Erfolg ausbleiben wird)
- **freiwillig** und
- **ernstlich**

bemüht, den Erfolg abzuwenden (§ 16 Abs 2), er also aktiv zur Erfolgsabwendung tätig wird.

17 **Ernstlich** bemühen um die Erfolgsabwendung kann sich der Täter nur, wenn er

- noch der Meinung ist, dass sein bisheriges Tun den Erfolg *herbeiführen werde* (er also zB den Fehlschlag nicht erkannt hat), und
- davon überzeugt ist, dass sein *nunmehriges Bemühen geeignet* ist, den Erfolgseintritt abzuwenden.

Beispiel: Der Täter hat sein Opfer mit Tötungsvorsatz mit einem Totschläger niedergeschlagen. Es liegt bewusstlos mit einer blutenden Kopfwunde auf dem Boden, ist jedoch nur leicht verletzt. **18**

- *Hält* der Täter das Opfer für *lebensgefährlich* verletzt, so kann er nicht durch Nichtstun (das wäre kein verdienstliches Verhalten) und auch nicht durch Abwenden des Erfolges (einen Erfolg, der gar nicht eintreten kann, kann man nicht abwenden), aber nach § 16 Abs 2 durch Abwendungs**bemühungen** zurücktreten, zB dadurch, dass er (objektiv gar nicht notwendige) ärztliche Hilfe herbeiholt. *Ernstlich* sind diese Bemühungen nur, wenn der Täter annimmt, dass sie das Opfer noch retten können, nicht aber, wenn er dieses ohnehin schon für rettungslos verloren hält.
- *Erkennt* der Täter, dass das Opfer nur leicht verletzt ist (genauer: dass es auch ohne sein Zutun aufgrund des bisherigen Geschehens nicht sterben werde), so liegt kein beendeter Versuch vor. Zur Lösung vgl unten 31/25 ff.

Tritt der **Erfolg** in objektiv zurechenbarer Weise ein, so wird das Delikt vollendet; ein Rücktritt vom Versuch ist ausgeschlossen, auch wenn sich der Täter noch so sehr um die Erfolgsabwendung bemüht hat. Tritt der **Erfolg** dagegen in **nicht zurechenbarer Weise** ein, so ist Rücktritt nach § 16 Abs 2 möglich. **19**

Beispiel: Stirbt das Opfer, weil es die angebotene Hilfe ablehnt (zB eine notwendig gewordene Bluttransfusion), weil es den notwendigen Heilungsprozess in grob unvernünftiger Weise stört oder dem Arzt ein grober Behandlungsfehler unterläuft (vgl oben 13/42 zur Durchbrechung des Risikozusammenhanges), so ist der Täter so zu behandeln, wie wenn sein Bemühen erfolgreich gewesen wäre. Der Rücktritt vom Mordversuch ist wirksam, wenn die abgelehnte Bluttransfusion oder eine ordnungsgemäße Behandlung das Opfer *wahrscheinlich* gerettet hätten.

3. *Unbeendeter Versuch*

a) Rücktritt durch Aufgeben der Ausführung

Glaubt der Täter im Zeitpunkt seiner Vorsatzänderung (also im Zeitpunkt des Rücktritts), dass sein *bisheriges Tun noch nicht ausreicht*, um den Tatbestand voll herzustellen, so kann es bereits ein verdienstliches Verhalten sein, wenn der Täter seinen **Tatentschluss aufgibt** und **nicht mehr weiterhandelt**. Das Gesetz lässt es daher für den Rücktritt genügen, dass der Täter die (weitere) **Ausführung aufgibt** (§ 16 Abs 1 Fall 1). Weitere Aktivitäten sind nicht erforderlich, da die Vollendung (der Erfolg) ohnedies nicht eintreten kann. Man spricht von einem **unbeendeten Versuch**. **20**

21 Für die **Abgrenzung zwischen beendetem und unbeendetem Versuch** sind also die **Vorstellungen** maßgebend, die der Täter (subjektiver Standpunkt) **im Zeitpunkt des Rücktritts** vom weiteren Ablauf des Geschehens hat, das er in Gang gesetzt hat. Diese Betrachtungsweise ist *sachlogisch zwingend*, weil es ja darauf ankommt, was der Täter nunmehr tun muss, damit sein weiteres Verhalten als ***„verdienstlich"*** gewertet werden kann: ob jetzt bloßes Nichtstun ausreicht oder ob er zum Abbruch eines von ihm schon in Gang gesetzten Kausalgeschehens tätig werden muss.

b) Ausschluss des Rücktritts beim fehlgeschlagenen Versuch

22 aa) *„Aufgeben"* kann man nach dem Wortsinn eine Handlung allerdings nur dann, wenn man sie **weiterführen** (fortsetzen) **könnte** oder wenn man zumindest glaubt, dass man dies tun könnte. Der Täter, der nicht mehr weitergehandelt hat, hat also nur dann „die Ausführung aufgegeben", wenn er zumindest geglaubt hat, dass er die Ausführung noch hätte weiterführen können. Konnte der Täter dagegen die Ausführung nicht mehr weiterführen, hat er keine Handlungsalternative mehr gehabt oder zumindest keine gesehen, so ist sein **Aufhören kein „Aufgeben" der Ausführung** und damit kein strafbefreiender Rücktritt; sein Versuch ist vielmehr **fehlgeschlagen** und bleibt strafbar.

Der **Begriff des fehlgeschlagenen (misslungenen) Versuchs** ergibt sich also streng aus dem gesetzlichen Merkmal des Die-Ausführung-Aufgebens in § 16 Abs 1:

- Ein fehlgeschlagener Versuch liegt vor, wenn der Täter ***mangels Möglichkeit, die Tat weiterzuführen,*** nicht mehr „die Ausführung aufgeben" kann.
- Gleiches gilt, wenn der Täter ***glaubt***, dass er die *Tat nicht mehr weiterführen* könnte, weil er auch dann durch bloßes Nicht-weiter-Handeln die Ausführung nicht „aufgegeben" hat.

In beiden Fällen bleibt es mangels eines verdienstlichen Verhaltens bei der Strafbarkeit.

23 bb) Der Versuch ist insbesondere dann fehlgeschlagen, wenn die geplante Tatbestandsverwirklichung **tatsächlich (faktisch) unmöglich** oder unmöglich geworden, also der vom Täter angestrebte Erfolg im Rahmen seines Tatplanes unerreichbar geworden ist.

Beispiel: Der Räuber, der von seinem „Opfer" in Notwehr bewusstlos oder in die Flucht geschlagen wurde, hat nicht die Ausführung des Raubes aufgegeben, sondern er ist gescheitert. Sein Versuch ist fehlgeschlagen, es gibt keinen Rücktritt. – Ebenso fehlt es an einer Aufgabe der Ausführung und damit an einem strafbefreienden Rücktritt, wenn der Täter aufhört,

- weil ihm sein Opfer davongelaufen ist;
- es ihm nicht gelingt, den Tresor aufzuschweißen;

- der letzte Schuss das Opfer verfehlt;
- weil die Tasche, in die er gegriffen hat, leer ist (soweit überhaupt ein strafbarer Versuch vorliegt).

Dabei ist die **Sicht des Täters** maßgebend: Ein Fehlschlag liegt auch dann vor, wenn der Täter die Unerreichbarkeit der Vollendung bloß fälschlich annimmt.

Der Versuch ist aber auch dann fehlgeschlagen, wenn die Vollendung zwar an sich noch möglich wäre, aber nach dem Tatplan für den Täter **sinnlos** geworden ist. **24**

Beispiel: Wer eine Auslagenscheibe einschlägt, um wertvolle Juwelen zu stehlen, beim näheren Zusehen aber erkennt, dass in der Auslage nur geringwertige Imitationen sind, die er darum liegen lässt, der hat den geplanten Juwelendiebstahl nicht „aufgegeben", sondern ist gescheitert. Mangels eines verdienstlichen Verhaltens liegt kein strafbefreiender Rücktritt vom Versuch vor (der freilich möglicherweise nach § 15 Abs 3 straflos ist).

c) Rücktritt bei Delikten mit mehraktigen oder wiederholten Ausführungshandlungen

aa) Das Problem

Besondere Schwierigkeiten bereiten jene Fälle, in denen der Täter mit einem von mehreren Tatmitteln die Vollendung nicht erreicht, ihm aber noch **weitere Mittel** zur Verfügung stehen, die er dann *nicht einsetzt.* **25**

Beispiel: Der Täter will sein Opfer mit einem oder mehreren Hieben mit dem Totschläger töten. – Ist das Opfer nach dem ersten Schlag nicht tot, so ist das Töten mit *diesem Mittel* misslungen. Kann der Täter, der dies erkannt hat, dadurch vom Versuch zurücktreten, dass er weitere Schläge, die er ohne weiteres noch vornehmen könnte, unterlässt?

Oder: Der Täter will das Opfer im Auto mit einem Stein erschlagen (*erstes Tatmittel*), doch gelingt ihm dies nicht, weil er zu wenig Platz zum Ausholen hat. Daraufhin sticht er mit einem Messer zu (*zweites Tatmittel*), hört aber dann freiwillig auf, so dass das Opfer überlebt.

bb) Lösungsmöglichkeiten

Die Lösung dieser Fälle ist höchst umstritten. Folgende Möglichkeiten werden vorgeschlagen:

(1) Erstens könnte man daran denken, auf den **ursprünglichen Tatplan** abzustellen: Wenn der Täter ursprünglich nur an einen einzigen Hieb oder an das erste Tatmittel (Stein) gedacht hat und mit diesem zum Ziel kommen wollte, so ist dieser Versuch fehlgeschlagen und ein Rücktritt ausgeschlossen. Anders dagegen, wenn der Täter das zweite Mittel *schon ursprünglich einsetzen* wollte, jetzt aber darauf verzichtet: Dann ist er vom Versuch zurückgetreten. **26**

Die Lösung befriedigt nicht, weil sie denjenigen begünstigt, der sich von *vornherein mehr Möglichkeiten zur Tatbegehung* ausdenkt. Außerdem hängt sie allzu sehr von der (nachträglichen) Aussage des Täters ab, der vor der Tatbegehung idR gar keine klaren Vorstellungen über den Einsatz mehrerer Mittel gehabt hat. Und schließlich: Soll der Mörder, der 100 Schüsse eingeplant und zur Verfügung hat und nach 99 Fehlschüssen aufhört, wirklich straffrei werden?

27 (2) Eine zweite Lehre *zerlegt die Ausführung* solcher mehraktiger Versuchsgeschehen in eine Kette von selbständigen, isolierten Versuchshandlungen (darum **Einzelaktstheorie**; vgl *Kienapfel*, Pallin-FS 209): Sobald der Täter eine (Teil-)**Handlung** gesetzt hat, *bei deren Vornahme* er mit dem **geforderten Tatvorsatz** (wenn das Gesetz nichts anderes verlangt, genügt dolus eventualis) angenommen hat, dass **diese** *(Teil-) Handlung bereits den Erfolg* herbeiführen werde, so ist der Versuch fehlgeschlagen und ein Rücktritt ausgeschlossen, wenn der Täter nachher erkennt, dass die Handlung doch nicht ausreichend war.

Beispiel 1: Der Täter will sein Opfer mit einem oder mit mehreren Hieben mit einem Totschläger töten, wobei er es beim ersten Zuschlagen ernstlich für möglich hält und sich damit abfindet, dass bereits dieser erste Schlag tödlich sein werde. Er ist es aber doch nicht, sondern es wären noch weitere Schläge erforderlich (was der Täter auch erkennt).

Nach der **Einzelaktstheorie** ist der Tötungsversuch mit dem **ersten Hieb fehlgeschlagen**. Der Täter kann nicht mehr dadurch zurücktreten, dass er *weitere* Schläge unterlässt, selbst wenn er diese von vornherein eingeplant haben sollte. Er hat insofern lediglich einen neuerlichen Versuch unterlassen, was an der Strafbarkeit wegen des ersten (fehlgeschlagenen) Versuchs nichts ändert.

28 Die Einordnung dieser Lösung in das Gesamtsystem des Rücktritts vom Versuch zeigt sich an folgenden Beispielen:

Beispiel 2: Wie Beispiel 1, jedoch verletzt der erste Schlag das Opfer lebensgefährlich, so dass es sterben wird, wenn ihm nicht geholfen wird.

Jetzt liegt ein **beendeter Versuch** vor, von dem der Täter zurücktreten kann, indem er den Erfolg abwendet (§ 16 Abs 1 Fall 3, vgl oben 31/14 ff).

29 *Beispiel 3:* Der Täter glaubt im Zeitpunkt des ersten Hiebes, dass dieser möglicherweise tödlich sein werde, und nimmt auch nach dem Schlag an, dass das Opfer an diesem ersten Schlag sterben werde. Daher bemüht er sich, das Opfer zu retten; in Wirklichkeit war der erste Schlag gar nicht tödlich.

Der Versuch ist **beendet**, ein Rücktritt nach § 16 Abs 2 ist möglich (oben 31/16 ff).

30 *Beispiel 4:* Der Täter rechnet im Zeitpunkt des ersten Hiebes nicht damit, dass dieser tödlich sein werde, und er ist es auch wirklich nicht; dann unterlässt der Täter weitere geplante Schläge.

Unbeendeter Versuch, von dem der Täter nach § 16 Abs 1 Fall 1 zurückgetreten ist.

Beispiel 5: Der Täter rechnet beim Zuschlagen nicht damit, dass bereits der erste Schlag tödlich sein werde, dieser erweist sich aber dann doch als lebensgefährlich, was der Täter auch erkennt. **31**

Offensichtlich wäre es kein verdienstliches Verhalten, wenn der Täter bloß die weiteren geplanten Schläge, die nun für sein verbrecherisches Ziel nicht mehr erforderlich sind, unterließe und fortginge. Es liegt vielmehr – in der maßgeblichen Beurteilung im Zeitpunkt des Rücktritts und aus der Sicht des Täters – ein **beendeter Versuch** vor, von dem der Täter nur nach § 16 Abs 1 Fall 3 (durch Abwenden des Erfolges) oder nach Abs 2 (durch ernstliche Bemühungen bei Ausbleiben des Erfolges) zurücktreten kann.

Burgstaller gelangt auf einem anderen Weg zu ähnlichen Ergebnissen wie die Einzelaktstheorie (StPG 3, 33 f). **32–33**

(3) Im Gegensatz zur Einzelaktstheorie betrachtet die sog **Tateinheitslehre** die verschiedenen Teile der Tat als eine Gesamtheit: **34**

- Bei **Delikten mit wiederholten Ausführungshandlungen** ist der Versuch so lange nicht fehlgeschlagen, als dem Täter noch *Möglichkeiten* zur Verfügung stehen, *hier und jetzt* im Zuge der als ein **einheitlicher Lebensvorgang** betrachteten **Tatausführung** das Delikt zu vollenden.
- **Verzichtet** er darauf, von dieser Möglichkeit Gebrauch zu machen und diese weiteren Mittel einzusetzen, so kann er – Freiwilligkeit vorausgesetzt – nach den Regeln des Rücktritts vom **unbeendeten Versuch** straffrei werden.

Dabei kommt es nicht darauf an, ob der Täter von vornherein diese weiteren Tatmittel eingeplant hatte oder sie ihm erst im Zuge der Ausführung zu Bewusstsein kommen.

Fehlgeschlagen ist der Versuch erst, wenn dem Täter hier und jetzt keine Tatmittel mehr zur Verfügung stehen, sondern er erst neue **Mittel herbeischaffen** müsste, oder wenn die noch zur Verfügung stehenden Mittel eine deutlich **geringere Erfolgswahrscheinlichkeit** bieten als die bereits erfolglos eingesetzten. **35**

Beispiel: Hat der Täter also sein Opfer – wenngleich in der Vorstellung, dass schon der erste Schlag tödlich sein könnte – niedergeschlagen und verzichtet er dann darauf, dem Opfer „den Garaus zu machen“, obwohl er dies mit weiteren Schlägen *leicht könnte* (oben Beispiel 1, 31/27), so ist er bei Freiwilligkeit vom **unbeendeten** Versuch strafbefreiend **zurückgetreten**. **36**

37 *Dagegen:* Sind von 100 Schüssen, die der Täter zur Verfügung hat, 99 bereits fehlgegangen, so ist der Versuch fehlgeschlagen, da der Erfolg vom noch zur Verfügung stehenden letzten Schuss deutlich weniger zu erwarten ist als von den bisher eingesetzten Mitteln. Der Verzicht auf den 100. Schuss ist daher kein strafbefreiender Rücktritt.

cc) Stellungnahme

38 Die **Einzelaktstheorie** *vermindert* drastisch die Möglichkeiten des strafbefreienden Rücktritts, insbesondere bei unklaren Tätervorstellungen. Zudem begünstigt sie denjenigen, der die Tat *energischer ausführt*: Schlägt der Täter bei gleichem Vorsatz beim ersten Hieb so fest zu, dass das Opfer zu sterben droht (oben Beispiel 2, 31/28), so kann er zurücktreten; schlägt er hingegen nur zaghaft zu, ist ein Rücktritt vom Mordversuch ausgeschlossen (oben Beispiel 1, 31/27).

Auch hängt die Strafbarkeit allzu sehr von der *Verantwortung des Täters* ab: Gibt er nach der Tat an, er habe mit der ersten Teilhandlung sein Opfer nur widerstandsunfähig machen und erst mit den weiteren Handlungen (Hieben) töten wollen, dann hätte er durch bloßes Nicht-Weiterhandeln zurücktreten können (oben Beispiel 4, 31/30). Zumindest aber sollte sich ein gut beratener Täter dahin verantworten, dass er davon überzeugt gewesen wäre, das Opfer schwebe nach der ersten Teilhandlung in Todesgefahr, denn dann wäre er durch sein ernsthaftes Bemühen straffrei geworden (§ 16 Abs 2, oben Beispiel 3, 31/29). Zudem wird die *„goldene Brücke"* vorzeitig abgebrochen und dem Täter, der nicht mehr straffrei werden kann, der Anreiz genommen, auf weitere Teilakte zu verzichten (grundlegend die Kritik von *Roxin*, fehlgeschlagener Versuch).

39 Letztlich hängt die **Entscheidung zwischen der Einzelakts- und der Tateinheitstheorie** davon ab, wie man den **Begriff der „Ausführung"**, deren Aufgabe den Täter nach dem Wortlaut des Gesetzes von der Versuchsstrafe befreit, in § 16 Abs 1 (und in Abs 2) versteht.

- Ist bereits **jeder Teilakt die „Ausführung" der Tat**, so dass der Fehlschlag dieses Teilaktes ein „Aufgeben der Ausführung" unmöglich macht,
- oder ist mit **„Ausführung der Tat" umfassend der einheitliche Lebensvorgang** gemeint, das gesamte deliktische Geschehen, das der Täter hier und jetzt verwirklichen will?

40 Schon die Fragestellung zeigt, dass die Einzelaktstheorie ein „aus natürlicher Sicht *einheitliches Versuchsgeschehen*" (*Kienapfel*, Pallin-FS 213) willkürlich zerreißt. Dass der gesetzliche Begriff der Ausführung in einem weiten Sinn zu verstehen ist, ergibt sich schon daraus, dass selbstverständlich auch derjenige vom Versuch zurücktritt und straffrei wird, der im Versuchsstadium der *ausführungsnahen Handlung* freiwillig die weitere Tätigkeit unterlässt. Auch er hat im Sinne des Gesetzes „die Ausführung aufgegeben", obwohl er sie

streng genommen noch gar nicht begonnen hat. Offenbar meint § 16 ein **Abstehen von der Ausführung** der Tat **im umfassenden Sinn**. Die Ausführung, deren Aufgabe nach dem Wortlaut des Gesetzes zum Rücktritt hinreicht, ist eine **Sinneinheit**, die nicht willkürlich in Einzelakte zerlegt werden darf. Daher ist das radikale Abschneiden der Rücktrittsmöglichkeiten durch die Einzelaktstheorie mit dem Gesetz nicht vereinbar.

dd) Ergebnis

Im **Ergebnis** ist der **Tateinheitslehre** zu folgen. Bei Delikten mit wiederholten Ausführungshandlungen ist daher ein *Rücktritt durch Aufgeben der Ausführung* so lange möglich, als dem Täter im Zuge der geplanten Tatausführung *hier und jetzt* noch *hinreichende Mittel und Möglichkeiten* zur Verfügung stehen, die Tat zu vollenden und insbesondere den Erfolg herbeizuführen, er aber von diesen vorhandenen Mitteln freiwillig keinen Gebrauch macht. **41**

V. Freiwilligkeit

Bei jeder Form des Rücktritts verlangt das Gesetz, dass der Täter „**freiwillig**“ handelt. Dieses Erfordernis hat eigenständige Bedeutung neben dem Ausschluss des Rücktritts wegen Fehlschlags: Beim **fehlgeschlagenen** Versuch hat der Täter gar *nicht mehr die Möglichkeit*, die „Ausführung aufzugeben“. Aber auch in jenen Fällen, in denen der Täter hätte weiterhandeln können und die Ausführung aufgegeben hat, muss das nicht freiwillig geschehen sein. **42**

Zur Beurteilung der Freiwilligkeit wird man auf den Grundgedanken des Rücktritts zurückgreifen und fragen müssen, ob die Rücktrittshandlung als ein **verdienstliches Verhalten** des Täters zu werten ist, das seine innere Umkehr und seine Rückkehr in die Legalität anzeigt (*Burgstaller*, StPdG 3, 37 f). Daraus folgt:

1. Der Rücktritt ist immer **freiwillig**, wenn der Täter aus **autonomen Motiven** (dh *ohne Änderung der äußeren Sachlage* oder nach einer Änderung der Sachlage zu seinen Gunsten) handelt. Ein *ethisch hochwertiges* Rücktrittsmotiv ist *nicht erforderlich*. **43**

   Beispiel: Freiwillig ist der Rücktritt aus Reue oder aus Mitleid, aber auch ein Rücktritt aus Mutlosigkeit, aus Furcht vor Strafe oder aus Angst vor der Entdeckung, soweit sich nicht die äußere Sachlage geändert hat, sondern nur ihre Einschätzung durch den Täter.

2. Aber auch eine **verhältnismäßig geringfügige Änderung** der Sachlage zum Nachteil des Täters schließt die Freiwilligkeit nicht aus. Erst wenn die Fortführung der Tat mit neu auftretenden Schwierigkeiten, Gefahren und Nachteilen verbunden wäre, die unverhältnismäßig schwer ins Gewicht fallen, so dass ein **Weiterhandeln offenbar unvernünftig** wäre, entfällt die Freiwilligkeit. **44**

Beispiel: Unfreiwillig handelt, wer den Einbruch aufgibt, weil der Hausherr zurückkommt oder weil er die Funkstreife hört und meint, der Einsatz gelte ihm, mag dies auch gar nicht der Fall sein. – Wer beim (Laden-) Diebstahlsversuch entdeckt wird und die Beute zurückgibt, handelt nicht freiwillig, weil sich durch die Entdeckung die Lage gegenüber dem Tatplan wesentlich zum Nachteil des Täters verschlechtert hat. – Wer dagegen geglaubt hat, den Tresor in einer Stunde knacken zu können, und dann erkennt, dass er zwei Stunden brauchen, aber dann sicher ans Ziel gelangen werde, tritt wohl freiwillig zurück, wenn er die Ausführung aufgibt: Die Verzögerung der sicheren Tatausführung wiegt nicht so schwer, dass sie die Freiwilligkeit ausschlösse.

VI. Rücktritt bei Beteiligung mehrerer

45 1. Der Rücktritt vom Versuch ist ein **persönlicher Strafaufhebungsgrund** und wirkt nur für denjenigen, der **selbst ein verdienstliches Verhalten** setzt und damit *in seiner Person* die Voraussetzungen des § 16 erfüllt.

Beispiel: Wenn A dem B Gift für einen Mord beschafft und B die Tat versucht, in der Folge aber von diesem Versuch zurücktritt, dann bleibt A trotz der Akzessorietät (vgl unten 32/36 ff) wegen Beihilfe zum Versuch strafbar.

46 2. Wer eine Tat nicht selbst (allein) ausführt, kann *nie durch bloßes Untätigbleiben* zurücktreten, weil er die Tatausführung ja nicht (allein) in der Hand hat.

Beispiel: Im soeben angeführten Beispiel hat A die Tat in jenem Zeitpunkt aus der Hand gegeben, in dem er dem B das Gift übergeben hat. Bloßes Nichts-Tun kann daher keinen Rücktritt begründen.

Bei Beteiligung mehrerer am Versuch kann der einzelne Beteiligte **zurücktreten,**

a. indem er die **Ausführung verhindert**, dh bewusst und gewollt dafür kausal wird, dass die Ausführung unterbleibt (§ 16 Abs 1 Fall 2), oder
b. indem er den **Erfolg abwendet** (§ 16 Abs 1 Fall 3).
c. Unterbleibt die Ausführung *ohne sein Zutun* oder tritt der Erfolg *ohne sein Zutun* nicht ein, so genügt sein **freiwilliges und ernstliches Bemühen**, ist aber auch erforderlich (§ 16 Abs 2).

47 3. Eine Besonderheit gilt für den **Rücktritt von der Beitragstäterschaft** (Beihilfe): Da die versuchte Beihilfe nicht strafbar ist (§ 15 Abs 2, vgl unten 32/38 und 34/38 ff), wird der Gehilfe schon dann straflos, wenn sich seine Beihilfehandlung bei der Ausführung der Tat nicht – nicht einmal als psychische Beihilfe – auswirkt. Daher genügt es, wenn der Gehilfe seinen **Tatbeitrag rückgängig** macht, bevor der unmittelbare Täter *ins Versuchsstadium* eintritt.

Beispiel: Wer dem anderen eine Waffe für einen Mord geborgt hat, kann schon dadurch zurücktreten, dass er sich diese Waffe wieder zurückholt. Daran ändert sich nichts, wenn der unmittelbare Täter den Mord dennoch (ohne Waffe oder mit einer anderen Waffe) ausführt.

Anders ist es beim **Bestimmungstäter** (Anstifter), bei einem von mehreren **48**
unmittelbaren Tätern (**Mittätern**) oder bei einem Gehilfen, wenn der unmittelbare Täter bereits **ins Versuchsstadium** gelangt ist: Alle diese können nur nach den oben unter 31/46 genannten Regeln zurücktreten, also dadurch, dass sie die Ausführung verhindern, den Erfolg abwenden oder sich zumindest ernstlich um die Erfolgsabwendung bemühen.

D) Beteiligung mehrerer

32. Kapitel: Grundlagen der Beteiligungslehre

Literaturauswahl: *Burgstaller*, Zur Täterschaftsregelung im neuen StGB, RZ 1975, 13, 29; *ders*, Vollendung oder Ende der Einheitstäterschaft? RZ 1982, 216; *ders*, Individualverantwortung bei Alleinhandeln; Einzel- und/oder Mitverantwortung bei Zusammenwirken mit anderen, in Eser ua (Hg), Einzelverantwortung und Mitverantwortung im Strafrecht (1998); *Fabrizy*, WK[2] §§ 12–14; *Friedrich*, Triffterers Beteiligungslehre – eine vermittelnde Lösung? RZ 1986, 227, 258; *ders*, Zur Beteiligung an einem Versuch (§ 15 Abs 1 StGB), ÖJZ 1995, 9; *ders*, Strafbare Beteiligung – akzessorische oder originäre Täterschaft? Triffterer-FS (1996) 43; *Fuchs*, Probleme der Beteiligung mehrerer, StPdG 14 (1986) 1; *ders*, Probleme des Deliktsversuchs, ÖJZ 1986, 257; *Höpfel*, Einige Fragen der subjektiven Tatseite bei Beteiligung mehrerer, ÖJZ 1982, 314; *Kienapfel*, Zur Täterschaftsregelung im StGB, RZ 1975, 165; *ders*, Probleme der Einheitstäterschaft, JBl 1989, 407; *K/H/K*, AT[16] Kap. 32; *Lewisch*, Probleme der Einheitstäterschaft, JBl 1989, 294; *ders*, Schächten als strafbare Tierquälerei? JBl 1998, 137; *Nowakowski*, Tatherrschaft und Täterwille, JZ 1956, 545; *ders*, Die Sonderdelikte, beurteilt nach ihrer Begehbarkeit durch Extranei, ZnStR II (1974) 147; *ders*, Zur Einheitstäterschaft nach § 12 StGB insbes im Hinblick auf § 15 Abs 2 StGB und § 314 StPO, RZ 1982, 124; *Roxin*, Täterschaft und Tatherrschaft[8] (2006); *Schild*, Die Täterformen des § 12 StGB, ZfRV 1976, 182; *Schmoller*, Sukzessive Beteiligung und Einheitstäterschaft, Zipf-GS (1999) 295; *Triffterer*, Die österreichische Beteiligungslehre (1983); *Zipf*, Probleme der versuchten Bestimmung zu einer Straftat, RZ 1980, 141.

I. Gesetzliche Formulierung der Deliktsbeschreibungen des Besonderen Teils als Ausgangspunkt

Wirken zu einem deliktischen Geschehen mehrere Personen zusammen, so stellt sich die Frage nach der strafrechtlichen Verantwortlichkeit der einzelnen Beteiligten. Dabei ist nach Deliktsgruppen zu unterscheiden: 1

a) Bei den reinen **Erfolgs-Verursachungs-Delikten** – jenen Straftatbeständen, die keine besonderen Handlungsbeschreibungen enthalten, sondern jede Art der Herbeiführung eines bestimmten Unwerterfolges mit Strafe bedrohen – ist es sprachlich möglich, die Deliktsbeschreibung des Besonderen Teils unmittelbar auf jeden anzuwenden, der einen *kausalen Beitrag* zur Erfolgsverursachung leistet. 2

> *Beispiel:* A ersucht den B, den X zu töten. B stimmt zu und verschafft sich von C die Tatwaffe. Mit dieser erschießt B einige Wochen später den X.

Ohne Zweifel erfüllt B den Tatbestand des § 75, indem er „einen anderen tötet". Aber man kann auch von A und C sagen, dass sie den X „getötet" haben und darum **Täter** des Mordes sind. Auch sie können unmittelbar nach § 75 bestraft werden; einer besonderen Norm, die die Strafbarkeit auf sie erstreckt, bedarf es nicht.

b) Alle Beteiligten allein aufgrund der Deliktsbeschreibungen des Besonderen Teils als Täter zu bezeichnen und zu bestrafen ist jedoch nicht möglich, wenn der gesetzliche Deliktstatbestand **Handlungsbeschreibungen** enthält. 3

Beispiele:

4 – Die Aufforderung an einen anderen, vor Gericht als Zeuge falsch auszusagen, ist keine falsche Aussage und erfüllt daher nicht unmittelbar den Tatbestand des § 288.

– Wer einem anderen ein Gasthaus nennt, in dem dieser eine gestohlene Sache kaufen kann, hat diese nicht „gekauft" (§ 164 Abs 2).

– Wer einem anderen eine Leiter zur Verfügung stellt, mit der dieser in ein fremdes Haus einsteigt und dort stiehlt, der hat auch nach dem äußerst möglichen Wortsinn nicht „einem anderen eine fremde bewegliche Sache weggenommen, indem er in ein Gebäude eingestiegen ist" (§ 127 Abs 1 iVm § 129 Abs 1 Z 1).

5 – Wer einem anderen sein Zimmer für den Geschlechtsverkehr mit einer 13-Jährigen überlässt, der hat nicht „mit einer unmündigen Person den Beischlaf … unternommen"; seine Mitwirkung wird vom Wortlaut des § 206 Abs 1 nicht erfasst.

6 In allen diesen Fällen kann man nur jenen Beteiligten unmittelbar aufgrund des Deliktstatbestandes des Besonderen Teils bestrafen, der die im Gesetz beschriebene **Ausführungshandlung** vornimmt. Um die anderen Beteiligten nach § 288, nach § 164 Abs 2, nach § 129 oder nach § 206 Abs 1 zu bestrafen, bedarf es einer **besonderen gesetzlichen Regelung**, die die **Strafbarkeit ausdehnt**.

7 c) Das gleiche gilt bei **Sonderdelikten**: Erteilt der Bürgermeister einem anderen auf dessen Bitten eine Baugenehmigung im Grünland, so erfüllt nur der Bürgermeister die Deliktsbeschreibung des § 302 („Ein Beamter, der … seine Befugnis,…Amtsgeschäfte vorzunehmen,…missbraucht"). Nur der Beamte kann unmittelbar nach § 302, der andere kann nur dann (wegen Beteiligung am Amtsmissbrauch) bestraft werden, wenn es ausdrücklich im Gesetz angeordnet ist (dazu näher unten in Kap 35).

8 d) Die Beteiligungsregeln sind daher **Zurechnungsregeln**, die festlegen, unter welchen Voraussetzungen die Handlungen mehrerer Personen zu einer (gemeinsamen) Tat verbunden werden und das deliktische Unrecht auch von jenem Mitwirkenden verantwortet werden muss, der die Tat nicht selbst ausführt (*Jakobs*, AT² 21/3, 8a).

II. Das Teilnahmesystem der Beteiligung

1. Prinzip des Teilnahmesystems

9 Bei der Regelung der Beteiligung folgen die meisten Strafgesetze – so etwa das deutsche StGB – dem natürlichen Sprachgebrauch, der an die Fähigkeit des Menschen anknüpft, **Geschehensabläufe** zu steuern und zu **beherrschen**. Sie unterscheiden darum streng zwischen dem **Täter** als der „Zentralgestalt" des deliktischen Geschehens und den sonstigen Beteiligten (**Teilnehmern**),

auf die sie die Strafbarkeit in bestimmtem Umfang erweitern; man spricht darum auch vom **Teilnahmesystem**.

- **Täter** ist derjenige, der den objektiven und subjektiven **Tatbestand** des betreffenden Delikts, die Deliktsbeschreibung im Besonderen Teil des Strafgesetzes, ***selbst und eigenhändig*** *verwirklicht* und dadurch das deliktische Geschehen beherrscht. Es ist „seine" Tat, die geschieht. **10**
- Andere Beteiligte, die die Tat nicht selbst und eigenhändig ausführen, sind keine Täter, sondern **Teilnehmer**. Sie werden nur bestraft, soweit das Gesetz die Strafbarkeit durch besondere Bestimmungen des Allgemeinen Teils auf sie ausdehnt, und sie werden in diesem Fall bestraft, weil sie den Täter *bei seiner Tat* ***unterstützen***. **Teilnehmer** sind der **Anstifter** und der **Gehilfe**. **11**

  Bei den Erfolgs-Verursachungs-Delikten führt diese wertende Betrachtung zu einer **Einschränkung des Täterbegriffes** gegenüber dem äußerst möglichen Wortsinn: Wer nur die Waffe beschafft und nicht selbst „tötet", ist nicht Täter, sondern Teilnehmer.

Akzessorietät: Charakteristisch für das Teilnahmesystem ist, dass die **Strafbarkeit** des Anstifters und des Gehilfen **akzessorisch** begründet wird: Sie werden nicht für die eigene Deliktsbegehung bestraft, sondern für ihre **Teilnahme an der fremden Tat**, nämlich am Unrecht, das der das Geschehen beherrschende und steuernde Täter verwirklicht. **12**

Ohne die **Tat** des (unmittelbaren) **Täters** gibt es im Teilnahmesystem keine Strafbarkeit des Anstifters und des Gehilfen.

2. *Qualitative und quantitative Akzessorietät*

Die Strafbarkeit des **Anstifters** und des **Gehilfen** setzt also im Teilnahmesystem voraus: **13**

- dass es einen **(unmittelbaren) Täter** gibt, der den **äußeren** und den **inneren Tatbestand** des jeweiligen Delikts voll verwirklicht und auch **rechtswidrig** handelt (sog **qualitative Akzessorietät**, weil sie die „Qualität" der Handlung des unmittelbar Ausführenden betrifft). Der Täter muss insbesondere den *vollen Tatvorsatz* haben; Teilnahme an einer unvorsätzlichen Tat gibt es nicht. **14**

  Handelt der Täter bloß ohne Schuld, dann entfällt nicht das Unrecht seiner Tat, sondern nur die persönliche Vorwerfbarkeit ihm gegenüber. Wer einen Zurechnungsunfähigen zum Mord anstiftet, ist Anstifter zum Mord; insofern ist die qualitative Akzessorietät „limitiert". Liegen in der Person des Täters persönliche Strafausschließungs- oder -aufhebungsgründe vor, so hindert das die Strafbarkeit des Anstifters und des Gehilfen ebenfalls nicht.

- und dass der **(unmittelbare) Täter** seinerseits zumindest **in das Versuchsstadium** getreten ist (sog limitierte – weil keine Vollendung voraussetzende – **quantitative Akzessorietät**). **15**

3. *Probleme des Teilnahmesystems*

a) *Abweichungen von Typisierung und kriminellem Gewicht des Beitrags*

16 Das Teilnahmesystem ist darum bemüht, die Handlungen der einzelnen Beteiligten schon auf Tatbestandsebene wertend nach ihrem Gewicht für das deliktische Gesamtgeschehen zu erfassen; typischerweise gelten daher für den Anstifter und vor allem für den Gehilfen **geringere Strafdrohungen** als für den Täter. Dies zwingt zu einer scharfen Abgrenzung der **Beteiligungstypen**, die in der Praxis nicht immer einfach vorzunehmen ist.

Zudem stimmt die Typisierung nach eigenhändiger Ausführung und bloßer Teilnahme zwar zumeist, aber nicht immer mit dem Gewicht des Tatbeitrages überein: Wer in einer kriminellen Organisation die Handlangerdienste leistet, ist Täter, wenn er den Mord ausführt; das schwerere kriminelle Unrecht verwirklicht aber oft das Haupt der Organisation, das bloß zum Mord angestiftet hat. Daraus erklären sich manche Bestrebungen im Teilnahmesystem, trotz Strafbarkeit des Ausführenden auch den Hintermann als Täter zu erfassen.

b) *Strafbarkeitslücken*

17 Vor allem aber öffnen sich durch die doppelte Akzessorietät **Strafbarkeitslücken**: Handelt der *unmittelbar Ausführende nicht vorsätzlich*, so ist er nicht Täter des Delikts, und aufgrund der Akzessorietätsregel können auch die anderen Beteiligten nicht bestraft werden, mögen sie ihrerseits auch vollen Tatvorsatz gehabt haben.

> *Beispiel:* A täuscht dem B vor, er habe seine Geldtasche in der Wohnung des X vergessen, und bittet ihn, sie beim nächsten Besuch für ihn mitzunehmen. B tut dies gutgläubig. In Wahrheit gehört die Geldtasche dem X, und A eignet sie sich auf diese Weise zu.

B, der die Tasche wegnimmt und damit den äußeren Tatbestand des Diebstahls erfüllt, handelt ohne Zueignungs- und Bereicherungsvorsatz. Er, der die „Tat" unmittelbar ausführt, ist daher nicht Täter des Diebstahls, so dass auch A nicht als Teilnehmer (Anstifter) bestraft werden kann.

c) *Erweiterung des Täterbegriffes*

18 Bei manchen Delikten lassen sich diese Lücken schließen, indem man den **Begriff des „Täters" weiter definiert**: Täter, von dessen tatbestandsmäßigem und rechtswidrigem Verhalten die Strafbarkeit der übrigen Beteiligten abhängt, ist

- nicht nur derjenige, der die Tat *selbst und eigenhändig ausführt*,
- sondern auch jeder, der sie *durch einen anderen ausführen* lässt, den er als **Werkzeug** benützt, und dadurch das Geschehen beherrscht und steuert (sog **mittelbare Täterschaft** in der Terminologie des Teilnahmesystems).

Dies ist möglich, soweit es der **Wortlaut des Gesetzes** zulässt. Im Teilnahmesystem wäre daher im zuletzt genannten Beispiel A **Täter** des Diebstahls, der die Tat ausführt, indem er B als **vorsatzloses Werkzeug** benützt. Andere

Beteiligte – zB C, der dem A den Rat gegeben hat, sich die Geldtasche auf diese Weise zu verschaffen – können daher trotz des Akzessorietätserfordernisses als Anstifter oder Gehilfen bestraft werden.

Da es zweifelhaft ist, ob eine solche Ausdehnung des Täter-Begriffes noch vom Wortlaut gedeckt ist (Kann man „durch einen anderen" ein Sache *wegnehmen*?), definiert bspw das deutsche StGB den **Täterbegriff** umfassend: „Als Täter wird bestraft, wer die Straftat selbst *oder* ***durch einen anderen*** **begeht**" (§ 25 Abs 1 dStGB). Unser StGB enthält dagegen keine entsprechende Erweiterung.

d) Nicht schließbare Lücken

Es bleiben jedoch Lücken, die sich nicht schließen lassen:

(1) (a) Bei **verhaltensgebundenen Delikten** kann wegen der Bindung an den Wortlaut des Gesetzes nur derjenige Täter sein, der die im Gesetz beschriebene Handlung vornimmt; Täterschaft durch ein Werkzeug scheidet aus. **19**

Beispiel 1 (15 Os 165/93 EvBl 1995/6 = JBl 1994, 627 m Anm *Burgstaller*): A unternimmt den Beischlaf mit einer 13-Jährigen, die er für 15 Jahre alt hält. B, der im Gegensatz zu A das wahre Alter des Opfers kennt, stellt dafür das Zimmer zur Verfügung.

A handelt ohne Vorsatz und ist darum nicht Täter des sexuellen Missbrauchs von Unmündigen (§ 206). B kann nicht Täter sein, weil er die im Gesetz beschriebene Handlung nicht vornimmt, und er ist bei qualitativer Akzessorietät auch nicht als Teilnehmer strafbar, weil es mangels Vorsatzes kein Unrecht eines unmittelbaren Täters gibt, an dem er sich beteiligen könnte. – Zur Lösung nach dem StGB vgl unten 33/44.

(b) Gleiches gilt bei **Sonderdelikten**, die ebenfalls nicht in mittelbarer Täterschaft begangen werden können. **20**

Beispiel 2 (15 Os 34/89): Der Zollbeamte A übergibt dem Exporteur B auf dessen Bitten Formulare mit Blanko-Bestätigungen zur Ausfuhrbescheinigung für Umsatzsteuerzwecke (was er selbstverständlich nicht tun dürfte), in dem Glauben, dieser werde sie nur für wirklich durchgeführte Exporte verwenden. Der Exporteur füllt sie jedoch – was er von Anfang an vorgehabt hat – inhaltlich falsch (also ohne dass die entsprechende Ware ausgeführt worden wäre) aus und verwendet die Bestätigungen zur Erlangung von Umsatzsteuerrückvergütungen.

Der Zollbeamte erfüllt vorsätzlich den objektiven Tatbestand des Amtsmissbrauchs (§ 302: Befugnismissbrauch), hat aber keinen Schädigungsvorsatz. Mangels vorsätzlicher unmittelbarer Tat kann auch der beteiligte Exporteur, der seinerseits Schädigungsvorsatz hat, nicht nach diesem Delikt (wegen Bestimmung zum Amtsmissbrauch) bestraft werden. – Zur Lösung dieses Problems der Beteiligung am **Sonderdelikt** vgl unten 35/21.

21 (2) **Untergeordnete Beiträge** zu unvorsätzlichen Handlungen, die keine Herrschaft über das Geschehen begründen, fallen bei strenger Akzessorietät zwischen den Beteiligungstypen durch.

Beispiel 3 (nach *Nowakowski*, JZ 1956, 549): Die kurzsichtige A will ihrem Kind ein Kopfwehpulver eingeben und bittet den B dafür um ein Glas Wasser. B reicht es ihr, obwohl er bemerkt hat, dass die Frau die Mittel verwechselt hat und im Begriffe ist, ein tödliches Gift einzuflößen. Das Kind stirbt.

B ist weder Täter noch – mangels Vorsatzes der unmittelbaren Täterin – Gehilfe. – Näher zu diesem Problemkreis und zur Lösung nach dem StGB vgl unten 33/47.

22 (3) Die **irrtümliche Annahme des Gehilfen**, der unmittelbar Ausführende handle **vorsätzlich**, führt bei strenger Akzessorietät zu strafloser versuchter Beihilfe.

Beispiel 4: Der Jagdgehilfe B reicht dem Jäger A auf dessen Bitte das Gewehr, mit dem dieser den X erschießt. Entgegen den Vorstellungen des B, der davon überzeugt war, dass A bewusst auf einen Menschen schießt, hat A jedoch geglaubt, auf ein Wild zu schießen. – Zur Lösung unten 33/47.

Es fragt sich jedoch, ob in diesen Fällen eine Bestrafung des B nicht sachgerechter wäre als die bei der strengen Akzessorietät des Teilnahmesystems zwingende Straflosigkeit.

III. Die Lehre vom Einheitstäter

1. Prinzip des Einheitstätersystems

23 Im Gegensatz zum Teilnahmesystem versucht das **Einheitstätersystem**, die Strafbarkeit jedes Beteiligten **unabhängig von der Strafbarkeit der anderen Beteiligten** zu begründen. Eine solche Regelung könnte lauten:

„Jeder, der an einer strafbaren Handlung mitwirkt, ist Täter."

24 Ansatzpunkt für die Strafhaftung ist nicht das Verhalten eines Menschen, des „Täters", sondern die **Kausalität für das Gesamtgeschehen**: Jeder Beteiligte wird ohne Blick auf die deliktischen Beiträge anderer Personen allein nach seiner eigenen rechtswidrigen und schuldhaften (Mit-)Verursachung des deliktischen Geschehens (insbesondere des Taterfolges) **als Täter** bezeichnet und beurteilt. **Jeder Beitrag** zu einem deliktischen Geschehen wird definitionsgemäß zur **selbständigen Begehung** der betreffenden Straftat.

Beispiel: Auch wer einem anderen bloß das Zimmer für den sexuellen Kontakt mit einer 13-Jährigen zur Verfügung stellt, ist im Einheitstätersystem aufgrund der gesetzlichen Definition **Täter** des schweren sexuellen Missbrauchs von Unmündigen und **begeht das Delikt** des § 206.

Charakteristisch für ein solches Einheitstätersystem sind 25

- die **Terminologie**: Alle Mitwirkenden werden einheitlich *als* **Täter** *bezeichnet*;
- die These von der grundsätzlichen **Gleichwertigkeit aller Täterformen**;
- das **Fehlen jeder Akzessorietät**: Die Strafbarkeit des einen Beteiligten (= Täters) ist von der Strafbarkeit aller anderen Beteiligten (= Täter) *grundsätzlich unabhängig*.

Aufgrund dieser Merkmale scheint die Lehre vom Einheitstäter ein klares und einfach zu handhabendes Beteiligungssystem zu sein.

2. *Probleme des Einheitstätersystems*

Auch ein solches reines, einfaches Einheitstätersystem der Beteiligung ist nicht unproblematisch:

a) Begriffsbildung und Gleichwertigkeit der Täterformen

Der erste Einwand ist zwar grundsätzlicher, aber doch eher theoretischer Natur: Im Alltagsleben würde wohl kaum jemand denjenigen, der einem anderen die Strumpfmaske für einen Bankraub beschafft, gleichermaßen wie jenen, der mit der Waffe in der Hand dem Kassier das Geld abnötigt, als den „Räuber" bezeichnen und denjenigen, der einem anderen zusagt, ihm nach einem Einbruchsdiebstahl die Beute abzunehmen (vgl unten 33/55), als den „Einbrecher". Offenbar entfernt sich die **Terminologie** des Einheitstätersystems vom allgemein üblichen Sprachgebrauch. Dies ist nicht nur ein sprachliches Problem, sondern auch ein Indiz dafür, dass die These von der **prinzipiellen Gleichwertigkeit** aller Beteiligungs- (= Täterschafts-) Formen nicht ganz unproblematisch ist. 26

Deutlich zeigt sich diese Problematik zB in der bedauernden Bemerkung Triffterers (AT[2] 16/44), dass „die Gleichwertigkeit der Täterformen im allgemeinen Rechtsbewusstsein noch nicht in dem wünschenswerten (!?) Maße verankert sein (dürfte)". Soll sich die Realität der Theorie anpassen?

Freilich lassen sich die Unterschiede in Unwert- und Schuldgehalt auch bei der **Strafzumessung** berücksichtigen, und dass ihre Begriffsbildung vom allgemeinen Sprachgebrauch abweicht, nehmen Juristen häufig hin. Für die Praxis zählen diese Bedenken daher nicht viel.

b) Ausdehnung der Versuchsstrafbarkeit

Praktisch bedeutsam ist jedoch folgender Mangel: Die reine, einfache Einheitstäterlösung **erweitert die Versuchsstrafbarkeit**, ohne dass dafür ein kriminalpolitisches Bedürfnis bestünde. 27

- Beim Einzeltäter ist es unbestritten, dass **isoliert gebliebene Vorbereitungshandlungen** (zB die Beschaffung des Tatwerkzeugs) noch straflos bleiben sollen (vgl oben 28/15).
- Bei entsprechender Arbeitsteilung – der erste Beteiligte erledigt die Vorbereitung, der zweite soll die Tat dann zum Versuch und zur Vollendung führen – wird nach der Lehre vom Einheitstäter die **Vorbereitungshandlung** für jeden Tatbeteiligten – der ja definitionsgemäß Täter des Delikts ist – **zu einem abgeschlossenen Tatbeitrag**, der ohne Akzessorietätserfordernis als Deliktsversuch strafbar wäre, auch wenn weiter nichts geschieht.

Handlungen, die **im Gesamtgeschehen Vorbereitungen** sind, werden durch die isolierte Sichtweise **in Versuche umstilisiert**. Die reine Einheitstäterlösung gerät **quantitativ** zu weit (*Jakobs*, AT² 21/6).

Beispiel: Wenn A sich von C eine Waffe für einen späteren Mord besorgt, so ist er unbestrittenermaßen noch im straflosen Vorbereitungsstadium. C dagegen hat mit dem Herborgen der Waffe schon alles getan, was er für den Mord tun sollte, so dass er bei unabhängiger Betrachtung seiner „Täterschaft“ wegen Versuchs strafbar wäre.

Zu einem anderen Ergebnis kann man nur gelangen, wenn man die Strafbarkeit des C von der Strafbarkeit des A oder zumindest von dessen Handlungen – nämlich davon, dass dieser seinerseits den Mord ausführt oder zumindest ins Versuchsstadium gelangt – **abhängig macht**. Zu diesem Zweck muss man jedoch zwischen *verschiedenen Formen der Beteiligung* („Täterschaft“) **differenzieren**, die Möglichkeit der *Abhängigkeit eines Tatbeitrages* von einem anderen anerkennen und damit vom „reinen“ Einheitstäter abgehen.

c) Beteiligung an einem tatbestandslosen Verhalten

28 Problematisch ist auch, dass im Einheitstätersystem die Beteiligung an einem **tatbestandslosen Verhalten** eine strafbare „Täterschaft“ sein kann: Die Mitwirkung an einer Selbstverstümmelung wird zur täterschaftlichen Körperverletzung, weil der Mitwirkende kausal für die (Selbst-)Verletzung des „Opfers“ wird (näher dazu *Fuchs*, StPdG 14, 17 und unten 33/86 ff).

IV. Die Einheitstäterregelung des österreichischen Strafrechts

1. Grundsätzliche Entscheidung für das Einheitstätersystem

29 Das österreichische StGB hat sich bei der Regelung der Beteiligung mehrerer an einer Straftat (§§ 12 bis 14) grundsätzlich für das **Einheitstätersystem** entschieden. Dies ergibt sich

- sowohl aus der Überschrift („Behandlung aller Beteiligten als Täter“)
- als auch aus dem Text des § 12, der anordnet, dass alle Beteiligten **„die strafbare Handlung … begehen“**.

Mit dieser Formulierung ist insbesondere klargestellt, dass der Bestimmungstäter und der sonst Beitragende *nicht wegen Teilnahme an fremdem Unrecht* (des unmittelbaren Täters) bestraft werden, sondern deshalb, 30

> **weil (und nur dann, wenn)** auch sie das tatbestandlich geschützte **Rechtsgut** (mittelbar) **verletzen** und damit – durch ihre Beitragshandlung – **selbst das deliktstypische Unrecht verwirklichen**.

Jeder Beteiligte haftet also ausschließlich für **eigenes Unrecht** und für seine **eigene Schuld**. Praktische Auswirkungen hat dies vor allem beim **Vorsatz** des Beteiligten und im Strafprozess (dazu unten 33/65, 69).

Konsequenterweise gilt in Österreich für alle Beteiligten (Täter) **derselbe Strafrahmen**. Die Rolle des Einzelnen im deliktischen Geschehen ist – je nach der persönlichen Schuld des Beteiligten – bloß ein Milderungs- oder Erschwerungsgrund bei der Strafzumessung. Eine besondere Senkung des Strafrahmens erübrigt sich in Österreich – wie beim Versuch – wegen der Möglichkeit einer *außerordentlichen Strafmilderung* (§ 41). 31

Rechtspolitisch sind in Österreich vor allem *Kienapfel* (insbes JBl 1974, 113, 180) und *Nowakowski* für die Beteiligungsregelung nach dem Einheitstätersystem eingetreten. Dabei hat sich *Nowakowski* konsequenterweise – und auf der Grundlage seines Schuld- und Straftatbegriffes (Zur Systematik [1946] 30; Erscheinungsformen [1953], vgl die Literaturangaben zu Kap 28) – auch für die Strafbarkeit der versuchten Beihilfe ausgesprochen (ÖJZ 1953, 601; Strafrechtskommission 1955, 959 f), konnte sich aber mit dieser Ansicht nicht durchsetzen (dazu sogleich). 32

2. Straflosigkeit der versuchten Beitragstäterschaft

Gleichzeitig vermeidet unser Gesetz aber jene kriminalpolitisch nicht gerechtfertigte Ausdehnung des strafbaren Deliktsversuchs, die oben (32/27) als ein grundlegender Mangel eines reinen Einheitstätersystems bezeichnet wurde. 33

Dies geschieht dadurch, dass das Gesetz terminologisch zwischen **verschiedenen Beteiligungsformen** unterscheidet, nämlich zwischen

- demjenigen, der „**die Tat ausführt**“ (§ 15 Abs 2; **unmittelbarer Täter**, § 12 Fall 1), und
- **anderen Beteiligten**, die (bloß) „zur Ausführung der Tat **beitragen**“ (§ 12, **Beitragstäter** oder auch „**mittelbarer Täter**“ in der Terminologie des Einheitstätersystems), wobei hier wiederum unterschieden wird zwischen
  - demjenigen, „der einen anderen dazu *bestimmt*, sie (= die strafbare Handlung) auszuführen“ (§ 12 Fall 2: **Bestimmungstäter**), und
  - demjenigen, „der *sonst zu ihrer Ausführung* (= zur Ausführung der strafbaren Handlung) *beiträgt*“ (§ 12 Fall 3: **Täter durch sonstigen Beitrag**).

34 Darauf aufbauend unterscheidet unser Gesetz entgegen einer reinen Einheitstäterregelung beim **Versuch**:

- In § 15 Abs 2 wird es als **strafbarer Versuch der Tat** definiert, wenn der Täter
  - seinen Entschluss, die Tat **auszuführen** (also sie als **unmittelbarer Täter** zu begehen), oder
  - seinen Entschluss, einen anderen zur Ausführung zu **bestimmen**,

  durch eine Versuchshandlung (vgl oben 29/19 ff) betätigt.
- Dagegen ist es **kein strafbarer Versuch**, wenn jemand
  - seinen Entschluss, einen **sonstigen Beitrag** zu einer strafbaren Handlung zu leisten,

  betätigt.

35 Selbständig und unabhängig vom Verhalten anderer Tatbeteiligter (als **das versuchte Delikt**) strafbar ist daher nur

- der **Versuch der unmittelbaren Täterschaft** (§ 12 Fall 1) und
- der **Versuch der Bestimmungstäterschaft** (§ 12 Fall 2).

Die **Täterschaft durch sonstigen Beitrag** (§ 12 Fall 3) ist dagegen von der Versuchsdefinition nicht erfasst, und ihr **Versuch** ist – kraft Umkehrschlusses aus § 15 Abs 2 – **straflos**, so dass insofern kein „Einheitstäter" existiert, sondern zwischen den verschiedenen Beteiligungsformen unterschieden werden muss.

Zum Verständnis des § 15 Abs 2, der in kunstvoller Verschränkung Versuchs- und Beteiligungsprobleme in einem regelt, vgl schon oben 29/2.

36 Darüber hinaus erklärt das Gesetz die

- **Beteiligung an einem Versuch**

für strafbar (§ 15 Abs 1), und zwar **für alle Formen der Beteiligung**, also auch für den sonstigen Beitrag (§ 12 Fall 3).

37 Beim **Täter durch sonstigen Beitrag** (Beihilfe) ist daher zu unterscheiden:

- Die **Beteiligung am vollendeten Delikt** („strafbare Handlung" iSd § 12) ist strafbar nach § 12 Fall 3 iVm dem jeweiligen Tatbestand des BT.
- Die **Beteiligung an einem Versuch** ist strafbar nach § 15 Abs 1 iVm § 12 Fall 3 und dem jeweiligen Tatbestand des BT.
- Die **versuchte Beteiligung** durch sonstigen Beitrag ist dagegen kraft Umkehrschlusses aus § 15 Abs 2 **straflos**.

38 Die Strafbarkeit des **Täters durch sonstigen Beitrag** (Gehilfen) ist also davon abhängig, dass – über den unterstützenden Beitrag hinaus – eine **„strafbare Handlung"** oder doch zumindest der **Versuch der strafbaren Handlung** vorliegt. Diese Abhängigkeit der Strafbarkeit des sonstigen Beitrags vom deliktischen *Stadium*, in das das *Gesamtgeschehen* gelangt ist, bezeichnet man als **quantitative Akzessorietät** der Täterschaft durch sonstigen Beitrag (*Fabrizy*, WK² § 12 Rz 97).

Wie sich zeigt, ist die **Terminologie** der österreichischen Beteiligungsformen nicht ganz einfach: „**Beteiligter**“ ist der gesetzliche Überbegriff für alle Formen der Mitwirkung; gleichbedeutend und gleich umfassend ist die Bezeichnung „**Täter**“. Die Beteiligten (Täter) gliedern sich in den **unmittelbaren Täter** (§ 12 Fall 1) und in die **Beitragstäter** (gleichbedeutend: *mittelbare Täter*), bei denen das Gesetz zwischen dem **Bestimmungstäter** (§ 12 Fall 2) und dem **Täter durch sonstigen Beitrag** (§ 12 Fall 3) unterscheidet; letztere Unterscheidung ist für die Strafbarkeit des Versuches wichtig. Bisweilen werden anstelle der sprachlich schwerfälligen Bezeichnungen „**Bestimmungstäter**“, „**Täter durch sonstigen Beitrag**“ und „**sonstige Beitragstäterschaft**“ gleichbedeutend auch die im Teilnahmesystem gebräuchlichen Begriffe „**Anstifter**“, „**Gehilfe**“ und „**Beihilfe**“ verwendet. **39**

Die mittelbare Täterschaft (= Beitragstäterschaft) unseres Gesetzes darf im Übrigen nicht mit der mittelbaren Täterschaft des Teilnahmesystems (zB § 25 Abs 1 Fall 2 dStGB, vgl oben 32/18) verwechselt werden, die dort jener Konstellation entspricht, die bei uns bisweilen als verdeckte unmittelbare Täterschaft bezeichnet wird (vgl dazu unten 33/91 ff).

3. Keine qualitative Akzessorietät

Nach § 12 ist **Beitragstäter** einer strafbaren Handlung, wer **zu „ihrer“** (= der strafbaren Handlung) **Ausführung beiträgt**, und **Bestimmungstäter**, wer „einen anderen dazu *bestimmt*, **sie** (= die strafbare Handlung) auszuführen“. **40**

a) Aus diesen Formulierungen könnte man auch im Einheitstätersystem unseres StGB schließen, dass die Strafbarkeit des Beitragstäters davon abhinge, dass der unmittelbar Ausführende **tatbestandsmäßig** (einschl **vorsätzlich**) und **rechtswidrig** handelt. **41**

Burgstaller (RZ 1975, 15 f): „Bestimmungstäterschaft iS des § 12 StGB setzt voraus, dass die Tat, die der Bestimmte nach dem Willen des Bestimmenden ausführen soll, nicht nur den **objektiven Tatbestand** des betreffenden Delikts erfüllt und **rechtswidrig** ist, sondern auch dem **Vorsatzerfordernis** entspricht. … Auch Täterschaft durch sonstigen Beitrag setzt voraus, dass der unmittelbar Ausführende das **volle tatbestandsmäßige Unrecht** verwirklicht, zu dem … auch der **Vorsatz** gehört“. Denn „ein Verhalten, das nicht einmal den Tatbestand eines Deliktes verwirklicht oder nicht rechtswidrig ist, kann man wohl schwerlich unter den Ausdruck ‚strafbare Handlung‘ subsumieren“.

Bestimmungstäterschaft und Täterschaft durch sonstigen Beitrag gibt es nach dieser Ansicht nur, wenn **ein anderer** (der Bestimmte oder derjenige, dem geholfen wird) **vorsätzlich** einen **gesetzlichen Deliktstatbestand** verwirklicht, wobei schuldhaftes Verhalten des Ausführenden wegen § 13 allerdings nicht erforderlich ist (**„limitierte“ qualitative Akzessorietät** wie im Teilnahmesystem, vgl oben 32/14).

42 b) Diese Ansicht hat sich jedoch nicht durchgesetzt. Zwar ist es in der Praxis wohl der häufigste Fall der Beteiligung, dass zu einer Tat bestimmt oder auf andere Weise beigetragen wird, die der unmittelbare Täter mit vollem Tatvorsatz und rechtswidrig begeht. Doch ist die Beitragstäterschaft nicht auf diesen Normalfall beschränkt.

Denn man kann das Gesetz auch dahin verstehen, dass mit der **„strafbaren Handlung“**, zu der ein Bestimmungs- und ein sonstiger Beitragstäter beiträgt, nicht das Verhalten des unmittelbaren Täters für sich allein, sondern das jeweilige **Gesamtgeschehen**, nämlich die **tatbestandsmäßige Rechtsgutsbeeinträchtigung insgesamt**, gemeint ist.

43 In diesem Sinn kann zu einer strafbaren Handlung auch derjenige beitragen, der einen **kausalen Beitrag zur deliktischen Rechtsgutsbeeinträchtigung** leistet, ohne dass er selbst die Tat unmittelbar ausführt und ohne dass der unmittelbar Ausführende seinerseits für sich allein eine strafbare Handlung im Vollsinn des Wortes begehen müsste. Erst **durch das Zusammenwirken** von Beitragstäter und unmittelbar Ausführendem liegt die (vollendete) strafbare Handlung vor, zu der ein Beitrag geleistet wird (ähnlich *L/St/Öner/Schütz* StGB[4] § 12 Rz 4 im Anschluss an *Friedrich*, RZ 1986, 231; auch *Friedrich*, Triffterer-FS).

44 c) Nach allgemeiner Meinung ist das Gesetz in diesem Sinne **nicht-qualitativ-akzessorisch** zu verstehen:

> „Der Ausführungstäter muss **weder rechtswidrig noch vorsätzlich** … handeln. Das **bloße Faktum**, dass er die mit Strafe bedrohte Handlung **ausführt**, genügt“ (*K/H/K*, AT[16] 35.24).

Auch die *Rechtsprechung* legt das Gesetz heute durchwegs in diesem Sinn aus,

> „wonach es für die Strafbarkeit eines sonstigen Tatbeitrages genügt, dass der geförderte **unmittelbare Täter tatbildmäßig**, dh **objektiv tatbestandsmäßig** handelt, und es nicht auch der Verwirklichung des subjektiven Tatbestandes, mithin eines vorsätzlichen Handelns des unmittelbaren Täters, bedarf“ (15 Os 165/93 = JBl 1994, 627 m Anm *Burgstaller*). Für die Bestimmungstäterschaft gilt Entsprechendes.

Eine strafbare Beteiligung an einer unvorsätzlichen Ausführungshandlung ist daher nach dieser Ansicht möglich.

Zur Beteiligung an einer **nicht tatbildmäßigen Selbstverletzung** vgl unten 33/86 ff, zur Frage, ob ein **Rechtfertigungsgrund** auf Seiten des unmittelbaren Täters auch die Strafbarkeit des Beitragstäters entfallen lässt, vgl unten 33/82 ff.

4. Unabhängige Strafbarkeit aller Beteiligten bei voller Tatbestandsverwirklichung

a) Der **zuletzt genannten Ansicht** ist zu folgen. **Beitragstäterschaft** (Bestimmung oder sonstiger Beitrag) ist auch durch die Beteiligung an einem Geschehen möglich, bei dem der unmittelbar **Ausführende** die **strafbare Handlung** vorsatzlos verwirklicht, sofern nur **insgesamt eine strafbare Handlung** vorliegt. Die **strafbare Beitragstäterschaft wegen einer vollendeten Tat** setzt daher voraus, 45

- dass insgesamt – im Zusammenwirken von Beitragstäter und unmittelbar Ausführendem – die vom jeweiligen Deliktstatbestand gemeinte **Rechtsgutsverletzung** *tatsächlich eintritt* (voller **Erfolgsunwert**) und
- dass diese Verletzung auch auf *die im Gesetz beschriebene* **verwerfliche Weise** – bei verhaltensgebundenen Delikten durch die gesetzliche Tathandlung – herbeigeführt worden ist (voller **Handlungsunwert**).

Fehlt es an einer dieser Voraussetzungen, dann gibt es auch keine Bestimmung und keine Täterschaft durch sonstigen Beitrag hinsichtlich eines vollendeten Delikts.

Möglich ist die Beteiligung an einem Versuch (unten 34/5 ff) oder eine versuchte Bestimmungstäterschaft (dazu unten 34/28 ff).

b) Normalerweise reicht es daher beim Vorsatzdelikt aus, dass der unmittelbar Ausführende den **äußeren Tatbestand eines Deliktes herstellt** und der Beitragstäter dazu vorsätzlich beiträgt. **Tatvorsatz des Ausführenden** ist **nicht** erforderlich. Doch gilt dies entgegen manchen überschießenden Formulierungen **nicht immer**: Soweit **innere Umstände** auf Seiten des **unmittelbar Ausführenden** erforderlich sind, damit die **volle Rechtsgutsbeeinträchtigung** eintritt, müssen auch diese inneren Umstände vorliegen, damit von der **Beteiligung an einer „strafbaren Handlung“** gesprochen werden kann und eine vollendete Beitragstäterschaft vorliegt. 46

Zur Strafbarkeit ist es daher nicht generell, aber doch bei **bestimmten Delikten** erforderlich, dass der *unmittelbar Ausführende* hinsichtlich einzelner oder auch aller Tatmerkmale *vorsätzlich* an der Tat beteiligt ist, bei jenen Tatbeständen nämlich, bei denen das **deliktsspezifische Unrecht** von einer solchen vorsätzlichen Beteiligung des unmittelbaren Täters abhängt. Dazu zählen insbesondere 47

- bestimmte **Sonderdelikte** (vgl § 14 Abs 1 Satz 2, näher unten 35/18 ff, 29), sowie
- Delikte mit finalen Handlungsmerkmalen, wozu insbesondere jene **Eigentumsdelikte** gehören, die einen Sachentzug auf Dauer, eine „Enteignung“, voraussetzen: Ob eine bestimmte Handlung eine (auf Dauer angelegte) Zu- und Enteignungshandlung ist, lässt sich nur vom Vorsatz des Handelnden her beurteilen (dazu im Einzelnen unten 33/48 ff: „Wörthersee-Fall“).

Ähnliches gilt bei der **Beteiligung an einem Versuch** (vgl unten 34/32).

33. Kapitel: Die drei Täterschaftsformen des § 12 StGB

Literaturauswahl: Siehe zu Kap 32 (zu VI: insbes *Burgstaller*, RZ 1975, 13).

I. Unmittelbare Täterschaft

1. Vornahme der Ausführungshandlung

1 Unmittelbarer Täter ist, wer die strafbare Handlung „ausführt" (§ 15 Abs 2), wer also „eine dem **Wortlaut des Tatbestandes** entsprechende **Ausführungshandlung"** vornimmt (14 Os 158/99; *K/H/K*, AT[16] 33.3; *Fabrizy*, WK[2] § 12 Rz 18).

2 – Dies ist bei Delikten mit **gesetzlichen Handlungsbeschreibungen** jener Mensch, der die Handlungsbeschreibung des Gesetzes unmittelbar erfüllt.

Beispiele: Unmittelbarer Täter der Hehlerei (§ 164) ist, wer die gestohlene Sache „*kauft*"; des Diebstahls, wer „*wegnimmt*" (§ 127); eines Suchtgifthandels nach § 28a SMG, wer das Suchtgift „*erzeugt, einführt, ausführt* oder einem anderen … überlässt …". – Unmittelbarer Täter des schweren sexuellen Missbrauchs kann nur sein, wer mit der unmündigen Person „*den Beischlaf* oder eine dem Beischlaf gleichzusetzende geschlechtliche Handlung *unternimmt*" (§ 206 Abs 1). Andere an einem solchen Geschehen Mitwirkende können nur Bestimmungs- oder sonstige Beitragstäter sein.

Ob ein Verhalten unmittelbare Täterschaft oder bloß der Beitrag zur Ausführung der Tat durch einen anderen ist, hängt daher von der **Tatbestandsformulierung** im Einzelfall ab. So wird zB in § 319 auch das „Unterstützen" eines militärischen Nachrichtendienstes, das ansonsten nur ein sonstiger Tatbeitrag zum „Betreiben" wäre, als Tathandlung ausdrücklich genannt und damit zur unmittelbaren Täterschaft.

3 – Bei den **Erfolgs-Verursachungs-Delikten** ist nicht jeder unmittelbarer Täter, der für den tatbestandsmäßigen Erfolg kausal wird, sondern nur der **unmittelbar Ausführende**: jener Mensch, dessen Handlung den **Erfolg unmittelbar herbeiführt**, der also die letzte Handlung vornimmt und damit – als **letzter handelnder Mensch** – eine hinreichende, nicht nur eine notwendige Bedingung für den Erfolg setzt (vgl oben 29/23 beim Versuch).

Beispiel: Wer einem für einen Mord die Waffe beschafft, ist nicht unmittelbarer Täter; dies ist derjenige, der das Opfer erschießt.

Andere Personen, die nicht unmittelbar die Tat ausführen, können nur **Beitragstäter** (Bestimmung oder sonstiger Beitrag) sein.

2. *Keine unmittelbare Täterschaft bei Handeln durch ein menschliches Werkzeug*

Diese **Beschränkung der unmittelbaren Täterschaft** auf die **unmittelbare Tatausführung** gilt nach hM, insbesondere nach der einhelligen Rechtsprechung, auch dann, wenn derjenige Mensch, der die Ausführungshandlung vornimmt, den **inneren Tatbestand** des Delikts nicht erfüllt – also unvorsätzlich handelt – oder aus einem anderen Grund durch seine Ausführungshandlung kein strafbares Unrecht verwirklicht. Unmittelbarer Täter ist auch in diesem Fall 4

- derjenige und nur derjenige, der den Erfolg **unmittelbar** – als **letzter handelnder Mensch** – herbeiführt.

Freilich ist es eine rein akademische Frage, ob man jenen, der unvorsätzlich einen anderen tötet, als den unmittelbaren Täter eines Mordes bezeichnen will: Mangels Vorsatzes kann ein solcher „unmittelbarer Täter" keinesfalls nach § 75 bestraft werden. Wesentlich ist jedoch, dass **andere Personen**, die an der Verwirklichung eines strafbaren Tatbestandes durch einen unvorsätzlich handelnden Menschen mitwirken, ihrerseits nicht unmittelbare Täter, sondern **nur Beitragstäter** (Bestimmung oder sonstiger Beitrag) sein können.

- **Unmittelbarer Täter** ist daher auch, „wer sich zur Tatausführung eines **technischen Hilfsmittels** (Werkzeuges) oder eines **Tieres** bedient oder vis absoluta einsetzt" (*Fabrizy*, WK² § 12 Rz 19 mwN). 5
- Wer sich dagegen eines (tatbestandslos, vorsatzlos, schuldlos oder gerechtfertigt handelnden) **Menschen als Werkzeug** bedient, ist nicht unmittelbarer Täter, sondern **Beitragstäter** (*Fabrizy*, WK² § 12 Rz 19).

Beispiele:

- A gibt Gift in die Suppe, die die Krankenschwester am nächsten Tag – ohne vom Gift zu wissen – dem Opfer eingibt (*Pflegerin-Suppe-Fall*). Die Krankenschwester ist, da sie und nur sie die Tat **ausführt**, unmittelbare Täterin des Mordes (freilich mangels Tatvorsatzes straflos), A ist Beitragstäter (Bestimmung oder Täter durch sonstigen Beitrag). 6
- A baut eine Briefbombe und schickt sie an X. Die ahnungslose Sekretärin öffnet den Brief, wodurch X getötet wird. Wiederum ist A – der Briefbombenbauer und -versender – nur Beitragstäter des Mordes. 7

Dies gilt sogar bei der **Tatausführung durch das Opfer selbst** (vgl unten 33/86). 8

Beispiel: A beschafft dem 12-jährigen X eine Pistole, mit der sich dieser selbst erschießt. – Zu diesem Fall näher unter 33/89.

Ebenso müsste die Rechtsprechung folgenden Fall beurteilen: A vergiftet die Suppe, die X selbst isst. Auch hier ist X „unmittelbarer Täter" des Mordes, zu dem A „beigetragen" hat.

3. Konsequenzen der formalen Abgrenzung

9 Diese rein **formale Abgrenzung**, die einzig und allein auf die Vornahme der Ausführungshandlung abstellt, ist verhältnismäßig klar und einfach vorzunehmen. Sie ist jedoch zum einen nicht frei von **sprachlichen Härten**.

Ist es wirklich richtig, den Hersteller und Versender einer Briefbombe als Beitragstäter und die Sekretärin, die ahnungslos den Brief öffnet, als die unmittelbare Täterin („Mörderin") zu bezeichnen, die nur mangels Vorsatzes nicht bestraft wird? Ist der Giftmischer wirklich nur Beitragstäter?

10 Zum anderen führt sie zu einer **Einschränkung der Strafbarkeit** beim Versuch: Wird ein Verhalten nicht als unmittelbare Täterschaft und auch nicht als Bestimmungstäterschaft, sondern als sonstiger Beitrag eingestuft, so ist der **Versuch** für sich allein **nicht strafbar** (vgl oben 32/35 und unten 34/38).

Beispiele:

- Im soeben genannten Pflegerin-Suppe-Fall (oben 33/6) ist die Giftmischerin oft nur Täterin durch sonstigen Beitrag, dann nämlich, wenn die Pflegerin die Suppe dem Opfer ohnedies eingegeben hätte (vgl zur Abgrenzung von Bestimmung und sonstigem Beitrag in diesem Fall unten 33/27). Kommt es nicht einmal zu einem Versuch der Ausführung, dann bleibt sie straflos (ausführlich unten 34/38 ff).
- Ebenso ist es im *Briefbombenfall*: Explodiert der Sprengstoffbrief schon bei der Post, so liegt keine versuchte unmittelbare Täterschaft, sondern nur ein versuchter Beitrag vor, der im Falle des sonstigen Beitrags noch straflos ist.

Beide Konsequenzen sind bei der formalen Abgrenzung, die die herrschende Meinung und die Rechtsprechung vornehmen, unvermeidbar.

Zur Möglichkeit der Ausweitung auf eine „verdeckte unmittelbare Täterschaft" vgl unten 33/91 ff.

4. Sonderfälle

a) Mittäterschaft bei arbeitsteiligem Vorgehen

aa) Zusammenwirken bei der Tatausführung

11 Wirken mehrere Personen **bewusst und gewollt** aufgrund eines **gemeinsamen Tatentschlusses** bei der **Tatausführung arbeitsteilig** zusammen, dann sind sie alle unmittelbare Täter (**Mittäter**).

Beispiele:

- A und B schlagen vereinbarungsgemäß auf den X ein. Ein Schlag bricht X den Kiefer, jedoch lässt sich nicht feststellen, wer diesen Schlag geführt hat.
- Die Taschendiebe A und B bestehlen in der Straßenbahn den X, indem der eine ihm die Brieftasche zieht, während der andere das Opfer ablenkt.

Hielte man sich streng an das Erfordernis der Vornahme einer „wortlautkonformen Ausführungshandlung“ (*Fabrizy*, WK² § 12 Rz 26, vgl oben 33/1 ff), dann wäre nur derjenige unmittelbarer Täter der Körperverletzung, der auch wirklich den „Treffer“ am Kiefer des Opfers gelandet hat, und nur derjenige Beteiligte unmittelbarer Täter des Diebstahls, der dem Opfer in die Tasche gegriffen hat; der jeweils andere wäre lediglich Beitragstäter. Im Verfahren müsste dann festgestellt werden, welcher von beiden Tätern das eine und welcher das andere getan hat – eine unnötige Komplikation. Richtigerweise sind jeweils **beide Beteiligten unmittelbare Täter** des Diebstahls (§ 127) oder der Körperverletzung.

Entscheidend für unmittelbare Täterschaft bei arbeitsteiligem Vorgehen ist das **Handeln bei der Tatausführung**. Anwesenheit am Tatort ist nicht ausreichend. **12**

Beispiel: Wer auf der Straße vor der Trafik, die beraubt wird, mit dem Fluchtauto wartet, ohne an der Bedrohung mitzuwirken, ist nicht unmittelbarer Täter, sondern Beitragstäter.

bb) Wechselseitige Zurechnung der Erfolge

In solchen Fällen des arbeitsteiligen Vorgehens entsteht durch den gemeinsamen Entschluss rechtlich eine **einheitliche Tat**, für die jeder Mittäter haftet, soweit sein Vorsatz reicht. Jedem Mittäter werden daher auch die von anderen Mittätern verwirklichten Tatbeiträge und jene **Erfolge zugerechnet**, die **unmittelbar von einem anderen Mittäter** in objektiv zurechenbarer Weise herbeigeführt wurden. Denn aufgrund der **Abrede zum arbeitsteiligen Zusammenwirken** wird jeder Mittäter für diese gesamte Tat **kausal**. **13**

Bei reinen Vorsatzdelikten haftet jeder Mittäter – wie überhaupt jeder Beteiligte – nur so weit, **wie sein eigener Vorsatz reicht**. Handlungen, die den gemeinsamen Tatvorsatz überschreiten (**Exzess**), können ihm nicht mehr zugerechnet werden. **14**

Beispiel: War ein Raub ohne Waffe vereinbart und verwendet ein Mittäter abredewidrig eine Pistole, so wird nur er wegen schweren Raubes (§ 143 Abs 1 Fall 2) bestraft. War dagegen ein bewaffneter Raub verabredet, so haften alle Mittäter wegen des qualifizierten Delikts, auch wenn nur einer von ihnen die Waffe verwendet.

Bei erfolgsqualifizierten Delikten genügt auch für jeden Mittäter **Fahrlässigkeit** bezüglich der **schweren Tatfolge** (Beispiel siehe sogleich). **15**

Gegenstück zur Mittäterschaft ist die **Nebentäterschaft**: Mehrere Personen werden unabhängig voneinander zur Erreichung desselben Erfolgs tätig, **ohne** dass sie bewusst und gewollt aufgrund eines gemeinsamen Tatentschlusses zusammenwirken. In diesem Fall wird jeder Nebentäter *wie ein Einzeltäter* behandelt: Nur sein eigener Tatbeitrag, für den er selbst **(nachweisbar) kausal** war, wird ihm zugerechnet. **16**

Beispiel:

17 – Im oben (33/11) genannten Fall, dass A und B auf den X einschlagen und ein Schlag dem Opfer den Kiefer bricht, sind A und B **Mittäter**, wenn sie aufgrund eines **gemeinsamen Tatentschlusses** (zB einer vorherigen Verabredung) bewusst und gewollt **bei der Ausführung** der Körperverletzung zusammengewirkt haben. In diesem Fall sind Feststellungen darüber, wessen Schlag konkret den Kieferbruch herbeigeführt hat, entbehrlich, da – wegen der einheitlichen Tat – jeder der beiden für den ganzen Erfolg haftet, so dass beide als **unmittelbare Täter** wegen vollendeter schwerer Körperverletzung (bei Misshandlungsvorsatz: § 84 Abs 1, bei Verletzungsvorsatz: § 84 Abs 4) strafbar sind.

Bei diesem erfolgsqualifizierten Delikt genügt die Verabredung zur vorsätzlichen **Misshandlung**, wenn *voraussehbar* war, dass die *gemeinsame* Misshandlung eine schwere Verletzung nach sich ziehen kann, weil der Erfolg dann im **Risikozusammenhang** mit der gemeinsamen Misshandlung steht.

Ein Mittäter, dem **Vorsatz auf Verletzung** nachgewiesen werden kann, haftet entsprechend nach § 84 Abs 4.

18 – Anders ist es bei **Nebentäterschaft**: Wenn A und B unabhängig voneinander auf den X eingeschlagen haben, dann kann nur derjenige wegen schwerer Körperverletzung bestraft werden, dem auch nachgewiesen werden kann, dass *gerade sein Schlag* die schwere Verletzung verursacht hat. Gelingt dieser Nachweis nicht, dann muss **in dubio pro reo** angenommen werden, dass der Schlag, der die schwere Verletzung verursacht hat, vom jeweils anderen Täter stammt. Der schwere Erfolg kann dann keinem von beiden (nachweisbar) zugerechnet werden, allenfalls wäre der Versuch des § 83 Abs 1 denkbar.

Diese Strafbarkeitslücke schließt § 91. Nach dieser Bestimmung können beide unter Umständen auch ohne konkrete Zurechnung der Verletzungsfolge bestraft werden (näher *Fuchs/Reindl-Krauskopf*, BT I[7] 64 ff).

b) Unmittelbare Täterschaft bei mehraktigen Delikten

aa) Unmittelbare Täterschaft durch Ausführung des letzten Teilaktes

19 Bei **mehraktigen Delikten** soll nach einer verbreiteten Ansicht jeder Beteiligte unmittelbarer Täter sein, der auch nur **eine von mehreren „wortlautkonformen“ Ausführungshandlungen** vornimmt (*Fabrizy*, WK[2] § 12 Rz 26 mwN).

Beispiel: A schlägt das Opfer nieder und fesselt es, damit B es einige Stunden später berauben kann: Auch A soll unmittelbarer Täter des Raubes (§ 142) sein.

20 Das ist inkonsequent: A hat nicht „mit Gewalt … weggenommen“ und erfüllt nicht den **Wortlauttatbestand** des § 142 Abs 1. Er hat daher nur einen Bei-

trag zum Raub des B geleistet und ist nach § 12 Fall 3 iVm § 142 strafbar. Von praktischer Bedeutung ist dies, wenn es nicht einmal zu einem Versuch der Wegnahme kommt: Dann liegt – entsprechend dem Versuchsbeginn bei der Ausführung eines mehraktigen Deliktes durch einen einzigen Täter (oben 29/24) – für A nur ein versuchter sonstiger Beitrag vor, der nicht strafbar ist.

Bei **mehraktigen Delikten** ist daher nur derjenige **unmittelbarer Täter**, der den **letzten Teilakt** ausführt (beim Raub: wegnimmt) und **für die vorangegangenen Akte** (Gewaltanwendung) vorsätzlich **kausal** geworden ist.

Wirken daher mehrere Personen aufgrund eines **im Voraus vereinbarten Tatplanes**, der auch die Vornahme der vorangegangenen Teilakte umfasst, **arbeitsteilig** zusammen, dann ist jeder, der bei der **Ausführung des letzten Teilaktes** mitwirkt, **unmittelbarer Täter der gesamten Tat**, auch wenn er die vorangehenden Akte – mögen sie auch gesetzliche Handlungsbeschreibungen sein – nicht eigenhändig vorgenommen hat.

Beispiel: A lässt sich von B die Wohnungstür aufbrechen und stiehlt dann aus der Wohnung: A ist unmittelbarer Täter des Einbruchsdiebstahls (obwohl er selbst keine in § 129 beschriebene Handlung vorgenommen hat), B ist nur dann unmittelbarer Täter, wenn er auch bei der Wegnahme mitwirkt.

bb) Keine „sukzessive Mittäterschaft“

Tritt jedoch eine weitere Person **ohne vorherige Verabredung** *erst später* hinzu, so ist sie – entgegen der hM (vgl *L/St/Öner/Schütz* StGB^4 § 12 Rz 24; *Fabrizy*, WK^2 § 12 Rz 30 mwN) – **nicht unmittelbarer Täter** der gesamten Tat, da diese Person für die vor ihrem Eintreten verwirklichten Tatbeiträge mangels eines gemeinsamen Entschlusses zu arbeitsteiligem Vorgehen nicht kausal geworden ist. **21**

Beispiel: A hat eine Trafik aufgebrochen, kann aber die Beute nicht allein abtransportieren. Er verständigt darum seinen Freund B, der ihm bei der Wegnahme hilft. – B ist unmittelbarer Täter eines Diebstahls, nicht aber eines Einbruchsdiebstahls.

„**Sukzessive Mittäterschaft**“ gibt es nicht; zur Frage, ob der Hinzutretende als Täter durch sonstigen Beitrag strafbar ist („**sukzessive Beihilfe**“), vgl unten 33/62 ff.

II. Beitragstäterschaft in zwei Formen

Wer nicht unmittelbarer Täter ist, kann immerhin noch **Beitragstäter** des Deliktes sein. Denn nicht nur der unmittelbare Täter begeht die Straftat, sondern auch jeder, der zu ihrer Ausführung beiträgt (§ 12). Beitragstäter ist also derjenige, der die Tat zwar nicht selbst ausführt, aber für die Tatausführung durch einen anderen (vorsätzlich) **kausal** wird. **22**

23 Von den verschiedenen Möglichkeiten, zur Ausführung einer strafbaren Handlung beizutragen, greift das Gesetz einen Sonderfall heraus: Wer einen anderen dazu bestimmt, die Tat auszuführen, ist **Bestimmungstäter** (§ 12 Fall 2), alle anderen Beteiligten, die die Tat nicht selbst ausführen, sind Täter durch **sonstigen Beitrag** (§ 12 Fall 3). Diese Unterscheidung ist für die Beteiligung am vollendeten Delikt ohne Bedeutung, sie ist jedoch für die Versuchsstrafbarkeit wesentlich (vgl oben 32/33 ff und näher unten 34/28 ff, 38 ff).

24 **Jeder Tatbeitrag**, der **nicht unter eine andere Beteiligungsform** subsumiert werden kann, fällt also unter die **Generalklausel** des § 12 Fall 3 (14 Os 15/94; *Fabrizy*, WK^2 § 12 Rz 81 mwN) und ist **Täterschaft durch sonstigen Beitrag**. Die drei Täterschaftsformen des § 12 StGB hängen also in mehrfacher Weise voneinander ab:

- Zum einen ist der Umfang der **Beitragstäterschaft** (Bestimmung und sonstiger Beitrag) umso geringer, je weiter man die **unmittelbare Täterschaft** fasst, und umgekehrt. Die enge Umschreibung der unmittelbaren Täterschaft durch die hM und Rechtsprechung (vgl oben 33/4 f) gibt der Beitragstäterschaft daher einen weiten Anwendungsbereich; anders wäre es, wenn man eine verdeckte unmittelbare Täterschaft (vgl unten 33/91 ff) anerkennen wollte.
- Innerhalb der auf diese Weise bestimmten **Beitragstäterschaft** ist sodann zu entscheiden, welche Beiträge als **Bestimmen** herausgegriffen werden und welche als „**sonstige Beitragstäterschaft**" verbleiben.

Von der Lösung beider Fragen hängt die **Versuchsstrafbarkeit** ab, da nur der Versuch der unmittelbaren Täterschaft und die versuchte Bestimmung strafbar sind (dazu näher unten in Kap 34).

III. Bestimmungstäterschaft (Anstiftung)

1. Inhalt des Bestimmens

25 Was es bedeutet, „einen anderen *zur Ausführung* einer strafbaren Handlung zu *bestimmen*" (§ 12), hängt von der Antwort auf die Frage ab, warum unser Gesetz die Bestimmung als einen Sonderfall aus den vielen möglichen Beitragshandlungen herausgreift. Was rechtfertigt es, beim Bestimmen schon den Versuch zu bestrafen (§ 15 Abs 2 Fall 2, vgl unten Kap 34), der bei den anderen Beitragshandlungen noch straflos ist?

26 (a) Es wäre naheliegend, die besondere Verwerflichkeit der Bestimmungshandlung, die ihre Versuchsstrafbarkeit rechtfertigt, in der **Korrumpierung des unmittelbaren Täters** zu sehen: Der Bestimmungstäter handelt verwerflicher als der Täter durch sonstigen Beitrag, weil er im unmittelbaren Täter den **Tatvorsatz erweckt**, also dafür kausal wird, dass sich der unmittelbare Täter zur rechtswidrigen Begehung der Tat *entschließt*.

In dieser Sicht besteht das Wesen der Bestimmungstäterschaft darin, dass jemand einen anderen (vorsätzlich) zur Ausführung (unmittelbare Täterschaft) einer bestimmten *tatbestandsmäßigen und rechtswidrigen Handlung veranlasst*, indem er dessen *Tatvorsatz weckt.*

(b) Die hL und die Rechtsprechung gehen jedoch einen anderen Weg. Sie begnügen sich für die Bestimmungstäterschaft mit dem „**Hervorrufen des Handlungsentschlusses** ...; das **Erwecken eines Tatvorsatzes ist nicht erforderlich**" (*Fabrizy*, WK^2 § 12 Rz 44 mwN). **27**

Bestimmungstäter ist daher auch, wer einen anderen zur **unvorsätzlichen Ausführung** der Tat veranlasst; es genügt, dass der Bestimmende dafür kausal wird, dass der Bestimmte *jene* **Handlung** *vornimmt*, die, zusammen mit der Bestimmungshandlung, das Gesamtgeschehen zu einer „strafbaren Handlung" iSd § 12 werden lässt.

Beispiel: Im *Pflegerin-Suppe-Fall* (oben 33/6) ist die Giftmischerin nicht nur dann Bestimmungstäterin des Mordes, wenn sie die Pflegerin dazu veranlasst, ihrerseits das Opfer *vorsätzlich* zu töten. Für die **Bestimmungstäterschaft** genügt es vielmehr, dass die Giftmischerin bei der Pflegerin den **„Handlungsentschluss" hervorruft**, also in ihr den Entschluss weckt, dem Opfer die Suppe zu füttern („Füttere der X heute statt mir die Suppe!").

Anderseits ist das Hervorrufen des Handlungsentschlusses aber auch **notwendig**: Wenn die Pflegerin dem Opfer die Suppe ohnedies eingegeben hätte, dann liegt keine Bestimmungstäterschaft vor; die Giftgabe fällt dann unter die Generalklausel des § 12 Fall 3: Sie ist **Täterschaft durch sonstigen Beitrag** (vgl unten 33/40). **28**

Zur Möglichkeit einer unmittelbaren Täterschaft durch ein menschliches Werkzeug vgl unten 33/91 ff.

2. *Voraussetzungen der Bestimmungstäterschaft*

Beteiligung (in Form der Bestimmungstäterschaft) **an einer vollendeten strafbaren Handlung** ist bei allen Delikten nach § 12 Fall 2 in Verbindung mit einem Deliktstatbestand des Besonderen Teils (zB nach §§ 12, 75) strafbar, und zwar als das **vollendete Delikt in Form der Bestimmungstäterschaft**. **29**

Zur Beteiligung an einem Versuch und zur versuchten Bestimmungstäterschaft vgl unten 34/5 ff, 28 ff.

Die **Strafbarkeit** setzt in diesem Fall voraus: **30**

A. als äußeren Tatbestand:

1. eine **Bestimmungshandlung**: die psychische Einwirkung auf einen anderen, um den **Entschluss** zu einer **Handlung** zu **veranlassen**, die Ausführung einer Straftat ist;
2. das **Fassen des Handlungsentschlusses** und die **Ausführung der Tat** durch den Bestimmten: Vornahme der Tathandlung und, bei Erfolgsde-

likten, Eintritt des tatbildmäßigen Erfolges, wobei der unmittelbar Ausführende nicht mit vollem Tatvorsatz handeln muss;

Ohne vollendete strafbare Handlung (bei Erfolgsdelikten ohne Erfolgseintritt) gibt es keine vollendete Bestimmungstäterschaft.

3. **Kausalität** (objektive Zurechnung) zwischen 1 und 2.

Auch ohne Kausalität gibt es keine vollendete Bestimmungstäterschaft.

B. als inneren Tatbestand:
den **Vorsatz des Bestimmungstäters** hinsichtlich aller Elemente des äußeren Tatbestandes (A 1 bis 3), insbes **Vollendungsvorsatz**.

3. Bestimmung zur unvorsätzlichen Tatausführung

31 a. Bestimmung als **Vorsatzerweckung** zu einer vorsätzlichen Tat ist einfach zu verstehen und erklärt sich von selbst.

Hier wären alle Standardbeispiele zu nennen, an die man bei der Anstiftung sofort denkt: A bietet dem B Geld, damit er den X tötet. B stimmt zu und führt die Tat aus.

32 b. **Vorsätzliche Beteiligung** in Form der Bestimmungstäterschaft **an einer unvorsätzlichen Tat** kommt selten vor.

33 *Beispiel 1:* Im *Pflegerin-Suppe-Fall* ist die Giftmischerin Bestimmungstäterin, wenn sie die Tatausführung durch die Pflegerin veranlasst hat, also sie dafür kausal geworden ist, dass die Pflegerin dem Opfer die Suppe eingeflößt hat (vgl oben 33/27). Fehlt es an der Veranlassung der Ausführungshandlung, weil die Pflegerin die Suppe ohnedies gefüttert hätte, dann liegt auch keine Bestimmungstäterschaft vor.

34 *Beispiel 2* (13 Os 98/85 RZ 1986/31 m Anm *Kienapfel*): Ein Kreditvermittler animiert Kreditsuchende dazu, sich mit unrichtigen Lohnbestätigungen, die er ihnen verschafft (also durch Täuschung), bei Banken Darlehen zu beschaffen, die sie nicht zurückzahlen können, so dass die Banken einen Schaden erleiden. Dabei handeln die Kreditnehmer in der leichtsinnigen Überzeugung, dass sie die Kredite werden zurückzahlen können (also ohne Schädigungsvorsatz); der Vermittler weiß dies zwar (dh er kennt den fehlenden Schädigungsvorsatz der Kreditnehmer), rechnet aber seinerseits aufgrund seiner Erfahrung mit einer Schädigung der Banken.

Obwohl die Kreditnehmer, die die Tat unmittelbar ausführen, ohne Schädigungsvorsatz handeln und daher nicht bestraft werden können, begeht der Kreditvermittler einen Betrug in Form der **vollendeten Bestimmungstäterschaft** (§§ 12 Fall 2, 146): Er hat die Kreditnehmer dazu bestimmt, durch eine vorsätzliche Täuschung (= volles Handlungsunrecht) in objektiv zurechenbarer Weise (was vorausgesetzt sei) die Banken zu schädigen (= Eintritt der vollen Rechtsgutsbeeinträchtigung) und dadurch eine strafbare Handlung (§ 146) auszuführen.

Entscheidend ist, dass in diesem Fall die **volle Rechtsgutsbeeinträchtigung**, der Schaden der Bank, auf die in § 146 beschriebene Weise (durch **Täuschung**) eingetreten und damit das volle Unrecht eines Betruges hergestellt ist. 35

Der Fall bereitet im akzessorischen Teilnahmesystem Schwierigkeiten: Da die Kreditnehmer (= Täter) mangels Schädigungsvorsatzes keinen Betrug begehen, kann der Kreditvermittler nicht wegen Teilnahme am vollendeten Delikt bestraft werden (und da er um den mangelnden Vorsatz weiß, also weiß, dass er nicht zu einem tatbestandsmäßigen Betrug bestimmt, mangels eigenen Vorsatzes auch nicht wegen versuchter Anstiftung). Man könnte nun versuchen, den Fall durch eine Überdehnung der mittelbaren Täterschaft des Teilnahmesystems (vgl oben 32/18; auch unten 33/91 ff) zu lösen, doch lässt sich, wenn der Vermittler seinen Klienten die Kreditaufnahme völlig freistellt, nicht ohne Gewalt sagen, er habe die Tatherrschaft und führe selbst den Betrug aus. 36

Nimmt man, wie oben dargestellt, auch im **Einheitstätersystem** eine **Bestimmungstäterschaft nur bei Erwecken des Tatvorsatzes** an, dann wäre das Verhalten des Kreditvermittlers nicht, wie im Teilnahmesystem, straflos, sondern es fiele unter die Generalklausel und wäre als Täterschaft durch sonstigen Beitrag – allerdings nicht bei einem Versuch – strafbar.

Zum Erfordernis der Rechtswidrigkeit des Verhaltens des unmittelbar Ausführenden (**Fehlen von Rechtfertigungsgründen**) vgl unten 33/82 ff; zu jenen Fällen, in denen der Ausführende (teilweise) **vorsätzlich** handeln muss, damit das volle Tatunrecht hergestellt ist, vgl unten 33/48 ff, 51. Bei der Bestimmungstäterschaft haben beide Erfordernisse nur geringe praktische Bedeutung, da bei Rechtfertigung des unmittelbaren Täters oder Fehlen des erforderlichen Handlungswillens zumeist strafbare versuchte Bestimmung vorliegt. 37

4. Bestimmungshandlung

Zur Bestimmung kann **jedes Mittel** verwendet werden, das dafür **kausal** wird (bzw bei der versuchten Bestimmung: das dafür kausal werden soll und dazu geeignet ist), dass sich der unmittelbare Täter *zur Vornahme der Handlung entschließt*, die objektiv die Ausführung der strafbaren Handlung darstellt. In Betracht kommen Auffordern und Anraten, aber auch Befehl oder Drohung, ja sogar scheinbares Abraten. 38

Notwendig ist jedoch eine **Einwirkung auf die Psyche** des Bestimmten. Wer ohne psychischen Kontakt bloß die Situation schafft, in der sich ein anderer zur Ausführungshandlung entschließt, hat ihn nicht bestimmt (vielleicht aber sonst zur Ausführung der Tat beigetragen). 39

Beispiel: A findet im Hörsaal einen fremden Ring und legt ihn seiner Nachbarin aufs Pult, in der Erwartung, sie werde ihn einstecken und behalten. – Mangels psychischen Kontaktes keine Bestimmung zur Fundunterschlagung (oder zum Diebstahl, wenn man Obergewahrsam der Universität annimmt), sondern (Kausalität vorausgesetzt) bloß ein sonstiger Beitrag (so dass der Versuch – die Nachbarin liefert den Ring beim Fundamt ab – nicht strafbar ist, vgl den „*Wörthersee-Fall*", unten 33/49).

IV. Täterschaft durch sonstigen Beitrag (Beihilfe)

1. Wesen

40 Täter durch sonstigen Beitrag ist, wer auf **andere Weise** als durch Bestimmen **zur Ausführung** einer strafbaren Handlung **beiträgt** (§ 12 Fall 3). Damit ist diese Form der Täterschaft „eine **Generalklausel für jede Mitwirkung** an einer Tat …, die **nicht unmittelbare Täterschaft** oder **Bestimmungstäterschaft** ist" (*Fabrizy*, WK^2 § 12 Rz 81).

Ihr **Inhalt** lässt sich daher **nicht unabhängig von den beiden anderen Täterschaftsformen** umschreiben; zu diesen wechselseitigen Abhängigkeiten vgl schon oben 33/24.

Im Unterschied zu den beiden anderen Täterschaftsformen ist der **versuchte sonstige Beitrag nicht strafbar** (Umkehrschluss aus § 15 Abs 2, vgl unten 34/38 ff).

2. Voraussetzungen

41 **Beteiligung** (in Form der Täterschaft durch sonstigen Beitrag) **an einer vollendeten strafbaren Handlung** ist strafbar nach § 12 Fall 3 iVm einem Deliktstatbestand des Besonderen Teils als das *vollendete Delikt* (zB §§ 12, 75 als Mord). Diese Beteiligungsform setzt voraus:

A. als **äußeren Tatbestand** (Tatbild):

1. eine **Unterstützungshandlung**, das ist ein Verhalten, das die Tat des unmittelbaren Täters *objektiv fördert* (näher unten 33/53 ff);
2. die tatsächliche (wenngleich vielleicht unvorsätzliche) **Ausführung der Tat** durch den Geförderten, gegebenenfalls den Eintritt des tatbestandsmäßigen Erfolges und damit **insgesamt** im Zusammenwirken von Beitragstäter und unmittelbar Ausführendem **eine vollendete strafbare Handlung**;

   Ohne vollendete strafbare Handlung (bei Erfolgsdelikten ohne Erfolgseintritt) gibt es keine vollendete Beitragstäterschaft.
3. **Kausalität** (objektive Zurechnung) zwischen 1 und 2;

B. als inneren Tatbestand:
Vorsatz des Beitragstäters in Bezug auf alle Elemente des Tatbildes (oben A 1–3).

3. Beitragstäterschaft bei unvorsätzlicher Tatausführung

42 a) Wiederum bedarf die Beitragstäterschaft zu einer **vorsätzlichen** Tat des unmittelbaren Täters keiner näheren Erläuterung.

Beispiel: A borgt dem B in voller Kenntnis der Sachlage die Waffe, mit der dieser – vorsätzlich und ohne jeden Rechtfertigungsgrund – den X erschießt.

43 Die Strafbarkeit ist aber nicht auf diese Fälle beschränkt. Vielmehr ist auch ein **Beitrag zur unvorsätzlichen Ausführung** einer Tat strafbar, wenn

- zusammen mit der Beitragshandlung die vom Deliktstatbestand gemeinte **Rechtsgutsbeeinträchtigung vollständig hergestellt** wird,
- wobei dies bei Delikten mit Handlungsbeschreibungen **auf die gesetzlich verpönte Art und Weise** geschehen muss.

Beispiel 1 (15 Os 165/93 EvBl 1995/6 = JBl 1994, 627 m Anm *Burgstaller*, vgl oben 32/19): Wer im Wissen um das Alter des Opfers einem anderen für den Beischlaf mit einer 13-Jährigen das Zimmer zur Verfügung stellt, macht sich auch dann wegen Beitragstäterschaft nach § 206 strafbar, wenn der unmittelbar Ausführende über das Alter seiner Partnerin irrt und mangels Vorsatzes straflos bleibt. In diesem Fall ist die volle Rechtsgutsbeeinträchtigung (sexueller Missbrauch) auf die vom Gesetz vorausgesetzte und vom (Beitrags-) Täter gewollte Weise eingetreten. **44**

Beispiel 2: Wer in dem oben 33/34 dargestellten Fall (13 Os 98/85) die leichtsinnigen (= ohne Schädigungs- und Bereicherungsvorsatz handelnden) Kreditnehmer nicht zur Tat „animiert", sondern nur mit eigenem Schädigungsvorsatz unterstützt (zB durch das Beistellen der Lohnbestätigungen), begeht – trotz fehlenden Vorsatzes der unmittelbar Ausführenden – Betrug durch sonstigen Beitrag. **45**

Anders ist es, wenn zB durch einen glücklichen Zufall gar kein Schaden eintritt: Dann fehlt es an einer „strafbaren Handlung" und damit an einem vollendeten Beitrag dazu. – Im Teilnahmesystem wäre der Beitrag jedenfalls mangels eines vorsätzlich handelnden unmittelbaren Täters straflos. **46**

Ebenso ist es in den anderen oben im 32/21 angeführten Beispielen: Wer der Irrenden das Glas Wasser reicht, mit dem sie ihrem Kind das für Kopfwehpulver gehaltene tödliche Gift eingibt (dort *Beispiel 3*), und wer einem vermeintlich vorsätzlich, in Wahrheit aber unvorsätzlich Tötendem das Gewehr reicht (dort *Beispiel 4*), der begeht jeweils Mord durch sonstigen Beitrag (§§ 12 Fall 3, 75), vorausgesetzt, das Opfer stirbt tatsächlich, so dass die *volle Rechtsgutsbeeinträchtigung* eintritt (ein besonderer Handlungsunwert ist bei einem reinen Erfolgsverursachungsdelikt nicht gefordert). **47**

b) Eine strafbare Beteiligung an einer unvorsätzlichen „Tat" ist jedoch bei jenen Delikten **ausgeschlossen**, bei denen die **volle Rechtsgutsbeeinträchtigung** oder der **spezifische Handlungsunwert** davon abhängt, dass der unmittelbar Ausführende *vorsätzlich* hinsichtlich bestimmter Tatmerkmale handelt. **48**

Beispiel 1 („Wörthersee-Fall", nach *Kienapfel*, RZ 1975, 167): Beim Baden im Wörthersee entdeckt A ein goldenes Armband. Er leiht sich von B eine Taucherbrille, taucht damit nach dem Armband und steckt es ein. Während B – der die Taucherbrille herborgt – meint, A möchte das Armband für sich behalten (also eine Fundunterschlagung begehen), hat A (der „unmittelbare Täter") von Anfang an und auch beim Einstecken vor, das **49**

Schmuckstück ordnungsgemäß bei der Behörde abzuliefern, was er in der Folge auch tut.

Da A das Armband von vornherein nicht für sich behalten will, eignet er sich das gefundene Gut nicht zu. Eine „Fundunterschlagung" ohne Zueignung schädigt niemanden, das Einstecken einer gefundenen Sache **ohne Zueignungsvorsatz** ist **keine Ausführung einer Unterschlagung**. B hat daher nicht zur Ausführung einer strafbaren Handlung beigetragen und hat sich durch das Herborgen der Taucherbrille weder wegen Beteiligung an einem vollendeten Delikt der Fundunterschlagung (§ 12 Fall 3 iVm § 134, weil die Rechtsgutsbeeinträchtigung nicht eintritt), noch – mangels einer Ausführungshandlung oder einer ausführungsnahen Handlung – am Versuch eines solchen Deliktes (§ 15 Abs 1) beteiligt. B hat vielmehr **versucht, sich** an einer Fundunterschlagung **zu beteiligen**, indem er seinen Entschluss, einen sonstigen Beitrag zu einem solchen Delikt zu leisten, betätigt hat. Diese versuchte Beitragstäterschaft ist aber – Umkehrschluss nach § 15 Abs 2 – straflos (vgl oben 32/35 und unten 34/38 ff; zum Fall: *Fuchs*, ÖJZ 1986, 264 im Gegensatz zu *Kienapfel*, RZ 1975, 168; heute ebenfalls für Straflosigkeit *K/H/K*, AT[16] 36.36).

50 Der Fall ist jedoch anders zu beurteilen, wenn man **bei gleichem äußeren Geschehensablauf** den **Vorsatz des unmittelbaren Täters A** variiert und annimmt, dieser habe beim Tauchen und Einstecken des Schmuckstückes vorgehabt, es für sich zu behalten. Dann hat A eine vollendete Fundunterschlagung begangen, an der sich B durch das Herborgen der Brille (durch einen sonstigen Beitrag) beteiligt hat. Er ist damit nach §§ 12 Fall 3, 134 strafbar. Bei **gleichem äußeren Geschehensablauf** hängen Strafbarkeit oder Straflosigkeit des Beteiligten B in diesem Fall einzig und allein **vom Vorsatz des unmittelbaren Täters A ab**.

51 *Beispiel 2:* Wer sich an einem unbefugten Fahrzeuggebrauch (§ 136) beteiligt und dabei (wenn auch nur mit Eventualvorsatz) annimmt, dass der unmittelbare Täter den Wagen für sich behalten will, der begeht – neben der vollendeten Beteiligung am Delikt des § 136 – bloß einen straflosen versuchten Beitrag zu einem Diebstahl, obwohl der Ausführende (unmittelbare Täter) idR auch den äußeren Tatbestand des § 127 erfüllt (Wegfahren ist zumeist Gewahrsamsbruch und damit Tathandlung beider Delikte). Doch fehlt es am spezifischen Erfolgsunwert des § 127, wenn der Wegnehmende die Sache nur vorübergehend gebrauchen will, so dass der Gehilfe auch dann nicht nach §§ 12 Fall 3, 127 bestraft werden kann, wenn er an einen Zueignungsvorsatz des unmittelbaren Täters glaubt.

52 c) Ebenso liegt keine strafbare Beteiligung vor, wenn jemand zu einem Verhalten beiträgt, das **keine Ausführungshandlung** des betreffenden Deliktes ist, weil es die **tatbestandsmäßige Rechtsgutsbeeinträchtigung** nicht herstellt.

Beispiel (*Fuchs*, ÖJZ 1986, 264): Der Filialleiter eines Versicherungsunternehmens hat einkassierte Gelder eigenmächtig für sich behalten (§ 133), dabei jedoch gegen kompensable Gegenforderungen aufgerechnet, die ihm gegen die Versicherung zugestanden sind. Eine untergebene Angestellte hat dem Filialleiter bei der Tat geholfen, ohne dass sie von den Gegenforderungen eine Ahnung gehabt hätte.

Die Zueignung bei gleichzeitiger Kompensation ist **keine Ausführungshandlung** einer Veruntreuung, weil sie den Eigentümer des anvertrauten Gutes **nicht schädigt**. Der Beitrag der Untergebenen zu einer Zueignung, die entgegen ihren Vorstellungen in Aufrechnung einer Gegenforderung erfolgt, ist zwar ein Beitrag zur Erfüllung des äußeren Tatbestandes des § 133 („Zueignung"), aber kein Beitrag zur **Ausführung** einer **„strafbaren Handlung"** (§ 12), weil die Zueignung wegen der Aufrechnung das Unrecht des § 133 nicht herstellt. Daher hat die Untergebene bloß **versucht, sich** durch einen sonstigen Beitrag an einer strafbaren Veruntreuung des Filialleiters **zu beteiligen**, und dieser Versuch ist nach § 15 Abs 2 straflos.

Grund für die Straflosigkeit ist nicht der mangelnde Bereicherungsvorsatz des Filialleiters, sondern das objektive Fehlen einer Schädigung. Wenn nämlich der Filialleiter bloß an die Gegenforderung glaubt, diese aber in Wahrheit gar nicht besteht, dann kann zwar er selbst mangels Bereicherungsvorsatzes nicht bestraft werden, wohl aber die Gehilfin, die keine Gegenforderung annimmt. Denn dann ist die Rechtsgutsbeeinträchtigung, der Schaden der Versicherung, durch die Zueignung eingetreten. Aufrechnungsvorsatz ist eine notwendige, aber keine hinreichende Bedingung für den Entfall der deliktsspezifischen Rechtsgutsbeeinträchtigung.

4. *Beitragshandlung*

a) Physische und psychische Unterstützung

aa) Beihilfe kann durch jede Handlung geleistet werden, die *die Ausführung* in irgendeiner Weise **unterstützt**. Dies kann durch tatsächliche Hilfe geschehen (**physische Beihilfe**, zB Beschaffen der Tatwaffe oder anderer Tatwerkzeuge, Beförderung des unmittelbaren Täters zum Tatort, Bereitstellen des Fluchtfahrzeuges), aber auch durch das Erteilen von Ratschlägen (**psychische Beihilfe**). Notwendig, aber auch ausreichend ist, dass der Tatbeitrag für die Ausführung der Tat *in ihrer konkreten Gestalt* (unterstützend) **kausal** geworden ist, die Tat also ohne den unterstützenden Beitrag anders abgelaufen wäre. Dass sie ohne ihn misslungen wäre, ist nicht erforderlich. **53**

Beispiel: Wer mit einem unbefugt gebrauchten Moped im Wissen um dessen rechtswidrige Verwendung mitfährt, beteiligt sich nur dann am weiteren Gebrauch, wenn er **für die Art und Weise des Gebrauches kausal** wird, zB auf die Wahl der Fahrtstrecke einwirkt. Wer dagegen mit dem Täter bloß eine Strecke mitfährt, die dieser ohnedies gefahren wäre, bleibt straflos.

Wird die Beitragshandlung bei der Ausführung nicht benützt oder bleibt sie **unwirksam**, so liegt straflose versuchte Beihilfe vor (vgl unten 34/38 ff).

54 bb) **Psychische Beihilfe** kann durch ein aktives Tun geleistet werden, das dem Täter die Tat erleichtert, so zB durch *Ratschläge*, aber auch durch die Zusage, den Täter *nicht anzuzeigen*, wenn die Gefahr der Anzeige ihn von der Tat abgehalten hätte. Ebenso ist die **vor der Tat** gegebene Zusage, dem Dieb *nach der Tat* die *Beute abzunehmen* und zu verwerten, nicht (Vorbereitung zur) Hehlerei, sondern ein psychischer Beitrag zum Diebstahl.

Manche E neigen zu einer Überdehnung der psychischen Beitragstäterschaft mit dem Hinweis, der unmittelbare Täter sei – zB durch die Anwesenheit am Tatort – „in seinem Tatentschluss bestärkt" worden (näher *Fabrizy*, WK[2] § 12 Rz 87 ff mwN). Doch müsste ein solches „Bestärken" im Einzelfall – Kausalität für den Tatablauf – nachgewiesen werden. *Bloße Mitwisserschaft* ist mangels Kausalität keine Beteiligung, ebensowenig wie die *bloße Anwesenheit* am Tatort, soweit sie nicht durch den Eindruck auf das Opfer oder durch konkrete Zusagen an den Täter (ausdrücklich versprochene Aufpasserdienste, erklärte [!] Bereitschaft zum Eingreifen) die Ausführung der Tat unterstützt.

55 cc) Im Unterschied zur Bestimmungstäterschaft (oben 33/39) kann ein sonstiger Beitrag auch **ohne psychischen Kontakt**, ja sogar ohne Wissen des Unterstützten geleistet werden.

Beispiel: Wer von einem geplanten Einbruchsdiebstahl erfährt und ohne Kontaktaufnahme mit dem Täter eine Leiter für diesen bereitlegt, kann sich wegen Beitragstäterschaft strafbar machen. Auch das bloße Schaffen der Gelegenheit zur Tat kann ein sonstiger Beitrag sein.

56 dd) **Beihilfe durch Unterlassen** ist nur möglich, wenn der Täter Garantenstellung besitzt (vgl unten 37/90 f).

b) Sozial-adäquate Handlungen

57 aa) Schwierig und sehr umstritten ist die Frage, ob auch **„an sich" sozialadäquate Handlungen** ein strafbarer Beitrag zu einer Tat sein können.

Beispiel: Macht sich der Bäcker strafbar, wenn er einem anderen Semmeln verkauft und zufällig weiß, dass dieser die Semmeln vergiften und dann einem Dritten vorsetzen wird, um ihn zu töten (*Jakobs*, AT[2] 24/17)? Ist der Bibliothekar strafbar, wenn er dem Erb-Neffen ein Buch über Gifte beschafft? Der Taxifahrer, der einen anderen zur X-Bank chauffiert und dabei entdeckt, dass sie beraubt werden soll? Wer einem anderen eine (tarnende) NATO-Jacke für einen Mord borgt (vgl 11 Os 32/83)?

Die Fälle haben gemeinsam, dass **alltägliche, allgemein zugängliche Leistungen** angeboten und für ein Delikt verwendet werden. Können solche Leistungen strafbare Deliktsbeiträge sein, obwohl der unmittelbare Täter sie sich ohne weiteres auch anderweitig verschaffen könnte?

Man wird die Frage mit der hM *bejahen* müssen: Die Beteiligungsregeln sind **Regeln der Sozialadäquanz**, die es für sozial-inadäquat und für strafbar erklären, im Rahmen eines deliktischen Geschehens Handlungen eines anderen *zu unterstützen*. Dies freilich nur dann, wenn (auch) **der Beitragende vorsätzlich** handelt. 58

An diesem Vorsatz wird es in aller Regel mangeln, selbst bei Delikten, für die nach dem Gesetz *Eventualvorsatz* ausreicht. Denn an die **ernstliche Möglichkeit** einer deliktischen Verwendung von Semmeln, Taxifahrten oder NATO-Jacken wird in einem konkreten Fall niemand denken, der nicht ausnahmsweise konkrete Anhaltspunkte dafür hat. Doch selbst wer aufgrund eines **Sonderwissens** Verdacht schöpft, der hat sich mit der als möglich erkannten deliktischen Verwendung noch lange nicht **abgefunden**: Da man bei sozial-adäquaten Handlungen das *Niveau des* **erlaubten** *Risikos hoch* ansetzen muss, ist eine vorsätzliche Beteiligung durch solche Handlungen **praktisch nur bei Wissentlichkeit** des Beteiligten strafbar (näher oben bei der Umschreibung des Eventualvorsatzes, 14/56 ff). 59

Sollte aber doch ausnahmsweise ein solcher Vorsatz vorliegen, dann sind auch alltägliche Handlungen nicht mehr sozial-adäquat, sondern eine **verbotene Unterstützung** von Straftaten. Wiederum zeigt es sich, dass der äußere Geschehensablauf oft mehrdeutig ist und über Erlaubtheit oder Verbotensein eines Verhaltens erst dann geurteilt werden kann, wenn man innere Merkmale berücksichtigt.

bb) Eine Ausnahme wird man machen müssen, wenn der „Gehilfe" mit seiner Unterstützungshandlung eine **Rechtspflicht erfüllt** oder wenn die Unterlassung der „Beihilfehandlung" die **Handlungsfreiheit allzu sehr einengen** würde. *Beispiele* (nach *Jakobs*, AT[2] 24/13): Wer pflichtgemäß seine Schuld an seinen Gläubiger zahlt, macht sich auch dann nicht wegen Beihilfe strafbar, wenn er weiß, dass der Gläubiger mit dem Geld Suchtgift kaufen wird. – *Kurioses Beispiel*: Wer als Naturfreund Blumen züchtet, obgleich er weiß, dass sein Nachbar, ein notorischer Heiratsschwindler, gerade diese Blumen stehlen und als Geschenk für seine nächste Tat verwenden wird (was auch geschieht), haftet nicht wegen Beihilfe zum Betrug. – Zu alldem näher *Jakobs* aaO. 60

c) Zeitpunkt der Unterstützung

aa) Der unterstützende Beitrag kann bereits *im Vorbereitungsstadium* und muss längstens **bis zur formellen Vollendung** des Delikts geleistet werden. *Nach* der formellen Vollendung gibt es – entgegen einer verbreiteten Ansicht (vgl oben 28/4 ff) – keine Beteiligung am Delikt mehr, denn diese muss kausal werden für die Verwirklichung gerade des *Tatbestandes*. 61

Beispiel: Hat A mit falschen Angaben, Schädigungs- und Bereicherungsvorsatz einen Kredit erschlichen und holt B die Kreditvaluta ab, so macht er sich wegen Beihilfe zum Betrug strafbar. Denn dieser ist erst mit dem Schadenseintritt vollendet (§ 146), für den B kausal wird. – Wer dagegen einen Dieb, der die Beute bereits weggenommen und den Diebstahl damit vollendet hat, auf der Heimfahrt im Auto mitnimmt und ihm dadurch hilft, die Beute in Sicherheit zu bringen, begeht keine Beitragstäterschaft mehr, sondern allenfalls Begünstigung oder Hehlerei.

62 bb) Dabei sind dem **später hinzutretenden Beteiligten** – als **Beitragstäter** (!) – auch jene **qualifizierenden Umstände** zuzurechnen, die im Zeitpunkt seiner Unterstützungshandlung schon vollständig verwirklicht worden sind, sofern er diese Umstände kennt („**sukzessive Beteiligung**").

Beispiel: Wer nach abgeschlossener Gewaltanwendung – das Opfer liegt bewusstlos auf dem Boden – zu einem Raub hinzukommt und dem Räuber in Kenntnis der angewendeten Gewalt bei der Wegnahme hilft, haftet wegen eines Beitrages zum Raub. – Ebenso wird wegen Einbruchsdiebstahls bestraft, wer dem Täter bei der Wegnahme und beim Abtransport der Beute hilft, nachdem er von diesem nach dem Aufbrechen eines Geschäftslokals verständigt und um Unterstützung gebeten worden ist.

63 Die überwiegende Meinung nimmt in einem solchen Fall unmittelbare Täterschaft („sukzessive Mittäterschaft") an (zB *Fabrizy*, WK² § 12 Rz 30 ff mwN). Das ist falsch (vgl oben 33/21), aber beim vollendeten Delikt wegen der Gleichbehandlung der Beteiligungsformen in diesem Bereich ohne praktische Bedeutung.

Die extreme Gegenposition nimmt *Schmoller* ein (Zipf-GS 295 mit ausführlicher Analyse des Problems und vielen Beispielen; *Kienapfel/Schmoller*, BT II² § 129 Rz 52; § 142 Rz 69): Im Einheitstätersystem gäbe es generell keine „sukzessive Beteiligung", weil es nur Täter gäbe und „Täter nur sein kann, wer zumindest einen Beitrag zum tatbestandsmäßigen *Verhalten* (und nicht nur zu einem tatbestandsmäßigen Erfolg), und zwar zum *gesamten* tatbestandsmäßigen Verhalten des jeweiligen Delikts setzt" (aaO 323). Das ist nicht überzeugend: Auch im Einheitstätersystem ist es nicht notwendig, dass jeder Beteiligte den *gesamten* Tatbestand des jeweiligen Delikts verwirklicht, denn § 12 erweitert die Strafbarkeit auf den bloßen *Beitrag* zur Tat. Entscheidend ist die Mitwirkung an der **tatbestandsmäßigen Rechtsgutsbeeinträchtigung**, und diese ist erst mit der vollständigen Tatbildverwirklichung (bei Erfolgsdelikten mit dem Erfolgseintritt) eingetreten.

64 cc) Wer dagegen nicht den unmittelbaren Täter unterstützt, sondern den durch eine Straftat geschaffenen Zustand **auf eigene Faust** und Rechnung **ausnützt**, ist nicht Beteiligter an dieser Tat und haftet nur für das von ihm Verwirklichte.

Beispiel: Wer zufällig zu einem Raub kommt und ohne Einverständnis mit dem Täter dem bewusstlos geschlagenen Opfer auf eigene Rechnung auch noch das nimmt, was ihm der Räuber gelassen hat, haftet nur wegen (seines eigenen) (Bedrängnis-) Diebstahls, mag er auch von der angewendeten Gewalt wissen. – Wer nicht den Einbrecher unterstützt, sondern die günstige Gelegenheit benützt, aus dem aufgebrochenen Geschäftslokal Sachen wegzunehmen, wird wegen einfachen Diebstahls bestraft.

V. Übergreifende Probleme

1. Selbständige Strafbarkeit der Beteiligten

a) Da die Beitragstäterschaft nicht vom Vorsatz des Ausführenden abhängt, kann es sein, dass der Beitragstäter wegen vorsätzlicher Tatbegehung, der unmittelbare Täter dagegen wegen eines Fahrlässigkeitsdeliktes haftet. 65

Beispiel: Ob sich im schon mehrfach genannten Pflegerin-Suppe-Fall die Pflegerin wegen fahrlässiger Tötung strafbar machen kann, hängt davon ab, ob sie eine sie im Besonderen treffende objektive Sorgfaltspflicht verletzt hat (vgl oben 12/10 ff). Hätte sie erkennen können und müssen, dass die Suppe vergiftet ist? – Für die Haftung der Giftmischerin wegen Beitragstäterschaft zum Mord ist dies ohne Bedeutung.

b) Jeder Beteiligte haftet nach seiner Schuld (§ 13). Darum sind **besondere Schuldmerkmale** (Schuldtatbestand) für jeden Beteiligten (Täter) gesondert zu beurteilen. 66

Beispiel: Die Mutter, die ihr Kind bei der Geburt tötet, haftet nach § 79, der anstiftende oder helfende Vater nach §§ 12 Fall 2 bzw Fall 3, 75. – Wer einen anderen bei einer Entwendung unterstützt, aber selbst nicht aus Not, Unbesonnenheit oder zur Befriedigung eines Gelüstes handelt, wird nach § 12 und dem Grunddelikt (zB nach §§ 12 Fall 3, 127) bestraft.

Dass man auch zum Delikt eines **schuldlos** Handelnden – zB eines Zurechnungsunfähigen oder eines Kindes – beitragen kann, folgt schon aus dem Wesen der Einheitstäterschaft.

2. Vorsatzprobleme

a) Vollendungsvorsatz

Auch der Bestimmungs- und der Beitragstäter können nur dann nach einem Vorsatzdelikt bestraft werden, wenn sie den **vollen Tatvorsatz** haben. Sie müssen daher auch den Vorsatz haben, dass das Delikt (durch den unmittelbaren Täter) **vollendet** werde; insbesondere muss ihr Vorsatz darauf gerichtet sein, dass ein tatbestandsmäßiger **Erfolg** eintrete. Vorsatz auf **Versuch** genügt nicht. 67

Beispiel: Wer einen anderen dazu bestimmt, Suchtgift zu erwerben und einzuführen, wobei er die Einfuhr durch Anzeige an die Zollbeamten verhindern will (Lockspitzel, **agent provocateur**), will nur den Versuch des Delikts nach § 28a SMG. Er wird daher nach diesem Tatbestand nicht bestraft, selbst wenn dem unmittelbaren Täter wider Erwarten die Einfuhr gelingt und die Tat vollendet wird. Fahrlässigkeit ist denkbar, doch nach dem Suchtmittelgesetz nicht strafbar.

Ein Lockspitzel, der die Vollendung der Tat anstrebt, haftet (im Beispiel: wegen Bestimmung zum Erwerb von Suchtgift nach § 12 Fall 2 StGB, § 27 SMG; *L/St/Öner/Schütz* StGB[4] § 12 Rz 35), soweit er nicht aus anderen Gründen (zB wegen eines besonderen Rechtfertigungsgrundes) straflos wird. 68

b) Besondere Vorsatzformen

69 aa) Fordert ein Deliktstatbestand bezüglich einzelner oder aller Tatbildmerkmale **Absichtlichkeit** oder **Wissentlichkeit**, so kann sich *auch als Bestimmungstäter oder als Täter durch sonstigen Beitrag* nur strafbar machen, wer bezüglich dieser Tatbildmerkmale diesen *besonderen Vorsatz* hat.

Beispiel: A bittet seinen Freund B, eine von ihm verfasste Strafanzeige zur Post zu bringen. B tut es. Die Anzeige ist falsch.

Weiß (§ 5 Abs 3) A, dass die Anzeige falsch ist, dann ist er als unmittelbarer Täter (da nur er „verdächtigt") einer Verleumdung (§ 297) strafbar; hält er die Unrichtigkeit der Beschuldigung bloß für möglich (hat er also diesbezüglich nur Eventualvorsatz), so hat er sich nicht strafbar gemacht, weil Verleumdung nur durch eine wissentlich falsche Beschuldigung begangen werden kann. **Gleiches** muss **für den Beitragstäter** B gelten: Er ist nicht strafbar, wenn er über den Fall nur vage informiert ist und es zwar mit Eventualvorsatz für möglich hält, dass die Anzeige falsch ist (und dass A diesbezüglich wider besseres Wissen handelt), er selbst aber die Unrichtigkeit der Anzeige keineswegs für gewiss hält.

Dies ergibt schon ein einfacher Größenschluss: Verlangt das Gesetz zur Strafwürdigkeit beim **unmittelbaren Täter** eine *besondere Vorsatzform*, dann wäre es widersprüchlich, bei den **sonstigen Beteiligten** eine schwächere Vorsatzform ausreichen zu lassen. Zudem folgt die Lösung unmittelbar aus § 12: Auch der mittelbare Täter *„begeht die strafbare Handlung"*, so dass es weder ein selbständiges Teilnehmerdelikt noch ein selbständiges Beteiligungsunrecht oder eine selbständige Beteiligungsschuld gibt, zu deren Verwirklichung mangels einer anderen Anordnung im Gesetz Eventualvorsatz hinreichen würde (§ 5 Abs 1 letzter Teilsatz). **Beitragstäter** (Bestimmung und sonstiger Beitrag) nehmen nicht an fremdem Unrecht teil, sondern auch sie verwirklichen **das gleiche Delikt** wie der unmittelbare Täter, so dass auch sie hinsichtlich *aller Tatbestandsmerkmale*, bei denen das Gesetz für den unmittelbaren Täter *Wissentlichkeit* voraussetzt, mit dieser besonderen Vorsatzform handeln müssen.

B macht sich daher im Beispiel nur dann der **Beitragstäterschaft** zu einer Verleumdung schuldig, wenn er selbst es **für gewiss hält**, dass in dem Brief, den er zur Post bringt, ein anderer fälschlich einer Straftat beschuldigt wird.

70 bb) Von der Frage, welchen **Vorsatz der Beitragstäter** bei Delikten mit besonderen Vorsatzformen haben muss, ist die allgemeine Frage nach einer allfälligen **Akzessorietät der Beitragstäterschaft** zu unterscheiden. Kann B als Täter durch sonstigen Beitrag wegen einer Verleumdung bestraft werden,

- wenn er mit **Gewissheit** annimmt, der Brief, den er befördert, enthalte eine falsche Verdächtigung, obwohl der Angezeigte in Wahrheit zu Recht beschuldigt wird und auch der unmittelbare Täter nichts anderes annimmt?

– wenn der Brief tatsächlich eine falsche Beschuldigung enthält und B dies für gewiss hält und auch annimmt, dass sein Freund A um die Unrichtigkeit dieser Beschuldigung iSd § 5 Abs 3 weiß, in Wahrheit aber A die Anzeige gutgläubig (oder nur mit Eventualvorsatz) verfasst hat?

Im erstgenannten Fall (der Angezeigte wird zu Recht beschuldigt) erfüllt der Verfasser der Anzeige nicht einmal den **objektiven Tatbestand** des § 297 und begeht auch **keinen Versuch** dieses Delikts, so dass für B bloß eine straflose versuchte Beihilfe vorliegt. Im zweiten Fall – die zur Post beförderte Anzeige ist objektiv falsch, aber ihr Verfasser glaubt an die Richtigkeit – ist B im nicht-akzessorischen Einheitstätersystem trotz Vorsatz- und Straflosigkeit des unmittelbaren Täters als Täter durch sonstigen Beitrag nach §§ 12 Fall 3, 297 strafbar. Denn durch die objektiv falsche Verdächtigung ist der Angezeigte der Gefahr einer strafrechtlichen Verfolgung ausgesetzt worden, so dass insgesamt eine strafbare Verleumdung mit voller Rechtsgutsbeeinträchtigung und vollem Handlungsunwert vorliegt. Der wissentliche Beitrag, den B zu diesem Geschehen geleistet hat, ist strafbar. Dies gilt auch, wenn er um den Vorsatzmangel bei A weiß.

cc) Gleiches gilt bei **Absichtlichkeit**: Auch hier ist der Beitragstäter nur straf- **71**
bar, wenn er selbst mit dieser Vorsatzform hinsichtlich *aller Tatbestandsmerkmale* handelt, hinsichtlich deren das Gesetz (bei jedem Täter) Absichtlichkeit voraussetzt.

Beispiel: Wer dem anderen zu einer absichtlichen schweren Körperverletzung das Messer reicht, ist nur dann nach §§ 12 Fall 3, 87 strafbar, wenn es auch ihm selbst gerade darauf ankommt, dass das Opfer schwer verletzt werde. Andernfalls haftet der Gehilfe nur nach §§ 12 Fall 3, 84 Abs 4.

c) Konkretisierung des Vorsatzes

Sowohl bei der Bestimmung als auch bei der Täterschaft durch sonstigen Bei- **72**
trag muss die **Tat**, zu der beigetragen wird, nach ihren wesentlichen Merkmalen (*Art* der Tat, ggf *Tatobjekt, Ort* und *Zeit*) **individuell bestimmt** oder zumindest bestimmbar sein. Dass dem Beteiligten alle Einzelheiten bekannt sind, ist nicht erforderlich.

Beispiele: Die allgemeine Aufforderung, „Autos zu stehlen“, ist zu unbestimmt. Ebenso genügt es zur Haftung als Beteiligter nicht, wenn einem anderen eine Waffe in dem Bewusstsein übergeben wird, dass dieser damit irgendwann einmal irgendeinen Raub begehen will. – Jemanden auszuschicken, damit er heute Nacht ein beliebiges Auto stehle und bringe, begründet dagegen Strafbarkeit wegen Beteiligung am Diebstahl. Wenn der Leiter einer verbrecherischen Organisation Mitglieder mit einem Bankraub beauftragt, um Geld für die Organisation zu beschaffen, so ist er wegen Bestimmung zum Raub strafbar, auch wenn die Einzelheiten der Ausführung den beauftragten Mitgliedern überlassen werden (*Schünemann,* LK[12] § 26 Rz 40, nach *Roxin*, LK[11] § 26 Rz 47).

73 Dagegen ist es nach überwiegender Meinung nicht erforderlich, dass auch die **Person** dessen, der die Tat *ausführt* (**Bestimmter**, unmittelbarer Täter), individualisiert oder auch nur individualisierbar ist; auch die an einen **unbestimmten** *Personenkreis* gerichtete Aufforderung zur Begehung einer **bestimmten** *strafbaren Handlung* ist als Bestimmung (§ 12) zu diesem Delikt strafbar.

Beispiel: Der ernst gemeinte Aufruf: „Tötet NN!" ist Anstiftung zum Mord, mag er auch an einen unbestimmten und nicht abgegrenzten Personenkreis gerichtet sein.

Für die Richtigkeit dieser Ansicht spricht weniger die Subsidiaritätsklausel in § 282 Abs 1 (*Burgstaller*, RZ 1975, 14) als das Wesen der Beteiligung: Da nach unserem StGB Anstifter und Gehilfe nicht wegen Teilnahme an fremdem Unrecht bestraft werden, sondern deshalb, weil sie *selbst* das vom Tatbestand geschützte Rechtsgut mittelbar verletzen (vgl oben 32/30), ist die Person des unmittelbar Ausführenden unerheblich. – Ist dagegen auch die Tat nicht hinreichend individualisiert („Bestehlt die Reichen!" oder „Brecht bei einem Reichen ein!"), dann ist die Aufforderung nicht als Bestimmung (§ 12) zum betreffenden Delikt, aber bei qualifiziert öffentlicher Begehung nach dem besonderen Tatbestand des § 282 strafbar.

d) Error in objecto und aberratio ictus

74 Der **Irrtum des Ausführenden über das Handlungsobjekt** erscheint für den bei der Ausführung nicht anwesenden Beteiligten, dessen Vorsatz sich nicht auf das tatsächlich vorhandene Objekt konkretisieren konnte (vgl oben 14/15 f), als *aberratio ictus*.

Beispiel: A beauftragt den Berufsmörder B, den X zu töten. Da B den X nur aus Beschreibungen kennt, verwechselt er den Spaziergänger Y mit dem X und tötet den Y. – Vollendeter Mord an Y für B, für A aber nur versuchte Bestimmung zum Mord an X (und möglicherweise fahrlässige Tötung an Y).

e) Exzess des unmittelbaren Täters

75 Bei reinen Vorsatzdelikten haftet jeder Beteiligte nur **so weit**, wie sein **Vorsatz reicht**, nicht aber – mangels Vorsatzes – für einen Exzess des Ausführenden.

76 aa) Man spricht von einem **qualitativen Exzess**, wenn der unmittelbare Täter eine *andere Tat* begeht, von der der Beteiligte nichts weiß. Dabei kommt es nicht auf den Wechsel der Deliktsart an, sondern – entfernt ähnlich der prozessualen Identität der Tat – auf den **historischen Lebenssachverhalt** in seinen „wesentlichen" Merkmalen. Eine Änderung von Einzelheiten, die der Beteiligte gar nicht zu kennen braucht (vgl oben 33/72 f), lässt seinen Vorsatz unberührt.

Beispiel: Wer einem anderen für einen Bankraub eine Pistole leiht, mit der dieser seinen Erbonkel erschießt, bleibt (von einem Waffendelikt uä abgesehen) straflos: Für die Beteiligung am Mord fehlt ihm der Vorsatz, und die versuchte Beihilfe zum (nicht einmal versuchten) Raub ist nicht mit Strafe bedroht. Das gleiche gilt, wenn der Empfänger der Pistole zwar einen Raub, aber in ganz anderem Zusammenhang begeht, als es sich der Gehilfe vorgestellt hat (zB auf dem Heimweg vom Wirtshaus seinen Zechgenossen beraubt).

Wann der **tatsächliche vom vorgestellten Sachverhalt**, auf den sich der Vorsatz des Beteiligten bezieht, **„wesentlich" abweicht**, so dass eine andere Tat vorliegt, für die der Beteiligte nicht mehr haftet, ist in Grenzfällen eine schwierige Wertungsfrage. 77

Beispiel (9 Os 169/82 JBl 1984, 445 mit Anm *Graczol-Medigovic*): Jemand übergibt einem anderen ein entwendetes Sparbuch, damit dieser es durch Täuschung der Bankangestellten verwerte, will also Beihilfe zu einem Betrug begehen. In Wahrheit verbündet sich der Übernehmer des Sparbuches – ohne dass der Übergeber es weiß – mit dem Kassier der Bank, der in der Folge das Guthaben pflichtwidrig (nämlich ohne dass ihm das Losungswort genannt wird) auszahlt. – Zu Sparbüchern vgl *Fuchs/Reindl-Krauskopf*, BT I[7] 157 f).

Aus dem Betrug *am* Bankangestellten, zu dem der Beteiligte beitragen wollte, wird eine Untreue *des* Bankangestellten. Dennoch wurde der Übergeber des Sparbuches wegen (vollendeter) Beihilfe zur Untreue (§§ 12 Fall 3, 153) verurteilt: Die Abweichung seiner Vorstellung (er hatte von der Untreue keine Ahnung) vom konkreten Tatablauf sei unwesentlich und unbeachtlich, weil *„die Differenz zwischen den Lebenskonkreta und dem vorgestellten Verlauf keine andere rechtliche Bewertung zu seinen Gunsten erfordert"*.

Richtig ist das wohl nicht. Abgesehen davon, dass ein Zirkelschluss vorliegt: Der **Wechsel der Deliktsart**, **des unmittelbaren Täters** und **der Tathandlung** sind wohl wesentliche Abweichungen, so dass nur straflose versuchte sonstige Beitragstäterschaft am ursprünglich geplanten Betrug (und Hehlerei bei nachträglicher Verwertung der Beute) vorliegt (so auch *Graczol-Medigovic*, Entscheidungsanm, aaO).

bb) Ein **quantitativer Exzess** liegt vor, wenn der unmittelbare Täter zwar *dasselbe Delikt* begeht, aber in *größerem Umfang*, insbes mit einer vom Vorsatz des Beteiligten nicht erfassten Qualifikation. Wiederum ist nicht der Deliktstypus allein, sondern der Lebenssachverhalt maßgebend. 78

Beispiel: A bestimmt den B zu einem Diebstahl, dieser begeht die Tat mit Gewalt: Für den Raub oder für die Qualifikation des § 131, die nicht von seinem Vorsatz erfasst waren, haftet A nicht.

Bei **erfolgsqualifizierten Delikten** genügt jedoch auch für den Beteiligten **Fahrlässigkeit** bezüglich der schweren Folge der Tat. 79

Beispiel: Wenn jemand einen anderen dazu bestimmt, einen Dritten krankenhausreif zu schlagen, und das Opfer an den Schlägen stirbt, dann haftet auch der Anstifter wegen § 86 Abs 2, wenn die Todesfolge für ihn vorhersehbar war (was zumeist der Fall sein wird, wenn der Anstifter dem unmittelbaren Täter nicht gerade eine besonders schonende Vorgangsweise aufgetragen hat, was mit dem Auftrag des „Krankenhausreif-Schlagens" allerdings kaum vereinbar sein wird; *L/St/Öner/Schütz* StGB[4] § 13 Rz 7).

80 cc) Wenn umgekehrt der unmittelbare Täter **weniger tut**, als die Beteiligten wollen (zB Bestimmung zum Raub, der unmittelbare Täter begeht aber nur einen Diebstahl), haftet der Anstifter *für versuchte Bestimmung zum schwereren Delikt.* Ein versuchter sonstiger Beitrag zum schwereren Delikt bleibt nach den allgemeinen Regeln straflos, so dass der Gehilfe nur wegen des *(vollendeten) Beitrags am tatsächlich ausgeführten Delikt* (oder wegen Beitrags zum Versuch nach § 15 Abs 1, wenn der unmittelbare Täter ins Versuchsstadium gelangt ist) bestraft wird.

81 dd) Erwecken des **Vorsatzes** hinsichtlich der **Qualifikation** bei einem zum Grunddelikt bereits Entschlossenen (zB die Aufforderung, zu dem geplanten Raub eine Waffe mitzunehmen) ist nach einer Ansicht Bestimmung, richtigerweise aber nur *sonstige Beitragstäterschaft* zum *gesamten* Delikt.

Beispiel: A teilt dem B seine Absicht mit, eine Bank zu überfallen, B gibt ihm den Rat, „zur Sicherheit" einen Revolver zu verwenden. – B hat den A nicht zum Raub bestimmt, weil dieser bereits zur Tat entschlossen war, aber er hat durch seinen Ratschlag zur Ausführung eines *bewaffneten* Raubes beigetragen, so dass er nach §§ 12 Fall 3, 142, 143 Fall 2 bestraft wird. Gelangt A allerdings nicht einmal ins Versuchsstadium oder begeht er den Raub ohne Waffe, dann bleibt der *versuchte Tatbeitrag* des B straflos.

3. Rechtfertigung eines Tatbeteiligten

82 Dass ein **Rechtfertigungsgrund**, der dem **Beitragstäter** zugute kommt, nicht automatisch die Strafbarkeit des unmittelbaren Täters beseitigt, ist offensichtlich.

Beispiel (nach *K/H/K*, AT[16] 34.49, vgl dazu auch oben 19/1): A bemerkt, dass ein Säugling in einem Zimmer von ausströmendem Gas bedroht ist. Er behält dies aber für sich und veranlasst den B, der nichts von der Notlage weiß, das Fenster einzuwerfen, so dass der Säugling durch die Frischluft gerettet wird. – A ist durch Notstand gerechtfertigt, B fehlt das subjektive Rechtfertigungselement (zur Lösung vgl oben 19/2 ff).

83 Schwieriger zu beurteilen ist der umgekehrte Fall, dass der **unmittelbare Täter gerechtfertigt** ist:

Beispiel: A hat das ausströmende Gas bemerkt und bittet B – ohne ihm seine Beobachtung mitzuteilen – um einen Stein, mit dem er das Fenster einschlägt und X rettet. B hat von der Bedrohung des X nichts bemerkt, dem A aber trotzdem den Stein gereicht.

84 In diesem Fall fehlt es an einer strafbaren Handlung, weil die **Tat in ihrer Gesamtheit** durch die Rettung des höherwertigen Rechtsgutes **gerechtfertigt** ist. B hat also keinen Beitrag zu einer strafbaren Handlung geleistet, sondern bloß versucht, sich an einer solchen zu beteiligen. Sein **versuchter**

sonstiger Beitrag bleibt straflos (vgl unten 34/38 ff). Ebenso ist es in folgendem

Beispiel (nach 10 Os 168/83 JBl 1984, 389 m Anm *Burgstaller* und *Kienapfel*): A borgt dem B eine Waffe zum Mord an X. B tötet auch tatsächlich den X mit dieser Waffe, allerdings unter Umständen, in denen er durch Notwehr gerechtfertigt ist. – A hat nicht zu einer strafbaren Handlung beigetragen, sondern dies nur (straflos: § 15 Abs 2) versucht. Denkbar ist allerdings eine *Beteiligung an einem Versuch*, wenn B *vor Beginn der Notwehrsituation* ins Versuchsstadium eingetreten ist (unten 34/5 ff).

Allerdings ist es ungenau davon zu reden, dass *das Verhalten des unmittelbar Ausführenden* immer „**(konkret) rechtswidrig**" sein müsse (10 Os 168/83); nicht immer entfällt die Strafbarkeit des Beitragstäters, wenn der unmittelbare Täter gerechtfertigt ist. Denn es gibt Rechtfertigungsgründe, die – anders als Notwehr und Notstand – nicht den **Unwert der Rechtsgutsbeeinträchtigung beseitigen**, sondern bloß einer bestimmten Person eine **Handlungsermächtigung** erteilen, die zwar die Zurechnung der Rechtsgutsbeeinträchtigung zu dieser Person ausschließt, aber die Strafbarkeit anderer Beteiligter, für die diese Handlungsermächtigung nicht gilt, unberührt lässt. 85

Beispiel (*Burgstaller*, RZ 1975, 17): A bezeichnet wider besseres Wissen den X, der sich zufällig in der Wohnung seines zur Verhaftung ausgeschriebenen Bruders Y befindet, dem einschreitenden Polizisten gegenüber glaubhaft als Y, worauf X den Erwartungen des A entsprechend verhaftet wird. – Der Polizist ist aufgrund der Verdachtslage ex ante nach § 170 ff StPO gerechtfertigt (vgl oben 18/9), doch wirkt die Rechtfertigung nicht für A, der sich als Bestimmungstäter (§§ 12 Fall 2, 99) strafbar macht.

4. Mitwirkung an fremder Selbstgefährdung und Selbsttötung

a) Eigenverantwortliches Opfer

Die Rechtsprechung ist in der Beschränkung der unmittelbaren Täterschaft auf die unmittelbare Tatausführung (vgl oben 33/4 ff) sehr konsequent: Wer einem anderen eine Waffe oder sonst ein Mittel beschafft, mit dem dieser sich dann ***selbst* verletzt** oder tötet, kann nicht unmittelbarer Täter sein, weil die „dem Wortlaut des Tatbestandes entsprechende Ausführungshandlung" – Tötung, Verletzung – das Opfer selbst vorgenommen hat. Die Beschaffung des Werkzeuges ist aber als **Beitragstäterschaft** zur **Tatausführung durch das Opfer** selbst einzuordnen (14 Os 158/99). 86

Beispiel: A hackt sich einen Finger ab (zB um einen Versicherungsbetrug zu begehen), B beschafft ihm die Hacke.

Obwohl A, der die Tat ausführt, nicht tatbildmäßig handelt (er verletzt keinen „anderen"), kann B Täter durch sonstigen Beitrag einer schweren Körperverletzung (§§ 12 Fall 3, 83 Abs 1, 84 Abs 4) sein.

87 Allerdings wird im Beispielsfall das allgemeine Verbot, zur Verletzung eines anderen beizutragen (§§ 12 dritter Fall, 83), durch das **Autonomieprinzip** eingeschränkt: Nach dem **Grundsatz der Selbstbestimmung und Selbstverantwortung** jedes Menschen schafft **kein rechtlich missbilligtes Risiko** für ein fremdes Rechtsgut, wer es bloß einem selbstverantwortlichen, entscheidungsfähigen Menschen ermöglicht, seine eigenen Rechtsgüter zu gefährden oder zu verletzen, oder wer einen solchen Menschen zur Selbstgefährdung oder -verletzung bestimmt. Solange ein erwachsener Mensch die Schädigung seiner eigenen Rechtsgüter **selbst ausführt** und damit **bis zum letzten Augenblick frei entscheiden kann**, die Schädigung vorzunehmen oder zu unterlassen, bleibt die Mitwirkung an der Selbstschädigung straflos.

88 Für die **Mitwirkung am Selbstmord** gilt allerdings eine Sonderregel: Bestimmen und Beihilfe werden nach § 78 bestraft. Dieser Straftatbestand ist keine Privilegierung des Mordes, sondern für die Strafbarkeit konstitutiv: Gäbe es § 78 nicht, dann wäre die Mitwirkung an einer eigenverantwortlichen Selbsttötung als Mitwirkung an einer eigenverantwortlichen Selbstgefährdung straflos. – Der VfGH hat jüngst die umfassende Strafbestimmung gegen Hilfeleistung zum Selbstmord (§ 78 zweiter Fall) wegen Verstoßes gegen das Autonomieprinzip mit Wirkung vom 1.1.2022 aufgehoben (11.12.2020, G 139/2019); eine gesetzliche Neuregelung bleibt abzuwarten.

b) Nicht eigenverantwortliches Opfer

89 Die Mitwirkung an einer Selbstverletzung oder -tötung ist jedoch als **Beitrag zum Delikt** strafbar, wenn derjenige, der sich selbst verletzt oder tötet, **nicht eigenverantwortlich** handelt.

Beispiel 1 (14 Os 158/99): Der 12-jährige X sieht keinen Sinn mehr im Leben und will sich töten. A verschafft ihm dafür eine Pistole.

Beispiel 2 (15 Os 30/19d): Der Drogensüchtige X hat seit Tagen durch seine Sucht und den Entzug ausgelöstes hohes Fieber und schwere Halluzinationen. In diesem Zustand ersucht er seine Lebensgefährtin A, ihm Suchtgift aufzubereiten, das er sich im Anschluss selber mit einer Spritze injiziert. X erleidet dadurch eine Vergiftung und stirbt.

89a A ist in Beispiel 1 nicht unmittelbarer Täter, weil er die Tötung nicht ausführt, sondern er leistet einen **sonstigen Beitrag** zum Mord und ist nach §§ 12 Fall 3, 75 strafbar (und nicht nur nach § 78), wenn der aufgrund seiner Unmündigkeit nicht freiwillig handelnde X sich selbst erschießt. Seine Strafbarkeit beginnt mit der **Beteiligung an einem Versuch** (vgl 34/5 ff), also dann, wenn X bei sich selbst die Waffe ansetzt, um sich hier und jetzt zu erschießen. Die bloße Übergabe der Waffe an den X ist als **versuchter sonstiger Beitrag** noch straflos. – Hat A den 12-jährigen X dazu aufgefordert, sich selbst zu töten, dann ist er (wegen der mangelnden Eigenverantwortung des Unmündigen) **Bestimmungstäter des Mordes**; der Versuch ist strafbar (§§ 12 Fall 2, 15 Abs 2, 75, vgl unten 34/28 ff).

Nach der gleichen Überlegung ist die A im Beispiel 2 nicht unmittelbare Täterin: Sie selbst führt keine Körperverletzung (mit Todesfolge) aus. **Beitragstäterin** (§§ 12 Fall 3, 86 Abs 2) ist sie in diesem Fall dann, wenn X in seinem Delirium im Hinblick auf die Gefahr, die der weitere Drogenkonsum für ihn bedeutet hat, nicht mehr eigenverantwortlich entschieden hat. Wenn X nicht weiter gekommen ist, als sich die Spritze anzusetzen, hat sich A wegen **Beteiligung** an einer **versuchten** (bloßen) **Körperverletzung** strafbar gemacht (§§ 12 Fall 3, 15 Abs 2, 83 Abs 1 – eine fahrlässige Todesfolge nach § 86 kann nicht versucht werden, und der Versuch, eine Todesfolge zu erreichen, wäre versuchter Mord); übergibt A die Spritze, die X aber nicht einmal ansetzt, hat sie nur einen **straflosen versuchten Beitrag** unternommen. – Hat A bei X den Entschluss geweckt, sich die Drogen zu injizieren, ist sie **Bestimmungstäterin.** In diesem Fall wäre auch ihr bloßer Versuch strafbar (§§ 12 Fall 2, 15 Abs 2, 83 Abs 2). 89b

Diese Judikatur ist nach einem streng verstandenen Einheitstätersystem schlüssig: „Ausführen" iS des § 12 Fall 1 bedeutet, die Tathandlung als solche zu setzen. Ob die sonstigen Tatbildelemente (Verletzung bzw Tötung „einen anderen") allein durch diese Ausführungshandlung verursacht werden oder aber, so wie in den Beispielen, erst durch das Zusammenwirken *aller* Beteiligungshandlungen zustande kommen, ist nicht relevant: Dadurch, dass die Mitwirkenden zur Verletzung bzw Tötung eines anderen beitragen, kommt es *insgesamt* zu einer „strafbaren Handlung" iS des § 12, zu der sie beitragen (nach Fall 2 oder 3). 89c

Allerdings hat die Judikatur diese Konsequenz bisher auf solche Fälle nicht-eigenverantwortlicher Selbstschädigung beschränkt, in denen dem Opfer alle objektiven Anhaltspunkte für die Gefährlichkeit seiner selbstschädigenden Handlung faktisch zugänglich waren. Das Opfer wurde nicht getäuscht zB über die Dosis der vorbereiteten Drogen. Es gibt, soweit ersichtlich, jedenfalls keine Entscheidungen, in denen das Opfer so ahnungslos war, dass es in seiner Handlung überhaupt keine Gefahr erkannt hat und der Täter, der zB als Briefbomben-Versender oder als Giftmischer diesen Irrtum genutzt hat, „nur" als Beitragstäter verurteilt wurde (vgl oben 33/5 f).

c) *Einverständliche Fremdgefährdung*

Von der **Mitwirkung an einer fremden Selbstverletzung** ist die **einverständliche Fremdverletzung** zu unterscheiden. Wenn nicht das Opfer selbst, sondern ein anderer die Tat ausführt, dann ist dieser andere unmittelbarer Täter des Delikts und kann nur noch durch die **Einwilligung des Verletzten** gerechtfertigt sein, wenn deren Voraussetzungen vorliegen (näher oben 16/5). 90

Beispiel: A hackt dem X auf dessen Aufforderung einen Finger ab. A ist unmittelbarer Täter der schweren Körperverletzung und – im Falle des geplanten Versicherungsbetruges – mangels eines ethisch wertvollen Zwecks nicht gerechtfertigt (oben 16/19).

Die (schlicht) einverständliche Fremdtötung ist Mord, nur unter den strengen Voraussetzungen des § 77 ist sie als **Tötung auf Verlangen** privilegiert.

VI. Ausblick: Verdeckte unmittelbare Täterschaft?

1. Möglichkeit der unmittelbaren Täterschaft bei Verwendung eines menschlichen Werkzeuges

91 Das Einheitstätersystem des österreichischen StGB ist, wie dargestellt, konsequent durchführbar. Es ergibt auch ein in sich stimmiges Bild der strafbaren Beteiligung, sofern man die **beiden Konsequenzen** akzeptiert, die dieses System zwingend nach sich zieht: die Abweichung vom allgemeinen Sprachgebrauch und den bisweilen späten Beginn der Versuchsstrafbarkeit (vgl oben 33/9 f).

92 Diesen Konsequenzen könnte man allerdings entgehen, indem man – wie im Teilnahmesystem – die **unmittelbare Täterschaft** nicht auf jenen Menschen beschränkt, der als letzter handelt, **sondern sie weiter** fasst. Ausgangspunkt dafür ist die Feststellung, dass bei den **Erfolgs-Verursachungs-Delikten** durchaus auch jene Beteiligten vom **Wortlaut des Tatbestandes** erfasst werden, die den Erfolg nur mittelbar über einen anderen Menschen herbeiführen (vgl oben 32/2).

Beispiel: Es ist ohne weiteres mit dem Wortlaut des § 75 vereinbar, im *Pflegerin-Suppe-Fall* zu sagen, die Giftmischerin habe ihr Opfer „getötet", indem sie – von der Pflegerin unbemerkt – die Suppe vergiftet habe.

93 Menschen können eben ihre Ziele nicht nur durch eigenhändiges Tun, sondern auch **durch Werkzeuge** anstreben, und sie können dabei auch **andere Menschen als Werkzeuge** benutzen, wenn sie diese Menschen (zB kraft überlegenen Wissens) **beherrschen**. In dieser Sicht könnte man auch in unserem Beteiligungssystem – soweit der Wortlaut der Straftatbestände dies zulässt – auch jenen als **unmittelbaren Täter** eines strafbaren Deliktes bezeichnen, der

„das deliktische Geschehen, verstanden als objektiv-subjektive Sinneinheit, entscheidend in der Hand hat, also beherrscht" („**Tatherrschaft**") „ohne den Tatbestand eigenhändig zu verwirklichen" (*Burgstaller*, RZ 1975, 16 f).

94 Für diesen Fall hat *Burgstaller* den Begriff des **verdeckten unmittelbaren Täters** geprägt.

Unmittelbarer Täter wäre dann auch, wer sich zur Tatausführung eines anderen Menschen bedient, den er als blinden Kausalfaktor nach der Art eines mechanischen Werkzeuges in den Geschehensablauf einspannt, wodurch der „verdeckte" *Hintermann* diesen Geschehensablauf **durch das Werkzeug** entscheidend *steuert*. **Wichtige Fälle** sind:

- Das **Werkzeug** handelt **nicht tatbildmäßig**. Dazu gehört jeder Fall der unmittelbaren Ausführung durch das Opfer selbst. *Beispiel*: A schüttet Gift in die Suppe des ahnungslosen X, die dieser am nächsten Tag isst. A wäre dann verdeckter unmittelbarer Täter, dessen Strafbarkeit schon mit dem Giftmischen und nicht erst dann beginnt, wenn X zum Essen ansetzt.
- Das **Werkzeug** handelt zwar tatbildmäßig, aber **ohne Vorsatz**, also im *Irrtum*. Hierher gehören die schon vielfach behandelten Fälle von Pflegerin-Suppe und Briefbomben.
- Das Werkzeug handelt nicht mit der vom Gesetz geforderten Täterqualifikation (**qualifikationsloses Werkzeug**). Vgl dazu unten 35/17 ff über die Beteiligung am Sonderdelikt.
- Das Werkzeug handelt nicht mit der vom Gesetz geforderten Täterqualifikation (**qualifikationsloses Werkzeug**). Vgl dazu unten 35/17 ff über die Beteiligung am Sonderdelikt.
- Zum deutschen StGB, das dem Teilnahmesystem folgt, wurde zudem die (mittelbare) Täterschaftsform der **Organisationsherrschaft** entwickelt (in der österreichischen Terminologie wäre das etwa als „verdeckte unmittelbare Täterschaft durch ein organisatorisch abhängiges Werkzeug" zu bezeichnen). Der kriminalpolitische Sinn dahinter ist, die Führungspersonen eines Unrechtsregimes wie dem Nationalsozialismus oder der DDR als „Täter" – und nicht „nur" als Anstifter oder Gehilfen – zu erfassen, und zwar ungeachtet dessen, dass auch diejenigen, die deren Tötungs-, Verletzungs- oder Verhaftungsbefehle ausführen, voll verantwortlich sind. In Österreich ist eine vergleichbare Konstruktion aufgrund des Einheitstätersystems entbehrlich: Es ist ohnedies jeder Beteiligte Täter; die Übernahme einer Führungsrolle lässt sich straferschwerend berücksichtigen.

2. *Ablehnung in der Praxis*

Diese (von *Burgstaller* entwickelte und auch in *Vorauflagen* dieses Buches **95**
vorgeschlagene) Erweiterung der unmittelbaren Täterschaft auf die Fälle der Tatbegehung durch ein menschliches Werkzeug und die Lehre von der Tatherrschaft haben sich jedoch in der österreichischen Rechtsprechung **nicht durchgesetzt**. „Für die Rechtsfigur der verdeckten unmittelbaren Täterschaft hat **in der Praxis** bisher **kein Bedarf** bestanden" (*Fabrizy*, WK^2 § 12 Rz 23). Die Rechtsfigur der Tatherrschaft wird als „nach geltendem Recht **funktionslos**" bezeichnet (*Fabrizy*, WK^2 § 12 Rz 21).

Diese Ablehnung dürfte in erster Linie darauf zurückzuführen sein, dass **96**
die verdeckte unmittelbare Täterschaft in einem **untrennbaren Zusammenhang mit einem akzessorischen Verständnis der Beitragstäterschaft** gesehen wird. Tatsächlich ist sie in diesem Zusammenhang entwickelt worden: Sowohl die (ihr entsprechende) mittelbare Täterschaft des Teilnahmesystems als auch die für das österreichische Beteiligungsrecht entwickelte Tatherrschaftslehre *Burgstallers* (RZ 1975, 13, 29) beruhen auf einem akzessorischen Verständnis der Beitragstäterschaft (vgl zu *Burgstaller* oben 32/41).

97 Näher betrachtet besteht dieser **Zusammenhang aber nicht**: Die Annahme einer verdeckten unmittelbaren Täterschaft ist auch mit einem nicht-akzessorischen Verständnis der Beitragstäterschaft vereinbar. Allerdings wird sie in diesem System nicht zur Begründung der Strafbarkeit benötigt, denn die Handlungen des Hintermannes sind auch bei tatbildlosem oder vorsatzlosem Handeln des unmittelbar Ausführenden **jedenfalls als Beitragstäterschaft** erfassbar. Es fragt sich nur, ob nicht **manche dieser Beiträge** aufgrund ihres überragenden Gewichtes aus der Generalklausel des sonstigen Beitrags herausgehoben und als unmittelbare Täterschaft verstanden werden sollten.

Beispiel: Die Giftgabe in die Suppe der ahnungslosen Pflegerin ist *jedenfalls* ein **Beitrag** zur (vorsatzlosen) Ausführung des Mordes. Sie könnte aber vielleicht *auch* als eine **unmittelbare Täterschaft** dieses Deliktes verstanden werden.

98 In dieser Sicht geht es dann darum, für das österreichische Einheitstätersystem die **Kriterien** zu entwickeln und näher zu bestimmen, die für das **Herausheben dieser Form der unmittelbaren Täterschaft** aus der allgemeinen Beitragstäterschaft maßgebend sind.

Entscheidend dürfte beim vorsatzlosen Werkzeug wohl sein, dass der Hintermann für die Verbindung von Vorsatzmangel und Tatausführung verantwortlich ist (*Jakobs*, AT[2] 22/17). Fehlt es dagegen an dieser Verantwortlichkeit des Hintermannes, weil der **Defekt nicht** (durch das Präparieren des Briefes oder der Suppe) **von ihm gesteuert** wird, dann hat der Hintermann das Geschehen auch nicht steuernd in der Hand. Seine Mitwirkung ist dann nicht unmittelbare Täterschaft, es bleibt vielmehr beim sonstigen Beitrag; vgl dazu das Beispiel oben 32/21.

In diesem Punkt besteht eine Möglichkeit zur **Weiterentwicklung der österreichischen Beteiligungslehre**, die die Rechtsprechung im Auge behalten sollte.

34. Kapitel: Beteiligung und Versuch

Literaturauswahl: Siehe zu Kap 32 – Zu unten 34/36 f: *Eder-Rieder*, Die Strafbarkeit des Anwerbens von Raubkomplizen, JBl 2000, 69; *Schwaighofer*, Die Strafbarkeit der (versuchten) Anwerbung eines Komplizen – Anm zur E des OGH 15 Os 102/98, ÖJZ 2000, 881.

I. Notwendigkeit der Unterscheidung zwischen den drei Täterformen

Wenn ein **vollendetes Delikt** vorliegt – also insgesamt, wenn auch nur im Zusammenwirken mehrerer Personen, die vom jeweiligen Deliktstatbestand gemeinte Rechtsgutsverletzung tatsächlich eingetreten (voller Erfolgsunwert) und diese Verletzung auch auf die im Gesetz beschriebene verwerfliche Weise herbeigeführt worden ist (voller Handlungsunwert; vgl oben 32/45) –, dann ist es im Ergebnis **gleichgültig, in welcher Täterform** jemand an dieser Tat beteiligt ist: Jede Beteiligung am vollendeten Delikt ist nach dem gleichen Strafsatz strafbar. 1

Beispiel: Hat – im schon oft behandelten *Pflegerin-Suppe-Fall* – A das Gift in die Suppe gegeben, die die Pflegerin am nächsten Tag – gutgläubig oder auch mit Tötungsvorsatz – dem Opfer eingibt, dann ist es, wenn das Opfer stirbt, letztlich gleichgültig, ob man A als verdeckten unmittelbaren Täter des Mordes, als Bestimmungstäter oder als Täter durch sonstigen Beitrag behandelt: Jedenfalls fällt er unter die zuletzt genannte Generalklausel, und beim vollendeten Delikt ist auch der sonstige Beitrag strafbar.

Anders ist es jedoch, wenn die **Tat nicht vollendet** wird. Im Beispiel sind je nach dem **Stadium des Geschehensablaufes** verschiedene Fallvarianten denkbar: 2

1. Die Pflegerin gibt die Suppe ein, aber das Opfer überlebt, weil seine Vergiftung erfolgreich behandelt wird.
2. Die Pflegerin bemerkt im letzten Augenblick, dass die Suppe vergiftet ist, und schüttet sie weg.
3. Die Pflegerin entdeckt das Gift in der Suppe schon am Vorabend und schüttet die Suppe weg.
4. A wird schon beim Giftmischen beobachtet.

In diesen Fällen hängt die Strafbarkeit von der Beteiligungsform ab, weil das Gesetz **nur bei der unmittelbaren Täterschaft** und bei der **Bestimmung** den **Versuch** selbständig für strafbar erklärt. Darüber hinaus ist jede **Beteiligung an einem Versuch** strafbar. Der Versuch des sonstigen Beitrags ist dagegen straflos.

II. Versuch der unmittelbaren Täterschaft

3 Der **Versuch** der **unmittelbaren Täterschaft** ist umfassend und unabhängig von den Handlungen anderer Tatbeteiligter strafbar (§ 15 Abs 2 Fall 1).

4 Bei der verdeckten Form der unmittelbaren Täterschaft – wenn man eine solche anerkennt – beginnt der Versuch mit jenen Handlungen, die der letzten Handlung des Täters (= Ausführungshandlung) unmittelbar vorangehen (vgl oben 29/23), sofern dieser nicht ausnahmsweise das Geschehen trotzdem noch physisch in der Hand behält. Im Beispielsfall der Giftmischerin, die sich der gutgläubigen Pflegerin bedient, wäre das Einmischen des Giftes in die Suppe die Ausführungshandlung; alle vier oben 34/2 genannten Fallkonstellationen sind strafbare Mordversuche in unmittelbarer Täterschaft (§§ 12 Fall 1, 15 Abs 2 Fall 1, 75).

III. Beteiligung an einem Versuch

5 § 15 Abs 1 erklärt die Beteiligung (jeder Art) an einem Versuch für strafbar.

1. Beteiligung an einer vorsätzlichen Tatausführung

6 Eine Beteiligung an einem Versuch liegt jedenfalls dann vor, wenn der **unmittelbare Täter für sich allein betrachtet** den **Versuch** eines Delikts begeht und ein anderer ihn dazu bestimmt hat oder sonst zur Ausführung dieses Versuches beiträgt.

Beispiel: A will Suchtgift nach Österreich einführen, das Suchtgift wird jedoch an der Grenze noch im Ausland entdeckt. B hat das Suchtgift im Auto des A versteckt. – A hat die Einfuhr (§ 28a SMG) versucht, B hat sich an dem Versuch beteiligt.

7 Auch die Beteiligung an einem **untauglichen Versuch** ist denkbar, aber nach § 15 Abs 3 jedenfalls **straflos**.

Beispiel: Der an der Grenze entdeckte Stoff ist Milchpulver, das A fälschlich für Suchtgift gehalten hat. B hat den Stoff, ebenfalls im Glauben, es handle sich um Suchtgift, zur Einfuhr im Auto versteckt. – A begeht einen untauglichen Versuch, an dem sich B beteiligt (§§ 12 Fall 3, 15 Abs 1 StGB, 28a SMG). Bei objektiver Betrachtung ist der Versuch jedoch absolut untauglich, so dass auch die Beitragstäterschaft straflos ist (§ 15 Abs 3, vgl oben in Kap 30, insbes 30/31).

2. Versuch auch bei fehlendem Tatvorsatz des unmittelbar Ausführenden

a) Ausführung durch einen anderen

8 Es fragt sich jedoch, ob § 15 Abs 1 auf solche Fallgestaltungen beschränkt ist. Wie beim Beitrag zu einer (vollendeten) „strafbaren Handlung" (§ 12 Fall 2 und 3, vgl oben 32/40 ff, 45) hängt dies davon ab, was im Einzelnen unter einer „Beteiligung an einem Versuch" zu verstehen ist.

9 – Auch hier liegt es auf den ersten Blick sprachlich nahe, den „Versuch" als das Objekt der Beteiligung anzusehen: Strafbar wegen Beteiligung an einem Versuch wäre dann *nur*, wer zu einem Geschehen beiträgt, das *für sich betrachtet* der Versuch einer strafbaren Handlung ist. Da ein Versuch

immer nur vorsätzlich begangen werden kann, hinge dann bei dieser Erscheinungsform die Strafbarkeit des Bestimmungs- und des Beitragstäters zwingend vom **vollen Tatvorsatz des unmittelbaren Täters** ab; Beteiligung an einem „unvorsätzlichen Versuch" gäbe es nicht (so *Fuchs*, StPdG 14, 8 f und in früheren Auflagen; ebenso *K/H/K*, AT[16] 36.43).

– Diese Auslegung ist aber nicht zwingend. Man kann, ebenso wie beim Beitrag zu einer strafbaren Handlung, das Gesetz (im Anschluss an *Friedrich*, insbes ÖJZ 1995, 9 und Triffterer-FS 64 ff) auch dahin verstehen, dass es zur Strafbarkeit wegen einer Beteiligung an einem Versuch genügt, wenn der Beteiligte zur Ausführung der strafbaren Handlung durch einen anderen oder doch zur **Vornahme einer unmittelbar ausführungsnahen Handlung** durch diesen beiträgt und dadurch **insgesamt** – durch das Zusammenwirken von Bestimmungs- oder Beitragstäter mit dem unmittelbar Ausführenden – **der Versuch einer strafbaren Handlung** vorliegt. **10**

Der Systematik der Einheitstäterregelung entspricht die zuletzt genannte Ansicht: Die Mitwirkung an einem deliktischen Geschehen ist dann als eine **Beteiligung an einem Versuch** (§ 15 Abs 1) strafbar, wenn **11**

der **unmittelbar Ausführende die Ausführungshandlung** oder eine der **Ausführung unmittelbar vorangehende Handlung** vornimmt.

b) Abhängigkeit nicht vom Vorsatz, aber vom Handlungswillen

Dieses Stadium der Ausführungshandlung oder der unmittelbaren Ausführungsnähe (vgl oben 29/19 ff) lässt sich nicht nur dann bestimmen, wenn der unmittelbare Täter mit dem vollen Tatvorsatz handelt, sondern auch dann, wenn er **vorsatzlos die Tat ausführt**. **12**

(1) *Beispiel 1*: A versteckt im Ausland Suchtgift im Auto des B, mit dem dieser in voller Kenntnis der Sachlage nach Österreich fährt. Die Strafbarkeit des B wegen versuchter Einfuhr des Suchtgiftes (§§ 15, 28a SMG) beginnt mit einer der Grenzüberschreitung (= der Einfuhr) unmittelbar vorangehenden Handlung, also dann, wenn sich B der Grenze mit dem Vorsatz nähert, sie hier und jetzt mit dem Suchtgift zu überschreiten (vgl oben 29/45). In diesem Augenblick beginnt auch die Strafbarkeit des A wegen Beteiligung am Versuch; kommt es nicht zum Versuch der Einfuhr, so bleibt seine versuchte Beihilfe straflos. **13**

Gleiches gilt, wenn A das Suchtgift **ohne Wissen des B** in dessen Auto versteckt, damit dieser es gutgläubig nach Österreich bringt: Wenn sich der vorsatzlose Transporteur der Grenze mit dem Willen nähert, sie hier und jetzt mit dem Suchtgift (mag er von diesem auch nichts wissen) zu überschreiten, liegt insgesamt eine versuchte Einfuhr vor, so dass A wegen Beteiligung an einem Versuch (§§ 12 Fall 3, 15 Abs 1 StGB, 28a SMG) strafbar ist. Bis dahin ist er im Stadium des straflosen versuchten Beitrags. **14**

15 Das Beispiel zeigt, dass es für die Strafbarkeit wegen Beteiligung an einem Versuch zwar **nicht auf den vollen Tatvorsatz** des Ausführenden ankommt, jedoch dessen Handlungswille nicht völlig außer Betracht bleiben kann.

Denn derselbe äußere Sachverhalt (B nähert sich mit dem Suchtgift der Grenze) ist einmal im Zusammenwirken mit der Beteiligungshandlung eine versuchte Einfuhr (wenn B vorhat, die Grenze hier und jetzt zu überschreiten), das andere Mal jedoch noch kein Versuch (dann nämlich, wenn B vielleicht noch im Gasthaus im Grenzgebäude übernachten und erst morgen über die Grenze fahren will).

16 Die Strafbarkeit des Beitragstäters hängt daher nicht vom vollen Tatvorsatz des Ausführenden, wohl aber von **Teilen seines Handlungswillens** ab:

- Bezüglich des **dynamischen Geschehensablaufes** muss er denselben Willen haben wie bei einem selbständigen Versuch,
- der Vorsatz bezüglich **statischer Merkmale**, die tatsächlich vorliegen (Vorhandensein des Suchtgiftes), kann jedoch fehlen.

17 (2) *Beispiel 2*: Im *Pflegerin-Suppe-Fall* (33/3) beginnt die Strafbarkeit der Giftmischerin wegen Beteiligung an einem Versuch in dem Augenblick, in dem die gutgläubige Pflegerin eine **dem Füttern** – der Tatausführung – **unmittelbar vorangehende Handlung** vornimmt.

- Bemerkt sie *nach diesem Zeitpunkt*, dass die Suppe vergiftet ist, und schüttet sie sie weg (oben 34/2, Fallvariante 2), dann bleibt es bei der Strafbarkeit der Giftmischerin wegen Beteiligung an einem Versuch (§§ 12 Fall 3, 15 Abs 1, 75);
- scheitert die Tat *früher* (oben 34/2, Fallvarianten 3 und 4), dann liegt – wenn die Pflegerin die Suppe ohnedies füttern wollte – bloß ein strafloser versuchter sonstiger Beitrag vor, weil die Tat insgesamt noch nicht ins Versuchsstadium gekommen ist (zur allfälligen Strafbarkeit wegen versuchter Bestimmungstäterschaft vgl unten 34/28 ff).

Das gleiche gilt konsequenterweise bei der **Tatausführung durch das Opfer selbst**: Vergiftet A das Bier im Kühlschrank des X, um diesen zu töten, dann beginnt seine Strafbarkeit als ***Beitragstäter*** zur (tatbestandslosen) Selbsttötung in dem Augenblick, in dem X den Kühlschrank öffnet und die Flasche nimmt, um daraus zu trinken. – Auch hier wäre es allerdings sachgerechter, eine ***verdeckte unmittelbare Täterschaft*** des A (oben 33/91 ff) anzunehmen (zum Versuchsbeginn dann: oben 29/26a).

18 (3) *Beispiel 3*: Für denjenigen, der im Wissen um das Alter des Opfers einem anderen für den Beischlaf mit einer 13-Jährigen das Zimmer zur Verfügung stellt (15 Os 165/93 JBl 1994, 627 m Anm *Burgstaller*, oben 32/19 und 33/44), beginnt die Strafbarkeit in dem Moment, in dem der unmittelbar Ausführende eine Handlung vornimmt, die nach seinem (= des Ausführenden) Handlungsplan dem geplanten Beischlaf unmittelbar vorangeht. Wenn Ausführender und Opfer in der Folge noch gestört werden, so dass es nicht zum Beischlaf kommt, so ist der Helfer dennoch wegen Beteiligung am versuchten sexuellen Missbrauch der Unmündigen strafbar (§§ 12 Fall 3, 15 Abs 1, 206). Dies gilt auch dann, wenn der unmittelbar Ausführende über das Alter seiner Partnerin irrt und keinen vollen Tatvorsatz hat.

c) Versuch nur bei tatsächlicher Gefährdung des Rechtsgutes

Allerdings muss in allen diesen Fällen, in denen der unmittelbar Ausführende ohne vollen Tatvorsatz handelt, die **Ausführungshandlung** hinsichtlich der statischen Tatmerkmale **objektiv bestimmt werden**. 19

Beispiel: B stellt A sein Zimmer für den Beischlaf mit einem Mädchen zur Verfügung, von dem er glaubt, dass sie erst 13 Jahre alt ist. In Wahrheit ist das Mädchen schon 15 Jahre alt und A weiß dies auch. 20

B ist straflos, wenn A mit dem Mädchen schläft (keine Rechtsgutsbeeinträchtigung, daher bloß versuchter Beitrag, vgl oben 32/45 und 33/43 f), und er ist es erst recht, wenn die beiden im letzten Augenblick gestört werden: Der Beischlaf des A mit einer 15-Jährigen ist **keine Ausführungshandlung** des Deliktes nach § 206, und A hat auch **keinen Tatvorsatz**, der bei fehlenden objektiven Gegebenheiten einen (untauglichen) Versuch des § 206 (vgl oben 34/7) begründen könnte. Der **Vorsatz des Beitragstäters** B wiederum, der das Mädchen für unmündig hält, kann nur einen (untauglichen, aber ganz unabhängig davon schon aufgrund des Umkehrschlusses aus § 15 Abs 2 straflosen) **versuchten sonstigen Beitrag** begründen.

Ausführungshandlung des „unvorsätzlichen Versuchs“, an dem man sich nach § 15 Abs 1 beteiligen kann, kann daher immer nur ein Geschehen sein, das bei weiterer Entwicklung auch **tatsächlich zur Vollendung führen** würde und daher das **geschützte Rechtsgut akut gefährdet** (*Friedrich*, ÖJZ 1995, 9). Nur der Versuch als **Durchgangsstufe zur Vollendung** ist ohne vollen Tatvorsatz des unmittelbar Ausführenden denkbar, nicht auch ein untauglicher Versuch (vgl oben 28/12). 21

In gleicher Weise kann **kein Versuch** vorliegen, wenn ein bestimmter Handlungswille beim unmittelbar Ausführenden fehlt, der notwendig ist, damit die **Rechtsgutsbeeinträchtigung** eintreten kann. Beteiligung an einem Versuch (§ 15 Abs 1) ist in einem solchen Fall ausgeschlossen. 22

Beispiel: Im *Wörthersee-Fall* (oben 33/49) kann das Unrecht der Unterschlagung nie eintreten, wenn derjenige, der das Armband aus dem See holt, es nicht behalten, sondern es beim Fundamt abgeben will. Daher gibt es auch insgesamt – im Zusammenwirken mit dem vermeintlichen Beitragstäter – **keinen Versuch** und keine Beteiligung an einem Versuch.

3. Voraussetzungen der Beteiligung an einem Versuch

a) Bestimmungstäterschaft

23 **Beteiligung** (in Form der **Bestimmungstäterschaft) an einem Versuch** ist bei allen Delikten nach §§ 15 Abs 1, 12 Fall 2 iVm einem Deliktstypus des BT als *Versuch des Delikts* (zB nach §§ 15 Abs 1, 12 Fall 2, 75 als versuchter Mord) strafbar. Sie setzt voraus:

24 A. als **äußeren Tatbestand**:

1. eine **Bestimmungshandlung**, gerichtet auf das Wecken des Handlungsentschlusses;
2. den **Handlungsentschluss** und die Vornahme einer **Ausführungshandlung** oder einer der Ausführung **unmittelbar vorangehenden Handlung** durch den **Bestimmten**, die bei ihrer Fortsetzung zusammen mit dem Verhalten des Beitragstäters das **volle Tatunrecht** herstellen würde;

   Der Bestimmte, der die Tat unmittelbar ausführt, muss zwar nicht den vollen Tatvorsatz haben, jedoch den **Handlungswillen** hinsichtlich der **Ausführungshandlung** (vgl oben 1).
3. **Kausalität** (objektive Zurechnung) zwischen 1 und 2;

25 B. als **inneren Tatbestand**:

Vorsatz des Bestimmungstäters in Bezug auf alle Elemente des äußeren Tatbestandes und auf die **Vollendung der Tat** durch den unmittelbaren Täter (vgl auch oben 33/67).

26 Wegen dieses Erfordernisses des Vollendungsvorsatzes ist es leider notwendig, in komplizierter Weise von der „*Beteiligung an einem Versuch in Form der Bestimmungstäterschaft*" zu reden: „Bestimmung (Anstiftung) zum Versuch" erweckt den Eindruck, dass der Bestimmende nur den Versuch, nicht die Vollendung der Tat will. In Wahrheit ist aber nur das *objektive* Geschehen im *Versuchsstadium* steckengeblieben, wogegen sich der **Vorsatz des Bestimmenden** selbstverständlich auf die *Vollendung* erstrecken muss.

b) Sonstiger Beitrag

27 **Beteiligung** (in Form der **Täterschaft durch sonstigen Beitrag) an einem Versuch** ist strafbar nach §§ 15 Abs 1, 12 Fall 3 iVm einem Deliktstatbestand des Besonderen Teils (zB §§ 15 Abs 1, 12, 75) und setzt entsprechend der Begehung in Form der Bestimmungstäterschaft voraus:

A. als **äußeren Tatbestand**:

1. eine **Unterstützungshandlung**,
2. die Vornahme einer **Ausführungshandlung** oder einer der Ausführung **unmittelbar vorangehenden Handlung** durch den Unterstützten (wie bei der Bestimmung);
3. **Kausalität** (objektive Zurechnung) zwischen 1 und 2.

B. als **inneren Tatbestand**:
Vorsatz in Bezug auf alle Tatbildelemente (A 1–3) und **Vollendungsvorsatz**.

IV. Versuchte Beteiligung

1. Strafbarkeit der versuchten Bestimmungstäterschaft

a) Voraussetzungen

§ 15 Abs 2 definiert es als das **versuchte Delikt**, wenn „der Täter seinen Entschluss, … einen anderen dazu (= zur Ausführung einer strafbaren Handlung) zu bestimmen (§ 12), durch eine der Ausführung (= der Ausführung der Bestimmungshandlung) unmittelbar vorangehende Handlung betätigt“. **28**

Versuchte Beteiligung in Form der Bestimmungstäterschaft ist daher bei allen Straftaten als *Versuch des Delikts* strafbar, und zwar nach §§ 15 Abs 2, 12 Fall 2 iVm einem Tatbestand des BT (zB nach §§ 15 Abs 2, 12, 75 als ein versuchter Mord). Die Elemente der versuchten Bestimmung sind: **29**

A. **Innerer Tatbestand**:
Vorsatz, gerichtet auf
   a. eine **Bestimmungshandlung**;
   b. die Ausführung einer **strafbaren Handlung** durch einen anderen (den Bestimmten) und auf die – insgesamt betrachtet – **Vollendung der Tat** (voller Erfolgs- und Handlungsunwert: Herbeiführung der Rechtsgutsbeeinträchtigung auf die im Gesetz genannte Weise);
   c. **Kausalität** (objektive Zurechnung) zwischen Bestimmungshandlung und Ausführung der strafbaren Handlung.

B. **Äußerer Tatbestand**:
eine **Versuchshandlung** iSd § 15 Abs 2, also entweder die *Ausführung der Bestimmungshandlung* oder doch eine der Ausführung der Bestimmungshandlung *unmittelbar vorangehende* Handlung (unten 34/34).

b) Erscheinungsformen

Versuchte Bestimmungstäterschaft liegt vor,

– wenn der Bestimmungstäter seine Bestimmungshandlung bereits vorgenommen hat, diese aber den unmittelbaren Täter (der bestimmt werden soll) noch **nicht erreicht** hat; **30**
  Beispiel: Der Anstiftungsbrief ist per Post unterwegs.

– wenn derjenige, der die Tat ausführen soll (unmittelbarer Täter), sich nicht hat bestimmen lassen (**missglückte Anstiftung**); **31**
  Beispiel: A bietet dem B 10.000 Euro dafür, dass dieser den X umbringe. B lehnt entrüstet ab. – Die Kreditsuchenden (im *Beispiel 2* oben 33/34) nehmen den Kredit nicht auf.

32 – wenn der unmittelbare Täter, der bestimmt werden soll, **bereits dazu entschlossen** ist, die Tat auszuführen („*omnimodo facturus*“);

Beispiel: A bietet B 10.000 Euro für den Mord an X, den B ohnedies begehen wollte. – Auch wenn B in der Folge den X tötet, kann A nicht wegen vollendeter Bestimmung bestraft werden, da er für den Handlungsentschluss nicht kausal geworden ist.

33 – wenn sich der unmittelbare Täter zwar hat bestimmen lassen, aber mit seinem Tun **(noch) nicht** das **Versuchsstadium erreicht** hat (weshalb noch keine Beteiligung an einem Versuch vorliegt, die nach § 15 *Abs 1* strafbar wäre).

Alle diese Fälle der versuchten Bestimmung sind als **Versuch des Delikts nach § 15 Abs 2** strafbar.

c) Versuchsbeginn bei der Bestimmungstäterschaft

34 Die Bestimmung eines anderen zur Tatausführung ist versucht und damit strafbar, sobald der Bestimmungstäter seinen Vorsatz, den anderen zu bestimmen, durch die **Ausführung seiner Bestimmung** oder durch eine **dieser Ausführung unmittelbar vorangehende** Handlung betätigt (§ 15 Abs 2). Notwendig ist also – entsprechend der Abgrenzung des strafbaren Versuchs von der straflosen Vorbereitung beim unmittelbaren Täter (vgl oben 29/19 ff) – die Ausführung der Bestimmungshandlung oder doch eine dazu unmittelbar ausführungsnahe Handlung (zur Doppelbedeutung des Begriffs „Ausführung“ in § 15 Abs 2 vgl schon oben 29/2).

Beispiel: Wer einen anderen brieflich zu einer Straftat auffordern will, hat seinen Bestimmungsvorsatz mit dem Absenden des Briefes (Einwurf in den Briefkasten) – seiner, nach seinem Plan, letzten Handlung – ausgeführt. Unmittelbar ausführungsnah und damit als versuchte Bestimmung strafbar sind alle Handlungen, die hier und jetzt dem Einwerfen unmittelbar vorangehen: Ankunft beim Briefkasten, Öffnen der Klappe usw.

Die E 13 Os 202/84 hat, wohl zu Unrecht, den strafbaren Bestimmungsversuch eines Häftlings bejaht, der ein heimliches Schreiben (einen sog Kassiber), mit dem ein anderer zu einer falschen Zeugenaussage verleitet werden sollte, zum Ort der geplanten Übergabe mitgenommen hat. Bestimmungshandlung wäre erst die Übergabe des Kassibers an den Besucher gewesen, dem Häftling war der Kassiber jedoch schon vor dem Zusammentreffen mit dem Besucher bei einer Personsdurchsuchung abgenommen worden, ohne dass diese offenbar der geplanten Übergabe unmittelbar vorangegangen wäre.

d) Kriminalpolitische Bedenklichkeit der weiten Versuchsstrafbarkeit

35 Diese **Ausdehnung der Strafbarkeit**, weit in das – insgesamt betrachtet – Vorbereitungsstadium hinein, ist **kriminalpolitisch** äußerst **fragwürdig**. Dies zeigt sich besonders deut-

lich, wenn man die Strafbarkeit des Bestimmungstäters mit jener von Mittätern vergleicht: Wer sich mit anderen zur *gemeinsamen Tatausführung* verabredet, befindet sich noch im straflosen Vorbereitungsstadium; nur bei einigen wenigen, besonders schweren Taten wird die Verabredung ausnahmsweise als das besondere Delikt des verbrecherischen Komplotts (§ 277) für strafbar erklärt (vgl unten 36/33).

Wer dagegen einen anderen dazu bestimmt, die Tat *allein zu begehen*, ja selbst, wer dies erfolglos versucht, ist bei allen Delikten – nicht nur bei schweren und gefährlichen – wegen versuchter Bestimmung zur Tat strafbar. Begründen lässt sich dies allenfalls damit, dass der Bestimmungstäter die Tat aus der Hand gibt, während derjenige, der Mittäter sein, also auch bei der Tatausführung mitwirken will, noch auf den Ablauf des Geschehens einwirken kann. Doch vermag diese Überlegung kaum die weite Vorverlegung der Strafbarkeit zu rechtfertigen.

e) *Anwerben von Mittätern als versuchte Bestimmung?*

Einige Entscheidungen wollen im Anschluss an *Zipf*, RZ 1980, 143 die *Aufforderung* an einen anderen zur *gemeinsamen Tatausführung* (das Anwerben von Mittätern) als ein versuchtes Bestimmen zum Delikt (versuchte Bestimmungstäterschaft) bestrafen (14 Os 15/94 im Gegensatz zu 9 Os 181/75 SSt 47/15; 12 Os 71/99). **36**

Diese Rechtsprechung ist zu Recht auf Ablehnung gestoßen (*Medigovic*, Anm, JBl 1996, 331; *K/H/K*, AT[16] 36.17; *Eder-Rieder*; *Schwaighofer*; auch 15 Os 102/98): Wer Komplizen für eine Tat anwirbt, die er selbst als unmittelbarer Täter begehen will und deren Ausführung er solcherart noch in der Hand behält, der befindet sich ebenso noch im Vorbereitungsstadium wie derjenige, der sich mit einem anderen zur gemeinsamen Tatbegehung verabredet. Alle derartigen Fallkonstellationen, zwischen denen in der Praxis nur sehr schwer unterschieden werden könnte, sind ausschließlich bei den in § 277 genannten Delikten als Komplott strafbar.

Beispiel (14 Os 15/94 JBl 1996, 329 m Anm *Medigovic*): A hat ein fremdes Sparbuch, das er durch betrügerische Vorlage bei der Sparkasse verwerten will, kennt aber das Losungswort nicht. Daher bittet er B, der es weiß, es ihm zu nennen („Ich habe das Sparbuch, du kennst das Losungswort: Machen wir halbe-halbe."); B lehnt ab. **37**

Nach dieser Rspr hängt die Strafbarkeit des A davon ab, ob geplant war, dass B den A bei der Einlösung des Sparbuches begleitet. In diesem Fall wären beide unmittelbare Täter des geplanten Betruges, so dass A versucht hätte, den B zur (Mit-) Ausführung dieses Deliktes zu bestimmen: strafbare versuchte Bestimmungstäterschaft (§§ 12 Fall 2, 15 Abs 2, 146).

Anders, wenn B nach dem Willen des A nur das Losungswort nennen, aber nicht auch zur Bank hätte mitgehen sollen: Dann hätte A nur versucht, den B zu einem sonstigen Tatbeitrag anzustiften, und bliebe straflos (vgl unten 36/16). – Richtigerweise ist A auch im ersten Fall straflos, weil der Betrug in § 277 nicht genannt und außerdem der Versuch eines Komplotts nicht strafbar ist (vgl oben 28/32).

2. Straflosigkeit des versuchten sonstigen Beitrags

38 Dagegen ist aufgrund des Umkehrschlusses aus § 15 Abs 2 die **versuchte Beteiligung** in Form der **Täterschaft durch sonstigen Beitrag** (versuchte Beihilfe) **straflos**: Wer seinen Vorsatz, auf andere Weise als durch Bestimmen zur Ausführung einer strafbaren Handlung beizutragen (einen anderen zu unterstützen), betätigt, wird erst strafbar, wenn das deliktische Geschehen ein Stadium erreicht hat, das zumindest insgesamt der Versuch der Tat ist (oben 34/10).

Straflos sind daher folgende Fälle:

39 – Die Unterstützungshandlung des Gehilfen ist bei der Tatausführung (= beim Verhalten des unterstützten unmittelbaren Täters) **nicht wirksam** (kausal) geworden, und zwar weder physisch noch psychisch.

Beispiel: A erbittet von B dessen Totschläger zur Ausführung eines Mordes. In der Folge erscheint ihm aber die Anwendung des Totschlägers doch zu unsicher. A begeht den Mord mit einem Revolver.

40 – Die Unterstützungshandlung ist zwar für das Verhalten des Unterstützten wirksam geworden, aber dieses Verhalten ist (noch) **kein Versuch** einer strafbaren Handlung (dh der unmittelbare Täter hat die Tat nicht einmal versucht).

Beispiel: A überlässt dem B auf dessen Bitten sein neues Einbruchswerkzeug zur Ausführung des nächsten Coups. Noch bevor B seine Vorbereitungen abschließen kann, wird er gefasst und wegen früherer Straftaten für einige Zeit aus dem Verkehr gezogen. – *Ebenso* oben im „*Wörthersee-Fall*" (33/49).

41 Das gleiche gilt, wenn der unmittelbare Täter eine **andere Tat** ausführt.

Beispiel: A täuscht dem B vor, er habe einen besonders einträglichen Banküberfall vor. B überlässt dem A zu diesem Zweck seinen Revolver. A, der nie einen Bankraub beabsichtigt hatte, tötet mit der Waffe den X.

35. Kapitel: Beteiligung mehrerer am Sonderdelikt

Literaturauswahl: Siehe zu Kap 32 (insbes *Nowakowski*, Sonderdelikte). – Weiters: *Bertel*, Mitschuld an Kridadelikten, RdW 1991, 134.

I. Grundsätze

a) Bei Sonderdelikten beschreibt das Gesetz das **Tatsubjekt** näher: Nach der Deliktsbeschreibung des Besonderen Teils kann nicht jedermann („wer") die Tat begehen, sondern nur ein Mensch, der **bestimmte „Eigenschaften oder Verhältnisse"** (§ 14) aufweist: ein **„Qualifizierter"** oder **„Intraneus"**. 1

Beispiel: Liest man nur § 302, dann kann nur ein „Beamter" Amtsmissbrauch begehen, sieht man nur auf § 153, so nur ein Machthaber Untreue. Auf andere Personen passt die Deliktsbeschreibung nach ihrem Wortlaut nicht.

Besondere Beteiligungsprobleme treten vor allem bei den sog **echten** (eigentlichen) **Sonderdelikten** auf, das sind solche, bei denen die besondere Norm die Strafbarkeit *begründet* und das Verhalten ohne den Sondertatbestand straflos wäre wie in den soeben genannten Beispielen des Amtsmissbrauchs (§ 302) und der Untreue (§ 153). 2

Davon zu unterscheiden sind die sog **unechten** (uneigentlichen) **Sonderdelikte**, die ein allgemein strafbares Verhalten *strenger* (oder ausnahmsweise auch *milder*) *bestrafen*, wenn es von einem Qualifizierten begangen wird. 3

Beispiel: Der Diebstahl eines Soldaten wird unter bestimmten Voraussetzungen als militärischer Diebstahl (§ 31 MilStG) strenger bestraft; gäbe es diese Strafbestimmung nicht, so wäre der Soldat, wie jeder andere auch, wegen Diebstahls nach dem StGB (§ 127) strafbar. – Nach § 313 wird ein Beamter strenger bestraft, wenn er ein allgemein strafbares Delikt unter Ausnützung der Amtsstellung begeht (unechtes Amtsdelikt). – Die Mutter, die ihr Kind bei der Geburt tötet, ist nach § 79 privilegiert; gäbe es diese Bestimmung nicht, so wäre sie nach § 75 wegen Mordes strafbar.

Bei diesen unechten Sonderdelikten gelten die allgemeinen Regeln der Beteiligung, nur wird der Qualifizierte, gleichgültig in welcher Täterschaftsform er die Tat begeht, nach der Sondernorm bestraft. *Beispiel*: Der Vater tötet auf Aufforderung der Mutter das Kind bei der Geburt: Er wird nach § 75 als unmittelbarer Täter, die Mutter als Bestimmungstäterin nach § 79 bestraft (vgl auch oben 33/66). Eine Sonderregel gilt allerdings für die Begehung im Familienkreis (§ 166; vgl unten 35/35).

b) Für die echten Sonderdelikte gelten **zwei Grundsätze**: 4

- Da nur ein **Qualifizierter** die Deliktsbeschreibung des Besonderen Teils erfüllt, kann nur ein Qualifizierter **unmittelbarer Täter** des Sonderdelikts sein (aufgrund des „Nicht-nur" in § 12).
- Um **Nicht-Qualifizierte** („Extranei") wegen Beteiligung an einem Sonderdelikt zu bestrafen, bedarf es einer **besonderen Bestimmung**, die die Strafbarkeit ausdehnt.

5 *Beispiel 1:* Der betrunkene Autolenker A bietet dem Polizisten B 500 Euro für den Verzicht auf eine Anzeige. B verzichtet.

Der Beamte B begeht einen Amtsmissbrauch (§ 302). Um auch A nach § 302 bestrafen zu können, bedarf es einer besonderen Norm.

6 *Beispiel 2* (nach *K/H/K*, AT[16] 37.4): A eignet sich ein von ihm gemietetes Auto rechtswidrig zu, indem er es gemeinsam mit seinem Sohn B von rot auf grün „umspritzt".

B hat nicht „ein Gut, das ihm anvertraut worden ist, sich oder einem Dritten ... zugeeignet" und erfüllt nicht unmittelbar den Tatbestand des § 133, so dass nur A unmittelbarer Täter der Veruntreuung ist. B als nicht sonderpflichtiger Extraneus kann sich – trotz identischer Tathandlung – nur als Täter durch sonstigen Beitrag beteiligen (näher unten 35/13), wenn es eine Strafausdehnungsnorm gibt.

7 Bei den *unechten Sonderdelikten* kann auch der Nicht-Qualifizierte unmittelbarer Täter sein – allerdings nicht des Sonderdelikts, sondern unmittelbarer Täter des allgemeinen Delikts, an dem sich der Qualifizierte in Form des Sondertatbestandes beteiligt. *Beispiel* (vgl schon oben 35/3): Der bei der Geburt tötende Vater ist unmittelbarer Täter nach § 75, die bestimmende Mutter ist nach §§ 12 Fall 2, 79 strafbar.

II. § 14 als Strafausdehnungsnorm

1. Unrechts- und schuldrelevante Täterqualifikationen

8 § 14 dehnt die Wirkung der Subjektsqualität des unmittelbaren Täters auf andere Beteiligte aus, wobei das Gesetz zwischen **unrechtsrelevanten** und **schuldrelevanten** Täterqualifikationen unterscheidet:

- Betrifft die Täterqualifikation – zumindest auch – das **Unrecht der Tat**, so ist die Strafbestimmung *auf alle Beteiligten* anzuwenden, wenn die Qualifikation *auch nur bei einem* Beteiligten vorliegt (§ 14 Abs 1 Satz 1). Bei diesen Delikten kann sich also ein Nicht-Qualifizierter (Extraneus) als Bestimmungstäter oder durch sonstigen Beitrag beteiligen.

  Zur Einschränkung des § 14 Abs 1 Satz 2 vgl unten 35/18.

- Täterqualifikationen, die **ausschließlich (!) die Schuld** betreffen, sind *nur auf* diejenigen *Beteiligten* anzuwenden, in deren Person sie vorliegen (§ 14 Abs 2).

2. Abgrenzung

9 a) **Ob** eine Täterqualifikation auch das **Unrecht** (§ 14 Abs 1) oder ausschließlich die **Schuld** (Abs 2) betrifft, ist eine Wertungsfrage und muss für jeden Deliktstypus des Besonderen Teils gesondert durch Auslegung ermittelt werden.

10 – Nach der Praxis sind insbes **unrechtsrelevant** (*L/St/Öner/Schütz* StGB[4] § 14 Rz 8):

  - die **Beamteneigenschaft** bei den **echten Amtsdelikten**, insbes beim Amtsmissbrauch (§ 302);

  - die Machthaberstellung bei der **Untreue** (§ 153) und das Anvertraut-Sein des Gutes bei der **Veruntreuung** (§ 133);
  - die Täterqualität bei der Verletzung eines **Berufsgeheimnisses** (zB § 122);
  - die Subjektseigenschaft bei den **Kridadelikten** (zB §§ 156, 159, 162: „Schuldner", „seine Zahlungsunfähigkeit").

  In allen diesen Fällen kann sich ein Extraneus nach § 14 Abs 1 Satz 1 am Sonderdelikt des Qualifizierten beteiligen.

- Als **ausschließlich schulderheblich** (§ 14 Abs 2) werden in der Praxis folgende Tatmerkmale angesehen: 11
  - die privilegierenden Merkmale bei § 79 (**Tötung eines Kindes bei der Geburt**; „Mutter", vgl oben 33/66);
  - die Beamteneigenschaft in § 313 („**unechte Amtsdelikte**"), soweit man diese Bestimmung nicht nur als Strafzumessungsnorm ansieht (vgl *Fabrizy*, WK[2] § 14 Rz 23);
  - die Soldateneigenschaft in den **unechten Militärdelikten**: Beim *militärischen Diebstahl* (§ 31 MilStG) haftet der beteiligte Nicht-Soldat (nur) nach § 127.

  Nicht hierher gehört die *Gewerbsmäßigkeit*, die zwar auch nur die Schuld betrifft, aber keine besondere Eigenschaft des Täters ist.

Damit wird der Anwendungsbereich des § 14 Abs 2 im Ergebnis auf die *unechten Sonderdelikte* beschränkt.

b) Diese Unterscheidung ist sehr **fragwürdig**. Ein passendes Abgrenzungskriterium zwischen den Fällen des § 14 Abs 1 und Abs 2 ist allerdings noch nicht gefunden worden. Allgemeine Formulierungen („zum Unrecht gehört, was die Sozialwidrigkeit der Handlung, das Risiko für das geschützte Rechtsgut, die Art und das Ausmaß der Beeinträchtigung geschützter Interessen betrifft; zur Schuld, was die persönliche Verantwortlichkeit des Handelnden …, den Mangel an Verbundenheit mit rechtlich geschützten Werten, betrifft" – *Nowakowski*, ZnStR 1974, 150) helfen leider auch nicht weiter. Warum zB die Beamteneigenschaft beim Amtsmissbrauch das Unrecht, die Soldateneigenschaft beim Diebstahl dagegen ausschließlich die Schuld betreffen soll, ist nicht einsichtig. 12

Die Praxis gelangt offenbar dadurch zur Beschränkung auf die unechten Sonderdelikte, dass sie eine Tätereigenschaft dann als unrechtserheblich ansieht, wenn **ansonsten** die Beteiligten **straflos** blieben, und sie nur dann als ausschließlich schulderheblich betrachtet, wenn ohnedies ein allgemeines Delikt (zB § 127 bei § 31 MilStG) zur Verfügung steht, nach dem der Beteiligte bestraft werden kann. Eine solche Abgrenzung, die (vermeintliche) Strafbarkeitslücken schließt, entspricht der Regelung des deutschen Rechts (§ 28 dStGB), die allerdings vom österreichischen Gesetzgeber als „fragwürdige Konstruktion" ausdrücklich abgelehnt wurde (EBRV 1971, 82; vgl *Nowakowski*, ZnStR 1974, 149); im Übrigen bleibt unerfindlich, warum Strafbarkeitsbegründung und Unrechtserheblichkeit einander entsprechen sollen.

In Wahrheit ist bei Delikten, die die Verletzung einer **besonderen Pflicht** oder den Missbrauch einer besonderen Vertrauensstellung unter Strafe stellen, die Bestrafung von Extranei **überhaupt fragwürdig**.

Zu den besonderen Regeln für echte Militärdelikte und für die Begehung im Familienkreis vgl unten 35/33 ff.

III. Anwendung

1. Beteiligung im Allgemeinen

13 a) Bei Sonderdelikten, bei denen die im gesetzlichen Deliktstypus beschriebenen besonderen persönlichen Eigenschaften oder Verhältnisse des Täters das **Unrecht** der Tat betreffen, gilt daher:

- **Unmittelbarer Täter** ist der Qualifizierte.
- **Andere Personen** können sich, obwohl sie die im Deliktstypus vorausgesetzten persönlichen Eigenschaften oder Merkmale nicht aufweisen, an der Tat nach den allgemeinen Regeln (§§ 12, 15 Abs 1 und 2) als **Bestimmungstäter** oder durch einen **sonstigen Beitrag** beteiligen (§ 14 Abs 1 Satz 1).

14 *Beispiel 1* (*nach K/H/K*, AT[16] 37.4): Dem A ist wegen wiederholter Trunkenheit am Steuer die Lenkerberechtigung für ein Jahr entzogen worden. Nach drei Monaten bittet A den zuständigen Beamten B, mit dem er befreundet ist, ihm den bei der Behörde hinterlegten Führerschein für ein Wochenende auszufolgen. Wissend, dass er das nicht tun darf, gibt ihm B den Führerschein.

Der Beamte begeht durch die gesetzwidrige Aushändigung des Führerscheins **Amtsmissbrauch** als unmittelbarer Täter, A hat sich als **Bestimmungstäter** beteiligt (§§ 12 Fall 2, 302).

15 *Beispiel 2* (*K/H/K*, AT[16] 37.9): Wie Beispiel 1, nur sagt B dem A, dass er ihm den Führerschein nicht geben könne, er werde aber sein Büro unversperrt lassen, so dass sich A den Führerschein, dessen Aufbewahrungsort ihm B nennt, nehmen könne.

Auch hier ist **der Beamte** B **unmittelbarer Täter** eines Amtsmissbrauchs, den er durch die verbotenen Hinweise ausgeführt hat. Dass er bei der faktischen Erlangung des Führerscheins nur eine untergeordnete Rolle spielt, ändert daran nichts. Der Qualifizierte, der am Sonderdelikt mitwirkt, ist durch die Verletzung seiner Sonderpflicht immer unmittelbarer Täter, gleichgültig, in welcher äußeren Form er sich am deliktischen Geschehen beteiligt. Der **Extraneus** A dagegen ist, trotz faktischer „Ausführung", Täter durch **Bestimmung** oder, falls die Initiative nicht von ihm ausgeht, durch **sonstigen Beitrag**.

16 b) Dass nur der Qualifizierte unmittelbarer Täter des Sonderdelikts sein kann, wird bisweilen bestritten: Auch bei Sonderdelikten gälten „für die Zuordnung eines Verhaltens zu einer der drei Täterformen die allgemeinen Regeln des § 12" (*L/St/Öner/Schütz* StGB[4] § 14 Rz 7), und daher könne „auch der Extraneus, der die Tat unmittelbar ausführt, unmittelbarer Täter des Sonderdelikts sein" (*Fabrizy*, WK[2] § 14 Rz 8 mwN).

Diese Ansicht steht nicht nur in Widerspruch zu § 12, der (arg „nicht nur") voraussetzt, dass unmittelbarer Täter nur sein kann, wer **unmittelbar** – ohne eine die Strafbarkeit ausdehnende Norm – **den Deliktstatbestand** des Besonderen Teils erfüllt, was der Extraneus schon **mangels Täterqualifikation** nicht kann. Ihr steht vor allem entgegen, dass ein Extraneus auch nicht die Tathandlung vornehmen und daher das Sonderdelikt gar **nicht ausführen** kann. *Im Beispiel*: Wenn A aus dem Büro des Beamten auf dessen Hinweis den Führerschein an sich nimmt, dann hat er nicht „seine Befugnis, im Namen des Bundes … Amtsgeschäfte vorzunehmen, … missbraucht" und erfüllt daher nicht die Handlungsbeschreibung des § 302. Er kann schon mangels Ausführungshandlung nicht unmittelbarer Täter dieses Deliktes sein.

Die Wendung in § 14 Abs 1, dass bei den sog eigenhändigen Delikten der Qualifizierte die Tat „unmittelbar ausführen" müsse (dazu näher unten 35/31), steht dem nicht entgegen: Sie besagt nur, dass bei diesen Delikten eine „*mittelbare* Ausführung" durch den Qualifizierten ausgeschlossen ist, also die **eigenhändigen Delikte** *nicht in verdeckter unmittelbarer Täterschaft* begangen werden können, sofern man eine solche anerkennt (oben 33/91 ff); zu einer „Ausführung" durch den Extraneus wird überhaupt nichts ausgesagt.

2. *Beteiligung an unvorsätzlichem Handeln des Qualifizierten*

a) Grundsätzliche Möglichkeit der Beteiligung an unvorsätzlichem Handeln

Da im Einheitstätersystem die Tat auch von jemandem ausgeführt werden kann, der ohne den vollen Tatvorsatz handelt, ist – wegen der Erstreckung der unrechtsrelevanten Tätereigenschaften auf alle Beteiligten in § 14 Abs 1 **Satz 1** – eine Beteiligung an einer unvorsätzlichen Tatausführung *grundsätzlich möglich.* 17

Beispiel 3: A täuscht dem zuständigen Beamten B, mit dem er befreundet ist, vor, dass die Zeit des Entzugs der Lenkerberechtigung schon abgelaufen sei, und veranlasst ihn auf diese Weise, ihm gutgläubig den Führerschein herauszugeben.

Sieht man nur auf § 12 und § 14 Abs 1 Satz 1, dann ist eine Bestimmungstäterschaft des A zum (unvorsätzlich begangenen) Amtsmissbrauch denkbar.

b) Mitwirkung des Qualifizierten „in bestimmter Weise" (§ 14 Abs 1 Satz 2)

Allerdings **schränkt** § 14 Abs 1 **Satz 2 ein**: Hängt das ***Unrecht*** der Tat davon ab, dass der **Qualifizierte „in bestimmter Weise"** an der Tat mitwirkt, so muss auch diese Voraussetzung erfüllt sein, damit der extrane Beteiligte bestraft werden kann. 18

Mit dieser etwas kryptischen Formulierung sind vor allem jene Tatbestände gemeint, deren **deliktsspezifisches Unrecht** nur dann hergestellt ist, wenn **der Qualifizierte** den Tatbestand **vorsätzlich** oder sogar mit einer **besonderen Vorsatzform** (z.B. wissentlich) verwirklicht. Dazu zählen insbes **Amtsmissbrauch** und **Untreue**, die den Bruch eines **besonderen Treue- oder Vertrauensverhältnisses** unter Strafe stellen, weil ein Vertrauensbruch eine *bewusste* Pflichtverletzung voraussetzt. Eine zweite wichtige Gruppe sind Tatbestände, die den **Verrat von Geheimnissen** mit Strafe bedrohen (dazu näher unten Rz 29).

19 § 14 Abs 1 Satz 2 ist im Übrigen ein positiv-rechtliches Argument dafür, dass die österreichische Beteiligungsregelung grundsätzlich auch eine **Beteiligung an unvorsätzlicher Tat** kennt. Denn bei **strenger qualitativer Akzessorietät** wie im Teilnahmesystem (oben 32/14, 41) müsste der unmittelbare Täter *ohnedies immer mit vollem Tatvorsatz* mitwirken, so dass kein Anlass bestünde, das Erfordernis seiner vorsätzlichen Mitwirkung eigens herauszustellen; und ein anderer Anwendungsbereich lässt sich für den zweiten Fall des § 14 Abs 1 Satz 2 nicht entdecken.

c) Anwendung auf Amtsmissbrauch und Untreue

20 aa) Strafbar wegen **Amtsmissbrauchs** macht sich ein Beamter, der seine amtliche Befugnis **wissentlich missbraucht** (§ 302). Es mag schlimm sein, wenn ein Beamter *nachlässig* ist und bspw eine Haftfrist übersieht, so dass ein Beschuldigter rechtswidrig in Haft bleibt, aber Amtsmissbrauch ist das noch keiner (bei grober Fahrlässigkeit: § 303). Selbst dass ein Beamter eine Entscheidung trifft, von der er es *ernstlich für möglich* hält, dass sie falsch sein kann, lässt sich nicht immer vermeiden (weil auch die gegenteilige Entscheidung oder die Nicht-Entscheidung falsch sein kann) und genügt zur Strafbarkeit wegen Amtsmissbrauchs nicht.

Erst wenn der Beamte **wissentlich** seine Pflichten verletzt, wirkt er in jener „bestimmte[n] Weise“ an der Pflichtverletzung mit (§ 14 Abs 1 Satz 2), die das **spezifische Unrecht des § 302** vollständig herstellt, und nur dann kann sich auch der Nicht-Beamte strafbar machen, wenn er zur Tat beiträgt (*Fuchs*, StPdG 14, 1986, 22 f).

Für das soeben genannte *Beispiel 3* (Rz 17) folgt daraus: Der Beamte B, der gutgläubig den Führerschein aushändigt, verletzt zwar objektiv seine Pflichten (da die bescheidmäßige Frist noch nicht abgelaufen ist), doch er verletzt seine Befugnis **nicht wissentlich**, so dass das volle Unrecht des Amtsmissbrauchs nicht hergestellt ist. Das Unrecht der Tat hängt von der wissentlichen Mitwirkung des Qualifizierten ab (§ 14 Abs 1 Satz 2), so dass sich ein Extraneus nicht in strafbarer Weise beteiligen kann. A bleibt daher im Beispiel straflos.

Für § 153 gilt das gleiche: Nur der ***wissentliche*** Missbrauch der Vertretungsbefugnis durch den Machthaber ist jener Treuebruch, der das **volle Unrecht der Untreue** herstellt. Nur wenn der Machthaber wissentlich mitwirkt, kann sich ein Extraneus wegen Beteiligung an der Untreue strafbar machen (ausführlich unten Rz 23 ff).

20a bb) Diese gesetzliche Beschränkung der strafbaren Beteiligung, die insbes *Nowakowski* (ZnStR 1974) mit Nachdruck vertreten hat, ist wohl begründet und – gerade im Einheitstätersystem! – dringend geboten. Denn die Ausdehnung der Strafbarkeit wegen eines Sonderpflichtdeliktes auf Personen, die die besonderen Pflichten zB eines Beamten gerade nicht haben, ist ohnedies sehr fragwürdig. Rechtfertigen lässt sich die Bestrafung eines Nicht-Beamten wegen Amtsmissbrauchs allenfalls mit der Überlegung, dass sich das Unrecht dieses Deliktes nicht in der Herbeiführung eines Schadens (für den Staat) erschöpft. Wesentliches Merkmal ist vielmehr der *wissentliche* Bruch des Vertrauens, den die Allgemeinheit *dem Beamten* entgegenbringt.

Bestrebungen, die dem 2. Satz des § 14 Abs 1 den einzigen praktisch wichtigen Anwendungsbereich nehmen wollen (*Kienapfel/Schmoller*, BT II² § 153 Rz 121 mwN), ist daher mit Nachdruck entgegenzutreten (15 Os 16/02).

cc) **Schädigungsvorsatz** des Qualifizierten ist dagegen im Einheitstätersystem auch bei Amtsmissbrauch und Untreue **nicht erforderlich**. 21

Beispiel (15 Os 34/89, vgl schon oben 32/20, Bsp 2): Ein Exporteur erhält auf sein Ersuchen von einem Zollbeamten Formulare mit Blanko-Bestätigungen zur Ausfuhrbescheinigung für Umsatzsteuerzwecke, füllt sie inhaltlich falsch (also ohne dass die entsprechende Ware ausgeführt worden wäre) aus und verwendet die Bestätigungen zur Erlangung von ihm nicht zustehenden Umsatzsteuerrückvergütungen.

Obwohl der Zollbeamte *mangels Schädigungsvorsatzes* vom Vorwurf des Amtsmissbrauchs (§ 302) freigesprochen wurde (offenbar hatte er geglaubt, dass der Exporteur die Blanko-Bestätigungen nur für wirklich durchgeführte Warenausfuhren verwenden werde), wurde der Exporteur „des Verbrechens des Missbrauchs der Amtsgewalt nach §§ 12 (zweiter Fall), 302 Abs 1 StGB schuldig erkannt“: Der Zollbeamte habe *vorsätzlich seine Pflichten verletzt* und damit seine Amtsgewalt missbraucht, indem er pflichtwidrig Blanko-Bestätigungen erteilt habe; der Extraneus habe gewusst, dass er mit seinem Ersuchen den Zollbeamten zu einer vorsätzlichen Pflichtverletzung bestimme, und habe *in eigener Person mit Schädigungsvorsatz* (Schädigung des Staates am Vermögen durch Erwirkung nicht zustehender Umsatzsteuerrückvergütungen) gehandelt. Das genüge zur Strafbarkeit als Bestimmungstäter.

Dem ist zuzustimmen: Das **volle Handlungs- und Erfolgsunrecht** des Amtsmissbrauches, das die „**strafbare Handlung**“ begründet, an der sich der Extraneus beteiligen kann, setzt sich zusammen aus der *verwerflichen Pflichtverletzung* des Beamten, die nur bei einem **wissentlichen Befugnismissbrauch** (Mitwirkung „*in bestimmter Weise*“) vorliegt, und dem „**Schaden** des anderen an seinen Rechten“ (§ 302), der grundsätzlich von jedermann herbeigeführt werden kann und darum nur in objektiv zurechenbarer Weise eintreten muss (bzw hier vom erweiterten Vorsatz des Beteiligten erfasst sein muss). 22

dd) Entsprechendes gilt für den gleichgelagerten, in der Praxis häufigen Fall der **Beteiligung an der Untreue**: 23

Beispiel: Der Prokurist A schließt im Rahmen seiner Vertretungsmacht für seinen Arbeitgeber, die X-GmbH, einen schädigenden Vertrag ab, den er bei pflichtgemäßem Handeln nicht abschließen dürfte. Der Angestellte B (ohne Vertretungsmacht) bereitet die Unterlagen vor.

24 Der **Machthaber** A kann *unmittelbarer Täter* einer Untreue sein und ist strafbar, wenn er **wissentlich pflichtwidrig** handelt (§ 153), es also für gewiss hält, dass er diesen Vertrag nicht abschließen dürfte, und er überdies Schädigungsvorsatz hat (diesbezüglich genügt Eventualvorsatz). B kann sich als **Beitragstäter** einer Untreue strafbar machen, allerdings nur dann, wenn *der Sonderpflichtige* (Machthaber, Prokurist) *„in bestimmter Weise*", nämlich durch **wissentlich pflichtwidriges** Handeln, an der Tat mitwirkt.

Rspr und Lit schwanken, ob für diese Mitwirkung „in bestimmter Weise" *Eventualvorsatz* des **Qualifizierten** genügt (so ausdrücklich 15 Os 131/87 JBl 1988, 392 m Anm *Liebscher,* 11 Os 11/17b EvBl 2017/129 und offenbar auch *L/St/Flora* StGB[4] § 153 Rz 46) oder aber seine **Wissentlichkeit** hinsichtlich der Pflichtwidrigkeit erforderlich ist (so *Kienapfel*, BT II[3] § 153 Rz 95; *K/H/K*, AT[13] E 7 Rz 32 ff; anders jetzt *K/H/K*, AT[16] 37.34). Richtig ist letzteres: *Zweifelt* der Machthaber, ob seine Vertretungshandlung richtig ist oder nicht, dann begeht er durch ihre Vornahme noch nicht „jenen Vertrauensbruch, den die Strafdrohung meint" (*Nowakowski* aaO); schließlich müssen Machthaber im Geschäftsleben auch Risken eingehen. Der **deliktsspezifische Vertrauensbruch** – und damit der volle Handlungsunwert – ist erst bei ***wissentlicher*** Pflichtwidrigkeit hergestellt (oben Rz 20 f).

25 Die Strafbarkeit des Extraneus wegen Beteiligung an einer Untreue (§§ 12 Fall 2 oder 3, 153) setzt daher voraus:

- dass der Machthaber **pflichtwidrig** handelt (d.h. ***objektiv*** gegen seine Pflichten verstößt; **Befugnismissbrauch**) und der Machtgeber (objektiv) einen **Vermögensschaden** erleidet (äußerer Tatbestand des § 153),
- dass der Machthaber *hinsichtlich dieses Befugnismissbrauchs* **wissentlich** handelt (§ 14 Abs 1 Satz 2; vgl oben Rz 20),
- dass der Beitragstäter selbst hinsichtlich aller dieser Merkmale – also *hinsichtlich des* Eintritts eines *Vermögensschadens* und auch *hinsichtlich der Wissentlichkeit* des Befugnismissbrauchs durch den Machthaber – **vorsätzlich** handelt, wobei – wie immer, wenn nichts anderes angeordnet ist – Eventualvorsatz ausreicht (§ 5 Abs 1 Satz 2), und
- dass der Beitragstäter seinerseits die *objektive Pflichtwidrigkeit* der Vertretungshandlung **für gewiss hält** (vgl oben 33/69 ff zu den besonderen Vorsatzformen).

26 Entsprechendes gilt für die **Beteiligung** eines Extraneus **an einem Amtsmissbrauch** (§§ 12 Fall 2 oder Fall 3, 302).

Zur Kontrolle: Missbraucht der **unmittelbare Täter** der Untreue (der Prokurist in Beisp Rz 23) seine Befugnis **nicht wissentlich**, so fehlt es an der „besonderen Weise" der Mitwirkung des Qualifizierten und damit am spezifischen Tatunrecht. **Glaubt** der Beitragstäter (Angestellte) an einen **wissentlichen Machtmissbrauch** des unmittelbaren Täters, so beteiligt er sich nicht an einer strafbaren Handlung, sondern **versucht diese Beteiligung** nur und bleibt beim sonstigen Beitrag wegen § 15 Abs 2 straflos. – Verleitet der Extraneus den Machthaber durch Täuschung zu einer gutgläubigen Vermögensverfügung, die den Machtgeber schädigt, so begeht er **Betrug**.

Abweichend von der hier dargestellten Lösung lässt die **Rechtsprechung** (zB 15 Os 131/87 JBl 1988, 392 m Anm *Liebscher*; 12 Os 50/90; 14 Os 143/09z; *Nordmeyer*, WK² § 302 Rz 180 [Stand 1.11.2019]) zwar einerseits für die „Mitwirkung in bestimmter Weise" **Eventualvorsatz** des Qualifizierten hinsichtlich des *Befugnismissbrauchs* ausreichen (dazu bereits oben Rz 24), verlangt aber anderseits, dass der sich beteiligende Extraneus *diesen Eventualvorsatz* des Qualifizierten **für gewiss hält**. Auch (Rz 24) das ist falsch: Normalerweise genügt Eventualvorsatz des Beteiligten (§ 5 Abs 1). Nur hinsichtlich jenes Merkmals, hinsichtlich dessen der **unmittelbare Täter** zur Strafbarkeit **wissentlich** handeln muss, ist auch beim Beitragstäter diese Vorsatzform erforderlich (vgl oben 33/69 ff) – und das ist nur die *objektive* Pflichtwidrigkeit der Vertretungshandlung (oder des Amtsgeschäftes), nicht der Vorsatz des Qualifizierten (*Bertel*, WK² § 302 Rz 132 ff [Stand bis 31.10.2019]). 27

Beispiel: Der Bankdirektor A investiert auf Vermittlung des Maklers B Geld der Bank in ein Karibikgeschäft mit einem unvertretbar hohen Risiko. Das Geld geht verloren. Folgt man der herrschenden **Rechtsprechung**, muss für eine Verurteilung des B wegen Beteiligung an einer Untreue des A zur subjektiven Tatseite festgestellt werden, 28

1. dass der ***unmittelbare Täter*** A mit seiner Vertretungshandlung seine Pflichten aus dem Innenverhältnis verletzt hat und dass er diese **Pflichtverletzung** dabei zumindest **ernstlich für möglich** gehalten und sich damit abgefunden hat (= seine Befugnis iSd Rspr ***„missbraucht"*** hat);
2. dass der ***Beitragstäter*** B bei seiner Beitragshandlung diesen Missbrauch und damit auch den **Eventualvorsatz** des unmittelbaren Täters A auf seine (= des A) Pflichtverletzung **für gewiss gehalten** hat;
3. und dass B seinerseits **Schädigungsvorsatz** hatte.

Die Rspr begründet ihre Ansicht damit, dass **Missbrauch** nur der ***vorsätzliche Fehlgebrauch*** einer Vollmacht ist. Sie sieht diesen (Eventual-)Vorsatz des Machthabers als einen Teil des ***objektiven*** Tatbestands („Missbrauch") an, auf den sich dann der **Vorsatz des Beteiligten** – und zwar in der gesetzlich geforderten Form, also Wissentlichkeit – beziehen muss. 28a

Den Vorsatz als Teil des objektiven Tatbestandes zu behandeln, ist jedoch bereits im Ansatz fragwürdig. Es läuft darauf hinaus, dass sich auch beim Machthaber als Einzeltäter einer Untreue die Wissentlichkeit auf den eigenen Vorsatz beziehen muss (da dieser ja Teil des „Missbrauchs" sein soll). Auch sprachlich ist die Konstruktion keineswegs zwingend: Warum soll man eine Macht nicht auch fahrlässig missbrauchen können? Missbrauch ist einfach der *objektiv pflichtwidrige* Gebrauch einer Vertretungsmacht (*Fuchs/Reindl-Krauskopf*, BT I⁷ 238 f). Auch lässt das Gesetz in keiner Weise erkennen, dass der einfachvorsätzliche Fehlgebrauch für § 153 irgendeine Unrechtsbedeutung hat. Nur der *wissentliche* Missbrauch stellt das Unrecht dieses Treuebruchsdelikts her.

d) Weitere Delikte

29 Weitere Fälle, in denen nur (qualifiziert) **vorsätzliche Mitwirkung des Qualifizierten** das deliktstypische Unrecht der Tat herstellt, sind insbesondere (*Nowakowski*, ZnStR 1974, 158 f):

- die **Aussagedelikte** (§§ 288, 289); darum erklärt § 292 die Herbeiführung einer falschen Beweisaussage in einem eigenen Tatbestand für strafbar (wobei die Strafbarkeit ausdrücklich auf die Herbeiführung *durch Täuschung* beschränkt ist);
- die **falsche Beurkundung** im Amt (§ 311); deshalb ist eine besondere Strafbestimmung gegen mittelbare unrichtige Beurkundung notwendig (§ 228);
- der Missbrauch eines Autoritätsverhältnisses (§ 212);
- die „**Verratsdelikte**", insbes der Verrat von Gesundheits-, Geschäfts- oder Betriebsgeheimnissen (§§ 121 f) und von Staatsgeheimnissen (§ 252); wer einen Geheimnisträger durch Täuschung dazu veranlasst, das *Geheimnis gutgläubig preiszugeben*, kann daher mangels Verwirklichung des deliktsspezifischen Unrechts nicht als Beteiligter an diesen Delikten bestraft werden.

30 Als ein Sonderdelikt, dessen volles Unrecht auch bei **vorsatzloser Mitwirkung des Qualifizierten** hergestellt sei, nennt *Bertel* die **Betrügerische Krida**: Wer durch aktives Tun vorsätzlich dazu beitrage, dass der Gemeinschuldner sein defizitäres Unternehmen fortführe, dadurch sein Vermögen vermindere und seine Gläubiger schädige, sei als Beitragstäter zu der betrügerischen Krida auch dann strafbar, wenn der Gemeinschuldner im Vertrauen handelt, er werde doch Erfolg haben und alle seine Gläubiger bezahlen können (*Bertel*, RdW 1991, 134 f). Doch ist diese Auslegung des § 156 – schon wegen der Existenz des § 157 – nicht unbestreitbar.

3. Eigenhändige Delikte

31 Der erste Fall des § 14 Abs 1 Satz 2 (der Qualifizierte muss die Tat „unmittelbar ausführen") betrifft die sog **eigenhändigen Delikte** und sagt nur Selbstverständliches: Dass man Blutschande (§ 211) **nur selbst und nicht durch einen anderen begehen** kann, also unmittelbare Täterschaft durch ein „Werkzeug" ausgeschlossen ist, ist wohl banal.

Beispiel (*K/H/K*, AT[16] 37.29): „Die Schwester verkehrt mit dem Freund des Bruders, während der Bruder sein Zimmer dafür zur Verfügung stellt." Dass in diesem Fall alle Beteiligten hinsichtlich einer Blutschande straflos sind, ist wohl allzu offensichtlich.

Nicht zum ersten Fall des § 14 Abs 1 Satz 2 gehört der berühmt-berüchtigte

32 *„Bordellwirtin-Fall"* (vgl *K/H/K*, AT[16] 37.30): Die Bordellwirtin führt zwei Geschwister A und B zum Geschlechtsverkehr zusammen, die einander noch nie gesehen haben und darum von ihrer Verwandtschaft nichts wissen.

Zwar begehen die unmittelbar Ausführenden mangels Vorsatzes keine Blutschande, doch schließt dies im Einheitstätersystem die Bestrafung der Bordellwirtin wegen Beteiligung noch nicht aus. Vielmehr hängt deren Strafbarkeit davon ab,

- ob das **Unrecht der Blutschande** nur dann hergestellt ist, wenn die die Tat *unmittelbar ausführenden* Verwandten an ihr **vorsätzlich** („in bestimmter Weise", § 14 Abs 1 Satz 2) mitwirken, oder
- ob auch **unvorsätzliches Handeln** das *deliktstypische Unrecht* herstellt.

Das wiederum hängt von der **Auslegung des § 211** ab: Ist Zweck der Strafbestimmung gegen Blutschande die Verhinderung von Erbschäden und anderen *objektiven Tatfolgen* (zB Familienzerrüttung), dann steht § 14 Abs 1 Satz 2 einer Strafbarkeit der Bordellwirtin als Bestimmungstäterin nicht entgegen. Anders ist es, wenn – was wohl die richtige Deutung ist – „die auf alten Tabuvorstellungen beruhende Annahme einer besonderen Abscheulichkeit dieser *Handlungen* den Strafgrund bildet" (*Schünemann,* LK[12] § 25 Rz 49, nach *Roxin*, LK[11] § 25 Rz 44): Dann erfordert das deliktstypische Unrecht die *vorsätzliche* Mitwirkung der den Geschlechtsverkehr vollziehenden Verwandten (*Nowakowski*, ZnStR 1974, 159).

IV. Sonderregeln

1. Militärdelikte

§ 14 gilt nicht für echte **Militärdelikte**. Zwar ist grundsätzlich der Allgemeine Teil des StGB auch auf das Nebenstrafrecht anwendbar (Art I Abs 1 StRAG), doch enthält **§ 259 StGB** eine Sonderregel: Danach begeht das eigenständige Delikt der **Beteiligung an militärischen strafbaren Handlungen**, wer sich als Nicht-Soldat an den in dieser Bestimmung genannten (schweren) Militärdelikten eines Soldaten beteiligt. Im **Umkehrschluss** folgt daraus, dass ein Nicht-Soldat, der sich an *anderen* (minder schweren) Militärdelikten beteiligt, *straflos* bleibt; die allgemeine Regel des § 14 wird verdrängt. 33

Beispiel 1: Ein Soldat, der sich auf immer dem Dienst im Bundesheer zu entziehen sucht, wird wegen Desertion nach § 9 MilStG mit Freiheitsstrafe von sechs Monaten bis zu fünf Jahren bestraft. Da die Freiheitsstrafe dieses Deliktes drei Jahre übersteigt, macht sich ein anstiftender oder helfender Nicht-Soldat nach dem besonderen Delikt des § 259 strafbar (Strafdrohung dort: bis zu zwei Jahren Freiheitsstrafe).

Beispiel 2: Ein Soldat, der sich von seiner Freundin eine Verletzung zufügen lässt, um nicht an einer Geländeübung teilnehmen zu müssen, begeht das Delikt der Herbeiführung der Dienstuntauglichkeit (§ 10 MilStG), das – von einer dauernden Dienstunfähigkeit und vom Einsatzfall abgesehen – höchstens mit einem Jahr Freiheitsstrafe bedroht ist. Die Freundin bleibt straflos, da weder die 3-Jahres-Grenze des § 259 überschritten noch § 10 MilStG dort aufgezählt ist.

Der **Versuch**, einen Soldaten zu einem schweren Militärdelikt *zu bestimmen*, ist als Versuch des § 259 strafbar, der **Versuch eines sonstigen Beitrags** jedoch – entsprechend den allgemeinen Regeln über die Straflosigkeit der versuchten Beihilfe – **straflos**. 34

2. Begehung im Familienkreis

35 Bei der **Begehung im Familienkreis** (§ 166) ist ein Nicht-Verwandter privilegiert, wenn er sich an der Tat – gleich in welcher Täterschaftsform – nur zum Vorteil eines privilegierten Angehörigen beteiligt (§ 166 Abs 2).

Beispiel: Stiftet A den Sohn dazu an, bei seinem Vater einzubrechen, so wird auch A nur nach § 166 bestraft. Das gleiche gilt, wenn A den Einbruch selbst ausführt und die gesamte Beute dem Sohn zukommen lässt. Behält A jedoch auch nur einen Teil für sich, so wird er *in beiden Fällen* nach §§ 127, 129 (samt allfälligen weiteren Qualifikationen) bestraft.

36. Kapitel: Besondere Probleme der Beteiligung mehrerer

Literaturauswahl: Siehe zu Kap 32.

I. Prozessuale Probleme

1. Beteiligungsform und Nichtigkeitsgründe

a) Nach hM begründet es **keine Urteilsnichtigkeit** nach **§ 281 Abs 1 Z 10** 1
StPO, wenn das Gericht die mängelfrei festgestellten Tatsachen unter eine *falsche Beteiligungsform* **subsumiert**.

Beispiel: Wenn jemand wegen eines *Diebstahls* verurteilt wird, obwohl sich aus den Urteilsfeststellungen ergibt, dass er Alleingewahrsam an der entfremdeten Sache gehabt hat und eine *Veruntreuung* vorliegt, so kann der Verurteilte diese unrichtige rechtliche Beurteilung mit dem Nichtigkeitsgrund der Z 10 rügen. Denn dieser iVm § 260 StPO gibt dem Beschuldigten jedenfalls das Recht, **nur wegen derjenigen strafbaren Handlung** schuldig gesprochen zu werden, die er tatsächlich begangen hat, und nicht wegen eines anderen Delikts, mag für dieses auch dieselbe Strafe drohen.

Wer dagegen bei einem Banküberfall einige Gassen entfernt mit dem 2
Fluchtauto gewartet hat und dafür wegen *Raubes in unmittelbarer Täterschaft* verurteilt wird, obwohl er bei richtiger rechtlicher Beurteilung der mängelfrei festgestellten Tatsachen „nur" als *Beitragstäter* anzusehen wäre (vgl oben 33/12), hat diesen Nichtigkeitsgrund nicht. Denn wegen Raubes ist er zu Recht verurteilt worden; dass das Gericht die falsche Beteiligungsform angenommen hat, ist wegen der (von der Rspr angenommenen) Gleichwertigkeit der Beteiligungsformen unerheblich.

Ein **Nichtigkeitsgrund**, und zwar **Z 9 lit a**, liegt erst dann vor, wenn das 3
festgestellte Verhalten bei richtiger rechtlicher Beurteilung *überhaupt keine strafbare Beteiligungsform* erfüllt, also straflos ist (oder umgekehrt).

Beispiel: Wer im „*Wörthersee-Fall*" (oben 33/49) wegen Fundunterschlagung als Täter durch sonstigen Beitrag (§§ 12 Fall 3, 134) verurteilt wird und geltend machen will, dass in Wahrheit eine straflose versuchte Beihilfe vorliegt, hat den Nichtigkeitsgrund der Z 9 lit a.

Diese Auslegung entlastet die Rechtsmittelgerichte, denn sie brauchen sich nicht mit kom- 4
plizierten Fragen der Abgrenzung der Beteiligungsformen voneinander herumzuschlagen, wenn ohnedies feststeht, dass der Verurteilte die strafbare Handlung, derentwegen er verurteilt worden ist, begangen hat, nur eben in einer anderen Beteiligungsform.

5 b) Dementsprechend bedeutet es auch **keine Nichtigkeit nach § 281 Abs 1 Z 9 oder Z 10 StPO,** wenn das Urteil nicht jene *Tatsachen feststellt,* die die Subsumtion des Tatbeitrages unter eine **bestimmte** Beteiligungsform ermöglichen, solange nur alle Tatsachen festgestellt wurden, die die einwandfreie Subsumtion unter eine *beliebige* **strafbare Täterschaftsform** eines bestimmten Deliktes zulassen. Gleichermaßen liegt **keine Nichtigkeit nach Z 5** vor, solange diese Tatsachenfeststellungen, die die Subsumtion unter eine beliebige Täterschaftsform ermöglichen, mängelfrei begründet sind (so insbes *Nowakowski*, RZ 1982, 129 und *Fuchs*, StPdG 14, 31; mittlerweile auch die hRspr, ausdrücklich 13 Os 179/01; RS0013731; *Ratz*, WK-StPO § 281 Rz 398).

6 *Beispiel:* Steht im oben genannten Beispiel des Bankraubes (vgl 36/2) fest, dass der Angeklagte mit dem Fluchtauto gewartet hat, und hat das Gericht darüber hinaus angenommen, dass er auch für das Opfer sichtbar an der Bedrohung mitgewirkt habe, weil „Mitwirkende am Bankraub das immer tun", und ihn deshalb als *unmittelbaren Täter* (Mittäter) verurteilt, so ist diese Begründung für die angebliche unmittelbare Täterschaft offenbar unzureichend (§ 281 Abs 1 Z 5 StPO).

- Solange aber jedenfalls sein Warten mit dem Fluchtauto festgestellt und einwandfrei begründet und der Raub auch zumindest versucht worden ist, hat das Gericht alle **„entscheidenden Tatsachen"** für die rechtliche Beurteilung der Tat als Raub nach § 142 StGB – sei es als unmittelbarer Täter, sei es nach § 12 Fall 3, jedenfalls aber in einer **strafbaren Beteiligungsform** – geliefert und begründet, so dass auch keine Nichtigkeit nach Z 5 vorliegt.
- Fehlt es dagegen an hinreichend begründeten Feststellungen, dass der unmittelbare Täter den Raub seinerseits versucht hat, dann ist das Urteil nach Z 9 lit a (bei fehlenden Feststellungen) oder nach Z 5 (bei mangelhafter Begründung dieser Feststellungen) nichtig, weil auch die Möglichkeit besteht, dass das Warten im Fluchtauto bloß eine – **straflose** – **versuchte Beihilfe** war.

7 c) Diese Ansicht ist allerdings umstritten. Manche räumen dem Verurteilten auch das **Recht** ein, **nur** wegen derjenigen **Beteiligungsform** verurteilt zu werden, in der er die Tat **tatsächlich begangen** hat. Daher müsse das Urteil **auch die Tatsachen** feststellen, die die Subsumtion unter eine bestimmte Beteiligungsform ermöglichten, und diese Feststellungen mängelfrei begründen, ansonsten sei es *nach § 281 Abs 1 Z 5 StPO* (ggf auch Z 9 oder 10 bei *fehlenden* Feststellungen) nichtig (so früher auch die Rspr: 10 Os 104/81). Konsequenterweise wird dann – entgegen oben 36/1 f – auch *die Subsumtionsrüge (Z 10)* zugelassen, wenn das Gericht die festgestellten Tatsachen rechtsirrig einer falschen Täterschaftsform unterstellt hat (so insbes *Burgstaller*, RZ 1982, 217 und *E. Steininger*, Handbuch der Nichtigkeitsgründe[7] 577 f (zu § 281 Abs 1 Z 10) Rz 15, wonach „mit der rechtlichen Gleichstellung der Täterschaftsformen und der damit verbundenen Vernachlässigung von Feststellungen und deren Begründung eine rechtsstaatliche Verflachung einhergeht,

die letztlich … prozessual die Gefahr der oberflächlichen Befassung mit der Tatfrage in sich trägt.“).

Dann stellt sich die Frage, ob die falsche rechtliche Einordnung unter eine bestimmte Beteiligungsform **auch von Amts wegen** wahrgenommen werden muss (§ 290 Abs 1 StPO). Zwingend ist dies nicht, weil man den „Nachteil“ iS des § 290 Abs 1 StPO enger interpretieren kann als die Beschwer, auf die es bei der Geltendmachung des Nichtigkeitsgrundes durch den Verurteilten ankommt. Die falsche Subsumtion unter eine Beteiligungsform wäre dann nur aufgrund einer Rüge zu berichtigen (*Burgstaller*, RZ 1982, 217). 8

2. *Wahlfeststellungen*

Verurteilungen aufgrund **wahlweiser Feststellungen zu den Beteiligungsformen** werden allgemein als zulässig angesehen (*Fabrizy*, WK[2] § 12 Rz 124; auch *Burgstaller*, RZ 1982, 217). 9

Beispiel: Wenn das Gericht nicht klären kann, ob der Angeklagte bei der Ausführung des Raubes mitgewirkt oder nur mit dem Fluchtauto einige Gassen weiter gewartet hat, so stellt es fest, dass jedenfalls eine dieser beiden strafbaren Sachverhaltsvarianten vorliegt, und verurteilt nach § 142, wobei es bei der Strafzumessung in dubio von der für den Angeklagten günstigeren Variante auszugehen hat.

3. *Fragestellung im geschworenengerichtlichen Verfahren*

Im geschworenengerichtlichen Verfahren ist **nach der Beteiligungsform zu fragen** (§ 314 Abs 1 StPO). 10

Beispiel: Ist der Beschuldigte wegen Raubes in unmittelbarer Täterschaft angeklagt und verantwortet er sich dahin, dass er („nur“) einige Gassen weiter im Auto gewartet habe, so ist eine **Eventualfrage** nach Täterschaft durch sonstigen Beitrag zu stellen.

Eine Verletzung dieser Bestimmung – die Eventualfrage nach einer anderen Beteiligungsform wird nicht gestellt, obwohl in der Hauptverhandlung entsprechende Tatsachen vorgebracht worden sind, oder umgekehrt – macht das **Urteil nichtig** (§ 345 Abs 1 Z 6 StPO). Nach *Nowakowski* (RZ 1982, 129) ist die Frage nach der Beteiligungsform eine Besonderheit dieser Verfahrensart, weil die Geschworenen nicht nur an die Identität der Tat, sondern auch strikt an den Inhalt der Frage gebunden sind, die sie nur mit Ja oder Nein beantworten können. 11

Alternative Fragen nach mehreren Beteiligungsformen sind ebenso zulässig wie alternative Anklagen und die Verurteilung aufgrund wahlweiser Feststellungen zu den Beteiligungsformen. 12

II. Kettenbeteiligung

13 Ein „**Beitrag zu einem Beitrag**“ ist möglich, er ist aber **niemals eine Bestimmungstäterschaft**. Denn nach dem klaren Wortlaut des Gesetzes ist *Bestimmungstäter* (Anstifter) nur, wer einen anderen dazu „bestimmt, sie (= die strafbare Handlung) *auszuführen*“ (§ 12), also sie – von einem allenfalls fehlenden Vorsatz abgesehen – als *unmittelbarer Täter* zu begehen; nicht aber, wer einen anderen bloß dazu bestimmt, einen sonstigen Tatbeitrag (Beihilfe) zu leisten oder seinerseits einen anderen zur Tatausführung zu bestimmen (14 Os 15/94).

14 Entsprechendes gilt beim **Bestimmungsversuch**: Das versuchte Delikt in Form der Bestimmung (vgl oben 34/28 ff) liegt nur dann vor, wenn der Täter seinen Entschluss betätigt, „einen anderen *dazu* (= zur *Ausführung*) zu bestimmen“ (§ 15 Abs 2).

15 Die Kettenbeteiligung fällt aber unter die Generalklausel des § 12 Fall 3 und kann als **sonstiger Beitrag** *(Beihilfe) zur Tatausführung* (§ 12 Fall 3) oder als sonstiger Beitrag *zu einem Versuch* (§ 15 Abs 1) strafbar sein. Daher ist zu unterscheiden:

16 a) **Bestimmung zu einem sonstigen Tatbeitrag** ist ein **sonstiger Tatbeitrag (Beihilfe) zur Ausführung** der Tat durch den unmittelbaren Täter und darum erst dann strafbar, wenn der *unmittelbare Täter* die Tat zumindest *versucht* hat.

Beispiel: A beabsichtigt einen Bankeinbruch. Seine Frau B fürchtet, er könnte an der Tür des Tresorraumes scheitern. Darum bittet sie ihren Vater C, er möge dem A seinen neuen Schneidbrenner borgen. – B und C sind erst strafbar, wenn A den Einbruchsdiebstahl mit dem Schneidbrenner zumindest versucht hat; bis dahin sind sie im Stadium der straflosen versuchten Beihilfe.

Gleiches gilt für die **Beihilfe zur Beihilfe**.

17 b) **Bestimmung zur Bestimmung** ist nach Meinung der Rechtsprechung bereits als *selbständiger Bestimmungsversuch* strafbar.

Beispiel (14 Os 147/97): A will X töten und übergibt dem B 30.000 Euro mit dem Auftrag, einen Mörder zu finden. B nimmt das Geld und zeigt A an.

Zur Begründung wird angeführt (*Fabrizy*, WK² § 12 Rz 53; *Bauer/Plöchl*, WK² § 15 Rz 197 ff [21.10.2020]), dass auch die an einen unbestimmten Personenkreis gerichtete Aufforderung zur Deliktsbegehung als (versuchte) Bestimmung strafbar ist (vgl oben 33/73). Der Vergleich passt jedoch nicht: In jenem Fall wendet sich der Anstifter *direkt* an die Menschen, die die Tat unmittelbar ausführen sollen; damit hängt der weitere Ablauf nur noch vom Handlungswillen des unmittelbaren Täters ab. Wer jedoch einen anderen dazu auffordert, den unmittelbaren Täter erst zu finden und dann zur Tat zu bestimmen, der hat nicht seinen Vorsatz betätigt, einen anderen *zur Ausführung* (§ 15 Abs 2) der strafbaren

Handlung zu bestimmen; hier ist die Ausführung der Tat noch vom Handlungswillen eines anderen Menschen abhängig, der dazwischengeschaltet ist und der die Tat gerade *nicht ausführen* soll.

Richtigerweise ist **Bestimmung zur Bestimmung** des unmittelbaren Täters (ebenso wie jeder andere Beitrag) ein **sonstiger Tatbeitrag zur Ausführung durch den Unmittelbaren Täter, aber auch ein Beitrag zur Bestimmungshandlung des Anstifters; die Bestimmung zur Bestimmung ist daher** als Beitrag zu einem Versuch (§ 15 Abs 1) ab dem Augenblick strafbar, in dem versucht wird, *den unmittelbaren Täter* anzustiften (weil dies in § 15 Abs 2 Fall 2 als der Versuch des Deliktes definiert wird). 18

c) Längere „Ketten" sind denkbar, die Strafbarkeit beginnt aber immer erst mit dem **Versuch des unmittelbaren Täters** (bei der Beteiligung an einem *sonstigen Beitrag*) oder mit dem **Versuch, den unmittelbaren Täter** zur Ausführung **zu bestimmen** (bei der Beteiligung an einer *Bestimmung*). 19

Entscheidend ist daher, in welcher **Form die Beteiligungshandlung den unmittelbaren Täter erreicht**.

III. Zusammentreffen mehrerer Beteiligungsformen in einer Person

Ist ein und derselbe Täter an derselben Tat mehrfach beteiligt, dann tritt die **minder intensive Täterschaftsform** (Beteiligungsform) nach den Regeln der **Scheinkonkurrenz** hinter der intensiveren *zurück*. 20

Beispiel: Der unmittelbare Täter, der einen anderen dazu bestimmt, ihm bei der Tatausführung zu helfen, wird nicht auch noch wegen Bestimmung zur Beitragstäterschaft bestraft.

Im Verhältnis der Formen der mittelbaren Täterschaft zueinander geht die **Bestimmung** vor. 21

Beispiel: A stiftet den B zu einem Einbruch an und leiht ihm gleichzeitig sein neues Einbruchswerkzeug. – A ist Bestimmungstäter.

Wer einen anderen dazu **bestimmt, mit ihm gemeinsam** eine Tat **auszuführen**, befindet sich noch im straflosen *Vorbereitungsstadium* (vom Komplott abgesehen, vgl unten 36/33; vgl aber oben 34/38). Führt der andere die Tat allein aus, so liegt idR ein **Exzess** vor, für den derjenige, der die gemeinsame Tatausführung wollte, nicht haftet. Anders, wenn er im Bewusstsein, dass der andere allein handeln wird, von der gemeinsamen Tatausführung Abstand nimmt: Dann kann die Verabredung *in einen sonstigen Beitrag* (allenfalls sogar in eine Bestimmung) *umzudeuten* sein (*Fabrizy*, WK^2 § 12 Rz 112). 22

IV. Notwendige Beteiligung

23 Manche Deliktstypen können nur durch das Zusammenwirken mehrerer Personen hergestellt werden. Man unterscheidet:

24 1. **Konvergenzdelikte** sind Tatbestände, bei denen mehrere Personen *gemeinsam in gleicher Richtung* auf die Rechtsgutsbeeinträchtigung hinarbeiten.

Beispiel: Schwere gemeinschaftliche Gewalt (§ 274) und Hausfriedensbruch nach § 109 Abs 3 Z 3 können nur durch das Zusammenwirken mehrerer Personen begangen werden.

Diese Tatbestände bereiten keine besonderen Probleme: Jeder Mitwirkende kann sich nach den allgemeinen Regeln (als Mittäter) beteiligen.

25 2. Bei den **Begegnungsdelikten** arbeiten mehrere Personen, wie man sagt, *aus verschiedenen Richtungen* auf das Ziel hin, wobei die Handlungen der Beteiligten einander ergänzen.

Beispiele: Bei der Tötung auf Verlangen (§ 77) beteiligt sich der Verlangende, beim Wucher (§ 154) der Bewucherte, beim Missbrauch eines Autoritätsverhältnisses (§ 212) der Missbrauchte durch seine Mitwirkung an der Tat.

26 Hier können Zweifel auftreten, ob ein bestimmter Beteiligter strafbar ist oder nicht.

Beispiel 1: A versucht, den B auf dessen ernstliches und eindringliches Verlangen zu töten. – Ohne Zweifel ist A wegen §§ 15, 77 strafbar. Aber kann auch B wegen Beteiligung an diesem Versuch (in Form der Bestimmungstäterschaft; §§ 12 Fall 2, 15 Abs 1, 77) bestraft werden?

Beispiel 2: A bestürmt den B so lange, bis dieser dem A unter den Voraussetzungen des § 154 (Geldwucher) ein Darlehen gewährt. – Strafbarkeit des A wegen Bestimmens des B zu § 154?

27 In diesen Fällen ist der **Beteiligte straflos**,

- wenn seine Beteiligung **logisch notwendig**, aber nicht ausdrücklich mit Strafe bedroht ist (zB § 77); oder
- wenn die Strafbestimmung gerade diesen Beteiligten **schützen** will, auch wenn die Beteiligung über den logisch notwendigen Beitrag hinausgeht (zB § 154).

28 Ausdrückliche Regelungen bestehen im **Besonderen Teil**:

- Wer einen anderen dazu verleitet, ihn der Strafverfolgung oder -vollstreckung zu entziehen, wird nicht wegen **Begünstigung** bestraft (§ 299 Abs 2).
- Ein Gefangener, der einen anderen dazu verleitet, ihn selbst zu befreien, wird nicht wegen Beteiligung an der **Gefangenenbefreiung** (§ 300) bestraft (§ 300 Abs 2).

In beiden Fällen berücksichtigt das Gesetz den besonderen Motivationsdruck des Betroffenen und damit Schuldgesichtspunkte.

V. Beteiligungsähnliche Deliktstypen des Besonderen Teils

Beteiligung an einer bestimmten Straftat ist eine Form der Tatbegehung und daher strikt an den **Tatbestand** des jeweiligen Delikts gebunden. Der Tatbeitrag eines Beteiligten setzt daher jedenfalls **Kausalität** für den Ablauf der strafbaren Handlung (oder – bei der versuchten Beteiligung – einen darauf gerichteten Vorsatz) voraus und kann *nur bis zur Vollendung* der Tat geleistet werden (vgl oben 33/61). 29

Unbestimmte Unterstützungshandlungen verbrecherischen Geschehens, deren Kausalität für eine bestimmte Tat nicht nachgewiesen werden kann, und **Unterstützungshandlungen nach Tatvollendung** („Nachtaten") sind nur strafbar, soweit **besondere Tatbestände** des Besonderen Teils bestehen. Die wichtigsten sind:

1. **Begünstigung** (§ 299) als sog „persönliche Nachtäterschaft" begeht, wer einem anderen nach der Tat hilft, indem er ihn (ganz oder teilweise) der Strafverfolgung oder -vollstreckung entzieht. 30
2. **Hehlerei** (§ 164; sog „sachliche Nachtäterschaft") ist strikt auf Vermögensdelikte als Vortaten bezogen und wird ua von demjenigen begangen, der dem Täter nach der Tat bei der Verwertung der Beute hilft oder diese an sich bringt (zB eine gestohlene Sache kauft). 31
3. Auch der **Geldwäscher** (§ 165) unterstützt den Täter nach der Tat oder er unterstützt eine kriminelle Organisation (§ 165 Abs 3), und zwar dadurch, dass er deliktisch erworbene Vermögenswerte oder Vermögen der Organisation verbirgt und damit dem Täter bzw der Organisation diese Vermögenswerte sichert, oder indem er solche Vermögenswerte an sich bringt, verwaltet oder verwertet. 32

   Seit 2010 ist allerdings auch die Eigengeldwäscherei strafbar, das Verschleiern von eigenen Vermögenswerten, die aus einer eigenen strafbaren Handlung herrühren (§ 165 Abs 1; dazu *Fuchs/Reindl-Krauskopf*, BT I^7 284 ff).

4. Das **Komplott** (§ 277) ist ein Delikt im Vorfeld bestimmter, im Gesetz taxativ aufgezählter strafbarer Handlungen (Vorbereitungsdelikt), das die Verabredung von mindestens zwei Personen zur gemeinsamen Ausführung (Mittäterschaft) eines bestimmten Deliktes mit Strafe bedroht. Zum verabredeten Delikt besteht Scheinkonkurrenz: Das (zumindest versuchte) Delikt verdrängt das Komplott. 33
5. Noch weiter im Vorfeld der einzelnen Delikte liegt die **Kriminelle Vereinigung** (§ 278 idFd StRÄG 2002; früher: *Bandenbildung*) und die Gründung von und die mitgliedschaftliche Beteiligung an einer **Kriminellen Organisation** (§ 278a) oder einer **Terroristischen Vereinigung** (§ 278b), die jeweils Verbindungen zur fortgesetzten Begehung von noch nicht näher bestimmten Delikten bestimmter Art erfassen. Nach hM besteht **echte Konkurrenz** mit den ausgeführten Delikten. 34

35 Zur Auslegung aller dieser Tatbestände siehe im Besonderen Teil (für Hehlerei und Geldwäscherei: *Fuchs/Reindl-Krauskopf*, BT I[7] 273 ff).

VI. Beteiligung mehrerer am Fahrlässigkeitsdelikt

1. Anwendung des § 12

36 Nach hM gilt die Beteiligungsregel des § 12 – anders als § 15 über den Versuch, der ausdrücklich auf Vorsatztaten beschränkt ist – auch für Fahrlässigkeitsdelikte. Dies bedeutet:

37 a) Bei Delikten mit **Handlungsbeschreibungen** und bei **Sonderdelikten** werden, wie beim Vorsatzdelikt, die Tatbestände auch auf jene Mitwirkenden erweitert, die die Handlungsbeschreibung oder die Täterqualifikation in eigener Person nicht erfüllen.

Beispiel: Wer den Schuldner zu unverhältnismäßigen Privatausgaben bestimmt und dadurch dessen Zahlungsunfähigkeit herbeiführt, kann sich nach § 159 iVm § 12 wegen des Delikts der grob fahrlässigen Beeinträchtigung von Gläubigerinteressen schuldig machen.

38 b) Bei den sog **reinen Erfolgs-Verursachungs-Delikten** (zB § 80), bei denen jeder Beteiligte schon unmittelbar die Tatbestandsbeschreibung des Gesetzes erfüllt, hat § 12 keine Bedeutung. Da nämlich der Versuch eines Fahrlässigkeitsdelikts (gleich in welcher Beteiligungsform) nicht strafbar ist, besteht kein Anlass für eine Einschränkung des Begriffs der unmittelbaren Täterschaft (die es beim Vorsatzdelikt verhindert, dass der straflose versuchte sonstige Beitrag zur versuchten unmittelbaren Täterschaft wird) und keine Notwendigkeit einer Unterscheidung zwischen unmittelbaren Tätern und anderen Beteiligten. Daher ist bei den Erfolgs-Verursachungs-Delikten jeder, der für den Erfolg in zurechenbarer Weise kausal wird, unmittelbarer Täter.

2. Objektive Sorgfaltswidrigkeit

39 Strafbar wegen eines Fahrlässigkeitsdeliktes – gleichgültig, ob als unmittelbarer Täter oder als sonstiger Beteiligter – macht sich aber nur,

- wer in eigener Person eine **ihn selbst unmittelbar treffende deliktstypische objektive Sorgfaltspflicht** zum Schutz des jeweiligen Rechtsgutes verletzt und
- auch sonst alle **Voraussetzungen der Fahrlässigkeitshaftung** (subjektive Sorgfaltswidrigkeit, objektive und subjektive Erfolgszurechnung) erfüllt.

Dass jemand *an der objektiven Sorgfaltswidrigkeit eines anderen* – ohne Verstoß gegen eine ihn selbst treffende Pflicht – **mitwirkt, genügt** zur Fahrlässigkeitshaftung **nicht**; *„der Sorgfaltsverstoß jedes Beteiligten ist vielmehr* *originär*" (dh unabhängig von den Beteiligungsregeln) „*zu begründen*" (*Burgstaller*, RZ 1975, 29; hM).

Beispiel 1 (*Fuchs/Brandstetter/Medigovic*, Prüfungsfälle 103): A und B veranstalten eine Wettfahrt auf Motorrädern, bei der A infolge weit überhöhter Geschwindigkeit einen Passanten niederstößt und verletzt oder tötet. Kann auch B – der andere Teilnehmer der Wettfahrt – bestraft werden (§§ 80 oder 88)? **40**

Entscheidend ist die Frage, ob eine **Sorgfaltsnorm** des Inhalts existiert, dass man sich *deshalb* nicht an einer Wettfahrt mit Motorrädern auf öffentlichen Straßen beteiligen soll, weil dadurch die Gefahr begründet wird, dass ein *anderer* Teilnehmer der Wettfahrt einen Passanten niederfährt. Sie ist wohl zu bejahen, so dass auch der Teilnehmer, der nicht selbst den Passanten niedergestoßen hat, wegen fahrlässiger Körperverletzung oder Tötung bestraft werden kann.

Beispiel 2 (nach 9 Os 160/79 JBl 1980, 497 m Anm *Liebscher* = RZ 1980/21 m Anm Burgstaller): Ein Baustoffhändler geht unter den Voraussetzungen des § 159 (grob fahrlässige Beeinträchtigung von Gläubigerinteressen) in Konkurs. Können wegen Beteiligung an dieser Tat bestraft werden **41**

- sein Bruder, der ihm bei der Geschäftsführung und beim Abschluss eines „außergewöhnlich gewagten Geschäftes" (Abs 5 Z 2) geholfen hat?
- der Buchhalter?
- die Ehefrau oder die Freundin des Gemeinschuldners, die diesen zu übermäßigen Privatentnahmen (Z 3) veranlasst und dadurch die Zahlungsunfähigkeit herbeigeführt hat?

Bei der grob fahrlässigen Beeinträchtigung von Gläubigerinteressen treffen einen **leitenden Angestellten** – mag er diese Funktion auch nur faktisch innehaben – *eigene objektive Sorgfaltspflichten* zur Vermeidung der Zahlungsunfähigkeit. Der Bruder des Inhabers, der diesem bei der Geschäftsführung hilft, kann mangels Schuldnereigenschaft zwar nicht unmittelbarer Täter sein, weil er nicht „*seine* Zahlungsunfähigkeit … herbeiführt" (Abs 1), er kann aber durch sorgfaltswidrige Ratschläge oder faktische Verfügungen zur Tat des Geschäftsherrn beitragen (9 Os 160/79 zu § 159 aF). Das gleiche gilt für den **Buchhalter** oder für einen **nicht geschäftsführenden Gesellschafter**: Auch sie haben eigene gläubigerbezogene Sorgfaltspflichten (*L/St/Flora*, StGB[4] § 159 Rz 46).

Anders dagegen die nicht im Geschäft mitarbeitende **Ehefrau** oder die teure **Freundin**: Sie können *mangels einer sie unmittelbar selbst treffender Sorgfaltspflicht zum Gläubigerschutz* nicht wegen Beteiligung am Delikt des § 159 bestraft werden, mögen sie auch (vielleicht sogar bewusst) an der (fremden) Sorgfaltswidrigkeit des Geschäftsherrn mitgewirkt haben.

E) Das Unterlassungsdelikt (Besonderheiten)

37. Kapitel: Besonderheiten der Unterlassungsdelikte

Literaturauswahl: *Arzt*, Zur Garantenstellung beim unechten Unterlassungsdelikt, JA 1980, 553, 647, 712; *Bertel*, Begehungs- oder Unterlassungsdelikt? Zu der Lehre von der actio libera in causa, JZ 1965, 53; *ders*, Der Amtsmissbrauch durch Unterlassen, JBl 1970, 345; *Lambauer*, Der „tätige" und der „untätige" Arzt, RZ 1997, 82; *Medigovic*, Unterlassung der Anzeige nach § 84 StPO – Amtsmissbrauch? JBl 1992, 420; *Nowakowski*, Bemerkungen zu §§ 94, 95 StGB, Reimer-FS (1976) 253; *ders*, Zur Begehung durch Unterlassung (§ 2 StGB), Bezauer Tage 1979, 71; *Schmoller*, Grundfragen strafbaren Unterlassens bei der Abgabenverkürzung, ÖJZ 2011/43, 397; *Stricker*, Zum strafbaren Unterlassen im FinStrG, in Lewisch (Hg), Jahrbuch Wirtschaftsstrafrecht und Organverantwortlichkeit 2013, 105.

I. Grundlagen der Unterlassungshaftung

1. Echte und unechte Unterlassungsdelikte

a) Die meisten Tatbestände des Besonderen Teils beschreiben nach dem Wortsinn der verwendeten Begriffe **Aktivitäten** des Täters: Wer *„tötet"*, *„wegnimmt"*, *„behandelt"* (§ 110) oder *„eine Tätigkeit ausübt"* (§ 184), wird bestraft. Sie verbieten daher *Handlungen* und verpflichten zur *Unterlassung* (**Begehungsdelikte**). Nur ausnahmsweise ist in den Deliktstatbeständen des Besonderen Teils unmittelbar eine **Untätigkeit** – ein *Unterlassen* – mit Strafe bedroht. Die wichtigsten Fälle sind 1

- das **Imstichlassen eines Verletzten** (§ 94),
- die **Unterlassung der Hilfeleistung** (§ 95),
- die **Verletzung der Unterhaltspflicht** (§ 198, Unterlassung der Unterhaltsleistungen) und
- die **Unterlassung der Verhinderung** einer mit Strafe bedrohten Handlung (§ 286).

In diesen Fällen gilt also nicht ein Verbot (= eine Unterlassungspflicht: „Du sollst **nicht** töten."), sondern gerade umgekehrt ein Gebot (= eine Handlungspflicht: „**Du sollst** retten!"). Man nennt diese Tatbestände **echte** (= unmittelbar im Besonderen Teil des Strafrechts vertypte) **Unterlassungsdelikte**.

b) Es fragt sich jedoch, ob es nicht auch in anderen Fällen strafwürdig ist, eine Rechtsgutsbeeinträchtigung nicht zu verhindern, und zwar unter Umständen **gleichermaßen strafwürdig** wie das aktive Herbeiführen der Rechtsgutsbeeinträchtigung. 2

Klassisches Beispiel: Wer ein Kind mit dem Kopfpolster erstickt, ist ein Mörder. Aber begeht nicht auch die Mutter einen Mord, die ihren hilflosen Säugling bewusst verhungern lässt?

Man hat daher seit jeher versucht, solche Fälle unter die Tatbestände der Begehungsdelikte zu subsumieren, freilich um den Preis einer Überdehnung des sprachlichen Sinns der gesetzlichen Begriffe, so dass die Bestrafung wegen Unterlassung immer dem Vorwurf ausgesetzt war, gegen das strafrechtliche Analogieverbot (oben 4/16 ff, 26 ff) zu verstoßen.

3 c) Unser Gesetz stellt daher die **Begehung durch Unterlassung** auf eine eindeutige gesetzliche Grundlage, indem es in § 2

- die Strafbarkeit aller **Erfolgsdelikte**

ausdrücklich auf die Unterlassung der Erfolgsabwendung erweitert, allerdings nur unter zwei wichtigen Einschränkungen:

- *Nicht jedermann* kann diese Delikte auch durch Unterlassung begehen, sondern nur derjenige, den eine **besondere Rechtspflicht** zur Erfolgsabwendung trifft (**Garantenpflicht**).
- Außerdem muss die Unterlassung der Herbeiführung des Erfolges durch ein aktives Tun auch sonst gleichzuhalten sein (**Gleichwertigkeitsklausel**).

4 Unter diesen Voraussetzungen ergänzt § 2 das allgemeine Verbot, Rechtsgüter durch aktives Tun zu beeinträchtigen, um das an bestimmte, besonders verpflichtete Menschen (Garanten) gerichtete Gebot, aktiv zum Schutz eines Rechtsgutes einzugreifen. Die Bestimmung ist – neben der Versuchsregelung des § 15 und der Erweiterung der Strafbarkeit auf alle Mitwirkenden in § 12 – die dritte **Ausdehnung der Deliktstypen** im Allgemeinen Teil. Man nennt jene Fälle der strafbaren Unterlassung, die nicht unmittelbar durch einen Tatbestand des BT erfasst sind, sondern erst in Kombination mit § 2 strafbar werden (= mittelbar vertypt sind), **unechte Unterlassungsdelikte**.

5 Manchmal werden diese Begriffe anders verwendet und als *echte Unterlassungsdelikte* jene Tatbestände bezeichnet, deren Beschreibung sich ohne Rücksicht auf einen bestimmten Erfolg in der Nichtvornahme einer gebotenen Handlung erschöpft (**schlichte Unterlassungsdelikte**), wogegen die **Erfolgs-Unterlassungsdelikte** *unechte Unterlassungsdelikte* genannt werden. Diese Einteilung deckt sich weitgehend mit der hier vorgenommenen, da **nur Erfolgsdelikte von § 2 erfasst** werden. Nur ausnahmsweise fallen die Bezeichnungen auseinander, wenn ein Unterlassungs-Erfolgsdelikt unmittelbar im Gesetz vertypt ist (zB die Aussetzung im Fall des § 82 Abs 2).

6 d) Nach dem klaren Wortlaut des § 2 können **nur Erfolgsdelikte**, nicht aber die schlichten Tätigkeitsdelikte durch Unterlassung begangen werden. Aus der Existenz dieser gesetzlichen Bestimmung folgt außerdem im Umkehrschluss: Tatbestände, die nicht eindeutig ein Unterlassen beschreiben, können *nur* unter den Voraussetzungen des § 2 durch Unterlassung begangen werden; eine ausdehnende Interpretation der Handlungsbeschreibungen verbietet sich heute, da – wäre sie zulässig – § 2 unnötig wäre. *Beispiel*: § 223 Abs 2 kann, da kein Erfolgsdelikt, niemals durch Unterlassen begangen werden.

Ob diese Beschränkung auf Erfolgsdelikte nur für die unmittelbare Täterschaft gilt oder für **alle Beteiligungsformen**, ist umstritten (näher unten 37/91).

2. Tun (Handeln) und Unterlassen

a) **Verbote**, die durch ein aktives Tun verletzt werden, und **Gebote**, gegen die durch Unterlassungen verstoßen wird, sind also die rechtlichen Instrumente zur Verhaltenssteuerung. Dabei behandelt das Strafrecht Tun und Unterlassen **grundsätzlich verschieden**: 7

- *Normalerweise* ist nur die Rechtsgutsbeeinträchtigung durch **aktives Tun** mit Strafe bedroht;
- Gebotsnormen haben dagegen *Ausnahmecharakter* und verpflichten meist nur bestimmte Personen (**Garanten**), wogegen andere Personen für Unterlassungen nicht oder zumindest viel milder bestraft werden.

  Beispiel: Wenn der Ehemann und sein Geschäftsfreund der von Einbrechern schwer verletzten Ehefrau nicht helfen, so dass diese verblutet, dann kann nur der Ehemann wegen Mordes durch Unterlassen (§§ 2, 75) mit lebenslanger Freiheitsstrafe (oder bei Fahrlässigkeit nach §§ 2, 80) bestraft werden, der Geschäftsfreund dagegen – auch wenn er die Frau bewusst sterben lässt – nur nach § 95 mit Freiheitsstrafe bis zu einem Jahr. – Der zur Aufsicht verpflichtete Nachtwächter, der die vom Blitz getroffene Fabrik abbrennen lässt, haftet nach § 125 (iVm § 2), der Passant gar nicht, da § 95 die Abwendung von Sachschäden nicht erfasst.

Die Gründe für diese **grundsätzliche Ungleichheit von Tun und Unterlassen** wurden schon oben 9/1 ff aufgezeigt: 8

- Einerseits ist das *aktive Steuern von Kausalverläufen* idR **gefährlicher** als das bloße Geschehenlassen eines zufälligen Geschehens.
- Auch zeugt das aktive Herbeiführen einer Rechtsgutsverletzung von **höherer krimineller Energie** als das bloße Nicht-Eingreifen in Kausalverläufe, das auch auf Passivität und *menschliche Trägheit* zurückzuführen sein kann.
- Vor allem aber schränken Gebote, die gezielt dazu verpflichten, eine bestimmte Handlung vorzunehmen, die **Freiheit des Einzelnen** viel stärker ein als Verbote, die bloß einzelne Verhaltensweisen aus dem ansonsten unbeschränkten Bereich des Erlaubten ausklammern.

  Beispiel: Wer (nur) nicht töten darf, kann viel anderes tun: arbeiten, spazierengehen, lesen. Wer dagegen hier und jetzt zur Rettung eines anderen aktiv werden muss, kann unterdessen nichts anderes mehr tun.

b) Besonders wichtig ist daher die **Abgrenzung von Tun und Unterlassen**, die idR darüber, ob ein Delikt von jedermann oder **nur von einem Garanten** begangen werden kann, und damit häufig über Strafbarkeit oder Straflosigkeit entscheidet. 9

10 aa) Jede **Körperbewegung** ist ein aktives Tun, das daraufhin untersucht werden kann,

- ob es einer *gesetzlichen Handlungsbeschreibung* entspricht (schlichtes Tätigkeitsdelikt) oder
- eine *Ursachenreihe ausgelöst* oder gesteuert hat, die in einem tatbestandsmäßigen Erfolg ausgemündet ist (Erfolgs-Verursachungsdelikt, Kausalität, vgl oben 10/41),

11 und jede **Nicht-Bewegung** ist ein Unterlassen.

Beispiel 1: Abbruch des rettenden Kausalverlaufs (Niederschlagen des Rettungsschwimmers, Wegsperren des Rettungsbootes, vgl oben 13/11) ist als Körperbewegung Erfolgsherbeiführung durch aktives Tun, nicht (nur) Unterlassen der Rettung.

12 *Beispiel 2:* Der Arzt oder jeder andere, der bei einem (sterbenden) Patienten die Beatmungsmaschine abschaltet, so dass der Patient (schon jetzt) stirbt, hat nicht durch Unterlassung der Weiterbehandlung, sondern durch aktives Tun den Tod herbeigeführt. Die Frage nach der Strafbarkeit ist keine Frage der Abgrenzung von Tun und Unterlassen, sondern der Sozial-Adäquanz oder -Inadäquanz der Handlung, also der Reichweite der Verbotsnorm (vgl dazu *Fuchs/Reindl-Krauskopf*, BT I[7] 20 ff).

13 bb) Daraus darf man freilich nicht schließen, dass eine **Körperbewegung** nur unter dem Gesichtspunkt des aktiven Tuns rechtlich relevant ist. Sie ist vielmehr *auch eine Unterlassung*, wenn sie einer rechtlichen Handlungserwartung widerspricht. Denn Unterlassen heißt nicht „nichts tun", sondern: etwas Bestimmtes, das erwartet wird, nicht tun (Verstoß gegen eine **rechtliche Handlungserwartung**).

Beispiel: Wer spazierengeht, obwohl er Hilfe leisten sollte, hat (selbstverständlich) die gebotene Hilfeleistung unterlassen.

14 cc) **Mehrere selbständige Verhaltensweisen** sind zu zerlegen und selbständig zu beurteilen.

Beispiel: Wenn jemand einen anderen zuerst aus Unachtsamkeit ins Wasser stößt und ihn dann, als er erkennt, dass er nicht schwimmen kann, nicht aus dem Wasser herauszieht, hat sowohl eine Handlung (Hineinstoßen) als auch eine Unterlassung (Nicht-Herausziehen) begangen, die beide nebeneinander auf ihre strafrechtliche Relevanz zu prüfen sind (hier möglicherweise fahrlässige Tötung und anschließend Mord durch Unterlassen, wobei jedoch – Konkurrenzfrage – der Tod nicht zweimal zugerechnet werden darf).

15 Verhaltensweisen, die ein **einheitliches Lebenskonkretum** bilden, werden jedoch nicht künstlich zerlegt, sondern als einheitliches Geschehen betrachtet und bewertet. Enthalten sie ein *Handlungselement*, so sind sie als aktives Tun zu betrachten (insofern, aber auch nur insofern kann man von einem „*Vorrang des Tuns*" sprechen).

Beispiel: Wenn jemand einen anderen mit der Hacke totschlägt, so wird das Geschehen (selbstverständlich) nicht in das Zuschlagen und das „Unterlassen, den Schlag abzubremsen" zerlegt. – Überholen, ohne den vorgeschriebenen Seitenabstand einzuhalten, ist aktives Tun (Autofahren), nicht Unterlassen (Nichteinhalten des gebotenen Seitenabstandes).

dd) **Nur ausnahmsweise** sind Körperbewegungen, die für einen Erfolgseintritt kausal werden, in wertender Betrachtung nur als Unterlassungen anzusehen („**Unterlassung durch Tun**"): **16**

(1) Wer bloß seine eigene – begonnene, aber noch nicht wirksam gewordene – **Rettungshandlung rückgängig** macht, ist so zu behandeln, wie wenn er überhaupt keine Rettungshandlung begonnen hätte. **17**

Beispiel (*Nowakowski*, Bezauer Tage 1979, 76 f): Wer den von ihm selbst geworfenen Rettungsring wieder zurückzieht, bevor ihn der ins Wasser Gefallene ergriffen hat, lässt nur jenen Zustand eintreten, der bestünde, wenn er von vornherein untätig geblieben wäre, und unterlässt damit. – Anders, wenn der Täter den von einem anderen geworfenen Rettungsring dem Gefährdeten entzieht (Abbruch des rettenden Kausalverlaufs) oder den (wenngleich selbst geworfenen) Ring dem ins Wasser Gefallenen wieder wegnimmt, nachdem dieser ihn ergriffen hat: In beiden Fällen geht das Verhalten über das Unwirksammachen eigener Rettungshandlungen hinaus und ist damit aktives Tun.

Praktische Bedeutung hat diese Art eines „Unterlassens durch Tun" beim **Abbruch einer medizinischen Behandlung**. Der Arzt, der eine begonnene Behandlung beendet, weil der entscheidungsfähige Patient direkt oder durch eine Patientenverfügung diese Behandlung eindeutig ablehnt, ist nicht strafbar: Niemand darf ohne seine Einwilligung behandelt werden (§ 110; dazu *Fuchs/Reindl-Krauskopf*, BT I[7] 20 f). Dabei ist es gleichgültig, ob der Arzt notwendige Wartungsarbeiten an der lebenserhaltenden Maschine unterlässt, so dass sich diese von selbst abschaltet (z.B. die Batterie nicht wechselt; ***unmittelbares Unterlassen***), oder aber die Maschine auf Verlangen des Patienten aktiv abschaltet (***Unterlassen durch Tun***). Gleiches gilt, wenn ein Angehöriger auf Basis eines gültigen Willens des Patienten die Behandlung abbricht (so auch der deutsche BGH 2 StR 454/09).

(2) Wer sich **durch aktives Tun unfähig macht**, einer Handlungspflicht nachzukommen, führt nur jenen Zustand herbei, wie wenn er von vornherein nicht dagewesen wäre und gar nichts hätte tun können. Das Verbot, sich zur Geboterfüllung unfähig zu machen, ist aus der Handlungspflicht abgeleitet und kann daher nicht weiter reichen als diese, so dass in normativer Betrachtung eine Unterlassung vorliegt (*Bertel*, JZ 1965, 53). **18**

Beispiel: Wer sich bis zur Handlungsunfähigkeit betrinkt, um im entscheidenden Augenblick keine Hilfe leisten zu können, so dass ein Hilfsbedürftiger stirbt, hat bei formaler Betrachtung durch aktives Tun – Betrinken – den Tod eines anderen herbeigeführt. In Wahrheit liegt aber nur eine Unterlassung vor, die nur bei Garantenstellung nach § 75 bestraft werden kann (§ 2).

19 (3) Wer sich durch aktives Tun **an fremder Unterlassung beteiligt**, haftet idR nur nach dem Unterlassungsdelikt (näher unten 37/92–94).

II. Der objektive Tatbestand (Tatbild) der Unterlassungsdelikte

1. Besondere Merkmale aller Unterlassungsdelikte

a) Pflichtbegründende Sachlage

20 Der Tatbestand eines Unterlassungsdelikts muss die Situation beschreiben, die die Handlungspflicht begründet (**tatbestandsmäßige Situation**, **pflichtbegründende Sachlage**). Bei den **schlichten Unterlassungsdelikten** erfolgt dies unmittelbar im Besonderen Teil.

Beispiel: **Handlungspflicht nach § 95** besteht, wenn
- ein *Unglücksfall* vorliegt,
- *weitere* beträchtliche *Gefahr* für Leib und Leben eines Menschen droht und
- die Hilfeleistung offensichtlich *erforderlich* ist.

21 Bei den **Erfolgs-Unterlassungsdelikten** entsteht die Handlungspflicht (von anderen Voraussetzungen wie der Garantenstellung abgesehen) mit der *Gefahr des Erfolgseintritts*.

b) Unterlassung

22 Weiteres notwendiges Merkmal ist das *Ausbleiben der vom jeweiligen Gebotstatbestand geforderten Handlung* (= die **Unterlassung**). Welche Handlung dies ist, ergibt sich für das jeweilige Delikt aus der gesetzlichen Situationsbeschreibung.

Beispiel: Nach § 95 muss man „die **erforderliche Hilfe** leisten", also alles tun, was der weiteren Gefahr für Leib und Leben des Verunglückten oder von der Gemeingefahr Betroffenen wirksam entgegenwirkt (den Verunglückten in Sicherheit bringen; Erste Hilfe leisten; die Rettung verständigen). Ist der Täter zur Erfolgsabwendung verpflichtet, so hat er die dafür erforderlichen Handlungen vorzunehmen.

c) Objektive Möglichkeit

23 Ungeschriebenes Merkmal aller Unterlassungsdelikte ist es, dass der Unterlassende die **objektive Möglichkeit** zur Vornahme des gebotenen Tuns ge-

habt hätte. Ob eine Handlungsmöglichkeit bestanden hat, ist *konkret*, aber *objektiv* (und nicht aus der Sicht des Unterlassenden) zu beurteilen; fehlt sie, so entfällt von vornherein jede Strafbarkeit wegen Unterlassung.

> *Kurioses Beispiel:* Wer im Fernsehen „live" einen Unglücksfall miterlebt, begeht mangels objektiver Möglichkeit zur Hilfeleistung kein Unterlassungsdelikt.
>
> *Weiteres Beispiel:* Droht ein Mensch zu ertrinken, so muss man fragen, welche konkreten Möglichkeiten zur Hilfeleistung der Unterlassende gehabt hat: Ein Rettungsschwimmer wird ins Wasser springen und den Ertrinkenden selbst herausholen können, ein Nichtschwimmer gewiss nicht. Er kann aber vielleicht einen Rettungsring zuwerfen – wenn einer greifbar ist. Er kann Hilfe herbeirufen – wenn sie verfügbar ist. Fehlt es objektiv an allen diesen Möglichkeiten der Hilfeleistung, dann ist schon der objektive Tatbestand des § 95 nicht erfüllt.

2. Weitere äußere Tatmerkmale der Erfolgs-Unterlassungsdelikte: Erfolg und Kausalität der Unterlassung (objektive Zurechnung)

a) Bedroht das Gesetz die Unterlassung der Erfolgsabwendung mit Strafe (so **24**
bei allen über § 2 strafbaren Unterlassungsdelikten), dann ist das Delikt nur vollendet, wenn der tatbestandsmäßige **Erfolg eingetreten** und der Unterlassung **objektiv zurechenbar**, insbesondere diese für den eingetretenen Erfolg kausal gewesen ist.

Die **Kausalität der Unterlassung** kann jedoch nicht als reale Wirkung im **25**
naturwissenschaftlichen Sinn verstanden werden („Aus nichts wird nichts"; darum auch *„Quasi"-Kausalität*). Sie ist vielmehr als rein normative Zurechnung aufgrund eines *hypothetischen Urteils* aufzufassen: Die Unterlassung einer gebotenen Handlung ist für einen eingetretenen Erfolg kausal, wenn diese *Handlung den Erfolg abgewendet hätte*. Dies lässt sich mit der **Conditio-sine-qua-non-Formel** (vgl oben 13/13) prüfen, wenn man nicht eine Bedingung hinweg-, sondern eine hinzudenkt.

> Die Unterlassung war **kausal**, wenn die ***gebotene Handlung nicht hinzugedacht*** werden kann, ohne dass der Erfolg in seiner konkreten Gestalt entfiele.

Auch eine modifizierte **Formel von der gesetzmäßigen Bedingung** (vgl **26**
oben 13/5) ist anwendbar:

> Die Unterlassung war *kausal*, wenn sich an die *gebotene Handlung* nach allgemeiner oder sachkundiger Erfahrung *Veränderungen in der Außenwelt angeschlossen hätten*, die in den Nichteintritt des konkreten Erfolges ausgemündet wären (vgl *Burgstaller*, Fahrlässigkeitsdelikt 93).

Eine Unterlassung ist daher **nicht kausal**, wenn die Vornahme der gebotenen **26a**
Handlung in der konkreten Situation am Erfolgseintritt *nichts geändert hätte*.

Beispiel (nach *Puppe*, ZIS 2018, 487): Der Automechaniker A montiert beim Service die Bremsen falsch oder unterlässt es, die völlig abgefahrenen Bremsbeläge zu erneuern, so dass die Bremsen unwirksam sind. B holt den Wagen ab. Am ersten Fußgängerübergang betätigt er das Bremspedal gar nicht, weil er durch sein Handy abgelenkt ist, stößt eine Person nieder, die den Übergang vorschriftsmäßig überquert, und verletzt sie.

B handelt zwar sorgfaltswidrig, doch auch wenn er pflichtgemäß das Bremspedal gedrückt hätte, hätte die Bremse keine Wirkung gezeigt: Der Erfolg wäre unverändert eingetreten. In der konkreten Situation war nur A für die Verletzung kausal, nämlich durch die falsche Montage (aktives Tun) bzw durch das pflichtwidrige Unterlassen der Erneuerung der Bremsbeläge. Das grob pflichtwidrige Unterlassen der B (Handy) unterbricht den Risikozusammenhang nicht, weil der „Bremsversuch" des B nicht einmal mit einfacher Wahrscheinlichkeit den Erfolg abgewendet hätte (dazu ausführlich oben 13/44–46).

27 b) Umstritten ist, welcher **Grad an Wahrscheinlichkeit** für das hypothetische Urteil erforderlich ist, mit dem die Quasikausalität festgestellt wird.

28 aa) Nach noch hM ist die Unterlassung nur dann kausal, wenn feststeht, dass die gebotene Handlung den eingetretenen Erfolg **mit an Sicherheit grenzender Wahrscheinlichkeit** abgewendet hätte (14 Os 69/94 JBl 1996, 192 m Anm *Burgstaller*). Die reale Möglichkeit, dass der Erfolg trotz des gebotenen Tuns eingetreten wäre, lässt die Kausalität der Unterlassung entfallen.

29 *Beispiel:* Der behandelnde Arzt unterlässt eine Blinddarmoperation, weil er infolge nachlässiger Untersuchung die Entzündung nicht erkennt, so dass der Patient stirbt. Wie sich herausstellt, war die Entzündung schon so weit fortgeschritten, dass der Patient möglicherweise (zB mit einer Wahrscheinlichkeit von *zehn Prozent*) trotz Vornahme der gebotenen Operation gestorben wäre; mit *90-prozentiger* Wahrscheinlichkeit hätte er bei sachgerechter Behandlung jedoch überlebt.

Verlangt man eine „an Sicherheit grenzende Wahrscheinlichkeit" der Erfolgsabwendung, dann ist der Tod nicht auf die Unterlassung der Behandlung zurückzuführen, so dass mangels Erfolgszurechnung die Strafbarkeit wegen fahrlässiger Tötung entfällt – ein offenbar sinnwidriges Ergebnis.

30 Die Sinnwidrigkeit wird besonders deutlich, wenn man bedenkt, dass ein nachträgliches ärztliches Fehlverhalten die Zurechnung zu einem Erstverursacher **bereits dann ausschließt**, wenn bei Vornahme der gebotenen Handlung, die der Arzt grob sorgfaltswidrig unterlassen hat, der Erfolg **wahrscheinlich** unterblieben wäre (*Burgstaller*, Jescheck-FS 370 und Pallin-FS 44 f; vgl oben 13/44 ff).

Beispiel: Stirbt der bei einem Verkehrsunfall Verletzte, weil der Arzt grob sorgfaltswidrig eine Gehirnblutung nicht erkennt und darum eine Behandlung unterlässt, die den Verletzten *mit 80-prozentiger Wahrscheinlichkeit* gerettet hätte, dann ist der Tod mangels Risikozusammenhanges dem Erstverursacher nicht mehr zurechenbar. Aber auch der Arzt kann nach hM nicht bestraft werden, da die gebotene Handlung den Tod nicht *mit an Sicherheit grenzender Wahrscheinlichkeit* abgewendet hätte. Niemand ist für den Tod verantwortlich.

Im medizinischen Bereich bliebe die Unterlassung fast immer straflos: Wann lässt sich schon sagen, dass die Behandlung mit Sicherheit erfolgreich gewesen wäre? Auch der Hinweis auf den Erfolgseintritt *„in seiner konkreten Gestalt"* (vgl oben 13/7) hilft wenig: Nur selten steht es „mit an Sicherheit grenzender Wahrscheinlichkeit" fest, dass der Patient bei rechtzeitiger Behandlung „zumindest länger gelebt" hätte; vielleicht wäre er gerade bei der gebotenen Operation gestorben, also sogar früher. – Beim Vorsatzdelikt entfällt oft sogar der Versuch: *Erkennt* der pflichtwidrig Unterlassende (zB der Ehemann, der seiner gestürzten und schwer verletzten Frau nicht hilft), dass seine Handlung möglicherweise (!) ohne Erfolg bleiben werde, dann fehlt ihm der Vorsatz auf die Kausalität seiner Unterlassung. 31

bb) Richtig ist daher die Gegenansicht: 32

Eine Unterlassung ist **kausal** für den eingetretenen Erfolg, wenn die **(pflichtwidrig) unterlassene Handlung** die dem Rechtsgut drohende **Gefahr**, die sich verwirklicht hat, **wesentlich vermindert** hätte (in diesem Sinne auch *Lambauer*, RZ 1997, 82; *Stratenwerth/Kuhlen*, AT I[6], 13/55 ff).

Auszugehen ist davon, dass der Handlungspflichtige *jede reale Rettungschance* – mag sie auch keine sichere, sondern nur eine 50-prozentige Erfolgswahrscheinlichkeit oder auch eine geringere bieten – wahrzunehmen hat, dass er also auch dazu *verpflichtet* ist, das **Risiko** des Erfolgseintrittes **zu vermindern** (so auch *Burgstaller*, JBl 1996, 193). Unterlässt nun der Täter die ihm gebotene Risikoverminderung **und verwirklicht sich das pflichtwidrig nicht verminderte Risiko**, dann ist der Erfolgseintritt eine *Realisierung der pflichtwidrig nicht verminderten* und damit (im Ausmaß der unterlassenen Risikoverminderung) vom Täter rechtswidrig *herbeigeführten* Gefahr, so dass der eingetretene Erfolg dem Täter objektiv zurechenbar ist (ähnlich *Stein,* SK StGB[9] Vor § 13 Rz 32). 33

Der Einwand, mit dieser Auslegung würden Verletzungstatbestände in Gefährdungstatbestände umfunktioniert (zB *K/H/K*, AT[16] 30/12), ist plakativ, aber unberechtigt: Selbstverständlich muss der tatbestandsmäßige Verletzungserfolg (Tod des Patienten) **wirklich eintreten**; bleibt es bei der Gefährdung (der Patient wird auch durch die verspätete Operation gerettet, obwohl diese nur noch sehr geringe Chancen geboten hat), dann ist der Tatbestand des Verletzungsdeliktes nicht erfüllt. Dagegen vorzubringen, der wirklich eingetretene Erfolg wäre nicht zurechenbar, ist eine petitio principii: Um die Frage, unter welchen Voraussetzungen der Erfolg dem pflichtwidrigen Unterlassen zugerechnet werden kann, geht es ja gerade. 34

Dass die Vornahme der gebotenen Handlung das Risiko des Erfolgseintrittes merkbar vermindert hätte, muss freilich *mit an Sicherheit grenzender Wahrscheinlichkeit feststehen.* Hätte auch die pflichtgemäße Handlung an diesem Risiko *nichts mehr ändern* können, hat sich ein *anderes Risiko verwirk-* 35 *licht* oder muss man das eine oder das andere *in dubio pro reo* annehmen, dann entfällt die objektive Zurechnung des eingetretenen Erfolges.

Beispiel: Hat der Badewärter es unterlassen, einen Nichtschwimmer, der an eine tiefe Stelle geraten ist, zu retten, dann genügt es zur Erfolgszurechnung, wenn feststeht, dass der Ertrinkende merkbar größere Überlebenschancen gehabt hätte, wenn der Badewärter pflichtgemäß eingegriffen hätte. Wenn sich jedoch nachträglich herausstellt, dass der Ertrunkene einen Herzinfarkt erlitten hat und beim Untergehen möglicherweise bereits tot war, so ist in dubio pro reo anzunehmen, dass ihn auch das Eingreifen des Badewärters nicht mehr hätte retten können. Also entfallen die Risikoerhöhung und die Kausalität der Unterlassung.

3. *Weitere äußere Tatmerkmale der Garantenunterlassungsdelikte (insbesondere bei der Begehung durch Unterlassung, § 2): Garantenstellung*

a) Gesetzliche Merkmale der Garantenpflicht

36 § 2 bedroht die Unterlassung der Erfolgsabwendung nur dann mit Strafe, wenn der Täter *„zufolge einer ihn im besonderen treffenden Verpflichtung durch die Rechtsordnung dazu verhalten ist", den Erfolg abzuwenden* (**Garantenpflicht**). Zumindest die tatsächlichen Umstände, aus denen sich diese Pflicht ergibt (**Garantenstellung**), in Wahrheit aber die gesamte Pflicht (vgl dazu unten 37/74 ff) ist Merkmal des Tatbildes **aller über § 2 strafbaren Delikte** und aller Tatbestände, die auf § 2 verweisen (zB § 82 Abs 2).

Wann diese Pflicht konkret besteht, sagt das Strafgesetz nicht ausdrücklich; es verweist auf *„die Rechtsordnung"*. Die Gründe, aus denen man Garant sein kann, sind in der ganzen Rechtsordnung verstreut (*Nowakowski*, Bezauer Tage 82).

Immerhin lassen sich dem Gesetz folgende **Merkmale** der Garantenpflicht entnehmen:

37 – Es muss eine **Rechtspflicht** sein; bloße moralische oder sittliche Pflichten genügen nicht.

38 – Sie muss den Täter **im Besonderen** treffen, also auf einen *verhältnismäßig kleinen Kreis* von Handlungspflichtigen beschränkt sein. Allgemeine Pflichten, die jedermann treffen, genügen nicht.

Beispiel: Die Handlungspflichten nach § 95 oder § 286 sowie die Pflicht nach § 4 Abs 3 und 4 StVO (Hilfeleistungspflicht und die Verpflichtung, Hilfe zu ermöglichen, durch bloße Unfallzeugen) begründen keine Garantenpflicht.

Eine wichtige Quelle von Verpflichtungen, die jemanden im besonderen treffen, ist das **Ingerenzprinzip** (unten Rz 60).

39 – Es genügt jedoch eine Verpflichtung **durch die Rechtsordnung**. Da keine „gesetzliche" Pflicht verlangt ist, kommen auch Pflichten in Betracht, die nicht ausdrücklich im Gesetz genannt sind, sondern sich aus *Rechtsanalogie* oder *Gewohnheitsrecht* ergeben.

– Immer aber kann Garant nur sein, wen eine **spezifisch erfolgsbezogene** Pflicht trifft. **40**

b) Formale Einteilung

Herkömmlicherweise unterscheidet man drei Entstehungsgründe der Garantenpflicht: **41**

aa. **Gesetz** (gesetzliche Garantenpflichten),

bb. **freiwillige Pflichtenübernahme** (insbes „Vertrag", vertragliche Pflichten) und

cc. gefahrbegründendes Vorverhalten (**Ingerenzprinzip**).

An dieser anschaulichen Einteilung sollte festgehalten werden, doch müssen die drei Fälle der Garantenstellung inhaltlich näher präzisiert werden. Insbesondere ist vor dem Missverständnis zu warnen, dass *jedes* Gesetz, *jeder* Vertrag und *jedes* gefahrbegründende Vorverhalten Garantenstellung begründe.

Zu aa. **Nicht jedes gesetzliche Handlungsgebot** begründet Garantenstellung, sondern nur ein den Täter „im Besonderen" treffendes. Ob eine solche besondere oder bloß eine „allgemeine" Handlungspflicht vorliegt, folgt nicht schon aus dem Gesetz, sondern muss durch Auslegung ermittelt werden. **42**

Zu bb. Weder kommt es auf die zivilrechtliche Gültigkeit des Vertrages an, noch reicht der Vertragsabschluss – die zivile Bindung – für sich allein hin, Garantenstellung zu begründen. **43**

Beispiel: Der Bergführer darf seinen Schützling (bei Strafe aus einem Garanten-Unterlassungsdelikt) auch dann nicht in der Steilwand im Stich lassen, wenn er entdeckt, dass der abgeschlossene Werkvertrag aus irgendeinem Grund (zB Geschäftsunfähigkeit des Wanderers) nichtig ist. – Anderseits hat der Bergführer trotz gültigen Vertrages keine Garantenstellung, wenn er nicht zum vertraglich vereinbarten Treffpunkt erscheint, so dass die Touristen allein aufbrechen und in der Folge abstürzen.

Zu cc. **Nicht jedes** für die weitere Gefahr **kausale Vorverhalten** kann Garantenstellung begründen. **44**

Beispiel: Der Tankwart A kommt auf dem Heimweg an einem Verkehrsunfall vorbei, bei dem X schwer verletzt im Straßengraben liegt. A erinnert sich, dass er kurz zuvor den fast leeren Tank beim Wagen des X aufgefüllt hat. Ohne die Tankfüllung hätte X die Unfallstelle nicht erreichen und daher auch nicht verunglücken können. Trotzdem hat der Tankwart (selbstverständlich) keine Garantenstellung.

Welche Eigenschaften das Vorverhalten haben muss, um jemanden zum Garanten für ein fremdes Rechtsgut zu machen, ist daher durch Auslegung zu bestimmen.

c) Inhaltliche Bestimmung

Zur näheren Präzisierung der Garantenpflichten muss man fragen, aus welchen **Gründen** manche Personen stärker in die Pflicht genommen werden als die Allgemeinheit, so dass ihre Unterlassung der Erfolgsabwendung mit der gleichen Strafe bedroht ist wie die Herbeiführung des Erfolgs durch aktives Tun. Danach lassen sich **zwei** große **Gruppen** unterscheiden: **45**

aa) Obhutsgaranten

46 Einmal kann es sein, dass jemand rechtlich verpflichtet ist, sich um (einzelne oder alle) **Rechtsgüter bestimmter Personen** zu kümmern und diese Rechtsgüter *umfassend* gegen *alle* Gefahren – gleich aus welcher Quelle diese herrühren – zu schützen und zu verteidigen; man spricht von „**Obhutsgaranten**". Dazu zählen:

47 (1) **Familiäre** Obhutsverhältnisse: **Eltern** sind ihren minderjährigen Kindern (§ 137 ABGB) und **Ehegatten** sind einander (§§ 44, 90 ABGB) umfassend zum Beistand verpflichtet. Diese Pflicht beinhaltet vor allem die Personenfürsorge (Lebensrettung), aber wohl auch die Abwendung von Vermögensschäden. – Fraglich ist, ob auch **Kinder** gegenüber ihren Eltern und Eltern gegenüber ihren volljährigen Kindern Garantenstellung haben; wegen der umfassenden Formulierung in § 137 Abs 1 ABGB („*Eltern und Kinder haben einander beizustehen*") ist dies wohl zu bejahen.

48 **Keine Garantenstellung** haben mangels gesetzlicher Anordnung *Geschwister* untereinander (erst recht nicht weiter entfernte Verwandte oder Verschwägerte) und Personen, die in eheähnlicher *Lebensgemeinschaft* miteinander leben. Eingetragene Partner haben Garantenstellung (§ 8 EPG).

49 (2) **Organstellungen** gegenüber **juristischen Personen**: Geschäftsführer, Vorstands- und Aufsichtsratsmitglieder haben umfassend die *Vermögensinteressen* ihrer Gesellschaft zu wahren und sind diesbezüglich Garanten.

Dienstnehmer haben in den ihnen zugewiesenen Bereichen Garantenstellung, zB die Angestellten einer Supermarkt-Filiale für die dort befindlichen Waren.

50 (3) **Einverständliche Übernahme einer Schutzfunktion**: Dabei richtet sich der Umfang der Garantenpflicht danach, welche Schutzaufgaben tatsächlich übernommen wurden.

Beispiel: Der Bademeister hat Schutzpflichten hinsichtlich der Badegäste und der vom Wasser ausgehenden Gefahren, der Bergführer hat die von ihm Geführten vor Berggefahren zu bewahren.

51 Die Garantenstellung beginnt erst mit der **tatsächlichen Übernahme** der Schutzaufgabe, nicht schon mit der bloßen Zusage.

Beispiel: Der Babysitter wird Garant, wenn er seinen Dienst tatsächlich antritt. Der Bergführer, der entgegen seiner Zusage nicht zum Treffpunkt kommt, an dem die Tour beginnen sollte, hat keine Garantenstellung gegenüber selbstverantwortlichen Touristen, die ohne Führer aufbrechen und verunglücken.

52 Anders ist es nur, wenn schon die **bloße Zusage**, die Schutzaufgabe zu übernehmen, im Hinblick darauf abgegeben wurde, dass andere Schutzpflichtige im Vertrauen auf die Zusage auf weitere Schutzvorkehrungen verzichten.

Beispiel: Die Nachbarin verspricht den Eltern, sogleich herüberzukommen und sich um das Baby zu kümmern; die Eltern könnten ruhig schon jetzt gehen: Hier hat die Nachbarin schon ab dem Augenblick Garantenstellung, in dem die Eltern aufgrund ihrer Zusage das Haus verlassen.

Anderseits begründet die **tatsächliche Übernahme** der Schutzfunktion, die den Schützling in eine Lage bringt, in der er faktisch der Hilfe bedarf, auch dann Garantenstellung, wenn sich das der Übernahme zugrundeliegende Rechtsgeschäft als mangelhaft erweist. **53**

Beispiel: Der Bergführer, der während der Tour entdeckt, dass der Wanderer geisteskrank und der Bergführervertrag darum nichtig ist, bleibt trotzdem Garant, bis die spezifischen Berggefahren enden.

Ärzte haben Garantenstellung nur gegenüber jenen Patienten, deren Behandlung sie übernommen haben (§ 49 ÄrzteG 1998), oder dann, wenn sie konkret einen Not- oder Bereitschaftsdienst übernommen haben (vgl § 40 ÄrzteG 1998, § 23 KAKuG). Die allgemeine Pflicht zur Ersten Hilfe bei Lebensgefahr (§ 48 ÄrzteG 1998) begründet keine Garantenstellung; ihre Unterlassung kann nach § 95 strafbar machen. **54**

(4) **Einseitiges Ergreifen** einer Schutzaufgabe begründet nur dann Garantenstellung, wenn andere Rettungsmöglichkeiten ausgeschlossen oder neue Gefahren begründet werden. **55**

Beispiel: Darum muss der Arzt auch ohne Vertrag eine begonnene Notoperation zu Ende führen und der freiwillige Helfer einen Blinden „vollständig" über die Straße führen; lässt er ihn stehen, so dass der Blinde bei einem Unfall verletzt wird, macht er sich wegen Körperverletzung als Garantenunterlassungsdelikt strafbar.

(5) **Zusammenschlüsse mehrerer** zu **gefährlichen Unternehmungen**: Bergsteiger, Höhlenforscher usw, die gemeinsam eine schwierige Tour oder Expedition unternehmen, sind Garanten füreinander. Entscheidend ist, dass die Beteiligten *im Vertrauen auf die gegenseitige Unterstützung Gefahren auf sich genommen* haben, denen sie allein nicht gewachsen wären. **56**

Zufälliges Zusammentreffen auf dem Berg begründet keine Garantenstellung, sondern nur Haftung nach § 95. Ebenso wenig besteht Garantenstellung bei (engen) Gemeinschaftsbeziehungen, denen der spezifische Gefahrenbezug fehlt: „Zechgemeinschaft", langjährige Freundschaft usw machen niemanden zum Garanten.

bb) Überwachungsgaranten

Zweiter Ansatzpunkt ist die Verpflichtung zur Überwachung bestimmter **Gefahrenquellen (Überwachungsgaranten)**. Sie begründet Garantenstellung *gegenüber jedermann*, der in den Wirkungsbereich der Gefahrenquelle gerät. **57**

(1) Aufgrund der Verantwortung jedes Menschen für den **eigenen sachlichen Herrschaftsbereich** ist jeder in seinem Herrschaftsbereich autonom und braucht Einmengungen Dritter nicht zu dulden. Dem entspricht die Pflicht, **58**

seinen Herrschaftsbereich so zu organisieren, dass sich aus ihm keine Gefahren für Dritte ergeben. Wer den Nutzen (einer Sache) hat, ist auch in besonderer Weise verpflichtet, die von ihr drohenden Gefahren abzuwenden.

Beispiel: Wer – wenngleich rechtmäßig – ein gefährliches Tier hält, hat von anderen Menschen die Gefahren abzuwenden, die ihnen von diesem Tier drohen. Der Halter eines Hundes ist daher bei Strafe aus einem Garantenunterlassungsdelikt zur Hilfeleistung verpflichtet, wenn sein Hund einen anderen Menschen anfällt. Ebenso ist beispielsweise der Bauherr Garant hinsichtlich der Gefahren, die von seiner Baustelle ausgehen (Baugrube, Verkehrssicherungspflicht), der Unternehmer Garant hinsichtlich der Gefahren, die von seinem Betrieb ausgehen.

59 Diese Sicherungspflichten können allerdings **delegiert** werden; der Delegat wird Überwachungsgarant kraft freiwilliger Pflichtenübernahme.

60 (2) Auch im Einzelfall ist jedermann in besonderer Weise verpflichtet, die schädlichen Folgen eines von ihm **selbst ausgelösten gefährlichen Kausalprozesses** abzuwenden. Dieses **Ingerenzprinzip** beruht auf der Erkenntnis, dass die Rechtsordnung nicht alle gefährlichen Verhaltensweisen verbieten kann, sondern manche wegen ihres überwiegenden sozialen Nutzens gestatten muss. Wer jedoch diesen *besonderen Nutzen* hat und durch die Vornahme der gefährlichen Tätigkeit seinen *Handlungsspielraum erweitert*, ist auch in besonderer Weise für die Abwendung der daraus entstandenen Gefahren verantwortlich.

61 Dies gilt auch dann, wenn sich ein *erlaubtes* Risiko verwirklicht; auch **rechtmäßiges Vorverhalten** kann Garantenstellung nach dem Ingerenzprinzip begründen.

Beispiele: 1. Autofahren ist auch dann eine gefährliche Tätigkeit, wenn der Fahrer alle Regeln der StVO einhält. Der Fahrer, der den Nutzen aus diesem erlaubten Risiko zieht, ist bei einem Verkehrsunfall auch dann Garant für Leib und Leben anderer Unfallbeteiligter, wenn er den Unfall nicht selbst verschuldet hat. Lässt er einen anderen Unfallbeteiligten im Stich, so kann er nach einem Garantenunterlassungsdelikt haften. – Das gleiche gilt auch bei anderen erlaubten, aber gefährlichen Betätigungen, zB für Schifahrer.

2. Ein Autofahrer steht in der sog Rettungsgasse und weigert sich, diese freizumachen, weil er die Situation nach einem spektakulären Unfall noch filmen will. Ein Verletzter stirbt wegen der dadurch verursachten Verzögerung. Der Autofahrer haftet wegen §§ 2, 80: Durch das Blockieren der Rettungsgasse hat er eine Gefahr geschaffen, die er als „Garant“ bei Strafe eines Garanten-Unterlassungsdelikts beseitigen muss.

3. Wer – völlig legal – den Wasserhahn aufgedreht hat, um sich ein Bad einzulassen, ist Garant für fremdes Eigentum, das durch die übergehende Badewanne beschädigt werden kann. Fällt ihm später (zB im Kino) ein,

dass er aufs Abdrehen vergessen hat, so ist er bei Strafe aus einem Garantenunterlassungsdelikt (§§ 2, 125) verpflichtet, dies nachzuholen.

Erforderlich ist freilich, dass das gefährliche Vorverhalten den **Handlungsspielraum erweitert** hat. Defensive Handlungen, die bloß den zustehenden Handlungsspielraum wiederherstellen, begründen keine Garantenstellung. 62

Beispiel: Wer den Räuber in **Notwehr** niedergeschlagen und schwer verletzt hat und dann davongeht, so dass der Räuber verblutet, haftet nur nach § 95 (oder allenfalls nach § 94), ist aber nicht Garant für das Leben des abgewehrten Räubers. Denn dieser hat seinerseits durch seinen Angriff den ihm zustehenden Handlungsspielraum rechtswidrigerweise erweitert, was die Notwehr lediglich wieder rückgängig gemacht hat. Notwehr erweitert daher nicht den Handlungsspielraum, sondern stellt bloß den rechtmäßigen Zustand wieder her. Verletzung in Notwehr begründet keine Garantenstellung.

(3) Ausnahmsweise besteht aufgrund gesetzlicher Anordnung Verantwortung für **gefährliche** (rechtswidrige) **Handlungen Dritter**, so dass der Aufsichtspflichtige diesbezüglich zum Überwachungsgaranten wird. Wichtigster Fall ist die **Aufsichtspflicht der Eltern** über ihre minderjährigen Kinder (§ 160 Abs 1 iVm § 177 ABGB). Aufsichtspflichten über volljährige Kinder oder über den Ehegatten gibt es dagegen nicht. 63

Beispiel: Der Vater, der es nicht verhindert, dass sein vierjähriger Liebling Steine von der Autobahnbrücke auf darunter fahrende Fahrzeuge wirft, haftet – je nach Vorsatz und Erfolg – wegen Mordes, Körperverletzung oder Sachbeschädigung durch Unterlassen (§ 2).

In doppelter Hinsicht wird derjenige zum Garanten, bei dem diese Pflicht zur Personenaufsicht mit der Fürsorgepflicht zusammentrifft.

Beispiel: Der Gefangenenwärter, der interessiert zusieht, wie der Gefangene A den Gefangenen X verprügelt, ist kraft freiwilliger Pflichtenübernahme Überwachungsgarant bezüglich des A und Obhutsgarant für X.

4. Bei Begehung durch Unterlassung (§ 2): Gleichwertigkeitsklausel

Bei allen über § 2 strafbaren Delikten verlangt das Gesetz zur Strafbarkeit der Begehung durch Unterlassung weiters, dass „*die Unterlassung der Erfolgsabwendung einer Verwirklichung des gesetzlichen Tatbildes durch ein Tun gleichzuhalten ist*“ (**Gleichwertigkeitsklausel**). Diese Voraussetzung muss zusätzlich zu den übrigen, also insbesondere neben der Garantenstellung, vorliegen; niemals kann sie diese ersetzen. 64

Nach dem Wortlaut des Gesetzes gilt die Gleichwertigkeitsklausel für alle Fälle der Begehung durch Unterlassung. Da jedoch auch die Garantenstellung die Gleichwertigkeit von Tun und Unterlassen mitbestimmt, ist zu unterscheiden:

65 a) Bei den reinen **Erfolgs-Verursachungsdelikten**, bei denen *jede beliebige Art und Weise* der Erfolgsherbeiführung den Deliktstatbestand herstellt (zB § 75), hat die Gleichwertigkeitsklausel nur geringe praktische Bedeutung, da mit der Bejahung der **Garantenfrage** die wesentliche Entscheidung über die Gleichwertigkeit des Unterlassens mit einem positiven Tun bereits getroffen worden ist: So, wie *jedermann* verpflichtet ist, jede (sozial-inadäquat gefährliche) Handlung zu unterlassen, die den Unwerterfolg (bei § 75: den Tod eines Menschen) herbeiführen kann, ist *bei einem Garanten* aufgrund der ihn im Besonderen treffenden Verpflichtung idR jede Unterlassung, den Erfolg abzuwenden, strafbar. Ausnahmen sind nicht ausgeschlossen, aber praktisch kaum denkbar.

66 b) Dagegen hat die Gleichwertigkeitsklausel erhebliche Bedeutung bei Delikten mit **positiv gefassten Handlungsmerkmalen**, also bei jenen Erfolgsdelikten, die nicht jede Erfolgsverursachung, sondern nur die Erfolgsherbeiführung *auf bestimmte Art und Weise* für strafbar erklären.

Beispiel: § 146 bedroht nur die Vermögensschädigung durch Täuschung über Tatsachen mit Strafe. Dieser besondere Handlungsunwert, ohne den die Herbeiführung einer Vermögensschädigung nicht als Betrug strafbar ist, darf bei der Begehung durch Unterlassen (§§ 2, 146) nicht verloren gehen (Prüfung der **Modalitätenäquivalenz**). Betrug kann daher nur dann durch Unterlassen begangen werden, wenn die Unterlassung (das Schweigen) „den konkludenten Sinn einer bestimmten [täuschenden] Äußerung hat" (*Nowakowski*, WK[1] § 2 Rz 16, zitiert auch von *Hilf*, WK[2] § 2 Rz 129). Das wird nur ganz ausnahmsweise der Fall sein.

Delikte mit gesetzlich geschlossenen Mitteln können daher aufgrund der Gleichwertigkeitsklausel kaum jemals durch Unterlassen begangen werden. Im Übrigen ist die Anwendung dieser Klausel ein Auslegungsproblem der einzelnen Deliktstypen des Besonderen Teils.

III. Vorsatz und Fahrlässigkeit

1. Vorsatzdelikt

67 a) Wie beim Begehungsdelikt muss sich beim vorsätzlichen Unterlassungsdelikt (§ 7 Abs 1) der **Vorsatz** auf *alle Elemente des Tatbildes* beziehen. Eventualvorsatz genügt, wenn im Besonderen Teil keine andere Vorsatzform verlangt wird (§ 5 Abs 1).

68 Gegenstand des Vorsatzes ist auch das „**Unterlassen**". Damit ist gemeint, dass dem Täter klar zu **Bewusstsein** gekommen sein muss, dass eine pflichtbegründende Situation vorliegt, er handeln müsste und er trotzdem – trotz dieses Bewusstseins – den *Entschluss* fasst, die geforderte Handlung nicht vorzunehmen. Solange dieses Bewusstsein und dieser Unterlassungsentschluss fehlen, mangelt es am Unterlassungsvorsatz (*Nowakowski*, Reimer-

FS 263). Mit Recht gesteht die Rspr dem Unterlassungstäter eine gewisse (wenngleich kurze) „**Überlegungsfrist**" zu, vor deren Ablauf die Unterlassung mangels Vorsatzes nicht strafbar ist (*L/St/Nimmervoll* StGB[4] § 94 Rz 25 mwN).

Beispiel: Wer nach einem Verkehrsunfall vorerst weiterfährt und dadurch einen Verletzten im Stich lässt, erfüllt sofort den äußeren Tatbestand des § 94 (vgl unten 37/85). Doch fehlt es noch am Unterlassungsentschluss, so dass sich der Täter erst strafbar macht, wenn ihm nach einigen Minuten die Situation vollständig und richtig bewusst wird und er trotzdem unterlässt, also nicht sofort umkehrt und hilft.

Bei **Erfolgsdelikten** – also bei allen über § 2 strafbaren Taten – muss sich **69**
der Vorsatz auch auf den Eintritt des tatbestandsmäßigen **Erfolgs** beziehen.

Wegen **Mordes durch Unterlassen** kann sich daher ein Garant nur strafbar machen, wenn er

- einerseits den **Erfolg** seiner Rettungsbemühungen *für möglich hält* und
- anderseits zumindest mit Eventualvorsatz damit rechnet, dass der Gefährdete **ohne seine Hilfe sterben werde**.

b) Der Vorsatz **fehlt** beim Unterlassungsdelikt insbesondere (dh es liegt ein **70**
Tatbildirrtum vor),

- wenn der Täter das Vorliegen der **pflichtbegründenden Situation** nicht **71**
  erkennt.

  Beispiel: A hat auf dem Hinweg einen Verkehrsunfall verursacht, ohne dies jedoch zu bemerken. Auf dem Rückweg kommt er wieder an der Unfallstelle vorbei und unterlässt die für den Verletzten erforderliche Hilfeleistung. Dadurch erfüllt er zwar den äußeren Tatbestand des § 94, doch fehlt ihm der Vorsatz bezüglich der Verletzungsverursachung, so dass er nur nach § 95 haftet.

- wenn der Täter die (tatsächlich vorhandene) **objektive Möglichkeit**, ret- **72**
  tend einzugreifen, nicht erkennt.

  Beispiel: Ist zwar ein Rettungsring, den A dem Ertrinkenden zuwerfen könnte, in einer nahen Hütte leicht zugänglich angebracht, erkennt A dies jedoch in seiner Aufregung nicht, dann ist zwar – wegen der objektiv bestehenden Möglichkeit zur Hilfeleistung – das Tatbild des § 95 erfüllt, doch mangelt es am Vorsatz hinsichtlich dieses Tatbildmerkmals. Mangels eines entsprechenden Fahrlässigkeitsdelikts bleibt A, soweit Nicht-Garant, straflos; andernfalls kommt § 80 iVm § 2 in Betracht.

- wenn der Täter die *tatsächlichen Umstände*, die seine Garantenpflicht **73**
  begründen (= die **Garantenstellung**), nicht erkennt.

Beispiel: A erkennt nicht, dass die im Fluss treibende Frau, die er vorsätzlich ertrinken lässt, seine Ehegattin ist, sondern verwechselt sie mit der Nachbarin. – Da die Garantenstellung objektiv vorliegt, ist das Tatbild des §§ 2, 75 erfüllt, doch fehlt A diesbezüglich der Vorsatz, so dass er nur nach § 95 (allenfalls nach §§ 2, 80) bestraft werden kann.

74 c) Fraglich ist, wie die Strafbarkeit zu beurteilen ist, wenn der Täter bei voller Kenntnis aller tatsächlichen Umstände, die seine besondere Handlungspflicht begründen, über das **Vorliegen dieser Garantenpflicht** irrt.

Beispiel: A erkennt zwar in dem im Wasser Treibenden seinen 30-jährigen Sohn, glaubt aber, dass ihn – entgegen der hier vertretenen Meinung (vgl oben 37/47) – gegenüber volljährigen Kindern keine familienrechtliche Beistandspflicht mehr trifft.

75 Nach hM liegt in diesem Fall ein bloßer **Verbotsirrtum** vor (vgl oben Kap 23, insbes 23/19), der Vorsatz und Unrecht unberührt lässt und die Schuld ausschließt, wenn er nicht vorwerfbar ist (*L/St/Stricker* StGB^4 § 2 Rz 15).

76 Richtigerweise ist aber wohl die Garantenpflicht als solche – wie das Handeln entgegen einer Rechtsvorschrift in § 180 – ein normatives Tatbestandsmerkmal, ohne das das deliktstypische Unrecht des Garanten-Unterlassungsdelikts nicht hergestellt ist und dessen sozialen Bedeutungsgehalt der Täter erkennen muss, um vorsätzlich zu handeln. Daher liegt ein **Irrtum über den sozialen Bedeutungsgehalt eines normativen Tatbestandsmerkmals** vor, der den Vorsatz ausschließt (vgl oben 14/21 ff, 45). Dies freilich nur dann, wenn der Täter nicht einmal *in laienhafter Weise* erkennt, dass er *in besonderer Weise* zur Rettung des gefährdeten Rechtsguts *verpflichtet* ist, was zwar im Beispielsfall angenommen wurde, in der Praxis aber – wenn man die Garantenpflicht hinreichend eng fasst, also nicht etwa die „natürliche Verbundenheit" mit einbezieht – kaum jemals vorkommen wird. Erkennt der Täter aber den sozialen Bedeutungsgehalt zumindest in laienhafter Weise, so ist sein Glaube an die Straflosigkeit ein unbeachtlicher Subsumtionsirrtum.

77 d) Auch ein allenfalls im Besonderen Teil geforderter **erweiterter Vorsatz** muss bei der Begehung durch Unterlassung vorliegen.

2. *Fahrlässigkeitsdelikt*

78 Auch **Fahrlässigkeitsdelikte** können unter den Voraussetzungen des § 2 durch Unterlassung begangen werden. Der Täter muss also insbes **Garantenstellung** haben.

Beispiel: A entdeckt im Straßengraben einen Schwerverletzten, kommt nach oberflächlicher Untersuchung zum Ergebnis, dass er schon tot ist, und geht ohne Hilfeleistung davon, so dass der Verletzte stirbt. – Für § 95 fehlt es am Vorsatz, zur Strafbarkeit nach dem unechten Unterlassungsdelikt nach §§ 2, 80 mangelt es an der Garantenstellung, so dass die Strafbarkeit – trotz Sorgfaltswidrigkeit bei der Untersuchung – entfällt.

79 Hat der Unterlassende objektiv Garantenstellung, so wird er gleichwohl nur bestraft, wenn *diese auch von seiner* **Sorgfaltswidrigkeit** *umfasst* ist, er also das Vorliegen der ihn im Besonderen treffenden Verpflichtung zur Erfolgsabwendung erkannt hat oder es ihm bei gehöriger Sorgfalt zumindest erkennbar war.

Beispiel: Ist der Schwerverletzte im Straßengraben der Sohn des A, so hat dieser Garantenstellung und kann nach §§ 2, 80 bestraft werden, jedoch nur dann, wenn er auch diese Tatsache, nämlich dass der Hilfsbedürftige sein Sohn ist, hätte *erkennen können.*

IV. Rechtswidrigkeit und Schuld

1. Da die pflichtbegründende Situation und die Garantenstellung als generelle Unrechtsmerkmale zum Tatbestand zählen, gilt auch bei den Unterlassungsdelikten uneingeschränkt der Satz: *Die Tatbestandsmäßigkeit indiziert die Rechtswidrigkeit.* Daher ist beim Verbrechenselement der Rechtswidrigkeit – wie beim Begehungsdelikt – nur noch zu fragen, ob **Rechtfertigungsgründe** vorliegen. Zu denken ist insbesondere an die Möglichkeit einer *Pflichtenkollision* (vgl oben 18/1 ff, 6). 80

2. Auch zum Straftatmerkmal der **Schuld** gelten die Regeln der Begehungsdelikte entsprechend: Der Unterlassende ist entschuldigt, wenn seine *Zurechnungsfähigkeit* entfällt (§ 11) oder ihm ein nicht vorwerfbarer *Verbotsirrtum* unterläuft (§ 9). **Abweichend** von den Begehungsdelikten sind jedoch bei den Unterlassungsdelikten positiv zu prüfen: 81

a) die **individuelle Handlungsfähigkeit**: Schuldhaft unterlässt nur, wer nach seinen *persönlichen geistigen und körperlichen Verhältnissen im Tatzeitpunkt* dazu *befähigt* war, die objektiv gebotene Handlung auch tatsächlich vorzunehmen;

b) die **Zumutbarkeit**: Wie bei den Fahrlässigkeitsdelikten (vgl oben 26/10) ist bei allen Unterlassungsdelikten – auch bei der Begehung durch Unterlassung (§ 2) – nicht nur negativ zu prüfen, ob ein Entschuldigungsgrund vorliegt (zB § 10), sondern auch *positiv festzustellen*, dass dem Täter die Vornahme der gebotenen Handlung zumutbar war.

3. Besondere Regeln der Zumutbarkeit finden sich im **Besonderen Teil** bei den einzelnen (echten) Unterlassungsdelikten, so insbes bei der **Unterlassung der Hilfeleistung** (§ 95) und beim **Imstichlassen eines Verletzten** (§ 94). Nach § 95 Abs 2 ist die Hilfeleistung „*insbesondere dann nicht zuzumuten, wenn sie nur unter Gefahr für Leib und Leben oder unter Verletzung anderer ins* Gewicht *fallender Interessen möglich wäre*". Zumindest im ersten Fall (Gefahr für Leib und Leben) normiert das Gesetz aber – unter irreführender Bezeichnung – bereits eine **Begrenzung der Handlungspflicht**. Denn erblickte man in der Unzumutbarkeit der Hilfeleistung iSd § 95 Abs 2 StGB allein und ausschließlich einen Entschuldigungsgrund (so aber offenbar die hM, zB *Kienapfel/Schroll*, Studienbuch BT I[4] § 95 Rz 44 ff, freilich mit dem Hinweis, dass er auch Fälle der Pflichtenkollision umfasse), dann wäre jedermann **rechtlich verpflichtet**, bei einem Unglücksfall „die zur Rettung eines Menschen aus der Gefahr ... einer beträchtlichen Körperverletzung ... erforderliche Hilfe" 82

auch dann zu leisten, wenn dies für den Retter mit *ernster Lebensgefahr* oder gar mit dem sicheren Tod verbunden wäre. Bloß die **Schuld**, die Vorwerfbarkeit des durch die Untätigkeit verwirklichten Unrechts, entfiele in einem solchen Fall.

Diese Ansicht kann auf der Grundlage einer **wertenden Unterscheidung** zwischen **Unrecht** als dem Verstoß gegen die rechtlichen Verhaltensnormen und **Schuld** als der persönlichen Vorwerfbarkeit des Unrechts nicht richtig sein. Denn die Interessen des Gefährdeten an der Erhaltung seiner körperlichen Unversehrtheit können nicht höher bewertet werden als die Interessen eines unbeteiligten Passanten an der Erhaltung seiner höchsten Rechtsgüter Leib und Leben. Vielmehr entfällt bei objektiver Gleichwertigkeit der betroffenen Rechtsgüter – und erst recht dann, wenn dem Retter für den Fall des Eingreifens ein größerer Nachteil droht als dem Gefährdeten – bereits die **Pflicht zur Hilfeleistung**. Darüber hinaus verschiebt der Grundsatz, dass jeder das Bestandsrisiko für seine Rechtsgüter in erster Linie selbst zu tragen hat, die Interessenabwägung zu Lasten des durch den Unglücksfall Betroffenen, so dass dessen Interessen die Interessen eines unbeteiligten Helfers erst dann überwiegen, wenn der Helfer die Hilfeleistung ohne Gefahr für Leib und Leben und ohne Verletzung anderer ins Gewicht fallender Interessen möglich ist. Genau das steht in § 95 Abs 2, der damit unter dem Titel der „Zumutbarkeit" vor allem ein Merkmal regelt, das die *Handlungspflicht begrenzt*, also ein **Tatbestandsmerkmal**.

Nichts anderes gilt für § 94 Abs 3, so dass – entgegen dem Wortlaut des Gesetzes – nicht bloß (wegen Unzumutbarkeit rechtmäßigen Verhaltens) die Schuld, sondern bereits die **Pflicht zum Eingreifen** entfällt, wenn die Hilfeleistung „nur unter der Gefahr des Todes oder einer beträchtlichen Körperverletzung oder Gesundheitsschädigung oder unter Verletzung anderer überwiegender Interessen möglich wäre".

83 4. Dass der Täter den Erfolg nicht aktiv herbeigeführt, sondern es bloß unterlassen hat, ihn abzuwenden, **mindert** jedenfalls seine **Schuld** und führt – ceteris paribus – zu einer geringeren Strafe (§ 34 Abs 1 Z 5).

V. Versuch des Unterlassungsdelikts

84 Grundsätzlich können auch die vorsätzlichen Unterlassungsdelikte – wie alle Vorsatzdelikte (§ 15 Abs 1) – versucht werden. Jedoch ist zu unterscheiden:

85 1. Beim **schlichten Unterlassungsdelikt** ist nur ein untauglicher Versuch denkbar. Denn jeder „taugliche" Versuch – die vorsätzliche (vgl zur „Überlegungsfrist" oben 37/68) Untätigkeit trotz tatsächlichen Vorliegens der pflichtbegründenden Situation und objektiver Handlungsmöglichkeit – wäre schon das vollendete Delikt.

Beispiel: Fährt A nach einem Verkehrsunfall in dem Bewusstsein weiter, einen von ihm Verletzten im Stich zu lassen (§ 94), so ist das Delikt mit dem Weiterfahren sofort vollendet. Daher liegt kein Rücktritt vom Versuch vor, wenn A nach wenigen Minuten reuig umkehrt und dem Verletzten doch hilft; allenfalls eine analoge Anwendung der Rücktrittsbestimmung oder der Regeln über die Tätige Reue wäre denkbar (wird aber überwiegend abgelehnt).

86 Ob der **untaugliche Versuch** eines schlichten Unterlassungsdelikts strafbar ist, hängt von der Auslegung des § 15 Abs 3 ab (vgl oben Kap 30, insbes 30/24 ff).

Beispiel: Ein Lastwagenfahrer streift beim Überholen einen Radfahrer, bringt ihn zu Fall und fährt weiter, ohne sich um ihn zu kümmern. Der Radfahrer ist jedoch gar nicht verletzt (oder aber: beim Sturz auf der Stelle getötet) worden.

In beiden Fällen ist *mangels eines Verletzten* und *mangels Erforderlichkeit der Hilfeleistung* der objektive Tatbestand des § 94 nicht erfüllt und dieses Delikt nicht vollendet. Doch liegt der **Versuch** des Imstichlassens eines Verletzten vor, wenn der LKW-Fahrer es ernstlich für möglich hält und sich damit abfindet, dass der Radfahrer verletzt ist und Hilfe benötigt, und trotzdem weiterfährt.

- Nach der Formel vom **begleitenden Beobachter** (vgl oben 30/18 ff) käme es für die Strafbarkeit eines solchen Versuchs darauf an, ob ein mitfahrender Betrachter mit Sicherheit erkannt hätte, dass der Radfahrer unverletzt oder schon tot ist und damit keiner Hilfe bedarf. Nur dann könnte der begleitende Beobachter die Tatvollendung *ausschließen.* Würde ein solcher Beobachter dagegen das Imstichlassen eines Hilfsbedürftigen **für möglich** halten (was in der Praxis immer der Fall sein wird), wäre der Versuch strafbar.
- Die **objektive Beurteilung** (vgl oben 30/26 ff) kommt – zu Recht – immer zur *Straflosigkeit* eines solchen Versuchs nach § 15 Abs 3, weil das Tatobjekt nicht mehr Träger des von § 94 geschützten Rechtsgutes Leib und Leben ist (Leiche) oder die Eigenschaft, um derentwegen die Unterlassung unter Strafe gestellt ist (hilfsbedürftiger Verletzter), nicht besitzt (ausführlich *Fuchs*, ÖJZ 1986, 257).
- Nimmt man eine **Untauglichkeit des Subjekts** an, weil Täter dieses Delikts nur sein kann, wer die Körperverletzung eines anderen verursacht hat, dann ist der Versuch nach jeder Ansicht straflos (vgl oben 30/25).

2. Beim **Erfolgs-Unterlassungsdelikt** kommen beide Formen des Versuchs 87
vor:

a) Ein **untauglicher Versuch** liegt vor, wenn von vornherein ein *Element der* 88
pflichtbegründenden Situation oder die *Garantenstellung* fehlt, der Täter aber das Vorliegen dieses Merkmals annimmt.

Beispiel: A hält die im Fluss treibende Ertrinkende für seine Ehefrau und unterlässt mit Tötungsvorsatz die Hilfeleistung. In Wahrheit ist es die Nachbarin, die ertrinkt. – Versuchter Mord durch Unterlassen (§§ 15, 2, 75), wobei sich wiederum die Frage nach der absoluten Untauglichkeit des Versuchs (§ 15 Abs 3) stellt.

b) Aber auch der **Versuch als Durchgangsstufe zur Vollendung** ist denkbar, 89
wenn der Täter entgegen seiner Handlungspflicht untätig geblieben, der Erfolg aber noch nicht eingetreten ist.

Beispiel: A unterlässt es mit Tötungsvorsatz, seine ertrinkende Ehefrau aus dem Fluss zu ziehen. Durch Zufall wird die Frau aber doch noch von einem anderen gerettet.

In diesem Fall **beginnt** der Versuch, wenn der Garant (Hilfeleistungspflichtige) mit Vollendungsvorsatz untätig bleibt, obwohl die *konkrete Gefahr* für das zu schützende Rechtsgut besteht; er ist **abgeschlossen** (vgl oben 28/13), wenn die vermeintlich letzte Rettungschance vorbeigegangen ist.

VI. Beteiligung mehrerer beim Unterlassungsdelikt

90 1. **Beteiligung durch Unterlassen** an der Begehung einer strafbaren Handlung durch aktives Tun ist jedenfalls bei **Erfolgsdelikten** möglich. Sie ist nur strafbar, wenn der unterlassende Beitragstäter selbst *Garantenstellung* hat, ihn also persönlich eine besondere Pflicht zur Erfolgsabwendung trifft.

Beispiel: Der Vater, der den Mord an seinem Sohn nicht hindert, wird nach §§ 2, 12 Fall 3, 75 bestraft. – Der zur Bewachung der Fabrik angestellte Nachtwächter beteiligt sich durch Unterlassen am Diebstahl (§§ 2, 12 Fall 3, 127), wenn er nichts dagegen unternimmt, dass die Einbrecher den Tresor ausräumen.

91 Fraglich ist, ob sich ein Garant auch an **schlichten Tätigkeitsdelikten** durch Unterlassen beteiligen kann. Auf den ersten Blick scheint dies ausgeschlossen zu sein, weil § 2 die Strafbarkeit nur für Erfolgsdelikte auf die Begehung durch Unterlassung ausdehnt (vgl oben 37/6) und für den Beitragstäter – auch wegen der Gleichwertigkeit aller Täterschaftsformen (§ 12) – nichts anderes gelten kann als für den unmittelbaren Täter. Doch kann man dieser Ansicht entgegenhalten, dass die volle *Rechtsgutsbeeinträchtigung* eintritt, wenn der unmittelbare Täter das Delikt *durch aktives Tun* begeht, und auch die **Einwirkung auf das Tatobjekt**, die diese Rechtsgutsbeeinträchtigung bewirkt, ein **Erfolg** iSd § 2 ist, den der Garant verhindern muss (*Jakobs*, AT[2] 29/2).

Beispiele: 1. Unterlässt es die Mutter, sexuelle Handlungen an ihrer unmündigen Tochter zu verhindern, so haftet sie als Beitragstäterin zu § 206 oder § 207 (14 Os 11/97; 14 Os 126/04).

2. Wenn – was nur in sehr engen Grenzen der Fall ist – der Mitarbeiter eines Host-Providers entgegen seiner Pflicht, ein Posting mit verhetzendem Inhalt zu löschen, dieses mit dem entsprechenden Vorsatz *nicht* löscht, könnte er nach §§ 12 Fall 3, 283 strafbar sein (dazu insgesamt *Schallmoser,* ÖJZ 2018, 205 ff).

92 2. Eine **Beteiligung** durch aktives Tun **am Unterlassungsdelikt** eines anderen ist nach den allgemeinen Regeln strafbar. Sie setzt keine Garantenstellung des Beitragstäters voraus, weil dieser nicht nur unterlässt, sondern aktiv handelt.

Beispiel: Ein Außenstehender (Nichtgarant), der die Mutter (Garantin) dazu bestimmt, ihren Säugling verhungern zu lassen, macht sich wegen Bestimmung zum Mord durch Unterlassen (§§ 12 Fall 2, 2, 75) strafbar. Auch versuchte Bestimmung – die Mutter lehnt das Ansinnen ab – ist denkbar (§§ 15 Abs 2, 12 Fall 2, 2, 75).

Hat der **Hintermann nicht die Herrschaft über das Geschehen**, so hängt seine Strafbarkeit von jener des unmittelbaren Täters ab. **93**

Beispiel: Ein Nichtgarant, der einen anderen Nichtgaranten zur Tötung durch Unterlassen bestimmt – zB ein Spaziergänger seinen Begleiter mit Tötungsvorsatz dazu, einen Verletzten liegen zu lassen – haftet neben der eigenen Unterlassung (§ 95 als unmittelbarer Täter, weil er selbst nicht hilft) nur wegen Bestimmung zur Unterlassung der Hilfeleistung (§§ 12 Fall 2, 95).

Eine selbständige Begehungstäterschaft des aktiv Handelnden liegt erst dann vor, wenn er sich – etwa durch Täuschung – die **Herrschaft über das Geschehen** verschafft. **94**

Beispiel: A glaubt, hinter einem Gebüsch das Stöhnen eines Menschen gehört zu haben, und will helfen. B erbietet sich, nachzusehen, berichtet dem A wahrheitswidrig, es sei bloß ein Tier, und erreicht dadurch, dass sich der hilfeleistungswillige A täuschen lässt und nichts unternimmt, so dass der hinter dem Busch liegende Verletzte stirbt: Da B durch die Täuschung des anderen die Herrschaft über das Geschehen erlangt hat, ist er – bei Vorliegen der übrigen Voraussetzungen – Mörder durch aktives Tun (§ 75).

Anhang: Schema der Fallprüfung

Die folgenden Hinweise für den Aufbau einer strafrechtlichen Fallbearbeitung behandeln die wichtigsten Deliktsformen. In besonderen Fällen können Abweichungen notwendig sein. Auch sollten sich Prüfungsarbeiten immer auf die problematischen Punkte des Falles konzentrieren.

Beginn der Fallprüfung:

1. Welche **Person**?
2. Welche **Handlung** (ein bestimmtes Tun oder Unterlassen)? Dabei gegebenenfalls Vorprüfung, ob der **Handlungsbegriff** erfüllt ist (Ausschluss unwillkürlicher Körperbewegungen: Reflex, Bewusstlosigkeit, vis absoluta; näher oben 7/8 ff).
3. Welcher **Deliktstypus** (Gesetzesstelle; vgl näher im 10. Kap, insbes 10/22)?

A. Vorsätzliches Begehungsdelikt

I. Tatbestand

1. Äußerer Tatbestand (Tatbild)
   a. tatbestandsmäßige **Handlung**
   b. Handlungs**objekt**
   c. objektiv-täterschaftliche Merkmale (bei Sonderdelikten)
   Bei Erfolgsdelikten zusätzlich:
   d. Eintritt des Verletzungs- oder Gefährdungs**erfolg**es
   e. **objektive Zurechnung** dieses Erfolges zum Handeln des Täters
      aa. **Kausalität**
      bb. normative Zurechnung: Adäquanz, **Risikozusammenhang**, Risikoerhöhung gegenüber rechtmäßigem Alternativverhalten
2. Innerer Tatbestand
   a. **Tatbildvorsatz** (§ 7 Abs 1)
   b. **erweiterter Vorsatz** (bei manchen Delikten)

II. Rechtswidrigkeit (Fehlen von Rechtfertigungsgründen)

1. Rechtfertigungsgründe
   a. objektive Merkmale des Rechtfertigungsgrundes
   b. Kenntnis der rechtfertigenden Situation (subjektives Rechtfertigungselement)
2. Irrtümliche Annahme eines rechtfertigenden Sachverhalts

III. Schuld

Schuldausschluss:

1. **Zurechnungsunfähigkeit**
2. nicht-vorwerfbarer **Verbotsirrtum**
3. besondere **Entschuldigungsgründe** (ggf irrtümliche Annahme eines entschuldigenden Sachverhalts)

Positiv zu prüfende Merkmale bei manchen Delikten:

4. besonderer Schuldtatbestand

IV. Zusätzliche Voraussetzungen der Strafbarkeit

1. Objektive Bedingungen der Strafbarkeit
2. Strafausschließungs- und Strafaufhebungsgründe

B. Vorsätzliches Unterlassungsdelikt

I. Tatbestand

1. Äußerer Tatbestand
   - a. **tatbestandsmäßige Situation**
   - b. Unterlassung (Fehlen der gebotenen Handlung)
   - c. **objektive Möglichkeit** zur Vornahme des gebotenen Tuns

   Bei Erfolgsdelikten zusätzlich:
   - d. Erfolgseintritt und objektive Zurechnung (Quasi**kausalität**, normative Zurechnung)

   Bei Begehung durch Unterlassung (§ 2) zusätzlich:
   - e. objektive Merkmale der **Garantenstellung**
   - f. **Gleichwertigkeit** des Unterlassens mit einem Tun
2. Innerer Tatbestand
   - a. Tatbildvorsatz
   - b. allenfalls: erweiterter Vorsatz

II. Rechtswidrigkeit (*wie oben A*)

III. Schuld

Wie oben A, zusätzlich positiv zu prüfende Merkmale:

5. Individuelle Handlungsfähigkeit
6. Zumutbarkeit der Vornahme des gebotenen Tuns

IV. Zusätzliche Voraussetzungen (*wie oben A*)

C. Versuchtes Delikt

I. Tatbestand

1. Innerer Tatbestand
   a. **Vorsatz**, gerichtet auf die Verwirklichung sämtlicher Merkmale des betreffenden Tatbildes (Vollendungsvorsatz)
   b. erweiterter Vorsatz (falls gefordert)
2. Äußerer Tatbestand
   a. **Versuchshandlung** (§ 15 Abs 2): Ausführungshandlung oder eine der Ausführung unmittelbar vorangehende Handlung
   b. Tauglichkeit

II.–IV. Rechtswidrigkeit, Schuld und zusätzliche Voraussetzungen

wie beim vollendeten Delikt

Insbesondere: **Rücktritt vom Versuch**

D. Fahrlässigkeitsdelikt (Begehungsdelikt)

I. Tatbestand

1. tatbestandsmäßige Handlung
2. **objektive Sorgfaltswidrigkeit**

Bei Erfolgsdelikten zusätzlich:

3. Eintritt des Verletzungs- oder Gefährdungs**erfolges**
4. objektive Zurechnung dieses Erfolges zum Handeln des Täters
   a. **Kausalität**
   b. normative Zurechnung: Adäquanz, **Risikozusammenhang**, Risikoerhöhung gegenüber rechtmäßigem Alternativverhalten

II. Rechtswidrigkeit

Objektives Vorliegen eines Rechtfertigungsgrundes, ggf irrtümliche Annahme eines rechtfertigenden Sachverhalts

III. Schuld

Schuldausschluss:

1. Zurechnungsunfähigkeit
2. nicht-vorwerfbarer Verbotsirrtum

Positiv zu prüfende Merkmale:

3. Vorwerfbarkeit der objektiv-sorgfaltswidrigen Handlung
   a. **subjektive Sorgfaltswidrigkeit**

Bei Erfolgsdelikten zusätzlich:

   b. **subjektive Zurechenbarkeit** (Voraussehbarkeit) des Erfolges
4. **Zumutbarkeit** rechtmäßigen Verhaltens
5. allfälliger Schuldtatbestand

IV. Zusätzliche Voraussetzungen (*wie oben A*)

E. Tatbestand bei Beteiligung mehrerer am Vorsatzdelikt

I. Beteiligung am vollendeten Delikt

– als **Bestimmungstäter**
  1. Äußerer Tatbestand
     a. **Bestimmungshandlung**: Erzeugen des Handlungsentschlusses
     b. Fassen des **Handlungsentschlusses** und **Ausführung der Tat** durch den Bestimmten, wobei dieser zwar nicht mit vollem Tatvorsatz handeln muss, aber doch die volle Rechtsgutsbeeinträchtigung (**Erfolg**) auf die gesetzlich **verpönte Art und Weise** herbeiführt
     c. Kausalität und normative Zurechnung zwischen a und b
  2. Innerer Tatbestand
     a. Vorsatz auf 1 a–c
     b. ggf. erweiterter Vorsatz

– als **Täter durch sonstigen Beitrag**
  1. Äußerer Tatbestand
     a. **Unterstützungshandlung**
     b. tatsächliche (wenngleich vielleicht unvorsätzliche) **Ausführung der Tat** durch den Geförderten, gegebenenfalls Eintritt des tatbestandsmäßigen **Erfolges**, und damit insgesamt im Zusammenwirken von Beitragstäter und unmittelbar Ausführendem eine vollendete strafbare Handlung
     c. Kausalität und normative Zurechnung zwischen a und b
  2. Innerer Tatbestand
     a. Vorsatz auf 1 a–c
     b. ggf. erweiterter Vorsatz

II. Beteiligung an einem Versuch (§ 15 Abs 1)

– als **Bestimmungstäter**
  1. Äußerer Tatbestand
     a. **Bestimmungshandlung**, gerichtet auf das Wecken des **Handlungsentschlusses**
     b. **Handlungsentschluss** und die Vornahme einer **Ausführungshandlung** oder einer der Ausführung **unmittelbar vorangehenden Handlung** durch den **Bestimmten**, die bei ihrer Fortsetzung zusammen mit dem Verhalten des Bestimmungstäters das **volle Tatunrecht** herstellen würde Der Bestimmte, der die Tat unmittelbar ausführt, muss zwar nicht den vollen Tatvorsatz haben, jedoch den **Handlungswillen** hinsichtlich der **Ausführungshandlung**.
     c. Kausalität und normative Zurechnung zwischen a und b
  2. Innerer Tatbestand
     a. Vorsatz auf 1 a–c und Vollendungsvorsatz
     b. ggf. erweiterter Vorsatz

– als **Täter durch sonstigen Beitrag**
  1. Äußerer Tatbestand
     a. **Unterstützungshandlung**
     b. die Vornahme einer **Ausführungshandlung** oder einer der Ausführung **unmittelbar vorangehenden Handlung** durch den Unterstützten (wie bei der Bestimmung)
     c. Kausalität und normative Zurechnung zwischen a und b
  2. Innerer Tatbestand
     a. Vorsatz auf 1 a–c und Vollendungsvorsatz
     b. ggf. erweiterter Vorsatz

III. Versuchte Beteiligung (nur strafbar als versuchte Bestimmung, § 15 Abs 2)

1. Innerer Tatbestand **Vorsatz**, gerichtet auf
   a. **Bestimmungshandlung**
   b. **Ausführung** der strafbaren Handlung durch einen anderen (den Bestimmten) und auf die – insgesamt betrachtet – Vollendung der Tat (voller Erfolgs- und Handlungsunwert: Herbeiführung der Rechtsgutsbeeinträchtigung auf die im Gesetz genannte Weise)
   c. Kausalität (objektive Zurechnung)
2. Äußerer Tatbestand **Versuchshandlung** iSd § 15 Abs 2 (= Ausführung der Bestimmungshandlung oder doch eine der Ausführung der Bestimmungshandlung unmittelbar vorangehende Handlung)

Sachverzeichnis

Verwiesen wird auf **Kapitel** und Randzahlen.